세계체육사

고대 동방 · 서양사

김동규 지음

영남대학교출판부

지은이 / 김동규
펴낸이 / 노석균
펴낸곳 / 영남대학교 출판부
초판인쇄 / 1999년 3월 15일
증보1쇄 / 2013년 2월 25일
등록 / 1975년 9월 5일 경산 제16-1
주소 / 712 - 749 경북 경산시 대동 214-1
전화번호 / (053) 810~1801~4
팩시밀리 / (053) 810~4722

學問과 人生의 길을 인도하여 筆者의 오늘이 있게 하신
故 靑民 李進和 先生님께 이 拙著를 바칩니다.

머리말

최근 체육의 역사를 논한 책들이 자료를 정리하는 수준에서 벗어나 저자 나름대로의 생각을 개입시켜 구성한 것을 보고 다행이라는 생각을 하곤 했다. 역사적 사실은 고정된 것이지만 그에 대한 해석, 즉 의미부여는 다양한 학문적 관점에서 조명되어야 하며, 체육의 역사도 그러한 방식으로의 접근이 강화되어야 한다고 평소 생각했기 때문이다. 그러나 최근 나에게 이러한 해석적 의미부여 못지 않게 중요한 것으로 여겨진 것은 체육에 대한 역사책이 과거의 고정된 사실이나 흔적을 소개하는 목적으로 구성되었다 하더라도 현재 우리가 소개하고 있는 사료(史料)의 범위와 수준은 최소한 확장시켜야 하겠다는 생각이다. 사관(史觀)의 침투 못지 않게 자료정리의 범위확대와 수준의 정밀성이 우선은 더욱 중요한 것이 아닐까?

이 책은 그러한 목적으로 시도되었다. 비록 저자의 생각, 즉 해석학적 동참은 충분히 이루어지지 못했지만 원시사회부터 현대에 이르기까지 체육 · 스포츠의 문제들을 시대적 배경과 인물을 중심으로 교육과 관련시켜 보다 다양한 자료를 수집하고 그 내용도 상세히 다루려고 노력하였다. 체육사 외에 세계사, 교육사 등의 관련 학문의 저서들을 보다 중요한 자료로 이용하였다. 이 과정에서 인명, 지명, 학교명 등이 매우 혼란스러웠으나 가능하면 그 시대의 명칭을 밝히려고 노력했다.

이 책의 특징 몇 가지를 소개하면, 우선 역사이론을 비교적 상세하게 다룬 점이다. 역사연구의 의의는 무엇이며, 그를 통해 얻을 수 있는 점은 무엇인가, 또 역사연구의 영역은 어떻게 구분되는가 등을 종합했다. 그리고 체육학의 연구에 있어서 인문학적 연구의 의의도 찾아보았다. 심층적 시도였다고 말하기에는 부족한 점이 있지만 체육사를 처음 공부하려는 학도들에게는 하나의 지침이 되리라 생각한다.

또 하나의 특징은 지금까지 체육사의 논의과정에 있어서 흔히 있어온 극단적인 주장을 완화시키려 노력했다. 예를 들면, 문명의 발생지인 고대 동방 국가들이나 중세의 유럽 국가들은 체육 · 스포츠활동을 거의 혹은 전혀 실행하지 않았다는 통설과 편견적 접근을 최대한 저지하려 했다. 이는 저자의 주관적 관점에 의하여 논의되었다기보다는 사료(史料)를 토대로 그 객관적 근거를 입증하려 했다. 당초 1년을 목표로 시작한 작업이 3년여에 걸쳐 진행된 것도 용어의 정확도를 찾는 일과 함께 이러한 문제 때문이었다고 볼 수 있다.

마지막으로 이 책의 특징 하나를 더 소개하면, 근 · 현대의 체육사가 비교적 상세하게 접근된 점이다. 특히 현대 체육의 개념정립에 초석이 된 미국의 체육사가 학교체육, 스포츠, 그리고 인물 등을 중심으로 다각도로 소개되었다. 이는 미국의 체육이 우리나라의 체육에 많은 영향을 미쳤으나 그에 대한 소개가 아직은 미흡한 것으로 느껴졌기 때문이다.

서명(書名)이 『세계체육사』라면 당연히 우리나라를 비롯한 동양의 체육에 대한 소개와 논의도 포함되어야 하겠으나 원고 분량을 생각하지 않을 수 없었고, 본인의 전공 영역을 생각해 봐도 그러한 시도는 규칙위반이라는 생각이 들어 고대 동방제국과 서양사만을 대상으로 구성하였다. 훗날에도 동양 체육사를 저술할 계획은 없다. 그러나 이 책의 작업과정에서 외국인에 대해서는 내가 이렇게 많이 알려고 하면서 우리나라 체육인에 대해서는 과연 얼마나 알고 있으며, 또 알려고 노력하고 있었는가 하는 반성이 되었다. 그리하여 가까운 장래에 근대 체육사를 중심으로 그에 대한 정리는 해 볼 계획이다.

이 책도 여타의 책들과 같이 많은 양의 글과 그림 · 사진 등으로 꾸며졌다. 그러나 만든 이의 입장에서 보면 부족한 점 투성이다. 괜한 짓을 하여 소중한 종이만 낭비하고 자연환경만 파괴한 것은 아닌가하는 우려도 된다. 체육사를 수십 년 앞서 공부한 선배들이나 밤잠 자지 않고 열심히 공부하면서 우리 같은 중늙은이를 불만스러운 눈으로 바라보고 있을 젊은 학도들로부터 원망을 듣지 않을까 하는 염려도 된다. 그러나 언제까지 그러한 점만을 걱정하며 움츠리고 있을 수 없기에 용기를 내어 이 책을 내어놓게 되었다. 부족한 점, 왜곡된 이해, 잘못 표기된 부분들이 발견되는 대로 보완은 하겠지만 많은 분들이 이러한 일에 동참해 주기를 당부한다.

아무런 불평 없이 자료수집 · 정리부터 내용구성에 이르기까지 묵묵히 도와 준 주동진 선생의 노력이 없었으면 이 책은 애당초 시작조차 할 수 없었으며, 경상도 사나이의 사투리를 표준말로 많은 부분 교정해 준 이영환 선생, 그리고 지루한 교정을 세심히 맡아준 김상헌 군에게도 고마움의 뜻을 전한다. 아울러 '선생님 언제 끝이 납니까' 하면서 지속적으로 관심을 가지고 도와준 영남대 체육학과 대학원생들에게도 이제 마쳤다는 소식을 전한다. 항상 더불어 생활하면서 서로 격려하고 사랑을 아끼지 않는 우리 영남대 체육학부 선후배 교수님들의 평소 지도편달에 감사드리며, 나아주시고 길러주신 부모님과 사랑하는 가족들에게도 꾸준한 관심에 고마움의 뜻을 전한다. 아울러 출판을 허락하고 도와준 영남대 출판부 측에도 고맙다는 인사를 전한다.

그러나 무엇보다 아쉽고 못난 나를 다시 돌아보게 함은 은사이신 이진화 교수님이 이 책의 완성을 보지 못하시고 세상을 떠나신 점이다. 비록 이 책의 계획을 말씀드리지는 않았었지만 무지한 이 사람에게 체육사와 체육철학을 공부하라고 명령하시고 과목을 물려주신 그 분이 안 계신다. 좀 더 부지런히 작업을 했더라면 하는 아쉬움이 유난히 남는다. 선생님의 명복을 빈다.

1999년 3월 경산 서당골 2층에서

지 은 이

목 차

Ⅰ. 서론

1. 역사의 어원적 의미

「역사(歷史)」의 어원(語源)으로서 중국 주대(周代)에 중요한 사건을 죽간(竹簡)에 기록하는 관리를 사관(史官)이라 하고, 5경(經)의 하나로 전하는 공자(孔子)의 춘추(春秋)를 역사에 비유할 수 있다. 우리나라에서는 과거 사실(史實)을 거울(鑑)에 반사(通)시켜 현실적 시각으로 비춰보는 학문의 의미인 「통감(通鑑)」이라는 말이 있다. 또한 서양에서는 이스토리아(istoria)에서 유래된 「history」라는 말이 있는데, 이는 연구(硏究)를 뜻하는 그리스어였다. 「history」는 헤로도투스[1](Herodotus, B.C. 484?~B.C. 425?)와 투키디데스(Thukydides, B.C. 460?~B.C. 400?)가 '역사를 기록하거나 탐구하는 것'이란 견해로 사용하였다. 그리고 독일에서는 역사에 해당되는 말로 「게쉬히테(geschichte)」가 있다. 그 뜻은 발생(發生)이란 의미이고, 어원은 「게쉬헨(geschehen)」으로서 '일어나다'의 뜻으로 '일어난 사실' 그 자체를 의미한다. 역사에 대한 유래(由來)를 서양과 동양으로 나누어 살펴보면 다음과 같다.

1) B.C. 5세기 경 그리스의 역사가로서 역사의 아버지로 불리우며, 그가 저술한 「역사」는 산문 사상 최초의 걸작으로 평가되고 있다.

1) 「history」의 어원과 유래

헤로도투스(Herodotus)

역사를 지칭하는 용어로서 사용되는 서구어는 영어의 「history」, 프랑스어의 「histoire」, 이탈리아어의 「storia」, 그리스어의 「historia」 등이 있다. 이러한 용어들은 고대 그리스에서 사용되던 「histor」란 말에서 유래(由來)되었다. 「histor」는 처음부터 '일어났던 일'이란 개념으로서 '역사를 표현하는데 있어 과거에 일어난 일을 지칭하는 뜻'이 아니었다. 이 용어는 기원전 9~8세기 경 호메로스(Homeros)가 여러 종족들의 관습을 잘 알고 있는 '지혜로운 사람'을 일컫는 말이었다. 그후 기원전 6~5세기경 이오니아인(Ionians)들은 「historia」를 '질문(inquiry)'이나 '탐구(investigation)'라는 개념으로 사용하였다.

실질적인 「history」의 유래는 헤로도투스와 투키디데스의 저작에서 찾을 수 있는데, 그들은 자신들이 쓴 『페르시아 전쟁사』와 『펠로폰네소스 전쟁사』의 표제(表題)에 희랍어인 「historia」라는 용어를 사용하였다. 즉 헤로도투스는 『페르시아 전쟁사』에서 '이 책은 할리카르나소스에서 태어난 헤로도투스가 탐구한 것이다' 라고 했으며, 투키디데스는 『펠로폰네소스 전쟁사』에서 '아테네 사람인 투키디데스가 펠로폰네소스 사람들과 아테네 사람들간의 전쟁이 위대한 의미가 있게 될 것이며, 이전의 어느 것보다도 큰 가치가 있는 기록이 될 것이라고 확신하여 전쟁이 발발한 처음부터의 상황을 적어 놓는다. 이러한 확신은 이 전쟁이 발생한 원인들에 근거한다' 라고 기록하였다.

헤로도투스는 자신이 저술한 전쟁사를 '탐구 한 것' 이라고 하면서 자신을 '탐구자' 로서 표현하였다. 투키디데스는 전쟁에 중요한 의미를 부여하고, 전쟁이 발생한 원인을 규명하려고 하면서 '의미의 부여자' 라고 자신을 일컬었는데, 자신의 이름과 출생지를 적어 둔 것이 역사가로서의 태도를 보여준다. 결국 헤로도투스와 투키디데스는 「historia」를 자신들 저작의 표제로 설정하고, 자신들의 견해에 입각하여 '탐구한 내용' 과 '탐구한 지식' 그리고 그에 따른 '결과' 를 기록으로 남긴다는 작업에서 역사, 즉 「historia」의 어원적 의미를 찾을 수 있다.

이상으로서 고대 그리스 역사가들에게 있어 「hitoria」라는 용어는 관찰과 탐구의 결과에 관한 기록이라는 것을 의미함을 알 수 있다. 「historia」는 라틴어를 매개로 하여 오늘날 history, histoire, storia 등의 용어들로 재구성되었지만, 사실 중세까지는 그리스어와 같은 개념으로서 사용되었을 뿐 과거의 사건들을 일컫는 용어로는 사용되지 않았다.

16세기에 접어들면서 「historia」는 중세의 중요한 사건들을 기록한 연보(annales)와 연대기(chronik)의 서술형식이 전기(vitae)나 업적록(gesta)의 서술방법과 결합함으로써 두 의미인 탐구의 결과, 즉 '과거 역사적 사건의 재구성' 이라는 입장과 '과거의 역사적 사실 그 자체' 의 의미로 사용되었다. 역사에 해당되는 독일어의 「게쉬히테(geschichte)」라는 용어는 원래 「게쉐헨(geschehen : 일어나다, 발생하다)」이라는 동사의 과거분사형인 「게쉬히트(geschicht)」라는 단어가 명사화된 것, 즉 '일어났던 일' 을 의미하여 독특한 면이 있지만, 중세 말부터 그에 관한 기록의 지식과 해명(탐구)이라는 의미도 함께 지니고 있어 역사를 지칭하는 다른 서구어처럼 이중적 의미로 쓰여졌다.

2) 「歷史」의 유래

앞에서 설명한 서양의 「history」나 「geschichte」의 개념으로 동양에서는 역사라는 용어를 사용하는데, 그 어원을 중국에서 찾아보면 먼저 「史」라고 한 기록이 있다. 「史」의 기원에 관해서는 전설적인 문제가 포함되어 있고, 그 해석상에도 논란의 소지가 있지만 시간이 지남에 따라 점차 고고학적 · 문헌적인 사료에 의해 밝혀지고 있다. 이 용어는 원래 「사관(史官)」이라는 「관직명(官職名)」에서 비롯되었다.

사료(史料)에 의하면 「史」는 황제(黃帝) 때의 창힐(倉頡)과 패송(浿誦), 하(夏)나라의 공갑(孔甲), 그리고 은(殷)나라 때의 윤일(尹逸) 등이 「사(史)」 혹은 「사관(史官)」으로 재직하였던 것에서 유래한다. 이들의 직무에 관해서는 여러 가지 주장들이 있지만, 후한(後漢)의 허신(許愼)은『설해문자(說文解字)』에서 '史 記事者也 從手特中 中正也'라고 하고,「史」는 '事를 기록하는 사람인 史官'을,「中」은 '바를 正'을 의미하는데 이러한「中」을「正」이라고 한 것은 '公平'함이라고 하였다. 즉「事」를 기록하는「史官」은 기록을 공평하게 하였다는 것이다. 그러나 청(淸)의 강영(江永)이 기술한『周禮疑義擧要(주예의의거요)』와 오대징(吳大徵), 왕국유(王國維)의 갑골문자 연구에서는「史」를 기사자(記事者)로 해석하는데는 동의하지만, '○ ○○○○ ○○○○ 中正也'의 해석에 대해서는 이론(異論)을 제기하였다. '○ ○○○○ ○○○○ 中正也'는 허신(許愼)이 말한 公平의 뜻이 아니라, 관부(官府)의 박서(薄書)를 넣는 그릇을 의미한다고 하였다. 이는 중국 고대의 제후(諸侯)가 거행하는 제례(祭禮)에서 신하들과 함께하는 사술대회(射術大會) 때, 궁사(弓射)의 적중수(的中數)를 표기하는 대나무 개비를 넣는 그릇이라고 해석하였다.

어쨌든「史」는 궁사(弓射)의 적중수(的中數)를 공평하고 정확하게 기록하는 관직명(官職名)에서 유래하였음을 알 수 있다. 그러나「歷史」라는 용어는 명나라 후기 원황(袁黃)의 저작인『역사강감보(歷史綱鑑補)』에서 최초로 찾을 수 있어, 그가「歷史」라는「한자 용어」를 처음 만든 역사가임을 알 수 있다.「史」의 기원이 중국 제후(諸侯)들의 대사례(大射禮)에서 화살의 적중수(的中數)를 공정하게 기록하였던 사람에서 연유함은 체육사적인 면에서도 그 의미가 큰 것이다.

여기에 하나 덧붙이자면「역사」라는 말은「歷史學」이라는 의미도 또한 갖고 있다는 것이다. 역사학이란 과거에 일어났던 일 그 자체로서 이른바 '역사 그 자체'를 어떻게 연구하고, 그 결과들을 어떻게 서술하는가, 또한 그것이 어떻게 연구되어 왔고 서술되어 왔는가 등에 관한 이론적 · 방법론적 연구이다.「歷史」라는 단어가 이러한 방법론적인 의미를 지니게 된 것은 역사 서술이 학문화되어 감에 따라 이루어졌다. 역사학(歷史學)을 지칭하는 용어로서 독일어에는「Gexchichtswissenschaft」라는 명확한 용어가 있지만, 영어나 프랑스어에서는 그러한 뜻에 해당하는 용어가 없으며, history, histoire 등의 단어들이 이를 대신하고 있다. 우리가 사회학이나 정치학 또는 교육학을 사회, 정치, 교육이라는 용어로서 표현하지 않고 있다는 점을 고려해 볼 때,「역사」라는 용어가「역사학」이라는 의미까지를 내포하고 있다는 점은 특징적인 성격이라 할 수 있겠다.

2. 역사인식론

역사적 인식이란 자연과학적 인식과 대칭되는 사고의 형태를 의미한다. 자연과학적 인식을 공간적 인식이라고 한다면, 역사적 인식은 시간적 인식이다. 개개인의 자아를 단독자로 보는 것은 인간을 자연과학적 관찰의 대상으로 생각하는 데서 오는 오류였다. 역사적 인식을 통해서 우선 개인의 정체성을 확립하고 확인해야 한다. 이와 관련하여 콜링우드(R. G. Collingwood, 1880-1943)는 "역사학의 목적은 인간으로서의 자기 본성을 인식하는 것이다."라고 했다. 한국사학사회학회(2008)에서 출간한『역사학의 길잡이』에 서술된 역사적 인식에 접근하는 다섯 단계의 과정을 요약하여 소개하면 다음과 같다.

첫째, 뭇 생명들의 그물망을 올바르게 이해하여 그 속에서 나의 존재를 인식하고, 나에게 있어 무엇이 참답고 가치 있는 삶인가를 생각하는 일이다. 이를 위하여 먼저 '나' 개인이 살아 온 과정을 되돌아봄으로써 '나'의 개인적 삶의 방향을 잡아야 한다.

둘째, 내가 소속되어 있는 국가나 민족의 역사를 이해함으로써 우리 삶의 방향을 모색해야 한다. 한국국민으로서의 삶의 방향과 태도는 영국인이나 미국인의 그것과 다를 수밖에 없다.

셋째, 세계사의 동향을 앎으로 해서 우리의 미래에 대하여 조망해야 한다. 견원지간이었던 독일과 프랑스 간의 유럽통합과정, 미국과 캐나다, 멕시코 간 경제통합의 과정을 보면서 우리의 대중(對中)관계, 대일(對日)관계를 생각하고 지구촌시대에 대비해야 한다.

넷째, 인간사를 변화의 과정으로 이해하는 역사적 사고가 필요하다. 역사적 사고를 통해서만 인간사를 자연사가 아닌 인간사로 이해할 수 있다. 사물을 고정적인 것으로 인식하는 것은 시대착오적 오류를 범하는 원인이 된다. 역사는 모든 진리가 상대적인 것이라는 것을 가르친다. 역사를 이해함으로써 고정관념에서 탈피해야 한다.

다섯째, 역사적 사고를 통해서 역사적 판단을 해야 한다. 인간사를 판단하는 일은 자연과학적 인식, 즉 감지만으로 미흡하다. 인간의 행위는 의식의 표현이므로 그 의식의 뿌리가 되는 의도, 목적, 사상을 추적하는 역사적이고 반성적인 인식을 하지 않고는 인간의 행위를 올바르게 파악하기 어렵다.

이와 함께 이한구(2007)는 그의 저서『역사학의 철학』에서 역사인식론을 실재론적 역사인식론과 반실재론적 역사인식론으로 구분하여 설명하고 있다. 내용을 요약하여 소개하면 다음과 같다.

실재론은 우리가 보는 세계가 우리의 정신으로부터 독립해서 객관적으로 존재한다는 교설이다. 그리하여 실재론적 역사인식론은 사실의 발견에 초점이 맞추어진다. 우리가 자신을 뛰어넘어 역사세계를 곧바로 알 수 있다는 이론이다. 실재론자는 역사연구가 최대한 과거의 세계를 있었던 그대로 복원해야 한다고 주장한다. 이를 '과거의 재현'이라고 한다. 역사가 교훈적이거나 실용적인 차원에서 수단으로 이용되는 것을 막고 철저한 객관성 위에서 역사를 독자적인 학문으로 정초하고자 했다. 이를 '역사의 실증주의'라고 한다. 실증주의자들은 관찰과 실험 및 일반법칙의 적용과 같은 자연과학적 방법에 입각하여 역사적 현상을 설명할 수 있다고 믿었으며, 이렇게 할 때만 역사학은 과학으로 확립될 수 있다고 믿었다.

반면에, 반실재론은 우리가 보는 세계가 우리의 인식주관과 연관해서만 존재한다는 교설이다. 반실재론적 역사인식론은 사실이나 이야기의 창작과 연관되어 있다. 역사는 과거의 세계지만 그것을 인식하는 주체는 현재에 존재하기 때문에, 역사의 인식은 과거가 아니라 현재의 문제이며 인식주관이 갖고 있는 현재인식의 틀이 문제라는 것이다. 우리가 자신을 뛰어넘어 대상을 본다고 하면서 사실은 자신이 갖고 있는 어떤 틀을 역사세계 위에 덮어씌워 본다는 이론이다. 반실재론적 인식론의 대표적인 형태는 '구성주의' 로서 우리의 모든 인식을 세계에 관한 원자료를 기초로 하여 우리가 구성한 결과물로 본다. 구성주의에 의하면 해석되지 않은 인식은 성립될 수 없다. 역사가는 그것을 다시 해석해야 한다.

실재론적 역사인식론자의 대표적인 학자는 랑케이며, 반실재론적 역사인식론자는 크로체, 콜링우드, 카아 등이다. 안건훈(2007)은 그의 저서『역사와 역사관』에서 그들의 역사관을 다음과 같이 소개하고 있다.

* 랑케(Leopold von Ranke, 1795-1886)

랑케사학은 과거 사실을 있는 그대로 조사하려는 실증적인 방법과 개별성, 특수성이 지닌 가치를 중시하는 접근 자세를 취하는 가운데 이루어졌다. 개별성과 특수성을 중시하면서 국민국가나 유럽중심의 세계사에 기울어진 랑케의 태도는 문제점이 있으나, 사실을 무엇보다 중시한 그의 견해는 그 나름대로 높이 평가할 만하다. 그는 이야기나 전설에 의한 역사서술 방법의 문제점을 지적함과 더불어, 자료나 문헌을 기초로 한 객관적 과학적인 서술을 강조하면서 역사의 실증성을 내세웠다.

* 크로체(Benedetto Croce, 1866-1952)

크로체는 "모든 역사는 현대사이다."라고 말해 당시 사실을 중시하던 사학자들을 놀라게 했다. 이는 역사란 현재의 눈을 통해, 현재의 문제에 비추어 과거를 보는 데서 성립된다는 것이며, 역사가의 주된 일은 '기록'하는 것이 아니라, '평가' 하는 일이라는 것이다. 결국 역사는 역사가가 창조하는 것이며, 그로 인해 역사가의 평가 기준이 항상 문제가 됨을 지적한 것이다.

* 콜링우드(Robin George Collingwood, 1889-1943)

크로체의 역사철학을 계승해서 "어떤 역사가가 연구하는 과거는 죽은 과거가 아니라 어떤 의미에 있어서는 아직도 현재에 살아있는 과거이다."라고 했다. 과거의 사건들, 그것만으로는 참다운 역사가 되지 못한다. 역사가는 그 배후에 있는 사상을 이해해야 하며, 그렇지 않은 과거는 죽은 것으로 아무런 의미가 없다. 그는 "모든 역사는 사상의 연구이다."라고 보면서, "역사가가 연구하는 사람들의 사상은 자신의 마음속에 재현된 것이다."라고 했다. 이처럼 역사가의 마음속에서 '과거의 재구성'이, 곧 사실의 선택과 해석을 지배하게 된다.

* 카아(E. H. Carr, 1892-1982)

카아는 "역사란 것은 역사가와 그가 접하는 사실 사이에 이루어지는 계속적인 상호관계의 과정이요, 현재와 과거 사이에 이루어지는 끊임없는 대화이다(history is continuing dialogue between the past and the present)."라고 했다. 즉 "사실들은 역사가가 그것들을 불러 낼 때에만 말을 한다."는 것이다.

3. 역사의 연구방법

체육사(體育史)의 연구방법은 주로 그 시대 사회에서 행해진 신체 활동의 기술적 변천을 문제로 삼는 기술사(技術史)와 신체나 신체 활동에 관한 사상, 즉 체육 사상을 문제로 삼는 사상사(思想史), 그리고 제도로서의 변천을 취급하는 제도사(制度史) 등이 있다. 체육사가 체육학의 하위 영역이지만 역사학의 범주에 속하는 이상 역사학의 일반논리를 추종하지 않을 수 없다. 그러므로 체육사 연구에 앞서 우리는 역사 연구에 대한 일반적 이론을 알아보고자 한다.

1) 역사학의 연구대상

역사학의 연구대상은 과거에 일어났던 일체의 모든 것들, 즉 일정기간 동안 진행되었던 사건들과 진행과정에서의 정신적 · 물질적 조건들의 모든 것을 관련시킨다. 그러나 이 모든 것들을 역사로 파악하지는 않으며, 또한 이 모든 것이 역사 연구의 대상이 될 수는 없다.

연구대상으로서의 역사란 인류에게 연관된 사건들로만 제한되며, 의학적 · 생리학적 사항들이 또한 제외된다. 역사란 어디까지나 사람들의 공동체적인 삶이 연구의 대상이다. 그리고 인류의 문자활동이 시작되기 이전의 역사는 선사시대(prehistory)라고 부르며 이에 관한 연구영역은 고고학(考古學)으로 넘겨주고 있다. 또한 부분적으로는 인류학(人類學)에서 취급하기도 한다. 결국 역사학적 연구대상과 범위는 선사시대 이후의 역사시기로 한정된다.

2) 역사관

'역사관(歷史觀)이란 무엇인가'라는 기본적인 질문은 '역사란 무엇인가', '객관적인 역사서술은 가능한가', '역사가에게는 역사관이 왜 필요한가' 등과 같은 근본적인 질문과 맥을 같이 하고 있다. 이를 학문적으로 정의하면, 역사관이란 한 개인이나 집단이 역사(=과거)를 바라보고 해석하며 평가하는 사고방식 혹은 신념체계를 일컫는다. 역사관은 사관(史觀)이라고도 한다.

따라서 역사관은 역사가가 과거의 사실을 볼 때 역사가 자신 고유의 입장, 과거 사실 가운데서 어떤 사실을 선택할 때의 기준, 그것을 해석할 때의 원리, 그 사실에 어떤 가치를 부여하는 가치관 등을 포함하고 있다. 역사관은 학자에 따라 다양하게 분류하여 접근하고 있으나 본 저서에서는 육영수(2008)가『21세기 역사학 길잡이』에서 분류한 내용을 요약하여 인용하고자 한다.

첫째, 유물사관(唯物史觀)

역사를 움직이며 변동시키는 힘을 물질적 요소에서 찾는다. 유물사관을 신봉하는 역사가라면 인류문명의 기원과 발달을 이해하는 핵심요소로서 '물건', '생산',

'기계', '계급', '사회경제적 구조' 등에 주목한다. 당대에 필요한 생필품들이 어떻게 누구에 의해 생산 · 소유되는지에 따라서 인류역사를 원시공동체 노예제 봉건제 자본주의 사회주의적 단계로 파악하는 마르크스(Karl Heinrich Marx, 1818-1883)가 유물사관의 대변자이다.

둘째, 관념주의 역사관(觀念主義 歷史觀)

역사를 움직이며 변동시키는 힘을 정신적 요소에서 찾는다. 관념주의 역사관을 믿는 역사가는 사건이나 제도의 외피 속에 숨어있는 '자유', '평등', '신의 섭리' 같은 형이상학적 개념에 유의한다. 관념주의 역사관은 인류역사를 자유를 본질로 하는 '절대정신'이 국가/민족에 의해 점진적으로 구현되는 과정으로 파악한 헤겔(Georg Wilhelm Friedrich Hegel, 1770-1831)이 대변자이다.

셋째, 진보사관(進步史觀)

특정시대가 혼란스럽고 파괴적인 것처럼 보일지라도 필연적으로 내일의 사회는 어제의 사회보다 발전되고 좋을 것이라고 낙관하는 역사관이다.

넷째, 순환사관(循環史觀)

과거는 결국 돌고 도는 것이라는 다소 체념적이며 순응적인 역사관이다. 인간이나 자연의 생체 사이클처럼 역사도 탄생(유아/유년기) 성장(소년/청년기) 성숙(장년/중년기) 쇠퇴 · 소멸(갱년 · 노년기)이라는 리듬을 반복한다는 것이 순환사관의 신념이다.

다섯째, 보편적 역사관(普遍的 歷史觀)

보편적 역사관은 개별적이며 특수한 것처럼 보이는 사건이나 제도일지라도 그것이 발생한 시간과 공간의 한계와 차이를 넘어서 범세계적으로 적용될 수 있는 가치와 교훈을 갖는다고 주장한다. 그리하여 보편적 역사관은 셀 수 없이 무한적으로 축적된 과거의 지식 속에서 현재와 미래에도 재현되는 요소들을 수렴/적분하려고 한다.

여섯째, 상대주의 역사관(相對主義 歷史觀)

상대주의 역사관은 특정한 시간과 공간 및 사회경제적 조건 속에서만 발생하는 역사는 절대로 되풀이 될 수 없다는 일회성을 가지기 때문에 가치가 있다고 역설한다. 그리하여 과거의 모든 것들을 대체할 수 없는 특수한 것들로 미분하면서 극단적으로는 '모든 사람은 제각기의 역사를 갖는다.'라는 신념을 견지한다.

결국 역사관은 역사에 관한 하나의 체계적인 견해 해석 관념 사상 등의 의미로서 역사적 과정에 대한 강한 자극, 즉 사회 문화의 변화와 발견을 시간적 전후관계를 추적하여 인식할 때 성립된다고 볼 수 있다. 그리고 역사관 자체가 시대 사람 장소 등에 따라 제약을 받으면서 역사연구에 의해 한층 확인되고, 바로 잡아지고, 심화 발전됨을 인식해야 한다.

3) 사료란

과거를 연구하고 재구성하는데 있어서 기본이 되는 모든 자료를 사료(史料)라고 한다. 사료는 그 자체로서 역사라고 인식될 수는 없으며, 다만 과거의 흔적을 탐구하는데 보탬이 되는 자료라고 할 수 있다. 사료의 연구방법은 르네상스시기에 언어학을 기반으로 하여 초보적으로 개발되었다가 17세기에 보다 많은 발전이 있었고, 19세기에 들어면서 대단한 진보가 이루어져 역사를 하나의 학문으로 탄생시키는데 큰 기여를 하였다.

4) 시대구분

(1) 시대구분의 이론

역사에 있어서 시대구분(時代區分)은 역사 전체를 그 내용과 구조 그리고 이념 등의 발전과정들을 형식과 성격에 따라 시기적으로 구분한 것이다. 이러한 구분은 역사과정 전체를 대상으로 하며, 역사의 일정한 이해와 관념을 바탕으로 하여 역사 진행과정 전체를 통일적으로 파악할 수 있도록 한다. 시대구분은 어떠한 형식이든 역사가의 주관적 견해이며, 상대적 가치를 지닌 해석이다. 이와 같은 상대적 · 주관주의적 성격에도 불구하고 시대구분이 지속적으로 시도되어 온 이유는 통일적이면서 역사에 대한 쉬운 이해의 필요성에 있다. 즉 역사의 통일된 전체과정은 그 복합성과 연속성에 의해 잠정적으로나마 범위를 정하지 않고는 이해하기 어렵다는 점이 먼저 고려해야 될 문제로 떠오르기 때문에 간단 명료하게 시기를 구분하여 이해할 필요가 있는 것이다. 이러한 시대 구분은 여러 견해로 시도되었으나 다음 네 가지로 종합해 볼 수 있다.

첫째, 신학적 시대구분이 있는데, 이는 그 근거가 신학적이란 점에서 비역사적인 것이다. 둘째, 연대적 시대구분을 들 수 있는데, 이는 세기(世紀)들을 왕조의 교체나 거대한 역사적 사건 등을 기준으로 하며, 외면적인 사건들을 중요시하고 내면적인 면은 소홀히 하는 경향이 있다. 또한 역사가의 주관에 따라 결정되기 때문에 상대적인 면이 많다. 셋째, 순환론적 문명권 이론을 들 수 있는데, 이는 문명들의 독자성과 폐쇄성을 부각시켜 생물학에 비유하고 몰락을 예고하며, 문명들 사이의 상호 교류성과 계속적인 생존 가능성을 전망하는 경우 등이 있다. 이 이론은 각 문명권의 본질을 파악하고 그 성격을 규명하는데 있어서는 사실적이지만 역사 진행을 생물학적으로 파악하고 있어 역사 발전의 방향과 지향점에 대한 의식은 불분명하며, 역사 전체를 통일적으로 파악하는 것을 부정하고 있다. 넷째, 발전론적 시대구분을 들 수 있는데, 이는 사유 양식의 전개, 정신사적 진보, 경제 · 사회 구조와 그 형식의 변화 등 여러 바탕 위에서 구분의 기준을 찾는 것이며, 이러한 모든 것들이 역사 과정의 발전적인 측면에서 시도되고 있다. 이 이론은 무엇보다 역사 전체를 통일적으로 파악하면서 역사 진행의 방향과 목표에 대한 의식이 뚜렷하다는 특징이 있다.

역사의 시대구분은 역사 전체에서 역사 진행이 발전적인 것으로 이해되면서 통일적으로 구분되어져야 할 것이다. 시대구분 역시 역사가가 자기 당대(當代)의 주어진 조건 위에서 역사 발전을 이해했던 하나의 인식 형태였다고 할 수 있다. 시대구분에 있어서는 어떤 일반적인 기준을 세우기가 대단히 어렵다. 시대구분은 장구한 역사 발전과정을 연구하는데 있어서 이해를 돕기 위해 필요한 방법이며, 여기에는 역사가의 가치 판단, 즉 시대구분의 역사과정은 역사가들이 탐구하고 연구한 자신들의 주관적 사관(史觀)이 근본 토대가 되는 것이다.

인류의 역사를 한 사람의 탄생에서부터 죽음에 이르기까지의 시작과 끝으로 결정지을 수는 없다. 그리고 구분시킨 한 시대의 역사는 다음 시대에도 계속되고 있음을 발견할 수 있다. 그러므로 시대구분이란 그 경계선을 명확히 할수록 더욱 확실한 이론적 · 실제적 근거를 제시해야 한다. 그러나 이는 역사의 과정을 무시하는 것이며, 또한 역사가가 금해야 할 사항이다. 인위적으로 시대구분을 하게되는 이유는 역사의 진행을 보다 쉽게 이해하는데 대단한 도움이 되기 때문이다. 결국 시대구분이란 하나의 가설(假說)로서 사상의 도구이고, 역사의 이해와 서술을 돕기 위한 수단이며, 현실이기보다는 상상 속의 개념이라 할 수 있는 것이다.

시대구분은 고대에서부터 현대에 이르기까지 계속적인 논란이 되고 있으며, 각기 나름대로 시대구분이 있어 왔다. 일반적으로 널리 알려져 있고, 현재 가장 많이 이용하고 있는 시대구분은 17세기 네델란드의 셀라리우스(Christophorus Cellarius, 1634~1707)가 사용한 3분법(三分法)이 대표적이다. 인류의 역사를 고대, 중세, 근세로 구분하는 3분법의 사상적 배경은 르네상스기의 인문주의자들에게 널리 보급되어 있었다. 셀라리우스의 3분법은 외면적인 사건들인 정치 · 군사적 사건들을 구분의 기준으로 삼고 있지만 사상적으로는 인문주의의 「재생(再生)」에서 연유하였다. 3분법은 오늘날에도 그대로 사용되고 있지만 여러 문제점들을 안고 있다. 즉 이는 유럽의 역사를 기준으로 하였으므로 비유럽 지역의 민족이나 문화에 적용시키기에는 무리가 따르게 된다. 왜냐하면 유럽과 비유럽 지역들에서의 역사 발전과정들이 모두 유사한 것은 아니며, 오히려 상이한 과정들이 많기 때문이다. 18세기에 들어서는 역사가 진보(進步)한다는 사상이 계몽사상가들에 의해 보편적으로 주장되었으나 구체적인 설명을 제시한 사상가는 극히 제한적이었다.

계몽사상 시기가 끝날 무렵 칸트(Immanuel Kant, 1724~1804)는 역사 자체 내에서 계속적으로 나아가는 하나의 발전이 인식될 수 있다는 사상을 제시했는데, 그에 의하면 역사란 '완전한 국가법을 이룩하기 위한 자연의 숨겨진 계획이 자신의 목적을 수행해 가는 과정으로서 간주될 수 있다'는 것이다. 칸트에게서 역사란 자유의 발전과정이며, 자유란 또한 역사의 목적인 것이다. 19세기 헤겔(G. W. Friedrich Hegel, 1770~1831)의 역사 사상은 바로 이러한 칸트의 사상과 연결된다. 헤겔은 역사의 발전과정을 '자유의식에 있어서의 진보'라고 이해했다. 마르크스(Karl Marx, 1818~1883)와 콩트(Auguste Comte, 1798~1857)의 시대구분 역시 주목할 만한 가치가 있다. 마르크스는 역사 발전이 변증법적(辨證法的)으로 전개되어 간다는 헤겔의 발전 양식을 그대로 모방하면서도 역사를 파악하는 근본 개념으로서는 헤겔의 「자유」대신에 「물질」을 내세웠다. 또한 마르크스는 1859년 '물질 생활에 있어서의 생산 양식이 사회적 · 정치적 · 정신적 생활과정 전체를 제약한다'는 견해를 발표하였다. 이러한 물질주의적 시대구분을 보다 더 발전시킨 인물은 엥겔스(Friedrich Engels, 1820~1895)였다.

콩트는 인간이 사회를 조직하는데 있어서 혁명(革命)을 피할 수 있고, 또 도덕적 발전을 이룩할 수 있기 위해서는 문명의 발전과정 속에 있는 법칙을 발견해야 하며, 이 법칙을 발견하는데 이바지하는 것이 바로 그가 제시한 실증주의적(實證主義的) 방법으로서 그의 입장은 물질주의적 역사 파악과는 그 근본에 있어서 같은 것이 아니다. 콩트는 실증주의적 사고에 이르기까지 인간의 사유양식(思惟樣式)을 세 단계로 구분하였는데, 신화적(神話的)단계, 형이상학적(形而上學的) 단계, 실증적(實證的) 단계가 그것이다. 이는 자연 현상에 대한 과학적인 분석을 강조하는 측면으로서 자연과학의 발달과 그 업적을 사회현상에 적용시킴으로써 환경과 문명을 보다 잘 지배할 수 있다고 믿었던 것이다. 콩트는 인간의 사유양식(思惟樣式)을 근거로 하였고, 마르크스는 생산양식(生産樣式)을 근거로 하였다.

(2) 20세기의 시대구분

과거에는 일반적으로 17세기 셀라리우스의 3분법과 고대 · 중세라는 시대구분의 개념들이 많이 사용되었으나, 20세기에 들어와서 트렐취(Ernst Troeltsch, 1865~1923)에 의해 전래적(傳來的)인 3분법이 강력하게 지적되었다. 그는 16, 17세기를 기준으로 중세는 끝났지만 곧바로 근대가 시작된 것이 아니며, 이후 18세기에 접어들면서 비로소 시작되었다는 견해를 발표했다. 그는 종교개혁을 곧바로 근세의 시작으로 미화시키는 것을 강하게 거부하면서 오히려 그것이 지니고 있는 중세적인 요소를 더 많이 지적하였다. 그러므로 부르크하르트(Jakob Burckhardt, 1818~1897)에 의해 강조되었던 르네상스의 근세적인 의미도 시대구분을 위해서는 어느 정도 빛을 잃게 되었다. 이와 같이 트렐취가 3분법의 모순점을 지적함으로써 중세 후기에 대한 논쟁이 야기되었는가 하면, 20세기초에는 고대와 중세의 분수령에 관한 논의도 일어났다. 본래 인문주의자들과 프랑스의 계몽사상가들은 고대문화가 게르만족의 침입으로 인해 몰락했다는 이른바 '재난설(災難說)'을 주장하였는데, 이에 반대하여 독일의 돕쉬(Alfons Dopsch)는 로마 문화가 게르만 사회에서도 연속되었다는 견해를 주장하였다.

그러나 그 후에 벨기에의 피렌느(Henri Pirenne, 1862~1935)는 고대로부터 중세로의 전환점을 5세기가 아니라 유럽에 대한 이슬람의 영향이 시작되었던 7세기말과 8세기초가 그 전환점이라는 견해를 발표했다. 그는 종래의 3분법의 문제점을 지적했으나 역사발전을 해석하는 태도에 있어서는 결국 재난설과 결합하는 입장이었다. 독일의 이상주의적 역사철학(理想主義的 歷史哲學)을 정리한 바 있는 이탈리아의 크로체는 1910년대의 역사 발전과정에서 중간 휴식과 같은 시기는 있지만 전시대와 후시대를 가르는 틈과 같은 간격은 없으며, 모든 것은 항상 연속성 안에 있다고 하였다. 이러한 입장은 영국의 콜링우드(Robin George Collingwood, 1889~1943)가 이어갔다.

슈펭글러(Oswald Spengler, 1880~1936)와 토인비(Arnold Toynbee, 1889

~1975)는 종래의 시대구분과는 전혀 다른 새로운 구분법(區分法)을 제시했다. 슈펭글러는 1918년『서양의 몰락(沒落)』에서 세계사의 8개 문화권을 설정하고 이들 문화권들은 상호간에 영향을 끼치지 않고 독자적으로 발전해 나아간다는 견해를 표명했다. 그리고 각 문화권이 발전해 가는 과정을 마치 생물체에서의 그것처럼 출생 · 성장 · 성숙 · 노쇠라는 단계들을 차례로 거치며, 각 문화권이 몰락하는 단계에 이르러서는 문화가 이른바「문명(文明)」의 상태로 된다는 견해를 발표했다. 토인비는 1930년대에『역사의 한 연구』에서 슈펭글러의 역사 파악을 동조 · 전진시키면서 각 문화권의 독립적 성격, 생물학적인 생성 및 노쇠의 법칙 등 몇 가지 문제점들을 극복하고 28개의 문화권들을 설정하였다. 여기에서 다시 제대로 발육 · 성장하지 못했거나 이른바 '저지당한' 문명들을 제외시키고 다시 21개의 성숙한 문명들을 내세웠다. 슈펭글러는 각 문화권들의 독립성과 그 몰락을 강조했으나 토인비는 그러한 파악을 어느 정도 극복하였다. 즉 토인비는 각 문화권의 상호간 관계를 인정하였고, 무엇보다도 각 문화권이 반드시 몰락에로만 운명지어진 것이 아니라 보다 높은 차원의 종교적 운동을 통하여 계속 발전해 간다고 보았다. 그러므로 그는 순환론적(循環論的)인 역사 파악과 발전적(發展的)인 역사 파악을 종합하는 경지를 보여주었다. 또한 할렉키(O. Halecki)는 지중해, 유럽, 대서양의 시대로 구분하였으며, 이는 세계사의 정치 · 경제 · 문화적 중심지가 이동해 가는 과정에 따라 분류한 것이다.

이와 같이 시대구분에 있어서는 몇 가지 중요한 이론들이 제기되었으나 그 이론들을 역사 과정에 직접적으로 적용시킬 때는 항상 어려움이 따랐다. 지금까지의 시대구분에 대한 많은 논쟁들도 대부분 3분법을 기준으로 논의가 되어왔고, 이러한 논쟁은 3분법, 즉 고대 · 중세 · 근세라는 분류를 인정하는 범위 안에서 논의되었다고 할 수 있다. 따라서 시대구분이란 현실적으로 충분히 만족할 만한 정도로는 정리하기가 어려운 것이며, 항상 심층 · 분석해야 할 과제로 남을 것이다.

(3) 시대구분의 실제

① 고대

고대(古代 : Antike, Altertum)란 흔히 희랍 및 로마세계를 지칭하는 개념으로 이해되고 있다. 이 말은 르네상스 시기의 인문주의자들에 의해 사용되었지만, 특히 18세기말에 독일의 신인문주의(新人文主義)에 의해 그리스 · 로마의 문화적 가치가 높이 평가됨으로써 더욱 부각되었다. 이러한 개념이 확장된 것은 19세기 말 독일의 고대사가(古代史家)인 마이어(Eugene Meyer, 1875~1959)가 고대 동방의 세계를 고대에 포함시키면서부터였다. 그리하여 고대란 넓은 의미로는 선사시대(先史時代) 말에서부터 중세 초기를 포괄하는 개념으로 사용되었으며, 특히 그리스 · 로마는 고전 고대(古典 古代)라는 표현으로 불리어졌다.

고대의 시작에 관해서 사람들은 흔히 인류가 문자를 사용하기 시작한 시기로 설정하고 있다. 그러므로 사료에 의하면 수메르 족(sumerians)이 문자를 사용하기 시작하였다고 하는 기원전 3500년경이 고대의 시작이라 하겠다. 따라서 넓은 의미에 있어서의 고대는 하나의 특징을 갖고 있는 시대 개념이라기보다는 중세 초 이전까지의 4,000년의 역사를 총칭하는 개념이 된다. 고대의 여러 시기들로서 고대동방의 시기, 그리스시기, 로마시기 등으로 구분되고 있다.

② 중세

중세(中世 : Mediaetas)란 말은 본래 르네상스 시기의 인문주의자(人文主義者)들이 사용했던 개념인데, 고대를 동경하면서 찬양 받는 고전 고대와 자기들 사이에 아주 불편스럽게 끼어있는 시기를 중세라고 부르면서 특징지었던 것이다. 이는 16세기 초를 기점으로 하여 중세가 근세로 전환되는 시기로 보는데, 그 이유는 중세적인 봉건제도(封建制度)가 새로운 군주(君主)들의 등장으로 인해 그 의미를 상실하기 시작하고 군주국가들이 형성된 시기, 휴머니즘의 성립, 상업의 발달 등의 이유들을 근거로 하고 있다.

③ 전환기

가. 르네상스 시기

르네상스(renaissance)란 본래 이탈리아의 예술사가인 바자리(Georgio Vasari, 1511～1574)가 1550년에 자기보다 선행했던 200년간을 규정짓기 위해 사용한 말이다. 14세기에서 16세기 중엽까지를 이 기간으로 보며, 별개의 독특한 시기로 보는 것보다는 이 시기와 중세 및 근세초기와의 연관성을 무시함 없이 이 시기의 특수성을 인정하고자 하는 태도가 일반적인 견해로 보인다.

나. 종교개혁 시기

종교개혁(宗敎改革 : reformation)이란 16세기의 시대 개념으로서 이것이 갖고 있는 의미는 본래의 모습을 재건한다는 뜻이었다. 즉 교회 본래의 순수한 생활이 그동안 타락해 온 것을 루터(Martin Luther, 1483～1546)의 등장 이후 다시 일으켜 세운다는 구호였던 것이다. 그리하여 1520년대 이후의 여러 종교운동과 16세기 후반의 칼뱅운동이 주로 주목의 대상이었다. 본래의 종교개혁 시기와 주로 17세기초에 일어났던 카톨릭의 개혁 시기가 모두 종교운동 또는 교회의 개혁 시기로서 하나의 비슷한 의미를 지니고 있으므로 16세기초에서 17세기 중엽까지를 하나의 통일적인 시기로 보는 경향이 있다.

④ 근세

가. 절대주의 시기

절대주의란 국가가 통일적이고 무제한적인 권력을 행사하는 것을 의미하는데, 역사적으로는 중세의 신분국가 체제에서 군주국가 체제로 발전된 근세 국가들의 주권을 의미한다. 17, 18세기에 근세 국가들이 더욱 더 견고해지고 국외로까지 팽창하기 시작했던 시기임은 분명하며, 프러시아의 등장, 오스트리아의 발전, 영국의 해외 진출, 러시아의 팽창 등이 그러하다. 그러므로 이 시기를 하나의 통일적인 시기로 보는 것은 무리가 없는 것이다. 일반적으로 웨스트팔리아 평화조약(The Peace of Westphalia, 1648)에서부터 프랑스 혁명(1789)까지를 그 시기로 보고 있다.

나. 최근세 및 현대

흔히 19세기를 「국가주의 시기」 혹은 「민족국가 시기」라고 하며, 19세기의 자유주의, 민족주의, 사회주의, 제국주의 등의 경향성을 대두시켜 사회변화를 일으킨 시기로 보고 있다. 이의 근거는 프랑스 혁명 전후 산업 시대의 시작에서 찾을 수 있다. 대개 프랑스 혁명 이전까지를 3분법의 근세라는 명칭을 변형시켜 「초기 근세」라고 부르며, 그 이후의 역사를 「최근세」라고 부르는 경향이 일반적이다. 그렇다면 근세가 끝나는 시기를 어떻게 가르는가 하는 점이 문제로 남는데, 이는 제1차 세계대전 이후부터로 보고 있다. 즉 유럽 중심주의의 종식과 미국의 등장, 러시아 혁명 등을 분수령으로 보는 것이다.

⑤ 현대

현대는 현재 우리가 살고있는 시기를 일컫는 것으로서 시대 개념으로서의 현대사를 독일어로 「zeitgeschichte」라고 하며, 영어로는 「contemporary history」라고 한다. 이는 동시대인들의 시기를 지칭하며, 그 역사를 학문적으로 취급하는 것을 목적으로 삼고 있다.

4. 체육학 연구에 있어서 인문학적 접근의 의의

체육학이 독립된 학문의 한 영역으로 자리를 잡아감에 따라 정체성 확보를 위한 하위영역의 설정이 중요한 논의의 대상이 되어 왔다. 운동생리학, 생체역학 등의 자연과학 영역을 필두로 하여 스포츠심리학, 스포츠사회학 등이 사회과학의 영역으로서 대두되었으며, 조금 늦은 출발이긴 하지만 인문학(人文學) 혹은 인문과학의 입장에서 체육철학과 체육사 영역이 출현을 하게되었다. 체육학이 갖는 학문적 특성상 자연과학과 사회과학 그리고 인문학을 동시에 포함하는 학문체계로서 접근이 이루어진 것이다.

자연과학의 영역이 자연 현상을 연구 대상으로 하여 실험이 가능하고 정밀한 수리적 방법으로 현상들 사이의 함수관계를 확정지을 수 있는 방법을 찾는 특성이 있다면, 사회과학은 인간사회의 여러 현상을 연구하는 경험과학을 총칭하는 영역으로 이해할 수 있다. 그러나 학문 영역을 자연을 대상으로 하는 자연과학과 사회적인 사실들을 연구의 주요 대상으로 하는 사회과학으로만 구분하게 되면 인간과 인류 문화에 관한 고찰이 결여되게 된다. 따라서 이러한 문제점을 보완하여 인간과 인류 문화를 대상으로 삼는 연구 영역이 인문학이다.

체육학 연구에 있어서도 인문 · 사회 · 자연과학의 영역은 대상과 방법에 있어서 각기 고유한 형태로서 연구가 수행되고 있음은 물론이다. 그러나 체육학의 연구는 초창기 의료인들의 참여에 의해 자연과학의 영역에 편중되어 졌다. 관찰과 실험을 근거로 하는 현대 과학이 큰 성과를 가져오자 모든 학문들이 점차 실증적인 것을 높이 평가하게 되었고, 아무리 논리적으로 타당한 것이라 하더라도 경험적인 사실에 의하여 증명되지 못하면 시, 꿈 혹은 환상으로 취급하기에 이른 것이며, 이러한 학문 태도가 체육학에서도 만연하게 되었다. 그러나 분명한 것은 경험이나 실증만을 강조하다 보면 논리적 사색보다는 감각적인 것에 의존하게 되고, 보이지 않는 세계나 관념보다는 보이는 세계만을 중요시하게 되는 우를 범하게 된다는 사실이다. 근본적이고 궁극적인 것을 찾는 철학적 노력이 가치를 잃게 되는 것이다.

이제 체육학 연구에 있어서도 학문적 성숙이 이루어짐에 따라 학문 체계와 영역이 어디를 향해야 할 것인가를 고려하지 않을 수 없게 되었다. 이는 과학적 접근만으로 해결될 수 없고, 이미 해결되었다고 결론을 내린 문제들에 있어서도 그 결과가 오히려 인류에게 유해 요소로서 작용한 오점들이 발견되기 시작한 것이다. 인간을 편리하고 유능한 동물로서 조작하는데는 과학이 많은 기여를 하였더라도 인간이 인간의 모습을 가지고 인간답게 살아가기 위해서는 철학적 성찰, 즉 인문학적 접근이 요구되어지는 것이다.

인간의 주체성 확보와 관련된 제반 문제들은 역사 · 철학적 접근으로서 가능케 되며, 이는 체육학이라는 학문 영역에서도 동일한 현상으로 비춰지게 되었다. 그리하여 뒤늦게 나마 체육학에서도 하위 영역의 주요한 한 분야로서 인문학의 영역인 체육철학과 체육사 등에 대한 연구가 출현하게 되었다. 과학이 예리한 분석력을 잠재력으로 한다면, 철학은 흐트러진 문제들을 종합 · 정리 · 비판하며 새로운 방향을 제시하는 힘이 있다. 체육 · 스포츠와 관련되는 여러 문제의 해결에 있어서도 인문학적인 접근은 통합되고 총괄적인 연구방법으로 접근하여 체육학의 분야를 올바른 길로 인도하는 길잡이 역할을 하게 될 것이다.

參考文獻

高麗大學校 文科大學 史學科 敎授室(1994). 歷史란 무엇인가. 서울 : 高麗大學校 出版部.
金泰丞(1995). 東洋史의 基礎知識. 서울 : 新書苑.
박종국 譯(1993) / Carr, Edward Hallett . 역사란 무엇인가. 서울 : 육문사.
손인수(1996). 교육사 교육철학의 이론과 실제. 서울 : 문음사.
안건훈(2007). 역사와 역사관. 서울 : 서광사.
李相信(1996). 歷史學 槪論. 서울 : 新書苑.
이한구(2007). 역사학의 철학. 서울 : 민음사.
한국사학사회학회(2008). 역사학의 길잡이. 서울 : 경인문화사.
稻垣正浩言 尺(1988). 人間スーポツ史. 東京 : 大修館書店.

Ⅱ. 원시시대의 체육

1. 역사적 배경

고대 체육의 근거는 인류 문명의 시작, 즉 4대 문명 발생시기로부터 실질적인 사료(史料)의 추적이 가능하며 결국 이를 기점으로 역사서술이 가능하다. 이는 통상적으로 활용되는 역사의 범주(範疇)가 인류의 문자 발명으로부터 시작된다는 것을 의미한다. 따라서 그 이전에는 문화인류학(文化人類學)이나 고고학적(考古學的) 접근을 통하여 밝히는 것이 현명한 방법이며 태도라고 여겨진다. 체육사(體育史) 연구 또한 4대 문명 발생시기로부터 본격적인 연구가 진행되고 있으며, 그 이전의 시기는 유물과 유적의 해석이 대단히 어려울 뿐 아니라 당시 상황에서 「체육」이란 개념 자체가 모호한 것이 그 원인이라 하겠다.

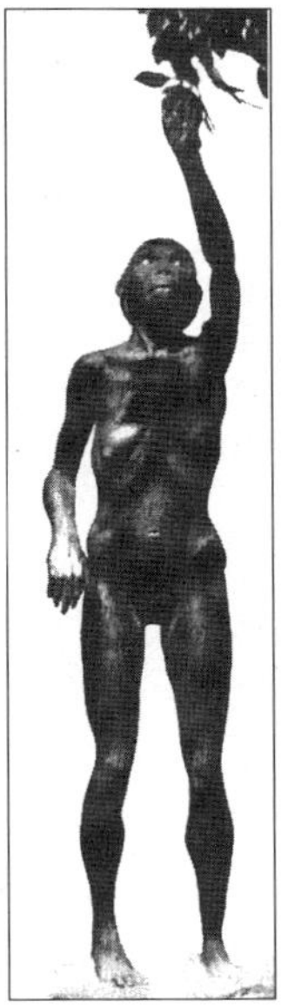

루시(Lucy) : 약 300만년전의 원인(猿人)

인류가 지구상에 처음 출현한 것은 언제인가?

일반적으로 고고(考古) 인류학자들은 인류의 발생을 현재로부터 약 300만년 전, 최근 들어서는 약 400만년 전으로 추정하고 있다. 오늘날까지 원초(原初)의 인류 흔적에 대한 답사(踏査)가 많이 있었고 현재도 진행중이지만 발견된 것 가운데 가장 오래된 것으로 판명된 것은 1974년 에티오피아 사막의 약 300만년 전 지층에서 발견된 「루시(Lucy)」라는 애칭으로 명명된 원인(猿人)의 뼈 화석(化石)이다. 두뇌의 크기는 현대인의 3분의 1밖에 안되지만 골격은 현대인의 것과 비슷하고, 무엇보다 두 발로 걸어다닌 양족성(兩足性)이 뚜렷하게 나타났다. 이를 뒷받침하는 증거로는 두개골에서 척추신경이 빠져나가는 구멍이 두개골 뒷부분이 아니라 밑부분에 형성되어 있다는 사실이다. 이를 오스트랄로피테쿠스 아파렌시스(Australopithecus Afarensis)라고 명명하였다. 또한 1978년 약 370만년 전 지층에서도 비슷한 원인의 뼈 화석이 발견되었다. 더욱이 1995년에는 약 410만년 전 지층에서 직립원인(直立猿人)의 뼈 화석이 발견되어 이것을 오스트랄로피테쿠스 아나멘시스(A. Anamensis)라고 명명하였다. 발견된 화석들을 근거로 하여 원인들은 조금씩 진화되어 가는 모습이 확인되었으며, 약 300만년 전부터는 오스트랄로피테쿠스 아프리카누스(A. Africanus), 약 200만년 전부터는 오스트랄로피테쿠스 로부스투스(A. Robustus)와 오스트랄로피테쿠스 보이세이(A. Boisei)가 아프리카 대륙을 무대로 나타나고 사라져 갔다. 최근 발굴되는 유물 · 유적은 그 시기가 더욱 이전으로 거슬러 올라가고 있으며, 이는 중국을 비롯한 세계 각지에서 발굴되고 있는 두개골 등의 실질적인 유물과 유적 등을 근거로 하고 있다.

지속적인 답사과정에서 마침내 약 180만년 전 지층에서 결정적으로 진화된 인골(人骨) 화석이 발굴되었다. 그야말로 류(類)를 달리하는 인류인 호모(Homo)가 나타나게 되었다. 이는 호모 하빌리스(Homo Habilis)라고 명명하였다. 두뇌의 크기는 오스트랄로피테쿠스 아프리카누스의 1.5배 정도였으며, 현대인 크기의 절반이 될 뿐만 아니라 언어를 다루는 대뇌의 부분이 부풀어 있음을 볼 수 있다. 이는 아주 초보적이나마 언어를 사용했을 가능성이 있다는 것을 의미한다. 또한 이들의 무엇보다 비약적인 진보는 도구의 사용, 특히 돌망치, 돌도끼, 돌칼, 돌날 등 여러 가지 석기(石器)를 사용했다는 증거에 있다. 그리고 이런 것들이 모여있고 흩어져있는 여러 지역의 모습으로 미루어 볼 때, 이들의 행동반경과 이동범위는 상당히 넓었고 더구나 어떤 집단행동과 여러 사회조직이 있었으며, 어떤 의식(儀式)같은 것도 있었으리라고 짐작하게 한다. 이로 인해 약 200만~150만년 전 시대는 획기적인 인류 비약의 한 시기라 할 수 있는 것이다. 석기는 인류의 문화문명의 시초이다. 그 당시의 석기는 오늘날의 기차, 폭탄, 컴퓨터 등 이러한 것들보다도 인간에게 더 긴요하고 발전적인 도구였다.

호모 하빌리스 이후 약 150만~50만년 전 시기에 나타나는 호모 에렉투스(Homo Erectus)에 이르러 두뇌의 크기는 현대인의 3분의 2를 조금 넘게 되고, 숯이 발견된 것으로 미루어 보아 불을 사용할 줄 알았으며, 석기도 훨씬 정교해졌다. 또한 대뇌가 커짐으로써 지적 호기심도 발달되었고, 환경에의 적응력도 향상되어 이제는 아프리카에만 머물지 않고 기후풍토가 다른 인디아, 중국, 동남아시아에까지 이동하여 영역을 확장하였다. 그 다음을 잇는 현대 인류의 종(種)은 호모 사피엔스(Homo Sapiens)로 명명되어, 약 30만년 전을 전후해 등장한다. 고고 인류학자들은 이들을 30만년 전의 고대형, 12만년 전의 네안데르탈인, 3만년 전의 현대형 호모 사피엔스 등 세 단계로 나눈다. 이러한 변화과정 중 두뇌의 크기는 지속적으로 확대되었고, 골격구조도 현대인에 상당히 접근되었다. 북경원인, 자바원인은 고대형 원인에 속한다.

12만년 전의 네안데르탈인 원인에게서는 매장(埋葬) 제도를 볼 수 있으며, 매장품으로 보아 죽은 자에 대한 애도와 신령이나 내세에 대한 믿음이 있었을지 모른다고 추측하고 있다. 치아가 전무하거나 또는 심한 관절염에 걸려 있는 등 도저히 혼자서는 살아갈 수 없는 신체조건으로 매장된 경우로 보아 노인이나 병약자를 돌보는 사회적인 인정과 인륜이 있었다는 근거도 찾아볼 수 있다. 오늘날의 현대인이 현재의 모습을 갖추게 된 것은 약 3만년 전이다. 따라서 현대인은 해부학적으로는 3만년 전의 모습과 똑같다. 3만년 혹은 2만년 전부터 예술의 흔적이 발견되고 있고, 기원전 5천년 전을 전후하여 문화형성의 유사시대(有史時代)로 이어진다.

중국의 황하(黃河) 강 유역, 인도의 인더스(Indus) 강 유역, 티그리스(Tigris)와 유프라테스(Euphrates)두 강 사이의 메소포타미아(Mesopotamia) 지방, 나일강 유역의 이집트(Egypt)가 가장 먼저 지구상에서 문명을 탄생시켰다고 하여 이를 인류의 4대 문명 발생지라고 부르고 있다.

2. 체육사적 추론

4대 문명이 발생되기 이전에는 인류가 체육활동을 하였다고 할 명백한 사료는 찾아보기 어려우며, 이 시기의 신체활동을 체육이라고 하기에도 미흡함이 나타난다. 그러나 이때에도 역시 어떠한 형태로든 신체활동이 존재하였을 것임은 부인할 수 없는 사실이다. 체육사적 입장의 시각에서 이 시기(인류탄생에서 4대 문명 발생 이전까지) 원시인의 생활을 알아보고자 한다.

1) 원시인의 생활과 체력활동

인류가 탄생하여 문명이 도래된 시기까지의 원시생활을 추론해 보기란 매우 어려운 일이다. 그러므로 오늘날까지 문명의 혜택을 누리지 못하는 미개인의 생활이 원시인의 사회 · 종교 · 교육 등을 추적하는데 효과적인 자료를 제시할 것으로 보고 많은 학자들이 이를 연구하고 있다. 약 1만년 내지 5000~6 000년 전의 인류생활을 이들 미개인의 생활에서 과연 어느 정도 타당성 있게 유지하고 있을지는 의문이지만 일단 그들의 생활양식이 원시인의 생활을 더듬는데 중요한 역할을 한다고 학자들은 전제하고 있다.

원시인의 생활 중 가장 두드러진 특징은 의 · 식 · 주(衣 · 食 · 住)를 추구하는 활동 자체가 생활의 주류를 이루며, 이러한 행위가 대부분 신체활동과 직접적인 관련이 있다는 점이다. 의 · 식 · 주 중에서도 양식을 구하는 일은 원시인의 생활에 있어서 가장 중요한 문제이다. 이를 위하여 원시인들은 달리고 뛰면서 창과 활을 사용하여 동물을 사냥하거나 강에서 낚시를 하고 작살로 물고기를 잡으며, 새 둥지의 알을 구하기 위해 나무나 암벽을 기어오른다. 이는 자연 환경을 개척해 나가는 행위들로서 원시인의 생활이며, 동시에 이러한 행위는 모두 원시인의 생활이 그 자체로서 신체훈련이었음을 의미한다고 볼 수 있다. 원시인들은 사냥을 위해 보다 발달된 창과 활을 만들고, 사냥물을 놓치지 않기 위해 사냥술을 익히며, 사냥 기구를 다루는 기술과 정확한 목표 조준을 위해 강인한 체력과 기술을 연마한다. 그러므로 이들의 생활에 있어서 신체단련은 무엇보다 중요한 의미가 있다.

원시인의 몰이사냥

원시인의 생활에 있어서 또 하나의 과제는 험난한 자

연 환경과 사나운 맹수로부터 보호를 받는 것이다. 집단끼리의 약탈과 방어 또한 그들에 있어서는 매우 중요한 문제였다. 그들은 이러한 문제의 해결을 위해 따뜻한 옷과 동굴을 찾거나 움집을 짓고 혹은 나무 위나 암벽에 집을 지어 추위와 더위는 물론 맹수들로부터 발생되는 피해를 줄이려 했다. 또한 화산, 태풍, 가뭄, 홍수 등 자연의 위대한 변화 앞에서 자연을 두려워하며, 이를 진정시키고 그 위력에 대한 숭배를 위해 원시적 신앙과 그에 따른 행위, 즉 의식과 율동, 음악, 조각 등을 추구하기도 하였다. 이는 오늘날의 미개인 생활에서도 찾아볼 수 있는 현상이다. 결국 원시인들에게 있어서 신체 행위는 모든 것의 근본이었고, 그 근본은 곧 자연의 위대한 변화 앞에서 미미한 존재의 자각으로부터 생겨나는 것이며, 이는 곧이어 자연에 대한 개척으로 발전하여갔다.

이 시기의 인간 행위는 좁은 의미에서 '신체활동을 제외하고는 아무 것도 없었다' 라고 표현할 수도 있다. 그럼에도 불구하고 원시인의 생활 중 신체 행위는 현대의 시각에서 「체육」이라고 명명하기에 부족점이 많이 있다. 노동, 놀이, 예술 등이 포함된 종합적 행동이라고 보는 것이 타당할 것이다.

2) 유희

유희(遊戱)와 오락의 기회는 문명인 보다 원시인들에게서 보다 뚜렷이 나타나고 있다는 것이 여러 학자들의 일반적 견해이다.

블레하노프는 그의 저서『예술론』에서 '유희는 노동의 자식이다' 라고 하여 원시인의 생산 노동적 기술에서 유희가 비롯된 것이라고 주장한다. 호이징가(Johan Huizinga, 1872-1945) 역시 유희의 기능을 '무엇인가를 찾는 투쟁으로 혹은 무엇인가를 나타내는 표현' 으로 파악하고 유희는 원시인의 사냥이나 종족간의 결투 등에서 찾을 수 있다고 하였다.

동물의 유희를 연구하는 학자들은 인류 태초의 원시인들이 수확물을 획득하여 자기의 욕구를 충족하게 되면 과잉된 에너지를 특별한 목적 없이 유희활동으로 방출하는 것으로 보아 원시인들의 신체활동에서 초보적 유희활동을 찾으려 하였다. 즉 유희는 원시인들의 일상생활 속에 자연스럽게 존재하고 있었고, 또 유희가 어떤 것인지 노동이 어떤 것인지를 분간할 수 없을 정도로 유희가 노동이 되고 노동이 유희였던 것이 원시인의 생활이었던 것이다.

유희를 연구하는 학자들은 유희 발생의 기원으로 생산 노동적 기술과 종교적 행사와의 밀접한 관련성을 주장하고 있다. 즉 생산 노동적 기술이나 전투 기술이 유희로 변모되고, 이러한 것들이 신(神)들을 즐겁게 하는 관람물(실제로는 인간이 가장 감동하고 가장 즐거운 것)로 신들을 받드는 제사로서 제공되기에 이르렀다. 이는 다시 스포츠적이며 예술적 성향의 유희로서 차차 조직화되어 문화적인 내용과 형식을 가지게 된 것이라는 견해이다.

블레하노프는 노동의 기술이 개량되고 잉여 생산물이 생겨나면 이는 하나의 유희적 기술로 변환된다고 하는데, 그대로 변환되지는 않고 노동적 기술 속에 일종의 운동체감(생리적 · 심리적 · 미적 운동체험 등)이 잠재하고 있어야 한다고 하였다. 이는 생산 노동적 기술에서 잉여 생산물이 얻어지는 상황과 미적 운동 체감이 있는 경우에 스포츠의 원형인 경쟁적 유희가 되며, 운동하는 흥미, 좋은 느낌, 즐거움, 아름다움 등의 요소가 노동에서 유희로 변화하는 것이라는 의미이다.

3) 원시인의 체육

원시인에게 체육적 행위가 있었다고 할 수 있을까?

원시인은 식량 조달과 험난한 자연환경에의 대비를 위해 모든 것을 바쳐야 했다. 그러므로 그들에게서 오늘날과 같은 교육적 행위로서의 체육활동을 기대한다는 것은 우스운 이야기이다. 그러나 원시인에게 있어서도 체육적 행위와 유사한 부분은 발견할 수 있다.

원시인에게 시범에 의한 교육 방법은 자손의 생존을 돕는 가장 중요한 수단이었다. 그러므로 인류 최초의 교육은 시범에 의한 교육이라고 볼 수 있다. 그리고 그들의 시범행위는 대부분 신체적 행위로써 이루어지므로 이를 오늘날의 시각으로 해석하면 체육적 행위라고 볼 수 있다. 원시인들은 생활 그 자체가 신체행위에서 비롯되었으며, 모든 행위의 근본이 신체의 보존, 즉 생명의 유지로 말미암아 이루어졌기 때문에 '인류 최초의 교육은 체육이다' 라는 말이 성립되는 것이다.

이들의 생활이 개화되어 가면서 개발된 사냥술과 농경생활로 인한 정착이 생활의 여유와 안정을 찾게 하였으며, 이는 놀이와 유희를 탄생시켰고, 벽화 등의 주술적이고 예술적인 표현이 인간의 성숙한 모습으로 발전해 나갔다. 고고 인류학자들은 오늘날 미개인의 성인식과 종교행사 등이 원시사회에도 있었다고 추측하고 있다.

(1) 성인식

현대 미개인의 생활에서 중요한 의식 중의 하나로 성인식을 꼽을 수 있다. 이는 청년들을 모아 일정 기간 동안 격리시켜 부족의 장(長)이 책임을 지고 여러 가지 일, 즉 성인의 권리와 의무, 부족의 신화와 비밀 등을 가르치고, 부족에서 예로부터 내려오는 성인이 되기 위한 고행을 행하게 한다. 성인식은 엄청난 높이의 절벽에서 바다로 뛰어내리는 담력훈련, 위험한 암벽 오르기, 수개월 이상 되는 신체적 고행, 맹수와의 대결, 수면과 음식에 대한 고행 등으로 인간 능력의 한계까지 넘나드는 경우도 있다. 이러한 성인식은 강인한 체력을 바탕으로 하며, 또한 강인한 의지가 없으면 이겨 낼 수 없는 행

원시인의 사냥 : 동굴벽화

위들이다. 이는 그들의 종교 혹은 전통적 교육 의식을 배경으로 하고 있다.

현대의 미개인에 있어서 이러한 성인식은 결국 교육적 입장에서 보면 지 · 덕 · 체(智 · 德 · 體)의 3원칙을 기본 전제로 하고 있는데, 고대사회의 원시인에게 있어서도 성인식은 행위를 전달한다는 의미에서 교육의 한 과정으로 볼 수 있다. 그리고 성인식의 내용이 신체 고행에 대한 인내, 본능적 두려움을 이기기 위한 신체 단련, 신체의 보존을 위한 지식과 기술의 습득인 점을 감안하면 이러한 행위는 결국 체육적 행위로서 파악할 수 있게 된다.

(2) 종교행사

현대사회는 과학이 축적되고 과학으로 증명된 사실들에 의해 지배받는 정보화 시대라고 명명된다. 그러나 지식과 정보에 의한 현대사회에 있어서도 아직 해결하지 못하고 있는 일들이 우리 주변에는 매우 많다. 하물며 수 천년, 수 만년 전의 원시사회에 있어서 홍수라든가 태풍, 가뭄, 화산, 천지재해 등에 대한 두려움과 경이는 그들에게 너무나 큰 시련이 아닐 수 없었다.

원시인에게 있어서 자연에 대한 숭배사상(崇拜思想)은 이러한 문제를 해결하는 지름길이었다. 자연에 비해 미미한 인간은 신앙과 주술의 힘, 즉 초자연에 대한 겸손한 태도로서 소원을 기원하여 액(厄)을 방지하고자 하였다. 자연의 원리를 이용할 줄 몰랐던 원시인들은 신앙과 주술로서 초자연적인 무엇인가의 힘에 의존할 수밖에 없었다. 이는 오늘날의 종교와 근본적으로 일치하는 관념이다. 원시 종교의 탄생과 활동은 이러한 배경을 가지고 있다.

원시사회의 신화를 해석하면 제례적 스포츠라고 명명하기에 충분한 것들이 많다. 또한 성경 구절에도 운동에 대한 구절이 나오고 있다. 현대 미개인들은 시합에서 승리의 원인을 체력이나 기술의 뛰어남으로 인정하지 않고 주술적 신비로서 보고 있다. 그리고 승패는 신에 의한 것이라고 보았다. 이러한 경우를 신화에서 찾아 볼 수 있다.

원시인들은 초인간적인 신에 의해 세상이 지배된다고 믿고 있어서 신이 노여움을 가지면 여러 가지 재해가 발생된다고 보고 그 노여움을 풀기 위해 주술적 행위를 하였다. 이러한 주술적 행위에 해당하는 것으로는 싸움 형식으로 진행하여 악한 것과 선한 것을 갈라놓고 서로 경쟁하도록 하여 좋은 쪽을 승리하게 하는 것이 있었다. 그리고 재해의 악령에 대한 위협적인 수단으로 창이나 칼 등의 정확한 사냥술을 보이거나 공동으로 힘을 모아 거대한 바위를 움직이고 거대한 무덤을 만들어 공동체의 힘을 보여 악령을 위협하고 쫓아버리려는 행위가 있었다.

이러한 제례의식에서 나온 원시인들의 신체행위가 오늘날의 연극, 무용, 종교의식 혹은 레크레이션의 모태가 되었다고 하는데, 무엇보다 창이나 칼을 들고 행하는 현란한 신체행위를 통한 신과의 만남 혹은 악령을 쫓는 행위(이를 接神術이라 함)라든가, 수 없이 반복되는 제례행위는 무예를 익히는 무사의 무예수련(신체적 · 정신적) 과정과 일맥상통하고 있음을 볼 수 있다. 그러므로 이러한 원시 신앙은 현란한 신체활동을 통해 정신을 다스리고 또한 이런 행위를 통해서 신과의 만남을 가진다는 점에서 체육학적 의미가 있다.

3. 원시시대 체육의 의의

인류의 탄생부터 4대 문명 발생 이전까지의 체육을 「원시체육」으로 볼 때 그 의의는 '생존을 위한 생활체육'이라고 할 수 있다. 원시인의 생활은 생존을 위한 본능적 욕구충족과 그와 관련한 신체활동이 우선시 되며, '모든 것의 표현은 신체행위'라는 것으로 대변된다. 이는 곧 신체활동이 교육이자 종교생활 그리고 유희활동이며, 노동이자 예술로서 삶 그 자체였다. 그러므로 원시시대의 체육을 교육, 종교, 유희, 노동, 예술 등으로 구분 짓기보다는 총체적으로 이해해야 하며, 이는 생존을 위한 신체행위라는 점을 인식해야 한다. 원시시대의 체육활동은 생존을 위해 강건한 체력유지, 식량해결을 위한 정확한 신체기술과 도구를 다루는 기량, 추위와 더위로부터 해방되기 위한 체온유지와 주거장소의 이동능력, 공동체와의 단결을 위한 협동적 신체기술, 다른 촌락이나 맹수와의 대결을 위한 전투체력과 기술 등을 들 수 있다.

参考文獻

金梅子 譯(1992) / Sachs, Curt . 춤의 세계사. 서울 : 컴피아트.
金相九(1991). 世界 스포츠 · 體育史. 서울 : 成均館大學校 出版部.
金午仲(1988). 世界體育史. 서울 : 高麗大學校 出版部.
羅絢成(1989). 世界體育史 槪論. 서울 : 教學硏究社.
박상익 譯(1994) / 번즈 E. M. · 러너 R. · 미첨 S. . 서양 문명의 역사 Ⅰ. 서울 : 소나무.
申翰雨(1996). 世界文化史 槪論. 서울 : 創文閣.
정범모(1997). 인간의 자아실현. 서울 : 나남출판.
조명렬 · 노희덕 · 나영일(1996). 체육사. 서울 : 형설출판사.

Ⅲ. 고대 동방제국의 체육

문명의 발생으로부터 역사가 시작되었다고 볼 수 있다. 그 이전의 시대는 문자가 없었을 뿐 아니라 인류의 진화과정까지도 포함하고 있어 역사적으로 접근하는데 한계가 있다. 현생(現生) 인류의 출현을 약 1만년 전으로 본다면 문명의 발생은 이로부터 약 5,000~6,000년이 경과한 이후로 볼 수 있다. 인류는 '순수 자연에서 응용 자연으로', 즉 농경과 목축생활을 통하여 곡식을 가꾸고 농산물을 축적하는 등 자연을 이용하게 되었으며, 결국 이것이 정착생활을 가능케 하였다. 그리하여 그에 따른 여러 도구의 발명이 이루어졌으며, 이는 비약적인 것이어서 「신석기 혁명」이라 명명하기도 하였다. 이후 인류는 다시 쇠붙이를 이용하게 되었고, 고대 문명의 발생은 바로 이 시기에 이루어졌다.

중국의 황하(黃河) 강, 인도의 인더스(Indus) 강, 이집트(Egypt)의 나일(Nile) 강, 티그리스(Tigris) 강과 유프라테스(Euphrates) 강 유역의 메소포타미아(Mesopotamia) 등이 세계 최초의 문명이 형성된 지역이다. 그리하여 이를 4대 문명의 발생지라고 부른다. 이러한 4대 문명은 모두 동방에서 시작되었다고 하여 '빛은 오리엔트로부터' 라는 말이 유래하게 되었다. 결국 인류의 문명은 동방 국가에서 시작되었으며, 인류 역사의 첫 장은 동방제국의 문명으로부터 시작되었다고 볼 수 있다.

1. 4대 문명발상지와 체육

1) 황하 문명의 체육 : 중국

(1) 역사적 배경

지금부터 약 50만년 전 중국의 원시인들은 동굴이나 절벽 등에 거처(집)를 만들어 살다가 신석기시대에 이르러 황하 부근에 농경과 목축생활을 하면서 진흙 등을 이용하여 간단한 집을 짓고 마을을 이루면서 정착생활을 시작하였다. 예를 들면, 북경의 주구점(周口店)에 살았던 중국인은 수십 명 정도가 무리를 이루면서 사냥을 하거나 나무열매 등을 따먹으며 살았는데, 이들의 거주지인 동혈(洞穴)은 주구점 부근의 용골산(龍骨山) 동쪽에 위치하였으며, 동쪽으로 작은 하천이 접해 있었다. 하천의 양안(兩岸)은 그들의 주요한 사냥터였고, 하천 모래사장의 역석(礫石 : 자갈돌), 석영(石英)은 이들이 석기를 제작하는 재료였다. 이들은 동굴 속에서 자연현상인 비바람 등을 피하고, 불을 이용하여 추위를 막고 음식을 요리하며, 짐승들의 침입을 방어하였다. 동굴 내에 쌓여있는 퇴적층의 발굴결과에 따라 중국 원시인들은 이곳에서 오랫동안 살았음을 추적할 수 있다.

이후부터 죽은 사람을 매장하는 현상이 나타난다. 천연동굴 이외에 하남(河南)의 안양(安陽)과 광동(廣東)의 양춘(陽春), 개봉(開封) 등지에서는 구석기시대 말기의 동혈유지(洞穴遺地)가 발견되었다. 이러한 것들은 중국 고대문헌인 역 · 계사(易 · 系辭)에 '상고시대에는 혈거와 들에서 기거하였다(上古穴居而野處)' 라고 기술되어 있고, 예기 · 예운(禮記 · 禮運)에는 '과거의 선왕은 궁실이 없었고, 겨울에는 굴 안에서 그리고 여름에는 나무로 엉성하게 지은 새둥지 같은 곳에서 살았다(昔者先王未有宮室 冬則居營窟 夏則居橧盛)' 라고 기술되어 있다. 이러한 거처방법은 그 당시 모든 인류가 같은 방법으로 사용하였을 것으로 추정되며, 고대 중국인의 거처형태를 복원한 것이 아래의 그림이다.

중석기시대를 거쳐 도래된 신석기시대는 중국의 광대한 지역에 수많은 씨족(氏族) 부락이 분산되어 있었음을 유물 · 유적에 의해 알 수 있다. 부족들 사이의 발전은 불균형을 이루고 있었고, 대략 기원전 21세기의 봉건사회 현상이 나타났다. 고대 선진 문화지역이었던 황하의 중 · 하류 지역인들은 주로 농업에 종사하였고, 이로부터 본격적인 정주생활(定住生活)이 시작되었다. 그 결과 가옥과 취락이 출현하였으며,

원시인의 주거옥과 복원도

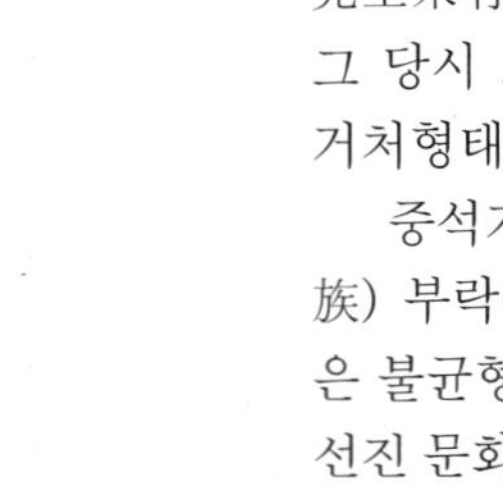

며, 토지가 비옥한 황하의 하천 부근은 농업, 목축, 어로, 교통에도 도움을 주었다. 당시 건물의 기술면으로 보아, 이미 상당한 진전이 있어 보이며 사용한 도구는 석도(石刀 : 돌칼), 석부(石斧 : 돌도끼), 석분(石錛 : 돌자귀), 석착(石鑿 : 돌끌) 등이 유물로 나타나고 있다. 그리고 묘장(墓葬)의 부장품은 벌써 빈부의 차별이 생겨났음을 보여준다. 이것으로 씨족사회 말기에 이미 사유재산제가 생성되었음을 추정할 수 있다. 즉 씨족장과 일반 구성원 사이에는 종속적인 관계 혹은 차별적인 대우가 있었음을 반영한다고 볼 수 있다. 부락 내부의 경제발전과 더불어 적대부족(敵對部族)부락과의 침략과 약탈은 노예 수를 확대하였고, 계급의 분화와 노예사회의 형성을 더 진전시켰을 것이다.

중국의 역사에 삼황(三皇)과 오제(五帝)가 있었다는 전설이 있으나 오제(五帝)는 서경(書經)이라는 역사책에 요왕(堯王), 순왕(舜王)의 두 왕에 관한 이야기가 있고, 순왕 다음 우왕(禹王)이 계승하여 하(夏)나라의 시조가 되었다고 한다. 하(夏)나라 다음에 나온 왕조가 상(商)나라이다. 상나라는 중간에 은(殷)이란 곳으로 도읍을 옮겼기 때문에 국호를 은(殷)이라 고쳐 불렀다. 상나라 때의 유물 중에는 갑골문자(甲骨文字)가 유명하다. 은나라를 멸하고 나온 나라가 주(周)나라인데 약 800여 년을 계속하는 동안 도읍을 한 번 옮기고, 또 중기 이후에 가서는 양상이 크게 바뀌어가고 있다. 주나라는 호경(鎬京)을 도읍으로 하던 때를 서주(西周), 뒤이어 낙양(洛陽)에 도읍한 때를 동주(東周)라고 하며, 동주에서도 전기를 춘추시대(春秋時代), 후기를 전국시대(戰國時代)라고 한다. 이 주나라를 멸한 것이 진(秦)나라이다. 앞서 설명한 하 · 은 · 주를 합하여 삼대(三代)라고 부르기도 한다. 그리고 뒤를 이은 상(商)나라는 상당한 수준의 문화를 지닌 노예제 국가라고 추정된다. 청동기를 사용하였으며, 후기에는 발달된 수공업으로 동기(銅器)를 사용하였고, 현재 1,000만 개 이상의 병기(兵器), 예기(藝器), 생활용기, 공구(工具), 거마구(車馬具) 등을 유물로 제시하고 있다.

중국 사학자들의 견해로는 기원전 21세기경에 중국 역사상 최초의 왕조인 하(夏)나라가 성립되었다고 한다. 이 하나라는 노예제 국가의 탄생을 의미한다. 문헌을 살펴보면, 하왕조는 이미 동기(銅器)를 사용하였으며 계획적으로 토지를 잘 이용하였다. 천문 역법에 관한 지식도 점차 발전하여 하도(河道)를 정비하여 홍수를 방지하며, 구혁(溝洫 : 논과 밭의 수로)을 파고 관개(灌漑)를 함으로써 생명의 안전, 풍족한 수확과 함께 생활의 범위를 넓혀갔다고 기술되어 있다.

유물 · 유적에 의한 중국의 역사를 추정하면 기원전 1,800년경에 중국 최초의 은(殷)나라가 생겼고, 청동기, 옥기, 도자기 등이 유물로 발굴된다. 특히, 갑골문자 유물은 역사시대임을 증명하고 있다. 왕위(王位)의 부자상속과 계급분화 그리고 조상숭배의 풍습을 알 수 있다. 다음으로 기원전 11세기경에 주(周)나라가 은나라를 이었는데, 왕족이나 공신을 제후로 삼고 영토를 나누어주며, 왕실에 봉사하도록 하는 봉건제도[1](封建制度)를 시행하였다. 주나라는 천명사상(天命思想)에 의해 나라를 다스리고 가족제도와 덕치주의의 통치이념을 나타내고 있다. 당시는 도시의 상

1) 종법적(宗法的) 봉건제도로서 서양 중세의 계약 관계 형식의 봉건제도와는 다른 가족 제도 원칙에 입각한 것임.

업화 및 대도시가 성립하고 화폐의 유통이 일반화됨을 알 수 있다. 봉건제 국가였던 주나라의 역사는 300여 년에 이른다. 계급모순의 발전과 국내의 변란 및 술족(戌族)의 침입 등의 이유로 주나라 평왕 원년(B.C. 770년)에 낙읍으로 천도(遷都)했다. 그 중 기원전 770년부터 기원전 476년까지를 춘추시대라 하는데, 이 때는 노예사회가 점차 와해되고 봉건제도가 싹트기 시작한 시기이다. 그리고 춘추전국(春秋戰國)시대는 사상의 대변혁이라 할만큼 다양한 사상이 나왔는데, 이들을 제자백가(弟子百家)라고 한다. 특히, 인(仁)과 덕치주의(德治主義)를 내세운 공자(孔子)의 유가사상(儒家思想)과 상앙(商鞅)·한비자(韓非子)의 법가사상(法家思想) 그리고 노자(老子)·장자(壯子)의 도가사상(道家思想)이 유명하다.

춘추시대 이전의 도시는 주왕(周王)과 제후(諸侯)가 정치, 경제, 군사통치를 실행하는 핵심이었으며, 도시 안에 있던 수공업은 주로 통치계급을 위하여 봉사하였다. 상업은 아직 충분히 발달되지 못하였다. 그러므로 도시의 규모는 비교적 작았다고 볼 수 있다. 경제생활에 일정한 작용을 한 도시에는 춘추말기부터 전국시기의 중엽에 이르기까지 봉건토지 소유제의 확립과 수공업, 상업의 발달이 이루어졌다. 이 시기의 도시는 날로 번영하고, 규모도 확대되었다. 예를 들어, 제(齊)의 임치(臨淄), 월(越)의 한단(邯鄲), 주(周)의 성주(成周), 위(魏)의 대량(大梁), 초(楚)의 언영(焉郢) 등은 모두 인구가 많고, 상공업이 집중된 대도시였다. 이는 사기(史記)인 소진열전(蘇秦列傳)에 다음과 같이 기록되어 있다.

> 임치는 7만가구가 있었다. 각 가구마다 적어도 남자가 3명 이상 있었기 때문에 남자 인구만 추정하더라도 21만 이상이 된다. 임치는 아주 부유하고 건실한 도시였는데, 백성 중에는 생황을 불고 비파를 켜며 거문고를 뜯으며, 닭싸움과 개싸움을 즐기고, 육박과 축국이라는 도박을 하지 않는 사람이 없었다. 거리에는 곡식을 가득 실은 수레가 서로 부딪히고, 사람들의 어깨가 스칠 정도로 붐볐다.

자주 일어나는 침략과 약탈로 인해 각 도시는 성벽을 축조하였는데, 현재까지 비교적 완전하게 남아있는 도시의 유적은 전국시기 연국(燕國)의 하도(下都)와 월국(越國)의 한단(邯鄲) 등을 꼽을 수 있다.

(2) 생활과 교육

양자강 하류 절강성(浙江省) 동북부 하모도(河姆渡) 유적에서 지금부터 약 7천여 년(B.C. 5000년 전 후) 전에 벼농사가 행해졌음을 보여주는 유물이 발견되었다(1973~1974). 이는 중국 초기의 신석기 문화를 종래 '황하문명(黃河文明)'이라는 말로 표현하는것은 불충분하며, 오히려 '河江文明'[2](황하의 河와 양자강의 江)' 더 나아가서는 '중국문명'이라고 부르는 것이 더 타당하다고 볼 수 있다. 그러므로 고대 중국인은 황하와 양자강 두 강 유역에서 거주하였다고 할 수 있다. 화북을 중심으로 한 중국의 신석기 문화는 앙소(仰韶) 문화와 용산(龍山) 문화로 나눈다. 앙소 문

2) 황하란 황색의 강을 의미하며 이 강은 비옥한 황색 진흙을 대량으로 운반해 주었다. 양자강은 황하보다 훨씬 길며 청하라고 부르는데, 황하와 양자강의 두 강은 관개와 운하가 건설되어 농사와 교통수단으로 이용되었다.

화는 석서(돌호미), 석초(돌가래)로 경작하여 조를 재배하고 석포정(돌칼)으로 이삭을 거두고 탈곡기를 사용하고 개와 돼지를 기르고 사슴과 물고기를 사냥하였으며, 채도(彩陶)의 토기를 만들었다. 주거는 평지(平地)식도 있으나 견혈식(堅穴式) 움집을 짓고 씨족 공동체를 이루고 생활하였다. 매장 방식으로써 당시의 사회를 살펴보면 여성중심의 매장법을 이용하고 부장품도 여성의 것이 많았다. 이는 모계제(母系制) 사회로서 여성의 지위가 높고 생산의 주도권을 여성이 가지고 있었다고 추측할 수 있다. 용산 문화는 흑도(黑陶)가 많이 나와 흑도 문화라고 부르기도 하는데, 시대적으로 앙소 문화 → 용산 문화 → 은나라의 문화로 연결된다.

초기의 원시농경은 여성들에 의해 전담되었는데, 신체적인 조건상 임신 · 육아를 담당해야 했던 여성들은 집 근처에서 간 돌도끼, 돌호미 등으로 수수, 조, 배추 등의 농사를 지었고, 수확물은 갈아서 토기로 된 시루에 찌는 등의 요리를 했다. 남성들은 멀리 나가 말, 사슴, 들소 등을 사냥했으며, 낚시와 어망으로 물고기를 잡았다. 울타리를 만들어 개, 돼지, 소, 양 등의 가축도 기르기 시작했다. 화석화된 벼 껍질, 토기에 박힌 낟알 자국 등은 이 시대에 벼농사가 행해졌음을 말해준다. 가축사육도 보다 높은 수준에 달했다. 남성의 묘에서는 생산도구, 여성의 묘에서는 물레 틀이나 머리 장식품 등이 출토되었다. 저장할 곡식이 많아지고, 사유재산의 개념이 출현했다. 은허(B.C. 1500년~B.C. 1100년경)의 갑골문자(甲骨文字)는 한자의 원형이며 문장의 구조도 오늘날의 중국어와 거의 유사하다.

세계의 고대 문명 중에서 중국처럼 일관된 문화를 유지해온 나라는 없다. 은나라의 왕실은 국가의 행사를 결정할 때마다 갑골로써 점을 쳐서 '신의 뜻'을 묻고, 갑골에 언제, 누가, 어떠한 내용으로 점을 쳤으며 그 결과는 어떠했는지를 기록했는데, 이것이 바로 갑골문자인 것이다. 그런데 당시 국가의 중대사(重大事)란 기상이나 자연현상, 농사의 풍흉, 자연재해, 제사, 전쟁, 사냥, 임신, 질병 등 온갖 것들이 모두 포함되었다. 그리고 갑골은 일회용으로 사용된 것이기 때문에 은허의 한 갱에서는 한꺼번에 1만 7천 7백여 편의 귀갑이 출토되기도 하였다. 이러한 신정정치는 동서양을 막론하고 자연의 위대한 힘 앞에서 끝없이 무력감을 느껴야 했던 초기국가의 일반적인 정치형태이다. 신을 즐겁게 하기 위해 화려한 제단이 마련되고 술도 빚어졌다. 제단에는 수 백 마리의 양, 소 등의 동물과 함께 피정복민이 적게는 몇 명, 많을 때는 수천 명씩 목이 잘려진 채 제물로 바쳐졌다. 제사의 제물을 바치기 위한 전쟁이 수행되기도 하였다. 은허에서 갑골문자 다음으로 극찬받는 대상은 세계 최고 수준의 청동기들이다. 특히, 청동제기의 정교함과 세련미는 따라갈 수가 없다. 청동기는 지배층의 독점물이었고, 그들에 의해 무기나 제기로만 사용되었다. 그들은 청동무기로 무장하여 지배력을 주변지역으로 확대해 나갔으며, 신의 후예임을 자처하여 화려한 제사의식으로 백성들을 위압해 나갔다. 생산활동은 오직 평민들이 전담하게 되었지만, 생산기술에는 커다란 진전이 없었다. 그들은 청동문명의 혜택에서 소외되어 여전히 토기나 목기, 석기를 사용하고 있었고, 반 지하식 움집에서 기거하였다. 그러나 왕은 살아서는 회랑으로 둘러싸이고 다시 토성으로 둘러싸인 거대한 궁궐에서 사치스런 생활을 하였으며, 죽어서는 청동기, 옥기 등이 대량으로 부장된 화려한 무덤에 매장되었다. 그리고 대규모 순장제도(殉葬制度)는 우리에게 큰 충격을 주고 있다.

중국인의 종교를 살펴보면 원시종교에서 제사를 맡아보는 사람인 사제(司祭)가 있었고, 제정일치(祭政一致)시대였다. 차차 제정이 분리되면서 사제는 초기에 무당 또는 무격(巫覡)과 같이 유일신이나 상제의 뜻을 받아서 그 뜻을 터득하지 못하는 일반 백성에게 전달해 주는 소임을 맡았다. 무격이라는 것은 결국 사제적 의미로서 후세에는 상제나 제라는 유일신 이외의 여러 가지 다른 신들도 같이 겸해서 부르는 다신적(多神的)인 군신숭배(群神崇拜), 서물숭배(庶物崇拜)같은 경우에 있어서 잡다한 종교의식 내지 행사 같은 것을 맡아하는 사람을 말하게 되었다. 역대 제왕들은 용봉숭배(龍鳳崇拜)를 이용하여 용과 봉을 '황권(皇權)'의 상징으로도 삼아왔다. 토템숭배 외에도 해, 달, 별, 산천, 비바람, 토지신, 오곡신 등에 대해서 제사지내는 서물숭배 역시 일종의 원시종교였다. 그리고 군신숭배로써 하느님과 귀신의 관념을 융합한 군신(群神)의 총위로 백신(百神)에게 제사지내는 것도 있었다. 무격은 신명(神明)의 강복(降福)을 비는 남녀무당인데, 이런 사제적 의미의 무격 외에도 점을 친다거나 주술이나 기도를 통해서 병을 치료하는 등의 일도 하였다. 복서(卜筮)는 점을 치는 시초(蓍草)로써 시초점이나 거북의 껍질로 점을 치는 거북점 등으로 길흉화복(吉凶禍福)을 미리 알아보려는 일종의 예언이다. 이러한 점의 내용을 기록한 것이 복사(卜辭)로 남아 있는데, 이것 역시 상제에 대한 신앙이나 또 조상에 대한 숭배와 직접 연결되어 있다. 이 외에 제천행사(祭天行事)가 조상제사나 원시종고 등과 연결되어 오랜 세월동안 행해져 왔는데, 이것은 신선술과 연결되기도 하였다. 은대인의 관념에서 인간세계의 지배자는 초자연력을 가진 제였으며, 점복을 통해 제의 의지를 묻고 이것에 의해 왕의 행동 모두가 결정되었던 것이다.

주나라 시대에 이르러 농업의 발달로 인한 농산품의 증가와 수공업의 발전으로 물품이 늘어남에 따라 상업도 크게 발달하였다. 그리고 화폐제도가 확립됨에 따라 교역도 자연히 편리하게 되어 상업발달을 촉진시키게 하는 하나의 원인이 되기도 하였다. 또한 흥미로운 것은 주대의 갑골문 등에서 주역(周易)이 사용했던 괘(卦)를 이용한 점복의 방법이 발견되었는데, 그 수량이 많지 않아 종합적인 연구결과는 아직 밝혀지지 않았지만 고대 중국인들이 괘를 사용하여 점복을 쳤다는 사실만은 확인할 수 있다. 즉 주역이란 일종의 '복서서(卜筮書 : 점괘를 풀이하는 책)'로서 고대 문화의 근간을 이루었던 원시 점복에 대한 필수적인 해설서였다.

고대 중국문명은 주업(主業)이 농업이고, 뽕나무를 심고 일찍부터 양잠을 하였고, 도검(刀劍)이 화폐로 이용되었다. 그리고 하늘을 으뜸가는 신으로 모시고, 사제나 관리는 중국 국가를 하늘이 내린 나라라고 합리화시켰으며, 조상숭배가 널리 행해졌고, 귀족의 장례식에는 아이가 없는 처첩(妻妾)이나 노예가 생매장되었음을 발견할 수 있다.

(3) 체육

중국은 평온하며 사색적인 생활이나 군자 같은 사람을 존중한 나라로 기록된다.

그리고 지리적 상황으로 추정해 보면 타민족의 침략이 적었던 나라였고, 또한 다른 나라를 침략할 생각도 없었던 나라였다. 이들이 가지고 있던 신체에 대한 사상이나 관념은 대체로 인간이 신체활동을 하지 않으면 병이 생기는 것이 아닐까? 라는 견해를 가지고 있었고, 경박하거나 조잡한 형태의 움직임이나 혹은 군자답지 못한 행동을 멀리하고 정정당당하고 의협심이 강한 사고 아래 행동하는 것을 강조한 것으로 나타난다. 그러한 예는 고대 중국의 사상가였던 공자나 노자 등의 저술에서 찾아볼 수 있고, 중국의 어느 시대에서나 찾아볼 수 있다. 이를테면, 스포츠맨십이 보여지는 표현을 논어에서 찾아보면 '낚시를 하려면 그물로 하지 않고, 날아가는 새는 쏘아도 자는 새는 쏘지 않는다 <論語 述而 제 7, 37章>' 라는 문구가 있다. 이는 고대 중국인의 사상이나 혹은 체육사상을 제시하는 훌륭한 본보기가 될 것이다.

① 교육으로서의 궁술(射)과 승마술(御)

중국인은 전통적으로 일정하게 확립된 형태의 책무를 완수하도록 각 개인을 훈련하고 고정화하도록 하였다. 따라서 교육의 목적은 개개인을 고상하고 교양있는 성인으로 기르는 것과 다른 사람들을 교화시키는 능력과 좋은 성격을 가진 지도자를 육성하여 사회지배를 확보하는 것이었다. 고대사상을 수용시키기 위해서 정부는 고대의 관습이나 전례를 철저하게 습득한 사람을 선택하려 했으며, 이를 위해 일련의 시험을 거쳐 관리, 즉 통치자를 선발하고 이를 배양하는 교육을 실시하였다.

중국의 교육은 지적, 도덕적, 심미적 훈련뿐만 아니라 체육도 포함하고 있었다. 예를 들면, 군(君)은 제사와 군사적 임무를 동시에 수행하는 공동체의 역할을 했으며, 이는 고대 아테네에서 귀족이 평상시에는 관리였으나 전시에는 군인으로서의 역할을 한 것과 같다. 또한 사기(史記)의 문왕 세자편에서도 '봄과 여름은 무(武)를

고대 중국인의 활놀이

배우고, 가을과 겨울에는 문(文)을 배웠다' 라고 기술되어 있다.

주나라(B.C. 1115)에는 귀족의 자녀 교육으로 六藝(禮 : 예법, 樂 : 음악, 射 : 궁술, 御 : 승마, 書 : 글쓰기, 數 : 수학)가 있었다. 이는 부유층 자제들의 필수 과목이라 할 수 있으며, 체육을 국립학교 제도에 규정하고 있음이 주목된다. 자료의 신뢰성에 대하여 의문을 가지는 학자도 많지만, 약 4,000년 전 중국에 학교가 있었을 뿐만 아니라 국가에서 실시하는 시험제도도 있었음이 확인되고 있다. 즉, 왕이 있는 수도에는 5개의 학교가 있었는데 그곳에서 전례적인 춤이나 궁술을 가르쳤다. 8세에 하급학교에 들어가서, 15세가 되면 상급학교에 진학하였다. 학교수업은 계절에 따라 달리 하였는데 봄과 여름에는 궁술이나 무용, 음악수업을 하고, 겨울에는 독서와 예의를 배웠다. 군인들은 궁술 · 승마 · 필기 · 산술에 능해야 했고, 제전이나 의식을 중요하게 여겼다. 특히, 궁술과 승마는 신체를 사용하여 행하는 체기(體技)로서 체육활동 그 자체라고 할 수 있다. 이와 같은 신체훈련은 중국사회에 있어서 후대보다는 전대에 더욱 중요시되었다. 주나라의 관리 자격이 '악기를 연주하고 활을 쏘며 말을 타고, 기록을 하고 산술하는 것에 뛰어난 능력을 가지며, 동시에 공사생활(公私生活)에서 체(體)와 의식을 터득하고 있어야 한다' 라고 되어 있음은 관리를 희망하는 학생은 궁술이나 마술(馬術)에 열심이었을 것으로 보여진다.

대학에 진학하는 사람은 도덕적인 태도와 전투적인 기능이 인정되어 지방행정관으로 진출하였다. 주조(周朝) 후에는 학교에 대한 정부의 간섭이 붕괴되고 국가시험은 중지되었으나 궁술과 승마는 당시에 필요한 것으로 생각되어 지속되었으며, 레크레이션 활동으로서 지위여하를 막론하고 모든 사람들이 애용하고 있었다. 『논어』에서 공자(B.C. 551~478)는 '군자가 다투는 경우가 없다. 그러나 만약 있다면 활을 쏘는 경우, 즉 활 시합은 별개의 문제이다' 라고 말하고 있다. 이는 군자가 사람과 다투는 경우는 있을 수 없는 것이지만 활을 쏘는 경우만은 예외적으로 인정할 수 있다는 것을 의미한다. 또한 같은 권에서 '활을 쏘는 경우에 가죽의 표적을 관통하는가 아닌가 따위를 문제로 하지 않는 것은 사람들에 따라 강약 단계의 차이가 있기 때문이다' 라고 하였다. 이러한 것들은 전쟁기술을 논하고 있는 것이 아니라 레크레이션적 의미로서의 활 시합에 대한 의견을 서술하고 있는 것이다.

사냥은 시대를 거슬러 올라가면 인간의 생존과 직접적으로 관련이 있는 행위였지만 이 무렵의 중국인들에게는 즐기는 것으로서의 사냥이라는 관습이 있었다. 따라서 사람은 즐거움에 도취되어 자기를 망각하는 일이 있음에 기인하여 노자(老子)는 '사냥을 즐기는 오락의 하나로써 치빙전렵(馳騁田獵 : 말을 빨리 사냥)은 사람으로 하여금 열중하는 마음을 일으킨다' 라고 말하였다. 이는 생계 수단의 의미에서 해방되는 스포츠로서의 사냥이 고대 중국에서 행해지고 있었음을 의미하는 것이다.

② 레크레이션 및 군사훈련으로서의 사냥

사냥에 대해 노자(B.C. 5세기경)는 도덕경 제12장에서 '말을 달려 사냥하는 유쾌한 일은 사람의 마음을 미치게 만든다' 라고 하였다. 이는 생활수단이 아닌 레크레이션적 스포츠로서의 사냥을 지칭하는 것이다. 은(殷)나라의 유물에 2두 마차와 4두 마차가 발굴되고, 사기(史記)에 왕과 귀족의 사냥에 대해서 기록되고 있는데, 이들은 마차를 타고 사냥을 행하고 있었다.

용맹한 병사는 표집(징병제도)에 의해 징용되었지만, 병사의 기본 조건으로는 체력과 전투능력이 중요시되었다. 고관박물관 주대작 동선에는 4두 마차에서 사냥하는 그림이 있는데, 이는 그 당시 사냥이 행해지고 있었음을 의미한다. 은나라 후기에는 생산노예에 의한 농경이 성행하게 되어 사냥과 어획이 생산노예의 일이 되었다. 그러므로 사냥은 평상시에는 귀족의 레크레이션적 활동으로서 행해졌으나 전시(戰時)에는 군사훈련으로서 행해지게 되어 4두 마차는 전차가 되었다. 전차는 대부분 승리를 결정하는 기동력 있는 요인이 되었으며, 궁술 또한 그 중요성이 더욱 부각되어 여러 형태가 연구되었고 석궁은 기원전 약 1세기에 사용되기 시작하였다.

③ 건강체조

중국의 사료(史料)에 체조의 형식이 나타난다. 이는 도인체조(導引體操)라고 부르는 운동으로서 짐승, 즉 원숭이나 호랑이, 새 등의 동작을 흉내는 것으로 일종의 건강체조술이라고 할 수 있다. 중국 사람들은 질병이 신체를 활동시키지 않기 때문에 일어나는 것이라 생각하였다. 그리하여 그들은 수명을 늘이기 위한 방법으로서 굴신운동(屈伸運動)과 호흡운동(呼吸運動)을 결합한 의료체조(醫療體操) 형식의 도인체조를 창안한 것이다.

화타(華佗)는 병의 치료에 뛰어나며 체조에 밝고 이를 실천하면 '건강 자체'라고 말하였다고 한다. 또한 강복(康復 : Cong-Fu)이라고 하는 일련의 건강술이 기원전 2600년경부터 행해졌으며, 5세기경에는 이를 한 승려가 문서로 만들었다. 이 체조 또한 질병은 신체가 활동을 하지 않음에 의해 발생한다고 생각하여 장수하기 위해서는 신전운동이나 호흡운동을 결합한 의료체조를 행하여 기관의 기능 유지를 하려는 의도에서 만들어졌다. 이러한 의료체조는 앉은 자세 또는 무릎을 꿇은 자세에서 행하여졌다. 이처럼 약 2,000년 전부터 행해지고 있는 치료양생법은 체조운동, 안마법, 호흡법 등으로 효명제의 정광년(520~525)에 인도 승려인 달마대사의 일종의 건강술, 즉 81기의 십팔 나한수는 잘 알려진 사실이다.

④ 스포츠활동으로서의 놀이

고대 중국에는 스포츠활동으로 취급될 수 있는 놀이들이 있었다. 이수웅 · 김경일의 저서 『중국문화의 이해』(1995)에서 소개된 내용들을 요약하여 소개하면 다음과 같다.

가. 석구(石球)

하북성 석사진, 산서성 서릉촌, 협서성 피유적 등에서 돌로 만든 공이 출토되고 있으며, 석구(石球)는 어린이 발 부분에서 출토된 것으로 미루어 어린이가 생전에 발을 사용하여 즐긴 것으로 보여진다. 그리고 구형(求刑)의 물체와 발이라고 하는 관계에서 보면, 볼차기와 비슷한 것을 이 시대 어린이들이 놀이로서 행한 것으로 볼 수 있다. 특히, 작은 석구(石球)가 출토된 것을 보면 공을 이용한 유희가 있었지 않았을까 한다.

나. 각저(角抵)

각저는 격투기의 한 종류로서 근대어로는 상박(相撲)이라 부르며, 현재 행해지고 있는 일본 스모의 전신이다. 이를 쟁교(爭交)라고도 했다. 각저는 고대에는 머리에 뿔을 달고 서로 다투던 원시 부족투쟁의 명칭으로 한나라의 각저는 전설과 신화를 바탕으로 꾸며진 각본에 따라 진행되기도 했다. 유명한 것으로 한무제가 즐기던 황공(黃公)과 동해바다에 나타난 백호의 각저희(角抵戲)가 유명하다.

각저가 상박으로 불리기 시작한 것은 진(晉)나라 때부터이다. 송나라의 『태평어람(太平御覽)』은 진나라의 『진서(晉書)』를 인용하면서 '경군 사람들이 영천 사람만큼 상박을 하지 못했다(卿郡人不如穎川人相撲)' 라고 기록하고 있다. 상박은 당나라 때에도 유행했는데, 귀족들 앞에서 공연을 하는 것으로 변형되어 극적인 요소가 가미되었다. 이는 독특한 의복과 도구를 구비한 후 공연을 하는 형식이었다. 상박이 이러한 귀족적인 분위기에서 벗어나 단순하게 힘을 겨루는 형식으로 바뀐 때는 송대에 이르러서이다. 송대에는 단순하게 둘이 서로 힘을 겨루는 방식으로 민간에서 유행했는데, 넓은 광장에서 대중이 지켜보는 가운데 서로 힘을 겨루었다.

또한 전한(前漢)의 무제가 각저놀이를 만들고 300리(里) 이내의 사람들은 모두 이것을 관람하였고, 무제는 외국의 손님 앞에서 각저를 보이든지 주지육림(酒池肉林)의 연회를 개최하였다. 더욱이 한의 기술(奇術)에 알렉산드리아의 기술사(奇術師)의 기묘성이 더해지게 되었고, 각저와 기술이 해마다 변화하고 있었지만 이러한 것이 유행하고 성대하게 된 것은 바로 이 무렵이다. 또한 '주지육림(酒池肉林)을 마련하여 사방 오랑캐의 빈객을 향응하고, 무락(舞樂), 곡예(曲藝), 음악, 희기(戲技), 변환(變換), 각저 등의 놀이를 연기하여 이것을 관람시켰다' 라고 기록된 것처럼 이러한 대규모 연기가 여러 차례 행해지게 됨에 따라 연예를 전업으로 하는 사람들이 나타나고 있는 것도 당연한 것이라 하겠다. 더구나 궁정내에 연예의 전업자 양성소가 설치되고 있는 것은 주목할 만한 것이라 하겠다. 특히, 당시의 황제가 이러한 여흥을 마련하여 자국의 권위를 어떻게 과시하고 있는가 하는 것도 무시해서는 안 된다고 보여진다.

다. 건자(建子)

건자는 오늘날의 제기차기이며, 그 기원에 대한 정확한 기록은 없다. 단지 송대의 고승이 쓴 『사물기원(事物紀原)』에는 건자를 축국의 변형이라고 했다. 또 한대의 벽돌그림 등에서 건자놀이가 발견되고 있다.

라. 투호(投壺)

투호는 항아리에 화살을 던져 넣는 놀이로 고대 연회에서 주흥(酒興)을 돋우기 위해 만들었다. 투호의 방식은 한 사람이 네 개씩의 화살을 가지고 멀리 서서 항아리에 화살을 던져 넣는 것이다. 이 때 항아리 곁에는 술항아리를 두어 실패한 사람이 벌로마시도록 하여 객들의 주흥을 돋았다. 또한 투호는 당시 사회에서의 질서를 유지하게 하는 수단이었다. 상하 질서에 따라 투호의 순서를 정하였고 투호를 대기하는 자는 무릎을 꿇고 기다렸다. 고대문헌인 『예기』의 <투호(投壺)>와 사마광의 『사의(少儀)』에서의 <투호의절(投壺儀節)> 등은 바로 투호의 예절에 관한 내용을 기술한 책이다.

투호가 등장한 시기는 춘추이전으로 추정된다. 기원전 530년 전의 기록인 『좌전』의 <소공(昭公) 12년>을 보면, 진소공(晉昭公)이 즉위했을 때 제경공(齊景公) 등 각 국의 제후들이 축하연에 참가하여 투호를 했다. 소공과 경공은 투호를 하며 농담을 주고받았는데, 농담의 내용은 항아리에 화살을 집어넣는 자가 중원의 제후가 될 것임을 암시하는 정치적인 것이었다.

투호는 그 후 주연(酒宴)에 빠지지 않는 놀이였고 당나라 시대에도 유행했으나, 송나라 이후에는 문헌에서 사라져 버렸다. 투호의 항아리는 배가 크고 목이 가늘며, 안에는 작고 바짝 마른 콩을 가득 채워 너무 강하게 던지면 이미 꽂혀있는 화살들이 튀어 나가도록 했다. 화살은 대개 무거운 재질의 관목가지나 껍질을 벗기지 않은 나무줄기 등을 사용했다. 보통 세 가지 서로 다른 길이로 구분되며 크기는 부(扶)라는 단위를 사용하였는데, 부는 네 손가락의 폭을 의미했다. 세 종류의 화살은 각각 5부, 7부, 9부로 구별되었다. 실내에서 투호를 진행할 때는 짧은 거리이므로 5부의 화살을 사용하고, 조금 넓은 당(堂)에서 진행할 때는 7부의 화살을 쓰며, 넓은 정원에서 진행할 때는 거리가 멀어 9부의 무거운 화살을 사용했다. 투호 때는 사사(司詞)라는 심판이 나무로 깎아 만든 동물(주로 사슴이나 호랑이)모양의 중(中)이라는 그릇을 안고 서 있었다. 사사는 투호자의 투호 결과에 따라 1척 2촌의 산(算) 막대를 채워 넣었는데, 마지막에 산의 개수로 결과를 판정했다. 두 사람이 투호를 할 경우는 여덟 개의 산을, 세 사람의 경우는 열두 개의 산을 준비했다. 사사는 투호가 시작되기 전에 항아리의 위치를 확인하였는데, 이를 탁호(度壺)라 했다. 항아리는 연회석의 남쪽에 두며 거리는 화살 두개 반의 거리를 두었다. 화살 두개 반의 거리는 화살의 종류가 틀리기 때문에 거리 또한 비례해서 달라졌다. 준비가 끝나면 사사는 '이긴 자는 패한 자에게 술을 권한다'라는 선언을 하고, '이수(狸首)'라는 반주음악의 연주를 시작하게 하였다. 음악은 다섯 번을 반복하였는데, 첫 번째는 투호의 서곡이며 두 번째부터 화살 한 개마다 음악을 연주하여 네 개의 화살이 모두 던져지게 된다.

투호가 끝나는 것을 입일마(立一馬)라고 하며, 입삼마(立三馬)까지 실시되었다. 입일마 때마다 산을 헤아렸으며, 이를 석산(釋算)이라고 했고, 석산은 활이 항아리에 완전히 들어간 것만 하는 것이 아니며, 항아리 입구에 걸쳐 있거나 항아리 손잡이에 끼어 있는 것도 다른 점수로 나누어 계산했다. 투호의 예절은 먼저 주인이 화살을 들고 손님에게 청을 하면 손님은 답례로 말을 건네게 된다.

> 주인: 아무개는 비뚤어진 화살과 입구가 똑바르지 못한 항아리를 준비했으나 즐겨 주시기 바랍니다.
>
> 손님: 주인은 좋은 술과 음식을 준비하시고, 또 이렇듯 즐거운 놀이를 준비하셨으니 참으로 송구스럽습니다.

이렇게 서너 차례 사양을 하고 나서 손님은 주인의 손에서 화살을 건네 받는다. 이 때 신분이 높은 사람이 화살 네 개를 모두 땅에 내려놓고 던지지만, 그렇지 않은 사람은 한 손에 화살을 한 개 들고 나머지는 가슴에 품은 채 던졌다.

마. 축국(蹴鞠)

이것은 오래된 잡기였다. 축국이란 짐승의 털을 채운 가죽공을 차는 놀이로 축구와 흡사하다. 또 짐승의 털로 만든 공으로 하는 놀이이므로 구희(毬戱)라고도 했는데, 국(鞠)이란 공의 가죽을 강조한 것이며, 구(毬)는 공의 내부에 넣은 털을 강조한 것이다. 축국은 황제(黃帝)가 만들었다는 전설이 있으나 전국시대에 생겼다고 하는 것이 더 신빙성이 있다. 한대에는 군사훈련용으로 사용했으며 황제들도 즐겼는데, 특히 한무제는 서역에서 축국을 잘하는 사람들을 데려오기도 했다.

축국의 놀이 방법에는 백타(白打)와 구문(毬門) 등 두 종류가 있다. 백타는 공을 가지고 혼자 발로 차며 놀거나 두 사람이 서로 주고받는 놀이 방법이고, 구문은 세 사람 혹은 아홉 사람이 한 팀이 되어 서로의 구문에 공을 집어넣는 것이며, 특히 아홉 명의 경우 공격과 수비 두 팀으로 나누어지는 등 오늘날의 축구와 매우 흡사하다.

축국은 한대의 경우 땅을 움푹 파고 그 안에서 시합을 진행했으며, 굴실(窟室) 또는 국실(鞠室)이라고 했다. 이 당시에는 왕궁뿐만 아니라 귀족 등 일반 가정에도 개인 국실이 있었다. 축국은 당대에 이르러서도 지속적으로 애용되었으며, 타구(打毬) 또는 격구(擊毬)로 그 명칭이 바뀌었다.

바. 대나무와 줄타기

대나무 타기인 상간(上竿)과 줄타기인 주색(走索) 역시 한나라 이후 성행하기 시작한 잡기이다. 『한서(漢書)』와 『서역전찬(西域傳贊)』에는 줄타기가 도노국(都盧國)에서 전래되었다고 전하고 있다. 도노국이 어디인지 현재로서는 분명히 알 수 없으나 서역지역으로 추정된다. 상간은 높은 대위에 올라가서 각종 동작을 취하는 놀이로, 한대 장형(張衡)이 지은 『서경부(西京賦)』에 처음으로 소개되고 있다. 상간은 마차 위에 대나무를 높이 세우고 달리면서 진행되었다. 주로 어린아이를 대나무 위에 올려 놀이를 하였는데, 발에 끈을 달아 거꾸로 서기도 하면서 달리는 마차와 함께 묘기를 부렸다.

줄타기인 주색은 답색(踏索), 이색(履索), 주승(走繩) 등으로 불렸다. 주색 역시 한대에 유행한 잡기이다. 『한궁전직(漢宮典職)』에 의하면 '두 개의 기둥에 밧줄을 걸고 두 남녀가 춤을 추며 줄을 탔는데, 서로 자리를 바꾸는 등의 어려운 동작들을 자연스럽게 진행했다' 고 한다.

사. 금수어충희(禽獸魚蟲戱)

금수어충희는 각종 동물을 훈련시켜 묘기를 부리게 하는 놀이이다. 처음에는 직접 동물이 재주를 부리는 것이 아니고 사람들이 동물의 흉내를 내는 형태였다. 이는 고대 동물토템의 흔적으로서 현회 등지에서 동물의 동작을 흉내내며 춤을 추는 것이었다. 최초의 문헌은 한대의 『서경부』인데, 각종 동물의 춤을 소개하고 있다. 또한 『한서』의 예악지(禮樂志), 『위서(魏書)』의 악지(樂志) 등에는 기린, 봉황, 뱀, 흰코끼리 등이 춤을 추면서 사악함을 몰아내는 주술 행위의 기록이 있고, 『수서(隨書)』에는 공작, 사슴 등 동물의 모습을 춤으로 표현하는 기록이 있다.

따라서 이러한 역사를 지닌 금수어충희는 두 단계로 나누어 살펴볼 수 있다. 하나는 동물을 흉내내는 놀이이며, 다른 하나는 직접 동물을 훈련시켜 재주를 부리게 하는 것이다. 첫째, 어룡(魚龍)과 만연(蔓延)은 한대에 비롯된 본격적인 동물 흉내의 놀이이다. 어룡은 서역지방에서 들어온 것으로 알려져 있으며, 이는 『한서』의 서역전찬(西域傳贊)에 나타나 있다. 어룡 놀이는 한대 황제의 궁궐에서 실시되던 놀이였는데, 먼저 황금을 토한다고 해서 함리(含利)라 불리던 동물이 황제 앞에서 춤을 추다가 준비한 물을 통기면 비목어(比目漁)라는 물고기로 변한다. 이후 안개를 뿜으며 점차 길이가 8장(丈)이나 되는 황룡(黃龍)으로 변하여 황제의 만수무강을 기원하는 춤을 추게된다. 즉 놀이에 등장하는 짐승이 상서(祥瑞)롭다는 것을 뜻하는 용이기 때문에 어룡이라 불렸다.

만연 역시 어룡과 비슷한데 길이가 18장에 해당하는 길다란 동물이 등장하여 점차 황룡으로 변해 가는 놀이였다. 만연이라는 명칭은 황룡으로 변하기 전의 모습에 마땅한 이름을 붙이지 못해 정한 것으로 알려지고 있다. 어룡과 만연은 한(漢)나라 안제 때 잠시 폐지되기도 했으나, 그 후 여전히 성행했으며 명칭도 황룡변(黃龍變)으로 바뀌었다. 이러한 놀이는 지금도 중국 곳곳에서 연말연시에 성행하는 용이나 사자놀이로 전해져 오며, 다만 이것들이 다른 모습으로 변하지는 않았지만 동물 흉내의 원류는 그대로 존속되어 있다.

둘째, 동물을 직접 훈련시켜 재주를 부리는 경우이다. 이 시기는 당나라 이전으로 추정되는데, 가장 먼저 등장한 동물은 말이었다. 마희(馬戱)는 당나라 때에 굉장히 흔한 동물묘기였으며, 현종은 춤을 추는 말 400여 필을 마련한 후 각종 장식을 하여 춤을 추게 했다고 한다.

아. 씨름

중국에서는 사(射)나 어(御)와 마찬가지로 군사훈련으로써 씨름이 중요한 종목의 하나였는데 이는 전쟁에서 격투기로 유용하였기 때문이다. 그리고 씨름은 일반 사람들도 즐겨 255년~681년까지 매년 2회씩 공개시합이 행해졌으며, 줄다리기는 주전(舟戰)의 방법을 가르치기 위해 행해졌다고 한다.

자. 무용

무용은 부유층 자제들의 필수 과목이었는데, 그 종류는 크게 의식 무용과 자연적 무용으로 나뉘었다

⑤ 그 밖의 유희

가. 돌팔매치기

기원전 494년경에 군사훈련의 하나로 돌팔매치기가 있었다고 『세조항보(笹鳥恒輔)』는 밝히고 있다.

나. 머리밀기

머리밀기는 기원전 2000년경 중국에 전해진 것으로서 경기자는 머리 속에 소의 가죽, 뿔 등 여러 가지 것을 붙이고 같은 팀의 등에 타고 상대팀 2명을 밀어내는 것이었다.

다. 바둑 · 장기

가) 혁(奕) : 혁은 바둑의 고대 명칭으로서 논어에 '종일 배불리 먹고 아무런 마음 씀도 없음은 덕을 이루기 어렵다. 그렇다면 박(博)과 바둑이 있지 아니한가? 혁과 박을 하는 것이 오히려 좋을 것이다.' 라고 기술되어 있다.

나) 박희(博戲) : 고대에는 박(博)으로 불렸으며, 대나무나 돌조각을 가지고 일정한 판 안에서 진행하는 국희(局戲)였다. 이는 일종의 장기와 유사한 것이었다.

다) 저포(樗蒲) : 저포는 소나무과에 속하는 나무열매를 던지며 놀았기 때문에 얻어진 명칭이다. 저포는 육박에서 쓰이는 금수어충희(禽獸魚蟲戲)가 변해 만들어진 놀이로서, 한대에 유행하던 박이 점차 사라지면서 경 부분만 따로 변형되어 저포가 되었다.

라. 동물싸움

동물놀이의 다른 형태는 투희(鬪戲)라고 불리는 동물싸움이었는데, 투희의 역사는 비교적 오래된 것으로 알려져 있다.

가) 투계(鬪鷄) : 최초의 투희는 투계이며 주나라 때에 이미 등장했다. 『좌전』에는 닭에 갑옷을 입히고 금장식을 한다고 했다. 『열자』의 황제편(黃帝篇)에는 투계를 좋아하는 주대 선왕이 40여일 동안 투계를 길렀다는 기록이 있다. 즉 열흘 기른 싸움닭은 허장성세(虛張聲勢)만 있기 때문에 투계에 아직 나설 수가 없고, 열흘이 지나도 여전히 헛기운만 가득 차 있다. 다시 열흘이 지나면 조금 노련해지기는 하지만 여전히 흥분된 눈빛과 열기가 있어 싸움에 나설 수 없다. 마지막 40일째가 되면 비로소 마치 나무 닭처럼 움직이지도 않지만 위엄이 가득 차게 되었다고 했다.

나) 투압(鬪鴨) : 투압 놀이는 고대 한족 사이에서 유행하였다. 특히, 궁중 및 귀족들이 좋아하였다. 물가에 나무 울타리를 설치하였는데, 이것을 투압난(鬪鴨欄), 투압난간(鬪鴨欄干)이라고 하였다. 그 안에 투압을 양육하였다. 이 놀이는 한대에 시작하여 송대 까지도 유행하였는데, 나중에는 사대부 부녀들의 규중놀이의 하나로 바뀌었다.

마. 희극

「희(戲)」는 병기의 일종이지만 전해지고 있지 않아 어떤 것인지 추정할 수가 없으며, 여러 문헌들의 해석을 종합해 보면 가지고 놀 수 있는(戲弄) 병기임을 알 수 있다. 그리고 「극(劇)」은 돼지와 호랑이의 싸움 또는 호랑이가 두 발을 들고 있는 것이라고 풀이를 하고 있는 것으로 미루어 보아 격투를 뜻하고 있다. 따라서 「희극(戲劇)」의 어휘적인 내용은 희롱, 또는 싸움의 의미를 포함하고 있다.

중국의 전통적인 희극의 특징은 3가지로 나누어 설명할 수 있는데, 첫째, 들어(음악)서 귀를 즐겁게 하고 둘째, 보아(무도)서 기쁘게 할뿐만 아니라 셋째, 인생의 슬픔과 기쁨, 이별과 만남 등 공명의 기쁨을 얻는다고 하는 것이다. 중국 희극의 기원은 원시시대부터이며, 그 기원에는 몇 가지 학설이 있다. 원시시대에 사람들은 완전히 자연에 의지하여 생활을 영위해 왔으나 일체의 자연현상에 관해서는 아무런 지식을 갖고 있지 못하였기 때문에 자연스럽게 하늘에 대한 외경심을 가지게 되었다. 그리고 만물을 중재하는 신이 있는 것으로 믿었으므로 어떻게 하면 강신(降神)하게 하여 인간의 재앙을 몰아 낼 수 있을 것인가 하고 생각하였던 것이다. 그리하여 신에 대한 제사를 지내기에 이르렀고 신을 즐겁게 하기 위해 오로지 노래와 춤만 추는 무당이 있었다. 사기(史記)에 따르면 무당은 아주 오랜 옛날부터 있어 왔으며, 그들이 제사를 지낼 때에는 반드시 북을 치고 노래하고 춤을 춤으로써 신을 즐겁게 했다고 하였다. 또 과거에는 조상을 받들어 지내는 제사의 전례가 매우 장엄하였는데, 대부분이 노래하고 춤을 추어 조상의 덕을 칭송하였다. 『시경』 중의 '송(頌)'은 제사를 지낼 때의 노래이며 춤으로서 이것이 나중에 희극으로 발전하게 되었다는 것이다.

이상에서 살펴 본 바와 같이 희극의 기원에 관한 주장은 각각 다르다고 하지만 「가무(歌舞)」가 희극의 전신이라고 하는 견해는 공통적이었다. 원시시대에는 물론 현재와 같은 희극이 있을 수 없었으나 가무는 항상 있어 왔으므로 훗날 희극의 기초가 되었다고 하는 것은 타당한 주장으로 간주된다. 사회가 발전해감에 따라 가무도 발달해 갔고 제왕들의 치적을 노래와 춤을 통해 칭송하는 한편 그들의 권위를 표현하기도 하였으며, 또한 가무를 통하여 그들의 백성들을 올바르게 다스리려고 하였다. 춘추이전에 음악은 이미 악기를 사용하였고, 춤도 체계화되어 리듬에 맞춰 춤을 추었을 것으로 추측된다. 무왕(武王)이 지었다고 하는 「대무(大武: 가무의 일종)」는 주(周)나라가 상나라를 평정함에 대하여 노래하는 것으로서 다음과 같은 기록이 전해지고 있다.

> 무릇 음악이란 것은 상징을 통하여 이루어지는 것이다. 방패를 들고 우뚝 서 있는 것은 무왕의 일을 상징한 것이며 소매를 휘두르고 발을 구르는 것은 태공의 뜻을 상징한 것이다. 춤이 고조되고 모두 앉는 것은 주공과 소공의 다스림을 상징한 것이다. 또 무무(武舞) 북쪽으로 나옴을 시작으로 이성(二成)에는 상을 멸망시키고 삼성(三成)에는 남쪽으로 내려간다. 사성(四成)에는 남쪽 나라들이 평정되고 오성(五成)에는 섬 지방이 나누어져 주공은 왼편을 다스리게 되고 소공은 오른편을 다스린다. 그리고 육성(六成)에는 제자리로 돌아와 계속된다. 천자를 숭상하여 방울을 흔들고 나아가 네 번 치는 것은 중국의 위세를 떨침을 뜻하는 것이다. 나뉘어 나가는 것은 일이 이미 다 끝났음을 의미하며 제자리에 오래 서 있음은 제후들의 내조를 기다리는 것이다. 여기에서 '成'은 춤의 단원을 말함인 듯하다.
>
> – 『사기』 악서(樂書) 중에서 –

이는 공자의 「대무」에 관한 설명인데, 이 설명을 통하여 이미 한 사건의 내용을 연출하려고 하는 의도적인 춤인 것을 충분히 엿볼 수 있다. 한편, 북방에 비하여 문화적으로 뒤져 있던 초나라는 그 영향을 받아 전국시기에 이르러서는 큰 발전을 하였고, 가무 역시 매우 흥행하였다. 다양한 악기를 사용하여 음악을 연주하는가 하면 화려한 복장을 하고 춤을 추었다. 독창과 합창을 하는가 하면 꽃가지를 꺾어들고 남녀가 군무를 추기도 하고 홀로 추기도 하였다.

바. 기타

이 외에 중국 최초의 스포츠의 하나인 축삭은 군사적 운동으로써 장려되었지만 후에 민중의 인기 있는 스포츠가 되었으며, 격양은 극히 오랜 시대부터 중국에서 행해진 유희라고 볼 수 있다. 그리고 페르시아와 티벳을 거쳐 전래되었다고 추정되는 폴로(Polo)를 많은 귀족들이 즐겼으며, 루피라고 하는 보드 게임이나 장기도 보급되어 있었고, 또한 낚시, 수영, 연날리기 등이 레크레이션으로서 즐겨 행해지고 있었다.

2) 인더스 문명의 체육: 인도

(1) 역사적 배경

인더스(Indus) 문명이라 함은 인더스 강 하류에 존재했던 문명이라는 의미에서 이름이 붙여졌다. 인더스 문명은 청동기 문화로서 기원전 3000년경에 원주민 드라비다(Dravida) 족에 의해 성립된 것으로 추정되었으나 현재는 기원전 2350~1700년경이라고 추정하고 있다. 높은 수준의 인더스 문명은 기원전 1700~1500년경에 멸망한 것으로 추정하는데 그 원인에 대해서는 아직 확실하게 밝혀진 바가 없다.

광범위한 지역에 걸쳐있는 유적은 인더스 강 유역에서 60곳 이상이나 발견되는데, 그 중에서 가장 큰 도시로는 1922년 영국의 고고학자 마이샬(Jhon Marshall) 등이 발굴한 하라빠(Harappa)와 모헨조다로(Mohenjo-Daro), 찬후다로(Chanhu Daro) 유적, 주카르(Jhukar) 유적 등을 꼽을 수 있다. 이 유적들은 고대 문명(B.C. 2000~1500)이 멸망하기 이전의 상황을 추적할 수 있도록 하는데, 기원전 1500년경 중앙 아시아 쪽에서 아리안(Aryan)족의 한 갈래가 인더스 강 상류 편잡(Punjab) 지방에 이르렀다가가 다시 기원전 1000년경에 갠지스 강 유역의 평야에 정착하여 농경생활을 하였다. 대체로 이 시기부터 직업적 · 종교적 신분제도인 카스트(Caste) 제도가 성립되고, 브라만이 아리안족 사회의 지도계급이 된 것으로 보인다. 이들은 차츰 특권권력을 강화하고 노예화(奴隷化)된 원주민과의 혼혈(混血)을 막으며 계급을 엄격하게 구분시켰다.

인도의 카스트 제도는 중국의 가족 제도와 같이 인도사회 전체를 지배하고 있었다. 기원전 500년경에 만들어진 이 제도는 종족이나 계급, 직업적 편견에서 이루어진 제도로서 브라만(Braman), 크샤트리아(Kshatriya), 바이샤(Vaisya), Sudra(슈

드라)의 네 계급으로 나누어져 있었다. 이러한 사회 계급에 의하여 모든 사람들은 출생하면서부터 어떠한 일을 해야하며, 무엇을 먹고, 누구와 교제하고, 누구와 결혼해야 하는가가 정해져서 틀에 박힌 생활을 해야만 했다.

기원전 6세기 이후부터 상공업과 도시가 발달하고 이들 아리안족 문명의 사회는 안정되었다. 브라만 계층의 아리안 족은 제신(諸神)이 제사를 주도해 나갔던 사제(祭司)들의 제식의 중요성을 강조하고 체계화하여 베다(Veda) 연구를 성행시켰다. 신학, 철학, 윤리학 등의 학문이 성장하고, 베다 합창(合唱)에 정확성을 기하기·위하여 문자학, 문학 등의 학문과 천문학, 역학, 수학 등의 학문도 발달시켰다. 인도의 범어(梵語: Sama-Veda) 같은 경우는 기원전 약 5세기초에 체계화되어 브라만 계층에 의해 전승되었으며, 고대 인도문명의 종교는 베다시대의 자연숭배와 제식연구(브라만 교)를 기반으로 철학적 체계(힌두교)를 이룩하였다.

(2) 생활과 교육

인더스 문명인들은 보통의 것보다 50배 이상되는 방사능을 가진 인골(人骨)의 발견과 해독되지 않은 인더스 문명의 문자 등이 인더스 문명의 멸망 원인과 함께 아직 풀리지 않는 수수께끼를 남겨주고 있다. 인더스 문명의 유적지 중 하나인 모헨조다로는 인더스 강 중류 연안의 평탄한 언덕에 건설한 도시로서 주위를 성벽으로 둘러싸고 시가 중앙에는 광장과 공동욕실로 보이는 건축물이 있다. 메소포타미아 문명과 비슷하지만 당시로서는 생활 수준이 매우 높았다고 할 수 있다. 성채(城砦)부분에는 현재 대목욕탕으로 명명하고 있는 풀 형태의 건축물과 곡물창고, 큰방 등 공공건물과 오지벽돌로 지은 집들이 있고, 후대에 만든 불탑이 같이 있다. 집집마다 우

모헨조다로 목욕탕: 인더스문명의 대표적인 유적

물 · 목욕탕 그리고 양변기식 화장실이 있으며, 오물은 배수관을 통해 집밖으로 나가 벽돌로 만든 하수구를 통하는 데 하수구는 위에 돌을 덮어놓았다. 흙벽이나 진흙으로 집을 짓던 당시 세계인들과 달리 구운 벽돌로 집을 건축한 점과 사방으로 잘 정비된 도로 등은 로마제국 이전에 이토록 훌륭하고 실용적인 도시계획의 상태를 찾아보기 힘들다.

인더스인들의 신앙과 관련하여 알 수 있는 것은 주로 인장(印章)이나 석조상(石彫像) 등을 통해서 가능하지만 한편으로 신앙생활을 위한 것으로 보이는 성채도 마련되어 있었다. 동서의 길이가 23m, 남북이 55m나 되는 건축물 가운데 수영장 같은 것이 눈에 띄는데, 그 크기는 길이가 13m, 폭 8m, 깊이 2.7m로서 현대의 25m 수영장의 약 절반 정도 규모이다. 이는 목욕탕으로 추정되며 신전, 즉 종교적인 건축물로서 간주되었다. 대부분의 가정에도 목욕탕이 있었다고 여겨지는데, 이렇게 크고 훌륭한 건축물은 단순히 몸을 씻기 위한 것이 아니라 종교적인 목욕재계의 의미를 지닌 것으로 여겨진다. 수많은 인장과 상아, 보석으로 만든 목걸이, 팔지, 반지, 귀걸이 그리고 염주로 보이는 장식품이 있고, 은, 구리, 청동으로 만든 그릇과 각종 무기류와 바퀴 달린 수레형식의 장난감이 출토되었다. 인장처럼 보이는 것은 매우 주목할 만한 것으로서 대량으로 출토되었는데, 메소포타미아에서 5백여 개나 발견된 점으로 보아 무역과 관련이 있을 것으로 보인다. 이 인장에는 많은 그림과 부호가 새겨져 있으며, 이것은 그 시대의 문자라고 생각된다.

그들의 생업은 농업과 상업이었다. 대형 곡창이 발견되는 점으로 미루어 보아 그들은 풍족한 생활을 하였을 것으로 판단된다. 유물을 통해 살펴보면, 보리와 밀이 주요 식량이고, 깨, 콩, 대추, 야자열매 등을 먹었으며, 출토된 동물의 뼈는 소, 물소, 양, 코끼리, 낙타 등과 같은 가축의 것으로 보인다. 소는 이륜차를 끄는데 사용한 것으로 보이지만 말을 사용한 흔적은 없다. 소, 양, 돼지, 닭 외에 금속제의 낚시바늘과 추로 보이는 물건이 많이 발견되는 점으로 미루어 보아 사냥과 고기잡이도 성행했으며, 그물도 사용한 흔적이 있다. 또한 물레가 출토되었는데, 실의 종류는 양털과 무명실을 사용한 것으로 밝혀졌다. 이들은 실을 뽑아 옷을 만들어 입은 것으로 세계 최초의 면화 생산자라고 할 수 있다. 유약토기 같은 유물은 다른 문명권과 구별되는 독자적인 발전을 보여준다.

현재 이 지역은 연 강수량 15cm가량의 건조한 곳이지만 당시는 수 없이 많은 벽돌을 굽는데 장작을 사용하였을 만큼 주위는 숲이 울창했던 것으로 짐작된다. 또한 관개설비의 유적으로 미루어 보아 당시 강수량은 풍부했던 것으로 생각된다. 이는 인장에 새겨져 있는 코끼리, 물소, 호랑이, 코뿔소 등 밀림과 늪지대에 사는 동물들이 이를 뒷받침하고 있다. 문헌에도 기원전 약 4세기에 이곳에 왔던 알렉산더 대왕(Alexander the Grear, B.C. 356-323)이 이곳 신드(Sind) 지방을 비옥한 땅이라고 하였다. 유물이나 기록으로 보아 당시의 인더스 강 유역 일대의 기후가 현재의 사막 기후가 아니라 비옥한 땅이었음을 추정하게 한다

(3) 체육

인더스 문명인들은 후대에 군인과 귀족 사이에서 폴로(Polo) 경기가 행해졌지만 이렇다 할 스포츠라고 지적할 만한 자료를 찾아내지는 못했다. 다만 심신훈련의 요가(Yoga)는 오늘날까지 계승된다고 할 수 있다. 마음의 안정과 편안한 상태를 유지하면서 걱정거리 등을 벗어나는 방법으로 좌선(坐禪)이 현대인들 사이에 유행처럼 번져 나가는 이때에 인도의 고대 호흡법에 해당되는 인도의 요가는 체육학적으로 접근할 가치가 충분히 있는 것이다. 고대 인더스 문명에서부터 그 기원을 찾을 수 있는 요가는 오늘날의 호흡법과 같이 그리 단순한 방법이 아닌 것으로 나타나고 있다. 요가 형태로 간주되는 유물은 인장과 돌 위에 새겨놓은 그림에서 시바(Siva) 신의 원형으로 보이는 삼면신(三面神)과 뉴델리 국립박물관에 소장되어 있는 석회암제의 하라파에서 출토된 토르소(Torso)를 꼽을 수 있다. 춤의 신으로 불리는 시바 신은 수 많은 동물들에 둘러 쌓여 요가 자세를 취하고 있는데, 이 모습은 뿔 달린 머리 모양을 하고 있으며 몸통은 호랑이 가죽을 두른 채 팔찌를 걸치고 있다. 이 조상(彫像)은 위대한 시바(Siva) 신을 밀림의 동물들을 물리친 승리자, 즉 백수(百獸)의 주인으로 묘사하고 있는 것으로 보인다. 시바와 칼리(Kali) 등의 현대 힌두신이 보이는 것은 인더스인들의 신앙생활이 오늘날의 힌두교와 무관하지 않다는 것을 암시한다.

종교적 명상의 한 가지인 요가는 몇 가지 신체운동을 포함하고 있다. 범어학자인 파탄자리(Patanjari)는 기원전 2000년경 요가의 경전(Yoga-Sutra)을 편찬하였다. 요가는 신체를 조절하기 위해서 강력한 의지의 발달이 필요하며, 이것은 많은 상이한 명상자세(Asnas)와 규칙적인 조절로 되어 있었다. 오늘날의 요가체조는 고대에 행하여졌던 것과는 다른 것이라고 볼 수 있으며, 유욕(油浴)과 마사지를 통한 신체운동은 건강의 유지와 회복을 위해서 고대 인도의 의학자들이 장려하였다.

춤추는 시바

개인의 청결, 위생적 습관 공중위생과 보건은 인도에서는 오랜 옛날부터 충분히 고려되어 왔던 것이다. 많은 건강법이 힌두인의 종교적 가르침 속에 들어가 있었다. 마누(Manu)의 법전은 그러한 계율을 기록한 성서이다. 주류(酒類)나 어떤 종류의 식물은 섭취를 금지하였고, 병을 치료하기 위하여 명상에 잠기기 위하여 그리고 인간의 야수성을 억제하기 위하여 단식을 장려하였다. 목욕은 죄를 씻어내는 것을 의미하였으므로 매일 필요한 것이었다. 이러한 근거로 그 이전에 존재한 도시에도 우수한 밀폐식(密閉式) 배수조직이 있었으며 가정에는 목욕탕이 설치되어 있었다. 그리고 도로나 하천을 오염시키고 부패된 음식물이나 혼합된 차를 팔거나 사람이나 동물의 사체가 공공 광장이나 도랑을 오염시키는 행위를 적발하면 처벌한 사례가 나타나고 있다. 많은 건강법이 힌두인의 종교적 교육에 편성되어 있어서 바이샤 계급 이상은 심신이 깨끗하지 않으면 안되었다. 마누법전은 이러한 형벌을 기록한 성스러운 서적이며 화주(火酒)나 도취(陶醉)를 일으키는 주류(酒類)나 어떤 종류의 식물 채취는 금지되고 있었다. 질병을 치료하거나 명상과 인간의 야만성을 제어하기 위해서 단식이 장려되었고, 목욕은 죄를 씻어내는 것을 의미하는 것으로 매일 필요하다고 하였다. 특히, 모헨조다로의 유적에서 39ft.×32ft.의 대욕장과 8개의 소욕장이 발견되었으며, 중국인의 순례는 불교도가 근처의 연못에서 수욕(水浴)하기 위해서 매일 아침 사원을 나온 것이나 힌두인이 매일 식전에 깨끗이 씻는 것, 이쑤시개를 사용하여 이를 깨끗이 하는 따위가 보고되고 있다.

또한 이들은 궁술을 특히 강조하였으며, 병사는 칼, 투창, 전부(戰斧), 석투기(石投器) 등과 같은 무기 사용법도 훈련받았다. 군인은 평시에는 오락을 위해서 사냥이나 스포츠를 즐겼다. 사냥은 평시의 군인에게는 활동성을 유지하는 것이며 또한 맹수의 위험을 막고 가축을 지키며 군역이나 농작업을 위해서 코끼리를 잡는 일 등이었다. 크샤트리아 계급은 사냥을 즐겼다고 하는데 새, 사슴, 멧돼지, 들소, 사자 등의 사냥은 인도에서 가장 인기있는 것이었으며, 문헌에는 흔히 낚시의 기록이 서술되고 있고 사냥을 하는 사람은 활, 함정, 올가미, 그물, 개 등을 사용하였다고 한다. 또한 고대의 왕족은 많은 시간을 사냥에 소비하였다. 힌두인은 사냥을 무척 즐겼던 것으로 여겨진다.

모헨조다로에서는 유희반(遊戯盤)을 비롯하여 보드에 놓는 돌, 말 그리고 주사위가 발견되었는데 이러한 유물이 왕국 유적에서 발견되었다는 것은 실내 오락이 크게 행해지고 있었다고 볼 수 있는 것이며, 고대 국가의 성립 이후 호화스런 궁정 오락의 하나로써 즐겨지고 있었다고 볼 수 있다. 주사위와 도박은 인도에서 흥행하고 인기있는 경기였다. 그리고 동물싸움에 대한 도박도 흥행하였는데, 이는 닭, 숫양, 황소, 코뿔소, 코끼리 등의 싸움이 기록되고 있는 것을 보아도 알 수 있다.

인도의 『베다(Veda) 시(詩)』 편에는 사냥이나 게임과 동시에 무술경기 장면이 흔히 읊어지고 있는 것을 엿볼 수 있다. 그리고 석가(釋迦)시대의 크샤트리아 계급에서는 승마술, 궁사술 등을 비롯하여 경마, 경주, 레슬링, 복싱, 수영, 도약 등이 행해지고 있었다. 특히, 연꽃잎 위에서 명상에 몰두하는 승려의 나라 인도에 실제로는 왕명에 의해 세워진 독특한 연부장이 있었으며, 경기제전도 융성하게 행해지고 있는 것은 놀랄 만한 사실이다. 또한 군인계급인 크샤트리아 사람들은 보병, 기병, 전차 또는 코끼리를 이용하여 부분적으로 훈련하기도 하였다. 특히, 이 군인계급의 이상적인 생활양식을 살펴보면 먼저 청년기에 성년식을 한 후 검소하게 금욕생활을 하였으며, 얼마 후 결혼하고 중년말기까지는 가족의 일원이 되고, 그 후 정신적인 것에 투항하기 위해서 은둔생활을 하며, 만년에는 일체의 세속적 속박에서 벗어나 종교에만 전념하였다. 그러나 스포츠활동에는 종교적 습관과 정기적인 제전이나 의식의 일부가 되고 있는 것도 있었다. 예를 들면, 사원의 수녀가 장기간에 걸쳐 단계적인 훈련을 받는 것이었다. 그리고 어떤 시대에는 황제가 도유식(塗油式)을 받는 경우에 그들의 기개와 힘을 과시하고 훌륭한 궁술의 솜씨를 연마하기 위하여 특별한 의식이 행해지는 경우도 있었다.

군인에게는 특별훈련이 부과되고 어떤 곳에서는 궁술을 가르쳤다. 아소카(Vardhana Asoka)왕 때에 불교도는 비폭력주의를 보급하여 사원교육이 융성하였는데 사원에서는 요가를 가르쳤으며, 명지 및 여러 외국에서도 사람들이 수행에 참여하였다고 한다. 또한 인도에서는 교육의 일환으로 스포츠가 대부분 종교교육이나 직업교육으로 결합되어 있었으며, 신체운동은 대상의 연령, 체격, 식사습관, 생활환경, 계절, 발달시킬 신체부위 등에 따라 모두 달라야 한다고 충고하고 있다. 이것으로 보아 당시 인도 사회에서는 신체운동의 건강에 대한 가치를 인정하였을 뿐만 아니라 올바른 운동처방에 대한 지식도 파악하고 있는 듯 하다.

나체의 무용수 상

무용은 인도에서 오랜 연계적 역사를 가지고 종교와 밀접한 관계를 가지며 발달하였다. 고대 도시인 모헨조다로에서 발견되는 청동의 춤추는 소녀 상(象)은 댄스의 의식을 설명하는 것이고 고대 문헌을 살펴보면, 사람들이 무용을 사랑하고 이것이 종교적으로 중요한 역할을 수행하고 있는 것을 알 수 있다. 힌두교 신들 중의 하나인 시바(Siva) 신을 무용신이라 한다. 무용은 종교적 무용과 세속적 무용으로 나누어 볼 수 있으며, 자신의 죄와 타인의 죄를 씻기 위해 춤추는 사원의 처녀는 어릴 때부터 종교무용을 배우고 음악, 읽기, 쓰기 등이 교과과정에 포함되어 있었던 것으로 보인다. 또한 혼례와 연회에서 실시하는 무용이 따로 있었다.

3) 이집트 문명의 체육

(1) 역사적 배경

헤로도투스(Herodotus, B.C. 484?~425?)의 시대에는 약 1만 7천년 전의 것으로 추정되는 이집트(Igypt)의 고문서(古文書)가 보존되어 있었다고 한다. 또한 이집트의 역사를 서술한 이집트의 신관 마네토(Manetho, B.C. 4세기경의 역사가)는 자신의 저서에서 기원전 1만 7천년 전보다 훨씬 오래된 문헌에 대해서도 언급했다. 즉 그는 연대기의 기술을 기원전 3만 627년부터 시작했다. 더욱이 3세기의 그리스 역사가인 디오게네스 라엘티오스(Diogeniēs Laertios)는 마케도니아의 알렉산더(Alexander, B.C. 356~323)보다 4만 8,863년이나 더 오래 된 기록을 이집트의 신관들이 보관했다고 서술했다.

그러나 나일 강 유역에 문명 사회가 세워진 최초의 추정은 일반적으로 기원전 약 4000년경이라고 한다. 빈민들은 한때 정권을 장악했으나 오래가지 못했다. 헥소오스(Hexose)라는 아시아 종족이 경전차를 앞세우고 대규모 병력으로 이집트를 정복한 것이다. 다시 기원전 1580년에 티베(Thebai) 시의 통치자 야히모스가 군사를 일으켜 헥소오스인을 몰아내고 이집트 고 왕국시대의 국력과 번영을 되찾은 신 왕국(B.C. 1590~1090)을 열었다.

(2) 생활과 교육

① 생활

이집트는 이른바 사막 속의 오아시스였다. 장기간에 걸친 나일 강의 엄청난 범람은 이집트인에게 귀중한 옥토를 선사하기도 했지만 그들의 가옥을 침수시키는 막대한 피해도 주었다. 이러한 이유로 이집트인들은 제방을 쌓고 인공 구릉을 만드는 등의 수리공사를 하였다. 또한 운하도 개통하였다. 이집트인들은 씨족을 이루고 살았는데, 이들은 씨족 공동체를 더욱 큰 공동체로 만들어나갔으며, 이를 노모스(Nomos)라 한다. 이러한 노모스는 이집트에 약 40개가 있었는데, 각기 매, 용, 토끼, 암소 등의 이름을 붙이고 있었다. 결국 이 노모스끼리 전쟁을 하여 서서히 국가로 형성되었다. 이들 노모스는 각기 다른 신을 숭배하고 있었다. 대개의 신이나 수호신은 동물의 모습으로 그려졌다. 이집트인들은 농사에 영향을 끼치는 온도까지도 신격화하였으며, 그 중 태양신은 가장 오래되고 존경받았으며 우주만물을 창조한 신으로 여겼다. 이집트인은 죽은 뒤에도 생활이 계속된다고 믿었다.

이집트의 왕은 큰집, 즉 왕궁이라는 뜻을 가진 파라오(Pharaoh)라고 칭해졌다. 파라오는 신적인 존재로 존경받고 절대적인 권력을 장악하고 있었다. 전 국토가 그의 소유물로 인정되었다. 파라오는 전통적인 명문 귀족들로부터 보좌를 받으며 그들 가운데서 지방장관인 노마르푸를 임명하였다. 이집트는 당시의 주변국가들과 마찬가지로 노예제 국가였다. 노예와 농민은 파라오와 귀족들을 위해 노동했다. 가정의 일, 농사일, 건설 공사 등은 모두 노예의 일이었다. 농민은 소득의 대부분을 파라오에게는 물론이며, 노마르푸나 신전에 공물(貢物)로 바쳐야 했다. 공물은 곡물이나 가축 등 농산물이 주였다. 파라오는 신으로 받들어지고 후세에도 영원히 산다고 믿어졌기 때문에 그의 유해는 미이라로 만들어져 피라미드 안에 안치되었다.

고대 이집트 문명은 일반적으로 평화롭고 무사주의(無事主義)적인 생활형태였고, 거대한 피라미드와 스핑크스 등으로 보아 대단히 종교심이 강했던 것을 짐작할 수 있다. 실제로 이집트는 아주 짧은 기간을 제외하면 정복당하거나 정복한 일이 없는 역사를 가지고 있다. 그렇다고 이집트에 군인이 없었던 것은 아니다. 이집트의 유물과 유적을 보면 전쟁과 그에 따른 무기, 군인의 무장형태 등이 나타나고 있다. 또한 종교 행사에 따른 여러 가지 형태의 유물들은 체육과 관련된 문화를 찾아 볼 수 있다. 특히 수영, 역도, 봉, 마상창 시합, 덤블링, 무용 등은 현대 스포츠의 모태로서 분명히 나타나고 있다.

② 교육

이집트에서 형식을 갖춘 교육은 필기의 발달과 함께 이루어졌다. 즉 사회의 기록 보존이 필요하게 됨에 따라 교육목적은 읽기와 쓰기를 배우는데 있었으며 동시에 이러한 지식이 지위와 권력을 충족시켜 주었다. 그러므로 이집트 교육의 주요목적은 지식을 얻는 기쁨이나 문화의 올바른 인식보다 생활 속에서 그들의 지위를 높이는데 실제적으로 유용한 것이었다. 병사, 무용가, 레슬링 선수, 곡예사 등의 직업을 위해서 기술학습이 필요하게 되었다. 또한 제례적 게임과 무용은 종교적인 목적을 실현하는 수단인 동시에 다른 사람들의 연기를 관람하는 레크레이션의 일반적인 형태였다.

이집트에서 스포츠 지도가 행해지기 시작한 것은 직업을 위한 집단 및 특별한 사람에게 한정하여 교육을 실시한 이후부터였다. 왜냐하면 신체적인 적성은 군대에서 임무를 수행하기 위해서 필요한 요건이 되기 때문이었다. 고 · 중 왕조시대의 무덤에 묘사되어 있는 레슬링 선수의 그림은 상당히 조직적인 훈련을 하였다는 것을 엿볼 수 있으며, 역시 신 왕조시대에 많이 행하고 있던 펜싱에서도 엿볼 수 있다. 이는 어떤 의미에서 전문적인 경기자가 나타나기 시작하였다고 생각할 수 있으며, 이러한 예는 춤추는 여자들의 경우에서도 찾을 수 있다. 그들은 어떤 목적을 위해 신체훈련을 받아야 했으며, 훈련을 받지 않고서는 뛰어난 신체 기량을 요구하는 어려운 훈련을 감당할 수 없었기 때문이다.

또한 왕자들은 궁정에 살고있는 아이들과 함께 스포츠활동을 행했다. 그들은 수영이나 궁술 및 그 밖의 신체운동과 기술을 교육받았는데, 그 방법 중에는 180스테이지(1stage: 39Km)를 계속해서 달리면서 식사를 못하게 하는 것도 있었다. 이렇게 해서 그들은 성인이 되었을 때 모두 강건한 운동능력을 갖춘 신체를 가지게 되며 지도자로서 강인한 의지력을 가지게 되었다. 이러한 것은 물론 왕의 배려에 의한 기품있는 운동을 통하여 단련된다고 믿었기 때문이다. 더욱이 왕자들이나 궁중의 어린이들이 행하는 훈련방법으로서의 스포츠는 신 왕조시대에 보다 큰 발전을 하였는데, 예를 들면 '허위에 의한 진실의 엄패' 라는 이야기 중에 '그들은 학교로 보내 완전하게 서는 것을 배우고 모든 남성적인 일을 통하여 그 자신을 단련하였다' 라는 서술이 있다. 남성적인 것이란 양궁, 펜싱과 같은 무기를 사용한 시합이나 레슬링 등의 경기를 의미한다고 하였다. 그리고 보다 중요한 것은 제18조왕 파라오의 스포츠에 대한 전통적인 의식은 스포츠가 파라오의 이미지 일부로 인식되고 있었다는 사실이다. 예를 들면 투투모스 3세, 아메노피스 2세, 투투모스 4세 등이 이러한 이미지에 일치하는 왕들이었다.

이집트에 있어서 스포츠에 대한 기록은 헤로도투스 때 아크밈에서 스포츠 경기가 열렸으며, 프라메틱 2세 때 엘리스의 선수단이 올림픽 경기규칙에 대한 이집트 현인들과 이야기하였다는 것이 있다. 이 당시 이집트 현인들은 심판을 동반할 수 있는 엘리스 사람들에게는 자국 선수를 참가시키지 않는 시합에서만 완전한 공평성이 보장된다고 하였다. 왜냐하면 심판은 어떤 경우에도 자국 선수들에게 호의적이었기 때문이다.

또한 기원전 390년경에 이집트를 방문한 플라톤(Platon, B.C. 427?~347?)은 그의 저서 『법률』에서 이집트 학교의 교수법에 대해 어린이들이 유희를 통하여 계산법을 터득하였다고 서술하고 있다. 그리고 청년들의 복싱이나 레슬링에 대해서도 논하였는데 이를 통해 볼 때 스포츠 교육이 점차 폭넓게 실시되고 있음을 알 수 있다. 이집트 교육에서 스포츠의 역할은 군국주의적인 것이 아니라 건강증진과 생활력을 증가시키며, 직업적인 목적과 레크레이션 및 종교적 목적을 위한 것이라 하겠다.

(3) 체육

이집트는 타민족과 전쟁이 거의 없었기 때문에 평화를 누리면서 스포츠가 생활의 일부분으로 발전했을 것으로 추정된다. 그리고 고대 문화에서 흔히 볼 수 있듯이 스포츠는 종교와 매우 밀접한 관계를 가지고 있었으며, 이는 시대나 유형에 구분 없이 모든 스포츠에 적용되었다. 예를 들면, 스포츠로서 사냥의 경우(물고기 찌르기, 창던지기에 의한 새잡기, 하마 사냥 등) 사람들은 신들에게 획득물을 제공하였던 것이다. 이러한 흔적이 이집트의 많은 유물과 유적에서 발견되고 있다. 의식적인 게임과 기원 무용이 종교적 목적을 실현하는 수단이었으며, 타인의 연기를 구경하는 것이 레크레이션의 일반적인 형태로 형성되었다.

경기회는 자신의 용기를 뽐내거나 승리를 추구하고 경쟁 상대에게 힘을 과시할 목적으로 행해졌다. 이집트인들의 경기회는 단체경기보다 개인경기가 중요시되었던 것이 특징인데 실시종목으로는 보드, 하이 점프의 일종인 캇자, 라빗자, 줄다리기, 소녀에 의한 볼게임 등이었다. 이집트에서는 그리스나 로마와 같이 대규도의 경기회는 개최하지 않았다. 메디넷트 하브의 람세스 3세의 제례전에서 있었던 레슬링이나 펜싱이 국가적 규모의 공개 경기회인 것을 알 수 있을 뿐이다. 특히 이 경기회에서는 이집트인과 그들에 의해 정복된 사람들 사이에서 경기가 행해지는 것이 묘사되고 있으며 관객은 왕, 귀족, 국제사절 등이었다. 또한 아메노피스 2세가 병사와 함께 참가한 사격이나 레슬링도 많은 관람자 앞에서 행해졌으나 이러한 경기회는 지방적인 범위를 벗어나지 못했다.

고대 이집트에서 행해진 스포츠를 귀족과 군인, 일반 민중과 청소년 · 어린이로 분류하여 살펴보면 다음과 같다.

① 귀족의 놀이 · 게임

궁중을 중심으로 귀족들이 즐긴 놀이 · 게임 등은 자신들이 직접 행하기도 하면서, 한편으로는 게임을 구경하기도 한 양면성이 있다. 궁중의 대표적인 놀이로는 유희 보드나 유희대를 사용하는 게임으로 오늘날의 바둑이나 장기, 다이아몬드 게임, 체스 등과 같은 것인데, 이러한 것들은 벽화나 묘비 등에서 발견되었다. 유물로서 조개나 유리, 은으로 만든 유희 보드와 여러 형태의 주사위, 말 등이 발굴되었다. 이러한 유희 게임은 기원전 3000년경부터 행해진 것으로 추정된다. 그후 점점 형태가 발전되어 팔레스타인이나 지중해 그리고 그리스 · 로마까지 전해졌다고 볼 수 있다. 기원전 200년경 아라비

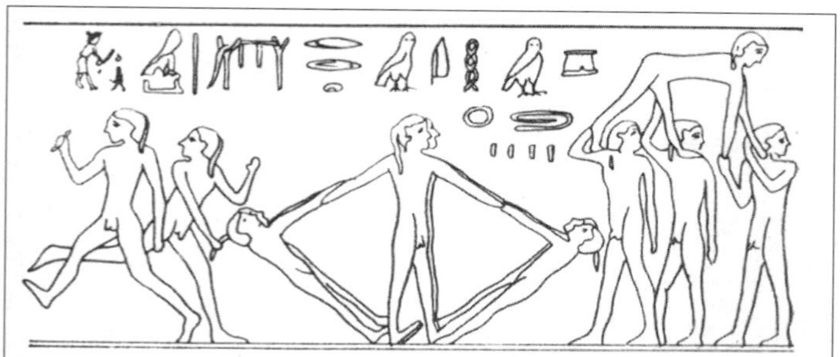

기원전 2000년경의 유희

아에서 말이 수입된 후부터 전차에 의한 전투나 사냥이 귀족계급의 일반적인 행사가 되었다.

야외에서의 활동적인 놀이 운동으로는 사냥이 가장 많이 행해졌으며, 왕이나 귀족들은 넓은 사냥터를 만들어 창던지기에 의한 새잡기와 물고기 찌르기 그리고 동물사냥 등을 즐겼다. 이러한 사냥은 나일 강 하구의 델타 지대나 라이음의 초지에서 주로 행해졌는데, 화살에 의한 매사냥도 드물긴 하나 묘에서 나오는 몇 개의 유물에서 그 흔적이 발견되고 있다. 동물사냥으로는 하마, 코뿔소, 코끼리, 사자, 들소 등이 대상이었으며, 도구로는 화살, 창, 작살, 부메랑 등이 사용되었다. 근래에는 기원전 2000년경에 사용한 낚시도구가 발굴되었으며, 이로 미루어 볼 때, 낚시는 18, 19왕조(B.C. 1554~1186)부터 귀족들이 즐긴 오락이었음을 알 수 있다.

② 군인의 스포츠

사냥은 왕족이나 귀족들에게 레크레이션으로 행해지는 스포츠였지만 군인들에게는 전투기술을 향상시키는 중요한 역할을 하였다. 그리고 상무(尙武)의 기풍을 높이기 위한 주요 훈련종목으로는 전투무용, 레슬링, 복싱, 펜싱, 수영, 경주, 전차에 의한 합전(合戰), 단봉술 등이 유물 · 유적에 나타난다. 사낭(砂囊)들기나 힘겨루기 등도 상당한 수준으로 발전한 종목이었음이 그려져 있다.

네보트(nebot)는 6척 봉으로 서로 치는 것으로 최근까지 이집트에서 결투방법으로 쓰여진 경기였고, 이 운동은 당시 해전에서 필요한 것으로 장려되었다. 또한 단봉시합은 경기자가 약간의 거리를 두고 왼팔을 앞으로 내밀어 그 팔을 보호하는 물건을 붙이고 서로 때리는 경기로서 일반 군인의 훈련종목이었다고 한다. 특히, 레슬링과 같은 종목은 도장에서 교사가 조직적인 훈련을 시켰으며 군인들에게는 군사적인 훈련제도로 상당히 장려된 듯 하다. 레슬링은 신 왕조시대의 경기법전 등도 발견되었으며, 파피루스(papyrus) 무술지도서 등이 각지에서 발견된 것으로 보아 군사훈련의 방법으로서 무술이 장려되고 있었음을 짐작할 수 있는 것이다. 그들은 평상시에 호전적인 기풍에 어울리는 레슬링, 복싱, 펜싱 등과 같은 스포츠를 즐기고 제전경기도 빈번히 개최하였다고 한다.

병사들은 대부분 용병이었던 선임자로부터 전투기술의 지도나 훈련을 받았다. 그들은 또 레슬링 시합이나 투우를 장려하고 많은 종교적 행사, 장례식이나 제전 그리고 무용이나 게임을 주제로 한 파티도 열었다. 군인은 전투기술을 높이기 위하여 수렵이나 스포츠를 통하여 군사훈련을 보완하고 소년들은 훈련소에 보내져서 무기의 조작이나 힘과 유연성, 지구성, 민첩성 운동으로 활발한 훈련을 받았다. 그리고 수렵은 전쟁에 좋은 훈련으로서 뿐만 아니라, 왕령(王領)에서 맹수를 쫓아내기 위해서 병사에게는 중요한 것이었다.

단봉시합

③ 일반 민중의 스포츠

이집트의 일반 민중들은 대개 아버지로부터 직업훈련을 받았기 때문에 유희 · 오락 · 스포츠를 거의 즐기지 못한 듯 하다. 그러나 미국의 체육학자 반 다랜(Deobold. B. Van Dalen)은 이집트인의 수영지도는 뛰어난 수준에 도달한 노예들에 의해 행해지고 있었으며, 그리스인처럼 경기를 즐기는 국민은 아니지만 적어도 어느 한 신에게 경의를 표하기 위해 체조형식의 게임을 행하였고 레슬링, 투우 등도 장려되었다.

따라서 이집트에도 일반 민중이나 노예들이 직업적이고 종교적인 의식으로써 수영이나 현대의 체조형식과 비슷한 스턴트나 곡예, 덤블링, 달리기, 레슬링, 투우 등이 행해졌음을 알 수 있다. 또한 그들은 사냥을 생활수단으로 하여 물고기나 새를 잡는 도구로 화살, 창, 작살, 부메랑 등을 사용하였으며, 올가미를 만들어 동물을 포획하거나 낚시를 이용하여 고기를 잡는 것도 하나의 유희활동으로 간주된다. 일반 민중이나 특히, 직업 무용가들은 포크댄스나 곡예댄스 등을 생활 속에서 행하고 있었음은 주목할 만한 것이다.

④ 청소년과 어린이의 스포츠

고대 이집트의 어린이가 즐기는 유희 운동으로는 오늘날의 어린이가 즐기는 것과 같은 인형이나 팽이, 고리 용수철 장치의 인형, 볼, 공기돌, 납작한 유리구슬, 작은 돌, 조가비 등의 완구를 사용하고 있었다. 그리고 벽화나 비문 등을 살펴보면 소년 · 소녀들의 덤블링이나 재주넘기 및 스턴트가 묘사되고 있으며, 역도(weight lifting), 봉 시합, 마상(馬上) 창시합, 수영, 하이 점프, 양궁 등을 왕자들이나 귀족의 자제들이 전투의 기백과 스포츠로 연습하고 있는 장면이 있다. 특히 유희로는 주사위의 짝수와 홀수로 승부하는 도박 및 승패(odd and even)를 운명에 맡기는 놀이 등이 행해지고 있었다. 또한 볼 게임이 즐겨 행해지고 있었는데, 그 종목을 보면 던지기와 빼앗기 및 벌금 게임 등이 있었다. 예를 들면, 볼을 잡지 못한 사람들이 다른 이들이 플레이를 계속하고 있는 동안 말이 되어 다른 사람을 업고 행해야 하는 것 등이다.

스턴트 장면

이집트 청소년들의 경기 형태가 보여지는 벽화는 고 왕국과 중 왕국의 고급관리 및 사제들의 묘에서 발견되고 있다. 이러한 벽화에는 스포츠의 성격을 띠고 있는 것이 많이 보이고 있는데 고 왕국의 경우, 네 개의 묘에서 어린이들이 게임을 하는 벽화가 발견되고 있다. 그 중에서도 의미가 있는 것은 제5왕조(B.C. 2470~2320), 제6왕조(B.C. 2320~2160)의 비젤 프타포틱과 멜레르카의 묘이며, 베니핫산에 있는 어떤 왕자의 묘에서 발견된 벽화는 중 왕조시대에 청년들의 스포츠 활동을 나타내고 있다.

소녀들의 놀이

고 왕국과 중 왕국시대의 경기곡마에서는 중요한 차이점을 보이고 있는데, 고 왕국시대에는 어린이들만이 묘사되고 있는데 반해서 중 왕국시대에는 주로 청년 남녀를 표현하고 있는 것이다. 고 왕국시대의 벽화에 등장하는 것은 대부분 소년들이며, 소녀가 등장하는 것은 메르르카의 묘에 있는 벽화뿐이다. 그리고 소녀들은 소년과 같이 어울려 있지 않았는데 중 왕국시대가 되면 소년소녀가 함께 어울려 있으며 청년들의 게임은 오락의 일종이었다. 그들은 이 게임에 의해 신체의 훈련강화 및 개인적 기술이나 재빠른 반응의 증강을 꾀하였다. 스포츠나 경기 장면이 표현된 곡마벽화는 그리 많지 않지만 청소년의 운동이나 경기를 이해하는 데에 도움이 된다. 이는 이집트의 스포츠에 대한 전반적인 지식을 넓히는 데에는 유용하지만 포괄적인 이해를 하는 데에는 충분하다고 말할 수 없을 것 같다. 스포츠 형태의 경기를 보면 어린이의 공놀이나 평행운동 그리고 봉으로 표적 맞추기, 풋태그(foot-tag)라고 불리는 게임 등이 있었다.

이집트인에게 신체훈련은 매우 중요한 것으로서 상류계급의 소녀들이 참가한 제전은 다음과 같은 면에서 예술적인 문제와도 깊은 관계가 있었다.

첫째, 회전운동이다. 이집트인은 덩굴을 감기게 하는 것을 정자의 조립(setting up a vine arbour)이라고 불렀는데, 밸런스의 훈련이나 체조처럼 인정되었다. 이러한 훈련 모습은 프타포틱, 메데르카, 바그더의 묘에서 소년과 소녀가 함께 하는 게임으로 그려져 있으며, 게임방법은 2명이 팔을 펴고 있는 2명(또는 4명)이 상대를 잡고 있다. 상대는 팔꿈치만 지면에 대고 허리를 세워서 몸을 뒤로 젖히며 소녀들은 될 수 있는 한 원을 그리면서 회전을 하는데 프타포틱의 그림에는 4회전으로 그려져 있다.

둘째, 요가이다. 프타포틱 묘에 있는 벽화로서 경기자가 어려운 체조형태를 하는 그림인데 2명의 소년이 머리를 우측으로 돌려 정면을 향하고 나란히 앉아 양손으로 붙잡고 있다. 이것은 장기간의 트레이닝에 의해 다리근육을 펴는 것을 마스터할 수 있는 것이다. 이 자세는 인디언의 체조 파르마 아사라에서도 보이고 있다. 그 밖에 오늘날의 하키와 비슷한 게임모습이 그려져 있고, 줄다리기, 죄수나르기, 보트 등이 있었다.

⑤ 고대 이집트에서 행해진 스포츠활동의 유형

가. 수영

수영은 왕실이나 귀족의 자제들이 필수로 행한 스포츠의 하나로서, 전성기였던 테에베시대(Theban period)에는 귀족의 집에 수영장을 만들어 놓기도 했다. 또한 수영은 여성들에게까지 많이 보급된 스포츠의 하나로서 수영을 행하는 모양의 상형기호가 이집트 유물에서 발견되었다. 그리고 람세스 2세(Ramses Ⅱ, B.C. 1298~1232)가 하천을 건너 힛타이트인을 추적하고 있는 전쟁 장면에서 지휘관을 소생시키기 위한 인공호흡법이 소개되고 있으며, 오버핸드 스트록(over hand stroke)과 유사한 영법으로 도망치는 적병이 그려져 있기도 하다.

수영(오버핸드 스트록)

나. 레슬링

이집트인은 활동적이며 운동을 좋아했다. 평화스럽고 무사안일(無事安逸)적 생활에 의해 스포츠는 즐거운 생활의 일부분이었다. 특히, 레슬링은 고도로 발달한 기술을 가지고 있었으며 군인들에게는 훈련의 한 방법으로 적용되었다. 이집트인이 스포츠를 좋아했다는 것은 그들의 종교생활에서 나타난다. 특히, 레슬링은 신년의 제전의례 가운데 중요한 위치를 차지했고, 귀족이나 민중까지 모두 참여하였다. 베니핫산의 벽화(B.C. 2000)에 나오는 레슬링의 모습은 제례행사의 하나로서 중요하였음을 입증하고 있다.

다. 무용

이집트인은 무용에도 많은 관심을 가지고 있었으며, 소년들은 훈련소에서도 전투무용을 행하였다. 일반 민중은 민속무용을 행하였으나 왕족은 종교적 무용을 하기도 하고 스스로의 위안이나 초청한 손님을 위해 전문 무용가에게 춤을 추게 하기도 하였다. 전문 무용가는 반주를 위해서 피리와 7개의 줄이 달린 현(鉉), 캐스터네츠, 북 등을 이용하였다. 비문(碑文)에는 소년들의 덤블링과 공중돌기(sommer sault), 스턴트(stunts) 등이 그려져 있다. 무용학교는 사원무용을 위해서 존재하였으며, 신에게 경의를 표하고 체조형식의 게임을 하였다. 일반 시민이나 직업 댄서는 포크댄스나 아크로바트 댄스(acrobatr dance) 등 난잡하고 속된 무용을 행하였고 반면에 왕족은 느리고 차분한 종교무용을 행하였다.

이집트의 레슬링: 기원전 2000년경의 베니핫산 벽화

여자들이 서로 마주보고 반주에 맞춰 공을 던지

며 춤을 추는 연기는 고대 이집트 무용의 특징 중의 하나이며, 기원전 2000년경에 번영한 베니핫산의 벽화에 공 춤이 그려져 있으며 이는 여자 직업 무용가에 의해서 행해지는 일종의 곡예였다. 그리고 이집트의 벽화에서는 무용에 대한 많은 기록을 볼 수 있는데, 「공식 무용」과 「오락적인 무용」으로 구별되어 묘사되고 있다. 즉 오락적인 무용에는 곡예적인 요소가 포함되고 있으며 대부분이 여성이었다. 그 유형을 보면 몇 개의 공을 서로 던져주며 주고받든지, 발을 땅에 붙인 채 몸을 구부려서 물구나무서기를 하든지, 팔을 펴서 뒤쪽으로 회전을 하든지, 한 쪽 발을 머리 위로 높게 치켜드는 등 사람들을 경탄시키는 곡예를 하였다. 여기에서 중요한 것은 곡예사들이 궁정의 보호 아래 귀족을 후원자로 두어 연기를 연마하였다는 것이며, 오늘날의 입장에서 보면 이러한 연기자들은 직업적인 운동가의 기원이라 할 수 있다. 그리고 이는 여가가 아닌 직업으로서 천민들이 행하는 기술로 볼 수 있다. 또한 신 왕조시대에는 곡우가 귀족들이 보고 즐기는 쇼 게임으로 장려되었으며, 펜싱, 복싱, 레슬링, 양궁 등도 종교적 제전이나 외국사절에 대한 접대행사 및 공식적 · 비종교적 제전 등에서 귀족들이 보고 즐기는 구경거리로 행해졌다.

라. 공놀이

이집트의 귀족들은 공놀이를 하였는데, 이 공놀이는 궁정의 넓은 방이나 실내에서 공을 서로 주고받거나 혹은 혼자서 여러 개의 공을 공중에서 다루는 형태였다. 이는 조직화된 스포츠의 형태라기보다는 신체단련이나 강화가 동반되는 레크레이션 활동의 일부로서 행해졌다고 할 수 있다.

공놀이

4) 메소포타미아 문명의 체육

(1) 역사적 배경

오늘날의 이라크와 시리아를 지나는 2대 강(江), 즉 유프라테스 강과 티그리스 강 부근을 메소포타미아(Mesopotamia)라고 부르는데, 이는 그리스어로부터 유래된 '사이(間)'라는 뜻의 'Mes'와 강(江)을 의미하는 'Potamia'의 합성어이다. 메소포타미아의 북방 산악지대는 세계에서 가장 오래된 농경 발생지로서 이는 기원전 8000년경으로 추정되며, 돌로 쌓은 성에 둘러싸인 부락의 모습으로 유적이 발견되었다. 돌로 만든 절구와 절구공이의 유물이 출토되어 농경생활을 하였다고 추정하고 있다. 그러므로 최초 농경 발생지는 큰 강 주변 산악지대의 작은 강과 샘물 부근이라고 볼 수 있다.

메소포타미아 남부에 정착한 종족은 우바이드인이었지만 기원전 3,500년경 메소포타미아 남부에 이주해 온 수메르(Sumerians)인이 농경생활을 하면서 도시를 건설하였다. 그러한 이유로서 메소포타미아 남부를 수메르 지방이라고 부른다. 채정자

(1994)가 옮긴 『중동 · 아프리카』에서는 '수메르인이 세운 나라들은 도시국가였다. 도시는 성곽으로 둘러 쌓여 있으며, 그 중심에는 지구라트(Ziggurat)라 불리는 여러 층으로 쌓아올린 탑 모양의 신전이 있었다. 창세기에 나오는 바벨(Babel) 탑 이야기는 바로 이러한 지구라트에 관한 것인데, 신전이 사실상 토지의 대부분을 차지하고 있었으므로 많은 주민들이 대부분 신전에 소속된 농민들이었다' 라고 기록하고 있다.

메소포타미아 초기의 정치적 발전은 이집트와 흡사하여 작은 농촌이 소도시가 되고, 이것이 다시 대도시로 발전하였다. 이와 같은 발전은 점차 인접 국가를 정복하여 영토를 확장시킴에 따라 제국으로 발전하여 바빌로니아 제국(Babylonia, B.C. 1900년경), 앗시리아 제국(Assyria, B.C. 1100년경), 신바빌로니아 제국(B.C. 600년경) 등의 3대 제국이 발생하였다. 그러나 기원전 538년에 페르시아(Persia)에 정복당하고 말았다. 메소포타미아는 이집트와 달리 지리적 환경이 개방적이어서 여러 민족으로부터 많은 침략을 받은 것으로 나타난다. 따라서 전쟁에 관한 유물 · 유적이 많이 발견되고 있다.

(2) 생활과 교육

메소포타미아인의 생활에 대해 채정자의 역서에서는 '수메르 시대에는 남자도 깃털로 된 치마를 입었다. 바빌로니아시대에는 양모, 목면, 마 등의 긴 옷을 많이 입었다. 또 머리에는 띠 등의 장식품도 이용했다. 식생활은 곡물, 대추야자의 열매, 야채와 과일, 양고기와 우유 그리고 재배식물은 밀 2종과 보리, 강낭콩, 무화과, 살구, 호두, 아몬드, 피스타오가 있었고 후기에는 참깨, 올리브, 포도 등이 추가되었다. 강에서 잡은 물고기도 먹었을 것이다. 이는 조리도구로 알아본 것이다. 음료로는 보리로 만든 맥주를 항아리에 담아 빨대로 먹는 그림이 있다. 맥주를 만드는 법을 기록한 점토서판도 나왔다. 포도주가 흔해지자 접대부가 있는 술집도 나타났다. 아이들의 생활에 대해서는 학교에서 쓰던 공책 따위 외에 그다지 많은 유물이 발견되지 않고 있다' 라고 소개하고 있다. 한편, 교육과 관련해서 메소포타미아 수메르인들은 최초의 문자, 즉 현재 알려진 가장 오래된 문자의 역사를 지니고 있어서 흔히 '역사는 수메르로부터' 라는 말이 쓰이고 있다. 그러나 당시는 서기(書記) 이외의 사람들은 문자를 거의 알지 못했으며, 서기는 학교에서 엄한 규율 속에서 수업을 받아야 했다.

상업과 무역이 발달한 바빌로니아에서는 서기라는 전문 직업인이 더욱 필요했다. 서기는 흔히 상인들의 계약 등을 기록하는 역할을 하였는데, 흙으로 된 점토판에 나무 막대기로 거래 내용 등을 기입하면 상인이 자신의 이름이 있는 곳에 둥근 모양의 도장을 찍었다. 그리고 점토판이 마르면 단단해지면서 문자 보존이 되었다. 독일의 켐페르는 수메르인이 사용한 이러한 문자를 설형문자(楔形文字)라고 명명했다. 메소포타미아에서는 서기처럼 문자를 알게되면 상인들의 계약서 등을 작성하며, 사회적으로 인정받는 지위를 가지게 되므로 문자를 익히는데 많은 교육적 시간을 쏟은 것으로 보인다.

(3) 체육

개방적인 지리적 환경으로 인하여 메소포타미아인들은 끊임없이 전쟁을 치루었는데, 그에 따른 체력훈련이 성행되었을 것으로 추정된다. 메소포타미아의 군인들은 칼, 창, 도끼, 활 등의 무기를 사용하며, 쇠 비늘갑옷으로 무장하고 4마리의 나귀, 4바퀴로 된 수레를 끄는 유물로 보아 신체훈련과 관련한 행위들이 수행되었을 것이다.

잦은 전쟁은 스포츠를 매우 실용적인 형태로 발전시켰으며, 병농(兵農) 분리의 경향이 강한 당시 상황으로 보아 전사들은 생업을 떠나 군사적인 훈련을 조직적으로 행하면서 상무(尙武)정신을 증대시켰을 것으로 추정된다. 예를 들면, 앗시리아 벽화의 궁사장(弓射場)이나 경마장은 승마술이나 궁사 등의 군사훈련으로 이루어지고, 수련술이나 검술 등도 전쟁과 관련된 스포츠 훈련으로 볼 수 있다. 이런 점으로 미루어 보아 메소포타미아인들은 평상시에는 호전적인 기풍에 어울리는 스포츠를 즐겼으며, 제전경기 역시 이러한 성향의 스포츠로 개최되었을 것으로 보인다. 당시의 유물 중에 앗시리아 병사들이 산양의 가죽에 공기를 넣어 뭇스크스라고 하는 튜브를 이용하여 헤엄치는 장면이 나오는데, 이는 수영이 전쟁에 필요하며 그에 대한 훈련으로 시행되었음을 예상케 한다. 앞서 오버핸드 스트록 형태의 영법을 나타내는 유물들이 발견된 바 있다.

김상구(1991)는 『세계체육사』에서 메소포타미아인들의 놀이 · 스포츠활동에 대해 다음과 같이 포괄적으로 설명하고 있다. '고대 메소포타미아의 왕후와 귀족들은 생산자의 노동력에 의해 거대한 부와 풍부한 여가를 가지게 되었으며, 전제 군주의 지배하에 여러 가지 국사를 담당하는 관리나 국가를 지키기 위해 전쟁훈련을 하는 전사계급이 독립되었고 각각의 계급에 어울리는 스포츠가 있었다. 사회가 발달하고 분화됨에 따라 스포츠적인 활동을 하는 사람들의 생각이 변하고 스포츠의 역할이나 의미도 변하였다. 스포츠적 활동은 생활에 깊이 뿌리 박혀가는 미분화 상태에서 스포츠로써 독립할 수 있었던 것이다. 궁정의 귀족들이 즐기는 게임은 실내의 오락과 야외의 활동적인 오락이 있었다. 실내오락의 대표적인 종목은 기구를 사용하는 게임형태의 놀이로서 오늘날의 바둑이나 장기, 다이아몬드 게임, 체스 또는 그것에 가까운 놀이들이었다. 묘의 벽에는 조개나 유리, 은세공으로 꾸며진 아름다운 유희반(遊戱盤)과 각종의 주사위나 말에 대한 그림이 발견되었다. 특히 기원전 3000년경부터 메소포타미아에서 행해진 이러한 게임은 지중해의 섬 및 그리스와 로마 등으로 전해졌다. 야외의 활동적인 오락의 대표적인 운동은 귀족들에 의해서 행해진 사냥이었는데 이는 주로 지배 계급이 즐긴 종목이다. 그들은 사냥을 즐기기 위해 특별 장소인 사냥터를 가지고 있었으며, 사냥이 전쟁에서 정복의 만족감을 가져오는 스포츠로서 상무정신을 기르는 수단으로 평가되었다. 특히, 앗시리아의 왕들은 전차를 타고 사냥으로 출타하는 것을 최대의 즐거움으로 여기고 있었다고 하며, 사냥터에서 맹수가 도망가는 것을 막기 위해 무장한 병사들이 배치되었다. 승마술과 무기의 기법, 기민한 동작과 순간적인 판단을 필요로 하는 스릴 만점의 사냥은 극적인 놀이의 즐거움이 있고, 귀족사회에서 가장 즐긴 스포츠였다'

메소포타미아인들은 전쟁적인 스포츠나 사냥 등에 있어서는 이집트인들에 비해 우수할 것으로 보이나 다양한 이집트의 무용 유물로 미루어 볼 때 무용에 있어서는 이집트에 비해 미흡할 것으로 추정된다.

5) 4대 문명체육의 의의

최근 반세기 사이에 고고학과 민속학은 이집트, 메소포타미아, 크레타, 그리스, 인도, 중국 등의 고대 문명이 그 기원을 같이 한다는 것을 분명히 해 왔다. 따라서 고대 문명들의 신화와 종교의식의 형식이 동일하다는 사실은 이것으로 설명될 수 있다.

'빛은 오리엔트에서부터'라는 말이 가르쳐 주듯 인류가 지구상에서 가장 먼저 원시생활에서 벗어나 문명의 단계로 들어선 것은 오리엔트(Orient) 지역이다. 오리엔트란 오늘날의 중동지방을 말하는 것으로 그것은 메소포타미아의 티그리스 · 유프라테스 강 유역과 이집트의 나일 강 유역을 가리킨다. 인류 최초의 문명은 원시농촌이 도시로 발달하면서부터이고, 이는 큰 강 유역에 관개농업이 발달한 결과 농업생산이 늘어나고 많은 인구가 한 곳에 모여 살수 있게 되면서부터이다. 이동과 사냥 · 채집의 원시생활에서부터 정착과 이동이 병행하는 수렵생활을 거쳐 농경생활을 하게 되면서 인류는 취락을 형성하였고, 곧 이어 관개시설과 토지제도를 만들었다. 결국 농경생활을 계기로 인류는 부족을 형성하였으며, 부족국가를 탄생시켰다. 이러한 상황에서 고대 문명이 생성하게 된 것이다. 그러한 이유에 의해 '농경은 문명의 어머니'라고 명명하게 되었다.

오리엔트의 이집트와 메소포타미아 두 고대국가는 신정(神政) 형태를 취하기는 하였지만 상당히 큰 차이점이 있다. 나일 강 유역의 동서 양쪽은 바로 사막과 접하고 북쪽과 남쪽은 바다와 산으로 막혀 하나의 폐쇄적인 지역을 이루고 있어서 강 유역에서 농경만을 위주로 하였다. 이에 비해 메소포타미아는 개방적인 지역이어서 농경과 더불어 주변 초원에서의 목축과 상업이 발달하였다. 이러한 이유로 인해 이집트는 정착된 농경을 바탕으로 하는 통일국가를 형성할 수 있었다. 국왕의 권력도 그만큼 강화되어 국왕 자신이 곧 신의 현신이라 생각하고 국왕의 명령은 곧 신의 명령이며, 국왕의 명령에 대한 불복종은 곧 신에 대한 거역으로 간주했다. 메소포타미아는 주변국가의 끊임없는 침범의 대상이며, 통일국가의 형성도 이러한 외부의 정복에 의해서 가능했다. 국왕은 신의 현신이라기 보다는 신의 대리인으로 생각되었다. 이들은 국왕의 명령이 신의 명령과 어긋나면 따르지 않아도 된다고 믿었다. 이집트의 종교는 낙관적(樂觀的)이며 내세(來世的)인데 비해서 메소포타미아는 비관적(悲觀的)이며 현세적(現世的)이었다고 표현된다. 이들의 문명은 모두 문자와 관개농업의 발달과 함께 하고 있다. 인류문명은 대하(大河)를 끼고 일어나기는 하였지만 거기에는 몇 가지 조건이 있었다. 먼저 토지 자체가 사람이 살기에 좋은 환경이어야 하고, 다음으로 토질과 수질이 농사에 적합해야 한다. 또한 재배에 알맞은 곡물의 원종이 있어야 한다.

문명이 발달하는 과정에서 국가조직이 형성되고 세력이 과잉되면서 적과 대결하기 위해 강력한 신체 능력이 요구되었고, 이에 따라 다양한 신체활동이 제시되었다. 따라서 수영, 무용, 사냥 등과 원시형태의 레슬링이 시작되었으며, 신을 공경하는 사상에서 유희, 무용이 행해지게 되었다. 이 시기에 문명의 발상지를 중심으로 한 고대 동방제국과 근동제국에서는 원시시대보다 체계적인 신체활동이 실시되었으며, 신체활동의 목표는 주로 군인이나 농민들을 위한 전문적이고 규칙적인 필요성 및 군사적인 욕구에 부응하는 것이었다. 이를 위해서 그 내용도 무기 사용법을 다루는 무술, 그물 던지기, 수중경기, 무용 등이었으며 뒤늦게 체조도 실시되었다.

문명국가를 형성한 중국은 초기에는 신체훈련을 부분적으로 인정하였으나 시대가 흐름에 따라 고전적 교육이 성행하여 어린이들의 신체발달에 관심이 적어지고 오히려 도교나 불교의 영향에 의하여 차분한 사상적 생활이 존중되었다. 결과적으로 정적 · 비진보적 사회를 초래하였으며, 다른 고대국가에서 볼 수 있는 강건한 신체의 필요를 느끼지 않았다. 중국에서 특색있는 것은 기원전 2693년경부터 발달한 이래 현재까지 전해지고 있는 강복(康復 : Cong-Fu)이라 불리는 가벼운 운동이 실시되었다는 점이다.

고대 인도에서도 신체활동을 중요시하지 않았다. 인도인들은 무더운 날씨, 높은 사망률, 유행병과 가난 때문에 무상한 인생으로부터 해방을 희구하면서 불멸의 영혼을 찾으려고 하였다. 따라서 인생의 즐거움이나 야심 또는 활동을 포기하고 현세(現世)마저 부인하게 되어 결국 종교와 철학의 나라로 변하게 되었다. 흰두교는 현세의 모든 환락과 희열을 멀리하는 것이 내세에서 영광을 얻게 된다고 믿게 함으로써 내세지향적인 사고를 갖도록 하였다. 또한 브라만교(Brahmanism)를 배척하면서 브라만 신앙을 철학으로 표현한 우파니샤드(Viponishad) 철학은 사색하는 생활을 형성하게 하였다. 이러한 상황에서 신체활동의 가치는 인정될 수 없었으며, 현재에만 존재하는 신체에 대한 관심은 빈약할 수밖에 없었으나 건강규칙과 종교의식에 필요한 무용이 행하여졌고, 다양한 건강법이 종교 교의에 포함되어 있었다. 또한 군인들은 전투기술로서 궁술, 검술, 투창, 도끼 사용법 등을 익혔지만 평상시에는 나태한 생활을 하였으며, 후대에 군인과 귀족 사이에 폴로경기가 행하여 졌다. 특히 그들이 만든 요가라는 심신훈련방법은 유명하다.

그러나 이집트나 페르시아 등의 근동제국은 중국이나 인도에 비해 신체활동이 장려되었으며, 이들은 신체활동을 통해 그들이 원하는 목적을 달성하였다. 이집트에는 체육에 대한 국가의 강제적 목적은 없었으나 직업의 성격에 따라 각 개인의 신체활동은 규정되어 있었다. 예를 들면, 농민, 기술자, 병사들은 매일의 노동 업무에 있어서 일정량의 운동을 하고 있었다. 이집트인은 활동적인 인간으로 운동을 애호했던 국민이었다. 종교심이 강하였으나 철학적으로 사색하지는 않았고, 동양적인 신비주의가 있었던 것도 아니다. 그들은 약간의 기간을 제외하면 타민족에 의해 정복된 일도 없었고, 항상 평화를 누리고 안락한 생활을 하고 있었으므로 스포츠는 생활의 일부분을 이루고 있었다. 수영은 많이 보급된 스포츠의 하나였고 오버핸드 스트록이 하나의 영법으로 이 시대에 나타났다. 이집트의 전성기에는 귀족의 집에 수영장이 있었고 부인들도 수영에 관심을 가지고 있었다. 군인계급은 전투기술을 높이기 위하여 사냥이나 스포츠를 행하여 군사훈련을 보충하였다. 소년들은 훈련소로 보내져 무기의 조작이나 속력 · 힘 · 유연성 · 기민성 등의 체력훈련을 받았으며 레슬링과 복싱, 무용도 행하였다. 특히, 레슬링은 신년을 알리는 제례행사 중에서 중요한 위치를 점하였고 여기에는 귀족도 참가하였다. 그들은 무용에도 많은 관심을 가지고 있어서 일반 민중은 민속무용을 하였으나 왕족들은 종교적 무용을 행하였고 스스로의 위안이나 접대를 위하여 전문 무용가를 춤추게 하였다. 이러한 무용은 피리와 7개의 줄이 달린 현, 캐스터네츠, 북 등의 반주로 행하여 졌다. 또한 어린이들의 유희 운동에 인형, 팽이, 공, 돌튀기기 등의 완구가 사용되었다.

메소포타미아 지역에서의 체육은 발달보다는 오히려 퇴보의 상태가 나타났다. 필기 기술을 갖추어 사제(司祭), 귀족, 부유한 상인 등의 기록관이 되는 것은 사회적으로 높은 지위를 얻는 것이 되었기 때문에 지적훈련을 중요시하였다. 그리고 체육은 귀족의 군 지휘관들에게 전쟁이나 사냥에 필요한 신체능력을 유지할 수 있도록 훈련하게 하였다. 그러나 이는 어디까지나 실용적인 것이었다. 군사훈련으로는 궁술, 투창, 승마, 사냥 등이 전투력을 유지하는 수단으로 높이 평가되었다. 특히, 수영은 전쟁에 필요한 기술로 생각하고 한 손 또는 두 손을 사용하는 오버핸드 스트록 영법이 성행하였다. 무용은 이집트만큼 고도로 발달하지 못하였고 영리적인 공연(公演)을 하는 경향이 있었다.

2. 페르시아[3]제국 의 체육

1) 역사적 배경

오리엔트를 최초로 통일한 것은 바빌로니아의 지배하에 있었던 셈어족 계통의 앗시리아인(Assyrians)들이었다. 이들은 기원전 7세기경에 오리엔트의 대부분을 통합한 대제국을 세우고 무력으로 혹독한 지배를 하였다. 기원전 612년 이후에 오리엔트는 다시 메디아, 리디아, 신 바빌로니아, 이집트의 4국으로 나뉘어졌다. 그리고 기원전 6세기 중엽에 셈족이 아닌 인도 · 유럽어족에 속하는 페르시아인(Persians)들이 오리엔트 세계를 다시 통일하고, 인더스 강에서 나일 강에 이르는 대제국을 세웠다.

페르시아인은 기원전 2000년경에 같은 어족인 메디아(Media)와 함께 페르시아 지방에 정착하였으나 초기에는 티그리스 강 북부와 동부 지역을 지배한 메디아의 통치를 받았다. 사실상 기원전 6세기 이전의 페르시아인에 대해서는 잘 알려져 있지 않고, 다만 그때까지는 이들이 페르시아 만의 동부 해안에서 평화로운 삶을 누렸던 것으로 추정하고 있다. 기원전 559년에 키로스(Kyros, 제위: B.C. 559~529)가 남부 페르시아에 살던 한 부족의 왕이 되고, 5년 후(B.C. 550)에 페르시아 전체의 군주가 되어 메디아의 지배에서 벗어났다.

키로스는 리디아(Lydia)[4] 왕국을 최초로 정복하고 7년 후인 기원전 539년에 칼데아 제국내의 불안한 정세를 틈타 바빌론 시를 함락해 버렸다. 그리고 본격적인 정복사업에 힘을 쏟았다. 뒤를 이은 캄비세스 역시 기원전 525년에 이집트를 정복하는 등 정복사업에 주력하였다. 그러나 그는 이집트 정복을 위해 자리를 비운 사이에 아시아 전역에서 반란이 일어나 군대를 이끌고 평정하러 가는 도중에 살해되었다.

3) 페르시아에 대하여 언급하기 전에 「이란」이라는 명칭과 관련하여 설명하면 다음과 같다. 최초에는 이란인의 나라, 이란인, 이란어라는 표현이 사용되었는데, 기원전 550년 이후 페르시아 제국, 페르시아인, 페르시아어라고 일컬어지다가 다시1935년 이후 국호를 이란, 민족을 이란인, 언어를 페르시아어로 칭하기로 결정하였다. 이란이란 말은 아리아인을 뜻하는 아리안이라는 단어가 변형된 것이고, 페르시아라 함은 이란 남부에 있는 페르스 지방을 가르키는 의미를 담고 있다. 그렇기 때문에 엄밀히 말하자면, 이란이라는 말이 페르시아보다 훨씬 넓은 의미를 가지고 있는 것이다. 그러나 일반적으로 단순히 외국 문화로써 생각할 경우에는 이란이나 페르시아는 같은 말이지만, 문화나 문학을 가리킬 때는 페르시아라는 명칭을 사용한다.

4) 리디아의 왕 크로이소스는 페르시아가 침공하려는 것을 알고 자신의 나라를 지키기 위해 예방 전쟁을 치기로 결심했다. 그리스의 역사가 헤로도투스에 의하면, 크로이소스는 임박한 공격에 대한 조언을 얻기 위해 델피(Delphi)의 신전에서 신탁을 구했다. 그 결과 '만일 그가 할리스 강을 건너 선제 공격을 감행한다면 큰 나라를 파괴할 수 있을 것이다.'라는 대답을 얻게 되었다. 결국 신탁을 그대로 따랐지만 정작 파멸한 것은 자신의 나라였다. 그의 군대는 완전히 제압되었고 풍요로웠던 리디아는 페르시아의 일개 속주로 병합되고 말았다.

수 차례에 걸친 반란은 귀족 출신이었던 다리우스(Dareios, 제위: B.C. 522~486)에 의해 진압되었다. 그는 강력한 귀족 출신으로서 왕위를 노리던 자를 죽이고 자신이 왕위에 올랐다. 그리하여 동쪽으로는 인더스 강, 서쪽으로는 트라키아, 마케도니아에까지 이르러 마침내 오리엔트를 거의 완벽하게 통일한 대제국을 건설하였다.

다리우스는 처음에 피정복민의 반란을 진압하고 국가의 행정조직을 정비하는데 주력하였다. 그는 강력한 중앙집권제를 실시하였는데, 제국을 총독 관구(satrapies) 또는 속주(provinces)로 나누고, 각 속주는 매년 공납을 부과하도록 하였다. 또한 통화와 도량형을 표준화하고, 나일 강에서 홍해에 이르는 원시적 운하를 보수하고 완성시켰다. 그는 키로스 대왕의 선례를 따라 피정복민들의 제도를 인정하고 보호하였다. 종교적 측면에 있어서도 고대 신전들을 복구하고 지방의 종교들을 육성했을 뿐만 아니라 이집트 총독으로 하여금 이집트 사제들의 자문을 받아 이집트 법전을 편찬하도록 명령을 내렸다. 또한 흑해의 유럽쪽 해안에 살고 있던 스키타이의 침입을 저지하기 위해 헬레스폰트 해협을 건너 트라키아 해안의 대부분을 정복했다. 페르시아의 지배하에 들어온 소아시아 연안의 그리스인에 대한 압박을 강화하며 그들로부터 무거운 공물을 징수했고, 자신의 군대에서 복무할 것을 강요했다. 이에 의해 그리스의 도시 국가들은 즉시 아테네의 원조를 받아 반란을 일으켰다. 아테네 및 그리스 도시국가 연합과의 전쟁이 끝나기 전에 다리우스는 사망하고, 기원전 479년경에 페르시아인들은 그리스 전역에서 쫓겨나고 말았다. 페르시아 제국 말기는 빈번한 암살, 속주 총독들의 반란, 야만인의 침입 등으로 점철되었다. 고대 오리엔트 국가 중에서 강력한 군대와 강건한 체력을 중요하게 다룬 페르시아 제국은 결국 기원전 330년 알렉산드로스 대왕의 군대에 의해 파멸되었다.

2) 생활[5]과 교육

페르시아 민족은 초기에는 이란 지방의 산과 계곡에서 유목생활을 영위하면서 부락단위나 또는 방랑적 상태에 놓여 있었다. 그들은 거칠었지만 성실했고, 진지하였으며 또한 진취적이었다. 박상익(1994)이 옮긴 『서양 문명의 역사 Ⅰ』에서는 페르시아인의 생활과 종교에 대해 다음과 같이 설명하고 있다. '페르시아 제국은 최초로 오리엔트 제국을 통일한 앗시리아인의 폭력을 따르거나 모방하지 않았다. 물론 피정복민에게 공납을 부과했지만 그들 고유의 관습, 종교, 법률 등을 유지할 수 있도록 허용했다. 페르시아의 역사적 의의는 페르시아 자체를 포함해서 메소포타미아, 소아시아, 시리아-팔레스타인 해안, 이집트 등을 망라한 근동문화를 종합하였다는 것이다. 그들의 문화는 메소포타미아, 이집트, 리디아와 북부 팔레스타인의 것을 대부분 적용시켰다. 이들은 본래 설형문자(楔形文字) 체계였지만 나중에 아람인의 알파벳을 따라 39개의 알파벳 자모를 사용하였다. 특히, 리디아인의 화폐 주조법을 서아시아 각지에 확산시킨 점도 높이 평가받을 만하다. 절충식 성격을 지닌 페르시아 문화는 건축에서도 잘 표현되고 있다. 바빌로니아와 앗시리아에서 일반화된 높은

5) 페르시아는 현재의 이란지역으로서 국토전체는 아니었지만 대부분 건조하고 염분이 많은 사막지역이어서 씨앗을 심어도 나오지 않는 불모지였다. 그리하여 '대지 그 잔혹한 이름이여' 그리고 '천사의 칼날과 같은 태양 빛'이라는 말이 나오게 되었다. 그들에게 땅이란 자신들이 죽어 묻히기를 기다리는 잔혹한 대상으로 비추어지고, 햇볕 역시 따뜻한 햇살이 아니라 인간들끼리의 전쟁을 기다리는 날카로운 칼을 연상하게 하는 잔인한 대상이었다.

대지(臺地)와 계단식 건물 양식을 대부분 모방하였고, 독특한 건축은 순전히 세속적인 것에서 기인한 것이다. 즉 페르시아의 거대한 구조물들은 신전이 아니라 궁전이며, 그것은 신이 아니라 '왕중왕'의 영광을 기리기 위해 세워졌다. 가장 유명한 것은 페스세폴리스에 있는 다리우스와 크세르크세스의 거대한 궁전이다. 이들이 가장 오래도록 강한 영향을 미친 것은 종교이다. 그 기원은 기원전 약 15세기까지를 언급할 수 있지만, 실제 창시자는 조로아스터(Zoroaster : 페르시아 이름인 자라투스트라의 그리스식 호칭)이다. 조로아스터는 기원전 600년경에 살았는데 조로아스터교는 그의 이름에서 연유한다. 그는 완전히 발전된 종교적 신앙 체계를 고안한 역사상 최초의 신학자로 평가된다. 그는 자기 민족의 전통적 관습을 정화, 즉 다신교, 동물의 희생, 주술 등을 철폐하고, 좀 더 영적이고 윤리적인 종교를 확립하는 것을 자신의 소명으로 생각한 것 같다. 이 종교는 추상적 의미가 짙고, 자연력 혹은 기타의 신을 제사하는 경우에도 산 위에 제단을 만들어 불을 피우는 것뿐이었으므로 조로아스터교를 배화교(拜火教)라 부른다. 특히, 유형신(有形神)을 예배하지 않았기 때문에 신상(神象)이나 신전(神殿)이 없었다. 따라서 페르시아에서 종교미술을 찾아볼 수 없는 이유는 바로 이러한 종교사상에 기인(起因)한다. 여기에서 독특한 것은 이원론적인 배경인데, 선(善)한 존재인 아후라 마즈다(Ahura-Mazda)와 악(惡)의 세력을 주관하는 반역적이고 악의에 찬 존재 아리만(Ahriman)이 주도권을 장악하기 위해 필사적인 싸움을 벌여 -대등한 힘을 갖고 대결- 결국 빛의 신이 주도권을 차지하게 되는 이야기이다. 조로아스터교는 영생을 얻을 몇몇 사람들이 선택되리라는 암시를 내포하고 있지만 이는 인간이 자유 의지를 가지고 있고, 죄를 짓거나 짓지 않을 자유를 갖고 있으며, 현세에서 행한 바에 따라 내세에서 보상이나 벌을 받게 될 것이라는 가정에 근거하고 있다. 이 종교는 윤리적 종교이며, 광범위한 덕목의 핵심은 자기 자신에게 좋지 못한 일은 무엇이든 다른 사람에게도 행하지 않는 것이 좋다고 한 말로 대변된다고 볼 수 있다. 금지된 행위는 대단히 많아서 중세 기독교에서 규정한 죄의 목록을 망라하고도 남을 정도였다. 오만, 폭음, 나태, 탐욕, 분노, 색욕, 간음, 낙태, 중상모략, 낭비 등이 전형적인 죄악이었다. 특히, 돈을 빌려주고 이자를 받는 것은 가장 나쁜 죄로 언급되었고, 부의 축적도 비난받았다. 그리고 신자에게 고기 음식을 대접하는 사람은 누구든지 낙원에 가게 된다고 설명하고 있다.'

페르시아는 그리스와의 역사적 충돌로 인하여 큰 타격을 받아 국가의 권위가 땅에 떨어지기 시작하였지만 페르시아 문화는 동양사상과 서양사상의 교량 역할을 하는 과도기적 문화 형태로 발전하였다. 페르시아인들은 사회의 안정을 유지하기 위하여 동양적 사상을 추구하기도 하였으나, 후대에는 시민의 자유를 제한하는 제도는 없었다. 페르시아인들은 그들이 정복한 여러 나라의 관습과 종교의 자유를 보장해 주었으며, 다른 나라의 새로운 사상을 거리낌없이 받아들이기도 하였다. 페르시아 제국의 교육은 방위(防衛)와 강화 그리고 확대를 위해서 능력있는 지배적 군인 계급을 교육하여 제국를 유지하려는 목적에서 교육은 주로 도덕 및 신체의 교육에 치중한 것으로 나타난다. 그러므로 교육의 목적은 국가에 필요한 유능한 군인, 즉 군사기술, 건전한 도덕적 신념, 투철한 애국심을 가진 청소년을 육성하는 것이었다. 결국 교육목적이 강한 군인을 만들어내는 수단으로서 체력의 가치를 인정하고 청소년들에게 신체훈련을 실시하였다. 교육의 최대 결점은 지적, 교양적, 산업적 훈련이나 연구활동을 경시하고 무시하는 배타적 성격이었다. 모든 교육은 신체적이었으며 군사목적이 존중되었다. 어린이는 6세까지 집에서 어머니가 교육을 담당하여 조로아스터교의 교리와 복종과 진실 등을 배운 것으로 나타난다.

페르시아가 강대국이 된 것은 주로 청소년 교육의 결과라고 말하고 있다. 페르시아 교육의 성격은 그들을 둘러싼 아리아 인종과 싸워 이를 정복 지배하는 것이 자연적인 숙명으로 생각한 지배자들에 의해 결정된 것이기 때문에 모두 자존심이 강하였고, 교역(交易), 상업, 수공업을 멀리하게 되는 한편, 지식교육은 도움이 된다고 생각하지 않아 자연스럽게 경시되었다. 그러므로 체육의 목표는 강력하고 군대 규율이 엄격한 병사들의 육성에 있었다. 따라서 페르시아에서는 도덕교육 및 강건한 신체단련에 중점을 둔 교육이 실시되었다.

페르시아가 비교적 짧은 시일에 패망한 이유는 교육의 내용에서 일반적 교양, 지능교육이 병행되지 않아 지적 · 생산적 훈련이 결핍되어 있었기 때문이다. 이는 페르시아적 인간상에서 하나의 약점이 되어 국가의 위력이 최고조에 달했다가 쉽게 몰락하게 된 것이다. 페르시아인은 제국을 건설하여 유지해 나가기 위한 방법으로서 강력한 군사교육을 위해 체력단련에만 치중하였고, 일반 민중의 지식적, 산업적, 과학적 훈련과 일반교육이 얼마나 중요한지를 미처 깨닫지 못했다고 볼 수 있다. 이는 고대 그리스의 스파르타 교육과 맥을 같이 하는 것이다.

3) 체육

페르시아는 동방의 여러 나라 중에서도 신체훈련을 가장 중시하는 교육 체제를 만들었다. 강력한 군대를 만들어 내는 수단으로 체력의 가치를 인정하고, 청년들에게 건전한 신체훈련을 하도록 권장하였다. 귀족 자제의 교육은 훌륭한 병사로서의 자질 발달을 위한 신체적, 군사적 훈련에 있었다. 이는 신체훈련 및 군사훈련을 위하여 국가 관리하에서 통제를 한 최초의 예이다. 이 당시에 학교라는 교육기관은 없었고, 귀족계급의 자제들에 대한 훈련은 상층계급 사람들의 지도로 왕이나 고관의 궁정에서 행하여졌다. 퇴역 연령이 되면 유능한 자는 훈련 지도자로 선출되기도 하였고, 그리하여 막강한 제국의 군대를 편성할 수 있게 되었다.

페르시아 교육의 성격은 그들 주변에 있는 타민족을 정복하는데 따라 결정되므로 목적달성을 위해서는 군사 및 도덕교육이 필요하다고 판단하여 지적, 교양적, 산업적 훈련이나 연구를 무시하였다. 일반적인 교양이 수반되지 못한 채 신체적, 군사적, 도덕적 훈련에만 지나치게 편중하였다. 따라서 페르시아의 패업(霸業)이 최고조에 달하였을 때에는 이미 몰락이 시작되고 있었다. 페르시아인들은 대제국을 건설하고 유지하기 위하여 지적, 생산적, 과학적 훈련과 일반 교양이 얼마나 중요한 것인가를 미처 인식하지 못했다. 부귀, 폭정, 악덕, 독직(瀆職)으로 인한 페르시아인들의 부패가 군대와 권력을 약화시켜 알렉산드로스 대왕이 침입하였을 때 이미 페르시아는 빈 조개껍질 같은 상태였다. 이러한 페르시아의 교육과 체육이야말로 후세에 있어서 권위주의, 군국주의, 전체주의 교육 및 체육에 대한 하나의 모델이었다.

페르시아는 신체단련과 군사훈련을 위해 남자아이는 6세가 되면 국가에서 교육을 실시하였다. 날이 밝기 전에 일어나서 지정된 장소로 나아가 다른 소년들과 같이 달리기(走技), 돌던지기(石投), 궁술 등을 단련하였다고 한다. 그리하여 약 1년 후에는 승마 지도가 시작되며, 통상 마술(馬術) 이외에 달리고 있는 말에 뛰어올라 타기와 내리기 또는 말을 전속력으로 달리면서 말 위에서 표적에 활을 쏘거나 창을 던지는 것 등을 훈련하였다. 이러한 활동에 어느 정도 익숙해지면 국가, 관(官), 사(師)가 지휘하는 사냥에 참가할 수 있게 되었다. 사냥 시에는 심한 더위와 추위에 견디며 밤낮으로 실시하였으며, 무기를 입에 물고 물에 젖지 않도록 강을 건너는 등의 강행군을 계속하였다. 식사는 거의 하지 못하였으며 먹는다 해도 2일에 1회 정도로 약탈행위에 의해 자급자족하였다. 그리고 사자, 표범, 들곰, 영양, 노루 등과 같은 야수를 추적하여 잡지 않으면 안되었다. 사냥에 나가지 않을 때에는 평상시 규정대로 궁술, 승마 및 운동경기의 연습을 계속하였으며, 경우에 따라 무기와 방패의 제작이나 농경으로 하루를 보내는 경우도 있었다.

이러한 교육은 20세까지 실시되었으며, 병사로서의 근무는 15세에서 50세까지 이어졌다. 이는 페르시아가 단순히 자국의 방위를 위해서 뿐만 아니라 정복한 인접 국가들의 수비 및 순례에 임하기 위해서였다. 페르시아인의 교육제도는 병사로서 아시아에서 가장 우수한 군대를 만드는 것이었으며, 튼튼한 남자는 늙어 죽을 때까지 거의 완전하게 국가에 봉사를 해야 했다.

4) 페르시아 체육의 의의

동양과 서양의 문화가 교차하는 지역으로 두 개의 서로 다른 문화를 접목시키는 교량적 역할을 담당하였던 페르시아인들은 침략적이며 호전적인 민족이었다. 따라서 힘센 군인들로 이루어진 강한 군대를 필요로 하였다. 페르시아는 동방의 여러 나라 중에서도 체육을 가장 중요시하는 교육체제를 유지하였다. 그들은 강대한 군대를 만들어 내는 수단으로서 체력의 가치를 인정하고 청년들에게 건전한 신체훈련을 요청하였다. 따라서 귀족 자제의 교육은 훌륭한 병사로서의 자질발달을 위하여 신체적 군사훈련에 한정되었다. 그러나 페르시아에서는 체육에 일반적인 교양이 수반하지 못하고 신체적, 군사적, 도덕적 훈련에 지나치게 치중하였다. 따라서 페르시아인들은 대제국을 건설하고 유지하기 위하여 지적, 생산적, 과학적 훈련과 일반 교양이 얼마나 중요한 것인가를 미처 이해하지 못하였다. 원시시대보다 훨씬 조직화되고 문명화된 고대 국가는 체계화된 체육의 필요성을 이해하였으나 그것이 실천된 것은 군사적인 목적과 종교적인 목적이 부합되었을 경우로 한정되었다.

參考文獻

姜寬植 譯(1993) / 葛路. 中國繪 理論史. 서울 : 미진사.
高棋采(1991). 世界體育史. 서울 : 教學研究史.
近英夫(1997). 문명의 기둥. 서울 : 도서출판 푸른숲.
김 철(1996). 스포츠문화사. 전북 : 원광대학교 출판국.
金梅子 譯(1992) / Curt Sachs. 춤의 세계사. 서울 : 컴피아트.
金相九(1991). 世界 스포츠 · 體育史. 서울 : 成均館大學校 出版部.
김상순(1992). 스포츠사상사 – 인물편. 서울 : 보경문화사.
김상순(1997). 서양 체육사. 서울 : 도서출판 바탕.
金午仲 譯(1985) / Gillet, B.. 스포츠의 歷史. 서울 : 三星文化財團.
金午仲(1988). 世界體育史. 서울 : 高麗大學校 出版部.
김현철 譯(1994) / 알렉산더 고르보프스키. 잃어버린 고대문명. 서울 : 자작나무.
羅絢成(1989). 世界體育史 槪論. 서울 : 教學研究社.
盧熙德(1988). 體育의 槪念變遷 過程에 對한 硏究. 國民大學校 大學院 博士學位 論文.
大邱史學會(1983). 世界文化史. 서울 : 螢雪出版社.
大韓體育會(1991). 體育百科大辭典. 서울 : 教育出版社.
文化史教材研究會(1996). 東西洋文化史. 서울 : 學文社.
박상익 譯(1994) / E. M. 번즈 · R. 러너 · S. 미첨. 서양 문명의 역사 Ⅰ. 서울 : 소나무.
박종국 譯(1993) / Edward Hallett Carr. 역사란 무엇인가. 서울 : 육문사.
서울大學校 東洋史學研究室(1994). 講座中國史 Ⅰ – 古代文明과 帝國의 成立. 서울 : 지식산업사.
승영조 譯(1995) / Bernard Law Montgomery. 전쟁의 역사 Ⅰ. 서울 : 책세상.
申翰雨(1996). 世界文化史 槪論. 서울 : 創文閣.
안정애 · 양정현(1993). 중국사 100장면. 서울 : 가람기획.
유소영 譯(1998) / 岳南. 진시황릉. 서울 : 일빛.
尹炯鎬(1994). 戰爭論 – 平和와 實際. 서울 : 韓元.
李京圭 譯 (1996) / 王仲孚. 중국문명의 이해. 경북 : 대구효성가톨릭대학교 출판부.
이광수 譯(1994) / Ram Sharn Sharma. 인도 고대사. 서울 : 김영사.
이명숙 · 곽강제 譯(1990) / Berrand Russell. 서양의 지혜 : 그림과 함께 보는 서양 철학사. 서울 : 서광사.
이수웅 · 김경일(1995). 중국문화의 이해. 서울 : 대한교과서(주) 도서개발부.
이은구(1995). 인도 문화의 이해. 서울 : 세창출판사.
이장우 · 노장시(1993). 중국문화통론. 서울 : 중문출판사.
李柱亨 譯(1996) / Benjamin Rowland. 인도미술사. 서울 : 예경.
李春植(1992). 中國 古代史의 展開. 서울 : 新書苑.
鄭柄朝(1992). 인도史. 서울 : 大韓教科書株式會社.

鄭沃根 · 韓東洙 · 梁鎬永 譯(1995) / 劉敦楨. 中國古代建築史. 서울 : 世進社.

趙景來(1994). 西洋文化史. 서울 : 日新社.

조길태(1994). 인도사. 서울 : 민음사.

조명렬 · 노희덕 · 나영일(1996). 체육사. 서울 : 형설출판사.

中國史硏究室(1993). 中國歷史(上). 서울 : 新書苑.

車錫基(1991). 敎育史 敎育哲學. 서울 : 集文堂.

채정자 譯(1994) / 역사교육자협의회. 중동 · 아프리카 – 세계사 밖의 세계사 100문 100답. 서울 : 비안.

최몽룡 譯(1995) / Charles L. Redman. 문명의 발생 – 근동지방의 초기 농경민에서 도시사회 까지. 서울 : 민음사.

최병길 譯(1994) / Germain Bazin. 세계조각의 역사. 서울 : 미진사.

忠北大學校 文化史敎材 編纂會(1984). 世界文化史. 忠北 : 忠北大學校 出版部.

편집부(1986). 세계의 역사(고대편). 서울 : 形成社.

편집부(1995). 세계의 신화 페르시아 신화. 서울 : 글사랑.

폴 임(1996). 한눈으로 보는 세계사 1000장면(1). 서울 : 우리문학사.

韓大熙 · 蔡守煥(1994). 文化史 槪說. 서울 : 양서원.

韓東洙 · 梁鎬永 옮김(1983) / 中國建築科學硏究員. 中國古建築. 서울 : 圖書出版 世進社.

稲垣正浩言 尺(1988). 人間スーポツ史. 東京 : 大修館書店.

Siedentop, Daryl(1990). Introduction to Physical Education, Fitness, and Sport. California : Mayfield Publishing Company.

Van Dalen, Deobold B. & Bennett, Bruce L.(1972). A World History of Physical Education(2nd ed). N.Y. : Prentice hall.

Leonard, Fred Eugene & Affleck, George B.(1949). The History of Physical Education. Philadelphia : Lea & Febiger.

Hackensmith, G. W.(1966). History of Physical Education. New York : Harper & Row.

Ⅳ. 고대 체육

1. 그리스 체육

1) 역사적 배경

(1) 에게 문명

그리스(Greece) 문명의 모태(母胎)이며 유럽 최초의 문명으로 알려져 있는 에게(Aegean) 문명은 전기를 크레타(Creta) 문명, 후기를 미케네(Mycenae) 문명으로 구분지으며, 이를 크레타·미케네 문명이라고 부르기도 한다. 기원전 약 4000년경에 인도·유럽어족(Indo Europeans)에 속하는 민족이 다뉴브(Danube) 강 부근 내륙에 살다가 기원전 2000년경에 남하(南下)하여 펠로폰네소스(Peloponnesos) 반도에 정착하면서 원주민들과 함께 에게 문명을 이룩하였다. 이들이 기원전 16~13세기경에 미케네를 중심으로 문명을 발달시켰다.

호메로스(Homeros)

그리스 반도에 들어선 인종들은 모두 동일한 종족이 아니었다. 처음은 아케아인(Achaeans)들이었고, 이들이 남하하여 에게의 티린스(Tiryns)와 미케네를 점령하였으며, 다음으로 도리아인(Dorians)이 남하하여 아케아인들을 정복하고 에게해 및 소아시아 남부 해안 지역까지 점령하였다. 그리고 또 다른 에올리아인(Aeolians)과 이오니아인(Ionians)들은 소아시아 일부를 차지하였다. 에게인들은 그리스인들에게 쉽게 멸망당하지 않았다. 이러한 사실은 기원전 약 2000년경 그리스인들이 남하하여 기원전 약 1200년경 트로이(Troy) 함락과 소아시아 정복까지 약 800년의 기간이 소요된 것으로 알 수 있다. 이러한 사건은 호메로스(Homeros)[1].의 일리아스(Ilias)를 구성하는 기초를 제공하였다.

1) 「Homeros(호메로스)」는 영어식표기로 「Homer(호머)」로도 통용되고 있다.

에게 문명은 대략 기원전 20~12세기경에 지중해 동부의 에게해 지역에서 발생하였는데, 오리엔트 문명에서 분파(分派)된 것으로 보기도 한다. 에게 문명은 신화(神話)와 전설(傳說) 속의 이야기로만 여겨져 오다가 1871년 슐리만(Heinrich Schliemann, 1822~1890)이 히사릴릭(Hisasarilik)을 발굴하여 트로이 전설을 확인시켰고, 1900년 아더 에번즈(Arthur Johan Evans,1851~1941)가 크레타 섬의 크노소스(Cnossos)를 발굴하여 호메로스의 시편을 역사적 증거 자료로 제시하여 이른바 「호메로스 시대」라는 말로 이 문명을 대변할 수 있게 되었다. 그리하여 에게 문명은 전설 속의 이야기가 아니라 폴리스(Polis) 문명이 성립되기 이전의 선존(先存) 문명으로 인식되게 되었다.

① 크레타 문명

크레타는 대략 기원전 20~15세기에 걸쳐 번성한 청동기 문명으로서 밝고 생동적이었다. 왕이 관리와 서기를 거느리고 통치하는 오리엔트적인 지배체제를 보여주며, 해상무역으로 번영하고 에게해 일대에 세력을 미쳤다. 크노소스 궁전의 세련됨과 벽화 등에서 보여주는 경쾌하고 생동감 넘치는 모습은 오리엔트와는 확연히 다른 독창적인 느낌을 주고 있다. 이를 미노아(Minoa) 문명이라고 부르기도 하며, 그리스 문명의 첫 단계로 분류된다.

② 미케네 문명

미케네는 그리스의 남쪽 반도, 펠레폰네소스에 있던 도시로서 본래 산중턱의 마을에서부터 시작되었다고 한다. 이들은 기원전 2000년대 말경에 인도 · 유럽어족의 그리스인이 크레타 문명을 받아들이고 북방의 군사적 요소를 가미한 문명을 이룩하였는데, 기원전 1600년경부터 그리스의 중부와 남부 지역에 미케네를 비롯한 여러 왕국을 건설하였다.

소년의 권투 시합 : 산토리니섬의 벽화

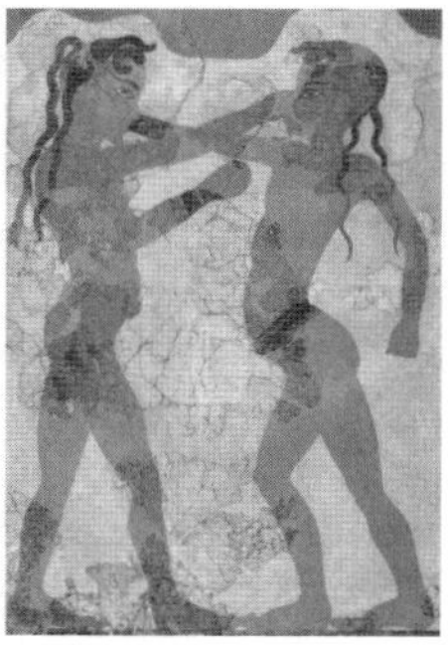

왕 아래의 귀족 전사들이 관리와 서기들을 이용한 지배체제를 갖추고 에게해 지역을 장악하였다. 기원전 1600년경부터 그리스의 중부와 남부에 미케네를 비롯한 여러 왕국이 발생하였으며, 기원전 1500년경에 크레타를 침략하여 100년 뒤쯤에 완전히 몰락시켰다. 이들 왕국은 다시 기원전 1200년경부터 남하한 철기문화를 이용한 도리아인에게 파괴되었다.

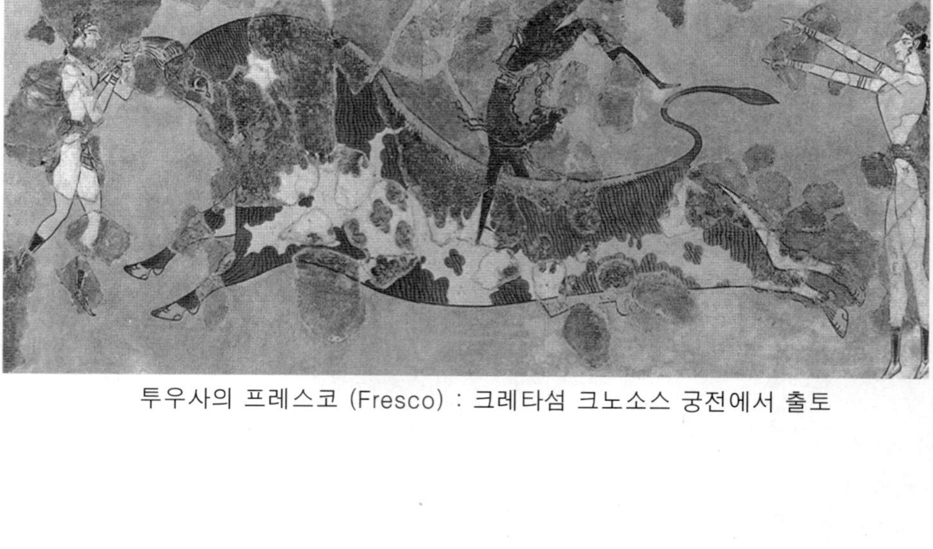

투우사의 프레스코 (Fresco) : 크레타섬 크노소스 궁전에서 출토

(2) 그리스 암흑시대(호메로스 시대)

– 미케네의 멸망으로부터 폴리스 발생 전까지의 그리스 문명 –

폴임(1996)은 '대폭발이 섬 전체를 뒤덮고, 거대한 화산 폭발은 섬 일대를 바다 속으로 가라앉게 하여 수평선 위의 섬이 사라지게 하였으며, 이로 말미암아 미케네 문명은 붕괴되었다'고 하였다. 미케네 문명의 붕괴는 그리스 세계의 중대한 재앙이 되었으며, 이는 기원전 1100년경부터 기원전 800년경까지 지속되었는데 역사가들은 이 시기를 보통「그리스의 암흑기(暗黑期)」라고 일컫는다.

오디세이아가 동료와 함께 외눈거인을 물리치는 장면이 그려진 항아리

대재앙에 의해 미케네 문명의 기록은 우연히 보존된 것 외에는 모두 사라졌고, 그리하여 이들의 문명은 단순한 형태로 되돌아 가 버렸다. 이 시기에는 이 마을 저 마을로 떠돌아다니던 방랑 시인들이 노래 부른 짧은 서사시 등이 있었는데, 그 중 호메로스의 서사시 두 편인 일리아스(Ilias)와 오디세이아(Odysseia)[2]가 남아 있어 이 시기의 관습과 제도에 관한 풍부한 지식을 전해 주고 있다. 호메로스의 일리아스와 오디세이아는 대략 기원전 8세기경에 완성된 것으로 보이며, 이 시기의 역사는 호메로스의 작품에서 유추한 것을 사료(史料)로서 사용하고 있어서 이 시기를「호메로스 시대」라고 부르기도 한다.

2)「Ilias(일리아스)」와「Odysseia(오디세이아)」는 영어식 표기로「Iliad(일리아드)」,「Odyssey(오디세이)」로도 통용되고 있다.

> 호메로스의 2대 서사시인 일리아스와 오디세이아는 기원전 약 1300~1200년경의 전설로서 트로이 전쟁에서 활약한 영웅들의 이야기를 줄거리로 전개되는 장편 서사시이다. 일리아스는 10년간의 트로이 전쟁의 최후에서 몰락까지 51일간의 내용을 다루었으며, 주로 영웅들의 싸움이나 비극적 운명을 노래하였다. 반면, 오디세이아는 트로이에서 귀국하는 아카이아 군 장병이 겪은 고행의 길을 이야기한 것이다. 전자의 중심 인물은 아킬레우스(Achilleus)[3]이며, 후자는 오디세우스(Odysseus)이다. 호메로스 시대에는 개인의 탁월성을 중시하였다. 이 시대의 교육을 아킬레우스는「행동의 인간(The man of action)」으로, 오디세우스는「지혜의 인간(The man of wisdom)」으로 나타낸다.

3)「Achilleus(아킬레우스)」는 라틴식 이름으로「Achilles(아킬레스)」로도 통용되고 있다.

고대 도시인 트로이의 역사는 호메로스의 작품 일리아스와 오디세이아 그리고 로마 시인인 베르길리우스 (Vergilius, B.C. 70~19)의 작품인 '아에네이드'에 기술되어 있다. 고고학자들은 트로이를 비롯한 옛 도시들의 흔적들을 발굴하였는데 이들 도시들은 지진이나 화재로 파괴되었지만 기원전 약 1200년까지 계속 번영하였다고 주장하면서 트로이의 역사는 매우 오래되었다고 설명한다. 일리아스의 기록에 의하면 트로이는 에게인들에게 기원전 약 1184년경에 함락되었다고 서술하고 있다.

(3) 폴리스

① 폴리스의 발생

고대 그리스의지도

미케네 문명이 몰락하고 폴리스(Polis)가 등장하기 전까지의 기간을 역사가들은 그리스 시대의 암흑기라고 표현하는데, 이는 당시의 상황을 추정할 만한 사료가 거의 없을 뿐만 아니라 섬 전체가 그대로 수장(水葬) 되었기 때문인 것으로 판단된다. 미케네 왕국과 그 문명이 파괴된 폐허 속에서 폴리스, 즉 도시국가라는 새로운 개념의 문화가 등장하였다. 이는 그리스가 발전시켜 가장 널리 알려진 정치 · 사회적 단위로서 그리스 전역에서 찾아볼 수 있는데, 분리된 분지나 평야에 의해 각 지역별로 독특한 문화를 이룩하며 성장하였다. 이 시기는 기원전 약 8세기경으로 독특한 자연조건이라 할 수 있는 폐쇄적인 지형 때문에 폴리스마다 독특한 문화를 형성하고 있었다. 그리스는 산지와 평지의 비율이 8 : 2 정도이며, 산맥이나 굴곡이 심한 해안지역이어서 지역간의 교통이 매우 불편하였다.

폴리스의 형태는 중심부에 아크로폴리스(Acropolis)가 있었고, 그 밑에 시민들의 집회장소와 시장으로 사용된 아고라(Agora)라는 광장이 있었다. 이는 크게 보면 하나의 도시와 주변의 농촌으로 구성되었다고 할 수 있다. 이들 폴리스는 매우 활발한 양상을 전개하는데, 특히 올림피아 등의 제전경기(祭典競技)가 역사적 주요 관점으로 부상한다. 대표적인 폴리스는 그리스 본토에 아테네(Athenae) · 테베(Thebai) · 메가라(Megara), 펠로폰네소스 반도의 스파르타(Sparta) · 코린트(Corinth), 소아시아 해안의 밀레토스(Miletus), 에게해 섬 지방의 미틸레네(Mytilene) · 사모스(Samos) 등을 꼽을 수 있다. 도시국가들은 크기와 인구 면에서 매우 다양하였다. 그 중 가장 큰 세력으로 성장한 폴리스가 스파르타와 아테네이며, 스파르타는 면적이 3,000평방 마일 이상이었고, 아테네는 1,060평방 마일 가량 되었다. 다른 도시국가들은 100평방 마일 이내로 추정된다. 전성기의 스파르타와 아테네의 인구는 약 40만 명 정도로서 다른 폴리스에 비해 3배정도 되었다. 흔히 그리스의 역사를 스파르타와 아테네를 예로 들어 설명하고 있는 것은 이들 폴리스가 가장 특색있고 서로 상반되는 점이 많으며, 이들이 서로 번갈아 가면서 그리스를 주도했기 때문이다.

② 폴리스의 성장

가. 폴리스의 팽창 식민정책

기원전 8세기부터 6세기까지 약 2세기 동안 폴리스는 식민정책(植民政策)을 펼쳤다. 지중해와 흑해 연안 소아시아 일대에 진출하여 곳곳에 많은 식민지를 건설하여(동쪽으로는 흑해 주변과 서쪽으로는 시칠리아와 남부 이탈리아) 그리스 영역은 크게 확대되었다. 그러나 식민시(植民市)와 모시(母市)의 관계는 상호 대등하였고, 정치적 통합은 본토 내에서도 이루기 힘들었다. 다만 문화적 · 경제적으로 교류를 빈번하게 하여 식민시와의 관계에서 형성된 상업의 발달은 대내적인 신흥 귀족과 상공업자의 생성과 함께 일반인들의 생활에 큰 영향을 주었다. 정치 현상에서도 귀족세력이 점차 줄고 일반인들의 정치 참여가 일어나 인류사에 있어서 민주주의의 표본을 이룩하게 되었다.

식민지 건설에 적극적이었던 도시국가는 코린토스, 칼키스, 밀레토스 등이었다. 이들 폴리스는 에게해 해안 지방과 이탈리아와 시칠리아에 이르기까지 광범위한 지역에 식민지를 이룩하였다. 또한 이러한 팽창은 이집트 해안과 먼 동쪽의 바빌로니아(Babylonia)에 이르기까지 교역 중심지를 건설했다. 이로 인해 상공업이 주요 산업으로 발전되었고, 폴리스의 인구 또한 증가했다.

나. 폴리스의 정치 변화

다소 예외는 있지만 각 폴리스는 비슷한 정치적 변화를 겪게 되는데, 왕정으로부터 시작하여 기원전 8세기쯤에 과두정치(寡頭政治)로 바뀌게 되었다. 상인과 수공업자들은 점차 소외된 농민들과 손을 잡고 지주(地主) 계급에 의한 과두정(寡頭政)을 공격하게 되는데, 약 100년 후 결국 대부분의 과두정은 참주(僭主)에 의해 전복되고 만다. 그러나 이는 야심적인 정치가들이 실현성 없는 희망으로 선동하고 혼란의 종식을 약속함으로써 대중의 지지를 획득한 후 헌정과 법률을 무시하면서 권력을 장악한 독재정(獨裁政)이었다. 즉 격렬한 계급과 갈등에서 비롯된 결과였다.

참주정은 다시 평민과 경제력 증대 및 정치의식의 향상에 의해 기원전 6~5세기경에 결국 민주정(民主政) 혹은 일부가 금권정치(金權政治)로 나타나게 되었다. 정치 발전의 최초 현상은 토지 재산의 집중이었다. 대토지 소유자들이 더욱 큰 경제력을 갖게 되고, 이들이 왕으로부터 권력을 빼앗아 귀족회의에 넘겨 버려 마침내 그들은 왕정을 무너뜨리게 되었다. 그 후 많은 경제 변화와 정치적 혼란이 뒤따랐다.

다. 폴리스의 문화

독립적인 형태의 각 폴리스는 다양하고 독특한 문화를 발전시켰는데, 지협(地峽)에 위치한 코린트는 부유하고 사치스러운 큰 교역의 중심지였고, 아르고스(Argos)는 훌륭한 청동기 기술자들을 보유하고 있었다. 기원전 약 800년부터 500년까지는 펠로폰네소스 반도의 코린트와 아르고스가 문학과 예술의 선두였다.

스파르타는 군사적 용맹성이 뛰어났고, 소아시아 해안과 에게해의 섬들에 위치한 밀레토스는 기원전 6세기경에 철학과 과학이 폴리스 중 가장 발달하였다. 본토에 위치한 아테네는 개인적인 업적, 능력있는 외국인들을 등용하여 매우 탁월한 예술과 문학을 이끌어 내었다. 독특하고 다양한 형태의 폴리스인들은 같은 언어와 종교로 연결되어 있어서 올림피아(Olympia) · 델피(Delphi)와 같은 유명한 판헬레닉(Panhellenic :

범 그리스) 성역에서 신들을 기리는 제전경기와 문화 · 예술 경연을 거행하였다.

③ 폴리스의 흥망

폴리스는 끊임없는 전쟁으로 먼저 아테네가 주도권을 잡았으나 이후에 스파르타가 세력을 잡았다. 처음 아테네가 중심 세력으로 등장하게 된 배경은 페르시아와의 전쟁에서 승리함에 의한 것이었다. 페르시아 황제는 기원전 6세기 후반 동안 소아시아 해안의 폴리스들에 대한 정복사업을 펼쳤는데, 페르시아 전쟁은 이오니아의 식민지인 밀레투스가 중심이 되어 페르시아에 반란을 일으키면서 시작되었다. 페르시아 왕 다리우스(Darius) 1세는 기원전 492년 많은 원정군을 보냈으나 마라톤(Marathon) 전쟁에서 패하였다. 이어 기원전 480년 다리우스의 아들 크세르크세스(Xerxes)가 또 다시 그리스를 침략하였으나 아테네의 지휘자 데민스토클레스의 지휘 아래 그리스 국민들은 단결하여 살라미스(Salamis) 해전(海戰)과 플라타이아이(Plataeae) 육전(陸戰)에서 패퇴시켰다.

페르시아 전쟁은 도시국가들의 번영을 가져왔다. 특히, 페르시아 전쟁을 승리로 이끈 아테네는 군비를 확충하고 전(全) 폴리스를 규합하여 페르시아에 대한 델로스 동맹(Delian Confederation)을 맺어 이른바 아테네 제국으로 불리어지게 되었다. 이로 인해 아테네는 동맹시를 압박하고 그 곳으로부터 착취와 헌금을 강요하여 아테네의 제해권(制海權)과 시가지의 재건비에 충당함으로써 가장 번성된 전성기를 맞이 하였다.

페르시아 전쟁이 끝나면서(B.C. 479)부터 펠로폰네소스 전쟁 시작(B.C. 431)까지의 약 50년 동안은 아테네에 있어서 예술, 문학, 정치세력의 황금시대였다. 아테네와 그 제국이 스파르타 및 그 동맹국에 대항하여 싸웠던 펠로폰네소스 전쟁은 마침내 아테네가 가진 대부분의 힘과 창조성을 약화시켜 버렸다. 아테네는 기원전 404년에 스파르타에 패하기는 했지만 기원전 5세기 동안 그들이 창조한 작품들은 뛰어난 아름다움으로 인해 그 후에도 고전(古典)으로 간주되고 있다. 그러나 아테네의 융성과 독단은 주변 폴리스의 불평과 불만을 초래시켜 반(反) 아테네 펠로폰네소스 동맹이 스파르타에 의해서 결성되기도 했다.

이러한 상황에서 아테네와 스파르타와의 펠로폰네소스 전쟁(B.C. 431~404)이 일어났으며, 페르시아와 여러 폴리스의 도움을 받은 스파르타가 승리하였다. 펠로폰네소스 전쟁에서 승리한 스파르타의 패권도 얼마 지나지 않아 쇠퇴하였으며, 그 후에는 중심세력 없이 분열과 상쟁(相爭)만 거듭되었다. 폴리스 내부에서도 경제적 빈부의 두 계급으로 나뉘어져 서로 싸우고, 그로 인해 조국을 떠나거나 국사를 외면하는 시민이 많아졌다. 또한 용병을 많이 쓰게되어 시민병의 원리가 무너지기 시작하였다. 이러한 과정에서 정치적 혼란은 더욱 가중되어 대내적 병폐를 가중시켰으며, 외부 강대국에 대하여 대동단결 할 줄 몰랐던 그리스의 폴리스들은 기원전 338년 케로네아의 패전으로 인해 마케도니아 필립 2세의 지배를 받게 되었다.

2) 생활과 교육

에게 문명을 이어받은 그리스는 아테네 · 스파르타 등의 도시국가를 중심으로 해외 진출을 시도하였으며, 체육 · 종교 · 철학 · 미술 · 음악 등의 분야에서 서양 문화의 모체가 되었다. 또한 이들의 민주주의는 정치 발전에 있어서 오늘날까지 귀감이 되고 있다.

고대 그리스인의 삶의 태도는 본질적으로 매우 현실적이며 합리적이었다. 이들은 자유로운 탐구 정신을 찬양하고 지식을 신앙보다 우월하게 여기기도 했다. 비옥하지 못한 자연환경에서 어느 민족보다 수준 높은 문명을 발전시킨 그리스인들은 적당한 부(富)와 소박한 오락으로 비교적 행복하고 만족스러운 생활을 영위했다.

이러한 그리스 문명은 과연 어떠한 것이었을까? 그리고 그들은 왜 신체와 영혼의 완전한 균형을 추구하였는가? 실제로 그리스의 문화는 미학적 영역과 윤리학적 영역이 명확하게 구분되지 않으며, 선한 것이라는 그들의 개념은 아름다운 것이라는 개념과 동일시되고 있다.

(1) 에게 문명(크레타와 미케네)

에게 문명은 유럽 문명의 모체로서 도시국가가 생기기 이전의 그리스의 선존(先存) 문명이며, 기원전 약 20~12세기 동안 지중해 동부의 에게해 지방에서 발달하였다. 전기를 크레타 혹은 미노아 문명이라 부르고 있는데, 이 문명은 에게해를 둘러싼 그리스 본토와 소아시아 통로 및 크레타 일대를 장악하였다. 오리엔트 문명의 영향으로 일찍부터 청동기를 사용하였고, 기원전 약 1000년 전반에서 전성기를 맞이하여 강력한 왕권 아래 해상무역을 하고 있었다. 크노소스 궁전이나 벽화 등에서 확인된 세련된 미와 경쾌하고 생동감에 넘치는 필치(筆致)는 오리엔트에서는 찾아 볼 수 없는 것이었다.

다음으로 이어진 것이 미케네 문명으로서 기원전 2000년대 말경에 인도 · 유럽어족의 그리스인의 일파가 그들의 북방의 군사적인 면과 전성기의 크레타 문명을 흡수하여 발전시킨 문명이었다. 미케네 문명은 원래 고대 그리스어를 쓰는 사람들이 사는 산중턱에 있는 마을들로부터 시작되었다. 이후 이 마을들은 미노스 왕의 숙련된 장인들이 만든 것과 견줄만한 왕궁과 귀금속들을 가진 도시로 변모했다. 미케네의 무덤은 형태가 거대한 돔 모양의 벌집과 같고, 암석벽돌로 건축되었다. '트레저리 오브 아트레우스'라고 알려진 미케네인의 무덤은 6m 높이를 지닌 문을 통과해서 너비 14m와 높이 13m의 방으로 들어가는 구조를 가지고 있다. 이러한 무덤들이 많다는 것은 많은 돈과 노동력이 왕권과 귀족들을 위해 쓰여졌음을 보여주는 일례(一例)일 것이다. 유명한 시인 호메로스는 미케네를 금(金)이 풍부한 도시라고 기술하고 있는데, 이는 많은 무덤 안에서 발견되는 금을 통해서 알 수 있다. 금은 주로 이집트에서 수입하였을 것으로 추정되며, 장인들은 이것으로 가면(假面), 컵, 꽃 등의 장식품을 만들었고 금과 보석으로 장식된 검과 갑옷 등을 제작하였다. 이들은 금이나 보석들을 매우 좋아한 것으로 추측된다.

(2) 호메로스 시대(그리스 암흑기)

그리스 역사에는 암흑기가 존재하고 있는데, 이는 이 기간동안에 일어난 사건의 추정이 불가능하고 연구할 사료가 거의 없어 이 기간동안의 생활을 추정하기가 암흑처럼 어렵기 때문이라는 의미에서 명명한 것이다. 역사가들이 보통 암흑기라고 부르는 기간은 기원전 1100년경에서 800년경을 일컫는다.

다행히도 호메로스의 서사시 두 편인 일리아스와 오디세이아가 있어서 암흑시대의 관습과 제도에 관한 지식을 추정하는 사료로 사용되고 있다. 암흑시대의 정치제도는 에게해의 거대한 폭발 등의 원인으로 다시 시작된 문명이어서 인지 전 시기의 문명보다 오히려 더 못한 것 같은 형태를 떠올리게 한다. 즉 암흑기의 정치제도는 대단히 원시적인 것으로 표현되고 있다.

폴임(1996)은 이 시기에 관해 다음과 같이 기술하고 있다. '대폭발이 섬 전체를 뒤덮고, 폭발로 인해 섬은 폭발한 곳의 빈 공간을 메우기 위해 그대로 매몰되었다. 섬사람들은 주로 2층에서 생활했으며, 1층에는 채소, 말린 고기, 시리얼, 기름, 술, 올리브 등의 음식들을 질그릇 단지 속에 담아두곤 했다. 그리고 각각의 가옥은 감실을 두었다. 감실은 동물, 배, 이제 막 피어나는 백합과 파피루스 혹은 크로커스 꽃, 갑판 위를 걸어다니는 고양이 같은 작은 동물 그리고 양손으로 한아름 물고기를 안고 있는 어부 등의 풍경들을 묘사한 프레스코화로 장식되어 있었다.'

이후 암흑기로 추정되는 기간에는 각각의 작은 촌락 공동체가 외부의 지배를 받지 않고 독립을 유지했으나, 정치 권력이 너무 빈약해서 국가라고 할 수 없을 정도였다. 지배자도 시민과 마찬가지로 생계를 위해 농토를 경작하였고, 그가 지닌 유일한 기능은 군사적인 기능과 종교적인 기능이었는데 전시에는 군대를 지휘하고, 신들이 자기 부락을 지켜주도록 희생제(犧牲祭)를 지냈다.

호메로스의 서사시는 사회의 전반적인 분위기가 귀족적이라고 묘사하고 있지만 엄격한 계층 구분이 나타나지 않고 육체적인 노동을 미천한 것으로 보지 않았다. 호메로스의 서사시에 귀족의 토지에서 일하는 전사 혹은 귀족에게 예속된 노동자들이 있었던 것이 나타나지만 이들은 노예라기 보다는 농노(農奴)의 개념이었다. 이들은 주로 여자들이었고, 하녀나 직조공 또는 첩으로 봉사하였다. 노예들 중 다수는 포로였다. 자유인은 대개 농업과 목축에 종사했으며, 거래방법은 물물교환이었다. 서사시에 나오는 모든 덕목(德目)은 거의 다 개인을 보다 훌륭한 전사로 만드는 용맹과 인내력, 애국심, 친구에 대한 사랑, 적에 대한 증오와 지혜 등을 일컫고 있다. 이들은 인생이란 그 자체가 살만한 가치가 있는 것으로 보고 개인의 자아완성을 위한 노력을 중요하게 다루었다. 이러한 이유로 페미니즘(feminism) 같은 사항들은 거부하였다. 또한 현세(現世)의 유익을 위했고, 내세(來世)의 것이나 무한하고 장구한 것들은 배격하고 합리적인 것을 사고하는 자연적 · 인간적이었다. 신들이 두려운 성격을 갖고 있다고 여기지도 않았고, 인간을 죄악에 물든 타락한 존재라고 생각하지도 않았다.

호메로스 시대의 종교는 그리스인의 생활과 밀접한 관련을 맺고 있었다. 가족의 사당(祠堂)이 부락의 주거지에 있었고 특수한 신이 소지역의 보호신이 되어서 그 신을 기리어 흔히 제사와 체육행사가 행해졌다. 이러한 이유로 종교는 그리스인이 체육이나 교육, 문화, 예술 그리고 건축 등을 발전시킨 원동력이라고 할 수 있다. 그리스의 다신교는 각기 발달한 신들 중에서 제우스(Zeus)를 「만물의 최고신」으로 숭배했다.

일리아스와 오디세이아를 읽은 사람들은 비록 전쟁과 약탈이라는 야만적 시대에서일지라도 남녀 관계에 대한 묘사는 매우 부드럽고 성실하며 아름답기 때문에 그러한 것을 대개 궁극적인 인간 이상(理想)의 보편적 전형으로 간주할 수 있음을 알게 된다.

(3) 폴리스

고대 그리스의 아크로폴리스

기원전 8세기경 그리스의 폐쇄적인 지역 형태에 의해 분리된 분지나 평야마다 폴리스라는 독특하고 작은 도시국가들이 등장한다. 이는 그리스인이 발전시킨 가장 널리 알려진 정치 · 사회적 단위였다. 폴리스는 그리스 세계의 거의 모든 지역에서 찾아볼 수 있다. 그러나 폴리스가 언제 그리고 어떠한 과정을 통하여 성립하였는지에 대해서는 정확하게 알 방법이 없다. 도리아족의 남하에 따른 혼란과 타국가의 위협으로부터 스스로를 지키기 위해서 여러 촌락이 지리적으로나 군사적으로 중심이 되는 곳에 모여들어 도시가 형성되고, 그 도시를 중심으로 주변의 촌락들이 하나의 독립된 주권국가인 폴리스를 형성하였다는 집주설(集注說)이 일반적으로 널리 통하고 있다. 폴리스는 성벽으로 둘러싸인 도시 안에 그 도시의 수호신을 모신 신전이 건립된 아크로폴리스(Acropolis)라는 작은 성채와도 같은 소구(小丘)가 있으며, 이곳은 일단 유사시에는 피난처이자 침입자에 대한 항거의 마지막 거점이기도 하였다. 또한 아고라(Agora) 광장은 시장인 동시에 정치를 포함한 모든 공공활동의 장소이며 시민들의 사교장이기도 하였다.

여기에서 유의할 점은 폴리스 내에 거주하는 모든 사람들이 시민으로서의 완전한 자격과 권리를 가지고 있지 않았다는 사실이다. 단지 폴리스를 형성하는데 참여한 부원의 성원 또는 그 후손만이 완전한 시민이었다. 폴리스는 본토에만도 200개가 넘고, 소아시아로부터 에게해와 지중해 일대에 건설된 식민지까지 모두 합친다면 1,000개가 넘었다.

그리스의 기후와 지세는 지중해형 풍토에 속한다. 암흑기를 이은 폴리스는 본토 지형이 산맥이나 굴곡이 심한 해안 지역이라는 자연조건의 영향으로 바다로 진출하게 되었다. 에게해는 크고 작은 섬들이 산재해 있고 섬들이 디딤돌 역할을 하여 본토로부터 소아시아로의 항해를 쉽게 했다. 그리하여 그리스인들은 일찍부터 해외로 진출하고 해외무역에 종사하였다. 포도주나 올리브유, 각종 공산품과 도자기 등을 수출하고 부족한 식량과 필요한 물자들은 해외로부터 수입하였다. 스파르타와 같은 예외도 있었지만 그리스인에게 있어서 바다는 매우 소중하였다. 그들은 폭넓은 교역을 시작하여 이집트와 극동의 민족 및 문화들과 접촉하면서 독립된 나름대로의 개성을 발전시켜 나갔다.

각 폴리스 시민들은 서로 만나 신(神)들을 기리는 체육, 시, 음악경연 등의 종교

제전을 가졌다. 그리고 그들은 서로간에 끊임없이 전쟁을 하였다. 주신(主神)인 제우스를 모시는 그리스 최대의 제전이었던 올림피아 행사는 그야말로 민족의 제전이었다. 그리스인은 바르바로이(Barbaroi), 즉 이민족에 대한 그리스인의 의미인 헬레네스(Hellenes)라는 민족적 자각과 긍지를 갖고 있었다. 그러나 헬레네스로 뭉치면서도 헬라스(Hellas)란 국가를 이룩하지는 못하였다. 그렇기 때문에 그들이 받드는 신들의 으뜸인 제우스를 모시는 올림피아 제전은 무엇보다 중요한 민족적 결집점(結集點)이 된 것이다.

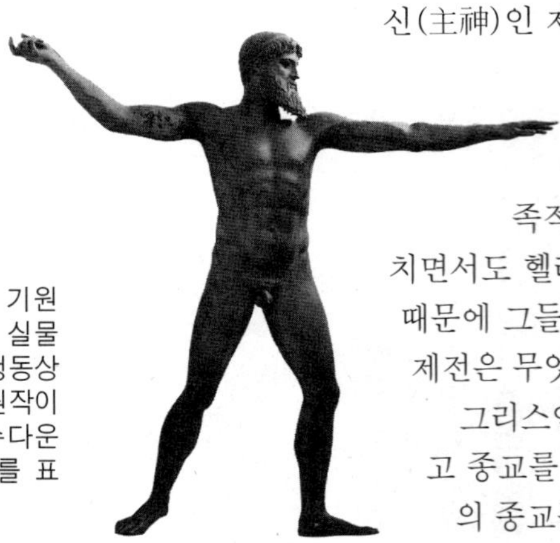

제우스 상 : 기원전 460년경. 실물보다 큰 이 청동상은 그리스 원작이며, 운동선수다운 신체 외형미를 표현하고 있다.

그리스인들은 죄를 사하여 주거나 축복을 얻으려고 하지 않고 종교를 행위나 신앙의 문제라고 생각하지 않았다. 그리스인의 종교는 오늘날의 계명이나 교리 혹은 교본이 없었다. 신과 인간을 대등한 조건으로 보고 교류할 수 있다고 생각하였다. 이러한 결과 그리스 신들은 인간과 유사한 속성이 부여되었다. 즉 신은 완벽한 것이 아니었으며 완전한 다신교였음을 알 수 있다. 그리스인의 종교에는 악마의 존재가 없었으므로 이들의 종교는 선과 악을 분류하는 이원적이지 않았다. 모든 신들은 선행(善行)뿐만 아니라 악행(惡行)도 할 수 있는 존재로 보았으며, 사후(死後)의 세계에는 큰 관심을 가지지 않았다. 선행에 대한 보상이나 죄로 인한 사후(死後)의 처벌은 없다고 생각하였다. 지상에서 살았던 것과 같이 사후에도 그러한 삶을 계속한다고 보았다. 초기 그리스 종교는 주로 희생제로 이루어졌는데 제물은 속죄의 의미가 아니라 신을 즐겁게 하고, 신들이 인간에게 호의를 베풀도록 설득하기 위한 것이었다.

딕킨슨(G. L. Dickinson)은 박만준 · 이준호(1989)가 옮긴 『그리스인의 이상과 현실 : 서양철학의 뿌리』에서 그리스의 사회상과 시민의식에 대해 다음과 같이 진술하고 있다.

> 그리스인의 생각에 의하면 시민은 곧 귀족이다. 시민의 우월성은 공공생활에 있다고 생각했으며, 그들의 시간과 정열을 거의 대부분 공공 의무의 수행을 위해 헌신할 수 있어야만 했다. 그러나 이러한 특권계층이 존립하기 위해서는 이 계층들을 뒷받침해 주는 생산계층이 있어야 했다. 생산자는 그들에게 부여된 일의 성질에 따라 노예생활을 하거나 자유로이 활동할 수 있었지만 완전한 시민의 생활권으로부터 벗어나 있었다. 극단적인 예로 기원전 4세기말경의 아테네 인구는 40만 명으로 추정되는데, 시민은 약 10만 명 정도였다. 노예는 집안일 뿐만 아니라 농장이나 공장 그리고 광산 등에서도 일을 했다. 국가를 위한 생산노동의 대부분을 수행했던 것이다. 고대 그리스에서 모든 분야의 생산자는 사회적 · 정치적 권리를 갖지 못했다. 그들은 다만 귀족의 존립을 위한 존재였으며, 아리스토텔레스는 '노예는 생명을 갖고 있는 도구이며, 도구는 생명없는 노예이다'라고 했다. 그리스인이 생각했던 노예와 주인의 관계가 이렇듯 명백하지만 비록 모순적으로 들릴지 모르나 노예를

잔인하게 취급하지는 않았다. 우리가 짐작할 수 있듯이 가장 품위있는 그리스인은 노예를 친절하게 인간적으로 다루어야 한다는 사실을 분명히 알고 있었다. 아리스토텔레스의 말에 의하면, '주인과 노예 사이는 그 관계가 언제나 관습과 같은 불가피한 경우가 아닌 자연적인 경우에는 단순히 강압적인 관계로 맺어져 있는 것이 아니라 상호간의 이익이 도모되고 호의가 오가는 관계이다.'

① 스파르타

스파르타는 타 도시국가들의 정치 발전양상에서 크게 벗어나 있었다. 스파르타 정부는 오늘날의 엘리트 독재와 비슷한 형태로 발전했다. 그 원인을 3가지로 요약하면 첫째, 북동부와 서부가 산맥으로 둘러싸여 좋은 항구를 갖지 못했으므로 외부 세계의 진보적 영향을 받을 기회가 거의 없었다. 둘째, 자유를 위한 투쟁에서 일반 대중의 중간계급이 성장하지 못했다. 셋째, 가장 중요한 것으로 군국주의(軍國主義)를 들 수 있다.

스파르타인은 본래 펠로폰네소스 반도 동부에 침략군으로 들어온 도리아인이었다. 그들은 기원전 9세기말에 이르러 라코니아(Laconia) 지방 전역에 대한 지배권을 장악했음에도 불구하고 이에 만족하지 않았다. 스파르타인은 타이게토스(Taygetos) 산맥 서쪽에 자리잡은 비옥한 메세니아(messsenia) 평원을 정복하고자 했다. 결국 메세니아인의 영토는 라코니아에 병합되었다. 기원전 640년경에 메세니아인들은 아르고스의 원조를 얻어 반란을 일으켰다. 그 후 스파르타의 본거지인 라코니아까지도 침략을 당했다. 스파르타인이 살아남을 수 있었던 것은 아르고스의 사령관이 전사하고 호전적인 시인인 티르타이오스(Tyrtaios, B.C. 7세기경)가 행한 애국적 탄원 덕분이었다. 이 일이 있은 후로 승리자들은 반란의 기회를 허용하지 않았다.

그 후 스파르타는 방어적인 대외정책을 취하게 되었다. 그 결과 스파르타는 그들이 이미 획득한 영토를 지키는 데에만 전념하게 되었다. 반란에 대해 두려워했으며 보수주의적 태도로의 변화에 대해 완강하게 저항하였다. 그들의 폐쇄성은 위험한 사상의 유입을 두려워하여 여행도 억제하고, 외부 세계와의 교역도 금지시켰다. 많은 노예들에게서 절대적 우위를 확보할 필요로 시민 개개인에게는 엄격한 규율과 복종을 스파르타 정부는 요구하였다. 스파르타의 집단주의는 사회 · 경제생활의 모든 부분으로 파급되었다.

스파르타는 암흑 시대에서부터 이어내려 온 정부 형태를 유지하고 있었다. 유력한 가문을 대표하는 2명이 왕이었지만 이들은 권력이 거의 없었다. 주로 이들은 군사적 · 사제적 성격을 지닌 것이었다. 정부의 두 번째 기관은 두 명의 왕과 28명의 귀족(60세 이상)으로 구성된 원로회였다. 원로회는 행정부의 활동을 감독하고, 형사 재판의 최고 법으로서 역할을 했다. 세 번째 정부 기관인 민회는 모든 성인 남자 시민으로 구성되었는데, 민회는 원로회가 제출한 법안을 승인 또는 거부했으며, 왕을 제외한 모든 공직자의 선출권을 가졌다. 프퍼르타 헌정 하에서 최고 권력은 5명으로 구성된 감독관위원회(Ephorate)에 있었다. 감독관들은 사실상 정부의 역할을 했다. 그들은 원로회와 민회를 주재했고, 교육제도와 재산분배를 통제했으며 시민생활을 감독했고, 모든 입법에 대한 거부권을 행사했다. 또한 갓 태어난 아기들의 생사여부를 결정했으며, 원로회에 기소할 권리를 가졌고, 종교적 징조가 불길할 경우에는 왕마저도 폐위시킬 수 있는 권한을 지녔다. 그러므로 감독관들에 의해 지배된 스파르타 정부는 사실상 과두정치(寡頭政治)였다.

스파르타의 세 계급 중 지배계급은 스파르타 시민인 스파르티아타이(Spartiatai)로서 그들은 원래 정복자의 후손이었다. 스파르타 시민은 전체 인구의 5%에 불과했으나 정치적 특권을 독점했다. 두 번째 계급에 속한 것은 '변두리 사람', 즉 페리오이코이(perioikoi)였다. 이 계급의 기원은 불분명하지만 스파르타의 동맹시의 주민이었거나 스파르타의 지배에 자발적으로 복종한 사람들이었을 것이다. 지배계급과 헬로트(Helot) 사이의 완충역할을 하는 대가로 이들에게는 상공업에 종사하는 것이 허용되었다. 헬로트는 사회의 하층계급으로 토지에 결박된 노예들이었다. 그들은 주인의 영지에서 생산한 농작물 중 상당량을 가질 수 있었지만 너무나 모욕적인 대우를 받았으므로 항상 비참했으며, 틈만 보이면 반란을 도모했다. 이러한 이유로 반란의 조기진압을 위해 스파르타 시민들은 때로 변장을 하여 헬로트 사이에 잠입하는 스파이 역할을 하기도 하였다.

스파르타의 시민계급으로 태어난 사람들은 인생의 대부분을 「고귀한 노예」로 지내야만 했다. 그들은 가혹한 훈련을 감수해야 했고 개인의 생활까지도 희생해야 했다. 이를테면, 그들은 국가라는 거대한 기계의 톱니바퀴에 지나지 않았다. 스파르타의 유아들은 태어나자마자 건강을 시험받아야 했고, 허약하다고 간주된 유아들은 언덕에 내던져 죽도록 방치되었다. 스파르타 남성들의 교육은 거의 전부가 군사훈련이었다. 훈련은 7세 때부터 시작되었다. 전시 임무를 수행할 수 있게끔 소년들을 강인하게 만들기 위해 무자비한 채찍질이 가해졌고, 남자들은 20세에서 60세까지 거의 모든 시간을 국가를 위한 봉사에 바쳤다. 결혼 자체는 사실상 강제적인 것이었다. 그러나 가정생활은 거의 할 수 없었다. 젊은이들은 병영에서 살아야 했고, 30세 이후에도 식사는 병영에서 해야만 했다. 남편들은 결혼하는 날 밤에 자신의 무용(武勇)을 과시함으로써 아내를 데려갈 수 있었다. 건강한 자식을 낳는 것이 아내로서의 주임무였으나 어머니들은 어린아이들이 국가의 재산이라는 사실을 받아들여야 했다. 스파르타 시민들이 이러한 곤경과 박탈감에 분개하지 않았을까 하고 의문이 들지도 모른다. 그렇지만 아마도 지배계급으로서의 그들의 지위에 대한 자부심이 그들의 마음속에서 혹독한 훈련과 특권의 포기를 보상해 주었을 것이다. 시민계급 전체는 헬로트의 노동에 의해 부양을 받았고, 미미했던 상공업은 전적으로 페리오이코이에게 맡겨졌다.

딕킨슨(G. L. Dickinson)은 박만준 · 이준호(1989)가 옮긴 『그리스인의 이상과 현실 : 서양철학의 뿌리』에서 그 당시 스파르타 시민의 생활상에 대해 다음과 같이 진술하고 있다.

> 스파르타의 시민계급과 생산자계급은 가능한 분명하고 철저하게 구분되

었다. 시민은 정복자의 무리였으며, 생산자계급은 예속된 종족이었다. 그리고 이 관계는 끊임없는 폭동에 직면하면서도 암살과 같은 방법에 의해 유지되었다. 그 결과 스파르타인들은 끊임없는 훈련을 받게되는데 그 훈련은 매우 엄격하고 폐쇄적이었다. 그와 같은 훈련 하에 모든 것은 자기 보존의 필연성을 위해 희생되었다. 이 훈련은 리쿠르구스(Lycurgus, B.C. 850~800)라는 단 한 사람의 입법자에 의해 고안되었고, 그것은 수세기 동안 유지되었다. 그 주요 특징은 다음과 같다. 초기에는 어린이를 낳아서 양육하는 것이 개인의 자의(自意)에 맡겨진 것이 아니라 국가에 의해 제한되고 통제되었다. 우선 여성은 모성의 의미를 건강하게 수행하기 위해 육체적 훈련을 받았다. 그들은 젊은 남성들처럼 달리고 벌거숭이 상태로 씨름도 하고, 공공연히 노래하고 춤도 추며, 남성과 자유롭게 교제하도록 교육받았다. 결혼은 장년기에만 허용되었다. 건강한 남녀의 자유로운 혼외 정사가 여론에 따라 승인되고 장려되었다. 결혼하지 않은 남성은 사회적으로나 시민으로서 무능한 것으로 치부되었다.

태어난 아이들은 곧 종족의 연장자에게 검사를 받아야 했는데, 만약 건강하고 미모를 갖추었다면 양육되지만 그렇지 않은 경우에는 버려졌다. 사내아이들은 7세가 되면 부모의 품을 떠나 관리자의 감독에 맡겨졌다. 지적인 측면에서 볼 때, 그들의 교육은 매우 초보적인 읽기와 쓰기에 그쳤다. 그러나 도덕적인 측면의 교육은 엄격하고 가혹했다. 그들은 감독자격인 나이 많은 청년의 감독 아래 집단을 이루고 강한 인내력을 요구하는 훈련을 받았다. 그들은 한가지 옷으로 한 해를 나며, 신발도 신지 않고 걸어 다녔다. 또 그들은 스스로 채취한 풀로 만든 침대에서 잠을 잤다. 그들의 음식은 간단했으며, 식량 준비도 없이 밖으로 나갈 때가 자주 있었다. 아이들은 하루 종일 검열을 받고 통제되었다. 자기 아이들뿐만 아니라 다른 사람의 아이들까지 훈계하고 처벌하는 것이 모든 사람의 의무이자 특권이었다. 그들은 끊임없이 체육활동을 하면서 군사훈련을 받았다. 일찍부터 출정(出征)에 적응하기 위해 연장자와 공동 식탁에서 자신의 음식을 훔치는 법을 배웠으며, 만약 들킬 경우에는 무능한 대가로 매를 맞고 저녁을 굶어야 했다. 성년이 되었을 때도 훈련을 게을리 할 수 없었다.

사치품은 엄격히 금지되었으며, 유통되는 화폐는 철로 주조되어 매우 불편하였으므로 그것을 모으거나 숨겨 둘 수 없었다. 가옥은 가능한 한 간단하고 소박하였지만 완벽하게 만들어졌다. 화폐의 성격은 실제로 상업을 금하였고, 시민들은 어떤 수공업에도 종사할 수 없었다. 농업이 주요 산업이었으며, 모든 스파르타인은 농노가 경작하는 토지를 소유했다.

스파르타 군대의 능력과 용기는 대단하였다. 이는 첫째, 엄격한 훈련에 의해서 유지되었고, 둘째, 사회적 처벌에 의해서 유지되었다. 전장에서 명예를 실추한 자는 천민으로 전락되었다. 이런 경우 아무도 그와 함께 식사를 하려고 하지 않았고, 씨름하는 것조차도 꺼려하는 등 따돌림을 당해야 했다. 그리고 무도회에서 그는 가장 낮은 자리를 차지했으며, 길에서 다른 사람과 마주치면 길을 양보해야 하고, 손아래 사람에게 자신의 자리를 내주어야 했다. 그는 초라한 옷을 입어야 했고 매맞는 벌을 감수하면서 여성과 아이들의 비난도 받았다. 이러한 삶보다는 차라리 죽음이 분명히 더 나을 것이다. 스파르타인의 용기는 그리스 침공을 계획하던 페르시아 왕에게 보낸 편지에서 찾아볼 수 있다. 그 내용을 간추리면 '스파르타인에 대해서 말하면 이들은 전쟁에 참가하여 조직을 형성하여 싸우는데 세상에서 가장 용맹스럽다. 그리고 이들이 왜 용맹스러운가에 대한 이유를 들자면, 이들이 자유인이라고 할지라도 그들이 모든 면에서 자유로운 것은 아니며 이들은 법을 지배자로 간주하고 이에 따른다. 이들은 법이라는 지배자를 매우 두려워하고 법의 명령이면 무엇이든 다한다. 그런데 법의 가르침은 언제나 동일하다. 법은 적의 수가 얼마나 많으냐 적으냐를 가리지 않고 스파르타인이 전쟁에서 도망치는 것을 허용하지 않으며, 승리 하든가 죽기를 요구한다'. 이러한 내용은 테르모필레 전투에서 스파르타인이 마지막 한 사람까지 페르시아 군대와 싸우다 죽었다는 것이 이를 뒷받침해 준다. 플라톤이 추구한 이상국가는 대개 스파르타를 그 전형으로 삼고 있지만, 스파르타인이 망아지처럼 집단 사육 당하고 있다고 기술하기도 한다. 스파르타인은 이처럼 용기와 복종, 인내는 극도로 발달하였지만 자발적으로 샘솟는 인간의 운치있는 예술적인 삶과 같은 자유롭게 활동하는 개인적인 감정은 말살되었다.

스파르타인은 기원전 5세기경에 외국의 사원에 맡긴 금을 축적하고 있었고, 또 토지는 상속과 증여에 의해 소수 집단의 손아귀에 들어갔다. 전쟁으로 인한 인구의 감소뿐만 아니라 공동 식탁에 참여할 수 없는 무능한 자로부터 시민권을 박탈함으로써 시민의 수는 줄어들었다. 마침내 스파르타인은 700가호 정도로 줄었고, 이 가운데 토지를 소유한 것은 100가호에 불과했다. 외적인 사건 때문에 내부로부터의 쇠퇴도 가속화되었다. 밖으로는 제국주의적 힘에 의해 파괴되었다. 스파르타가 아테네를 정복한 것은 곧 자신이 몰락할 징조였다. 스파르타가 순식간에 얻은 부와 힘은 자기 자손을 자신들의 규율 속에서 소홀하게 하였다. 그들은 이전에 절제할 때와 버금가는 정열로 자유와 쾌락 그리고 권력의 남용을 추구하였다. 스파르타인이기를 포기한 스파르타인은 개인의 차원으로 접어들기 시작했다.

② 아테네

가. 정치

아테네가 자리했던 아티카(Attice)에는 군사적인 침략도 없었고 적대 세력간의 내분도 없었다. 아티카의 자연조건은 비옥한 농업자원과 더불어 풍부한 지하자원 및 훌륭한 항구를 갖추고 있었다. 그 결과 아테네는 농업국가로 남지 않고 활발한 상업과 도시문화를 급속히 발전시켰다. 기원전 8세기 중엽까지 아테네는 그리스의 다른 국가들과 마찬가지로 왕정을 유지하고 있었다. 다음 세기인 기원전 7세기 동안에 귀족회의 또는 아레오파고스(Areopagos) 회의가 점차 왕의 권력을 박탈하였다. 이러한 귀족 과두체제로의 이행은 부(富)가 집중하게 된 원인이자 또한 부가 집중한 결과였다. 도시 중간계급은 농민을 지지하면서 정치적 자유를 요구했다. 마침내 기원전 594년에 모든 당파는 귀족 출신인 솔론(Solon)을 집정관으로 임명하는데 합의하고, 그에게 개혁을 수행할 절대권을 부여했다. 솔론이 시행한 조치는 정치·경제적 조정이었다. 솔론의 개혁은 중대한 의의를 가진 것이지만 귀족들은 그들의 특권 중 일부가 상실된 데에 대해 불만을 품었다. 중간계급과 하층계급은 자신들이 여전히 행정관직에서 배제되어 있었고, 또 아레오파고스 회의 종전의 권력을 그대로 유지하는 것에 대한 불만이 있었다.

결국 기원전 560년에 아테네 최초의 참주인 피시스트라토스(Pisistratus)가 집권을 하게 되었다. 그는 귀족의 권한을 축소시키고, 아테네인의 생활수준을 향상시켰다. 그러나 그를 계승한 아들 히피아스는 무자비하고 심술궂은 압제자였다. 기원전 510년에 히피아스의 참주정은 스파르타의 지원을 받은 일단의 귀족들에 의해 전복되었다. 그 후 2년 동안 정파들 간의 갈등이 심화되다가 귀족 출신의 지적인 인물인 클레이스테네스(Kleisthenes)가 민중의 지지를 얻어 정적들을 제거했다. 민중의 지지에 대한 보답으로 대단히 급격한 개혁작업을 단행했다. 이 때문에 그는 아테네 민주주의의 아버지로 알려지게 되었다.

클레이스테네스는 기원전 508에서 502년까지 아테네의 정권을 장악했는데, 그의 개혁내용은 다음과 같다. 첫째, 당시 아테네에 거주했던 모든 자유민에게 완전한 시민권을 부여함으로써 시민의 수를 늘렸다. 둘째, 새로이 오백인 회의(Council of Five Hundred)를 창설하여 정부의 주요 기구로 삼고, 민회에의 법안 제출권과 행정기능에 대한 최고 통제권을 부여했다. 오백인 회의 구성원은 추첨으로 선발되었다. 30세 이상의 모든 남자시민은 피선거권이 있었다. 셋째, 클레이스테네스는 민회의 권한을 확대하여 오백인 회에서 상정한 법안에 대한 심의 및 채택여부 결정권을 부여했고, 전쟁 선포권, 예산 편성권 그리고 퇴임 행정관에 대한 회계 감사권을 부여했다. 넷째, 클레이스테네스의 시대가 지난 후 오래지 않은 기원전 487년에 아테네인은 도편(陶片) 추방제도(Ostracism)를 제정하여 국가에 대해 위험스러운 인물들을 10년 동안 명예롭게 추방시킬 수 있게 했다. 이 장치는 참주가 될 야심을 가진 사람들을 미리 제거하기 위한 것이었으나 종종 유능한 인물들을 제거하거나 야심가들에게 유리하게 적용되기도 했다.

아테네 민주주의는 페리클레스(Pericles, B.C. 461~429) 시대에 완성되었다. 이 시기에는 10인 군사위원회(Board of Ten Generals)의 권한이 증대되어 대략 오늘날 영국의 내각에 비견할만한 지위를 확보했다. 군사위원회의 장군들은 1년 임기로 민회에서 선출되었고, 무제한으로 재선이 가능했다. 장군들은 단순히 군대의 사령관이 아니라 국가최고의 입법 및 행정관이었다. 그들의 막강한 권력을 휘둘렀으나 참주가 될 수는 없었다. 왜냐하면 그들의 정책은 민회의 감독을 받아야 했고, 1년 임기가 끝났을 때 쉽게 소환될 수 있었으며, 부정이 있을 경우에는 언제든지 고발당할 수 있었기 때문이다. 아테네의 재판제도 역시 페리클레스 시대에 완성되었다. 그러나 아테네 민주주의는 여성을 전적으로 배제했다. 그리고 이러한 민주주의도 시민에게만 국한되었던 것이다.

아테네의 민주주의는 근대 민주주의보다 한층 더 철저했다는 사실에 주목해야 한다. 10인의 군사위원을 제외한 거의 모든 행정관을 추첨으로 선발하고, 모든 공직의 임기를 1년으로 제한했으며, 심지어 재판에서까지 다수결의 원칙을 철저하게 고수했다는 것은 그들이 현대 국가에서도 찾아보기 힘들 정도로 시민의 정치 역량에 대해 확고한 믿음을 갖고 있었음을 보여 준다. 대의(代議) 민주주의가 아닌 직접 민주주의였다는 점에서도 오늘날의 이상과는 달랐다. 그들이 진정으로 관심을 가진 것은 모든 공공 문제에 대한 전체시민의 발언권을 보장하는 일이었다. 아테네가 민주 · 진보 · 도시 · 제국주의적이면서 지적 · 예술적으로도 발전했던데 반하여, 스파르타는 귀족 · 보수 · 농업 · 폐쇄적이었고 문화적으로도 뒤떨어져 있었다.

아테네의 역사는 수세기를 거치면서 정치체제에 여러 변화를 나타내었다. 아테네의 정치체제는 마지막에 극단적인 민주주의로 끝나는데, 아테네에서처럼 극대화된 때가 거의 없었다. 물론 아테네도 다른 국가처럼 노예제도가 있었다. 그러나 모든 계층의 자유민에게는 어떤 정치적 차별도 없었다. 최하위계층에서 최고위계층에 이르기까지 민회에서 말하고 투표할 권리를 가지고 있었는데, 민회는 당시의 최고 권위기관이었다. 무엇보다도 특이한 것은 최고위직을 제외한 모든 공직을 추첨에 의해 맡는 관습에 따라 능력의 구분조차도 평등하게 된 것이다.

아테네에서 시민권은 모든 계층과 직업에까지 확대되었다. 민회에서는 가난한 자와 부자가 겨루고 상인과 귀족이 겨루었다. 즉 구두장이, 목수, 대장장이, 농부, 상인 등이 국사를 논의하고 결정하기 위해 귀족과 함께 만났다. 그리고 이처럼 다양한 구성원의 추첨에 의해 세무, 경찰, 도로, 시장, 항만 등의 공직을 선택하였으며 심지어는 명성과 재산을 관장하는 배심원도 마찬가지였다. 그 결과 적어도 그리스 사회의 후기에는 아테네에서 중간계급과 하층계급이 정치권을 독점하는 경향이 있었다. 대중을 지도할 수 있는 사람이 세력을 가졌으며, 말재주와 정열과 기지를 겸비한 사람이 혈통과 지성을 갖춘 귀족과의 경쟁에서 우위를 차지하였다. 이러한 점에서는 아테네 정부는 참된 민주제였다. 그러나 자유민의 관점에서 민주제인 정부도 노예의 관점에서는 과두정치체제였다. 왜냐하면 노예는 그 본성에 따라 참정권을 갖지 못했고, 또 그들이 인구의 과반수 이상을 차지했기 때문이다. 그러나 아테네 시민의 특징인 자유와 개성이 노예에게 유리하게 작용했음은 주목할 만하다. 그들은 노예의 하극상을 어느 정도 법률로 막았을 뿐만 아니라 다른 어느 국가에서도 용인될 수 없었던 행동과 풍습을 허용하였다.

오늘날의 학자들은 다음과 같은 점에 주목하고 있다. 즉 아테네의 노예는 의복이나 통상적인 모습이 시민과 구분되지 않았고, 언론의 자유가 완전히 허용되었으며, 그들이 재산을 취득할 수 있었고 편안하고 윤택하게 살 수 있었다. 아테네인의 희극에 소개된 노예의 행동이 지나친 굴종을 보이지 않는다는 점이다.

투키디데스(Thukydides, B.C. 460?~400?)는 페리클레스의 말을 빌려 아테네에 엄청난 찬사를 보냈는데, 이는 어느 시대를 막론하고 한 이상국가의 모형을 나타낸 것이며, 또 그것이 적어도 그리스의 도시들 중 가장 위대한 도시에서 부분적으로 실현되었음을 나타내는 것이다. 이에 관한 내용에서 발췌하면 다음과 같다.

> 우리 정부의 형태는 다른 국가의 제도와 경쟁하지 않는다. 우리는 우리 이웃을 모방하지 않으며, 오히려 그들에게 모범이 된다. 우리를 민주주의라고 하는 것은 옳다. 왜냐하면 행정부가 소수의 손에 있은 것이 아니라 다수의 손에 있기 때문이다. 그리고 가난이 결코 장애가 될 수 없으며, 개인은 자신의 신분이 비록 낮다고 할지라도 국가에 도움이 될 수 있다. 또한 손해를 당한 사

> 람을 보호하도록 규정된 판례와 법률에 대해 각별한 존경심을 가짐으로써 잘못을 범하지 않는다. 우리는 일년 내내 규칙적으로 경기를 치르며 희생을 바친다. 우리 도시는 가장 크기 때문에 전세계의 과일이 집산되며, 우리는 외국의 상품도 마치 우리 상품인양 즐긴다. 그리고 또 우리의 군사훈련은 적의 군사훈련보다 여러 면에서 우월하다. 우리는 모든 세계에 대하여 문호를 개방하고 있으며, 우리는 외국인을 추방하지 않고 또 설령 적에게 알려져서 적을 이롭게 할 수 있는 비밀도 외국인이 보고 배울 수 있도록 해준다. 우리는 통치와 속임수를 따르는 것이 아니라 사랑과 약속을 따른다. 교육문제에서 그들은 어린 시절부터 언제나 용기를 기르기 위해 힘겨운 훈련을 받지만, 우리는 편안히 살아가는 대신 그들이 직면한 위험에 기꺼이 맞설 준비가 되어 있다. 우리는 아름다운 것을 사랑하는 사람들이기 때문에 우리의 취향이 소박하지만 남성다움을 잃지 않고 정신을 도야한다. 아테네인은 자신의 가족을 돌보기 때문에 국가를 무시하지 않는다. 우리 중 직업을 가진 사람조차도 매우 건전한 정치관을 갖고 있다. 우리는 공동의 일에 관심을 기울이지 않는 사람을 순진하다기보다는 쓸모없는 인물이라고 생각한다. 간단히 말해 아테네는 헬라스의 학교이며, 고유의 인격을 갖춘 아테네인의 한사람 한사람은 최고의 품위와 재능을 갖추고 자신을 다양한 형태의 현실에 적응시킬 수 있는 능력을 간직하고 있는 것이다. 이는 진리이며 사실이다. 아테네가 곤경에 처했을 때도 당시 그 국가들 가운데 유독 아테네만이 평판보다 우수했기 때문이다. 아테네와 싸웠던 적 가운데 아테네에 패배했다는 사실에 대해 분개하는 국가는 전혀 없다. 자기 주인이 자신에게 아무 쓸모 없다고 불평하는 노예는 아무도 없다. 지혜가 없으면 우리도 존재할 수 없음은 확실하다. 호메로스의 현실 묘사는 시대를 해명할 수 없지만 한 순간을 기쁘게 할 수는 있을 것이다.

나. 생활

기원전 5세기와 4세기의 아테네 인구는 시민, 거류외국인, 노예 등 세 집단으로 이루어져 있었다. 시민은 가장 인구가 많을 때 약 16만 명 정도였는데 시민인 부모로부터 출생한 남자들만 포함되었다. 특별법에 의해 시민권을 얻게 된 소수의 사람도 있었지만 거류외국인은 모두 합쳐 봐야 35,000명을 넘지 않았다. 정치적 특권을 누리지 못했다는 점 그리고 대체로 토지소유가 허용되지 않았다는 점만을 제외하면 남자 거류외국인은 시민과 동등한 기회를 누렸다. 자신들이 원하는 직업이면 모두 가질 수 있었고, 사회적 · 지적 활동에도 참여할 수 있었다. 아테네의 경제는 농업과 상업이 가장 중요한 사업이었다. 공업은 크게 발달하지 않았다. 당시 가장 거대한 시설은 방패 공장이었는데, 거류외국인이 소유한 것으로 120명의 노예를 고용하고 있었다.

일반의 생각과는 달리 아테네의 노예는 결코 인구의 다수를 점하지 않았다. 그들은 11만 명을 넘지 않았다. 도시 노예들은 비교적 좋은 대우를 받았으며 때때로 충직한 봉사의 대가로 자유의 몸이 되기도 했다. 남자 노예들은 임금 노동을 할 수 있었을 뿐만 아니라 재산까지도 소유할 수 있었으며, 그들 중 일부는 하급관리로서 책임있는 자리에 앉을 수도 있었다. 그러나 광산에서 일하는 노예에 대한 처우는 한마디로 비참함 그 자체였다.

아테네에서의 생활은 다른 문명권에서의 생활과는 뚜렷한 대조를 나타낸다. 그 대표적인 예는 모든 주민에게 사회 · 경제적 평등이 골고루 미쳤다는 것이다. 많은 빈민들이 있기는 했으나 대단히 부유한 사람은 거의 없었다. 시민이건 거류외국인이건 또는 노예이건 간에 거의 모든 사람들은 같은 음식을 먹었고, 같은 옷을 입었으며, 같은 오락을 즐겼다. 이러한 실질적 평등은 부분적으로 레이투르기아(Leitourgia) 제도에 의해 강화되었다. 이 제도는 부유한 사람이 국가에 대해 제공하는 봉사였는데 그것은 주로 연극을 후원하고, 해군 군비를 제공하며, 빈민을 부양하는 형태를 취했다.

아테네인의 생활에서 나타나는 두 번째 현저한 특징은 안락과 사치가 없었다는 점이다. 아테네인이 안락과 사치를 결여했던 또 하나의 이유는 온화한 기후로 인해 소박한 생활이 가능했기 때문이다. 오늘날과 비교했을 때 아테네인은 최소한 필수품만으로 근근히 살아갔다는 것이다. 그들의 침대에는 스프링이 없었고, 주택에는 하수도가 없었으며, 식사는 주로 보리로 만든 과자와 양파, 물고기 등이었고, 묽은 포도주로 음식을 넘겼다. 옷도 별로 나을 것이 없었다. 네모난 천 조각으로 몸을 감싸고 어깨는 핀으로 조인 다음에 끈으로 허리를 동여매는 것이 옷의 전부였다. 양말을 신은 사람이 없고 샌달 외에는 신을 것이 없었다. 그러나 사치의 결여는 아테네 시민에게 그다지 중요하지 않았다. 그들이 추구한 목적은 가족의 안락을 위한 일 그리고 권력과 위신을 얻기 위해 재산을 모으기 위한 일에 모든 시간을 허비하지 않고 가능한 재미있고 만족스럽게 사는 것이었다. 시민 각자가 진정으로 원했던 것은 소규모의 농장이나 사업체를 가지고 있으면서 그것을 통해 적당한 수입을 얻고 동시에 정치참여, 시장에서 한가로이 서로 주고받는 이야기 등의 한담(閑談)이나 또는 재능만 있다면 지적 · 예술적 활동을 즐길 수 있는 충분한 여가시간을 확보하는 것이었다.

기원전 5세기와 4세기의 가족의 형태는 부유한 계급의 남성들은 더 많은 시간을 가정을 떠나서 지냈다. 부인들은 열등한 지위로 전락했고 집안에 격리되어 지내야 했다. 남편의 사회적 · 지적 동반자로서의 부인의 지위는 외국인 여성(첩들, hetaerae)들이 차지했는데, 그들 중 상당수는 소아시아의 이오니아 도시국가들 출신의 교양있는 여성들이었다. 결혼은 정치 · 경제적 타협의 성격을 띠고 결혼 지참금의 형태로 재산을 얻기 위한 목적에서 아내와 결혼했다. 남편들은 아내를 자신들과 동등하게 여기지 않았고, 아내가 어떠한 형태로든 사회적 · 지적활동에 참여할 것을 권장하지도 않았다.

시와 예술의 도시 아테네는 스파르타의 엄격하고 치밀한 수련과는 반대로 아테네 시민들은 자유와 자율만이 가르쳐 줄 수 있는 열정과 기지를 보여준다. 투키디데스가 다이모니안(스파르타인)에게 한 말을 따르면 아테네를 이해하는데 도움이 된다.

> 아테네인들은 새로운 계획을 수립하고 실천하는데 혁신적이며 민첩하지만 그대들(스파르타인)은 보수적이다. 아테네인들은 집을 나서서 무엇을 얻으려고 하지만 그대들은 새로운 모험이 그대가 이미 가진 것을 침해할 수 있다는 것을 두려워하고 있다. 아테네인들은 실패했을 경우에 곧 희망을 가짐

으로써 그 공허함을 없앤다. 그리고 아무 것도 하지 않는 것을 가장 지루한 일 처럼 불쾌하게 생각한다.

다. 교육

초기의 아테네 교육은 스파르타와 큰 차이가 없는 폴리스다운 공통성을 지니고 있었으나 왕정체제가 임기제의 귀족정치(B.C. 8세기경)로 전환되면서 민주정치 체제가 구축되어 갈 수 있었다. 지혜의 인간, 조화의 인간, 균형의 인간을 이상으로 하는 아테네 교육은 전설의 입법가인 솔론에 의해 그 기초가 확립되었다.

아테네 교육은 스파르타의 교육과 시간이 흐를수록 차이가 점점 크게 벌어졌다. 두 경우를 모두 교육이라고 부를 수 있는 것은 그 사이에 적어도 한 가지 공통점은 있기 때문이다. 즉 양자는 모두 실제적인 성격을 띠고 있었으며, 아이들로 하여금 국가의 일원으로서 성인활동을 해 나갈 수 있도록 준비시켜 주는 데에 직접적인 목적을 두었다는 것이다. 그러나 스파르타와 아테네는 생활방식이 달랐던 만큼 그들의 교육에도 그와 동일한 차이가 나타날 수밖에 없었다. 스파르타의 소년은 군인시민이 되도록 훈련된 반면에 아테네 소년은 전쟁을 위해서만이 아니라 평화를 위해서도 훈련을 받았다. 그리하여 스파르타의 교육에서는 특정한 형태의 체육이 으뜸가는 관심사였음에 비하여, 아테네의 학교에서는 체육과 함께 가장 포괄적인 의미에서의 음악(mousike)을 가르쳤으며 체육마저도 아테네의 정교한 심미적 감각에 맞게 수정되었다. 희랍어의 「mousike」는 영어의 「music」보다 훨씬 광범위한 의미로서 시와 음율을 포함한다.

아테네 교육의 특징을 살펴보면 첫째, 시민 책임의식과 심신의 조화적 발달을 이상으로 하는 것이었으므로 이 교육정신은 인본주의 문화를 이루는데 크게 기여했다. 둘째, 교육적 책임이 가정으로부터 출발하였으며 그 부모가 최초의 교육자였다. 셋째, 교육의 지적, 신체적, 정서적 발달이 조화를 이루게 하는 것이다. 넷째, 후기에 이르러 지나친 개인주의와 출세주의 교육 풍토로 흐르게 되어 건실하고 애국적인 건전한 사회풍토가 약화되었다. 다섯째, 교육의 이상은 상류층 귀족의 자제이고 여자나 서민에게는 미치지 못하였다.

3) 체육

(1) 호메로스 서사시에 나타난 체육 · 스포츠

여명기(黎明期)의 그리스 체육은 호메로스의 2대 서사시인 『일리아스』와 『오디세이아』에 선명히 표현되어 있다. 대체로 문학이나 예술작품 등의 중심 인물은 그 시대의 이상적인 인간상으로 표현한 경우가 많으며, 그러한 작품에는 민족적인 정서가 결합되어 있다. 그러한 점에서 그리스의 경우 일리아드의 아가멤논(Agamemnon), 오디세우스, 아이앗스 등이 뛰어난 체격의 소유자인 것을 강조하고 있는 점이 두드러진다. 이러한 뛰어난 체격이라고 하는 조건이 당시 장군이 갖추어야 할 가장 우선적 자질이라고 작가와 일반시민들이 인식하고 있음을 알 수 있다.

뛰어난 체격이라고 하는 것은 신장이 크고 어깨가 잘 발달된 영웅들의 자질로서 일반인에 비해 월등히 우수한 체격을 들고 있다. 최초 그리스인의 운동은 전쟁생활에서 필요한 자질, 즉 힘 · 지구력 · 민첩성 · 용맹성 등이 고려되었던 것이다. 따라서 호메로스 시대의 인간상은 우수한 체격의 소유자를 이상적인 인간상으로 간주하고 있다고 볼 수 있다.

① 레크레이션으로서의 체육 · 스포츠

호메로스 시대의 체육 · 스포츠가 레크레이션으로서 행해진 것은 소녀들의 공던지기와 같은 유희적인 운동이었다. 이는 오디세우스가 고국인 아티카로 돌아가는 이야기에서 엿볼 수 있다.

> 오디세우스가 급하게 귀국하다가 장애 때문에 순조롭게 여행을 계속하지 못하고, 유랑과 곤란으로 고생하면서 2시간 여의 대폭풍으로 표류해 물가로 헤엄쳐서 해안의 숲속에 쓰러져 정신없이 잠들었다. 그곳은 파이아게스 왕의 국가 하구와 가까운 곳이었다. 오디세우스가 풀속에 쓰러져 잠들었다고는 생각하지 못하고 왕녀는 시녀들과 그 맑은 물에 옷을 세탁하였다. 그녀들은 먼저 자신의 몸을 씻고 향유를 바르고 세탁한 옷을 물가에서 말렸다. 식사준비를 하고 옷이 마르는 동안 공던지기 놀이를 하게 되었다. 공던지기 놀이의 즐거운 소리가 잠든 오디세우스를 깨우고, 그 결과 왕녀의 주선으로 왕을 만나게 되어 곧 그가 귀국하게 된다.

이 이야기를 통해서 알 수 있는 것은 기원전 10~8세기경의 그리스인은 생활 속에서 공던지기 놀이를 이미 행하고 있었다는 것이다. 그 당시 놀이가 레크레이션의 일환으로서 행해지고 있었다고 할 수 있다. 그밖에 이러한 소박한 레크레이션으로서의 체육 · 스포츠 장면은 『오디세아』 제4가에 나타나 있다. 귀족들이 투원반과 투창을 하면서 즐기는 모습이 표현되어 있다.

② 환대 행사로서의 체육 · 스포츠

『오디세이아』 제8가에 국왕이 손님을 환대(歡待)하는 행사의 하나로써 스포츠가 행해진 내용이 있다. 오디세우스는 융성한 환영을 받고 왕 아르키타스(Archytas)가 이 이방인에게 스포츠의 기술 장면을 보이도록 젊은이에게 명하여 향연은 경기로 전환되어 갔다. 이는 국왕 스스로가 주최한 공적인 경기이고, 아고라(Agora, 집합소 또는 경기장의 의미도 있음)에서 행한 것이다.

> 파이아게스의 경기자는 달리기, 레슬링, 도약, 권투, 투원반으로 경쟁하고 그들은 오디세우스에게 솜씨를 보여 주기를 원하였다. 처음 오디세우스는 거절했지만 그들의 비웃음에 분노하여 외투를 입은 채로 뛰어 나가 두껍고 거대한 원반(파이아게스와 비교할 때 훨씬 무거운 것)을 멀리 내던졌으며, 원반은 윙윙 소리를 내며 날아갔다. 모든 기록을 완전히 넘어섰다. 파이아게스 사람들도 모두 이에 미치지 못하였다.

경기는 계속 진행되고 더불어 솜씨 좋은 소년들의 무용이나 청년들의 공던지기 등의 아름다운연기가 계속하여 전개되어진 것이다. 손님 환대 행사의 일환으로 스포츠가 그 당시 행해지고 있었음을 알 수 있다.

③ 제례 경기회

호메로스 시대의 제례 경기회는『일리아스』제23가에서 아킬레우스가 그의 친구 파트로크로스(Patroclus)를 위로하기 위하여 행한 경기대회를 통해 알 수 있다. 이에 의하면 격렬한 통곡, 향연 그리고 가장 사랑하는 친구를 기념하여 인간과 동물을 제물로 받친 후 제례 경기회를 시작하였다.『일리아스』제23가의 경기대회는 파트로크로스의 제(祭)의 종료와 함께 묘 앞에서 전개되었기 때문에 문자 그대로 묘전경기(墓前競技) 또는 제례경기라고 부르고 있다. 이 경기는 아킬레우스가 주최하고 모두 묘 앞에서 멈추고 배에서 많은 상품을 운반하기 시작한 것인데, 그 상품이 아메트론으로서 오늘날 영어의「athletic」의 어원이 되었다. 전사자의 위로나 여가를 위한 레크레이션의 차원을 훨씬 초월한 대규모적 행사였음을 엿볼 수 있다.

경기회의 운영으로는 심판장(아킬레우스), 레이스 감찰원, 추첨에 의한 출발준비의 결정방법(투구에 종이조각이나 나무조각을 만들어 기호를 적어 넣어서 이것의 추첨으로 출발순서가 결정되었다), 경기의 무승부제, 심판장의 판결에 의한 시합 중지제, 상품수여 등으로 놀랄 만큼 현대적 운영체계를 확립하고 있었다. 이는 이미 그리스인이 경기회의 경험을 상당히 오랜 동안 축적해 왔다는 점을 엿보게 한다.

호메로스의 서사시에 나타난 스포츠에 대한 묘사는 <표 1>과 같으며, 일리아스의 제례경기 일람표는 <표 2>와 같다.

〈표 1〉 호메로스의 서사시에 나타난 스포츠 묘사의 소재

서사시		오디세이아						일리아스
구분 \ 행		(1) Ⅳ 96-118	(2) Ⅳ 625-7	(3) Ⅶ 234-265	(4) Ⅷ 97-384	(5) Ⅷ 97-130	(6) Ⅷ 131-233	(7) XXⅢ 257-897
Ⅰ. 경기의 목적		레크레이션		환영행사				제전경기
Ⅱ. 행하는 사람		왕녀와 시녀들	귀족, 성인남자	소녀들	2명의 왕자	성인 남자	오디세우스	아타니아군의 병사들
Ⅲ. 종목	1. 전차경주						△	◎ ※
	2. 복싱					○	△	◎ ※
	3. 레슬링					○	△	◎ ※
	4. 달리기					○		◎ ※
	5. 창시합		○					◎
	6. 투원반					○	○	◎
	7. 궁사		○				△	◎
	8. 투창						△	◎ ※
	9. 도약							
	10. 공유회	○		○	○			
	11. 무용							

※ : 호메르스 시대의 5종경기 (pentathlon)
◎ : 상품이 걸린 종목
○ : 행해진 종목
△ : 오디세우스가 시합을 참가한 종목

〈표 2〉 일리아스의 제례경기 일람표

경기종목 ()는 출전자	일리아스 XXXⅢ에서 나온 것		상 품				
	행	행수	1등	2등	3등	4등	5등
전차경기(5)	362-650	399	공예솜씨 좋은 여성. 손잡이 있는 솥	6세 숫말	발이 없는 큰 솥	발이 없는 큰 솥	청
권투(2)	659-699	48	6세 노새	2종의 컵			
레슬링(2)	700-739	40	공예솜씨 좋은 여성공예	솜씨좋은여성			
달리기(3)	749-799	58	은제 꽃병	은제 꽃병	큰 소		
창시합(2)	789-825	28	검	창			
투원반(4)	826-841	24	청으로 만든공	철재의 공			
궁사(2)	880-883	34	양날 도끼	양날도끼			
투창(2)	884-897	14	솥	청으로 만든공			

* 金相九(1991).『世界 スポス · 體育史』. 서울 : 成均館大學校 出版部.

(2) 폴리스의 체육

그리스에 있어서 체육은 국민생활의 통합적 기능을 가진 핵심적인 것이었다. 체육의 목적은 교육의 국가적 이상을 떠나서 생각할 수 없었고, 그것은 단순한 신체훈련만이 아니라 신체를 통해 도덕적 품성을 고양시킨다는데 있었다. 그러므로 그리스인들이 추구했던 미의 조화라는 이상은 체육의 목표와도 일치했다고 할 수 있다. 신체활동이 추구하는 바는 아름다우면서도 지적, 정신적, 신체적 균형을 갖춘 인간상이었다. 청년들은 조화로운 신체를 이루려고 노력했고, 그때의 기준은 힘이나 속도 등에 치중하는 대신 운동의 형식이나 우아미 등의 미적인 기준을 가지고 있었다. 초기 그리스인들은 체육목표의 하나로서 도덕교육을 생각했으며, 청소년들에게 체육을 통하여 용기나 겸양 등의 자질을 발달시킬 수 있으리라 기대하여 힘이나 경기의 탁월성보다 모범적 성격의 형성이 강조되었다.

소위 올림피즘(Olympism)이라 불리는 정신은 세 가지 중요한 특징으로 분류할 수 있는데, '종교, 평화 그리고 미(religion first, then peace, and finally beauty)'가 그에 속한다. 이로써 올림픽 정신이란 종교, 문학, 예술 및 인간의 제반 문화생활과 연관되어 있음을 알 수 있다. 비록 명예욕이 지나쳐서 직업적 경기자가 나타나고 승리매매(勝利賣買)라는 기현상까지 나타나는 결과를 초래했지만 고대 올림피아 제전은 부정할 수 없는 고귀한 인간정신을 전해주고 있는 것이 사실이다.

① 스파르타의 체육

스파르타 청년들은 유아기부터 강보에 싸여 있지 않았으며, 7세부터는 땅바닥에서 잠을 자고 유년기에 씨름과 수영훈련을 받을 만큼 강인하게 키워졌다. 스파르타에서는 어린아이가 태어나면 검시관인 장노회 노인들이 신체를 검사하여 신체가 허약하거나 불구여서 불합격하게 되면 타이게토스(Taygetos) 산골짜기인 아포테에테(Apothetae)에 버려졌다. 검사에 합격한 사내아이는 7세까지 어머니로부터 교육을 받고, 이후 국립 공동교육소에 수용되어 체계적인 교육을 받았다. 성년이 될 때까지 주로 체육과 군사훈련이 실시되었다. 어릴 때부터 이러한 교육을 줄곧 받았으므로 우수한 운동선수들이 나오는 것은 당연한 일이 아닐 수 없었다. 그리스 제전경기였던 올림피아 경기에 소년 경기종목이 도입되면서 스파르타 소년들이 우승한 것은 바로 이러한 이유인 것이다.

조명렬 외(1996)는 스파르타 체육활동에 대해 다음과 같이 서술하고 있다.

'태어나 7세가 되면 이 어린이는 가장 훌륭한 시민으로 선출된 파이도노무스(Paidonomus)나 감독관에 의하여 교육을 받게 된다. 한 반이 64명으로 편성된 소대(이라이)와 소대가 4개가 모여서 중대(보아이)가 편성되었다. 이라이에서는 운동기능이 뛰어난 소년이 선발되어 지도를 담당하였다. 보아이는 20세 가량의 청년지도자인 에이렌(Eiren)이 지도했는데 소년들은 인내와 존경으로 훈련을 받았다. 보아이는 짚으로 만든 까레 위에서 한 벌의 코트를 걸치고 1년을 지내며 교과로는 자유 유희 · 투창 · 무거운 것 던지기 · 도약 · 씨름 · 경주 · 소풍 · 수영 · 체조 · 음악 · 무용 등도 배웠으나 학문적인 교과목은 배우지 않았다.

12세가 되면 소대의 재편성이 행하여지고 훈련이나 감독도 한층 더 엄격하였다. 훈련이 심했으며 자기 스스로 식량을 구해야 했기 때문에 농가와 시장 혹은 민가에 침입하여 도적행위를 해야만 했다. 도둑질은 그 자체가 죄가 되지 않았지만 현장에서 잡히면 벌을 받았다. 한 예로 여우를 훔쳐서 품속에 감추었는데 그 여우에게 내장을 물려 죽을 때까지 실토를 하지 않았다는 이야기는 사실 여부를 떠나서 스파르타 소년들의 의지와 인내성을 나타낸 것이었다.

18세가 되면 군사훈련, 무장훈련, 국경지역 순시훈련에 전력을 기울였다. 소년들은 훈련에 많은 시간을 할애하였고, 때때로 전투기술의 사열을 받기도 했다. 20세가 되면 국가에 대한 충성의 선서를 하고 심한 군사훈련과 실전전투에 참가하였다. 30세까지는 군사훈련과 규정된 신체단련에 전념해야 했으며 전시에도 신체훈련은 계속되었다. 신체훈련은 하루에 두 번, 아침식사 전과 저녁식사 전에 행하여 졌다.'

스파르타 청년들은 10일에 한 번씩 알몸으로 검찰관의 검사를 받고, 검찰관은 살찌기 시작하는 사람이 있으면 그에게 체중조절을 요구한다. 동시에 그리스인의 의복양식은 신체의 자연발육을 조금도 제한하지 않았다는 특징이 있다. 아름다운 체형의 성장은 오늘날처럼 감싸는 복장, 특히 현대의 목 · 엉덩이 · 발을 조이는 것과 같은 제한을 전혀 받지 않았던 것이다. 30세가 되면 모든 남자는 시민권을 얻어 가정을 갖게 되지만 국가가 계속 병력 복무를 요구할 경우에는 50세가 되어도 퇴역을 하지 못하였다.

스파르타의 여성교육은 남성교육과 비슷하여 소녀들은 여러 반으로 나뉘어져서 소년들과 동일한 훈련을 받았다. 그러나 남자와는 훈련장을 따로 사용했으며, 남자처럼 병사(兵舍)에서 생활하지 않고 가정에서 다녔다. 소녀들은 20세까지 신체훈련을 받았는데 20세가 되면 가정을 갖게 되고 모든 훈련이 중지되었다. 소녀들의 훈련 종목은 질주 · 도약 · 무거운 것 던지기 · 투창 · 씨름 등 남자와 비슷한 운동과 구기, 무용을 실시하였다. 이는 건강한 어린이를 낳을 수 있는 어머니가 되기 위한 훈련이었다. 스파르타 사람들은 이와 같은 군사적 지위를 얻기 위하여 개인의 자유, 개성, 가정생활 및 평화적 문화를 희생시켰다.

결국 스파르타 체육의 목적은 일반교육의 목적과 일치하고 있다. 즉 전투력을 갖춘 활동적인 인간으로 훈련시키는 일이다. 강인한 체력, 인내력, 용기와 용맹, 전술 등을 길러주는 것이 체육의 목적이었다. 신체의 아름다움이나 우아함 등의 예술적인 측면보다 실질적인 군사적 목적을 추구하였다. 무용에 있어서도 군인정신이 몸에 배이게 하는 군인용 무용이었다. 용기를 북돋우고 용맹을 떨치며 명예를 얻는데 힘을 발휘할 수 있는 수단적 역할을 하였다. 스파르타 체육은 대부분 군사훈련이었다고 할 수 있고, 거의가 군사 목적과 관련이 되어 있다. 스파르타의 체육은 국가에 대한 충성과 전쟁에 필요한 용기, 인내력, 체력 등을 향상시키기 위한 것이었다고 할 수 있다. 전쟁 영웅에게 훈장을 주었던 것을 보아도 다분히 군인, 즉 군국주의적 체육형태였음을 알 수 있다.

② 아테네의 체육

'역사상 가장 우수한 형태로서 체육이 전개된 시대가 어느 때인가?' 라고 묻는다면 많은 사람들은 고대 그리스의 아테네라고 말할 것이다. 왜냐하면 아테네에서는 국가 생활의 중요한 한 부분으로서 체육이 발전하고 번성하였기 때문이다. 그들의 교육개혁은 개인과 국가의 복리를 위해 건강한 신체와 건강한 정신의 조화를 이룩하려고 하였다. 그리하여 그들은 신체가 건전하게 형성되었으며, 아울러 각 개인이 건강하고 미적으로 완성될 수 있었다.

아테네 체육의 목적은 「지혜의 인간」과 「행동의 인간」을 융합하여 「조화된 인격」을 기르는 것이었다. 청년으로 하여금 시민으로서 신체적, 군사적, 지적, 미적인 자질에 기초를 두고 원만하게 조화된 인간, 즉 진 · 선 · 미의 균형 잡힌 인간이 그들의 목표였다. 또한 아테네는 인간의 능력을 자유롭게 개발할 수 있도록 허용한 역사상 최초의 국가라는 점에 있어서도 중대한 의미가 있다.

아테네는 스파르타와는 달리 어린이가 탄생하면 그의 생사(生死) 문제는 아버지가 결정하였다. 따라서 허약한 어린이도 건강하게 양육하려고 노력하였다. 가정은 어린이의 보호와 교육을 하는 유일한 장소였다. 어린이는 어머니, 보모, 노예의 책임있는 지도 아래 어른을 존경하고 그 명령에 복종할 것을 배우며, 영웅과 신들에 관한 교양적인 이야기를 들었다. 아테네의 어머니들은 대부분 교육을 받지 못한 경우가 많아서 어린이의 교육에 이바지할 수 없었기 때문에 가능한 경우에 한해서 스파르타의 유모를 고용하였다. 이는 스파르타 여성의 모유가 어린이들에게 힘과 인내력을 심어준다고 생각했기 때문이다.

아테네의 교육은 지적 · 정서적 교육을 담당하는 디다스칼레이온(Didaskaleion : Dadiscaleum)과 신체훈련을 담당하는 팔라이스트라(Palaistra : Palestra)의 두 기관에서 실시되었다. 7세가 되면 여자 어린이는 가정에서 교육을 받았고 남자 어린이는 디다스칼레이온에서 문학, 작문, 쓰기, 시가(詩歌), 음악, 산술 등을 배우고, 사설 소년체육관 또는 씨름학교인 팔라이스트라에서는 짐나스틱(Gymnastic)으로 불리는 신체훈련을 행하였다. 영어의 「Gymnastic」의 어원은 원래 '나체의' 의 뜻을 지닌 그리스어 「Gymnos」에서 유래된 것으로 '신체를 강하고 아름답게' 할 목적의 운동을 지칭하는 것이다. 이러한 학교는 한가(閑暇)를 뜻하는 「Schole(school의 語源)」로 불리었는데 소년들은 이 곳에서 한가한 시간을 교양을 위해 소비하였으며, 빈곤한 가정의 소년 외에는 8~9년간의 교육이 행해졌다. 소년들의 체육활동의 지도는 파이도트리베(Paidotribe)라는 체육교사에 의해서 이루어졌다. 그리고 파이다고구스(Paidagogus)라고 불리는 늙은 노예가 매일 훈련소를 왕복하며 어린이들을 따라 다니면서 교육을 보살펴 주기도 하였다. 파이다고구스는 어린이들의 상담자였고, 개인교사였으며 호위자의 역할을 하였다.

팔라이스트라에서의 신체단련은 소년들의 능력에 따라 전문가들이 운동종목의 급수를 정하여 지도하였다. 7세부터 신체운동을 실시하였지만 가벼운 운동으로 연령과 힘에 알맞도록 행하였다. 교육을 받기 시작한 소년들은 신체적인 조건이 보통의 운동에는 적합하지 않았기 때문에 올바른 자세와 가벼운 신체적 동작을 배우면서 공놀이나 그 밖에 아이들이라면 누구나 좋아하는 여러 가지 놀이를 하였다. 본격적인 체력단련은 그 효과가 충분히 나타날 수 있는 12~13세가 되어서 비로소 시작되었다. 이 나이의 소년들은 높이뛰기, 달리기, 씨름, 창던지기, 원반던지기 등으로 된 이른바 5종 경기(Penthalon)의 기술을 습득하기 시작하였고, 또한 체육관 바깥에서 민족의 무용을 배울 기회도 있었을 것이다. 특히, 체조와 음악은 신체발달의 조화와 도덕적 목적에 중요한 것으로 여겨 학습하였지만 소년의 요구와 성장에 맞추어 실시되었으며, 무용은 미적 동작을 발달시키기 위해 음악에 맞추어 느리고 우아한 신체동작으로 장려하였다.

팔라이스트라 체육활동

아테네의 체육장인 팔라이스트라(Palaistra), 짐나지온(Gymnasion[4] : Gymnasium), 승마학교 등은 여러 가지 운동이 행해진 교육기관이었으나 특히, 팔라이스트라는 레슬링을 위한 장소였다. 짐나지온은 소년기를 갓 벗어난 청년기를 대상으로 한 공공체육관(公共體育館)을 지칭하는 것으로서 아카데미아(Akademia : Academy)와 쿠노사르게스(Kunosarges : Cynosarges) 등이 있었다. 즉 아테네의 소년은 16세가 되면 팔라이스트라를 떠나 짐나지온으로 옮겨져 신체훈련을 하였다. 이곳에서는 신체훈련뿐만 아니라 철학적 토론이나 사상의 교환 등 사회생활의 기회를 제공받았다. 짐나지온은 국비로 운영 · 관리하였다. 아테네에는 이런 유형의 학교가 많이 있었는데 이들은 모두 수영과 목욕을 할 수 있는 강가에 건립되었다. 소년과 청년들은 위와 같은 체육장에서 여러 운동을 행할 수 있었으며, 이러한 운동을 통하여 전쟁의 역경을 견디기에 적합한 신체적 조건을 가지게 되었고 동시

4) Gymnasion은 원래 「Gymnos (나체의) + sion = 나체훈련장」을 의미하는 그리스어이다. 그리스에서는 나체로 몸을 단련하였음에 기인한다. 영어 표기로는 체육관이라고 불리우는 Gymnasium이다.

에 우아하고 발달된 몸매를 갖추게 되었다.

아테네인은 18세가 되면 시민권을 얻기 위하여 시험을 치루었다. 또한 18세부터 20세까지의 청년은 국가의 요청에 따라 병역복무를 하였는데 2년간에 걸쳐 맹렬한 군사훈련을 받았다. 처음 1년은 아테네시 안 밖의 경비를 맡았다. 이때에 전투기술이나 가상전쟁 연습을 하였다. 2년째에는 다시 군사훈련을 받아 일선에 있는 진지에서 실제 군무에 종사하며 전쟁이 없으면 바로 제대하여 철학자, 시인, 극작가, 역사가, 조각가, 상인, 정치가 기타 자기가 희망하는 직업을 자유롭게 선택할 수 있었다. 그러나 그들은 체육이 즐거움, 건강, 품행 단정함, 신체의 아름다움, 오락, 사교, 도덕적 훈련을 통하여 완전한 성장발달을 촉진할 뿐만 아니라 명예와 명성과 덕망까지도 줄 수 있는 것으로 여겼기 때문에 언제나 체육가로서 자처하려고 하였다.

심신의 조화를 부르짖었던 아테네에 있어서도 여성 교육에 있어서 만은 소홀하기 그지없었다. 재봉, 요리, 가사 등 가정에서의 주부생활만을 목적으로 한 교육 정도였으며, 스파르타와 같은 적극적인 신체활동은 없었다. 그러므로 아테네의 여성에게서 건강한 신체와 활발한 기상은 기대할 수 없었으며, 남자와 같은 지혜로움도 그들에게는 있을 수 없는 아쉬움이 있다.

아테네 교육의 전반적인 평가로는 교육의 내용 구성이 지적이거나 신체적인 어느 한 영역에 치우침 없이 디다스칼레이온과 팔라이스트라라는 두 기관을 통해 조화를 이룩하려 했다는 점과 체육이 교육적으로 인간형성을 가능하게 하였음을 증명하고 이를 정책적으로 제도화한 실천 사례를 남겼다는 점에 있어서 역사적으로 큰 의미를 주고 있다.

* 마라톤 경기의 유래

기원전 492년 봄 페르시아 제국의 다리우스(Darius, B.C. 558~486) 왕은 그리스를 강점하기 위하여 전투함을 파견하였다. 이것이 역사적으로 잘 알려진 그리스-페르시아 전쟁의 시작이었다(제1차 그리스 원정). 그러나 그리스로 향한 페르시아 함대는 중도에 뜻밖의 태풍을 만나 300척의 전투함이 전부 바다에 가라앉고, 2만여 명의 병사가 목숨을 잃었다. 페르시아 함대는 싸워보지도 못하고 전멸하게 되었다.

이듬해 봄(B.C. 491)에 다시 페르시아 국왕은 그리스의 각 도시국가에 사신을 파견하여 「흙과 물」을 요구하였다. 그 이유는 그들로 하여금 투항하여 페르시아의 속국이 되라는 것이었다. 그러나 그리스의 가장 큰 두 도시국가인 아테네와 스파르타는 완강히 저항하였다. 아테네인들은 페르시아의 사신을 산 위로 끌고 올라가 깊은 못에다 내던졌고, 스파르타인들은 사신을 우물로 끌고가 우물 속을 가리키며 '이 안에 흙도 있고 물도 있으니 얼마든지 가져가라' 고 하면서 우물 속으로 수장시켰다. 이에 격노한 페르시아 왕은 전투경험이 풍부한 유능한 장군을 시켜 대군을 거느리고 제2차 그리스 원정에 나서게 하였다. 기원전 490년 페르시아의 강대한 함대는 에게 해를 건너 아테네 성에서 동북으로 60Km 떨어진 마라톤(Marathon) 평원에 상륙하였다.

이로 인해 망국의 위험이 아테네의 상공을 뒤덮었다. 아테네인들은 즉시 달리기를 잘하는 필립피데스(Philippides)를 우방인 스파르타에 파견하여 원조를 청하였다. 필립피데스는 놀라운 속도로 이틀 동안 150리를 달려 스파르타에 이르렀다. 뜻밖에도 스파르타 통치자는 자신들의 풍속인 '달이 둥글어지기 전에는 출전할 수 없다. 달이 둥글어지면 도와주겠다'는 구실로 출전(出戰)을 거부하였다. 사실 그들은 출전할 생각이 없었던 것이다. 이 소식을 전달받은 장령들은 즉시 전체 공민들, 노예들까지도 군대에 편입시켜서 유명한 총사령관 밀티아데스(Miltiades, B.C. 540?~489)의 인솔로 마라톤 평원에 나아가 페르시아 군대와 결전을 벌였다. 아테네 군대는 불과 1만 명밖에 안 되었지만 페르시아 군대는 10만 명이나 되었다. 그러나 아테네가 승리를 거두었다.

밀티아데스(Miltiades) : 마라톤 전쟁의 개선 장군

밀티아데스는 승리의 소식을 아테네인들에게 알려주기 위해 다시 필립피데스를 찾았다. 그는 부상한 몸이었지만 즐겁게 그 임무를 맡아 나섰다. 그는 마라톤 평원으로부터 아테네 중심광장까지 달려가 소식을 기다리고 있던 사람들에게 '모두들 마음 놓으시오. 우리가 승리했습니다'라는 말 한마디를 남기고 그 자리에서 숨을 거뒀다.

마라톤 전투의 승리로 그리스는 페르시아 제국에 예속되지 않았고 또한 그리스 반도의 경제, 문화가 번영하였다. 이 전투의 승리를 기념하고 영웅 필립피데스의 공적을 표창하기 위하여 1896년 아테네에서 개최된 제1회 근대 올림픽 대회의 한 종목으로 마라톤 경기를 채택하였다. 선수는 마라톤에서 출발하여 그 당시 필립피데스가 뛰었던 그 길을 따라 아테네에 도착하게 하였는데 그 길이가 40.2 Km였다.

현재의 마라톤 거리로 이용되고 있는 42.195Km가 정착되기까지의 변화과정은 다음과 같다. 마라톤은 1896년 근대 올림픽 제1회 대회 때 채택되었으나 처음 거리는 마라톤 평야에서 아테네 올림픽 스타디움까지의 거리로서 36.75Km였다. 그 후 제7회 대회까지는 통일된 거리가 아닌 40Km 전후를 달렸다. 1924년 제8회 파리대회 직전인 1920년에 제4회 런던대회(1908년) 때의 코스인 윈저 궁전으로부터 올림픽 스

마라톤 전쟁 참전 용사의 무덤 : 기원전 490년 페르시아와의 마라톤 전쟁에서 사망한 아테네 병사들의 무덤(19세기말에 발굴)

타디움까지의 거리 42.195Km를 측정하여 이 거리를 채택하기로 결정하였다. 그러므로 이 거리를 정식으로 적용하기 시작한 대회는 1924년 제8회 파리대회 때부터이다.

③ 그리스 철학자의 체육사상

가. 소크라테스의 체육사상

소크라테스(Socrates)

· 생애(生涯) : 소크라테스(Socrates, B.C. 470?~399)는 아테네인으로서 조각가였던 아버지와 산파였던 어머니 사이에서 태어났다. 30세에 철학과 교육에 뜻을 두고 특수한 교육법으로 청년들을 교화하였다. 한 때 펠로폰네소스 전투에 종군하였고, 국민의회의원으로 당선되기도 하였다. 그는 죽기 전까지 대중교화에 노력하다가 청년들을 타락시킨다는 죄목으로 72세에 사형 당했다.

· 사상(思想) : 지식의 보편타당성을 주장하면서 지식과 덕을 연관지었는데, 이는 학행일치(學行一致)적 사상이라고 볼 수 있다. 그의 교육목적은 무지(無知)의 세계를 애지(愛知)의 세계로 개선하여 진리를 보급시키는 것이었다. 이러한 진리를 발견하는 방법이「대화법」인데 이는 상대적 아닌 보편적인 진리를 발견하려는 것이다.

· 체육관(體育觀) : 그는 유덕자(有德者)의 조건으로 용기(勇氣)를 거론하였는데, 여기에서 용기는 신체훈련을 통하여 이루어지고 용기있는 자는 신체의 탁월성을 가진 자로 여겼다. 또한 강인한 신체는 강한 의지를 표현하고, 신체가 훌륭하지 않으면 가치있는 지식을 줄 수 없다고 하였다. 땀흘리는 활동과 노역에 의하여 신체를 단련하여야 한다고 주장하였다.

또한 그는 사색을 위해서도 건강이 필요하며, 신체가 허약한데서 오는 사고력의 퇴보와 건강하지 않은데서 오는 망각(忘却)과 무기력(無氣力) 등이 있으므로 정신노동자들에게도 신체의 단련을 강조하였다. 결국 그는 인간이 잘 살기 위해서는 신체를 단련하여 강건한 신체를 이룩하여야 하고, 강건하지 못한 신체는 사는 보람이 없는 생활방식이라는 그의 독자적인 체육론을 제창하였다.

아테네의 군자는 강건한 신체에 아름다운 영혼을 간직한 사람으로서 재산, 친구 그리고 이와 유사한 외적인 도움을 받아 공공활동을 통해 자아를 실현하는 사람이었다. 소크라테스의 추한 용모는 이러한 면에 비추어 보면 결코 결점이 아닐 수 없다. 그의 들창코와 불룩한 배는 흔히 우스꽝스러운 비유의 소재가 된다. 그러나 이러한 결점과는 달리 체력은 매우 양호하였던 것 같다. 그는 성실히 연무장에 출입을 하였는데, 전쟁을 통해 용기와 기술과 인내력을 길렀던 것이다.

플라톤에 의하면 '추운 겨울날 종군할 때 일반 병사들은 양피 목도리를 감고도 추위에 떨었는데 유독 소크라테스만은 평상복에 맨발로 얼음과 눈 위를 걸어다녔다' 고 한다. 나아가서 플라톤은 패전하여 퇴각하는 소크라테스의 모습을 다음과 같이 말했다. '우리는 그가 마치 아테네 거리에서와 같이 펠리컨처럼 성큼성큼 걸으면서 적을 조용히 바라보고 눈망울을 굴리며 모든 사람들을 친근히 대하는 것을 볼 수 있으며, 설령 그와 멀리 떨어져 있다고 해도 그를 공경하는 자는 예외 없이 완강한 저항에 직면해 있는 듯한 모습을 볼 수 있을 것이다.'

소크라테스는 자신의 식이요법을 자신의 건강관과 철저히 결부시켰다. 그는 자연스럽게 술을 절제했다. 설령 그가 원한다면 다른 사람보다 훨씬 많은 술을 마실 수 있었는데도 그가 술 취한 것을 본 사람은 아무도 없었다. 강렬하고 심오한 그의 감성에도 불구하고 자신이 사랑하는 것을 희생시켜 만족을 추구하기 위해 타락하지 않았다. 삶의 쾌락을 스스로 멀리하지 않고 사회인으로서, 또 향연의 단골 손님으로서 굶주리지도 포식하지도 않는 방식으로 육신(肉身)을 다스리며, 애쓰지 않고도 정신과 성품을 최상으로 유지하였다. 플라톤은 밤을 지새운 주연(酒宴) 막바지의 소크라테스의 모습을 묘사하고 있는데, 이는 소크라테스의 성품뿐만 아니라 그리스인이 생각했던 절제의 의미에 대한 구체적인 설명이기도 하다.

그리스인의 이상(理想)에 의하면 신체적 능력에 대응하는 것이 영혼의 완전한 균형과 조화이다. 플라톤은 세련된 수법으로 소크라테스를 실레누스의 목상(木像)에 비유한다. 실레누스는 기괴한 외모 뒤에 아름다운 황금빛 신상을 감추고 있다. 철학자 소크라테스는 조각이 진실하고 생동력 있으려면 살아있는 인체의 각 부분의 움직임이 긴장과 이완이 조화된 자세 그리고 감정이 깃든 안면 표정 등을 그대로 표현해야 한다고 여겼다.

나. 플라톤의 체육사상

· 생애 : 플라톤(Platon, B.C. 427?~347?)은 아테네 명문가 출신으로서 본명은 아리스토클레스(Aristokles)이다. 플라톤이라는 이름은 '가슴이 넓은' 이라는 뜻인데, 그의 조부가 불러온 이름이다. 20세에 소크라테스를 만나 8년간 함께 생활하고 학문을 익혔다. 정치에 뜻이 있었지만 스승 소크라테스의 죽음을 듣고 시실리로 여행하였다. 기원전 387년 아테네로 돌아와 아카데미아(Academia)를 설립하여 일생을 독신으로 교육사업을 하면서 80세로 마감하였다.

플라톤(Platon)과
아리스토텔레스
(Aristoteles)

· 사상 : 그의 사상의 근원은 이데아(Idea) 설에서 찾을 수 있다. 즉 초감각적인 불멸의 세계가 존재함을 인정하고 있었다. 그는 진정한 인식에 의하여 진리를 발견한 후 진리에 의하여 진정한 도덕적 생활을 하려는데 있었다. 그러한 근본 사상에 의해 교육의 궁극적인 목적은 이데아의 실현, 즉 진 · 선 · 미의 절대적인 가치를 추구하는 이데아 세계를 실현하는데 있었다.

구체적인 이데아 실현은 도덕적인 인간양성이며, 국

가의 유능한 일원을 만들고 개인으로는 심신이 조화된 선미(善美)한 인간을 완성하는데 있었다. 그러나 여기에서 그치는 것이 아니라 가치와 지혜, 봉사, 정치적 지도력의 자질을 지닐 때 비로소 완성된다고 하였다. 그의 이러한 사고는 스파르타적인 요소가 다분하였다.

· 체육관 : 그는 이데아론에서 시사하는 것처럼 인간을 심신(心身)으로 분리하여 사고하였지만 그렇다고 완전한 심신분리는 아니며, 심에 의한 신을 주장한 면이 보인다고 하여 신을 심의 부속물적인 요소로 보아서도 안 된다. 그는 심신분리설을 주장하고 있지만 사지(四肢)의 강건과 신체의 강건은 신체의 선이라고 적어놓고 있다.

그의 체육에 대한 관심은 『Republic』[5)]과 『Laws』[6)]에서 찾아 볼 수 있다. 플라톤은 정신과 신체 그 어느 것 하나도 부정하지 않으면서도 그 차이를 견지하려는 노력을 보여준다. 『Republic』에 의하면 플라톤은 교육을 체육과 음악의 두 부분으로 구분했으며, 이 양자는 오늘날 우리가 의미하는 것보다 훨씬 더 넓은 의미를 갖고 있다. 즉 이 경우의 음악은 시적인 정서에 가깝고, 체육은 우리가 운동이라 부르는 것보다 한층 넓은 의미를 갖고 있다. 플라톤은 그리스의 전통적 교육방식을 따라 체육의 신체적 역할과 음악의 정신적 역할을 강조했다. 플라톤은 음악과 체육이 지닌 상보적(相保的) 교육기능을 지적하여 영혼을 부드럽게 하는 것이 음악의 기능이라면 신체단련을 통해서 강력함과 성실성을 키우는 것이 체육이라고 하였다.

『Laws』에서 나타나는 플라톤의 체육 개념은 『Republic』에 비해서 상당히 구체적인 체육활동을 설명하고 있다. 여기에서 강조하는 활동은 주로 군사적 효과를 위한 훈련에 관한 것으로 요약된다. 그에 따르면, 6세가 지나면서 남녀는 서로 분리된 생활을 하여야 하는데, 소년들은 주로 말타기, 활쏘기, 창던지기, 투석(投石) 등의 기술을 익히기 위해 훈련 지도자에게 보내져야 하고 소녀들 역시 그들이 원할 경우 창과 방패의 사용기술을 배울 수 있게 하여야 한다. 여성들의 군사훈련 역시 국가의 자체방어를 위해서 필요한 것으로 역설되었다. 전쟁과의 별개의 것으로 생각되어 일종의 제전적 행사와 깊이 연관된 고대 레슬링이나 무용에까지도 플라톤은 군사적 효용성을 부여했다.

이러한 기본 계획에 맞추어 그 당시 전쟁에 유용한 것들이 대개 교육목표로 설정되었다. 당시 올림피아 제전경기에서 무장경기(武裝競技)가 성행했던 것과 전차경기가 환호를 받았던 것도 이런 시대적 배경으로 설명될 수 있다. 플라톤이 『Laws』에서 강조하는 군사훈련은 『Republic』에서의 입장과 상반되기보다는 그 이론의 현시적(現視的)인 적용이라고 볼 수 있다. 플라톤이 『Laws』에서 요구하는 체육활동이 꼭 군인이나 수호자 계급에서만 적용되는 것이 아님은 바로 이런 점 때문이다. 그는 전체 국민들이 모든 국가에 대한 관심을 가져야 하는 것을 강조하고 체육은 그 중요한 수단이 된다고 보았다. 즉 그는 『Republic』이나 『Laws』 등을 통해서 체육활동이 단순히 그 자체를 위한 목적이 되어서는 안 된다고 경고하고 있으며, '도덕적 완성을 향한 수단'이 되어야 함을 일관성 있게 보여주고 있다.

플라톤의 두 대화편은 도시국가에서의 이상적 시민을 위한 체육교육의 중요성

5) 『Republic』은 플라톤의 대화편으로 이상국가의 구조와 그 구성인들에 대하여 설명하고 있다. 그의 독특한 이데아론이 여기에서도 전개되고 있는데, 이는 현상(現象 : appearance)과 실재(實在 : reality)간의 차이를 날카롭게 대립시키고 있는 학설이다. 이 책의 마지막 권에 나오는 예술가에 대한 공박에서 플라톤은 이데아, 곧 형상(形相)에 대해 해명하고 있다.

6) 군사훈련에 대한 지나친 강조는 플라톤의 체육관이 체육의 진정한 의미를 상실한 것이 아닌가 라는 의구심을 준다. Fairs는 플라톤이 체육과 신체에 대해 '매우 모호한 태도를 가졌다고 비난했다' (J.R. Fairs, 1968. 『The Influence of Plato and platonism an the development of physical education in Western Cultures』. Vol, XI.) 그러나 Fairs에 대한 비판 역시 가능하다. 플라톤의 『Laws』는 『Republic』이후 30년이 지나서 쓰여졌다. 그 당시의 아테네는 마케도니아의 국왕 필립의 계속적인 공격하에서 무력해지고 있었다. 국가의 위기에 직면한 사상가들은 당연히 그 보존책을 자신의 이념 속에 도입시키지 않을 수 없기 마련인데, 특히 그리스의 사상가들은 자신의 국가에 대한 애국심에서부터 그 사상이 시작되었다고 해도 과언이 아닐 정도였다. 플라톤 역시, 쇠퇴하는 국운 속에서 절망과 패배의식으로 치닫기 쉬운 청년들을 위한 군사훈련을 강조했다. 그러나 그 근본적인 교육의 목적은 『Republic』에서와 같다.

을 역설하고 있다. 후기에 이르러 아테네를 복구시키고자 하는 플라톤의 열정은 군사 훈련에 관심을 지속시키고 있다고 하나, 그것이 『Republic』에서 이상적 인간상으로 제시한 시민과 거리가 먼 것은 아니며, 강조점은 달라졌다고 하지만 『Laws』에서 주장하는 모든 자질(資質)은 영혼과 밀접히 관련된 것이다. 플라톤은 때때로 신체와 정신은 별개의 것인 것처럼 논하고 있다. 그렇지만 플라톤의 전체 사상적 맥락하에서도 거부되는 신체감각이나 욕구는 식욕이나 성적 욕망 등 과잉된 열정임을 알 수 있다. 『Republic』에서 체육활동이 강조되고 있는 점에서 암시 받을 수 있듯이 이원론자인 그는 신체와 영혼의 상호관련성(interrelation)을 부인하고 있지 않다. 플라톤의 관심은 '이데아의 세계를 최종목표로 삼고 있으면서도 신체를 무시하지 않는 건전한 인간' 으로서의 생활을 역설하고 있다.

다. 아리스토텔레스의 체육사상

· 생애 : 아리스토텔레스(Aristoteles, B.C. 384~322)는 의사인 니코마코스(Nikomahos)의 아들로 태어나 18세에 플라톤의 아카데미에 입문하여 20년 동안 수학하였다. 말년에 소요학교(逍遙學校 : Lyceum, Peripatos)를 세웠는데 따라서 그의 학파를 소요학파라고 불렀다.

· 사상 : 아리스토텔레스는 플라톤과 달리 존재의 기반을 현실로 보고 실재하는 것은 오직 현실사물세계라고 보았다. 그는 초등교육(1~7세)에서는 훌륭한 신체적 · 도덕적 습관을 중시하였고, 중등교육(8~14세)에서는 그림 · 체육 · 음악을 통한 정서적 훈련, 고등교육(15-21세)에서는 수학 · 논리학 · 과학 · 철학 · 수사학을 통하여 시민적 훈련과 이성의 훈련을 주장하였다. 그는 귀납적인 방법을 통하여 객관적이면서 과학적으로 사고하는 방법을 제시하였다.

· 체육관 : 아리스토텔레스는 심신일치(心身一致)설을 주장하고 이를 조화롭게 발달시킬 것을 강조하였다. 그는 교육이 이론보다 먼저 습관에 의하여 이루어져야 한다고 말하고 그 원리에 의하여 정신에 준하여 훈련이 선행되지 않으면 안 된다고 주장하였다. 그는 체육에 대해서 체조술과 훈련술을 제시하고 체조는 신체의 상태를 좋게 하는 성질을 갖고 있으며, 훈련은 신체의 활동을 선(善)으로 인도하는 성질을 갖고 있으므로 이 양자가 다 필요하다고 제창하였다. 그는 신체의 성장까지 해치면서 단련할 필요는 없다고 말하면서 경기인의 양성을 위한 단련법을 비판하였다. 또한 신체를 단련함으로써 용기가 양성된다는 생각에 대하여서도 용기 그 자체를 목적으로 하는 교육은 잘못이라고 말하고 용기에도 덕이 있어야 한다고 설명하고 있다. 그러므로 그는 지적훈련과 신체훈련을 다 같이 중시하였다고 해석할 수 있다.

『De Anima』와 『Politica』를 통하여 아리스토텔레스의 체육사상을 살펴보면, 우선 그는 플라톤과 같은 이념적 곡예(曲藝)를 찾을 수 없는 점이 부각된다. 그는 플라톤에 비하면 합리주의적 사고방식을 지닌 현실주의를 견지했다는 것이다. 아리스토텔레스는 형태(形態, Form)와 질료(質料, Natter) 간의 보다 밀접한 관계를 주장했다. 즉 신체와 정신은 서로 분리될 수 있는 두 개의 서로 다른 실체가 아니라, 형태와 질료의 관계에서만 나누어지는 하나의 실체라고 했다. 그의 이러한 심신론은 그의 교육이론 전반에서도 그 윤곽을 드러내고 있는데, 지성교육과 신체교육 양자에 있어서 어느 것을 우선해야 하는지를 단정적으로 말하지 않는다는 점이다. 그 둘 사이의 형평관계를 견지하고자 하는 그의 입장을 알 수 있다. 체육활동은 아테네나 스파르타 등의 국가에 있어 정책적으로 강력히 부각된 교육수단이었다. 체육의 중요성에 대해서 아리스토텔레스는 정치를 비롯한 여러 분야에서 암시하거나 강조하고 있다. 체육활동에 대한 그의 기본 전제는 신체의 단련이 지력(知力)의 계발(啓發)보다 선행되어야 한다는 것이다.

아리스토텔레스에게 있어서 체육이란 건강과 체력이라는 신체적 특성의 결과로 형성되는 활동을 의미하고 있다. 이때 신체의 건강이란 역시 체육활동의 결과라는 순환론적 관계를 지적함으로써 체육활동의 중요성에 깊은 관심을 보여준다. 그러나 지나치게 체육만을 고집하고 우승만을 위해서 맹훈련한다는 사고방식에는 반대했던 것으로 보인다. 아리스토텔레스는 그의 사상의 중심과제인 중용을 체육사상에서도 보이고 있는데 이는 누구나 자기의 능력에 비추어 가능하고 적당하다고 생각하는 것들을 연령에 맞추어 추구해야 한다는 것을 의미한다고 볼 수 있다. 신체와 지성의 균형을 통해서 조화로운 인간성을 발휘한다는 그의 생각에서 볼 때, 과도한 훈련으로 인한 어린이들의 미숙한 신체를 손상시키곤 했던 당시의 세태를 날카롭게 비판했다. 그는 라케데모니아인의 경우를 예로 들면서, 힘든 훈련만이 용기를 불어 넣어준다는 원칙에 따라 어린이들을 짐승처럼 만드는 나쁜 결과를 가져올 정도로 혹독히 다루었으나 실제 전쟁이나 운동경기에 있어 다른 국민들에게 뒤떨어지고 있음을 주지시켰다.

아리스토텔레스는 어린 시절에 신체를 과도하게 발달시켜면 오히려 쇠퇴하게 되고 또한 발달이 부진하게 되면 허약해진다고 생각했다. 성실한 신체교육을 강조했던 그의 입장을 당시 그리스의 전반적 사고와 연관시켜 볼 때, 체육이란 몇몇 소수의 뛰어난 선수만을 위한 직업적인 것이 되어서는 안 된다는 생각을 파악할 수 있다. 국민 모두가 자신의 삶의 일부로써 체육을 일상화하고 그것을 통해서 도덕적 완성에로 나아가야 한다는 주장이다.

아리스토텔레스는 자기 신체에 대해서 각자가 책임을 느끼고 자기 의지의 선택에 따라 신체활동을 해야하며 게으름으로 인하여 활동을 하지 않으면 당연히 비난을 받아야 한다고 생각했다. 그에 따르면 누구나 적당한 신체활동을 함으로서 탁월한 신체를 만들 수 있고 경기활동 자체에서도 기쁨뿐만이 아니라 협동심이나 자신감 등의 덕목을 키울 수 있다고 주장했다. 또한 그는 신체의 수련을 통해서 윤리성을 함양시킨다는 원칙 하에 모든 체육활동을 유쾌하며 가치있는 일이라고 강조했다. 더욱이 아리스토텔레스는 직접적으로 신체미와 경기를 함께 연관시켜 '청년의 신체미는 경기와 체력증진을 위해서 신체적 작용을 추구한다. 다섯 가지(5종 경기) 모두를 능히 하는 선수가 가장 아름답다' 고 하였다. 그들은 아름다운 신체가 최고의 아름다움을 보이는 까닭이 유익하기 때문이라고 생각하여 공리와 심미 양쪽 측면에서 신체미를 연구하였다. 많은 학자들이 신체의 형식미를 강조하는 심미평가를 구체화하였다.

다음은 조명렬(1984)의 『체육사상사 서설』에서 플라톤과 아리스토텔레스의 체육사상을 비교한 내용이다. 이는 다소 극단적인 비교로서 내용을 그대로 수용하기에는 제한점이 있지만 한편으로는 이 내용을 체육사상사적 입장에서 어느 정도까지는 타당한 것으로 간주하여 받아들일 수 있다고 생각하여 소개하고자 한다.

첫째, 플라톤은 정신을 선(善)으로 인도하기 위한 수단으로서 그의 종인 신체의 교육을 제창(心身二元論)하였고, 아리스토텔레스는 개인을 최선의 상태로 인도하는 한 조건으로 신체의 선을 제기하여, 심신일원론(心身一元論)적 입장에서 체육의 효과를 제창하였다.

둘째, 인간의 이상을 이데아에서 구하려고 한 플라톤은 지적 인간의 육성이나 사색하는 사람들을 전제로 하는 체육을 논하였으나 아리스토텔레스는 선을 여러 가지 다른 상태에서 다른 논리에 의하여 신체의 선을 가져올 수 있는 체육을 제창하였다.

셋째, 이데아의 생활을 이상으로 하는 플라톤의 이지(理智)가 신체를 초월한 것으로 생각하였으나 아리스토텔레스는 행복한 인간의 생활을 이상으로 하고, 선에 도달하는 활동으로서 신체의 선을 중시하였다.

넷째, 이상국가의 건설을 목적으로 하는 플라톤은 그 구성원으로서의 전사계급에 대해 중점적인 체육을 제창하였으나 아리스토텔레스는 개인의 선을 가지고 국가의 선으로 하려는 생각을 주장하였고, 개인의 선을 단위로 하여 개인의 심신이 다 같이 선이 되는 상태를 희구하였다.

(3) 그리스의 제전경기

① 개요

올림피아 제전경기(祭典競技)의 발생 배경은 제우스 신전의 제례의식으로서 당시 젊은이들의 신체적인 단련과 정신적인 강인성을 길러주기 위한 교육이념으로 시작되었다. 고대 올림피아 제전경기가 처음 개최된 해는 기원전 776년으로 알려져 있으며, 서기 393년까지 1,169년 동안 293회를 4년마다 한 번씩 쉬지 않고 개최되었다. 4년 주기의 올림피아드(Olympiad)는 현재까지도 올림픽의 개최 주기로 사용되고 있다. 도시국가 체제의 고대 그리스인들은 올림피아 제전경기를 종교적 · 사회적 의의뿐만 아니라 정치적인 의미도 크다고 보아 인종, 종교, 언어의 측면에서 순수한 그리스인만이 올림픽에 참가할 수 있게 했다. 그리하여 고대 그리스인들은 민족의 명성을 걸고 제전경기에 참가한 것이다.

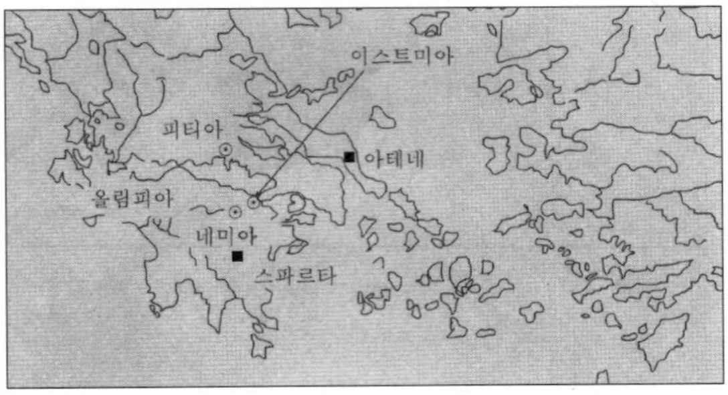

그리스 제전경기

오랜 세월동안 이어져 온 올림피아 제전경기가 종지부를 찍게 된 것은 그리스가 로마에 정복당한 뒤인 서기 393년 기독교도인 데오도시우스 1세(Theodosius Ⅰ, B.C. 346?~395)가 왕위에 오르면서 이것을 이교도(異敎徒)의 모임으로 낙인찍어 금지시킨 때부터 였다고 한다.

고대 그리스 국가에서는 체육이나 음악을 위한 각종 대회가 모두 올림피아에서 행해진 것이 아니라 올림피아(Olympia)를 비롯하여 이스트미아(Isthmia), 네미아(Nemea), 피티아(Pythia)에서도 성대히 개최되었으며, 이들을 '4대 제전경기'라고 부른다.

현재 우리들에게 전해지고 있는 사료는 주로 올림피아 제전경기에 관한 것이 대부분이어서 그에 관한 역사만이 비교적 상세히 알려져 있지만, 올림피아 제전경기는 본래 4대 제전경기 중의 하나에 불과했다. 그러나 경기의 주관자가 다른 경기에 비해 보다 강력했다는 사실과 기록에 의한 현존하는 관련 자료가 많다는 것 등의 요인이 올림피아 제전경기가 후세에 역사적인 영광을 한 몸에 지니게 했다고 볼 수 있다. 본래 고대 그리스인들에게 있어서 이들 4대 제전경기는 본질적으로 동등한 의의를 갖고 있었던 것이다.

② 올림피아 제전경기

가. 경기의 기원

올림피아 동산은 그리스의 펠로폰네소스 반도 남쪽 아르페오스 강과 그라디오스 강이 합치는 기름진 땅으로 그리스 신화에 의하면 이 곳이 신이 머무르기에 가장 좋은 땅이었다. 해발 500ft의 올림피아 언덕에는 경기장 아크로폴리스가 있으며, 주변에는 올리브 나무가 무성했다. 경기에 우승한 선수에게 올리브 가지로 엽관(葉冠)을 만들어 머리에 씌어준 것은 여기에서 유래되었다고 한다.

강물의 잦은 범람과 온난 다습한 기후 때문에 그 곳에는 나무, 특히 야생의 올리브와 플라타너스의 숲이 우거져 있었다. 올림피아의 성역을 알티스(Altis)라고 하였는데, 숲을 뜻하는 알소스(Alsos)와 같은 말이었다. 상당히 가파롭기는 하지만 그리 높지 않은 산을 등지고 유달리 우아한 경관을 이루고 있는 곳, 그 곳이 기원전 5세기 말엽에 아테네의 뤼시아스가 '그리스에서 가장 아름다운 곳'이라고 찬양하였던 올림피아였다.

올림피아 제전경기의 기원은 신화의 세계로 접어들게 된다. 올림피아 제전경기는 제우스 신을 위하는 제전의 일부, 즉 종교적 행사였다는 것과 4년마다 개최되며, 나뭇잎 관을 씌워졌다는 것 그리고 처음에는 경주가 유일한 종목이었다는 것, 민족의 평화와 화합의 제전이었다는 점 등에서 그 실마리를 찾아볼 수 있다. 올림피아 제전경기의 기원에 대해서는 여러 학자의 견해가 있다. 김오중(1988)의 저서 『세계체육사』에서는 다음과 같이 서술하고 있다.

> 기원 전설 가운데 헤라클레스(Herakles)가 엘리스의 왕 아우게이아스(Augeias)를 무찔러 이겼을 때에 창시(創始)되었다고도 하고, 또 다른 전설에 의하면 펠로프스(Pelops)가 오이노마오스(Oinomaos)와의 전차경기에서 승리했을 때 이루어졌다고도 한다. 또 다른 전설에 의하면, 그리스의 펠로폰

> 네소스 반도에 자리를 잡고 있던 여러 도시국가들은 서로 패권(霸權)을 잡기 위하여 끊임없이 전쟁이 계속되고 있었다. 뿐만 아니라 그 당시 무서운 전염병인 페스트까지 만연되어 내우외환(內憂外患)이 끊일 줄 몰랐다. 이 비참한 상태를 구출하기 위하여 당시 엘리스의 왕인 이피토스(Iphitos)가 엘리스에 있는 여러 신들에게 '모든 도시국가가 일단 전쟁을 중지하고 서로 화목하여 즐거움을 나눌 수 있는 제전을 거행한다면 그리스 전국이 평화롭고 행복한 해를 맞이할 수 있을 것이다'라고 호소하였다. 그러자 여러 신들은 호소를 받아들이고 여러 도시국가는 신사동맹(神事同盟) 및 기타 동맹을 맺었으며, 특히 이피토스 왕은 강력하였던 스파르타의 왕 리쿠르구르와 조약을 맺었다. 그때 두 왕들이 선언한 내용을 보면 '올림피아는 신성한 신전이 많이 자리잡고 있는 성지인 만큼 무력을 행사하여 침범하는 행위는 신을 모독하는 것이며 불신행위는 영구히 신으로부터 저주를 받게된다'고 선포하고 여러 도시국가의 종족들이 올림피아에 모여 제전경기를 올리게 된 것이라고 한다.

고대 올림피아 제전경기는 역사가인 헤로도투스의 기록에 의하면, 처음 피사탄 도시국가에서 주관하다가 엘리스와 스파르타의 공동 관리로, 그리고 다시 엘리스 단독으로 주최되었다고 한다. 엘리스는 올림피아 제전경기의 관리를 공정하고 엄격하게 진행했으며, 엘리스 국왕은 올림피아 경기를 개최하기 3개월 전에 그리스 전역에 모든 전쟁의 휴전을 선포하고 대회 참가를 권유했다. 당시는 도시국가간의 전쟁이 끊임없이 이어지던 시대였으므로 4년에 한 번씩이나마 모든 전쟁을 중단하고 젊은이들이 모여 운동경기로써 기량을 겨루었음은 화합과 평화정신의 고취라는 점에서 고대 올림피아 제전경기의 의의가 돋보인다. 기원전 480년 페르시아군의 침입으로 나라의 운명이 위험에 직면했을 때에도 올림피아 경기장에는 많은 관중이 모여 경기를 구경했을 만큼 올림피아 제전경기는 신성불가침(神聖不可侵)이었다.

올림피아 제전경기가 4년마다 개최된 이유는 과연 무엇인가? 올림피아 제전경기는 4년에 한 번씩 열렸는데 그 이유는 양력과 음력이 8년마다 한 주기를 이루면서 날짜가 일치하여 그 중간인 4년을 1기로 역년(歷年)을 계산했기 때문이다. 이렇게 4년을 1기로 하는 역년을 올림피아드(Olympiad)라고 했다.

올림피아 경기가 4년마다 개최되게 된 경위를 구체적으로 알아보면 다음과 같다. 그리스에서도 처음에는 태음력을 사용하였다. 농사를 지으려면 무엇보다 계절을 정확히 알아야 하는데 태음력으로는 이것이 매우 어려웠다. 그러한 과정에서 태음력이 윤달을 셋 더하면 8년마다 태양력과 맞아떨어진다는 사실을 알게 되었다. 그래서 그들은 해마다 지내는 제식을 8년마다 '큰' 주기가 새로 시작하는 해에는 특히 성대히 치르게 된 것으로 보인다. 엘리스에서 해마다 '작은' 올림픽 경기란 것이 열렸다고 전해지는데, 이것은 올림피아에서 열리지 않았으나 본래의 연례행사를 바로 이어받은 것은 아니라 할지라도 그 본연의 모습을 간직한 것으로 보아도 좋을 것이다.

8년의 '큰' 주기가 둘로 나뉜 것을 살펴보면 다음과 같다. 8년은 달수로 96개월이나 윤달을 셋 더하면 99개월이 된다. 따라서 셋째, 다섯째 및 여덟째 해에 윤달을 끼워서 앞의 49개월짜리 4년과 뒤의 50개월짜리 4년으로 나눈 것이다. 그리고 첫째 해와 다섯째 해의 여덟째 달 보름날에 경기를 열었다. 태양력으로는 8월에 해당되는데, 제1회 경기가 개최된 것은 8월 22일이며, 제2회 경기는 8월 8일에 개최되었다고 한다. 이와 같이 올림피아에서 4년마다 열린 경기도 본래 해마다 지내던 제식에서 비롯된 것이고, 이는 초기 농경사회의 제식이었던 것으로 여겨진다.

나. 경기의 준비와 순서

제전의 서곡은 먼저 엘리스(Elis)에서 성휴전(聖休戰) 「에케케이리아」를 선포한 후 이를 알리는 사신들을 그리스의 여러 나라에 보내는 것에서부터 시작된다. 성휴전은 제우스 신의 보호 아래 경기에 참가하거나 구경하러 오는 사람들의 신체와 재산의 안전을 보장하고, 무장한 사람들의 침범을 금하고, 경기의 순조로운 진행을 위하는 조치가 될 수 있었다. 성휴전의 기간이 얼마 동안이었는지는 확실하지 않지만 제전이 보름날에 열렸고, 그 달을 가리키는 성월(聖月)이라는 말이 남아있는 데다가 그 말이 후대에 가서는 성휴전의 기간을 가리키게 되었던 것으로 미루어 처음 그 기간을 제전의 달 한 달 동안으로 잡았던 것으로 생각된다. 역시 범 민족주의적인 제전이었던 아테네의 엘레우시니아제의 성휴전이 두 달 열흘 동안이었으므로 올림피아의 「에케케이리아」의 기간도 그 정도는 되었을 것으로 보인다. 경기 참가자는 미리 엘리스에 와서 한 달 동안 예비 훈련을 받아야 한다는 규정이 마련된 뒤에는 그보다 더 긴 기간이 될 것으로 추측된다.

기일이 닥쳐오면 엘리스에 사람들이 모여들기 시작하였다. 경기의 참가자는 코치와 함께 그리고 소년인 경우에는 부모와 함께 오는 것이 보통이었다. 그들은 우선 경기를 주관하는 심판관들에게 신청을 하고 심사를 받아야 했다. 제50회(B.C. 580) 제전이래 줄곧 2명이었던 심판관이 제75회(B.C. 480) 때에 9명으로 대폭 증가되었고, 제77회(B.C. 472) 때에는 모두 10명이 되었다.

가) 경기자의 조건

올림피아 제전경기에 참가하는 경기자는 다음과 같은 조건이 엄격히 요구되었다.

첫째, 순수한 그리스인이어야 한다. 올림픽은 범 그리스적인 제전으로 되면서 그리스인만이 참가하고 그 심판관을 헬라노디켄(Hellanodiken), 즉 그리스 심판원이라 부르게 된 것도 같은 이유에서이다. 이는 그리스인의 강한 동족의식이며, 인류를 순수한 그리스 사람인 헬렌(Hellene)과 이방인으로 보는 바르바리안(Barbarian)으로 양분할 만큼 자기 중심적이요, 배타적인 요소가 가미된 것이었다.

둘째, 경기자는 그리스 시민, 즉 자유인이어야 했다. 그리스는 당시 노예제 사회였고 노예는 도구에 지나지 않았다. 이는 민주화된 아테네나 군국주의였던 스파르타에서도 같았다. 다시 말하면 고대 그리스 민주주의는 「노예=바르바리안」의 등식이 성립되고 있었다.

셋째, 경기자는 살인이나 도둑질, 성역 침범 등의 죄를 지은 사람은 참가하지 못하였다. 고의든 실수든 피를 묻힌 살인자는 부정하다고 보았기 때문이다. 신전 약탈이나 성역 침범의 죄를 저지른 사람도 역시 마찬가지였다. 또한 성휴전의 위반도 성역 침범으로 간주된다.

넷째, 심판관은 경기자로 출전하지 못하게 하였다. 제102회 경기(B.C. 372) 때 심판관인 트로일로스가 말과 망아지의 마차경주에 나가 우승한 일이 있었던 뒤로 심판관을 경기에 참가하지 못하게 정하였다.

헤로도투스에 따르면, 기원전 6세기초에 엘리스인은 자신들의 경기운영 방식이 가장 공정한 것이라고 자부한 나머지 이집트에 사신을 보내어 보다 나은 운영방식을 문의하게 했는데, 이에 대해 그 곳 현자(賢者)들이 엘리스인의 출전을 금해야만 공정을 기할 수 있다고 권고했다고 한다. 경기자는 심사가 끝나면 곧 훈련이 시작되었다. 훈련은 경기를 앞두고 한 달 동안 심판관의 감독 아래 행해졌다. 장소는 엘리스의 짐나지온, 곧 체육관이었다. 짐나지온은 세 곳에 있었다. 경기에 참가하는 사람들이 증가함에 따라 하나만으로는 부족하게 되어 두 개나 더 마련된 것이었다. 플라타너스가 늘어선 주로(走路)를 가진 짐나지온에서는 경주 종목과 5종 경기에 출전할 사람들이 연습을 했다. 바로 옆에 있던 작은 짐나지온은 씨름과 권투 경기에 출전 할 사람들이 연습을 하는 곳이었다. 이는 정사각형이어서 네모꼴 짐나지온이라고 불렀다. 나머지 하나는 경기에 출전하는 소년들을 위한 것이었다. 경기자는 훈련이 끝나면 곧 올림피아로 떠나도록 되어 있었다. 이는 그들에게 있어서 한 여름을 앞 둔 고된 한 달이었던 것이다.

나) 심판관

심판관은 엘리스의 최고 관직의 하나였던 것으로 행사를 할 때는 자포(紫袍)를 둘렀다. 그들은 제전이 있기 1년 전에 선출되었고, 그 임기는 다음 제전까지 4년간이었다. 심판은 정직하고 덕망있는 사람이었으며 심판의 권한은 선수들을 퇴장 및 실격의 권한을 가지고 있었으며 규칙을 위반할 시에는 매질을 할 수 있게 되어 있었다. 그들은 일을 시작하기 전에 올림피아로 가는 길에 있는 피에라라는 샘에 가서 돼지의 피와 물로 목욕을 하였다. 그리고 심판관으로 들어가서 10개월 동안 호법관(護法官)들로부터 경기의 규칙을 비롯한 제전의 법식(法式)을 배웠다. 그리고 한달 동안 참가자의 예비훈련을 매일 감독해야 했으므로 그들은 선출되자마자 바쁜 1년간을 보내기 마련이었다. 자격 심사에 앞서서 심판관들은 참가 신청자들 그리고 그들을 따라온 부모나 코치들과 함께 올림피아의 의사당(議事堂)에 가서 선서를 시켰다. 그 안에는 「선서(宣誓)의 제우스」라고 불리운 신상(神像)이 안치되어 있었다.

올림피아 제전 경기의 심판관

출전자와 부모, 코치 모두는 토막낸 수퇘지의 고기를 제물로 바쳐 부정행위를 하지 않을 것을 선서했다. 그리고 경기자는 지난 열 달 동안 규정대로 연습했다는 선서를 해야 했다. 또 출전하는 소년과 망아지를 심사하는 사람들도 '공정하게 뇌물을 받지 않고 판정할 것이며, 합격한 사람이든 아니든 간에 그 사람에 관하여 알게 된 비밀을 지킬 것'을 선서했다.

심판관들은 참가 신청자의 자격을 심사하고 합격자의 이름을 백판(白

板)에 적었다. 심판관들은 바쁜 하루를 보냈는데, '해가 뜨기 전에 들어가서 경주자들을 시합시키고 대낮에는 5종 경기와 이른바 중경기들을 보살폈다' 고 파우사니아스가 전하고 있다. 고대인은 경(輕) · 중(重)의 두 종류로 경기를 나누었는데 달리기 · 창던지기 · 멀리뛰기 등이 전자에 속하고, 씨름 · 권투 · 원반던지기 · 격투는 후자에 속하였다.

다) 경기의 순서

제전경기가 어떤 순서로 행해졌는지는 확실히 알 수 없다. 그러나 양병우(1988)의 『고대 올림픽』에 의하여 제전경기의 순서를 살펴보면 다음과 같다.

> 우리가 아는 것은 어떤 경기들, 이를테면 세 가지 경주나 씨름과 권투와 격투가 각기 같은 날에 있었다든지, 소년의 경기가 성인의 그것보다 먼저였다든지, 역시 같은 날이었던 말의 경주와 5종 경기가 제77회(B.C. 472)부터 제사지내는 날 앞으로 돌려졌다든지 또는 무장 경주가 체육 경기나 전체 경기의 끝판에 있었다든지 하는 따위의 단편적인 지식뿐이니 말이다. 그래서 그 순서를 추정하는 시도가 여러 학자의 손으로 이루어져 있다. 그 가운데 제일 타당하다고 생각되는 것이 다음과 같다.
>
> 제1일 나팔수와 포고인의 경연, 선서 및 그 밖의 준비.
> 제2일 소년 경기.
> 제3일 오전 말 경기, 오후 5종 경기, 저녁때 아킬레오스와 펠로프스의 무덤에 제사 지냄.
> 제4일 (보름날) 제우스 신의 대제(大祭), 공관(公館)에서 축연.
> 제5일 오전 경주, 오후 씨름, 권투, 격투, 무장 경주.
> 제6일 아침 시상식, 저녁 향연.

나팔수와 포고인의 경연이 첫날에 실시되었는데, 이 순서는 제96회(B.C. 369) 이후의 것이 된다. 따라서 그 이전에는 소년 경기로 제전이 시작되었으며, 제1일에는 선서와 그 밖의 준비만이 행해진 것이었다.

다. 경기종목

가) 경주

(가) 스타디온 경주

가장 중요한고 대표적인 것은 스타디온(stadion) 경주였다. 스타디온은 기원전 5세기 중엽에 세워져 처음에는 자연의 지형을 이용한 경주를 하는 곳이었으나 후에 좌석이 설치되었다. 스타디온은 오늘날 대경기장의 명칭, 즉 스타디움(stadium)으로 불리고 있다.

스타디온(stadion)

그리스에서는 스타디온이 다음의 세 가지 의미로 사용되었다. 첫째는 경주로의 길이를 뜻했다. 즉 500ft. 내지는 600ft. 경주로의 길이로서 이집트에서는 210m, 올림피아에서는 192m, 델피에서는 178m의 길이로 이루어졌으며, 고대 그리스의 스타디온의 평균 길이는 164m였고, 로마에서는 185m였다. 둘째로 스타디온은 그 거리를 의미하였고, 셋째로는 그 경주를 의미하였다.

경주는 본래 제식의 핵심을 이룬 것이었으며, 제1회부터 반 세기동안이나 스타디온 경주 하나뿐이었다. 제14회(B.C. 724) 제전경기에 이르러 스타디온 왕복 경주가 추가되었고, 다음의 제15회 제전경기 때에 장거리 경주가 하나 더 추가되었지만 제18회(B.C. 708) 제전경기 때에 5종 경기와 씨름이 등장하기까지는 결국 경주 한 종목뿐이었던 것이다.

(나) 왕복 경주

왕복 경주는 스타디온을 2번 달리는 것이었으며, 그 거리는 384.54m를 달리는 것이었다. 이는 거리를 비교할 때 오늘날 400m 육상경기와 매우 흡사하다. 제15회(B.C. 720) 제전경기 때에 스타디온 경주에서 우승한 메가라의 오립포스가 처음으로 벌거벗은 채로 달렸는데, 심판관이 이를 용인하였고 그가 우승을 하게 되었다.

출발직전 달리기 경주자의 모습을 조각한 동상

(다) 장거리 경주

장거리 경주는 얼마의 거리를 달렸는지 확실하지 않다. 오늘날의 마라톤 거리와는 비교가 되지 않을 것으로 예상된다. 이 경주는 기원전 490년 마라톤 평원에서 페르시아군을 물리친 승리의 소식을 전하기 위해 필립피데스가 아테네시까지 달려갔다는 고사에서 마련된 것이다. 페르시아 전쟁의 역사를 쓴 헤로도투스에 따르면, 아테네는 마라톤 전투를 앞두고 스파르타의 원군을 요청하러 필립피데스라는 사자를 보냈는데 그는 그 이튿날 벌써 그 곳에 도착했다고 한다. 아테네에서 스파르타까지의 거리는 약 200km정도이므로 그는 하루에 100km 이상 달렸던 것으로 추정할 수 있다.

장거리 경주

(라) 무장 경주

무장 경주는 참가자가 투구를 쓰고, 정강이 보호대를 착용하고, 방패를 왼손에 들고, 창을 오른손에 잡고서 스타디온을 왕복하는 경주였다. 처음에는 완전무장을 하였으나 기원전 5세기 중엽에는 투구와 방패만 사용했으며, 나중에는 방패만 들게 되었다. 방패는 청동으로 만든 둥근 것이 사용되었는데, 너무 무거운데다 자칫 잘못하면 바람의 저항을 받아 경기에 불리하게 되었으므로 방패를 잘 다루어야 했다. 무장 경주도 거리 상으로는 단거리에 속하였다.

무장경주

나) 5종 경기

5종 경기(Pentathlon)는 달리기와 멀리뛰기, 창과 원반던지기 및 씨름의 다섯 종목을 겨루는 혼합 경기였다. 5종 경기는 전체 경기였다. 그러므로 고대 그리스에서는 이러한 다섯 종목의 연습이 청소년 체육의 중요한 과목으로 되었다. 이를 통해 신체를 균형있게 발달시키고 아름다운 육체미를 갖게 한 것이다. 이와 같이 조화와 균형을 겨냥하는 그리스적인 특성을 나타낸 경기가 올림피아에서 시작되었다는 것은 그 제전의 의의를 더욱 높이는 사실이 아닐 수 없다. 다섯 종목의 경기는 다음과 같다.

(가) 원반던지기

원반던지는 사람 : 기원전 460~450년경

원반은 처음 돌로 만들었으나 나중에 나무나 납 또는 쇠로 만들었다. 지금까지 출토된 것을 보면 무게는 대략 1.5kg에서부터 6kg정도이고, 모양은 원형이 보통이지만 편도형도 나타난다. 호메로스의 오디세이아를 보면, 파이아키아에 도착한 오디세우스가 그를 환영하여 열린 경기에서 원반을 던져 그 나라 사람들을 크게 이긴 이야기가 나온다. 기원전 5세기경 그리스 조각가인 미론(Myron, B.C.480~490)의 유명한 작품에 원반을 던지는 사람을 새긴 것이 있다.

(나) 멀리뛰기

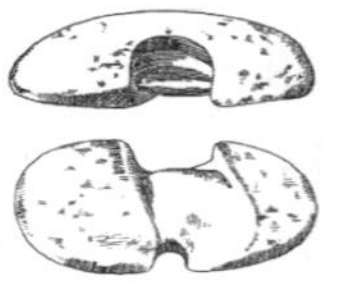

할테레스(Halteres) : 멀리 뛰기 보조 기구

멀리뛰기는 스타디온 안의 디딤돌로부터 50보, 즉 16m가량 땅을 파헤치고 흙을 부드럽게 한 곳에서 실시되었다. 특히 오늘날과 구별되는 것은 「할테레스(Halteres)」라는 보조기구를 이용한 점이다. 이것을 아령처럼 양손에 쥐고 앞뒤로 휘두르면서 그 반동을 이용하여 힘차게 뛰는 것이었다. 돌이나 청동으로 만든 것으로 여러 모양이 있는데 대개는 양끝이 둥근 장방형이나 긴 타원형이었으며, 손으로 꽉 쥘 수 있도록 가운데 부분을 움푹 파놓았다. 근래에 실험한 결과 도움닫기 멀리뛰기가 아니라 제자리 멀리뛰기에서는 분명한 효과가 있는 것이 확인되었다.

(다) 창던지기[7]

경기용 창은 실전에 쓰이는 것보다 조금 짧고 가벼운 것이었다. 창던지기는 그리스의 오래된 경기의 하나였던 것으로 일리아스에도 파트로클레스의 장송(葬送) 경기의 마지막 종목으로 나온다. 호메로스의 영웅들은 싸움에서 먼저 멀리서 창을 던지고 이것이 빗나가면 다가가서 칼로 대적하였다. 그 뒤 중갑병이 군대의 주력을 이루면서 창이 주무기로 되었으나 던지는 것이 아니라 휘둘러 찌르는 무기로 변형되었다. 또한 젊은이의 종목으로서 단독 경기로 시합을 벌이는 곳도 더러 있었다.

(라) 달리기

달리기는 일반 경기에서 행한 것과 거의 비슷하게 진행된 것으로 추정된다.

(마) 레슬링

현재의 레슬링이라기보다 우리나라의 씨름에 더 가깝다. 승부의 방식은 신체의 무릎 위 부분이 먼저 땅에 닿는 사람이 패하는 것이며, 5판 3승제였다.

창던지기

다) 중경기(重競技)

중경기는 레슬링 · 권투 · 격투 3종목이 있었다.

(가) 레슬링

오늘날의 경기와 달리 체급이 없고 경기가 거칠었다. 파우사니아스(Pausanias, 2세기경)가 전하는 것을 보면, 기원전 5세기에 시칠리아의 메세네 출신인 레온티스

7) 창던지기에는 하나의 의문점이 제시되는데, 즉 경기방식이 멀리 던지는 것인지 혹은 정확하게 표적을 맞추는 것이었는가이다. 핀다로스가 제10회 올림피아 송승가(頌勝歌)에서 프라스토르라는 사람이 우승한 것을 '창으로 표적을 맞추었다'고 읊고 있어서 문제가 제시되는 것이다.

코스는 올림피아에서 레슬링으로 두 번이나 우승을 하였는데, 그의 특기는 상대의 손가락을 비틀어 넘어뜨리는 것이었다고 한다. 고대 최대의 장사(壯士)로 알려져 있는 크로톤의 밀론은 소 한 마리를 단 하루에 먹었다고 하고, 날마다 고기와 빵을 20므나씩 먹고 포도주를 3쿠스 마셨다는(고기와 빵을 약 20근씩 먹고 포도주를 대략 5되 마신 것으로 환산된다) 전설을 남기고 있다.

레슬링

(나) 권투

레슬링보다 조금 늦게 제전경기 종목으로 되었지만 일리아스에서 읊어진 파트로클로스의 장송 경기에 두 종목이 나란히 등장한다. 레슬링과 마찬가지로 체급이 없었다. 그리고 링도 따로 마련된 것이 아니고 그냥 경기장의 모래밭에서 겨룬 것이다. 또한 글러브 대신 가죽끈으로 손을 감고 끝까지 싸운 것이 오늘날의 복싱과 다르다. 처음에는 소의 생가죽으로 만든 부드러운 끈을 손등까지만 감았는데, 이는 손가락 뼈를 보호하는 것이 목적이었다. 그러나 이후 타격을 강화하기 위해 두껍고 딱딱한 가죽 조각을 부착하였고, 로마시대에 와서는 가죽에 쇠붙이를 달게 되어 무서운 위력을 나타나게 되었다. 그 결과 권투 참가자들은 그야말로 '상처뿐인 영광'을 누리게 마련이었다. 그래서 촌철(寸鐵) 같은 풍자시로 유명한 네로 시대의 시인 루킬리오스는 다음과 같은 시를 남기게 되었다.

권투 선수 모습 : 기원전 1세기경

> 20년 뒤에야 겨우 오디세우스가 고향에 돌아갔을 때 개는 아직도 주인의 얼굴을 알아보았는데 헌데 스트라토폰 군, 권투시합이 있은 지 4년도 안되었는데도 이젠 거리의 사람들이 아무도 자네를 알아보지 못한다네, 개도 몰라본다네, 자 거울로 자네 얼굴을 잘 보게나 그러면 확실히 알게 될 거네, 이젠 스트라토폰이 아니라는 걸 말일세.

이 경기는 시간제한도 중간휴식도 없이 어느 한 쪽이 손을 들 때까지 싸우기로 되어 있어 싸움이 더욱 처참할 수밖에 없었다. 또한 무승부란 경기 운영방식은 존재하지 않았다.

(다) 격투

격투란 그리스어로 「판크라티온(Pankration)」을 옮긴 것인데, 이는 '전면적인 싸움'이라는 뜻이었다. 그 뜻대로 이 경기에서는 물어뜯거나 할퀴는 것 외에는 어떤 공격 방식이든 허용되었다. 권투와 마찬가지로 체급의 구별없이 또 시간제한이나 중간휴식 없이 어느 한쪽이 손을 들 때까지 싸우는 것이다. 필로스트라토스와 같은 고대 체육의 권위자는 격투를 올림피아의 모든 경기 가운데 가장 아름다운 것이라고 하고 있으나 매우 거친 경기였다.

시합은 선 자세로 시작되었고 서로 얻어맞지 않기 위해 상대의 손을 견제하며 실시하였다. 권투에서처럼 둘째손가락을 편 손을 올리거나 손바닥으로 상대의 어깨를 쳐서 항복의 뜻을 나타냈다. 무승부란 없었으며, 승리냐 항복이냐 오직 그 뿐이었다.

라) 말의 경기

파우사니아스의 안내기는 다음과 같이 전하고 있다.

> 경마장에서 심판관석 곁을 지나가면 말의 경주를 하는 장소와 그 출발책이 있다. 마차나 말 앞에 출발문 대신 밧줄이 쳐져 있다. 흙벽돌로 쌓고 겉만 백회를 칠한 제단이 올림픽 경기 때마다 출발책의 바로 한복판에 마련되고, 그 제단 위에는 날개를 활짝 편 청동의 독수리가 놓여있다.... 독수리가 높이 솟아오르면... 말들이 뛰어간다.

4두 마차는 열두 바퀴, 쌍두마차와 망아지의 4두 마차는 여덟 바퀴 그리고 망아지의 쌍두마차는 세 바퀴를 돌아야 했다. 마차는 작은 바퀴를 단 2륜 마차였다. 경마의 경우 몇 바퀴를 돌았는지 확실하지 않지만 한 바퀴를 돌았다고 하는 주장이 많다.

고대에는 말굽에 편자를 붙이지 않은 데에다 무엇보다도 말 안장이 없었으므로 기수가 말에서 떨어지기 쉬웠다. 그리고 「아우라」라는 말은 기수 없이 달렸는데도 심판관들은 우승의 영광을 차지하게 했을 뿐만 아니라 조각가인 페이돌라스에게 그 말의 조상(彫像)을 올림피아에 세우는 것을 허락하였다. 말도 그렇지만 마차 경주에는 그 주인이 직접 타는 것이 아니었으므로 여인이 참가할 수 없었던 올림피아 제전경기에서 마차 경주만은 여인의 참가가 허용되었다. 말을 길러 마차 경주에 출전해서 우승의 영광을 차지한 그리스의 여인은 스파르타의 공주이며, 아르키다모스 왕의 딸이자 아게실라오스 왕의 누이인 퀴니스카가 처음이었다.

마) 경기종목의 확대 과정

올림피아 제전경기는 13회까지는 달리기 종목에서 주최국인 엘리스가 우승을 독차지했으나 14회 대회부터 트랙을 두 번 계속 달리는 종목이 추가되면서 다른 나라 선수들의 진출이 나타나기 시작했다. 또한 15회 대회 때는 지구력이 승패를 결정하는 장거리 육상종목이 추가되어 강력한 투지력의 스파르타 선수가 두드러졌다.

5종 경기가 추가된 것은 18회 대회 때였는데 예선제도가 채택된 것도 이때부터였다고 한다. 즉 5종 경기 첫 번째 종목인 멀리뛰기에서 일정한 거리를 뛰어야 두 번째 종목인 창던지기에 참가할 자격을 주었다. 창던지기에서 뽑힌 4명은 다시 세 번째 종목인 경기장 한 바퀴 달리기에 참가하게 된다. 그 종목에서 또 1명을 떨어뜨린 다음 남은 3명이 원반던지기를 하고, 다시 남은 2명이 마지막 결승전에 나가게 되었다. 결국 이것은 용기와 기량과 지구력이 혼합된 스파르타식 경기였다고 볼 수 있다.

권투는 제23회, 마차는 제25회, 격투는 제33회 제전경기에서 각각 채택되었다. 처음 올림피아 제전경기는 하루뿐이었고, 나머지 5일은 종교와 예술의 축제로 이루어졌다. 그러나 대회의 인기가 높아지자 경기종목을 확대하자는 요망이 일어나 제77회 제전경기 후로는 하루에 경기를 실시하지 못하고 5일로 늘리고, 그 대신 종교의식을 2일로 줄였다.

마차 경주

경기종목 중에는 특히 레슬링을 가장 중요하게 생각하였다. 힘과 빠른 움직임으로 무릎 위의 몸 어느 부분이라도 땅에 닿으면 패하게 되었다. 또한 권투도 레슬링 못지 않게 인기가 좋았다. 이때의 권투는 맨손에 헝겊을 여러 번 감고 싸웠으며, 링도 세우지 않았고 회수를 정하지도 않고 상대방 선수가 지칠 때까지 싸웠으며 지금처럼 체급에 따라 경기를 하지도 않았다. 격투란 종목은 매우 무자비하고 격렬한 경기로서 제33회 제전경기에 처음 채택되었는데 권투와 레슬링을 혼용한 것이다. 즉 때리고 차고 눕히고 하는 경기로서 싸움과 거의 같았다고 할 수 있다. 이 경기는 스파르타 선수들이 좋아하였다고 한다.

올림피아 제전경기에 종목이 첨가된 순서는 아래와 같다. 제33회 대회까지 주요 종목이 거의 갖추어졌으므로 올림피아 제전경기는 기원전 7세기 중엽까지 기본 종목이 마련되었고, 그 뒤의 다양화는 세속화의 소치였다고 말할 수 있다.

제1회(B.C. 776) 스타디온 경주
제14회(B.C. 724) 왕복 경주
제15회(B.C. 720) 장거리 경주
제18회(B.C. 708) 5종 경기 · 씨름
제23회(B.C. 688) 권투
제25회(B.C. 680) 4두 마차 경주
제33회(B.C. 648) 경마 · 격투
제37회(B.C. 632) 소년 5종 경기(제37회 단 한번만으로 그침)
제38회(B.C. 628) 소년 권투
제41회(B.C. 616) 무장 경주
제65회(B.C. 520) 무장 경주
제70회(B.C. 500) 노새 쌍두 마차 경주(제84회<B.C. 444년> 때 중지됨)
제71회(B.C. 496) 암말 경마(제84회 때 중지됨)
제93회(B.C. 408) 쌍두 마차 경주
제96회(B.C. 396) 나팔수와 포고인의 경연
제99회(B.C. 384) 망아지 4두 마차 경주
제128회(B.C. 268) 망아지 쌍두 마차 경주
제131회(B.C. 256) 망아지 경주
제145회(B.C. 200) 소년 격투

라. 올림피아 제전경기의 쇠퇴

고대 올림피아 제전경기는 그리스 민족의 융성기라고 할 수 있는 페르시아 전쟁 후(제78~95회 올림피아 제전경기, B.C. 468~400)에 최성기(最盛期)를 맞이하였으나 그 경기회의 성황은 외면적으로 화려하였을 뿐 승패에 집착하는 경향이 나타나 경기회 본래의 목적이 변질된 모습을 나타냈다. 즉 심신(心身)의 선미(善美)를 구현한다는 종교이념은 점차 사라지고 경기자 중에는 부정한 방법으로 승리를 얻으려고 하는 풍조가 나타났다.

가장 자유스럽고 명랑해야 할 경기가 직업적인 것으로 변해갔으며, 경기자는 물질적 이익을 얻기 위하여 능력의 향상을 연마하였기 때문에 인격의 형성을 모토로 한 체육운동 본연의 자세는 상품화, 흥행화되어 결국 타락의 길을 걷게 되었다.

마. 올림피아 제전경기의 역사적 의의

가) 종교의식으로서의 행사

범 그리스의 행사로서 거행된 고대 올림피아 제전경기는 그리스의 주신(主神)인 제우스의 영혼을 위로하기 위한 종교의식으로 발전한데에서 그 뜻을 찾을 수 있다. 다음과 같은 요인들이 이를 뒷받침하고 있다.

첫째, 개최의 준비는 신탁(信託)에 의하여 성스러운 사자(使者)가 실행하고, 대회기간 중 휴전이 이루어진 것은 모두 신의 뜻에 의해 성립되었다.

둘째, 경기자는 자기의 탁월성(卓越性)을 경기를 통하여 나타내어 신에 봉납(奉納)하는 이념에 의해 지탱되고 있었다.

셋째, 공물(供物)과 선서(宣誓)와 기도(祈禱)에 의한 제사를 통해서 경기의 시작과 끝이 이루어졌다.

넷째, 심판원은 경기를 올바르게 판정할 것을 신에게 맹서(盟誓)하고, 그 권위를 신성화(神聖化)시켜 경기에 관한 종교이념을 한층 심화시켰다.

나) 평화에의 기여

올림피아 제전경기는 다신교(多神教)를 믿는 그리스인이 그 주신(主神)인 제우스의 영(靈)을 위안하는 제전이었기 때문에 그리스인에게는 가장 소중한 제전이었다. 올림피아 제전경기 개시 11일전에 심판관에 의해 휴전이 그리스 전역에 선포되면 도시국가간의 항쟁(抗爭)은 일체 중지되었다. 이 휴전은 제례 전후 1개월간이었으며, 시민들은 편하게 올림피아에 여행을 할 수 있었다. 이러한 점으로 비추어 볼 때, 올림피아 제전경기는 평화주의에 입각한 것으로서 전 그리스의 평화에 기여했음이 분명하다.

다) 아마추어 정신의 강조

올림피아 제전경기의 참가자는 순수한 그리스 시민으로서 신벌(神罰)과 형벌(刑罰)을 받은 바 없고 시민국가로부터 추천을 받은 자 중 10개월 이상의 훈련을 쌓아 제례경기 30일 전에 심판관으로부터 시험을 받아 합격한 후 다시 30일간 심판관의 지도를 받아야만 출전할 수 있었다. 우승자에게는 아루데이스 삼림(森林)의 올리브 나무로 만든 관이 주어졌으며, 올림피아 경내(境內)에 그의 상(像)이 건립되는 것이 허용되었다.

라) 학문 · 문화의 교류

올림피아 제전경기는 각 폴리스의 독자적인 문화를 소개하고 교류하는 기회가 되었다. 더욱이 고대 올림피아 제전경기에서는 시(詩) · 회화(繪畵) · 조각(彫刻) · 웅변(辯論) 등의 예술적 · 문화적 행사도 겸하였기 때문에 그리스의 문화발전에 크게 공헌하였다.

마) 결론

올림피아 제전경기는 그리스인의 종교심, 범 그리스 정신, 폴리스에 대한 충성심, 선미(善美)를 목표로 하는 이상상(理想像)의 추구 등의 사상에서 그 특징을 찾아볼 수 있다. 고대 그리스인이 종교와 관련하여 시작한 올림피아 제전경기는 고대 그리스의 정치 · 문화 · 사상 등 역사적인 변천과 같이 성쇠(盛衰)하였다고 볼 수 있다.

올림피아 제전경기는 경기 자체를 신성시하고 선수의 참가자격을 엄격히 하였으며, 심판관의 선별에 있어서도 존경받는 인물이 선정되었다는 점에서 역사적 의의를 찾을 수 있고, 경기 중에는 전쟁을 멈추고 민족의 평화와 화합을 이루도록 했다는 점이 가장 의의있는 일이었다고 평가된다. 그리고 경기종목이 대부분 현대 사회에까지 이어지고 있다는 점 또한 공헌으로 보아야 할 것이며, 제전 중에는 시, 연극, 조각 등의 미술과 웅변을 할 수 있는 계기가 되어 종합예술제의 성향이 강하였다는 점에 있어서도 그 의의가 크다고 할 수 있다.

그러나 한편으로는 부정적인 시각도 없지 않은 데 이는 첫째, 금여(禁女)의 축제였다는 점, 둘째, 그리스 자유인, 즉 그리스 시민만이 참가한 소극적인 민족제전 또는 귀족경기였다는 점이 그러하다. 그리고 현대 올림픽과 구별되는 가장 큰 특징은 대부분의 경기가 나체로 진행되었다는 점이다.

③ 그 밖의 제전경기

고대 그리스에는 올림피아 제전경기 뿐만 아니라 피티아(Pythia) · 이스트미아(Isthomia) · 네미아(Nemea) 등의 제전경기도 있었다. 이에 대해 김철(1996)의 『스포츠문화사』에 소개된 내용을 정리하면 다음과 같다.

가. 피티아 제전경기

신화에 의하면, 델포이(Delphoe)는 주신으로 가이아(Gaia, 대지의 여신이며 게에라고도 함)와 포세이돈(Poseidon, 본래 바다의 신이지만 대지의 신이라고 여겨져 왔음)의 두 신을 받들어 섬겼으며, 그 기원은 미케네 시대(B.C. 14~11세기경)에까지 거슬러 올라간다. 그리고 미케네 시대의 말엽에는 게에와 포세이돈 대신에 아폴로(Apollo) 신이 제전에 모셔지게 되었다고 한다. 주신의 교체극은 「아폴로의 퓨돈(구렁이) 퇴치」라는 신화의 형태를 취하여 전해지고 있다. 델포이는 음악과 예언의 신인 아폴로가 주신이 되어 소위 「델포이의 신탁」을 내림으로써 고대의 온 세상에 널리 알려지게 되었다. 그리고 그 명성은 로마 시대의 그리스도교의 융성과 더불어 서기 398년에 로마 황제 테오도시우스(Theodosius)의 아들 아르카디우스(Arcadius)에 의해서 신역이 파괴될 때까지 계속되었던 것이다.

델포이에서의 경기대회는 그 기원이 델포이와 크리사와의 전쟁 때문이라고 전해지고 있다. 델포이의 명성이 높아짐에 따라 신탁을 구하는 사람들이나 제물을 지참하는 사람들의 수가 늘어났다. 그러자 크리사는 해로를 통해 들어온 사람들이 키트라 항에 정박하여 상륙할 때 무서운 과세를 부과시켰던 것이다. 이런 행위에 대해서 테살리아, 시큐온, 아테네의 모든 사람들이 한데 뭉쳐서 크리사와 10년 동안 싸움을 벌였으며(제1차 델포이 성전), 드디어 기원전 585년 크리사가 파괴되어 전쟁이 끝남과 동시에 아폴로 신을 찬양하여 피티아 제전경기가 개최되었던 것이다.

또한 오랜 전승에 의하면 피티아 제전경기는 그 이전에 8년마다 행해지던 음악제, 특히 거문고의 경연 축제였다고 하며, 최초의 우승자로 크레타 출신의 크루소테미스의 이름이 남아 있다. 델포이에서는 주신인 아폴로가 갖고 있던 음악의 신이라는 역할 쪽이 중시되었을 것이다. 그러나 「델포이 성전」 이후부터는 4년마다 올림피아 경기가 열리는 해로부터 3년째가 되는 그 해 여름에 행해지게 되었고, 기원전 582년부터는 「운동경기」나 「기마경기」가 행해졌다. 그리고 후년에 이르러서는 「전차경기」가 추가되었다.

제전경기는 처음에는 성역밖에 있는 크리사 초원에서 행해졌으나 기원전 5세기에 스타디온이 건설된 다음부터는 그 곳에서 거행되었다. 제전경기에서의 승리자에게는 아폴로의 성수였던 월계관이 수여되었다. 이 경기의 운영이나 성지의 재산 관리 등은 최초에는 테르모필라이에, 기원전 600년 이후부터는 델포이에 본거지를 두고 있던 「안피크티온」이라 불리우던 종교적 · 정치적 동맹 단체의 권한에 위임되어 있었다.

나. 이스트미아 제전경기

포세이돈의 성지 펠로폰네소스 반도의 출입구이기도 한 코란토스 운하에 가까운 이스트미아는 바다의 신인 포세이돈을 받들어 모시는 성지로서 기원전 7세기경에는 지방색 짙은 제전경기가 개최되고 있었다. 그런데 이스트미아는 강력한 폴리스였던 코린토스와 가까웠기 때문에 이 경기의 운영은 모두 코린토스인의 책임으로 위임되었다. 때문에 코린토스의 발전에 따라 경기회의 규모가 확대되었고, 동시에 지방색도 희박해져서 범 그리스적 성격을 띠게 되었다. 이 이스트미아에서의 경기회는 4대 제전경기 가운데 올림피아 제전경기에 버금가는 규모로 행해졌었다.

역사적인 관점에서 이스트미아는 기원전 5세기 중엽에 한차례 파괴되기도 했지만 곧 재건되었고, 그로부터는 순조롭게 발전했다. 그러나 펠로폰네소스 전쟁 후 그리스의 패권을 장악하게 된 스파르타와 스파르타에 대항하는 여러 도시국가들 간에 벌어진 코린토스 전쟁 중인 기원전 300년에는 양대 세력이 코린토스를 무대로 하여 전투를 벌였을 때 이스트미아의 포세이돈 신역도 불타 버리고 말았다. 전쟁이 끝난 후 서서히 부흥을 맞이하게 되어 이전의 영광을 되찾긴 했지만, 기원전 146년 로마인의 그리스 정복에 의해서 코린토스가 완전히 파괴되자 이스트미아도 운명을 같이 하게 되었다. 이와 같이 폴리스 그 자체의 존립 기반이 코린토스의 성쇠에 농락 당했던 것이다.

이스트미아 제전경기는 2년마다 개최되고, 스타디온 경주, 5종 경기, 판크라티온 등의 종목 외에 전차경기와 기마경기가 행해졌으며, 우승자에게는 소나무 가지로 엮은 둥근 관이 수여되었다. 경기 기간에는 코린토스와 다른 폴리스 사이에 「이스트미아 휴전(평화)」이라고 불리는 일시적 휴전 조약이 체결되어 경기의 안전이 확보되었다.

다. 네미아 제전경기

네미아는 헤라클레스(Herakles)가 행했다는 12가지 거친 무예 중 첫 번째인 「네미아의 사자 퇴치」의 무대가 되었던 것이다. 이 네미아란 명칭의 유래에 관해서는 두 가지 일화가 전해지고 있다. 그 하나는 부근을 흐르고 있는 아소포스 강에 살던 강의 신의 딸 이름이 네미아였던 데서 연유하는 것이다. 또 하나는 제우스와 세

메레의 딸이며, 그 지장의 왕 리코르고스의 아내의 이름이 네미아였던 데서 연유한 것으로서 이 여성이야말로 경기대회의 창시에 대한 전설로 전래되고 있는 페르테스의 어머니이기도 하다. 네미아는 옛부터 제우스의 성지이기도 했다. 그 역사는 청동기시대에까지 거슬러 올라가는데, 이미 설명한 바와 같이 기원전 5세기 중반까지는 정치적으로나 경제적으로나 고대 도시인 크레오나이의 세력권 내에 있었으며, 후에 아라고스의 지배를 받았다.

네미아에서 경기회가 발생되었다는 유래는 다음과 같은 전설이 전해지고 있다. 고대에 유명한 테바이를 공략한 7인의 장군이 테바이를 공략하러 가던 도중에 네미아에 들렀을 때 류크르고스 왕에게는 갓난아기인 오페테스라는 아들이 있었다. 7인의 장군이 네미아에 이르러 먹을 물을 구하자 오페테스의 유모였던 히프시페레는 자기가 안고 있던 왕자를 풀 위에 내려놓고 그들에게 샘으로 가는 길을 가르쳐 주었다. 그때 오페테스는 풀숲에 숨어 있던 뱀에게 물려서 죽고 말았다. 결국 이 왕자의 죽음을 애도하기 위하여 7인의 장군에 의해서 경기가 창시되었다는 것이다.

네미아 제전경기는 2년마다 개최되었고, 심판(헤라노디카이)들은 상복(喪服)을 착용했다고 전해지고 있다. 경기자들은 제우스 신전 동쪽 약 45m에 이르는 가늘고 길다란 제단에서 산 짐승을 제물로 바치며 선서를 한 다음 경기에 임했다. 경기종목은 각종의 달리기, 레슬링, 판크라티온, 5종 경기, 무장경기, 전차경기 등이었다. 경기에서 우승한 자에게는 셀러리의 관이 수여되었다. 이는 경기 개최에 얽힌 전설의 주인공인 오페테스가 뱀에 물렸던 풀숲에서 야생 셀러리가 무성하게 자라고 있었다는 전설에서 유래한 것이다.

살펴본 바와 같이 4대 제전경기의 두드러진 특징은 각 제전경기가 죽은 사람을 애도하기 위한 장례경기의 성격을 어떤 형식으로든 갖추고 있었다는데 있다. 신에게 선서를 한 뒤 경기를 봉납함으로써 죽은 사람을 위로하는 동시에 망자를 찬양하는 것이 경기회의 근원적 동기로 되어 있었던 것이다. 현대 사회에서는 운동회 혹은 체육대회라는 이름으로 화려한 측면에 더욱 많은 정성을 돌리는 경향이 있지만 본래 경기회는 엄숙한 동기에서 출발되었음을 간과해서는 안될 것이다.

④ 제전경기에 대한 그리스인의 태도

올림피아 제전경기는 당시의 어떤 행사도 따를 수 없을 만큼 절대적인 권위를 가졌고, 당시 핀다 시모니테스와 유리피테스라는 당대의 시인이 현장에 나와 우승한 선수들을 위해 시를 읊었고 이름난 조각가들이 선수의 동상을 조각했다. 소크라테스는 70세에도 나와서 구경을 하였고, 철학자 디오게네스(Diogenes)도 구경을 하였다고 한다.

올림피아 제전경기는 종합제전이었던 만큼 종교, 예술, 스포츠 삼위일체의 축제였다. 당시 그리스인들은 올림피아 제전경기가 열리게 되면 여러 지방에서 올림피아에 모여 신전 앞에서 제례를 지냈으며, 아울러 종교 의식 못지 않게 문화 예술행사를 가졌다. 그러므로 그리스 문화의 전성기라는 기원전 4~5세기의 황금시대에 많은 예술가들의 작품이 이 올림피아 제전경기에서 선을 보였던 것이다. 또한 그리

〈표 3〉 그리스 4대 제전경기

제전명칭, 주신, 개시 연대	장소 및 개최년월	경 기 종 목	상 품
올림피아(Olympia) 제우스(Zeus) B.C.776~ A.D.393	펠로폰네소스 반도의 서북부 엘리스의 구로노스산록 올림피아드의 제1년의 8월, 4년마다 개최	(1)스타디온 달리기 (2)스타디온 달리기 (되돌아오기) (3) 장거리 달리기 (4) 5종 경기(달리기,넓이뛰기,창던지기,원반던지기,레슬링) (5) 레슬링 (6) 무장경기 (7) 판크라티온 (8) 달리기(소년) (9) 레슬링(소년) (10) 무장경기(소년)	처음에는 사과 열매였으나 7회부터 델포이의 신화 선언에 의해서 야생 올리브의 관이었음.
피티아 (Pythia) 아폴로(Apollo) 8년마다 지방 음악제를 전 그리스제로 개조	델포이(Delphoi) 또는 피토오(Phtho) 올림피아드의 제3년의 8월, 4년마다 개최	올림피아 제전경기 종목과 같음 *별도로 음악제가 있었음	월계수 잎의 관 (Daphne)
이스트미아 (Isthomia) 포세이돈(Poseidon) B.C.581(지방제를 개조)	코린트(Corinth)지협의 동부 올림피아드의 제2년과 제4년의 4월, 2년마다 개최	올림피아제와 같이 많은 소년,성인의 경기가 있었음	오란다 밋바의 건조된 잎의 관(Selinon)
네미아(Nemea) 제우스(Zeus) B.C.573-(지방제로 개조)	펠로폰네소스 반도의 동북부 네미아의 필리우스 언덕 아래의 깊은 계곡 올림피아드의 제2년과 제4년의 7월	이스트미아제와 같이 소년, 성인의 경기가 있었음	오란다 밋바의 신선한 잎과 관

스 문화 중 가장 큰 유산을 남긴 행사로서도 의미가 있다. 경기장 주변의 여러 유적 중에서 가장 으뜸 가는 건물은 올림피아 신전이다. 이 신전에는 조각가 피디아스가 세워놓은 제우스 신상이 있다. 이는 상아로 만들어졌고, 옷 부분은 금으로 도금을 했으며, 높이는 12m가 넘는다. 때문에 세계 7대 불가사의(不可思議)의 하나로 꼽히고 있다. 또한 두 개의 실내 체육관도 건물의 양식과 규모로 보아 대표적인 유적에 속했다. 19평방미터나 되는 이 체육관에서 체조선수들은 대회가 열리기 3개월 전부터 연습에 열중했다고 한다.

올림피아 제전경기의 영웅과 관련해서는 다음과 같은 이야기들이 전해지고 있다. 올림피아 제전경기에서 우승한 선수가 귀국할 때에는 개선하는 전쟁 영웅과 같이 많은 사람들이 환영을 하였다. 스파르타에서는 전쟁 영웅의 훈장을 주기도 하였다. 그리고 왕실도 올림피아 제전경기에 관심이 많았으며 직접 경기에 참가하기도 하였다. 당시의 왕들은 대부분 마차경주의 우승자로 전해지고 있다. 알렉산더 대왕은 달리기 경주에 출전하여 공동우승을 하였다는 것은 익히 알려진 고사이다. 또한 스타르타와 아테네가 서로 전쟁을 하고 있던 때에 올림피아 제전경기의 영웅이었던 도리우스가 스파르타군을 이끌고 출전하였으나 아테네의 포로가 되고 말았다. 이때 도리우스는 자신이 올림피아 제전경기에서 연이어 3회나 우승한 사람이라는 것을 밝히자 당시 포로는 많은 돈을 받고 풀어주었지만 아테네군은 몸값도 받지 않고 도리우스를 풀어주었다고 한다. 이는 올림픽 영웅에 대한 그리스인들의 관심사가 어느 정도였는지를 충분히 짐작하게 한다. 그리고 우승한 선수들은 체육회원으로 추대되어 후배 양성과 체육관계 활동에 참여했다.

⑤ 그리스 제전경기에 대한 비판과 그리스 철학자들의 입장

피타고라스(Pythagoras, B.C. 582~500)의 인간관에 '올림피아 경기에 모여드는 Etranger(외국인) 가운데는 관람을 목적으로 하는 것과 경기를 목적으로 하는 것 그리고 상행위를 목적으로 하는 것 등의 세 유형이 있는 것과 마찬가지로 인생에 있어서도 이론 또는 지혜를 사랑하는 것과, 명예를 사랑하는 것 그리고 영리를 사랑하는 것의 세 유형이 있다. 지혜를 사랑하는 것이 최고의 인간이다'라고 한 말이 전해지고 있다. 바로 이 전반 부분의 표현에 스포츠 장면의 비유가 사용되고 있다. 거기에는「경기자 · 관중 · 상업인」의 존재가 파악되고 있다. 이는 오늘날의 경기회에서도 찾아볼 수 있는 세 가지 요소로서, 이를 적절히 잘 표현하고 있다. 그러나 이러한 삼자결합의 관련에 대해서 모두가 인정하고 있었다고는 생각되지 않는다. 그러므로 그 당시에도 찬반양론이 있었을 것이라는 것은 쉽게 상상할 수 있다. 그러므로 여기서는 스포츠에 대한 부정적인 그리스 지성인들의 비판을 살펴보고자 한다.

가. 크세노파네스의 올림피아 제전경기 비판 – 지력(知力)은 체력을 능가한다

동방의 대국 페르시아가 그리스를 위협하기 시작할 무렵, 소아시아의 서해안 이오니아(Ionia)의 철학자 크세노파네스(Xenophane, B.C. 570~470)는 경기자와 그 주위의 사람들에 대해서 신랄한 비판을 하고 있다.

> 만일 사람들이 올림피아 제전경기에서 경주나 5종 경기, 레슬링, 권투 그리고 판크라티온에서 우승하면 그의 모국의 사람들은 크게 상을 주고 찬양할 것이다. 그리고 그는 경기장의 정면에 자리를 얻고 공공의 비용으로 마련된 만찬회에 초대받고 많은 상품을 부여받을 것이다. 이는 그가 단 한번만 승리했을 때도 그러할 것이다. 비록 그렇다고 하더라도 그는 나 정도의 가치도 없을 것이다. 왜냐하면 나의 지력은 그의 체력이나 준족보다 월등하게 훌륭하기 때문이다. 참으로 이러한 습관은 바보스러운 것으로서 지력의 탁월성 이상으로 체력을 찬양하는 것은 정당하지 못하다.

나. 에우리피데스의 경기자와 관중에 대한 비난 – 경기자로서는 조국을 구하지 못한다

그리스의 3대 비극작가의 한 사람인 아테네 출신의 에우리피데스(Euripides, B.C. 480~406)도 경기자와 관중들을 예리하게 비난하고 있다.

> 헬라스(Hellas, 그리스 본토)에서의 무수한 폐악 가운데 경기자의 경주는 최악의 것이다. 그는 쓸데없는 잡담의 노예이고 위대(胃袋)의 숭배자이다. 젊을 때는 시민들의 칭찬을 받고 화려하게 활보하고 있으나 한 번 상처받은 노령에 이르면 누더기가 된 저고리와 같이 버림받게 된다. 나는 이러한 사람들을 구경하려고 모여들어 필요 이상으로 열광하는 그리스인의 습관을 책망한다. 그 누구나 지난 날 이와 같은 여러 가지의 경기로써 조국의 위기를 구원한 일이 있었던가?

에우리피데스의 이러한 비난은 고대 그리스에만 통용된 것이 아니고 현대에도 충분히 해당되는 말이라 하겠다.

다. 플라톤의 승리주의 부정

기원전 4세기에 접어들면서 경기의 직업주의가 점차 표면화되어 에우리피데스가 우려한 조국에 대한 봉사와는 전혀 다른 승리의 추구가 시대의 풍조로 되었다. 여기에 플라톤은 운동경기 그 자체를 인정하고 신체 육성상의 효과도 충분히 인정하고 있었지만 승부가 목적으로 된 스포츠는 이상국가의 지도자 계급이 지녀야 할 청소년의 체육에는 부적합하다고 보았다. 당시 시합을 목적으로 한 경기자의 신체 단련은 평상시의 생활에 변화가 발생하며, 위험한 질병에 걸리는 것이고, 그들은 경기 이외에서는 일생을 잠자면서 지나쳐 버리는 것으로서 전혀 도움이 되지 않는다고 강력하게 비판하였다.

그리스에서 제전경기의 성대(盛大)는 페르시아의 침공을 격퇴시켰다는 점에서는 그 공덕이 현저하다 하겠으나 그리스 지성의 대표자들은 예리하게 당시의 변질을 비판하였던 것이다. 이러한 비판은 오늘에 있어서까지 체육지도자나 스포츠 관계자들의 자기 반성의 근거로서 깊이 음미해야 할 의미가 있다고 본다.

2. 로마 체육

로마는 역사 서술의 첫 장을 신화로써 시작하고 있다. 로마의 건국은 늑대의 젖을 먹고 자란 로물루스(Romulus)와 레무스(Remus) 쌍둥이 형제에 그 기원을 두고 있는 까닭에 늑대는 로마의 상징동물이 되었다. 로마는 로물루스의 이름을 딴 도시 이름이며, 로물루스가 기원전 753년 4월 21일부터 로마를 통치하기 시작하였는데, 로마인들은 예수의 탄생을 기원으로 한 연대(年代) 법이 생길 때까지 이를 세계사의 기원 원년으로 삼았다. 이러한 근거로 현재 로마는 4월 21일에 로마시의 축제

행사를 개최하고 있다. 로물루스에 의해 탄생된 로마는 이탈리아 반도 나아가 그 일대 전 지역의 중심지가 되었다.

로물루스와 관련된 신화에 의하면, 그는 전쟁의 신(神)인 마르스(Mars)에 이끌려 하늘로 올라가 퀴리누스(Quirinus) 신이 되었으며, 로마시의 수호 성인으로 숭배받고 있다. 로마가 건설되기 약 3만년 전부터 이탈리아 반도에는 인류의 흔적이 있다는 추정이 있지만 이는 신빙성이 약하고, 지금부터 약 7000년 전 이탈리아 북부에는 리구리아인(Ligurians), 남부에는 시케리안이 살고 있었다는 것이 유물 · 유적으로 밝혀지고 있다. 이들은 동굴에서 살거나 짐승의 배설물 혹은 진흙으로 둥근 오두막을 지어 거주하면서 가축을 기르고 사냥과 어로로 생활하였다는 것이 일반적으로 알려져 있다. 그후 이 곳에 빌라노바(Villanova)라는 문명이 나타났고, 기원전 1000년경에 작은 도시가 성립되어 그리스와 마찬가지로 종교제전 때를 제외하고는 서로 끊임없는 전쟁을 하며 살았다.

늑대젖을 빨고 있는 로물루스와 레무스 형제 : 기원전 1세기경

본 장에서는 주로 정치적 발달과정이 서술되는데, 이는 로마의 발달과정이 정치적 발달과 깊은 관련이 있기 때문이다. 이러한 논의는 로마의 사회현상을 이해하기에 적합한 것일 뿐만 아니라 로마 체육을 이해하는 데에도 필요하다고 여겨진다.

1) 역사적 배경

(1) 왕정 시대

로마는 이탈리아인의 한 종족인 라틴족(Latins)이 티베르 강변에 세운 도시국가에서 시작되었다. 처음에는 왕정(王政)이었으나 기원전 6세기말경에 귀족들이 왕을 몰아내면서 공화정(共和政)이 되었다. 왕정 시대는 기원전 8~기원전 6세기의 에트루리아인(Etrurians)의 지배시대를 말한다. 초기의 로마시는 7개의 언덕을 중심으로 형성되어 부모와 자식 그리고 노예의 가족형태로서 씨족 · 부족으로 이루어진 가부장제(家父長制)의 사회를 토대로 발전하였다. 이들은 농경중심의 사회로 노예제가 있었고 그들의 신분은 엄격하게 귀족, 평민, 피보호민(Clients), 노예 등의 4계급으로 나뉘어 있었다.

(2) 공화정 시대

① 공화정 전기

로마의 공화정을 전기(前期)와 후기(後期)로 구분 지을 수 있는데, 공화정 전기는 왕정이 끝나고 로마가 지중해 반도를 통일할 때까지의 시기를 말한다. 이를 연대로 나타내면 기원전 6~기원전 3세기의 약 3세기 동안이다. 당시 로마에는 쿠리아회

(Comitia Curiata, 씨족회)와 원로원(Senate)이 있었다. 이론적으로는 쿠리아회가 가장 큰 권력을 소유하고 있었다(사면의 가부와 선전포고를 결정할 권한을 갖고 있었다. 그러나 법률발언권은 없었고 정책변경을 권유할 수 있는 권한도 없었다). 원로원은 우수한 가문에서 선출된 300명의 귀족대표로 구성되었는데 이는 종신제(終身制)였으며, 그들은 단순한 국민의 대표가 아니라 지배자로서 국가의 주권을 행사하고 있었다.

공화정 초기에는 2명의 집정관(Consul)을 비롯하여 모든 권력을 귀족이 가지고 있었고, 원로원은 최고의 결정 기관이었다. 평민들의 자의식(自意識)이 커지면서 끊임없이 군사력과 경제력을 바탕으로 자신들의 권리를 찾기 위해 노력한 결과 기원전 5세기초에 호민관(Tribune)제도가 생성되고, 이어서 12동판법(The Twelve Tables, B.C. 450)의 성문법을 획득하게 되었다. 기원전 4세기에는 집정관 한 명을 평민 중에서 뽑게 되었고(B.C. 367), 기원전 3세기초에는 호르텐시우스(Hortensius, B.C. 287) 법에 의하여 평민회의 결의가 원로원의 승인 없이도 법으로 인정되어 평민과 귀족이 법률에서는 평등하게 되었다.

왕정에서 공화정으로 탈바꿈한 로마는 에트루리아인을 공동의 적으로 하는 라틴의 여러 도시와 동맹을 맺고, 맹주(盟主)로서 기원전 4세기말까지 에트루리아인을 거의 정복하고 이어서 기원전 3세기초에 세미니족을 평정하였다. 또 다시 남하하여 남이탈리아 일대의 그리스 식민지를 공격하여 기원전 272년 최강의 도시인 타렌툼을 함락함으로써 로마는 사실상 이탈리아 반도를 통일한 지중해 통일제국이 되었다. 정복된 도시의 군사력과 외교권을 장악한 로마는 기원전 313년 로마를 중심으로 대군사 도로를 건설하고 도시간의 상호외교를 금지하여 통치하였다. 군대의 주력은 자영(自營) 농민의 중장보병(重裝步兵)이었고, 로마는 이들의 군력(軍力)으로 기원전 3세기에 이탈리아 반도 전 지역을 장악하였다.

로마인들은 카르타고(Carthago)인들을 포에니(Poeni), 즉 페니키아(Phoenicia)인이라 불렀는데 로마와 카르타고와의 전쟁은 매우 중요한 문제였다. 카르타고(포에니 전쟁)에 승리한 로마는 서부 지중해 패권을 장악하고, 이어 동부 지중해로 진출하여 2세기 중엽에는 지중해 연안 대부분이 로마의 지배하에 들어가게 되었다. 카르타고는 기원전 6세기경 부강한 나라로 발전하였는데, 막대한 부(富)와 잘 훈련된 용병(勇兵) 특히, 강대한 해군(海軍)을 보유하고 있었다. 이들의 주요 산업은 상업으로써 지중해를 장악하는 것이 무엇보다 중요하였다. 그리하여 해외로 세력을 확대해 나가는 로마와 충돌하게 되면서 제1차 포에니 전쟁(B.C. 264~241)이 발발하게 되었다. 이 싸움에서 로마가 연패(連敗)하여 국고가 고갈상태에 이르자 로마인들은 사재를 털어서까지 협조하여 결국 기원전 241년 승리하였다. 제2차 포에니 전쟁(B.C. 218~201)은 로마에 대한 카르타고의 복수전이었다. 카르타고의 명장(名將)인 한니발(Hannibal, B.C. 247~183)은 한때 이탈리아 반도까지 침입하였으나 결국 패하고 막대한 전쟁 배상금을 로마에 지불했으며, 그 영토는 주변 지역에 국한되고 말았다. 제3차 포에니 전쟁(B.C. 149~146)은 로마가 카르타고의 반란을 미연에 방지하고자 일으킨 것으로서 반항하는 카르타고를 완전히 붕괴하였다. 이 결과 기원전 2세기말경에 이르러 로마는 전 지중해를 지배하게 되었다.

② 공화정 후기

공화정 후기는 대체로 기원전 3~기원전 1세기를 말하며, 이는 기원전 270년 지중해의 제해권(制海權)을 확립하여 지중해 제국으로 성장한 이후를 말한다. 다시 말하면 민권신장(民權伸張)을 계기로 귀족과 협조하여 신분투쟁을 종식시키고, 공화정의 완성을 이룬 이래 중장보병 시민단을 기반으로 하는 민주정(民主政)을 실현하여 로마 군사력의 기반을 구축하고 이탈리아의 모든 도시를 정복해 반도를 통일한 시기이다.

로마는 귀족(Patricia), 평민(Plebs), 예민(隸民 : Clientis)으로 계급이 구성되어 있었다. 귀족은 대지주였고, 평민은 농민, 상인, 장인 등이었으며, 예민은 노예계층으로 전쟁포로 혹은 채무노예가 대부분이었다. 완전한 시민권은 귀족만이 가지고 있었는데, 참정권, 통혼권, 소유권을 포함하고 있었다. 평민은 납세와 참전(參戰)의 의무를 수행해야 했는데, 사실상 법의 보호를 받을 수는 없었다. 이는 법이 성문법이 아니고 해석할 권한을 통령(統領)만이 가지고 있어 채무시민 등은 노예로 전락하는 위험을 안고 있었다. 평민들은 귀족과 동등한 지위 향상을 위해 투쟁하였는데 기원전 450년 평민들은 상당수의 호민관을 선출하고 로마 최초의 성문법인 12동판법을 명문화하는데 성공하였다. 기원전 362년 평민 출신에서 통령이 선출되었고, 기원전 287년 원로원의 허락을 받지 않으면서도 오히려 귀족이 평민회의 의결에 적용을 받는 호르텐시우스(Hortensius)법이 생겨났다.

제국이 된 로마는 피정복민을 세 유형으로 나누어 통치하였다. 로마시민을 이주시켜 로마시민과 동등한 자격을 가진 식민시(Colonia), 자치권 · 결혼권 · 상업권을 인정하면서 군사권 · 사법권 · 외교권이 없는 자치시(Municipia) 그리고 자치권만 인정한 동맹시(Socii)로 분류하였다. 로마는 이러한 분리통치 방법으로 피정복 국가를 다스렸다.

(3) 공화정의 몰락과 삼두정치

로마가 점령한 광대한 토지는 귀족이 차지하여 전쟁에서 잡힌 포로들을 농장에 투입시켜 농업 노동력으로 사용함에 따라 점차 대토지 소유 현상이 나타났다. 기원전 2세기 말엽 귀족들은 대부분 대농장을 소유하였으며, 이탈리아 반도 이외의 로마 정복지로부터 값싼 농작물이 수입되자 자영 농민들은 심한 타격을 받게 되었다. 또한 장기간의 참전으로 농지의 황폐화를 초래한 농민들은 토지를 잃고 도시를 방황하게 되었다. 따라서 로마시민은 소수의 대토지 소유자와 다수의 무산대중(無産大衆)이라는 두 계급으로 분열되었다. 이러한 관계로 토지의 재분배를 시도하였으나 실패하고 공화정은 평민들과 귀족들이 대립하게 되었으며, 이탈리아 동맹 도시들의 반항과 노예의 반란(B.C. 73~71) 등이 발생하여 공화정은 결국 위기에 처하였다. 이러한 상황에서 군대를 사병화(私兵化)한 장군들이 정권을 잡게 되었다. 기원전

60년경 케사르(Caesar), 크라수스(Crassus), 폼페이우스(Pompeius)가 실권을 잡게 되자 이를 삼두정치(Triumviare)라고 불렀다. 마침내 케사르가 모든 권력을 잡고 많은 성과를 올렸으나 기원전 44년 브루투스(Brutus)에 의해 암살 당했다. 그리고 기원전 31년 옥타비아누스(Octavianus)[8]의 승리로 로마는 일인지배체제로 전환되었다.

8) 지중해 세계와 헬레니즘 세계를 통일한 옥타비아누스는 기원전 27년 존엄자(Augustus)라는 칭호를 받았으며, 자신을 제 1의 시민(Princeps)이라 하여 많은 치적을 쌓았다.

포에니 전쟁 이후 정치적 권력은 원로원에 집중되었으며, 귀족들은 헬레니즘(Hellenism) 풍조에 젖어 나태와 사치에 빠져 들어갔다. 자영 농민의 몰락은 지금까지 로마 발전에 경제적으로나 군사적으로 공헌한 중간층이 상실된 것을 의미하였다. 그리고 신분적 특권계급이 아닌 부에 의한 신흥 특권계급이 출현하여 공화정은 가두정치(街頭政治)로 변모해 갔다.

(4) 제정 시대

옥타비아누스는 안토니우스(Antonius)와 브루투스를 타도하고 삼두정치를 이어 가다가 이집트의 여왕 클레오파트라(Cleopatra, B.C. 69~30)와 제휴한 안토니우스 등을 격파하고 군사력과 주요 관직을 독점하였다. 따라서 그는 사실상 지중해와 헬레니즘 세계를 통일한 제국의 왕과 같은 존재, 즉 동양의 전제군주와 같은 권력을 가지게 되었다. 이때부터 로마는 제정(帝政) 시대가 시작되었다. 그 영토는 트라야누스(Trajanus) 황제 때 동쪽으로 유프라테스 강, 서쪽으로 대서양, 남쪽으로 사하라 사막, 북쪽으로 도나우 강에 이르는 대제국이 되었다. 로마시민이나 속주민이 모두 평등권을 지녀 세계시민사상이 나타나고 민란(民亂)이 종식되었으며, 다방면으로 문화적 활동이 전개되었다.

도중에 폭군인 네로(Nero, A.D. 37~68) 황제가 나타나기도 하였지만(A.D. 68년 6월 9일 자살), 옥타비아누스 이후 약 200여년 동안 현명한 황제들이 뒤를 이은 5현제(賢帝)의 출현(네르바 ; Nerva, A.D. 96~98, 트라야누스 ; Trajanus, A.D. 98~117, 하드리아누스 ; Hadrianus, A.D. 117~138, 안토니누스 피우스 ; Antoninus, A.D. 138~161, 마르쿠스 아우렐리우스 ; Marcus Aurelius, A.D. 161~180)으로 로마는 최성기를 맞이하였다. 이를 「로마의 평화(Pax Romana)」[9]라고 불렀다.

9) 5현제의 시대는 영국 역사가인 Edward Gibbon(1737-1794)에 의해 인류사상 가장 행복한 시대라고 절찬을 받았다.

(5) 로마의 양분과 몰락

5현제 시대의 번영은 노예나 가난한 서민이 생산의 주된 담당자가 되었으므로 생산기술의 진보를 기대할 수 없었다. 결국 생산력이 한계점에 달하여 소수 부유한 자들의 생활수준은 높아질 수 있었으나 국민전체의 생활수준은 향상되지 않았고 시장도 넓지 않았다. 이로 인해 대토지 소유의 발전이 계속되고 제국내 각 지역의 자급·자족적 경향은 상공업의 중심을 분산시켰으며, 로마제국의 거대한 정치기구를 유지하고 공공시설을 정비하기 위한 재정경비도 증가되어 평민, 특히 속주의 자치도시에서는 부담이 더욱 가중되었다. 따라서 번영했던 로마는 속주의 반란이 일어나는가 하면 변방(邊方)에서는 이민족의 침범이 나타나 상공업이 쇠퇴하고 중산층의 몰락으로 나라의 경제가 흔들렸다. 이러한 이유로 인해 로마의 5현제 시대를 「음력 시월의 따뜻한 날씨」라고 역설적으로 표현하기도 한다.

방탕하고 무능한 콤모두스(Commodus)가 제위에 오른 것을 기점으로 권한이 약화되고 황제들은 폭력에 의해 권력을 잡고 폭력에 의해 축출되는 현상이 일어났다. 기원 후 235~248년은 심각한 무정부(無政府) 상태로서 군대에 의해 황제가 폐립된다고 하여 「군인 황제시대」라고 불렀다. 전체 26명의 황제 가운데 1명을 제외하고는 모두 피살되었음은 당시 로마의 상황을 짐작하게 한다. 이를 수습하기 위해 3세기말에 디오클레티아누스(Diocletianus, 재위 : A.D. 284~305) 황제는 제국을 4분하고 동양의 전제군주 형식을 취하여 재건을 꾀하려 노력하였다.

4세기에는 콘스탄티누스(Constantinus, 재위 : A.D. 306~337) 황제가 관료제와 신분제를 정비하고 로마제국에 동방적인 전제정치를 실시하기 위해 어떠한 박해에도 굴하지 않았던 기독교인들의 강인한 도덕정신을 찾기 위해서 밀라노 칙령(Edict of Milan)으로 그리스도교를 공인하였다. 제국의 중심지인 로마에서 군사적으로 중요하고 상업적 요지인 비잔티움으로 중심지를 옮겨 콘스탄티노플(Constantinople)이라고 명명한 후 전제군주의 체제를 굳혀 중흥을 꾀하려 하였으나 제국의 해체를 막을 수는 없었다. 결국 데오도시우스(Theodosius, 재위 : A.D. 379~395)의 두 아들이 395년부터 비잔티움(Byzantiam)을 중심으로 한 동로마제국과 로마를 중심으로 한 서로마제국으로 분할 · 통치하였다. 그 후 서로마제국은 게르만족의 침략에 못 이겨 476년에 멸망하고, 중심지를 옮긴 동로마제국은 1,000년이나 계속 유지되었다

(6) 로마제국의 멸망 원인

로마제국의 멸망 원인을 몽고메리(Berunard Law Montgomery) 장군의 『전쟁의 역사 I』를 인용하여 군사적인 견해로 해석해 보면 다음과 같다. 로마제국의 멸망 원인은 군사적 상황만이 아니었다. 경제적 취약성과 여러 도시의 쇠퇴, 인구 감소, 식민지 문화나 야만인 문화에의 동화, 그리스도교의 채택 그리고 콘스탄티노플로 중심지를 옮긴 일 등의 모든 것이 고대 로마의 종말을 재촉한 심층적인 원인이었으며 징후들이었다. 그러나 그 과정에서 가장 확실하고 획기적인 징후들은 대부분 군사적인 것이었다.

로마의 군사적 붕괴를 재촉한 핵심적인 사건은 여러 가지를 들 수 있다. 378년 아드리아노플에서 발렌스(Valens, 재위 : A.D. 364~378)가 고트(Gith)족에게 패한 사건, 410년 비시고트족의 왕 알라릭(Alaric, 재위 : A.D. 395~410)이 최초로 로마를 유린한 사건, 455년 게이세릭(Geiseric) 휘하의 반달족(Vandals)이 두 번째로 로마를 유린한 사건, 그리고 헤룰족의 우두머리 오도바카르(Odovacar)가 476년 서로마의 마지막 황제 로물루스 아우그스툴루스(Romulus Augustulus, 재위 : A.D. 475~476)를 폐위시킨 사건 등이 그것이다.

고트족은 튜튼(Tuton)족의 일원이었다. 튜튼족은 게르만족의 일파로 현재 독일, 네덜란드, 스칸디나비아 등 북유럽 인구를 구성하고 있다. 그들은 스웨덴에서 출발한 야만인으로서 처음에는 비수아 강(폴란드의 강) 유역에 정착하였으며, 이후 판노니아(현재 헝가리)와 도나우 강 유역을 향해 남진하였다. 다른 야만인들(주로 고트족과 반달족)이 또 로마제국의 영토를 유린했다. 그들은 로마의 부와 문명을 혼란스럽게 만들었으며, 그 결과 제국의 초석을 이루고 있던 로마의 군사력은 종말을 맞이하게 되었다.

2) 생활과 교육

(1) 왕정 시대

왕정 시대의 생활은 가부장제였으며, 여성은 집안 일의 주도적 역할을 하였다. 이는 곧 자식을 기르며 교육하고 노예를 부리면서 남편의 보조역할을 하는 것을 말한다. 부인의 사회적 지위는 거리에서 부인을 만나면 길을 양보하는 것으로 알 수 있다. 농경사회의 생활은 노예제와 사유제 그리고 신분제 사회였다. 제1계급의 귀족은 고유의 로마인으로 칭하고 정치 · 법률상의 권리를 가진 완전한 시민이었으며, 경제적으로 대토지를 소유하고 있었고 혼인은 이들간에서만 이루어졌다. 제2계급의 평민은 자유민, 소농(小農), 수공업자 등을 말하며 시민권이 없었다. 병역의 의무와 사법상(私法上)의 권리를 가졌다. 제3계급의 예민(隷民)은 귀족을 보호자로 하여 그들의 토지를 경작하고 지대(地代)를 납부하고 전쟁에 종군(從軍)하였다. 이들은 예농(隷農)에 가까웠다. 제4계급으로서 노예가 있었는데, 이들은 최하 계급으로 주로 전쟁의 포로로 이루어졌다.

이 시대의 교육은 농경생활을 유지하던 문화였기 때문에 가정과 일반 사회가 유일한 교육의 장소였다. 그러므로 교육은 부모의 행위를 통해 생활 양상(樣相)을 배우고, 또한 훈련과 견문을 토대로 경험을 쌓아 도덕적 시민생활 본의로 교육이 이루어졌다. 남자 교육의 역점은 아버지를 통한 실제 습관 · 창의적 모방과 도덕 및 준법정신 그리고 변론(辯論)의 체득이었다. 여자는 어머니에게 일임되어 심정(心情) · 온화(溫和) · 지조(志操)에 역점을 두었다.

(2) 공화정 시대

① 공화정 전기

로마 사회구조의 기본은 가족으로서 초기에는 가부장제로 가족도덕을 숭상하였다. 여성의 지위는 그리스보다 높아 연회석에 남편과 동석(同席)하였고, 남편을 돕고 자녀교육을 맡았다. 이는 여성이 부족한 에트루리아인의 사회에서 받은 영향으로 보인다. 상공업은 천시되어 주로 외국인이나 그리스인 그리고 페니키아인에 의해 주로 이루어졌다. 정치는 귀족 원로로 구성된 300명의 원로원과 평민과 귀족으로 구성된 구원회, 평민에서 선출된 의원으로 구성된 평민회 등이 있었으나 당시 신분제 사회의 로마는 평민의 권한은 극히 미약하고 귀족의 권한이 막강하여 사실상 과두정치(寡頭政治)라고 보아야 할 것이다. 평민들은 이러한 이유로 정치 · 사회 · 경제에 대한 평등을 요구하면서 신분투쟁을 벌여 기원전 5세기말에 이르러 귀족회에 평민출신의 호민관(護民官)을 두어 평민세력을 옹호하게 되었다.

확대되어 가는 로마는 전쟁에 평민의 협조가 절대적으로 필요하였고, 평민은 상공업의 발달로 부유한 사람들과 중장보병의 역할 등의 지위향상을 요구하여 마침내 기원전 451년 로마 최초의 성문법인 12동판법을 제정하였다. 이는 사권(私權)의 평등, 즉 인간평등법으로서 평민의 민권신장이 잘 나타나 있다. 로마는 귀족과 평민의 이러한 협조에 의해 이탈리아 반도의 통일을 가져왔고, 지중해의 지배권을 가지게 되었다.

초기 로마 교육의 목적은 용감한 전사와 의무에 충실한 시민의 양성이었다. 그리스인에 비해 로마인은 객관적이며 목표성취가 강하였다. 그리고 명백한 실제생활의 훈련이었으므로 교육적 관심은 일상의 생활에서 활동적, 능률적인 생활을 영위하게 하는데 있었다. 교육의 내용은 지식중심의 교육인 주지적(主知的) 형태보다 현실적이고 실제적인 측면과 도덕 중심의 교육에 치중하였다. 그리고 문자교육의 출발은 12동판법의 출현으로 시작된 것으로 추측된다. 12동판법이 공법(公法)의 시민적 권리와 의무를 중심으로 구성되어 있었기 때문에 이를 암기하는 것이 중요한 과제였다. 이 12동판법에 대한 교육은 키케로(Cicero) 시대 이후 사용이 소멸될 때까지 계속되었다. 실제 인물의 활동에 대한 모방도 도덕적, 애국적 품성의 형성에 기여했다. 고대 사회의 가부장적 권위는 교육에도 적용되어 엄격한 훈련과 체벌이 성행했던 것으로 보인다.

또한 로마는 교육목적이 선인(善人)의 양성에 있었으며, 선인이란 개인의 의무, 권리, 책임을 수행하는데 필수적인 덕을 소유한 사람이었다. 로마인이 찬미한 덕은 경건, 복종, 남성다움, 용기, 근면, 정직, 신중, 권위, 강건(强健) 등이었다.

② 공화정 후기

교육은 대부분 제국으로서의 성장과 번영을 위해 늘 군사교육이 중시되었다. 그들의 생활은 승영조(1995)가 옮긴 『전쟁의 역사 Ⅰ』을 통해서 살펴보면 다음과 같다.

> 로마 군단은 언제나 요새화 된 진지의 후원을 받았으며, 필요에 따라 날마다 새로운 진지를 만들기도 했다. 심지어는 오후에 진지를 파며 시간을 보낼 수 있도록 오전에 길을 서둘러 서너 시간씩 행군시간을 단축하기도 했다. 로마인들이 그런 진지를 만들려고 고생한 데에는 두 가지 이유가 있었다. 첫째, 그들은 진지가 지니는 안전과 안락의 가치를 인식하고 있었다. 그들은 진지에서 많은 시간을 보내며 신체적 단련과 훈련을 계속했다. 그 이유는 군단의 전술에 필요한 병력의 안전성, 규칙성, 질서 등을 몸에 베이게 하기 위해서였는데, 이는 로마 병사들에게 자연스러운 일과였던 것 같다. 둘째, 일반적으로 그들은 싸움이 불리할 경우 후퇴할 만한 요새화 된 지역이 근처에 없다

> 면 전투를 하려고 하지 않았다. 그 결과 그들은 폐해도 그다지 크지 않았다. 행군하는 로마 병사들은 무기 외에도 상당한 짐을 운반해야 했다. 병사들의 급식이 특별히 좋았던 것은 아니었다. 고기를 먹는 일은 드물었고, 진지에서의 주식은 누룩을 넣지 않은 밀가루 빵이었는데 빵은 달군 돌이나 잿불로 구웠다. 군대는 해마다 선출되는 두 집정관의 지휘를 받았다. 그들은 일반적으로 장군으로서의 훈련을 거치지 않은 정치가였다. 그처럼 특수한 이중 지휘 체계는 군사독재의 가능성을 줄이기 위해 고안된 것이었지만 군사적 관점에서 보면 넌센스였다. 고대 로마에는 귀족 계급의 장교가 없었다. 마니풀루스, 즉 기본 전술단위는 각 단위마다 두 명의 백부장(百夫長 : centurion)을 두고 있었다. 백부장은 경험이 많은 군인이었지만 부하 병사들과 사회적 신분배경이 같았다. 기원전 3세기 중반 무렵 더욱 폭넓은 정치적 · 상업적 관심을 드러낸 로마는 인근에서 가장 부유한 도시인 카르타고의 도전에 맞서 일어났다. 이것이 포에니 전쟁의 시작이었다(포에니는 카르타고의 옛 이름). 제2차 포에니 전쟁(B.C. 218~201)에서 로마가 궁극적인 승리를 거둘 수 있었던 것도 주로 우수한 해군력 때문이었다.

공화정 후기의 주요 교육목적은 용감하고 순종하는 군인의 양성이었다. 그리고 선량한 시민의 양성을 군대교육의 범주에 포함시켰다. 결국 이 당시 교육은 스파르타 교육과 마찬가지로 군인교육이라고 할 수 있다. 그들의 교육내용은 읽고 셈하기와 12동판법 및 체육이었다. 체육은 전쟁과 연관이 되어야만 하며 병영에서 군사교육이 실시되었다. 12동판법은 기원전 449년 제정된 이래로 교육의 대부분을 차지하여 법을 숭상하는 국민이라고 볼 수 있다. 공사(公私)와 개인의 권리 · 재산 등을 명백히 하도록 하였다.

로마 교육의 특색은 주로 가정을 중심으로 한 교육이었는데, 가장의 권위가 절대권을 가지고 있었고, 조상 대대로 내려온 도덕적 습관, 근면한 농경기풍 등 실제적 생활을 통하여 생활교육을 전수하였다. 실천적 방법 이외에 신화 · 전설 · 전기를 내용으로 위인의 업적을 통해 애국심을 고취하고 한편, 종교교육을 통해 권선징악(勸善懲惡)의 의식을 깨우쳐 유용한 인물이 되도록 주력하였다. 이런 교육 속에서 18세가 되면 시민복을 입고 아버지를 따라 사교장, 공회장에 참가하여 종교적 의식에 참가하게 되었다.

로마는 가정교육에 의존했기 때문에 학교는 존재하지 않았다. 귀족의 가정에서는 개인교사를 고용하여 교육하기도 하였다. 가장이 자녀를 교육할 능력이 없는 가정은 그리스 문화의 영향으로 초등학교인 루두스(Ludus)와 문법학교(Grammar School) 그리고 수사학교(Rhetoric School)가 생겼는데, 이러한 교육은 공화정 말기에 나타나 제정시대에 주로 이루어졌다.

(3) 제정 시대

그리스 및 오리엔트를 정복한 로마는 차차 그리스 문화에 동화되어 갔다. 그 결과 초기의 로마 고유문화가 제국이 된 후에는 그리스 문화를 중심으로 한 헬레니즘

문화의 영향에 의해 용감하고 강건한 로마 본래의 사유체계가 사치와 향락의 개인 위주로 변모하였다. 기원전 60년경 로마에서 가장 강력한 인물은 폼페이우스(Pompeius)였다. 미트라다테스와의 전쟁 중에는 해적이 심각한 고민거리로 등장했다. 에게 해의 여러 도시와 섬이 함락되었고, 이탈리아 해변이 습격 당했으며, 해적들은 젊은 부녀자들을 납치했다. 무엇보다 심각한 것은 로마의 옥수수 수입선이 차단된 것이었다. 그리하여 기원전 67년 폼페이우스가 해적 소탕 임무를 맡았다. 해군 제독으로서의 폼페이우스의 능력은 괄목한 만한 것이었다.

로마는 전 지중해의 주도권을 쥐게 되자 바다에 대한 정책적 책임에 소홀했고, 그 결과 해적들이 창궐하게 되었다. 기원 후 1세기에 국경이 안전해지고, 군대가 야전 공격군보다는 수비군으로 바뀌자 로마군의 진지도 보다 호화롭고 영구적인 것으로 바뀌었다. 아우구스투스 치하의 라인강 유역에 있던 진지의 벽은 흙을 쌓아올린 것이었다. 그러나 플라비우스(Flavius) 가문의 세 황제 시대(A.D. 69~96)에 진지는 돌로 지어졌다.

이 시기는 상류계급의 애국심이 사라지고 자신의 명예와 사리사욕에 차 있어 부패와 향락에 빠져 있었다. 군인들이 정치를 간섭하여 황제는 이를 토대로 절대권력을 가졌으며, 시민들의 자주적 정치가 무너지고 말았다. 시민들은 자식들을 변론가(辯論家)로 만드는 훈련에 관심을 보였으며, 이러한 웅변술이 로마인의 실제생활에 유용하게 사용되어 당선을 바라보면서 정책을 말하는 정치가, 법정에서 사건을 변호하는 변호사 그리고 군대의 사기충전을 위해서도 웅변이 이용되었다.

후기 로마는 그리스적인 영향을 받은 그리스화 된 로마 교육의 지배하에 있었다. 로마인들은 그리스의 문화를 통합으로 재구성하기보다는 선택적으로 수용하고 확대한 것으로 보인다. 로마시대의 웅변가는 광범위한 재능을 구비한 인간으로서 철학자, 정치가, 군인, 법률가로서의 기술과 지식을 갖춘 사람을 의미했다. 주로 공적 생활에 봉사할 수 있는 조화적 인간이었다. 교육의 주된 목적이 웅변가를 양성하기 위한 준비에 있었다. 그리고 그리스어의 숙달이 라틴어보다 우선적이었고, 이는 이론교육에 대한 그리스 교육의 적용으로 볼 수 있다. 과학, 기술, 공학 등의 측면에서는 그리스보다 뛰어난 점을 볼 수 있다. 이러한 관계로 순수한 사변(思辨)보다는 합리적인 생활의 방식에 관심을 기울였음이 드러난다.

후기 로마시대의 교육이상은 수사학교의 교사가 되어 황제에 의해 최초의 공교사(公敎師)가 된 퀸티리아누스(Marcus Fabius Quintilianus, 35~36)에 의해 대표된다. 그는 로마 사회의 지도자를 위한 교육자로서 최초의 교육학에 관한 저서인 『웅변가 교육론(Institutes of Oratory) ; 전12권)』을 지었으며, 그의 교육사상은 인간의 능력차이를 인정하고 교육작용에 의해 대부분 적당한 수준까지 개발될 수 있음을 강조하는 것이었다. 그리고 집단교육을 중시하였고, 인본주의적 경향을 띠면서 선인의 양성을 교육의 궁극적 목적으로 보았다. 또한 과학적 지식보다 인문교과에 대한 포괄적 지식을 중시했다.

제정 시대는 그리스 문화의 영향으로 그리스식 교육이 성행하였다. 로마의 고유한 성격과 문화는 쇠퇴하고 공화정 시대의 엄격한 가정중심의 교육은 허물어졌다. 내적으로 도덕성이 타락하고 사회적으로 사치에 물들었으며, 사상적으로 개인주의 · 자유주의 · 유물주의 · 향락주의의 경향이 나타나 교육에서도 그 영향이 표출되었다. 정복당한 그리스인은 로마에 사학(私學)을 개설하여 로마의 가정교육이 그리스의 학교교육 형태로 바뀌었다. 이는 로마의 그리스 문화 세계화라고 할 수 있다. 그들의 교육목적은 주로 지적 발달을 지도하여 연설에 능해서 국가에 실제 봉사를 할 선량한 시민을 양성하는데 있었다. 이러한 이유로 덕성을 강조하였다. 구체적인 목표는 도덕적 성격, 넓은 교양, 자신있게 말할 수 있는 능력이었으며, 이는 곧 웅변가를 양성하는 것을 이상으로 삼았다. 제정 시대의 학교는 공화정 말기에 생성된 초등학교(Ludus School of the Literator), 문법학교(Grammar School), 로마대학(University of Rome) 등으로 이들은 초등 · 중등 · 고등으로 교육의 형태를 분리할 수 있었다. 교육사상가로는 키케로(Marcus Julius Cicero, B.C. 106～43)와 퀸티리아누스(Marcus Fabouis Quintilianus, 35～95)가 주목받고 있다.

3) 로마의 체육

(1) 왕정 · 공화정 시대의 체육

국가에 봉사하는 사람을 양성하는 것이 전기 로마 교육의 목적인 것과 같이 체육도 국가에 유익한 군인의 양성을 목표로 하였다. 로마 초기에는 도덕교육과 군인을 위한 체력훈련을 가정에서 부모가 주로 담당하였다. 강건한 신체 그리고 전쟁을 위한 기술 등을 익히는 것을 주요 내용으로 한 로마의 체육은 신체와 정신의 조화 및 신체적 아름다움 등을 목표로 한 전인 교육적 차원의 그리스 체육에는 미치지 못하였다. 그러나 로마인은 국가를 위한다는 명분과 매우 현실적이고 실천적인 성향이 강하다는 점에서 그리스의 스파르타인과 비슷한 기질의 경향이 있다. 그리고 국가위주 혹은 군인위주의 체육이라는 점에서도 스파르타의 교육사상과 상통하고 있다.

로마의 어린이와 청소년은 아버지가 대부분 군인이었으며, 자녀교육을 아버지가 담당했다는 점으로 미루어 보아 체육에 있어서 신체단련은 군인이 되기 위한 신체적 고행이 있었을 것으로 보인다. 그러므로 로마의 청년들은 전쟁의 영광이나 영웅의 업적에 대한 이야기 또는 전쟁에서의 눈부신 활약이 명성과 부를 얻는 열쇠라고 알고 군사적 기술을 몸에 익히도록 노력하였다. 그들은 엄격한 아버지나 군인교관의 체벌에 의해 사망하는 경우도 있었다. 이러한 것은 호국(護國)을 위한 복종과 영웅에 대한 경외사상(敬畏思想)을 반증해 주는 것으로 볼 수 있다. 이들에게는 칼 사용법, 창 사용법 그리고 그에 따른 신체훈련이 있었고 말을 달리는 마술(馬術)에도 관심이 많았으며, 특히 수영은 필수조건으로 매우 중요시하였다. 이는 무식하고 무능한 자를 일컬을 경우 '읽을 줄도 헤엄칠 줄도 모르는 자'라고 표현한 말이 있었다는 것으로 짐작할 수 있다.

초기 로마의 훈련방법 중에는 현실적 행동에 주목하는 실용교육의 특성이 보여지고 인간성의 발달을 유아시대부터 생각하고 있었으나 문화적 가치를 가지고 있는 활동은 소극적이었다. 즉 그리스의 자유교육을 특징짓는 여러 활동을 도입하여 훈련하거나 교육하는 것은 중요한 문제로 이해되지 않았다. 이러한 견해는 로마인이 군사적인 신체교육을 매우 중요하게 여겼다는 것을 반영해 준다.

로마 어린이들의 유희로는 수레 굴리기, 팽이치기, 인형놀이, 대나무 말타기, 완구놀이, 숨바꼭질, 알아맞히기 놀이, 나무열매나 작은 돌을 이용한 놀이 등을 하였으며 애완견, 새, 고양이 등을 기르기도 하였다. 그리고 어린이는 물론 청년들도 주사위 놀이를 하였으며, 탁자에서 작은 구슬을 이용한 현재의 체스(chess)와 비슷한 루더스 라트룬크로룸(Ludus Latrunclorum), 숨긴 손가락의 수를 알아맞히기 등이 행해졌다.

청년들은 경기시합이나 운동에 참여하지 않았지만 농경 및 농장 일을 통해서 많은 신체운동이 동반되었으며, 아버지들은 군무에 준비가 되는 마르더우스 훈련의 운동연습으로 어린이들을 단련시켰다. 플타르코스(Plutarch, 46~119)는 카트(Cato, B.C. 234~149)에 관한 기록 중에서 '아버지는 어린이에게 창던지는 방법, 격투하는 방법, 말 타는 방법뿐만 아니라 권투하는 방법, 무더위에서의 인내와 급류에서 헤엄치는 방법 등을 가르친다' 고 하였다. 특히, 볼 게임은 로마의 전체 역사를 통해 자주 나타나는 것으로 여러 형태와 크기의 볼이 사용되었으며, 모피나 공기를 넣은 볼을 던지기와 잡기 등을 하였는데 이것이 게임의 기본 형태였다. 그리고 벽에다 공을 치는 핸드볼과 세 사람이 삼각형으로 서서 두 개의 공을 던지고 받는 트레곤(Trigon), 테니스와 비슷한 스파에로마키(Sphaeromachiae) 또는 하르파스툼(Harpastum) 등과 같은 종목이 청소년들 사이에서 행해졌다.

전기 로마인은 휴일에 전차경주나 검투시합에 몰두하였는데, 그리스 제전의 주요 종목이었던 경기는 일반적으로 행해지지 않았다. 반면에 에트루리아(Etruria)에서 기원전 264년경 축제경기에 등장한 피비린내 나는 검투사 시합은 호전적인 로마인의 열광을 받고 있었다. 더욱이 로마의 제전이 전기에는 경기와 연극으로 행해지고 있었지만 후기에는 거의 연극의 상연만이 있었다.

살펴본 바와 같이 로마인은 심신의 조화를 목표로 한 그리스의 체육보다는 실제적이고 현실적이며, 용기있는 인간 혹은 병사를 육성하는 것을 택하였다. 그러므로 그리스인의 신체적 균형이나 신체미, 신체동작의 아름다움 혹은 즐거운 게임은 현실에서 벗어난다고 생각하여 로마인은 이를 크게 장려하지 않았다. 로마의 체육은 그리스와 비교할 때, 단순히 인간을 강건하고 우수한 군인으로 양성하기 위하여 행해진 것으로서 전쟁을 위한 강건, 용기, 힘, 지구성, 기술 등으로 한정되어 있었다. 이와 같이 교육은 로마민족의 성격에 관계하여 개인이 국가에 유익한 봉사를 하는 일, 부모를 존경하고 신을 숭배하는 일 등을 가르쳤다.

체육시설로는 콤푸스 마르티우스(Compus Martius)라는 광장이 있었는데, 전쟁의 신(神) 마르스에게 바쳐진 이 광장은 티베르(Tiber) 강 경계의 세르비우스 성벽(Servian Wall) 외곽에 자리잡은 군의 연병장이며 병사의 야영훈련장이었다. 전쟁의 승리와 호국(護國)은 로마 시민의 의무였는데, 청소년들은 14세부터 17세 사이에 미성년이라는 것을 나타내는 토가 빌리리스(Toga Virilis)라는 외투를 입었고, 성인이 되면 토가 프라에텍스타(Toga Praetexsta)로 바꾸어 입었는데 이는 시민의 의무를 인정하는 상징적인 의식이었다. 이러한 의식을 통하여 그의 이름이 로마 시민에 등록되었고 군대에 입대할 수 있었다.

로마 초기에는 17세부터 47세까지 남자 시민이 유사시 병사로 소집되었고, 전쟁이 끝나면 제대를 하였다. 병역복무 중의 군대교육은 엄격하고 훈련이 격렬하였다. 달리기, 뛰기, 레슬링, 씨름, 승마, 수영, 투창, 검술 등의 훈련과 기병(騎兵)이나 중무장 군대는 활을 쏘고 말을 타며 훈련을 하기도 하고 모의전투(模擬戰鬪)나 전장시찰(戰場視察)도 행하였다. 이들의 훈련은 전쟁을 위한 것이었기 때문에 그리스의 제전경기와는 운동종목과 훈련방법 그리고 수련기법이 달랐다. 이 광장은 병역에 임하기 전의 청년들이 운동을 하기 위한 집합장소로 사용되어 전쟁과 관련한 여러 유형의 신체단련과 경기를 행하였다.

(2) 제정 시대의 체육

로마는 국가 중심적인 문화에서 점차 사치와 향락을 위주로 하는 개인 중심의 문화로 접어들게 되었다. 장기간에 걸친 제국의 건설은 군인양성과 함께 직업군인을 탄생시켰고, 이로 인해 신체단련과 운동기술적 측면은 발달되었지만 그리스 식의 심신이 조화된 형식을 취하지는 못하였다. 그리고 전쟁에 의한 살육(殺戮)과 전투의 기질이 혈전(血戰)과 혈투(血鬪)의 게임으로 변환되어 유희적 · 건강적 · 신심수련으로서의 체육활동으로는 정착되지 못하였고, 직업적이며 정치적인 요소를 포함하는 관람위주의 체육으로 전락하게 되었다. 제전경기의 개최도 심신조화의 이상적인 목적보다는 군중을 즐겁게 하려는 목적으로 화려함에 중점을 두게 되었다.

제전경기에 있어서 그리스와 로마는 경기의 목적이 근본적으로 차이가 있었다. 즉 그리스의 제전경기는 모든 사람이 직접 참여하는 대행사로서 시민의 체력향상을 위한 경기였음에 반하여, 로마는 경기회가 관람 위주의 형태였으며, 경기회나 제전

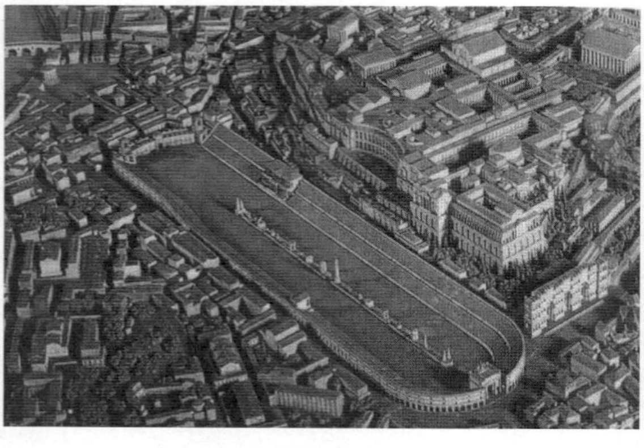

서어커스 막시무스 유적지 : 기원전 329년 경에 세원진 것으로서 이곳에서 무수한 마차 경기가 이루어졌다.

이 정치적 목적으로 장려되어 정치가는 자신의 지지를 얻기 위해 경기회를 개최하였다. 그로 인하여 정치가들은 경기회에 막대한 금액을 투자하였고 새로운 시설들이 건설되었다. 야망에 찬 정치가들은 사재(私財)를 털어 국가에 기부하면서까지 경기회를 개최하기도 하였다. 결국 호화롭고 쾌락적이며 비인간적인 혈투의 장인 원형경기장은 그들을 도덕적으로 타락시키고 정신적으로 음탕하게 하여 국가의 안녕과 질서에 대한 근본적인 대책을 요구해야만 하는 장으로까지 이르게 했다. 그들이 세운 대형경기장은 위대한 유산으로 남았으며, 체육시설과 행정, 체육의 흥행, 직업화, 정치 등에 많은 영향을 미쳤지만 이를 높이 평가할 수 없는 이유는 비인간적이며 비도덕적인 행위들이 그곳에서 행해졌기 때문이다. 또한 귀족들의 사병(私兵) 양성과 검투사 훈련소의 경영도 상업적이고 정치적인 목적에 의한 것이었으므로 노예들의 잔인한 혈투나 직업선수들의 경기는 많은 사상자를 발생시킬 수밖에 없었다.

김상구(1991)의 저서 『세계 스포츠 · 체육사』에 소개된 로마 시대의 검투사 경기와 전차경기를 요약하면 다음과 같다.

> 경기진행은 도박과 관련된 상태에서 이루어졌으며 가난한 사람은 관례적으로 경기회의 주최자가 관중에게 주는 선물을 기다리고 있었다. 군중은 상석(上席)에 앉은 황제나 원로 및 장관과 성녀들이 자리하는 것을 환호하며 지켜보고, 경기회의 주최자가 장엄한 행렬과 의식에서 알레나로 음악가, 승려, 군대 등의 극적인 행진을 선도하였다. 그들은 황제에게 경의를 표하기 위하여 제단 앞으로 나아갔으며 이러한 여러 행사가 종료되면 경기가 시작되었다.
>
> 기원전 2세기 이후에 발전한 로마의 해전(海戰) 게임이나 경기는 규모가 큰 행사로서 크게 환영을 받았다. 특히 대경기장에서의 전차경주나 원형경기장에서 거행된 인간과 야수(野獸)간의 격투는 소비와 사치 등의 향락적인 생활에 싫증을 느낀 로마인들에게 강렬한 자극을 주었으며, 쇼와 같은 형태의 행사는 그들을 사로잡기에 알맞았다. 검투사 시합은 개인적인 경기였으나 후에 일반시민을 위한 공식적인 구경거리가 되었다. 처음에는 3조의 검투사가 경기를 하였는데 3세기에는 무려 500조의 검투사가 웅장한 시합을 전개하였다. 검투사는 갑옷을 입고 여러 종류의 무기를 가지고 보통 1대1로 싸웠는데 전율이 느껴지는 집단전투도 행해지게 되었다. 검투사 간의 경기 이외에 사람과 야수, 야수와 야수간의 싸움도 있었으며, 이로 인해 수백 명의 사망자가 발생하기도 했다. 검투사 시합의 선수는 노예나 포로였지만 생계를 위해서 검투사 훈련소에 들어가는 자유민도 더러 있었는데 그들은 대부분 부유층이나 상인에게 고용되어 있었다. 사자의 먹이가 될 뻔한 경험을 가진 기독교인들이 이러한 경기의 잔인성에 강한 혐오감을 느껴 스포츠 세계가 없는 중세를 탄생시킨 것은 어떻게 보면 당연하다는 시각을 가질 수도 있다.
>
> 전차경기는 보통 한 레인에 4두 마차가 4대였지만 후에 12대로 증가한 듯하다. 이 전차는 낮고 가벼우며 차륜은 전복의 위험을 적게 하기 위해서 작았다고 한다. 경기 말은 보통 4필이었다고 하지만 2~7필의 말로 끄는 경우도 있었으며, 출발신호에 의해 약 3마일 정도 되는 스피나(Spina)를 7바퀴 돌았다. 그들은 모두 계략(計略)을 써서 이기려고 하였으며, 특히 반환점에서는

상대 차를 고의로 전복시키려고 하여 유혈의 참사가 흔히 야기되었다.

리비우스(Livius, B.C. 59~17)에 의하면 로마에 처음 그리스적인 경기가 시도된 것은 기원전 186년이었는데 시민들은 대원형경기장에서 아프리카에서 수입한 표범이나 사자의 싸움에 심취하여 구경하면서 즐겼다고 한다. 그리스의 스포츠는 로마인의 적성에는 맞지 않았으며, 야수적이고 자극적인 표범이나 사자의 싸움을 즐겼으며 신체운동을 통한 경기보다는 근처의 에트루리아나 캄파니아의 사람들이 하는 검투사 시합에 몰두하였다. 그러므로 달리고 뛰고 던지는 그리스식 경기에는 관심을 가지지 않았으며, 권투는 잔인한 형태의 스포츠로 변하여 글러브, 즉 카에스트가가 가죽이나 철로 강화하고 대개 2~3개의 금속 대침이 손가락에 매여져 있어 치명적인 무기가 되었다.

로마인이 이렇게 비인간적인 혈투의 경기를 선호하게 된 것은 오랫동안 전쟁터에서 길러진 성향의 발로로 보여진다.

로마제국은 군인이나 직업경기자의 신체단련은 지나칠 정도로 중요하게 여긴 반면 일반시민의 미적, 종교적, 도덕적인 스포츠 규율은 강조하지 않았다. 오히려 로마인은 건강유지에 대해서는 민감한 편이었는데 이는 실재적인 목적이었다. 신체조직의 노화방지와 질병의 회복, 과도한 불쾌감의 회피를 위하여 운동이 행해졌으며, 그리스의 의사를 초청하거나 거대한 하수도 시설, 도로의 정화, 건축표면의 관리, 엄밀한 음식규정, 주택 환기와 목욕장 물에 대한 정화 등의 공중위생 시설은 그러한 흔적이라고 볼 수 있다.

필로스타토스(Philostatos), 아레테우스(Aretaeus), 가렌(Galen), 세르수스(Celsus) 등은 건강체조에 관한 논문을 썼고, 특히 가렌(Galen, B.C. 131)은 신체 각 부분에 대한 특수한 운동을 제시하고 다음과 같이 분류하였다. 즉 제1부류의 운동은 근육에 긴장을 주는 운동, 빠른 운동, 무거운 물건을 운반하는 운동, 줄타기 저항 운동 등이었으며, 제2부류의 운동은 달리기, 권투, 펀치볼, 볼게임, 지면에서 상대 넘어뜨리기 등이었다. 마지막으로 제3부류의 격렬한 운동은 제1부류 운동의 반복과 중무장을 한 상태에서 제2부류의 운동을 중단 없이 급속하게 훈련하는 것이었다. 또한 작은 볼에 의한 운동은 전신 각부의 운동이 되고 모든 연령층이 행할 수 있으며, 많은 시간이나 설비가 필요 없고 위험이 없는 운동이라는 이유에서 볼게임이 가장 좋은 운동이라고 학자들로부터 추천되었다. 즉 로마의 전 시대를 통하여 가장 널리 행해진 것은 볼게임이었는데, 여러 형태와 크기의 모피, 털, 공기를 채운 볼을 던지고 잡는 형태가 일반적인 것이었다. 그리고 가렌은 신체를 진맥(診脈)하는 수단으로 맥박(脈搏)을 이용한 최초의 사람이었다.

로마의 귀족들은 사냥을 즐기고 디스르트르(Desultores)라는 달리는 말의 등에서 다른 말로 뛰어 옮겨 내리는 준군사훈련이었던 마술(馬術)을 익혔다. 그리고 로마인들은 도박을 즐기고, 체스와 쌍륙, 보트 비슷한 놀이로써 사치스럽고 향락적인 생활을 하면서 자신들의 귀족적인 삶을 영위하였다. 어린이들의 놀이 기구는 바퀴, 2륜차, 팽이, 인형, 죽마(竹馬) 등이 있었고, 놀이는 술래잡기, 물수제 뜨기 놀이, 숨바꼭질, 알아맞히기 등이 있었다.

① 제정 시대의 체육시설

가. 키르쿠스 막시무스

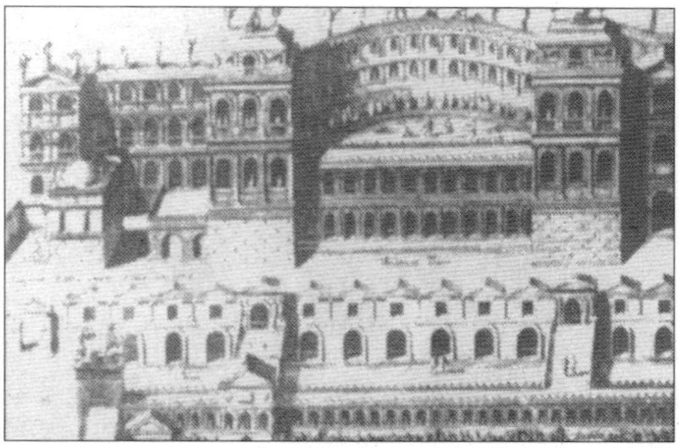
키르쿠스막시무스 전차 경기장

로마시대 최대의 경기장인 키르쿠스 막시무스(Circus Maximus, 대경기장 혹은 원형경기장)는 길이가 2,000ft. 폭이 600ft.였으며, 네로(Nero) 황제 때 더욱 확장되어 관중 25만 명을 수용하였고, 4세기경에는 38만 5천명을 수용하였다고 한다. 경기장 내의 중앙에는 스피나(Spina)라는 얕은 벽이 둘려 있었으며 그 원주를 돌면서 전차경주를 하였다. 경기용 전차는 4두 마차로서 8대의 마차가 동시에 출발하였다. 경기자들은 스피나의 끝에서 400ft. 떨어진 곳에 활(弓)의 등처럼 선을 그어 누구나 같은 거리가 되게 하고 한 줄로 선 후 신호와 함께 출발하여 안쪽 코스를 잡으려고 경쟁을 하였다.

이 경기는 대단히 위험하여 급회전을 할 때마다 충돌로 인해 전차가 뒤집히는 일이 많았으므로 기수들의 고도화된 기능이 요구되었다. 스피나(Spina)를 7바퀴 돌면 한 시합이 끝나는데, 반칙규정이 없어 상대편의 전차에 고의적으로 부딪치던가 또는 달리는 말의 발을 거는 등 모든 방법이 허용되었으므로 사상자가 많이 발생하였다. 관중들은 돈을 걸고 우승자를 점쳤으며, 이것이 확대되어 큰 도박으로 성행하였다. 이 경기는 사상자가 없이 끝난 승부는 거의 없었다고 한다. 이 경기장 외에도 키르쿠스 플라미니우스(Circus Flaminius) 등이 로마시 근교에 3곳 더 있었다.

나. 콜로세움

콜로세움

콜로세움(Colosseum, 원형연무장)은 기원 후 78년에 기공하여 82년에 완성한 대투기장이었다. 정식 명칭은 「플라비아(Flavia)의 노천극장」이지만 속칭 거대하다는 뜻으로 콜로세움이란 이름으로 불려 왔다. 폭군 네로 황제가 기독교인들을 사자 밥으로 학살시킨 곳이 바로 이 경기장이다. 이 경기장은 면적이 6a(1에이커 = 약 4046.8㎡)에 이르고 160ft.의 높은 담벽으로 둘려져 있으며 9만 명의 관중을 수용할 수 있었다. 지하실에는 검투사의 거실과 동물의 우리, 수상경기(水上競技)를 위한 수도와 배수관 등이 있었다. 로마시민은 '콜로세움이 있는 한 로마는 존재한다. 콜로세움이 무너질 때는 로마도 무너진다. 그리고 로마가 무너지면 세계도 무너지리라' 라고 말하여 콜로세움에 자부심을 가졌다.

이 콜로세움에서 행한 검투사의 경기는 처참하고 비인간적이어서 전차경주와는 비교할 수도 없었다. 검투사의 대부분은 노예, 죄인들이었으며, 연기(演技)를 위해 특별히 훈련된 검투사끼리 싸우게 하는 경우도 있었고, 야수를 상대로 싸우게 하여 반드시 상대편이 죽어야만 승부가 결정되게 하여 경기장은 항상 유혈장(流血場)이었다. 황제는 로마시민의 잔인성을 만족시키기 위해서 색다른 격투법을 고안하게 하고 여러 종류의 맹수를 모아 놓았다. 그리고 검투사를 짝지어 패싸움을 하게 하거나 때로는 수중전투를 시켜 피바다를 만들기도 하였다. 로마의 황제들은 새로운 격투방법이나 진기한 격투와 이상한 종류의 야수를 등장시켜 잔인한 시합을 시키고 이를 원하는 로마인들에게 인기를 얻으려 했다. 관중들은 일반적인 경기에는 흥미를 가지지 않았으므로 매우 진기하고 잔인한 경기가 성행했다고 추정할 수 있다.

다. 테르마에

초기의 로마인들은 위생적 훈련을 목적으로 강가에서 냉수욕을 하였으나 로마가 부강하고 윤택해지자 테르마에(Thermae, 공공목욕장)를 건설하여 그곳에서 시민들이 목욕도 하고 레크레이션과 사교의 장소로 이용하였다. 그리스의 짐나지온의 설비를 가미하여 레크레이션 센터와 사교장으로 테르마에를 이용한 것이다.

디오클레티아누스(Diocletianus, A.D. 245~313) 황제의 목욕장은 1,600명을 수용하였고, 칼라칼라(Caracalla, A.D. 188~217) 황제의 목욕장은 3,200명을 동시에 수용할 수 있었다. 이러한 시설은 대부분이 욕실이었으며 운동시설이 극히 적었던 점을 제외하고는 후기 희랍의 짐나지온과 유사하였다. 현재도 보존되고 있는 것은 폼페이(Pompeii)시의 테르마에가 있다. 대부분의 테르마에는 사에리스테리움(Sphaeristerium)이라는 공놀이를 하는 방이 있었으며, 오늘날의 볼링장과 비슷한 시설이 갖추어져 있는 곳도 있었다.

운크토리움(Unctorium)은 운동 전에 기름을 몸에 바르고 목욕 후에 기름과 향수를 바르는 부속실(도유실 : 塗油室)이며, 테피다리움(Tepidarium)은 따뜻한 공기나 증기를 이용해 목욕을 기다리는 사람들이 의자에 앉아서 몸을 따뜻하게 하는 곳이었다. 칼다리움(Caldarium : 오늘날의 사우나)은 가장 뜨거운 욕실로서 증기욕도 할 수 있었다. 욕탕에 따라 한욕실이라고 하는 물이 끓는 목욕탕을 시설한 곳도 있었다. 입욕자는 온욕이 끝나면 다시 미온실(微溫室)로 돌아가 목욕 도구나 손수건으로 땀을 닦고 몸을 청결히 했다. 목욕 후 의복을 입고 몸치장이 끝나면 복도나 뜰을 산책하면서 시인, 음악가, 철학가, 정치가들과 어울려 환담(歡談)을 하기도 하였다. 거대한 테르마에는 도서실, 담화실(談話室), 화랑 혹은 식당을 구비한 큰 문화센터의 역할을 하였다. 이러한 시설은 도시의 로마뿐만 아니라 크기의 차이는 있었으나 농촌에도 설치되어 있었다.

② 로마의 제전경기

로마 초기의 제전이나 경기회는 농사제에 첨가된 활동으로 이루어졌지만 공화정 말기에 이르러 종교적 제전경기로 변모하였다. 경기는 개선장군의 환영식, 귀족의 장례식, 감사절 등에 시행되었는데 시대의 흐름에 따라 제전은 초기의 소박함과 종교적 이상에서 벗어나 시민들은 참가하지 않고 노예나 직업경기자의 경기를 관람하며 승부를 거는 도박형의 행사로서 개최되었다. 따라서 로마시민들이 직접 경기에 참여하는 모습은 찾아보기 힘들게 되었다.

로마의 제전경기에는 정기적으로 거행된 공적인 제전과 비정기적으로 거행된 사적인 제전의 두 종류가 있었다. 경기회를 포함한 제전을 루디(Liud)라고 불렀으며, 검투사 시합을 루디와 구별하여 무메라(Mumera)라고 불렀다. 무메라는 공식제전과 대조를 이룰 수준의 역할은 하지 못하였지만 개인적이며 비정기적인 제전으로서 중요한 역할을 수행하고 일종의 쇼로써 로마인의 오락적 욕망을 만족시켜 주었다.

정기적이고 공식적인 제전이었던 루디는 전쟁에서 승리한 기념이나 전쟁에서의 승리를 기원하는 것과 관련되어 있었다. 이러한 제전 중에서 가장 유명한 제전이 로마제였는데, 이는 올림피아 제전경기에 비교할 만 하였다. 제전은 가을 수확 후 휴식을 취하고, 전쟁에서 승리한 후 오락으로서 주피터(Jupiter)에게 받치는 제전이었으며, 기원전 366년 시작된 로마제가 가장 오래된 제전이었다. 매년 9월 5일에서 19일까지 보름동안 개최되었으며, 공화정 말기에는 76일, 마르쿠스 아우렐리우스(Marcus Aurelius, A.D. 121~180) 때는 135일이나 제전경기가 거행되었다.

경기종목으로는 달리기, 승마, 마차경기, 레슬링, 검투사, 모의시합 등이 행해졌고, 모두 로마인의 오락적 욕망을 만족시키고자 하는 행사였다. 특히 이 제전은 로마의 상류계급 청소년들이 실천하는 루두스 트로이아(Ludus Troiae)로 인기를 모았다. 로마 제전에서는 최고의 기량을 가진 기수(騎手)와 최고의 말(馬)은 화제에 오르내리며 사람들의 기억에 남았다. 전문적인 마부(馬夫)는 천한 출신이었지만 전차경기의 열광이 그들의 사회적 지위를 높게 하였다. 기수들은 자신이 속한 무리에 따라 흑, 녹, 백, 청색의 4종류의 상의를 입었다. 승리자는 자신의 색깔로서 우쭐거리며 승리의 영광을 자랑하였는데 이를 응원하던 열광된 관중은 색깔 응원의 싸움으로 번졌다. 그리고 이러한 경기는 막대한 비용이 소비되었는데, 유능한 지도자들은 이 정책에 대한 부패를 인정하고 있었지만 자신의 정치생활의 장래를 위해 묵인하였고 오히려 이러한 관중의 열광을 정치적 목적에 이용하였다.

(3) 유베날리스의 신체 · 건강관

영국의 존 로크(John Lock, 1632~1704)는 그의 저서인 『교육론(Some Thoughts Concerning Education)』의 권두(卷頭)에 ‘A Sound Mind in a Sound Body’ 라고 하였다. 이는 유베날리스(Decimus Junius Juvenalis, A.D. 60?−140?)의 풍극시(諷刺詩) 10권에서 ‘인간의 욕망과 소원은 다 같이 허영이며, 자기의 자식을 사랑하는 모친은 그 아들이 아름답게 성장하기를 원한다. 그런데 사람은 무엇인가 기원해야 할 일이 있으면 많은 재물을 바치고 신에게 봉사하고 기원하고 있으나 그것보다 자기 자신에게 부여될 수 있는 것을 위해 기원하는 것이 좋을 것이다. 그러므로 만일 기원한다면 건강한 신체에 건강한 정신이 있기를 기원해야 한다’ 라고 기술한 내용을 인용한 것으로 보인다.

이는 건강한 심신을 갖추려는 의도로서 체육적 입장에서 의미있는 발언이라 하겠다. 그러나 이에 대한 해석으로서는 '신체를 건전히 하는 것이 먼저이고 다음으로 건전한 정신을 말하고 있어 귀중한 체육 금언(金言)'이라고 보는 견해가 있는 반면, '신체의 건전함은 오로지 정신적 세계의 숭고함에 종속된다'는 의미의 금언이라는 견해도 있어 체육적 입장에서 반드시 바람직한 금언이라고 보는 데에는 한계가 있다는 견해도 있다.

(4) 키르쿠스의 당파와 콘스탄티노플의 소요

키르쿠스(Circus)의 당파와 콘스탄티노플(Constantinople)의 소요에 의한 로마 말기의 처참한 몰락과정을 김영진(1992)이 옮긴 『로마제국쇠망사 Ⅰ－ Ⅺ』에서 살펴보면 다음과 같다.

> 고대 경기에 있어서 그리스인이 연기자였음에 비해서 로마인은 단순한 관객이었다는 점이 중대한 차이점이다. 올림피아 경기장에서는 부와 실력, 그리고 야심(野心)에서 경기가 개최되었던 만큼 자기의 개인적인 역량과 기량 그리고 활약을 믿을 수 있었던 선수들은 디오메데스(Diomedes)[10]나 메넬라오스(Menelaos)[11]의 모범을 본받아 자기 스스로 말을 달려 경주에 참가해도 무방하였다. 10대 아니 20대 많을 때는 40대나 되는 쌍륜전차(Chariot)가 일제히 내달리는 장면을 볼 수 있고, 월계관은 승리자에게 주는 포상이며, 그의 이름은 그의 가족 및 출신지와 함께 놋쇠나 대리석에 비명으로 새겨질 뿐만 아니라 이보다 더 영속적으로 서정적인 가락으로 노래 불려졌다.
>
> 그러나 자기의 위엄을 자랑하던 로마의 원로원 의원과 로마시민들은 직접 대경기장에 말을 몰고 나타나려 하지 않았다. 경기는 국가나 행정장관 또는 황제의 재정지출로 개최되었지만 실제로 경기에 참가하는 사람들은 하층계급이었다. 그리하여 인기있는 기수의 보수가 때로는 대언자(adbocte)의 보수를 상회하였는데, 이는 민중의 낭비의 결과이며 또 비천한 직업 때문에 주는 고임금이라고 간주해야 할 것이다. 전차경주의 최초의 모습은 2대의 전차에 의한 단순한 승부내기로써 기수는 각각 홍 · 백색의 제복으로 구별되었지만, 후에 여기에 달록색과 진청색의 두 색이 더 첨가되었다. 그리고 경주는 25회 반복되었으므로 하루에 모두 100대의 전차가 대경기장을 화려하게 수놓았다.
>
> 이윽고 4대 당파가 법제상으로 공인되면서 이 신비스러운 색깔 구분에 대한 유래도 설명되었다. 즉 색깔의 구분은 4계절에 각각 나타나는 자연현상, 다시 말해서 여름의 붉은 천랑성(Sirius, 天狼星), 겨울의 백설(Snow), 가을의 깊은 그늘(Shade), 봄의 기분좋은 신록(Verdure)에 비유되었다. 또 다른 해석은 계절보다도 우주의 4대 원소(Element : 고대 철학에서 땅 · 물 · 불 · 바람을 일컫는 것)를 택하는 것인데, 예컨대 녹색과 청색의 항쟁은 대지와 바다의 투쟁을 상징하는 것으로 생각되었다. 즉 녹색당 또는 청색당의 승리가 각각 풍작이나 또는 해운(海運)의 번성을 뜻하는 셈이 되었던 바 농민과 뱃사람의 반목이라는 이 도식은 자기가 지지하는 당파에의 맹목적인 성원으로 생명과 재산까지 걸곤 하던 로마 민중의 변덕에 비하면 얼마간은 사리에 맞는 이야기로 볼 수 있다.
>
> 가장 현명했던 황제들도 이 어리석고 못난 항쟁에 대해서는 장려하기도

10) 호메로스의 [일리아스(Ilias)]에 나오는 주요 영웅 중 한 사람.

11) 트로이 전쟁시의 스파르타 왕이며, 그리스군 총수인 아가멤논(Agamemnon)의 동생.

하고 경멸하기도 하는 각각의 부류였지만 칼리굴라(Caligula), 네로(Nero), 비텔리우스(vitelius), 베루스(Verus), 코모두스(Commodus), 칼라칼라(Caracalla), 엘라가발루스(Elagabalus) 황제 등의 이름은 대경기장의 청색당이나 녹색당의 파벌 가운데에서 반드시 나오게 마련이었다. 이런 황제들은 심지어 마구간을 찾아가서 자기가 후원하는 기수를 격려하고 상대측의 기수를 매도하는 등으로 민중의 행동을 의식적 · 무의식적으로 흉내냄으로써 그들의 인기를 획득하였다. 이런 유혈과 소란의 항쟁은 로마에서의 흥행사업의 마지막 단계까지 공식적인 축제행사를 내내 혼란에 빠뜨렸다.

황제는 대경기장의 다른 당파로부터 보호받고자 응원에 개입한 일도 있었다. 콘스탄티노플은 고대 로마의 덕목과는 무관하게 그들의 어리석은 짓을 이어받았는데, 대경기장(Circus)을 소란하게 하던 당파들이 경마 경기장(Hippodrome)에서도 종전의 배가되는 횡포로 항쟁을 재연시켰다. 아나스타시우스(Anastasius) 황제 치하에서는 종교적인 열광으로 이곳 민중이 선동된 일이 있었다. 어떤 축제 때에는 과일 바구니 밑에 남몰래 돌멩이와 단도를 숨겨서 침투한 녹색당원들이 무려 3,000명에 이르는 반대파의 청색당파 사람들을 학살하는 사건을 일으켰다. 수도에서의 이런 격정은 동로마제국 각 속주와 여러 도시에까지 확산됨으로써 원래 유희 상으로 구분했던 두 가지 색깔이 이제 약체 정권의 통치기반까지 뒤흔드는 강대하고도 집념 강한 당파를 만들어 낸 것이다.

대경기장의 불화는 경제적 이해관계나 종교상의 대립에 조금도 뒤지지 않고 가정의 평안을 깨뜨려 형제와 친한 벗들까지도 이반시켰고, 대경기장에는 좀처럼 모습을 나타내지 않는 여성들에게도 그 영향력을 미쳤다. 모든 법제는 성속(聖俗)의 구별없이 많은 사람들에 의하여 유린되었는데, 어떤 당파가 승리를 거두면 그 진영에 속한 사병들은 개인적인 어려움이나 공공의 참담한 피해도 전혀 개의치 않게 되었다. 민주정치에서 자유 아닌 방종이 안티오크(Antioch)와 콘스탄티노플에서 부활하여, 성속계(聖俗界) 중 어느 쪽이든 명예를 얻고자 하는 사람에게도 파벌의 지지는 불가결한 조건으로 되었다. 녹색당은 아나스타시우스 황제의 가계 내지 그 종파에 대하여 비밀리에 동정을 보내고 있는 것으로 소문이 퍼졌고, 청색당은 정통 신앙과 유스티니아누스(Justinianus, A.D. 483~565)를 열렬히 지지하는 사람들로서 황제는 이들에 대한 배려로써 5년 이상이나 이 파벌을 비호했기 때문에 그들이 계절적으로 벌인 소란은 동로마제국의 궁전과 원로원 그리고 모든 도시를 압복시겼다.

황제의 후원을 믿고 날뛴 이들 청색당 일파는 훈족(Huns, 흉노)처럼 장발에 소매가 짧은 느슨한 상의를 입고 이상하고도 야만스러운 모습으로 행동함으로써 주민들에게 공포감을 주면서 거리를 횡행하였다. 낮에는 양날의 단도를 숨겨 가지고 다니지만 밤이 되면 대담하게도 공공연히 무장하고 온갖 종류의 난폭한 행패를 부렸다. 그들의 적대자인 녹색당은 몰론 이거니와 이들과 아무런 관련이 없는 일반 시민들까지 이런 밤도둑들에게 습격 당하여 재물을 강탈당하거나 심지어 살해되기도 하였다. 그리하여 사람들은 수도의 밤거리를 배회하는 것이 위험한 일로 생각하게 되었다. 사직당국의 단속을 받지 않는다는 대담무쌍한 정신은 이윽고 개인주택까지 침해하고 범죄를 은폐하기 위하여 방화수법이 이용되었다. 시민들은 안전한 장소가 없었고, 죄도 없는 사람들과 교회와 제단은 잔악스러운 살인에 의하여 더럽혀졌다. 이들은 단 한 번만에 단도를 꽂음으로써 상대방에게 치명상을 입히는 그런 솜씨를 가졌노라고 서로 자랑하는 실정이었다.

콘스탄티노플의 불량 소년들도 이런 소동에서 청색제복을 입고 있었다. 법률은 침묵했고 사회의 기강은 이완되었으며, 고위층에 속하는 귀부인은 그녀가 부리는 하인들의 색욕의 먹이가 되고, 미소년은 양친의 품안에서 빼앗겨 어디든지 끌려가며, 아내는 자진하여 자살하는 길을 택하지 않는 한 남편의 면전에서 능욕 당했다. 청색당의 분노를 개의치 않고 그들의 범죄행위를 처벌코자 한 용기있는 사법관들은 그들의 광기에 희생되고 말았다.

콘스탄티노플의 당파싸움은 대경기장으로부터 시작되어 결국 국가의 혼란과 무질서를 가져왔지만 오히려 국가의 부패된 사법과 재정의 운용을 비난하면서 책임자들을 소리 높여 규탄하였다. 당파싸움은 계속되다가 청색당은 녹색당을 3만여 명이나 살해하고 끝이 났다. 대경기장 그 자체도 그 후 수년간의 침묵을 지키다가 경기의 부활과 더불어 같은 소요도 역시 부활되어 청색과 녹색의 두 파는 그 후에도 유스티니아누스의 치세를 고뇌에 빠뜨리면서 동로마제국의 치안을 계속 교란해 왔다.

參考文獻

高棋采(1991). 世界體育史. 서울 : 敎學硏究社.
近 英夫(1997). 문명의 기둥. 서울 : 도서출판 푸른숲.
김 철(1996). 스포츠문화사. 전북 : 원광대학교 출판국.
金梅子 譯(1992) / Curt Sachs. 춤의 세계사. 서울 : 컴피아트.
金相九(1991). 世界 스포츠 · 體育史. 서울 : 成均館大學校 出版部.
김상순(1992). 스포츠사상사 - 인물편. 서울 : 보경문화사.
金永振 譯(1992) / Edward Gibbon. 로마제국 쇠망사 Ⅰ- . 서울 : 대광서림.
金午仲 譯(1985) / Gillet B.. 스포츠의 歷史. 서울 : 三星文化財團.
金午仲(1988). 世界體育史. 서울 : 高麗大學校 出版部.
金仁會 · 丁淳睦(1981). 敎育의 歷史的 基礎. 서울 : 正益社.
김창규 譯(1991) / Susan Woodford. The Art of Greece and Roma. 서울 : 예경산업사.
김현철 譯(1994) / 알렉산더 고르보프스키. 잃어버린 고대문명. 서울 : 자작나무.
羅絢成(1989). 世界體育史槪論. 서울 : 敎育硏究社.
盧熙德(1988). 體育의 槪念變遷 過程에 對한 硏究. 國民大學校 大學院 博士學位 論文.
大邱史學會(1983). 世界文化史. 서울 : 螢雪出版社.
大韓體育會(1991). 體育百科大辭典. 서울 : 敎育出版社.
文化史敎材硏究會(1996). 東西洋文化史. 서울 : 學文社.
박광순 譯(1996) / Indro Montanelli. 벌거벗은 로마사 1 · 2. 서울 : 풀빛.
박상익 譯(1994) / E. M. 번즈 · R. 러너 · S. 미첨. 서양 문명의 역사 Ⅰ. 서울 : 소나무.
박영수(1998). 유행 속에 숨어 있는 역사의 비밀 - 고대 · 중세 편. 서울 : 살림출판사.
손인수(1996). 교육사 · 교육 철학의 이론과 실제. 서울 : 문음사.
승영조 譯(1995) / Bernard Law Montgomery. 전쟁의 역사 Ⅰ. 서울 : 책세상.
申翰雨(1996). 世界文化史槪論. 서울 : 創文閣.
안효상(1993). 상식밖의 세계사. 서울 : 새길.
양병우(1988). 고대올림픽. 서울 : 지식산업사.
尹仁石 譯(1996) / 日本유럽建築세미나. 유럽 建築 600選. 서울 : 泰林文化史.
尹炯鎬(1994). 戰爭論(平和와 實際). 서울 : 韓元.
윤학로 譯(1994) / Jacqueline Russ. 철학의 역사. 서울 : 예하출판주식회사.
이명숙 · 곽강제 譯(1990) / Berrand Russell. 서양의 지혜 : 그림과 함께 보는 서양 철학사. 서울 : 서광사.
이명원 譯(1996) / Jawaharlal. Glimpses of World History. 서울 : 세웅.
李相龍(1988). 인류평화의 제전 올림픽. 서울 : 가람出版社.
이성우 譯(1995) / 자와할랄 J. 네루. 세계사 편력. 서울 : 일빛.
정충하 譯(1992) / Haflecker Andrew. Bulding A Christian World View. 서울 : 기독지혜사.

趙景來(1994). 西洋文化史. 서울 : 日新社.
조명렬(1984). 체육사상사 서설. 서울 : 교학연구사.
조명렬 · 노희덕 · 나영일(1996). 체육사. 서울 : 형설출판사.
조성을(1988). 에게해의 아침, 로마의 황혼. 서울 : 집현전.
車錫基(1991). 教育史 教育哲學. 서울 : 集文堂.
최병길 譯(1994) / Germain Bazin. 세계조각의 역사. 서울 : 미진사.
편집부(1986). 세계의 역사(고대편). 서울 : 形成社.
폴 임(1996). 한눈으로 보는 세계사 1000장면(2). 서울 : 우리문학사.
河在昌 譯(1990) / Hans Joachim St rig. 世界哲學史 上. 서울 : 培材書館.
韓大熙 · 蔡守煥(1994). 文化史概說. 서울 : 양서원.
韓哲河(1988). 西洋哲學史. 서울 : 大韓教科書 株式會社.
稲垣正浩言 尺(1988). 人間スーポツ史. 東京 : 大修館書店.
Gerant, John & Sheard, Rod(1997). 스타디움 - 設計 및 開發 指針書. 서울 :대우출판사.
Carter, J. M.(1988). Sports and Pastimes of the Middle Ages. Boston ; University Press of America.
Van Dalen, Deobold B. & Bennett, Bruce L.(1972). A World History of Physical Education(2nd ed). N.Y. : Prentice hall.
Gerber, Ellen W.(1971). Innovators and Institutions in Physical Education. Lea & Febiger : Philadelphia.
Leonard, Fred Eugene & Affleck, George B.(1949). The History of Physical Education. Philadelphia : Lea & Febiger.
Hackensmith, G. W.(1966). History of Physical Education. New York : Harper & Row.
Baley, James A. & Field, David A.(1970). Physical Education and the Physical Education : an introduction. Allyn and Bacon, Inc. : Boston.
Nixon, John E. & Jewett, Ann E.(1980). An introduction to Physical Education(9th edition). Philadelphia : Saunders College.
Mandell, Richard D.(1984). Sport Cultural History. New York : Columbia University Press.
Kraus, Richard &Chapman, Sarah(1981). History of Dance in Art and Education. New Jersey : Prentice Hall, Inc..

Ⅴ. 중세체육

중세 초기는 게르만(German) 민족의 이동과 침략 그리고 끊임없이 전개된 전쟁에 의해 온 세상이 혼돈과 무질서, 폭력 등으로 매우 혼란스러운 상황이 전개되었다. 이로 인해 공들여 이룩한 문명이 파괴되었을 뿐만 아니라 많은 인명 손실도 야기되었다. 국가의 법령과 사회의 윤리 또한 기독교(基督敎) 교리(敎理)에 맞추어져 현세(現世)보다는 내세(來世)를 위한 금욕(禁慾)의 신앙생활(信仰生活)이 강조되었다. 인간중심이 아닌 신(神)중심의 사상에 의해 인간의 생활은 엄격히 규제되고 금욕화 된 것이다. 결국 과학이나 의술(醫術) 그리고 문학 · 예술 · 철학 등도 신을 예찬(禮讚)하는 주제와 내용으로 바뀌어 인간주의적 입장에서 보면 학문의 암흑기(暗黑期)로 느껴지고, 그로 인해 여러 학자들은 중세를 「암흑시대(暗黑時代)」라고 부르고 있다.

반면, 근래 일부 학자들은 「중세는 암흑기다」라는 시각에 대해 비판적인 입장을 보이면서 이러한 표현은 진보사관(進步史觀)의 논리에 어긋나는 것이라고 말하고 있다. 이는 약 1,000년이나 지속된 중세를 '문명의 퇴보(退步) 혹은 정지(停止)' 의 의미로서 매도(賣渡)하기에는 그 동안 이룩한 역사적 가치가 너무 크다는 것이다. 중세는 나름대로의 사회양상(社會樣相)이 생성되고 유지된 만큼 학문과 다양한 문화들이 특이한 형태로서 유지 · 발전되었다고 보고 있다. 중세의 특이한 문화양상과 중세 나름대로의 역사를 이어간 사례(事例)는 여러 분야에서 찾을 수 있다. 건축 · 미술 · 음악 · 철학 등은 기독교 사상이 확립되고 발전함에 따라 매우 특색 있게 전개되었으며, 체육의 입장에서도 기사도(騎士道)의 문화가 신사도(紳士道)에 이어 현대의 스포츠맨십으로 발전하여 귀감(龜鑑)이 되고 있다는 것 등이다. 그리고 기사들이 행한 여러 유형의 스포츠활동은 현대적 시각에서 보아도 탁월한 신체활동이 많이 포함되어 있다. 이러한 사실은 문화적 측면에서나 체육적 측면에서 「중세는 암흑기다」라는 표현을 일괄적으로 사용할 수 없으며, 「신체활동이 부재(不在)된 시기」라는 표현도 부분적으로 용인(容認)될 수 없음을 의미한다. 중세의 문헌에서 볼 수 있듯이 기독교회와 각국의 왕들이 스포츠 금지령을 자주 내렸다는 것은 그 당시 스포츠가 빈번히 행해졌음을 반증(反證)하는 좋은 예이다.

중세는 내세를 위한 기도와 금욕생활이 의미 있는 인간의 삶으로 인정되어 정신과 신체의 조화로운 발달을 추구하는 인간주의적 관점에서 보면, 신체멸시(身體蔑

視)의 비정상적인 경향이 발견된다. 그러나 중세는 기독교회의 교육과 세속(世俗)의 기사교육이 특이하게 대립되어 나타나는 점으로 보아 기독교 교육과 기사교육으로 구분하여 중세를 이해하게 되면 체육의 영역뿐만 아니라 여러 학문의 입장에서도 보다 냉철한 시각에서 접근할 수 있을 것이다.

1. 역사적 배경

4세기 말엽 흉노족의 한 분파(分派)로 보이는 훈족(Huns)이 서진(西進)하여 동고트족(Ostro-goths)을 침략하자 이어 서고트족(visi-goths)이 로마를 침입하였다. 이는 게르만족이 이동하게 된 원인이 되었고, 이러한 게르만족의 이동이 서양사(西洋史)에서는 고대와 중세를 가르는 전통적인 시대 구분의 근거가 되었다. 라인강과 유럽 중부의 다뉴브 강을 경계로 하던 로마제국이 자체 분열과 게르만족의 침략 그리고 이슬람 세력의 등장으로 쇠퇴해지자 게르만 부족국가들이 서로마제국의 각지를 점령하면서 서양사는 문명의 중심지를 지중해에서 서북부 유럽으로 옮겼으며 게르만족의 시대, 즉 중세가 시작되었다.

서로마제국의 멸망을 기점으로 하여 문예부흥(文藝復興) 이전까지를 일반적으로 중세라고 보는데, 그 시기는 약 5~15세기까지를 가리킨다. 이는 동로마제국이 비잔틴(Byzantine)으로 중심지를 옮기고, 고대 그리스·로마의 문화를 이어 가면서 초기 서유럽 문화에 큰 영향을 끼치고 동북부 유럽 문화의 바탕이 된 동로마제국의 약 1,000년과 같은 기간에 해당된다. 로마제국의 멸망을 기점으로 하여 서유럽 약 1,000년간의 중세를 첫째, 혼란기(민족의 이동과 정착), 둘째, 안정기(봉건제도 및 사상의 정립), 셋째, 전환기(봉건제도의 몰락·기독교 세력의 쇠퇴 등에 의해 근대국가의 형성 초기) 등으로 구분할 수 있다.

서양의 중세 문화는 크게 서유럽 기독교회의 로마·게르만 문화, 동유럽 그리스 정교(正教)의 비잔틴·슬라브(Slav) 문화, 서남 아시아와 아프리카 북쪽 이슬람의 사라센(Saracens) 문화 등으로 3분류 할 수 있다. 이 가운데 가장 중심적인 문화권은 서유럽 기독교회의 로마·게르만 문화권이다. 게르만족의 이동과 서로마제국의 몰락으로 유럽사는 지중해로부터 유럽 본토로 바뀌고, 게르만족이라는 새 주인공은 각 문화를 융합(融合)하여 새로운 유럽 문화를 형성하게 되었다. 이를 위해서 약 3세기가 소요되었으며, 이후 유럽의 문화는 기독교를 주축으로 이루어졌다. 이 시기를 「중세 기독교 시대」라고 말한다.

당시의 상황은 사회현상에 기독사관(基督史觀)이 미친 영향력이 매우 커서 이를 무시하고는 중세를 논할 수 없을 정도이다. 즉 중세사(中世史)는 기독교가 지배한 시대라고 할만큼 기독교 문화의 세력이 모든 면에 미치고 있었으며, 중세 철학 또한 기독교 교리의 철학이었다. 합리성은 신앙으로, 고행(苦行)은 믿음과 사랑을 구현하는 예수의 수난으로 대치된다. 따라서 중세사를 논하기 위해서는 기독교 연구가 반드시 필요하며, 중세의 체육을 이해하기 위해서도 중세의 핵심사상이었던 기독교를 먼저 살펴보아야 할 것이다.

1) 기독교의 발전과정

기독교[1]의 역사는 예수[2]의 탄생 이전부터 그 뿌리를 찾을 수 있지만, 1세기초 예수가 십자가에 처형된 이후부터를 실질적인 시작으로 볼 수 있다. 이 때부터 인류에게 사랑과 하느님의 구원을 목표로 하는 종교의 기틀을 마련하게 되었다. 약 70~312년까지 기독교는 급속한 성장을 하였지만 기독교가 황제 숭배(崇拜)에 불응하고 사회질서를 파괴한다는 이유로 로마제국으로부터 박해를 받았다. 그러나 313년 콘스탄티누스(Gaius Valerius Constantinus, 재위 : 306~337) I 세에 의해 기독교가 국교(國敎)로 승인되면서 교회는 로마제국의 정치와 권력구조에 참여하고 제국의 도덕과 윤리적 책임을 담당하는 한편 교리를 정비하면서 그 구조를 변화시켜 나가기 시작했다.

중세에 들어와 새로운 역사의 질서를 유지하고 존속시켜 온 세력은 사실상 교회였다고 볼 수 있다. 외부 세력의 침략을 방어하는데 있어서 중세 교회는 국가보다 더 효과적인 역할을 한 경향이 있었고, 중세 유럽의 불안정한 상태에서 안정을 꾀하려는 지향목표를 충족시켜준 공헌도 인정할 수 있다. 다시 말해서 교회는 중세를 통치하고 문화적 주체로서의 지도역할을 한 것이다. 그러나 기독교 정치인들이 정권유지와 세력확장이라는 정치적 목적으로 기독교 교리의 윤리로부터 벗어나 세속적이며 현실적인 정치에 참여하게 되자 수도승(修道僧)들은 신앙이 세속화되고 타락되었다며 이를 비난하였다. 이 시기는 약 312~590년경에 해당된다.

중세 봉건사회(封建社會)와 친밀한 구조관계를 가진 교회는 14세기경에 봉건제도가 무너지기 시작하자 교회와 교황권(敎皇權)도 무너져 갔다. 1517년에서 1648년경 신대륙의 발견과 인본주의(人本主義), 과학정신 등의 개혁의식이 발달하면서 종교개혁(宗敎改革)이 발생하였다. 결국 프로테스탄트(Protestant) 신앙이 등장하여 서방 기독교권의 교황 지도권을 말살시키면서 종교의 도덕적 개혁을 이룩한 것이다. 카톨릭(Catholic)과 프로테스탄트가 전쟁을 일으켜 유럽이 황폐화되고 기독교권의 분열이 생겨났다. 이러한 국면에서 '교단(敎壇)적인 교회의 성립'이라는 새로운 개념이 일부 개척자들에 의해 정립되어 갔다.

2) 기독교의 금욕주의

기독교회는 중세 초기의 혼란 속에서도 세속적인 정치권력을 잡고 범 유럽적으로 세력을 펼쳐가면서 금욕주의(禁慾主義)를 중세 최고의 이념으로 정립시켰다. 기독교의 기본정신은 신을 중심으로 한 사랑이며, 이에 따르는 복음서(福音書) 중심의 신앙이 우위였다. 모든 사람은 하느님의 자녀이므로 누구든지 회개(悔改)하고 하느님의 말씀에 따르면 '하느님의 나라'에 갈 수 있고, 모든 사람이 하느님 앞에서는 동등하게 가치 있는 존재라고 가르치는 기독교 교리에 중세인들이 매력을 느끼

1) 그리스도교를 중국에 처음 소개한 마태오 리치가 유교 경전에 상제(上帝) 혹은 천(天)이 그리스도교의 하느님과 같은 절대신이므로 한자로 천주(天主)라고 번역했다. 천주교는 하느님을 믿는 계시 종교로서 예수 그리스도로부터 유래하므로 그리스도교(Christianity : 基督敎)라고 한다. 또한 천주교를 카톨릭(Catholic)교라고도 부르는데, 이는 '전체성', '완전성'의 뜻을 지닌 '보편적(공번된)'의 의미이다. 그리고 교회(그리스어 Ekklesia)는 '불러 모음'을 뜻한다. 'Church'란 '주님께 속한 모임'이라는 뜻이다. 우리나라의 개화기(1876~1910)에는 카톨릭과 개신교를 구분하지 않고 예수의 한자 음역인 '야소(耶蘇)' 교라고 했으며, 천주교와 야소교로 구분하기도 했다. 그 후 카톨릭과 예수교로 구분되었고, 특히 예수교를 '기독교'·'개신교'라 하여 오늘에 이르고 있다. 그러므로 그리스도교라는 용어는 개신교만을 일컫는 것으로 볼 수 없으며, 본서에서도 광범위한 의미로 사용되었다.

2) 예수 그리스도(Jesus Christ) : 예수[히브리어로 "구원하시는 하느님"(야훼 : Yahweh), YHWH : 네 개의 자음자로 구성된 주님의 이름]라는 이름만이 인간에게 구원을 줄 수 있는 하느님의 이름이라고 기독교에서는 보고 있다. 그리스도라는 이름은 '기름 부음을 받는 이'를 뜻하는 히브리어 "메시아(Messiah : 救世主)"를 그리스어로 의역한 존칭이다. 그러므로 종교적 입장에서의 예수는 하느님으로서 세상 구원의 사명을 완전히 수행하는 분이다.

지 않을 수 없었다. 기독교는 전쟁으로 인한 무정부(無政府) 상태와 질병과 가난 등의 불안정한 사회를 지켜 줄 안식처로서의 역할을 하게 된 것이다. 그리하여 교회의 세력은 급속히 성장하고 절대적인 교권과 권위를 다져나갔다.

중세 교회가 금욕주의를 내세운 원인에 대한 몇몇 학자들의 설명은 다음과 같다.

한명희(1988)는 첫째, 점차로 세속화되어 가는 교회에 대한 정신적 방어태세로서, 둘째, 로마시대의 박해(迫害)에 대한 고통의 인내로부터 오는 전통이 아직 사라지기 이전이었으며, 셋째, 그노시스교(Gnostic)나 마니교(Manichaeism : 摩尼敎) 등 동양 종교의 금욕적 정신의 영향이 원인이었다라고 하였다. 황승원(1992)은 첫째, 그리스 철학자들의 심신이원론적 사상과 스토아(Stoa)적 금욕주의 사상이 고대 로마를 거쳐 중세 기독교에 영향을 미치게 되었으며, 둘째, 속세를 떠난 수도승들이 금욕적인 생활을 하게 되었는데, 수도승의 수도원(修道院)이 중세 문화와 교육의 산실을 이루고 그 곳에서의 규칙들이 금욕적 개념으로 중세 사회에 영향을 주게 되었고, 셋째, 기독교의 교부들이 기독교의 교리를 체계화하고 기독교 신학을 철학적으로 해명하려고 하는데 그리스 철학이 이를 뒷받침하였으며, 이러한 그리스 개념을 조화 혹은 결합시키려는 과정에서 금욕주의가 변형되어 나타나게 되었다라고 설명하였다.

중세의 이러한 논리에 의하여 내세, 즉 천상(天上)이 관심의 대상이었으며, 신체는 결코 중요하게 생각되지 않았다. 즉 중세 교회는 금욕적인 사상을 지향함으로 인해 체육은 암흑의 상태였다고 보지 않을 수 없다. 신체멸시의 풍조는 그리스 말기에도 있었는데, 종교 철학자 필론(Philon ho Alexandria, B.C. 25～A.D. 50)은 '인간의 영혼은 타락하여 신체에 깃든다' 라고 까지 하였다. 이러한 사고(思考)는 '신체는 모든 악의 싹터' 라는 것이다. 이는 기원 경에서부터 발생하여 금욕주의와 그 맥락을 같이하고 있으며, 이러한 이념이 수도원의 금욕생활과 연결되고, 다시 1560년 이후의 청교도(淸敎徒) 생활에서 나타난다.

중세의 신체멸시사상은 금욕주의와 윤리적 방종주의(放縱主義)로 요약할 수 있다. 이는 영적(靈的) 인간이 이 세상 속의 존재라는 사실에 무관심하였기 때문에 나타난 현상이다. 윤리적 방종주의는 헬라스(Hellas)인, 특히 영지주의자(靈知主義者)들이 신체는 사악(邪惡)한 것이라고 간주하면서 인간은 자신의 신체를 아무렇게나 취급하여도 상관없고, 중요한 것은 오로지 정신적인 수도(修道)라고 해석하는 입장이다. 이러한 이유로 인간은 신체에 대해 고통을 주든지, 상해를 입히든지, 신체를 멸시하든지 아니면 쾌락을 즐기든지 상관없다고 생각한 것이다. 따라서 중세의 사람들은 종교적인 신앙을 핑계로 부도덕을 일삼기도 하였다고 볼 수 있다.

3) 기독교의 체육

서로마제국 말기의 지배계급은 향락과 사치에 물들고 대중은 도탄(塗炭)에 빠졌다. 이로 말미암아 로마인들은 누구나 정신적인 위안을 기독교로부터 얻고자 하였다. 중세 교회가 이룩한 공헌 가운데 하나는 바로 교육이었다. 지배계급인 귀족들의 교육방법은 가정교사를 통해 자녀들에게 글을 가르치고, 전투와 사냥기술 그리고 영지(靈知) 관리법을 가르치는 것이 보통이었다. 그러나 이를 제외한 모든 공식적인 교육은 교회에 의해 독점되었다. 그리고 이러한 교육은 미천한 출신의 소년들에게도 개방되었다.

도덕적 혁명(革命)을 필요로 한 중세 초기의 기독교회는 그 전력(全力)을 정신의 각성에 기울였다. 인간관계를 보편적인 형제관계의 기초에 두고 기독교회는 하느님의 자녀로서 모두가 신의 아들이며, 교육은 도덕 · 종교 · 정서의 교육과 신학 옹호의 호교(護敎)였다. 교회 형성기에 동방의 교리문답 학교는 기독교적 관점에서의 신학(神學) 공부였다. 연구하고 강의하는 초기의 학식 있는 기독교 신부는 그리스 · 로마 문화를 기독교에 결합하여 신학과 그 사상(교리)을 발전시켰다.

서방의 교회는 수도원 학교 등을 설립하면서 교육내용이 주로 교회의 교리와 신학의 연구에 한정되어 체육, 과학, 예술 등은 등한시하거나 배격할 수밖에 없었다. 초기 기독교의 교육은 비조직적이었으나 교회가 설립된 후에는 신자가 되려는 사람들에게 다소의 교육이 필요하다는 생각으로 세례 지원자의 학교를 설립하였다. 어린이의 일반 교육을 위해서 기독교도의 부모는 529년 유니아누스 황제가 폐하기까지 사실상 이교도(異教徒) 교회에 보내지 않으면 안되었으며, 고등교육을 위한 교리문답 학교는 교회가 지식인 중에 귀의자(歸依者)를 만들기 시작할 무렵에 생겼다.

교회 조직이 완성된 후에 비로소 기독교 학교가 설립되어 사실상 유럽은 학문의 중심지가 되었다. 초창기 수도원과 대교회는 성직자를 교육하기 위한 학교였으며, 이 학교는 중세 후반에 대학의 기반 조성이 되었다. 수도원 학교는 6세기경 전성기에 이르렀다. 교회 학교에서는 설립 당시 종교 무용을 도입한 것을 제외하고는 스포츠를 중요한 교육과정으로 포함시키지 않았다.

중세 사회 전반을 이끌고 간 기독교 문화는 교육에 있어서 교회나 수도원 등에서 종교적 교육을 실시하였다. 그러나 기독교적 교육이 바탕을 이루긴 하였으나 종교 교육과 일반 교육이 병행된 기사교육(騎士敎育)이나 이탈리아의 길드(Guild) 학교 등도 중세의 역사적 산물이라고 볼 수 있다. 중세 교육을 굳이 두 유형으로 나누어 본다면, 수도원을 중심으로 한 기독교 교육과 기사교육으로 분류할 수 있다. 기독교 교육은 중세 기독교 문화의 산물이고, 기사교육은 중세 봉건제도와 깊은 관련을 가지고 있어서 기독교 교육은 종교적이고, 기사교육은 세속적이라는 표현이 가능하다.

4) 기독교의 부패

중세는 기독교가 사회전반을 지배하였으므로 기독교적인 정치 문화시대였다고 볼 수 있으며, 기독교회는 스콜라철학(Scholasticism)과 금욕주의로써 학문의 체계를 세우고 사상을 정립시켰다. 그러므로 중세의 교회는 국가의 사조직(私組織)으로 간주되지 않았으며, 또한 국가의 지배에 복종하지도 않았다. 오히려 중세 사상가들은 이러한 두 사상의 뒤를 잇는 정부에 의해 통치되는 하나의 기독교 사회라는 관념에서 출발하였다. 모든 세속적인 사건도 기독교적인 원리에 따라 해석되었으며, 서방 교회는 이러한 신약성서의 그리스도 교리를 토대로 하여 그리스 철학의 영향 아래 본격적인 형이상학적 그리스도 교리를 발전시켜 오늘날까지 그리스도 교회의 사고(思考)를 지배해 오고 있다.

(1) 내세를 위한 교리 – 현실 부정과 신체 멸시

중세는 인간적인 면보다 신에 의한, 현세보다 내세를 위한, 신체보다 정신을 위한 사상이 지배한 시대였다. 학자들은 중세의 기독교 사회가 신체부정과 신체멸시 사상을 발생시킨 것은 당연한 시대적 산물이라고 주장하면서 대부분의 중세 연구가 이를 따르고 있다. 그러므로 중세는 「체육의 암흑기」, 「체육이념은 커녕 망각시대」, 「신체를 부정하고 체육이 부재한 시대」 등으로 인식되고 있다. 중세가 이처럼 신체와 체육을 멸시한 이유에 대해서는 첫째, 로마 말기의 스포츠 · 게임이 잔혹하고 처절하게 진행되었다는 것과, 둘째, 로마의 스포츠와 이교도가 연관되었다는 인식, 셋째, 금욕주의 사상의 영향 등이라고 볼 수 있다.

(2) 권력과 부의 상징으로서의 기독교회

교황을 비롯하여 중세 기독교 정치인들은 한때 많은 죄를 저질렀다. 특히 종교재판(宗敎裁判)은 중세인들에게 공포의 대상이었다. 1233년 개시된 종교재판은 중세인의 정통신앙(기독교)의 여부를 심문(審問)하는 성법(聖法)이었으며, 이 성법에 벗어나면 화형(火刑)에 처하기도 하여 수많은 중세 여인들이 마녀 등의 구실로 죽어갔다. 게다가 교황은 「신앙칙령」을 발표하고 주변사람들을 밀고(密告)하도록 권장하였는데, 이는 공익(公益)과 신을 위한 것으로 설명하고 기독교 권위에 대항하는 그 어떤 것도 용서하지 않았으며, 어떠한 사상도 용납하지 않으려 하였다. 이러한 기독교 종교인의 정치와 사상은 대단히 막강하여 교회는 곧 권력과 부의 상징이었다. 교황 루키우스(Lucius, 재위 : 1181~1185) Ⅲ세는 1184년 주교(主敎)에게 이교도를 뿌리 뽑기 위해서 이단자 재판을 주재할 권리를 부여했다. 특히 이교도들은 비기독교적으로 성생활(性生活)을 했다는 이유로 많은 사람들이 기소 당하기도 하였다.

종교재판 : 화형장면

(3) 사제의 일탈

5세기까지 기독교 사상의 중심이 되었던 교부철학은 서유럽 사회에서 점차 쇠퇴하였으며, 성직자들의 대부분은 문맹(文盲)으로 교리 자체를 게르만의 관습에 의하여 해석하였고, 대다수의 평신도들은 기껏해야 기독교 전언(傳言)의 피상적인 의미밖에 이해하지 못했다. 그리고 기독교의 정착과 함께 진행된 교회와 수도원의 봉건화와 세속화, 전사귀족들의 성직과 수도원으로의 유입은 성직자 다수를 부패하게 하였다. 시대의 조류에 편승하여 성직자들이 무기를 들고 전쟁에 참여하였을 뿐만 아니라 음란하고 탐식하며 술을 좋아하여 결혼하거나 동거하는 사제가 나타났고, 노략질하는 수도원장들도 발생하였다. 더욱이 중세 시대에 수녀원에 들어가는 것은 신앙심이 깊은 소녀가 본인 스스로 결정해서 행한 것은 거의 없었다.

(4) 신앙을 구실로 잔인한 살육을 자행한 십자군 전쟁

예수의 무덤과 「성 십자가」가 있는 예루살렘은 예로부터 기독교의 성지(聖地)였고 많은 기독교도가 이곳을 방문하였다. 그들에게 성지순례(聖地巡禮)는 하나의 큰 꿈이었다. 특히 10~11세기에 걸쳐 예루살렘으로의 순례는 대성황을 이루었다. 성지순례는 일시적인 경우를 제외하고는 대부분 큰 방해 없이 계속되어 왔다. 그것은 예루살렘의 지배가 아랍인에서 투르크인으로 바뀌어도 마찬가지였다. 그럼에도 불구하고 로마 교황은 「성지」회복에 열을 올려 호소하였다. 교황의 연설은 대성공이었으며, 결국 이날로부터 약 200년 동안이나 계속되는 「십자군」의 시대가 개막된 것이다.

최초로 행동을 시작한 것은 「민중 십자군」이라는 집단이었다. 민중 십자군은 피에르라는 한 사제가 프랑스 각지에서 끌어 모은 1만 명 이상으로 이루어졌다. 그들은 대부분 농촌과 도시의 가난한 시민들이었다. 십자군의 성지 회복은 예루살렘을 점령함과 동시에 대학살을 야기시켰다. 그때 십자군 전쟁에 참가하여 도시에 입성한 순례자(십자군 병사)들은 솔로몬(Solomon) 신전 안에까지 사라센인(이슬람교도)들을 쫓아가 모두 죽였다. 성지를 되찾겠다는 종교적 정열이 다른 종교를 믿는 사람에 대한 증오심으로까지 발전해 이 같은 대학살을 만들어낸 것이다. 동서고금(東西古今)을 막론하고 십자군 전쟁처럼 성(聖)스러운 이름에 가장 세속적인 욕망이 결합된 전쟁은 없었으며, 신의 이름을 빌어 약탈과 살인, 만행이 판을 친 전쟁은 없었을 것이다.

2. 대학의 등장, 스콜라 철학, 도시의 자치화

1) 대학

(1) 어원

우리가 사용하는 대학이란 용어, 즉 영어의 「university」는 라틴어의 「universitas」 또는 「스투디움 게네랄레(studium generale, 일반연구소의 뜻)」라는 학문기관의 이름이었지만, 여기에 쓰인 「일반」이라는 말은 학문일반을 뜻하기보다는「누구든지」라는 의미이다. 현대적 의미의 대학은 스투디움 게네랄레로 알려진 중세 학교에서 시작되었다. 이 학교들은 유럽의 모든 학생들에게 개방된 학문장소로 널리 인식되었다. 12~13세기에는 각 도시에 경쟁적으로 대학이 설립되었다. 이러한 대학은 자율권을 획득하고, 상당한 영향력을 행사하였으며, 대학의 규정이 학문을 주도해 나갔다. 이와 같은 대학의 권위가 학문의 도약을 부분적으로 설명해 준다. 신학은 중세에 제일 가는 공부였으며, 의학은 남이탈리아의 사레르노(Salerno) 대학이 유명하였고 명성이 높았다. 수도원과 대교회는 성직자를 교육하기 위해 학교를 세웠는데, 이것이 토대가 되어 대학이 발생하게 되었다고 볼 수 있다.

(2) 문화 주역으로서의 대학

대학은 도시의 요람으로부터 탄생했다. 유럽에서는 10세기말부터 서서히 발달하여 11세기초와 12세기에 걸친 농업의 생산성 향상과 인구 증가, 특히 상업의 부활에 힘입어 경제적 번영뿐만 아니라 11세기중엽 이후 각지에 전개된 코뮌운동이 결실을 맺는 등 정치적 자유를 누리는 자치 도시가 여러 지역에서 등장했다. 이러한 사회경제적 발전은 당연히 광범위하게 문화적이고 지적인 영역의 성숙과 관련을 갖게 되었다.

11세기의 정신적이고 지적인 성숙은 교육의 부활로써 나타났다. 그러나 도시와 시민계층의 번영에 힘입어 활기를 띄기 시작한 교육은 여전히 종교와 교회를 위한 것임에는 변함이 없었다. 그러므로 자유학예(自由學藝)도 성직자의 양성에서 불가결한 지식으로 생각되고 학습되었다. 대학에 관계된 사람들은 대부분이 성직자들이었으며, 중세의 여론을 형성한 것도 주로 교회였다. 그리고 이와 같은 지식인들은 흔히 스콜라 철학의 연구자들인 신학자들이었는데, 로마 교회의 공식적인 교리를 진리로 인정하고 있었다는 점에서 모두 기존의 교회 조직을 옹호하는 관변(官邊) 학자들이었다.

12세기에 이르러서는 단순히 교육의 부활 이상의 광범위하고도 활발한 지적 운동이 교회의 주도 아래 보다 합리적인 의식에 눈을 뜬 시민계층과 궁정 문화에서 전개되었다. 이른바「12세기 르네상스」이다. 로마법과 교회법, 라틴어, 그리스 철학과 과학의 부활로써 특징지어지는「12세기 르네상스」운동은 중세 대학의 창건에 결정적 영향을 미쳤다.

(3) 대학의 특권

중세의 대학에는 부여된 특권이 있었다. 첫째, 교수와 학생은 병역(兵役)·부역(負役)·세금이 면제되었다. 이러한 면제 특권은 대학의 자치권을 의미한다. 둘째, 대학에는 독립된 법정(法庭)이 설치되었다. 이는 대학 내의 재판권을 의미한다. 대학은 교회의 감독이나 국가의 사법권밖에 있는 일종의 치외법권(治外法權)적 특권을 가진 것이었다. 셋째, 대학은 학위(學位) 수여권이 있었다. 넷째, 대학은 총장·학장 선출 등의 자치권이 보장되어 있었다. 다섯째, 교수와 학생은 자유롭게 여행할 수 있는 신분상의 보호와 자유가 보장되었다. 여섯째, 대학은 그들의 명예나 독립이 침범 당했다고 느꼈을 때에는 언제나 동맹휴교(同盟休校)를 일으키는데 주저하지 않았다. 또한 아리스토텔레스의 저작연구의 자유가 허가되었다. 이는 학문의 자유를 의미한다. 「학문하는 사람의 자유로운 단체」를 표방하는 대학에 대해서는 교황이나 국왕도 그 특권과 자유를 인정하였다. 대학은 「나라 가운데 있는 나라」 다시 말하면, 독자적 자치단체였다. 대학교수의 지위는 경제적으로는 가난하였으나 사회적 존경과 높은 지위를 유지할 수 있었다.

(4) 대학의 영향

중세의 대학이 사회에 미친 영향을 살펴보면 첫째, 대학은 지적 활동의 중심부여서 정치적 문제에 관한 언론의 자유가 이곳에서 발생하였다. 둘째, 대학은 고전 문학의 계승자였다. 이에 따라 헬라문화가 서구문화의 기저가 되었고, 아라비아문화가 서구문화에 소개되었다. 셋째, 대학은 자유로운 학문연구의 기관이었기 때문에 문예부흥 운동의 선구자적인 역할을 하였다. 그리하여 문예부흥도 중세 대학에서 일어나게 되었고 종교개혁(宗敎改革)도 대학에서 일어났다.

2) 스콜라 철학

(1) 스콜라 철학의 발생

중세의 학문연구는 주로 교회나 수도원에 속한 학교에서 이루어졌기 때문에 「스콜라 철학(Scholasticism)」이란 말이 생겼다. 스콜라 철학은 「사회의 교리 철학」으로서 중세 철학과 문학의 결정을 이루며 중세의 종합적 세계관이라고 할 수 있다. 스콜라 철학자라는 이름은 주로 대학과 학교에서 일한 사람들이기 때문에 붙여졌는데, 그들은 흔히 「학교 선생」으로 불려졌다. 스콜라 철학자들의 시대(1150년 이후)에는 상황이 달라졌기 때문에 기독교 사상가들의 과제도 달라졌다. 즉 1000년대에는 유럽이 이미 기독교화 한 사회였기 때문에 아무도 자신들의 신앙을 변호할 필요를 느끼지 않았다. 하느님의 진리는 보편적인 동시에 참된 것으로 간주되었다. 신앙과 지식의 관계는 당연한 것으로 인정되었다. 그들은 기독교화 한 세계 속에서 이해를 추구하는 신앙, 즉 신학을 탐구하기를 원했다. 아퀴나스(Thomas Aquinas, 1224~1274)는 안셀무스(Cantaberiensis Anselmus, 1033~1109)와 아벨라르(Pierre Abelard, 1079~1142)와 함께 스콜라주의의 대표적인 학자들이다. 엄밀한 의미에서 스콜라 철학은 11세기말부터 발달하게 되었다고 볼 수 있다.

현대에는 스콜라 철학이란 말을 조롱(嘲弄)조로 사용하기도 한다. 이는 실재에서 유리(遊離)된, 추상적이고 형식적인 철학을 지칭하는 말로 사용되는 경우가 있기 때문이다. 또한 스콜라 정신을 가진 사람이란 말은 케케묵은 문제에 사로잡힌, 꽉 막힌 정신을 가진 사람을 일컫기도 한다. 그러나 스콜라 철학은 본래, 특히 13세기에는 전혀 그 의미가 달랐다. 그것은 단지 중세의 철학교육과 신학교육, 즉 9~10세기경부터 17세기까지 유럽의 신학교와 대학에서 행해진 교육을 지칭할 뿐이었다.

스콜라 철학은 신의 계시(啓示)와 이성의 빛나간 합치점을 찾으려 애썼다. 스콜라 철학은 13세기에 개화(開化)하여 엄격하고 생동감이 넘쳤으나 고대인들을 지나치게 모방하여 점점 추상성으로 빠져 들어간 단점이 있다.

(2) 신학을 기반으로 한 스콜라 철학

스콜라 철학자들은 교회의 권위와 신학적 기반을 강화하기 위하여 편협(偏狹)되고 엄격한 활동을 수세기에 걸쳐 지속하였는데, 이는 지적 관심을 합법화시키려는 노력이었으며 교회와 신앙을 지탱하기 위한 것이었다. 이러한 활동은 학자의 사회적 지위를 향상시키는데 기여하였다. 6~11세기에 있어서 교회의 교의와 신앙은 완전한 사상으로서 어떠한 것에도 비판을 받지 않았으며, 이를 뒷받침한 스콜라 철학은 최고의 사상으로 추앙되었다.

스콜라 철학자들의 체육에 대한 관심은 신학적 편견(偏見)과 금욕적 태도로 인해 무시되었다. 따라서 교육내용에는 신체수련이나 체육이 없었으며, 건강과 심리적 상태는 아무런 관계가 없는 것으로 생각하였다.

(3) 교부 철학과 스콜라 철학

중세 철학은 교부 철학(敎父 哲學)과 스콜라 철학으로 나눌 수 있는데,[3] 교부 철학은 기독교리의 형성 시대에 있어서 교회를 이룩하는데 아버지 역할을 한 이른바 「교부(敎父)」의 철학이다. 약 2~8세기까지로 간주할 수 있다. 즉 이 시기는 교회통일의 확립 시기라고 할 수 있다. 모든 외적 저항과 내적인 위해(危害) 요인을 무릅쓰면서 로마교회는 기원 초 몇 세기 동안에 스스로의 대외적 권력과 내적 기반을 튼튼하게 다져 나갔다. 이와 같은 결과는 로마교회의 존립 그 자체를 보장하는 다음의 두 가지 요인이 작용하였기 때문이다. 그 하나는 내적으로 확립되어 가는 인습(因襲)제도 상의 성직자의 위계질서, 권력체계 그리고 엄격한 외부적 체계이며, 다른 하나는 신성불가침(神聖不可侵)으로 그리스도교적 진리를 모든 이교적인 미몽(迷夢)으로부터 보호할 수 있었던 로마교회가 지닌 웅장한 논리적 일관성의 요지부동한 엄격성을 들 수 있다. 기독교리의 정립은 교부시대에 이루어지고, 이후에는 기독교 사상의 학문적 체계화에 관한 문제가 대두된다. 여기에서 스콜라 철학은 기독교리를 정당화 합리화하는 역할을 담당하였다.

3) 중세 철학사의 근본 테마는 그리스도교적 교의와 고대 철학이 서로 융합을 이룬 것이다. 융합작용은 뚜렷이 구분되는 두 주요 시기를 거쳐서 전개된다. 첫 번째 시기에 해당되는 교부 철학시대(라틴어의 pater는 아버지란 뜻이다. 따라서 patristik는 교부라는 뜻이다)는 사도들의 활동기로부터 거의 8세기까지 이른다. 그 다음 시기가 스콜라 철학시대로서(Scholastik라는 말은 처음에는 학생, 다음에는 전도사, 마지막으로 교부라는 뜻으로 사용된 라틴어의 Scholastici라는 말에 따른 것임) 이 시기는 800년대부터 중세 철학이 종결되는 1500년까지이다(하제창 역, 1990. 세계철학사 ; 상).

3) 도시의 자치화

(1) 자유의 도시

중세의 문화를 거론할 때 빼 놓을 수 없는 또 하나는 바로 도시의 성립이다. 도시문화는 대학을 잉태(孕胎)하고, 르네상스를 탄생시킨 근원이었다. 도시의 성립은 다시 도시계급을 만들어냈다는 점 역시 주목해야 할 사항이다. 서유럽의 도시는 자유와 자활(自活)의 개념이 강하여 시민들은 검술을 비롯한 각종 무예를 널리 행하였다. 상류의 시민들은 기사가 행하는 마상경기와 구기종목을 활발하게 즐기고 있었다. 13세기경에는 거의 모든 도시가 자치권(自治權)을 획득하여 영주(領主)로부터 독립을 실현했는데, 농노(農奴) 출신이라 하더라도 영주에게 붙잡히지 않고, 1년과 하루를 도시에 거주하면 자유인으로 간주되어 '도시의 공기는 자유를 낳는다'라는 말이 생겨났다. 철저한 주종관계(主從關係)의 봉건사회에 있어서 도시 형성은 이질적(異質的)인 집단이었을 것이다.

(2) 자체 방어

도시는 위병(衛兵)을 두어 외부로부터의 공격을 차단하였으며, 도시귀족들은 군마(軍馬)나 갑옷을 준비시키고 시민들은 무기를 보유하는 것이 의무화되어 있었다. 그러므로 시민들은 전쟁시뿐만 아니라 평상시에도 무기의 수련에 힘써서 귀족은 마상창시합, 시민은 활·창·총에 의한 사격이나 창술을 익혔다.

중세 성곽도시의 전형 : 남프랑스

3. 체육

기독교 문화권인 중세 사회의 체육활동은 많은 제한이 있을 수밖에 없었다. 그리고 이러한 문제는 여러 연구와 논의에서 이미 통설(通說)화 되어 있다. 그 예로써 1314년 영국의 에드워드(Edward) Ⅱ세는 풋볼경기가 평화를 교란시킨다는 이유로 참가자들을 투옥(投獄)시킬 것이라고 선포하였으며, 1365년 에드워드 Ⅲ세는 활쏘기를 제외한 모든 스포츠를 불법으로 선언하는 칙령을 선포하였다. 그리고 리차드(Richard) Ⅱ세, 헨리(Henry) Ⅳ세와 프랑스의 필립(Pilip) Ⅴ세, 찰스(Charles) Ⅴ세 등이 시민들의 무술훈련에 방해가 된다는 이유로 스포츠 금지령을 내리기도 하였다. 그러나 정부의 이러한 조치에도 불구하고 이러한 규제가 효과적으로 시행되지는 못했으며, 스포츠활동에 대한 국민들의 사랑을 감소시키지는 못했다. 즉 중세 사회는 우리가 일반적으로 알고 있는 「체육의 암흑기」만이라고 단정할 수 없는 체육활동의 많은 흔적들이 있는 것이다. 따라서 본 장에서는 그러한 흔적과 상황들을 찾아 볼 수 있다.

1) 기독교회의 체육

중세 초기의 기독교회는 신체적인 욕망(慾望)을 정신교육의 방해요소로 보아 경건(敬虔)과 절제(節制)의 생활을 최고의 이상으로 간주하는 금욕주의를 내세웠다. 각종 경기대회나 제전경기는 잔인하고 저열(低劣)할 뿐만 아니라 사회의 무질서와 함께 많은 사상자를 발생케 하여 교회는 이를 반대하였다. 그리고 청결을 강조하기는 하였지만 로마의 사치스런 목욕행위는 좋은 시각으로 보지 않았다. 대부분의 성직자들은 본능적이며 무절제하고 문화적이지 못한 싸움과 도박 그리고 사상자까지 발생케 하는 체육활동에 대해 매우 부정적인 입장을 취하였다. 그러나 몇몇 성직자는 경주, 수영, 사냥, 볼게임, 주사위, 보트게임, 낚시 등을 하였으며, 교회는 무용을 종교행사의 일환으로 실시하였다. 이는 초기 기독교 신학자 중에 운동, 유희, 스포츠 등의 가치를 인정한 사람이 있었음을 말해 주는 것이다.

성직자 혹은 수도자들이 스포츠활동에 참여한 예를 들면, 알렉산드리아(Alexandria)[4]의 클라이먼트(Clement)같은 초기 성직자는 로마제국 동부에서 고전(古典)교육을 받고 그리스 철학을 기독교의 교리와 융합시키려고 시도한 사람으로서 운동, 유희, 스포츠의 봉건적 가치를 이해하여 레슬링, 구기, 보행 등을 장려하였다. 그리고 부인들도 적합한 운동을 하는 것이 좋다고 주장하였다. 또한 갈리아(Gaul)에 살았던 5세기의 시도니우스(Sidonius) 주교는 소년시절 달리기, 수영, 사냥 등을 즐겼으며, 공과 책은 그에게 있어 변함없는 친구였다. 미사(Masses) 전후에 그는 공놀이를 하거나 주사위 던지기와 반상(梓上)게임을 즐겼다. 그리고 낚시와 보트 타기도 하였다. 중세의 수도사와 성직자들은 특히, 볼게임의 개발에 노력하기도 하였는데, 핸드슨의『타구(打球)놀이와 성직자』에 의하면 프랑스나 영국의 성직자들은 교회의 종교행사에 볼게임을 포함시켰다. 검투사 시합이나 전차경주, 맹수와의 싸움 등의 잔인하고 무절제한 경기는 교회의 반대를 무릅쓰고 6세기에도 성행하였다.

4) 알렉산드리아는 나일강 하구에 세워진 대도시로 그 당시에는 과학의 중심지였다. 바로 이곳에서 동양과 서양의 민족 종교들이 합류하여 그리스, 로마, 이집트와 유태 문화가 융합된다.

교회가 중세를 이끌고 교회 중심적인 사회의 시기(교회의 안정 시기)에서도 성직자들의 스포츠활동은 발견할 수 있다. 로마제국의 황제 찰스 Ⅳ세(Charles, 재위 : 1346~1378)가 '교회의 재산과 인력을 낭비하는 자들을 무슨 법으로 성직에 앉혔으며, 그리스도의 대행자인 신부들이 무슨 법에 따라 머리와 수염에 기름을 바르고 가죽 장화를 신으며, 금 · 은으로 만든 투구와 갑옷을 입고 쥬스트 (Joust)와 토너먼트(Tournament)에 참가하는가? 도대체 이들에게서 성직자의 자세라고 볼 수 있는 것이 무엇인가?' 라고 말하는 것으로 알 수 있다.

교회의 수도자도 볼게임이나 낚시와 같은 스포츠에 일부 참가하였으며, 중세 후기에는 이러한 경향이 더욱 짙었고, 기사 체육이 왕성해진 후 14세기에는 토너먼트에의 참여를 매우 좋아하였다. 그리하여 수도자 중에는 기사 출신자도 있었다. 고대 이집트에서 행해진 현대의 볼링과 유사한 게임을 14세기에 독일의 수도자들이 「게겔(kegel) 쓰러뜨리기」라는 종교적 의식으로 행하였다. 게겔이란 곤봉이라는 뜻으로 이것을 세워두고 둥근 물체를 굴려 쓰러뜨렸는데 게겔은 악마의 상징으로 보았고, 이것을 많이 쓰러뜨린 사람은 신앙심이 깊은 사람으로 인정을 받았다.

성직자들이 수임(受任) 후에도 계속 전통적인 게임이나 시합을 통하여 일반 서민층과 유대를 지속한 결과 수도원에서는 이러한 레크레이션과 오락활동에 대하여 금지 명령을 내렸는데, 그 활동내용에 따라서 금지령의 내용도 달랐다. 이는 대체로 금욕주의적 성격을 나타내었으며 신체적 레크레이션과 게임은 세속적이고 불경(不

敬)한 것으로 간주되었다. 그러나 어떤 금지령은 매우 관대한 양상을 보이는데, 그 중 15세기의 교회 형벌기록부에 의하면 야구(Schlaball)를 하고 싶어하는 사람은 이를 하도록 허용한 반면, 이 경기를 하고 난 뒤에는 반드시 마리아 상(象) 앞에서 고해성사(告解聖事)를 하도록 규정하였다.

2) 시민의 체육

자유민 전사(戰士)들은 농경사회에 정착해서도 자신의 전사적 기질을 쉽게 잃지 않았으며, 이들에게 있어서 사냥은 오락인 동시에 맹수에 대한 주요 방위수단이었다. 힘든 노역 뒤의 축제는 지친 심신을 풀 수 있는 많지 않은 기회로서 어느 사회에서나 보편화된 민속인 집단적 투기와 투석전(sling stone) 그리고 전래적인 게임 등을 즐겼다. 중세에 있어서 축제일이나 종교행사 때의 체육활동은 농민들의 고역과 단조로운 생활에서 해방될 수 있었으며, 즐거운 신체활동에의 참여는 생활의 윤활유로서의 역할을 하였다.

또한 농업 생산물의 증가와 변형된 장원제도(莊園制度)는 이들을 계속 도시에 가두어 둘 수 없었고, 도시에 거주하는 자유 시민들은 억압된 노동으로부터 탈피를 시도하였다. 축제 또는 특정 기간에만 행해졌던 스포츠활동은 곤란한 생활 조건하에서도 생활 가까이에 다가와 중세 각 계층의 생활에 깊게 자리잡게 되었다. 중세 스포츠는 고대 사회에서 소수 자유민들이 즐기던 시대를 지나 보다 많은 사람들이 즐기는 보편적 사회현상으로 존재하게 되었으며, 그들이 즐겨했던 운동들은 현대 스포츠의 근간을 이루게 되었다. 즉 유럽 중세의 도시나 농촌에서의 스포츠는 근대 스포츠의 온상이었다고 볼 수 있다.

도시에서의 귀족들은 마상창시합이나 테니스, 수공업자들은 과녁 맞추기, 목수들은 검술, 격투, 각종 볼게임 등을 행하였다. 자체 군사력을 보유하고 있던 도시는 12세기경부터 도시 시민들 사이에서도 검술을 비롯한 각종 무술활동의 기반이 조성되었다. 귀족들과 부유한 상인은 기사가 즐기는 마상경기와 볼게임 등을 행하였

닭 싸움을 이용하여 도박을 즐기는 중세인

다. 시대의 변천에 따라 도시가 발달하여 시민 사회에서 이루어지는 각종의 행사와 축제 등에 있어서는 스포츠 행사가 열리는 것이 상례였다. 도시 단위로 대표선수를 선출하여 볼게임이나 보트경기를 행하기도 하고, 때에 따라서는 곡예팀 같은 것을 조직하여 스포츠를 즐겼다. 풋볼 같은 스포츠는 이때부터 성행된 것이다.

농촌에서는 댄스와 여러 유형의 볼게임을 즐겼고, 귀족이나 시민들의 스포츠를 모방하기도 했다. 클라이먼트(Clement)는 운동이나 유희, 스포츠의 봉건적 가치를 이해하고 레슬링, 구기, 보행을 장려하였으며, 부인들에게는 그들에게 적합한 운동을 하는 것이 좋다고 했다. 또한 초기의 몇몇 교부들은 고전 교육을 받았기 때문에 학교 교육에 체육을 행할 것을 주장하기도 하였다.

스포츠나 게임은 종교행사의 즐겁고 쾌활한 부수물이었다. 즉 중세의 수많은 종교적 제일(祭日)은 축제 분위기의 좋은 구실이었던 것이다. 그러나 스포츠와 게임의 형태가 거칠고 변덕스럽고, 음주와 폭행이 관련되는 사건들이 빈번히 발생하여 교회와 정치권에서 스포츠를 억제하기도 했으며, 특히 교회는 도박과 싸움이 뒤따르는 게임에 대하여 호감을 갖지 않았다. 영국의 순회재판 기록(Coronor's Rolls)을 보면, 낚시, 말타기, 고리던지기, 보트놀이, 수영, 레슬링 등에서 싸움이 벌어져 종종 죽음에 이르렀을 정도였다. 그러나 이러한 운동 자체가 전시(戰時)를 대비하는 것이었으므로 젊은이들은 이를 영광으로 여기기도 하였다.

한편, 다렌(D. B. Van Dalen)에 의하면 대학생이 스포츠에 참가한 기록이 있는 것으로 보아 운동이 국가에 의해 완전히 억제되지는 않았던 것으로 볼 수 있다. 강의 후에는 여러 가지 운동도 하고, 사냥도 즐긴 흔적이 있다. 페톨스아베달도스의 시대에는 강의가 끝나면 넓은 초지(草地)의 유희장에 나가 달리기, 뛰기, 레슬링, 던지기, 수영과 낚시, 부풀린 볼의 타구, 원시적인 형식의 전쟁게임 등이 행해졌다. 그리고 토너먼트나 무용은 학장의 취임 때 행해졌으며, 건전한 운동을 위해서 볼게임과 휴일에는 매사냥이나 기타의 사냥을 허가하기도 하였다.

도시의 신흥과 시민의 자유가 확대되어 감에 따라 체육활동은 계급성이 타파되어 갔으며, 시민사회에서도 기사의 경기가 행해지게 되었다. 수확이 끝난 후에는 마을 단위의 축제와 투석전이 집단적인 놀이와 싸움의 형태로써 젊은이들 사이에서 행해졌다. 사냥은 귀족들의 전유물이 아니었으므로 농민들에게 있어서 사냥은 오락인 동시에 필수불가결한 방위수단이었다. 또한 사냥은 식량이 부족한 이들에게 식량 공급원이 되고 있었다. 그들은 사냥을 위해서 창, 활, 칼 등을 사용하였다.

프랑스에서는 11세기 이전에 풋볼(football)의 일종인 라슬이라고 하는 스포츠 종목이 노르망디(Normandie) 지방과 브르타뉴(Bretagne) 지방에서 성행하였다. 그리고 12세기부터 행해진 대중 스포츠로서 볼게임의 일종인 술루(soule)가 있었는데, 이는 풋볼과 럭비풋볼(rugby football)의 모태로 간주되어 여러 형태로 진행되었으나 대개 공을 가지고 일정한 지점까지 가져가거나 두 개의 기둥 사이로 공을 통과시키는 경기로서 매우 공격적이고 난폭한 형태였다. 축구의 기원은 영국에서 1175년 처음으로 나타난 것으로 되어있지만 이는 로마가 영국에 침입하였을 때 전해진 하르파스툼(harpastum)이란 경기가 사회 속에서 지속되어 발전된 것으로 보인다. 그러나 손으로 볼을 잡는 럭비풋볼 같은 게임은 19세기까지는 없었던 것으로 추정된다. 또한 이 시대에는 달리기, 뜀뛰기, 던지기, 레슬링, 수영, 낚시, 공놀이 등의 스포츠가 행해졌다. 15세기부터 300~600m 거리의 여러 가지 경기가 행해졌으며, 제자리 멀리뛰기, 세단뛰기, 햄머 던지기, 단봉 던지기, 돌 던지기 등이 행해졌고, 특히 돌 던지기는 독일과 스위스 등에서 성행되었다.

사격제(射擊祭)는 14세기 중엽에 시작되어 15세기 후반에 일반화되었고, 16세기에 전승기를 이루었는데 이는 중세 후기의 최대 스포츠 경기회였다. 여기에는 왕후와 귀족 및 농민과 여성도 참가하였고, 민족전승운동, 창 표적 맞추기, 보트경기, 줄다리기, 군기 흔들기, 검술, 달리기, 도약(한발로 세번뛰기, 양발로 한번 뛰기, 발바꿔 세번뛰기), 던지기(돌, 봉, 햄머) 등 여러 유형의 스포츠가 있었다. 경기회에는 상품과 상금이 있었으며, 주연과 무용이 곁들여 졌다. 검술이나 마술(馬術)은 당시 시민들이 즐긴 무예의 대표적인 종목이었다. 14세기말 당시 검술서(劍術書)가 출판되었는데 현존하는 가장 오래된 것으로서 16세기부터는 대량으로 출판되었다.

에드워드(Edward) Ⅲ세는 1365년 다음과 같은 선언을 하였다. '신체가 건강한 사람은 휴일의 여가시간에 레크레이션으로써 활과 화살을 사용하는 기술을 배우고 익혀라. 그러나 어떠한 경우이든 돌이나 나무와 쇠를 던지거나 핸드볼이나 풋볼, 반디볼이나 캄벅(cambuck) 및 투계(鬪鷄)에 열중해서는 안 된다. 소득 없고 가치 없으며 심한 고통에 몰두해야 하는 놀이도 해서는 안 된다.' 리차드(Richard) Ⅱ세도 비슷한 법령을 40년 후에 포고하였으나 그 법령은 1401년 헨리(Henry) Ⅳ세에 의해서 다시 제정되었다. 레슬링 시합은 호전적인 경기라기보다는 투쟁과 비슷하다는 이유에 의해 1411년 금지되었으며 테니스, 볼링, 당구, 풋볼이 성행하였고, 경마에 대한 영국인의 사랑은 구경거리로서 발전하였다.

중세 후기에 영국의 어린이가 실시한 게임은 진지탈취, 여우사냥, 토끼사냥, 고양이와 쥐, 집 빼앗기 놀이, 눈 가리기 놀이, 핫 · 콜클 등이 있었는데, 평시에 소년들은 군사적 성질을 가진 격렬한 스포츠를 하였다. 어린이들의 놀이 역시 종류가 매우 다양하였다. 이와 관련하여 Deobold B. Van Dalen, Bruce L, Bennett(1972)가 저술한 『A World History of Physical Education(2nd ed.)』에는 다음과 같은 기록이 있다.

중세 농민의 무용

> 해마다 우리는 성주간(聖週間) 화요일에 모두 어린이가 되어 스포츠를 하는데, 소년들은 싸움닭을 그들의 스승에게 가져와 오전 내내 닭싸움을 즐긴다. 중식 후에는 모든 소년들이 운동장에 나가 공놀이를 한다. ...부유한 몇 사람들은 말을 타고 나와 소년들의 스포츠를 관람하며, 그들의 민첩한 행동을 보고 즐거움을 느낀다. 사순절의 매 금요일에는 소년 무리가 말을 타고 운동장에 나와 그 중 한 사람의 지휘에 따라 움직인다. 그 때 시민들의 아들과 기타 젊은이들은 끝이 무딘 창과 방패를 휴대하고 행군한 뒤 거기서 모의 전쟁을 시범해

> 보인다. 부활 주일에는 소년들이 수상전, 즉 보트 과녁 찌르기(boat quintain)를 한다. 여름철의 휴일에는 젊은이들이 뛰기, 무용, 활쏘기, 레슬링, 돌던지기, 방패다루기 등을 연습한다. 소녀들은 템버린에 맞추어 춤을 추었다. 도시의 북쪽 성곽을 적시는 늪지 또는 광야가 얼어붙으면 많은 소년들은 얼음판 위에서 논다. 일부는 큰 걸음을 걷다가 잽싸게 미끄러져 나간다. 다른 이들은 맷돌처럼 크게 얼음 위에 자리잡는다.

선사 고대사회에서 행한 「원시 스포츠」는 항상 종교적이며 일관해서 종교의식의 일부를 이루고 있었는데, 중세 무용이 그 대표적인 예이다. 무용은 기독교에서 다년간 종교적 표현으로 계속되었다. 교도(敎徒)들은 교회에서 성가와 무용으로 예배를 바쳤고, 고인(故人)을 찬양하기 위하여 무덤 앞에서 춤을 추었으며, 종교제(宗敎祭) 또는 제일(祭日)에도 감사의 표현으로 춤을 추었다. 일부 성직자들에 의해 무용을 억제하려는 시도가 있었으나 일반 시민들은 무용의 표현에 집요하게 집착하였다. 즉 무용을 비난하는 여러 차례의 종교회의와 금지 지시에도 불구하고 도시나 농촌의 천민들은 무용을 즐겼으며, 그들은 무용으로 수호제, 5월제, 혼례와 진수제 등의 종교행사를 축하하였던 것이다. 포크댄스(fork dance)는 일반적으로 요란스럽고 활발하며, 수많은 도약과 회전이 거듭되어 활발한 형태로써행해졌다.

3) 귀족의 체육

'봉건귀족의 체육활동은 군무에 적응하며 교회를 위해 싸운다는 목적으로 한정된다'는 견해가 중세사회를 지배하였지만 귀족 신분인 기사들의 세계에 있어서는 체육활동이 매우 활발히 존재하였다. 이는 중세가 「체육의 암흑기 혹은 부재기」만이 아니라는 근거를 제공하는 것이 된다.

봉건 영주들의 서임(敍任)에 의해 성직자가 된 가신(家臣)들은 자신들의 사회관습을 그대로 교회에 옮겨 마상경기와 사냥 등을 즐겼으며, 공공연히 혹은 종교적 의미를 부여한 여러 가지 체육활동을 행하였다. 오랫동안 지속되는 전쟁은 기사계층의 생활에서 평소에도 전쟁과 유사한 형태의 훈련을 필요로 하게 되었으며, 궁술과 마술(馬術), 마상창시합, 검술, 체력단련은 귀족의 필수적인 요소가 되었다. 게르만 사회의 자유민 전사집단에서 행하던 성인식과 집단적 모의전투의 관습이 기사 서임식(敍任式)이나 말을 타고 무장을 갖춘 사람들에게만 허용되었는데, 이러한 마상경기를 스포츠의 형태로 만들어낸 것은 계급적 특권을 표현하고자 하는 봉건시대 귀족들의 독자성에 의해서였다.

봉건제도에 의해서 유럽의 사회가 안정되어 12~13세기에 이르자, 프랑스와 영국의 왕조(王朝)층에서 현대사회에서 볼 수 있는 것과 비슷한 스포츠가 출현하였다. 특히 구기운동이 눈에 띄는데 오늘날 테니스의 모태(母胎)인 폼(Jew de paume)이 그것이다. 또한 도시 귀족은 공놀이와 테니스뿐만 아니라 사냥, 댄스 등을 즐기고, 부유한 수공업자들도 오락이나 사격, 댄스 등을 즐겼다. 특히 중세의 귀족 스포츠로 중요시된 사냥은 그 성립 조건으로서 좋은 말과 명석한 사냥개 그리고 뛰어난 승마술과 노획물이 많은 산이 있어야 했다. 매사냥은 왕후나 귀족 그리고 숙녀들도 적극적으로 참가하였으며, 매는 노르웨이산과 지중해산이 좋은 것이었고, 매만 전문으로 사육·훈련시키는 사람이 있어 우수한 매가 육성되기도 하였다.

교회의 개혁운동(改革運動)과 십자군 원정으로 인한 마호메트(Mahomet)교 문화의 접촉으로 새로운 종교관 및 학문이 유럽에 소개되어 스콜라 철학이 발달하는 등 교회가 점차 안정되어 갔지만 세속적인 생활과 스포츠를 애호하는 성직자들은 여전히 존재하였으며, 전쟁에의 참여 횟수가 감소한 귀족들은 생활의 대부분을 차지하는 여가시간을 오락과 스포츠화 된 과거의 유산 및 새롭게 등장한 체육활동에 활용하였다. 처음 기사들은 체육활동에의 참여를 거부하고 여자들이 부르는 노래와 춤을 구경하였으나 봉건사회가 세련되어감에 따라 숙녀와 같이 춤추고 노래도 하였다. 즉 전쟁이 감소되고 사회가 안정되자 기사들은 전쟁적 무술을 스포츠로 변형시켜 이를 즐기고 유흥으로 삼았던 것이다. 그러므로 귀족의 체육활동은 기사체육으로도 표현될 수 있다.

이상의 중세 체육은 다음과 같이 종합 정리될 수 있다. 당시의 기독교 교육은 신체경시사상에 의해서 일부 체육활동의 흔적이 발견되기는 하나 전반적으로 보면 체육을 교육내용에 포함시키지 않았고, 체육이나 스포츠활동을 통제하였다. 성직자들은 신체를 악의 바탕으로 생각하고 정신을 통해 영생(永生)과 영혼(靈魂)의 세계를 찾고자 하였으므로 체육의 참된 이상과 가치를 찾지 못했던 것은 당연한 일이었다.

중세 기독교회가 체육활동에 반대한 이유는 첫째, 로마시대의 여러 스포츠 경기에서 나타난 잔인함과 비열한 성격, 둘째, 로마시대의 운동과 이교도(異敎徒)의 밀접한 관계, 셋째, 신체는 사악(邪惡)한 것이라는 신체경시사상 등의 요인에 기인한 것이라고 볼 수 있다. 그리고 중세 교회의 성직자들은 게임에 참가하는 것을 황제의 숭배로 보았다. 이는 금욕주의적인 기독교리의 정통성을 확보하고, 세속화되어 가는 교회의 정신적 각성을 일깨우며, 동시에 무질서한 사회의 윤리와 질서를 바로 잡기 위함이었다.

4. 기사체육

1) 기사의 기원과 사적 배경

4세기말 게르만족의 침입에 의한 서로마 제국의 멸망으로부터 그 기원을 찾을 수 있는 봉건제도(封建制度)는 일반적으로 8~12세기 유럽의 정치, 군사, 경제, 문화 등의 사회전반을 총칭하는 것으로 나타난다. 즉 중세 유럽의 봉건사회는 민족이동과 로마제국 몰락 후의 정치적, 사회경제적 상황의 역사적 산물이다. 이는 기본적으로 국가 공권(公權)의 해체와 사회의 전반적인 농촌화를 배경으로 성립되었으며, 정치적으로는 지방분권적인 사회요, 사회 경제적으로는 농노제를 바탕으로 한 농촌사회였다. 지방분권인 정치 질서 속에서 중세 봉건왕국이 싹트고 중세교회 또는 봉건사회와 밀접하게 결합하면서 발전하였다.

이와 함께 봉건제도는 다음과 같은 성립배경이 있다. 지중해와 서유럽을 통치하던 로마제국의 멸망과 외부 세력의 침략으로서 5~8세기의 유럽은 혼란을 겪는다. 즉 여러 민족과 종족들 간에 정신적 통일과 정치, 사회적 융합이 잘 되지 않아 혼란의 도가니에 빠진 것이다. 남쪽으로는 이슬람 세력이, 북쪽으로는 「주의 노여움」이라 불리는 바이킹(Viking) 족의 무자비한 파괴와 약탈, 동쪽으로는 한층 더 심한 광적인 잔인함으로 「반기독교의 사자」라고 지칭했던 마쟈르족(Magyars)의 침략이 있었다. 이로 인해 사방이 막혀버린 유럽은 유럽 내부에서 자급자족을 하게 되었고, 이러한 결과로 인해 토지가 중요한 경제 기반으로 등장했다. 생활 기반으로서의 토지는 언제나 외부의 침략으로 인해 빼앗기거나 황폐화될 위험이 있었으므로 유럽인들은 보다 강한 자에게 토지와 생명을 보호받기를 원했다. 결국 이러한 이유로 토지를 지켜주는 기사가 나타나게 된 것이다. 이 때문에 기사는 토지를 지키고 싸움하고 세금을 거두어들이는 역할을 하였다.

이러한 봉건제도는 경제적 기본으로 장원제도(莊園制度), 이것을 지키는 기사제도(騎士制度), 이러한 사회의 정신적 안정과 윤리의 교육을 담당한 종교인 교회제도(教會制度)가 있어서 당시의 사회를 나름대로 지탱해 갔다. 중세적인 제도의 핵심은 지배계급 사이의 내부적 관계를 구현하고 있는 봉건제도 외에 상부구조를 밑에서 떠받치고 있었던 하부구조인 장원제도가 있었다. 장원은 자급 자족적인 농촌 공동체로서 중세의 사회와 경제에 토대를 이루고 있던 기본 단위였다. 장원은 가신으로서의 귀족이 그의 주군으로부터 받은 봉토(封土)였고, 그것의 점유자는 영주라고 불렀다. 원래 봉건제도(feudal system 혹은 feudalism)는 봉토 · 영지(領地)를 뜻하는 「feud」에서 나온 말로서 유럽의 중세사회를 대변하는 말이다. 따라서 봉건제도는 위로는 왕에서부터 아래로는 기사에 이르기까지의 주종관계로써 맺어졌고, 그 본질은 토지의 경작과 혹은 전투에서 나타나는 봉사의 관념이었다. 그들의 봉사가 군사적일 때는 고상한 성격으로 나타나고, 토지 경작일 때는 비천한 보통성격으로 나타났다. 대체로 전형적 군주의 생활은 소유지와 전쟁에 열중했다. 여기에서 기사도(chivalry)의 제도를 가져온 것이다. 그렇기 때문에 기사의 교육은 봉건사회적 개념에 그 바탕을 두었다. 그리하여 고대 로마 이후 처음으로 세속적인 기사교육이라는 것이 시작되어 12세기의 십자군 원정 때 그 절정에 달하였다.

기사단원

기사(騎士 : knight)는 일차적으로 말을 탄 전사(戰士)라는 뜻을 지닌다. 위로는 국왕으로부터 아래로는 평기사에 이르기까지 모두가 기사였다. 기사는 8세기에 등장했다고 주장하는 연구자도 있고 10세기로 추정하는 연구자도 있다. 역사 속에서의 기사의 출현은 그렇게 극적이거나 훌륭한 영웅은 아니었다. 중세 기사의 출현에 관한 학문적인 연구는 아직 과제로 남아있다. 그러나 기사의 기원은 봉건제의 성립과 비슷하다고 유추할 수 있다. 왜냐하면 기사는 봉건제도의 핵심이었고, 봉건제도와 생사를 같이 한 측면이 있기 때문이다. 기사제도가 가장 성행했던 시기는 12~13세기경이었고, 그 후 시민계급의 등장으로 14세기 이후부터 점차적으로 쇠퇴하기 시작하여 15세기에 들어와서 그 활약이 거의 사라졌다. 그러나 16세기에도 여전히 현저했다는 주장도 있다. 결국 기사의 활약은 약 600~800년은 충분히 된다고 볼 수 있다.

기사 서임식(敍任式)은 법적 신분의 변화 일체를 눈에 보이는 동작을 통해 나타내려는 중세 사회의 특징적 경향에 부응하는 것이었다. 기사 서임식은 후에 종교적 의식으로 거행되었는데, 그 시기는 군사와 관련된 대축전 또는 부활절, 성령강림절 그리고 성탄절과 같은 교회의 대축일을 이용하였다. 이따금 젊은이는 서임식 전날 밤 목욕을 한 뒤 철야기도를 하고 날이 밝으면 갑옷과 투구를 착용한 귀족들과 전례의복을 차려입은 성직자들에 둘러싸여 장엄한 미사를 드렸다. 그 뒤 젊은이는 그의 영주 앞에 무릎을 꿇고 임무에 대한 일장 훈시를 들었다. 그 다음 종사(從士)가 전쟁, 종교, 부인에 대한 존경 등의 「기사도 이상」을 충실히 이행하겠다고 서약을 하고 나면 영주는 그의 어깨를 두드리면서 기사 작위를 수여하였다. 기사가 된 젊은이는 주교로부터 축복 받고 칼을 종교와 덕행을 위해 봉사하는 방향으로 사용하도록 축성 받은 뒤 의기양양하게 갑옷과 투구를 걸치고 교회문을 나섰다. 그 뒤에는 토너먼트, 연회, 그 밖의 축제가 벌어지는 것이 보통이었다. 기사 서임식은 여러 행위로써 이루어졌는데 고대 세계에서나 원시적인 사회에서 행해지는 성인식과 같은 의미를 가지는 것이라 볼 수 있다.

중세 봉건시대에는 우리나라 삼국시대 화랑의 설화처럼 아름다운 이야기가 많이 전해져 내려온다. 이는 봉건제도의 특성이 대부분 명예, 의리, 우정, 신의와 같은 덕목을 목숨처럼 여겼기 때문이다. 즉 외부의 침략이나 궁핍함 가운데에서도 봉건사회의 기사교육에서 「인간적인 미덕」을 발견할 수 있음은 결코 빈부(貧富)의 원리가 아니라 강한 신

중세 전쟁에 참가한 기사

체단련에서 강한 용기와 의리가 생겨난다는 점이다. 그러므로 기사도는 용맹과 충성과 신의를 가장 중요한 덕목으로, 비겁함과 배신을 악덕으로 간주했다. 명예를 존중하는 것 역시 기사의 덕목인데, 여성을 존중하고 여성을 위하여 헌신적으로 봉사하는 것을 명예로 생각했다. 그러므로 서양의 중세 봉건제도의 기사들이 받았던 기사교육은 중세 기독교에 의하여 강조된 자비 · 명예 · 관대, 약자의 보호, 기독교에 대한 충성심, 전쟁에 필요한 용기 · 인내 등이 주요 내용을 이루고 있었다.

영혼의 위대함을 위하여 저속한 욕망의 신체를 억압하는 중세 금욕주의의 풍조 속에서도 기사교육을 통하여 귀족을 대상으로 한 신체교육이 이루어졌다. 비록 그 내용이 초기에는 실제적인, 후기에는 형식적인 군사 훈련을 위한 것에 한정되었고, 그 목적은 아름답고 균형잡힌 우아한 신체의 발달을 목표로 한 그리스와 애국적 충동에 의하여 신체훈련을 한 초기 로마인들과는 달리 자기 방어라는 좁은 범위에 머물렀지만 기사교육은 고대의 신체교육을 계승하여 근대에 영향을 미쳤다는데 큰 의의가 있다고 볼 수 있다.

한편, 기사는 12~13세기의 전성기를 거쳐 14~15세기경 소멸하게 되는데, 이러한 원인은 구조적 요인과 결정적 요인의 두 가지로 설명할 수 있다. 구조적 요인의 첫 번째 문제는 계급적 정착이 폐쇄적 제도였다는 점이다. 즉 귀족계급에 속하는 기사는 새로운 귀족 기사가 나오는 것을 원하지 않아 세습화시켰다. 그리고 두 번째 문제는 기사가 무장을 하고 있었는데 무장을 위한 장비가 너무 비쌌다는 이유였다. 결정적 요인은 백년전쟁과 무기의 발달이었다. 즉 백년전쟁에서 군대가 생겨나 기사를 대신하였으며, 무기의 발달은 재래식 무기인 창이나 칼보다 화약이나 대포가 더 좋은 효과가 있었으므로 기사는 소멸의 상태로 갈 수밖에 없었다. 전쟁기술의 현저한 발달은 화약의 사용에 의해서 이루어지고, 이로 인해 기사의 특권은 크게 감축되었다. 그리고 국민의식의 증대와 강력한 군주제(君主制)의 전개가 귀족의 힘을 한층 약화시키고, 군주제가 봉건제도와 뒤바뀌고, 그리하여 봉건제의 기반은 무역과 상업의 회복과 도시의 발달, 새로운 사회계급의 발생에 의하여 무너지기 시작하였던 것이다. 이러한 이유로 인해 용감했던 기사는 명예와 존경의 대상으로 서서히 탈바꿈되어 갔다.

2) 기사의 교육

(1) 기사교육의 목적

콜럼비아 백과사전(The Columbia Encyclopedia)에는 기사의 지위를 '원로원보다 낮고 시민보다는 높다' 고 하였다. 그러므로 기사는 상류층의 귀족계급으로 간주되며, 귀족과 마찬가지로 직접적으로 생산활동이나 경제활동에 참가하지 않았다. 기사가 되기 위해서는 기사의 가계(家系)에서 태어나 엄격하게 규정된 훈련을 받아야 했다. 기사는 기병(騎兵)이었으므로 말과 완전무장으로 상징되는데, 완전무장은 공격용 무기로 칼 · 창 · 철퇴 등이 사용되었고, 방어를 위해서는 방패와 초기에는 철제 갑옷을, 후기에는 강철판으로 만든 비늘을 씌운 갑옷을 입었다. 머리에는 투구를 썼고 얼굴은 눈만 남긴 채 갑옷으로 가려졌다. 이렇게 무거운 무장으로 전투에 참가하여 군마(軍馬)를 효율적으로 부리고 어려운 검술을 능숙하게 해내기 위해서는 어려서부터 강한 훈련이 요구될 수밖에 없었다. 게르만 사회에서 종사(從士)들이 수장(首將)이나 왕의 관저에 모여서 사냥 등으로 무술을 쌓던 관습이 약간의 체계적 교육으로 바뀌게 되었다.

손인수(1996)는 남성적이고 군사적인 각종의 덕을 모조리 이행할 의무를 가진 것이 기사였다고 말하면서 기사교육의 목적을 다음과 같이 밝히고 있다. 첫째, 야만적 기질의 기사로 하여금 기독교적인 정신을 습득시키는 것이 기사교육의 기본이었다. 즉 기사교육의 궁극적인 목적이 기독교적인 무인(武人)을 양성하는데 있었음을 알 수 있다. 이 시대의 유일한 덕행은 용감이었다. 그리하여 기사의 군사적인 세 가지 미덕은 용기 · 충성 · 관용이었으며, 사회적 미덕은 예의 · 공손 · 자비에 있었다. 이러한 점에서 기사를 기독교적인 무인이라고 부른다. 둘째, 교회와 영주(군주)와 부녀자와 약자를 보호할 것을 교육하였다. 기사의 교육은 완전하고 우아한 기사를 만들기 위하여 정의 · 전쟁 · 사랑 · 종교를 가르치는 것을 목적으로 하였다. 또한 기사교육은 다음과 같은 십계율(The Ten Commandment)로서 교육의 목적을 뒷받침하고 있었다. 첫째, 기도하는 것, 둘째, 죄악을 피하는 것, 셋째, 교회를 지키는 것, 넷째, 과부와 고아를 보호하는 것, 다섯째, 여행을 하는 것, 여섯째, 충성스런 전쟁을 수행하는 것, 일곱째, 귀부인이나 숙녀를 위하여 싸우는 것, 여덟째, 정의를 지키는 것, 아홉째, 신을 사랑하는 것, 열째, 진실하고 성실한 사랑의 말을 듣는 것 등이었다.

이와 함께 기사교육의 목적은 「전쟁과 종교와 사랑」에서도 찾을 수 있다. 이는 전쟁이 중세 기사의 존재 이유이기도 했다는 점에서 그 가치가 나타나고 있다. 기사의 교육목적이 종교에 기반을 둔 이유는 시대적 여건으로 보아 기독교의 세력 확장이 급선무였기 때문이다. 당시 사회의 지배세력이었던 무지하고 야만적인 게르만 출신 기사들의 존재를 인정하고 지배세력으로서 그 정당성을 부여함으로 인해 기사를 교회의 영향력 안으로 끌어들여 교세(敎勢)의 확장을 꾀하려 하였던 것이다. 사랑을 위한 기사교육의 목적은 사회의 질서 유지 및 안정을 위한 것이었다. 실제 기사교육은 이기적이고, 개인주의적인 기술을 익히는 것을 목표로 두고 있었으며, 절제는 전투에 있어서 자신을 보호하기 위한 수련목표인 것이었다. 당시 사회와 종교는 용감하고 뛰어난 무술 수련자를 예찬하였으며, 이는 곧 자신의 명예와 부에 이르는 것이었다. 그러므로 여가시간에는 늘 전쟁적 기마술(騎馬術)이나 스포츠가 성행되었다. 「정신의 수련은 수도승」이 「신체의 수련은 기사들」이라는 식으로 중세는 통상 일컬어지고 있다.

기사교육에는 귀부인에 대한 헌신적 사랑과 봉사라는 개념이 있는데, 이는 프랑스의 궁중을 배경으로 한 것으로 판단된다. 이는 당시 로마의 세속적인 것과 융합된 것으로서 여성존경 사조(思潮)가 나타났다고 볼 수 있다. 사람들에게 가장 많이 알려진 부분은 사랑에 빠진 기사가 귀한 신분의 여인을 얻기 위해 말을 타고 질주하는 장면일 것이다. 그런데 여기에서 기사들이 사랑했던 여인들은 바로 유부녀였다. 프랑스 남부의 음유시인들이 노래의 형식을 빌어 극단적인 헌신과 봉사 그리고 순결의 노래로써 이를 매우 낭만적으로 구성하였지만, 사실 따지고 보면 프랑스식 간통(姦通)을 인정하는 것이라는 해석도 있다.

기사교육의 고상한 목적과는 달리 중세 사회는 기사를 포함한 봉건 영주들이 행한 횡포의 증거를 여러 곳에서 발견할 수 있다. 이는 기사 서임식에서 약속한 기사도 정신과는 차이가 있음을 알 수 있게 하는 것이다. 중세 기독교회와 왕들이 스포츠의 폭력과 무절제한 신체행위에 대한 금지령을 내렸음에도 불구하고 기사들이나 중세 시민들의 스포츠 폭력은 실제로 통제되지 않았다. 그리고 기사의 일상생활은 전쟁적 스포츠 형식을 취하여 그들이 즐기는 신체활동 역시 전쟁을 위한 스포츠로서 이루어졌다고 해도 과언이 아니다. 기사에 있어서 전쟁은 일종의 유흥이며, 자신의 명예를 과시하는 방법이고, 경제적 축적의 바탕이었으므로 자신의 존재 당위성과 함께 전쟁은 필수 요소처럼 되었다.

성주의 유력한 제후들은 가신(家臣)을 거느리고 인접한 영지를 잠식하기 위하여 전투를 하고, 일반 평기사는 봉건적인 의무와 주군의 승리, 전리품에 참여할 수 있다는 기대 그리고 하느님을 위해 죽은 사람에게 뿐만 아니라 자기의 주인을 위해 죽은 사람에게도 약속되고 있던 저 세상에서의 보상을 얻으려는 희망을 가지고 전쟁에 참여했다. 전쟁이야말로 귀족들의 주된 생업(生業)이었다. 우리가 일반적으로 기사들에게 가지는 선입견을 깨뜨리고 나타나는 그들의 단편적인 모습은 약탈과 파괴였다. 이러한 것들은 1023년경 보베와 소와숑의 주교들이 인근의 영주들에게 제안하여 당시 프랑스 국왕으로서 위그카페의 아들인 로버트(Robert) Ⅱ세에게 바친 평화서약의 표현을 통해 파악할 수 있다.

> 나는 어떠한 경우에도 교회를 침범하지 않겠습니다. 나는 오늘날의 무기를 들고 다니지 않는 성직자와 수도자, 창과 방패를 갖지 않고 그들을 수행하는 사람이 나에게 해를 끼치지 않고 나에게 잘못을 저지른 후 15일 안에 그것을 인정하는 한 공격하지 않겠습니다. 나는 황소나 암소 또는 돼지를 빼앗지 않겠습니다. 나는 그들로부터 돈을 갈취하지 않겠으며, 그들을 봐주는 대신 돈을 내게 하지 않겠습니다. 나는 그들의 생활필수품을 빼앗기 위해 그들을 채찍질하지 않겠습니다. 나는 목초지에서 암수 노새는 물론 암수 말 또는 병아리 한 마리도 빼앗지 않겠습니다. 나는 집을 부수거나 태우지 않겠습니다. 나는 전쟁을 핑계로 다른 사람의 포도나무를 베거나 뽑지도 않으며 포도 한 송이도 건드리지 않겠습니다. 나는 군에 봉사하거나 기마 순례를 하는 경우를 제외하고 또는 내 땅에 있는 경우를 제외하고 방앗간을 부수지 않겠으며, 거기에 있는 곡식에 손을 대지 않겠습니다. 상인이나 성지 순례자를 공격하지 않겠으며 그들이 잘못을 저지르지 않는 한 아무런 재물도 빼앗지 않겠습니다. 나는 나와 내 부하들의 생활필수품을 위한 경우를 제외하고는 마을 사람들의 가축을 죽이지 않겠습니다. 나는 귀부인과 그 수행원들을 공격하지 않겠으며, 과부와 수녀들을 돌보아 주겠습니다. 나는 이것을 서약하고 나를 위하여 이것을 준수하는 모든 사람들에 대하여 이것을 지키겠습니다. 나는

나에게로 속한 토지에 대해서만 예외로 합니다. 나는 또한 내가 성곽을 짓거나 공략하는 경우, 국왕이나 우리 주교들의 군대에 부름을 받을 경우, 내가 기마 순례를 하는 경우를 제외합니다.

(2) 기사교육의 내용

기사교육의 내용은 전쟁, 종교, 사랑을 실현시키기 위한 것이었다. 기본적으로 그들은 자신들의 존재 가치를 인정받기 위해 무사(武士)로서의 능력을 발달시켜야 했고, 사회적으로 온화한 품성을 단련시키기 위해 초보적이기는 했지만 시, 문학 등의 지적인 능력을 발달시키면서 예의범절의 훈련도 받았다. 그들에게 주로 사용된 교육의 방법은 모범과 실천이었다. 그리고 무엇보다 중요한 것은 교육의 내용이 비형식적이었고, 그때 그때의 사회적인 필요와 요구에 따라 수정되었다는 점이다.

기사교육은 출생부터 7세까지의 교육을 제1단계로 볼 수 있는데, 이들의 교육은 가정에서 행해졌다. 조직적인 교육은 제2단계(7세~14세)부터 이루어졌는데, 시동(侍童 : page) 시절을 말한다. 이들은 궁정이나 영주 저택에 보내져 다른 시동들과 생활하게 했으며, 이 시절에는 여주인에게 봉사하면서 예의범절을 배웠고 승마, 수영, 사격, 검술, 사냥, 장기, 작시(作詩) 등의 칠예(七藝)를 배웠다. 제3단계(14세~21세) 교육은 종사(從士) 혹은 시생(侍生 : squire) 시절로서 장래 기사의 경험을 쌓는 시기이다. 교육의 장소는 주로 군주나 훌륭한 성직자가 있는 성(城)에서 이루어졌다. 14세가 되면 종교의식을 거쳐 종사가 되는데, 이 때부터 전술훈련을 감시하는 기사들 앞에서 보내는 시간이 많아지며 운동도 매우 격렬해진다. 힘과 지구력을 기르기 위해 무거운 것 운반하기, 장거리 달리기, 완전무장한 몸으로 말등에 올라타기, 중무장으로 공중돌기, 기사 뒤에서 어깨에 뛰어오르기, 사다리를 이용하거나 이용하지 않고 벽 오르기, 가벼운 무장 혹은 비무장으로 수영하기, 창던지기, 라켓이나 나무 망치로 무거운 나무공치기 등을 하였다. 이밖에도 말타기와 무기 다루는 훈련을 하였고, 배고픔과 추위 그리고 수면부족을 견딜 수 있는 힘을 기르고자 하였다. 이러한 과정을 거쳐서 21세가 되면 한 사람의 기사가 탄생하게 되었다.

김회용(1992)은 기사교육의 주요 방법으로 남성 동성애(同性愛)와 모델링(modeling)을 설명하고 있는데 그 내용을 요약하면 다음과 같다.

첫째, 동성애를 보면, 마루(Henri Marrou)는 고대 희랍의 남성 동성애를 교육의 원초적 형태로 취급하여 모든 교육의 정상적인 양식이요 표준적인 형태로 보고 있는데, 희랍에서 남성 동성애가 언제 어떤 경위로 시작되었는지는 알 수 없지만 희랍 문화의 관습과 조망(眺望)으로서 지속되었다. 희랍의 동성애가 교육적으로 중요한 위치를 차지했음은 플라톤의 대화편 향연에 잘 나타나고 있다. 플라톤은 사랑하는 두 사람 사이에는 그들의 자식에 대한 부모의 연대 이상 '훨씬 더 밀접한 자의 연합'의 관계가 존재한다고 명백히 밝히고 있다. 크세노폰(Xenophon, B.C. 431?~355?)도 남성 동성애를 가리켜 '가장 아름답고 완전한 교육'이라고 말했다. 마루는 '희랍의 남성 동성애는 사실 봉건 중세를 통해 오늘날까지 명백히 잔존한 것 중의 하나라고 보았으며, 본질적으로 그것은 무사의 동료애이며, 군사적인 유형의 하나'라고 보았다. 중세의 기사들 사이에 동성애가 행해졌다는 중요한 증거는 기존의 기사들을 공격하면서 빈곤과 순결을 목적으로 했던 템플 기사단이 폐지될 때의 이유 중의 하나가 남성 동성애 때문이었다는 것이다.

둘째, 모델링(modeling)에 대한 설명을 간추려 보면, 기사교육에 있어서 종사(從士)의 교육은 기사나 동료들의 행동을 모방하는 것이 우선적으로 강조되었으므로 이를 모방학습(模倣學習)으로 분류할 수 있다. 기사교육의 방법으로 남성 동성애와 모델링이 사용되었음은 종사에게 있어서 기사는 교육의 대상이자 교육의 내용이었다는 것을 의미한다. 이는 오늘날 중등학교의 학생들이 교사가 좋아서 그 과목을 좋아하고, 그 교사에게 잘 보이기 위해서 열심히 공부하는 것과 같은 것으로서 이것이 교육의 중요한 과정 중의 하나임에 틀림없고, 이러한 예가 기사교육 방법 중의 하나로, 즉 기사는 모범적 시범에 의해 배운다는 것을 나타내고 있다.

기사제도는 봉건영주들의 각 지역내의 질서유지와 군사적 정치력의 강화를 위해 기사정신의 확립과 기사의 양성이 필요하게 되어 만들어진 제도이다. 기사들의 신체운동은 신체의 완전한 발육 · 발달을 위한 것은 아니며, 매우 공리적(公利的)이고 개인주의적인 경향으로써 실시되었다는 주장이 있기는 하지만 체육이 기사교육의 교과과정에 있어서 중핵을 이룬 것만은 사실이다. 청소년들이 체육활동을 통하여 전투능력, 사교적 우아, 스포츠 기술을 몸에 익힌 것이다. 귀족의 자제는 종교적 훈련과 예절훈련 그리고 약간의 지적 훈련을 받았으나 체육에 대부분의 시간을 소비하였다.

기사교육은 신체를 등한시하던 시대의 풍조 속에서 신체교육을 중시하여 고대의 신체교육을 근대로 계승하였다. 기사 서임식을 거친 정식 기사만이 시동(侍童)과 종사(從士)의 무사(武士)적인 능력을 가르쳤던 점을 고려할 때 기사가 되기 위해서 거쳐야 하는 시동과 종사로서의 긴 과정은 교사 양성기관이었으며, 오늘날의 졸업식에 해당하는 기사 서임식을 통해 교사로서의 자격을 인정받았다. 이러한 점에서 기사교육은 세속적인 교사 양성제도의 출발점이었다고 볼 수 있다. 그리고 기사의 행동에 있어서 무엇보다 명예를 중시했던 사상은 신사도(紳士道) 교육에 중대한 영향을 미쳤다.

중세의 전쟁장면 : 기마행렬 전술과 활(대궁, 소뇌), 검 창을 이용한 전투

3) 기사의 체육

중세 기사의 존재 이유를 「전쟁을 위한 무

인(武人)」으로 설명하기도 한다. 기사가 전쟁을 필요로 하는 이유는 첫째 전쟁은 자아실현의 장소이며, 자기 과시의 수단이고, 둘째 경제적인 부의 축적과 생계유지의 바탕이며, 셋째 가벼운 전쟁은 일종의 유흥이고, 넷째 전쟁은 기사의 명예와 직결되는 것으로서 마상경기에 있어서도 이러한 이해관계가 성립되고 있었다. 승리자는 자신의 명예와 함께 패배자를 포로로 하여 몸값을 받기도 하였으므로 뛰어난 스포츠적 무술과 강인한 체력단련은 최고의 교육이었던 것이다. 이로 인하여 「마상경기 순회」를 하는 기사가 생겨나기도 했다.

그러나 기사의 이상적인 조건은 유연하고 근육이 잘 발달된 신체와 함께 용기가 이에 못지 않은 매우 중요한 필수 조건이었다. 말하자면 대담성과 죽음을 두려워하지 않는 태도를 직업상 미덕으로 여기고 있던 사람들의 마음에 전쟁이 그토록 희열을 안겨 주었던 것도 따지고 보면, 전쟁을 통해 용기라는 미덕을 발휘할 수 있는 기회가 마련되었기 때문이다. 죽음을 두려워하지 않는 용기는 우두머리에 대한 헌신, 성전(聖戰)에 참여한 경우에 있어서 대의(大義)에 대한 헌신, 개인적 또는 집단적인 명예에 대한 열정 혹은 피할 길 없는 운명에 부딪쳤을 때 이를 숙명으로 받아들이는 자세 그리고 교회의 관여 흔적이 보이는 하느님을 위해 죽은 사람뿐만 아니라 자기의 주인을 위해 죽은 사람에게도 약속하고 있던 저 세상에서 보상을 얻으려는 희망 등으로 나타난다. 이러한 죽음을 두려워하지 않는 태도로서 임하는 싸움은 법률적인 의무일 뿐만 아니라 그들의 관습이었다.

기사제도에 있어서 체육의 목적이 자기 방어라는 좁은 범위에 한정되기는 하였지만 교육의 내용 면에서 보면 핵심을 이루고 있었다. 즉 기사들은 체육활동을 통하여 전투능력, 사교적인 품위, 스포츠 기술 등을 습득하였으며, 체육활동은 가정이나 교회 또는 성(城)에서 행해졌다. 많은 귀족의 자제가 기사가 될 것을 열망하여 성내(城內) 학교나 궁정 학교에서 체육 활동이 주가 되는 교육을 받았고, 소녀들도 궁정에서의 우아한 예의범절을 배우도록 성으로 보내졌다. 원래 전투적인 형태의 경기는 폭력적인 게르만인들 고유의 것으로서 기독교인들의 눈에는 이교도의 전통으로 비춰질 수 밖에 없었다. 실제 이러한 유형의 스포츠는 폭력적이며 무절제한 시민들과 어우러져 종종 혼란한 상태를 만들었다. 기독교회의 반대에도 불구하고 전투적인 형태의 경기는 쉽게 통제되지 않았고 유럽 곳곳에서 성행하였다. 그러나 토너먼트 등의 마상경기가 스포츠화 되고 기독교의 필요와 사회에서 존경의 대상이 되자 기사의 폭력과 횡포는 점차 줄어들게 되었다. 이는 체육활동이 기독교의 금욕교육과 함께 '기사의 난폭하고 거친 감정을 정화시킨 결과' 라고 볼 수 있다.

그리스의 올림피아나 기타 제례경기, 로마의 검투사 시합에 뒤지지 않는 기사의 호화찬란한 행사인 마상경기(馬上競技), 즉 토너먼트(Tournment)라고 불리는 기마무술경기는 1066년 사망한 프레윌리(Geoffroi de Preuilly)가 창시자라고 알려졌으나 이러한 경기의 관습은 895년에 트리버(Tribur) 종교회의에서 종종 죽음을 초래하는 「이교도의 경기」에 대해 언급하고 있는 것을 보아 보다 오래 전부터 이 경기가 진행되고 있었음을 알 수 있다. 모의 전투의 형태로써 진행된 이러한 경기를 총칭해서 토너먼트라고 부르는데, 이에는 메이레이(Melee : 亂鬪), 쥬스트(Joust :馬上槍試合), 퀸튼(Quintain : 창 과녁 찌르기), 비홀드(behourd) 등이 있었다.

* 마상경기를 포함한 기사들이 즐긴 체육활동을 살펴보면 다음과 같다.

(1) 토너먼트

메이레이(Melee : 亂鬪)를 포함한 토너먼트(Tournament)는 기사들이 두 진영으로 나뉘어 집단전투의 형태로써 마상시합을 하는 경기였다. 즉 소규모의 기병전(騎兵戰)과 같이 많은 기사가 두 편으로 나뉘어져 2열 횡대로 정돈하여 긴 창과 검을 가지고 싸우는 방식이다. 신호 나팔 소리와 함께 제1열의 기사들은 먼지를 일으키며 돌진하여 격전을 벌인다. 다음 나팔 신호로 제2열의 기사들이 격돌한다. 창이 부러지면 칼을 들고 싸우고, 말에서 떨어진 자는 적을 찾아 싸운다. 경기장을 전쟁터화 하여 평화시에도 실제 전쟁을 연상케 하는 경기였다.

토너먼트는 6세기경부터 집단승리 진출의 형태로써 자체적으로 행해지다가 10세기 이후에는 조직적이며 호화로운 형태로 변하여 관람석을 설치한 시합장에서 행해지게 되었다. 개최지 근처의 기사는 물론 상당히 먼 곳의 기사도 참가했으며, 성대한 시합에는 한 번에 수백 명이나 참가하여 수 시간에 이르는 시합에서 최후까지 승리하는 기사가 명예를 얻었다. 이는 전쟁시에도 개최될 정도였고, 중요한 정치적 군사적 회합에서도 행해졌으며, 세례 · 결혼 · 기사 수여식에서는 축제시합으로 이루어졌다.

토너먼트 (Tournment)

(2) 쥬스트

쥬스트(Joust)는 두 사람의 기사가 말을 타고 양편에 마주서서 긴 창과 방패를 가지고 전속력으로 달려가 창으로 상대방의 투구나 가슴을 찌르는 경기였다. 즉 두 기사가 말 위에서 1대 1로 창시합을 하는 경기이다. 말에서 떨어지면 칼을 가지고 싸우는 규칙도 있었다. 쥬스트 경기를 할 때에는 완전무장을 하고 날이 없는 칼과 창끝에 작은 평면의 판을 붙인 것을 가지고 싸웠다.

마상창 시합 : 쥬스트(Joust) 장면

(3) 퀸튼

퀸튼(Quintain)은 말 또는 배를 타

고 표적을 찌르는 경기였다. 창 표적 찌르기는 종자가 사라센(Saracens)인과 비슷한 모형의 표적을 찌르는데, 갑옷으로 무장된 인형을 단단한 봉으로 찌르는 것이었다. 표적은 가슴이나 헬멧이었으며, 무장한 적을 공격하는 인간 표적 찌르기도 행해졌다.

(4) 비홀드

이는 비홀드(Behourd)라는 조그마한 요새(要塞)를 두고 그룹간의 방어와 수비를 하는 모의(模擬)경기였다. 군사적 스포츠로서 귀족은 무기 조작의 기술을 연습하였으며, 이 경기에 대한 기술은 여러 가지가 있었는데 대체적으로 그룹으로 나누어 공격하고 요새를 지키는 모의전(模擬戰) 같은 경기였다.

(5) 사냥

사냥은 전쟁 준비를 위한 좋은 훈련으로서 귀족들 사이에서 행해졌으며, 농민은 영주의 허락을 받아야 했다. 기사들은 토너먼트 못지 않게 사냥을 좋아했다. 특히, 매사냥(hawking)은 귀족계급의 상징적인 오락물로서 성직자도 참가하였다. 또한 사냥은 숲 속의 좁은 공간에서 말을 마음대로 다루어야 하는 어려움 때문에 군사훈련의 효과도 있었으며, 육류가 풍부하게 공급되지 못하던 당시의 시대 상황으로서는 스포츠로서 그친 것이 아니라 주요 식량 공급원이 되기도 하였다.

(6) 무용

무용은 중세에 점차 쇠퇴하여 르네상스기와 귀족사회에서 화려한 향연 및 무도회를 자주 베풀던 후기에 특히 발전하였다. 초기의 기사는 무용을 여성다운 것이라 하여 부정하고 여자들이 부르는 노래와 춤을 바라보는 정도였으나 봉건사회가 점차 세련되어감에 따라 숙녀와 같이 춤을 추고 노래도 하였다. 흔히 지도자가 독창하고 참가자가 박수로 박자를 맞춰 반복하였으며, 경우에 따라 악기가 연주되는 일도 있었다.

(7) 기타

귀족들은 군사적인 스포츠로서 검술(escrime), 궁술 등을 즐겼으며, 특히 12세기경 프랑스에서 영국으로 전해진 폼(jeu de paume ; 테니스의 모형) 경기는 매우 성행하여 1292년 파리에는 서점이 8군데, 문구점이 1군데밖에 없었으나 폼 용구점은 13군데나 있었을 정도였다.

중세 때 테니스(jeu de paume ; 테니스 모형)을 즐기는 시민

參考文獻

高棋采(1991). 世界體育史. 서울 : 教學硏究史.
高麗大學校 大學院 中世史 硏究室 譯(1987) / Kirchner W.. 西洋 中世史 槪論. 서울 : 문맥사.
김 철(1996). 스포츠문화사. 전북 : 원광대학교 출판국.
金相九(1991). 世界 스포츠 · 體育史. 서울 : 成均館大學校 出版部.
김상순(1992). 스포츠사상사 – 인물편. 서울 : 보경문화사.
김상순(1997). 서양 체육사. 서울 : 도서출판 바탕.
金午仲 譯(1985) / Gillet, B.. 스포츠의 歷史. 서울 : 三星文化財團.
金午仲(1988). 世界體育史. 서울 : 高麗大學校 出版部.
金仁會 · 丁淳睦(1981). 教育의 歷史的 基礎. 서울 : 正益社.
김창룡(1995). 스포츠 철학. 서울 : 도서출판 대한미디어.
金泰吉 · 尹明老 · 崔明官 譯(1995) / Sterling Power Lanprecht. Our Philosophical Traditions. 서울 : 을유문화사.
金會容(1992). 中世 騎士의 教育에 關한 硏究. 慶尙大學校 大學院 碩士學位 論文.
羅絢成(1989). 世界體育史槪論. 서울 : 教育硏究社.
盧熙德(1988). 體育의 槪念變遷 過程에 對한 硏究. 國民大學校 大學院 博士學位 論文.
盧熙悳 · 吳東燮(1988). 近代體育思想史 – 獨逸體育을 中心으로 한. 서울 : 保景文化社.
大邱史學會(1983). 世界文化史. 서울 : 螢雪出版社.
大韓體育會(1991). 體育百科大辭典. 서울 : 教育出版社.
文化史教材硏究會(1996). 東西洋文化史. 서울 : 學文社.
박영도 譯(1962) / Rev. Frederick, Charles Copleston. A History of Philosophy(Mediaveal Philosophy). Westminster, Maryland : The Newman Press.
박영수(1998). 유행 속에 숨어 있는 역사의 비밀 – 고대 · 중세 편. 서울 : 살림출판사.
손인수(1996). 교육사 · 교육 철학의 이론과 실제. 서울 : 문음사.
申翰雨(1996). 世界文化史槪論. 서울 : 創文閣.
吳東燮(1991). 獨逸體育思想史. 서울 : 保景文化社.
윤학로 譯(1994) / Jacqueline Russ. 철학의 역사. 서울 : 예하출판주식회사.
이광주(1997). 大學史(이념 · 제도 · 구조). 서울 : 민음사.
이명숙 · 곽강제 譯(1990) / Berrand Russell. 서양의 지혜 : 그림과 함께 보는 서양 철학사. 서울 : 서광사.
이명원 譯(1996) / Jawaharlal. Glimpses of World History. 서울 : 세웅.
이윤희(1994). 에세이 세계사. 서울 : 백산서당.
이의철(1980). K. Barth의 인간이해에 관한 연구. 서울신학대학교 대학원 석사학위 논문.

정범모(1997). 인간의 자아실현. 서울 : 나남출판.
鄭沃根 · 韓東洙 · 梁鎬永 譯(1995) / 劉敦楨. 中國古代建築史. 서울 : 世進社.
정충하 譯(1992) / Haflecker, Andrew. Bulding A Christian World View. 서울 : 기독지혜사.
趙景來(1994). 西洋文化史. 서울 : 日新社.
조명렬 · 노희덕 · 나영일(1996). 체육사. 서울 : 형설출판사.
朱東珍 · 金東奎(1998). 新羅와 中世 유럽의 體育思想 比較. 영남대학교 스포츠과학 연구지. 5(1).
車錫基(1991). 教育史 教育哲學. 서울 : 集文堂.
崔喆淵(1991). 花郎道 體育과 騎士道 體育의 比較史的 考察. 慶熙大學校 大學院 碩士學位 論文.
忠北大學校 文化史教材 編纂會(1984). 世界文化史. 忠北 : 忠北大學校 出版部.
河在昌 譯(1990) / Hans Joachim St rig. 世界哲學史 上. 서울 : 培材書館.
한국교회찬송가위원회(1989). 큐티라이프 聖經. 서울 : 기독지혜사.
韓大熙 · 蔡守煥(1994). 文化史概說. 서울 : 양서원.
한인철 譯(1995) / Ronald A, Wells. History Through the Eyes of Faith – Western Civilzation and Kingdom of God. 서울 : 기독교 학생회 출판부 · 한국기독교 대학협의회.
韓哲河(1988). 西洋哲學史. 서울 : 大韓教科書 株式會社.
형성사편집부 譯(1986) / 소련과학 아카데미. 세계의 역사(중세편). 서울 : 형성사.
黃承源(1992). 中世 基督教 身體觀과 聖書 身體觀의 文獻的 考察 – 禁慾主義를 中心으로. 忠北大學校 大學院 碩士學位 論文.
黃種宣(1993). 中世 스포츠活動에 關한 硏究 – 西유럽을 中心으로. 高麗大學校 大學院 碩士學位 論文.
稻垣正浩言 尺(1988). 人間スーポツ史. 東京 : 大修館書店.
Carter, J. M.(1988). Sports and Pastimes of the Middle Ages. Boston ; University Press of America.
Siedentop, Daryl(1990). Introduction to Physical Education, Fitness, and Sport. California : Mayfield Publishing Company.
Van Dalen, Deobold B. & Bennett, Bruce L.(1972). A World History of Physical Education(2nd ed). N.Y. : Prentice hall.
Gerber, Ellen W.(1971). Innovators and Institutions in Physical Education. Lea & Febiger : Philadelphia.
Leonard, Fred Eugene & Affleck, George B.(1949). The History of Physical Education. Philadelphia : Lea & Febiger.
Hackensmith, G. W.(1966). History of Physical Education. New York : Harper & Row.

Baley, James A. & Field, David A.(1970). Physical Education and the Physical Education : an introduction. Allyn and Bacon, Inc. : Boston.

Nixon, John E. & Jewett, Ann E.(1980). An introduction to Physical Education(9th edition). Philadelphia : Saunders College.

Mandell, Richard D.(1984). Sport Cultural History. New York : Columbia University Press.

Kraus, Richard & Chapman, Sarah(1981). History of Dance in Art and Education. New Jersey : Prentice Hall, Inc..

Ⅵ. 전환기의 체육

1. 르네상스 휴머니즘과 체육

1) 역사적 배경

중세가 끝날 무렵인 15~16세기의 유럽에는 많은 변화가 일어났다. 도시계급의 안정화, 기사계급의 붕괴, 도시귀족 특권의 축소, 농민전쟁 등이 변혁기(變革期)의 운동들이다. 또한 무역활동이 발달됨에 따라 상품의 수요가 크게 늘었고, 생산방법도 가내(家內) 수공업(手工業)에서 공장제 수공업 체제로 전환되어 자본주의(資本主義)가 싹트기 시작하였으며, 활발한 상공업의 영향으로 경제적 힘을 가진 신흥귀족이 등장하였다. 상업과 무역의 발달은 봉건제도의 기반을 무너뜨렸으며, 지적 탐구의 새로운 정신은 스콜라철학을 흔들어 놓았다. 타국(他國)의 문물과 지식 그리고 그리스 · 로마를 연구함으로써 중세의 신(神) 중심주의에서 인간주의에로 지적인 해방과 개인의 재능이 확대될 수 있었다. 변혁의 시기라 일컬을 수 있는 이 시대에 고대정신의 재발견 운동이 일어난 것이다.

또한 이 시대의 대학(大學)은 신학(神學)의 권위로부터 과학을 서서히 해방시켰으며, 자연을 관찰하고 사실을 아는 것이 결정적인 기준으로 자리잡게 하였다. 종파적(宗派的)인 개혁과 통일적인 그리스도교 신앙의 해체, 과학에 의한 신학으로부터의 해방, 인생과 세계에 대한 새로운 사고(思考)가 발전하여 개인주의와 현세지향(現世志向)이 그 지표가 되었다. 그리고 새로운 지리학적 세계 의식은 미대륙의 발견(1492)과 최초의 세계일주 항해(1519~1522) 등의 성과를 가져왔고, 이로 인해 세계무역과 식민주의(植民主義)의 시작이 도래되었다.

르네상스(Renaissance)의 출현은 이러한 시대적 배경에 기초하고 있다. 즉 르네상스는 서양의 역사가 14~16세기에 이르기까지 중세에서 근세로 넘어오는 과도기에 나타난 문화를 총칭한다. 「르네상스」라는 말은 원래 '재생(再生) 혹은 부활(復活)'을 의미하는 프랑스어이지만 무엇을 재생시키고 부활시키는가에 따라서 그 해석은 넓은 의미와 좁은 의미로 이해된다.

넓은 의미로는 중세의 교권(敎權)에 의하여 규정된 기독교적 신(神) · 자연 · 인간관의 속박으로부터 해방되어 새로운 신 · 자연 · 인간관을 형성하고, 그렇게 함으로써 중세 신본주의(神本主義) 혹은 신(神) 중심사상에서 근세의 인본주의(人本主義) 내지는 인간 중심주의로의 전환을 지칭한다. 이러한 의미에서 르네상스는 휴머니즘(humanism)과 같은 뜻으로 이해되며, 그 적용 범위는 문예(文藝)와 미술분야뿐만 아니라 지리상의 발견, 자연과학적인 발견과 발명, 철학과 종교개혁운동 등을 포함한다. 그리고 좁은 의미로는 그리스 · 로마 고전문화의 부활, 즉 플라톤(Platon), 아리스토텔레스(Aristoteles), 키케로(Marcus Tullius Cicero) 등의 사상을 그리스어와 라틴어의 원전(原典)을 통하여 연구 · 부활시킴을 지칭하며, 이런 의미에서 흔히 문예부흥운동(文藝復興運動) 내지는 인문주의운동으로 이해된다. 르네상스라는 이러한 두 의미는 서로 보완적인 관계에 있다. 즉 좁은 의미의 르네상스는 14~16세기의 서양역사 내지는 문화의 발전과정을 지칭하며, 넓은 의미의 르네상스는 이 발전과정을 통하여 형성된 사상 내용을 지칭한다. 그리하여 르네상스의 의의는 중세적인 것에서부터 해방되는 새로운 인간성, 즉 인본주의에 입각한 인간의식의 확대에 고전문화의 연구가 겹쳐 이루어진 개념이라고 할 수 있다. 르네상스라는 말의 이러한 두 의미가 지닌 상호보완적인 관계를 보다 더 부각시키기 위해서 많은 학자들이 「르네상스 휴머니즘」이란 표현을 사용하고 있다.

르네상스 운동은 14세기부터 이탈리아에서 시작하여 전 유럽을 휩쓸었으며, 르네상스라는 말은 바자리(Giordio Vasari, 1511~1547)가 고전 미술의 재생이란 뜻으로 처음 시도하였다. 즉 바사리가 자신의 저서 『예술가의 삶 : Lives of the Artists』에서 치마부에(Cimabue, 1240~1337)와 지오토(Giotto, 1266~1337)로부터 미켈란젤로(Michelangelo, 1475~1564)에서 완성된 고대 미술의 부활을 「레나시타(renascita)」라고 부른 것이 처음이었다. 이어서 미슐레(Jules Michelet, 1798~1874)가 유럽 전체에서 발생된 16세기 상황을 「인간의 발견」이라는 의미로서 르네상스라고 하였다. 그리고 부르크하르트(Jakob Burckhardt, 1818~1897)가 그의 저서 『이탈리아의 르네상스 문화』에서 하나의 시대 개념으로 사용하여 보편적인 개념이 확립되었다. 따라서 르네상스의 인문주의적이고 구체적인 철학은 이때부터 신학과 분리되었다. 그것은 세속화(世俗化)되고 자율권을 획득하였다. 경험을 숭상하고, 신학에서 분리되어 나온 휴머니즘은 근대정신과 사유(思惟)를 특징지운 것이다.

르네상스 시대의 도래는 신체에 대한 사고 또한 새롭게 평가하게 되었다. 중세 수세기 동안에도 그러한 움직임이 일부 있었지만 결정적인 의미에서의 새로운 조명은 바로 르네상스기에 이루어진 셈이다. 체육과 예술이 이러한 새로운 자기 이해로부터 영향을 받았으며, 신체가 자연의 한 현상으로 접근되어 과학적 · 미적 관심의 대상으로 비춰지는 새로운 신체문화가 형성되었던 것이다. 다빈치(Leonardo da Vinci, 1452~1519)는 인간의 모습을 그리기 위하여 해부학을 연구하였으므로 이 시대의 그림은 인간의 근육과 구성을 표현하는데 있어서 거의 완벽할 정도였다. 그리고 흑사병(黑死病 : black death)에 의해 전 이탈리아인의 3분의 1이 사망하게 된 사건은 보건과 건강에 대한 관심을 높이는 계기가 되었다.

결국 르네상스는 인간의 현실생활을 긍정적으로 보고, 구속된 인간 사고를 해방시켜 사상의 자유를 쟁취하고자 한 문화현상으로 풀이될 수 있다. 중세의 개념을 「신(神) 중심주의」라고 간주한다면, 르네상스의 중심개념은 「인간 중심주의」라고 보아 중세의 봉건적 · 교권적 속박에서 벗어나 고대 그리스 · 로마의 인간상을 되찾고자 하였다. 그러므로 르네상스는 인간중심의 문화, 곧 휴머니즘의 문화라고 할 수 있다.

휴머니즘이란 말은 원래 인간성 · 인간미(人間味)를 뜻하는 라틴어 「humanista」에서 유래하여 인간을 인간답게 하려는 본성을 존중하고 옹호 · 실현하는 사상을 의미한다. 그러기 위해서는 '인간 고유의 이성 · 자유 · 박애 · 행복의 추구 또는 여기에 인간적 정의 및 본능적 욕구 등을 가한 인간성의 전체, 이들의 조화적 발전'을 추구하고 그 수단으로써 고대 그리스 · 로마의 문학, 예술, 종교, 철학, 과학 등에 관한 자유롭고 활발한 탐구를 강조하였다. 르네상스를 인문주의 · 인본주의 혹은 휴머니즘과 같은 개념으로 보려는 것은 이러한 이유 때문이다.

휴머니즘 역시 이탈리아에서 발생하였으며, 그 시초는 14세기까지 거슬러 올라간다. 1304년 독일에서 태어난 페트라르카(Francesco Petrarca, 1304~1374)가 최초의 휴머니스트(humanist)였다. 오늘날 일반적으로 사용하는 휴머니즘이라는 말은 인간 최상의 가치이며, 선과 악 같은 도덕적 가치들의 준거가 되는 사상을 의미하고 있다. 그러나 르네상스 시대의 휴머니즘은 이와는 다른 의미로 사용되었다. 휴머니스트는 「인문학」을 공부하는, 다시 말하면 고전문학, 라틴어, 그리스어 연구에 전념하는 사람을 지칭했다. 따라서 「르네상스 휴머니즘」은 14~16세기에 걸쳐 전개된 문예부흥운동을 통하여 형성된 인문주의 사상을 의미하며, 현대의 마르크시즘(Marxism)과 실존주의(實存主義) 휴머니즘까지를 포괄하는 통시적인 휴머니즘의 사상 일반을 의미하지는 않는다. 그러나 르네상스의 철학은 넓은 의미의 휴머니즘에 속한다고 볼 수밖에 없다. 이는 인간을 구체적 · 총체적으로 접근한다는 측면에서 의미하는 것이다. 르네상스는 문예 · 예술뿐만 아니라 지리학 · 천문학 등과 자연과학에서의 발견 · 발명 그리고 종교까지도 광범위하게 포함하고 있다.

2) 교육

그리스 · 로마라는 고대 세계의 재발견은 이 시대에 있어서 가장 중요한 문화적 관심사가 되었다. 그러므로 15~16세기 정신 변혁의 근본적인 현상은 그리스 · 로마 문화재를 수집하여 연구하고 모방하는 것에 의해서 고대 정신을 활성화하거나 습득하는 것이었다. 역사가인 부르크하르트는 이와 같은 경향을 르네상스(再生)라고 이름 붙였으며, 고대에 대해서 느끼고 있었던 경탄이 이 시대 교육의 사고방식을 규정하였다.

이탈리아에 고대 로마의 많은 유적이 있었다. 또한 귀중한 로마의 서적이 산재해 있었고, 경제적인 여유도 있어 이탈리아 각 도시에서는 르네상스의 원동력이 된 고전 연구가 활발하게 이루어졌으며, 이에 따라 이탈리아는 인문주의 운동의 근거지가 되었다. 14~17세기까지 유럽에서는 교육에 큰 영향력을 심어준 3대 운동으로서 인문주의(Humanism)가 먼저 나타났고, 이 사상을 바탕으로 도덕주의(Moralism)와 실학주의(Realism)가 계속해서 발생하였다. 이 세계적인 교육이론은 동시에 일어나지 않았으며, 또 통일된 모습과 같은 경로를 거쳐서 발달하지도 않았다. 이탈리아에서의 교육운동은 개인적 인문주의(Individual Humanism)로 나타났고, 그 후 북유럽에서는 사회적 인문주의(Social Humanism)로 나타났다. 북유럽 사람들은 이탈리아 사람들보다 신앙심이 두터웠으므로 개성의 발달이나 개인의 완성보다는 사회적 · 도덕적인 성향을 띠었다.

인문주의 교육은 두 가지의 큰 뜻이 내포되어 있다. 하나는 인문주의 교육이 대상으로 삼는 「인간의 발견」이고, 다른 하나는 인문주의 교육이 지향하는 좋은 인간을 길러내기 위한 교육내용, 즉 「교육과정」에 관한 것이다. 인문주의를 의미하는 Humanism이란 어원적으로 「인간(human)」이란 의미와 「인문학 또는 인문과목(humanities)」이라는 뜻을 그 속에 담고 있다. 또한 인문주의 교육의 의미는 「paideia」 혹은 「humanitas」로 불리는 자유 인문교육의 내용을 통해서 이해된다. 결국 인문주의 교육은 인간존엄 사상에 기초한 인문학의 연구를 통해서 파악된다.

인문주의 교육이 지향하는 이념은 첫째, 신(神)에의 봉사보다는 인간의 자기완성이 중심이 되는 교육의 실천이며, 둘째, 인간의 실생활과 관련된 교육의 실용성이 강조되고, 셋째, 개인의 자유와 인간 해방을 추구한다. 이는 개성의 신장과 연결된다. 그리고 네 번째는 도덕적 인간의 실현이다. 그들이 강조하는 이상적 웅변가의 상(像)은 도덕적으로 선량하고 유식하며 화술에 능한 전인교육(全人敎育)이다. 또한 인문주의의 기본적인 틀은 전통적인 그리스도교의 초월적인 인간상이었다. 그러므로 학식이 있는 많은 사람들은 인문주의에 정통하고 있었다고 할 수 있다. 이들 중에 피콜로미니(Alneas Silvius Piccolomini, 1405~1464)는 인문주의적 사상을 그리스도교의 교회에 끌어들여 그리스도교적 휴머니즘을 탄생시키는데 공헌하였다. 그리스도교적 휴머니즘의 특징은 현세를 긍정하는 것과 내세에 대한 기대의 통합으로서 자연세계의 관찰을 인정하고 인간의 신체적 존재도 인정하여 초기 그리스도교적 믿음에서 벗어나 인간을 또 다른 신의 창조물로 간주하는 것이었다. 이러한 그리스도교적 휴머니즘은 학교체육의 성장에도 큰 의미를 가져다 주었다.

르네상스 휴머니즘의 교육목표는 이러한 문제들을 배경으로 하여 자유와 함께 품위 있고 교양 있는 인간성의 개발이었다. 문학에 대한 교육과 수사학(修辭學)의 습득, 고대 철학과 역사의 인식 그리고 신체적인 단련 등을 통해서 교육목표를 달성하려 하였다. 그러므로 인문주의자들은 전(全) 인격의 조화적 발달을 추구하였던 아테네인의 이상(理想)을 재현시키려는 데에 교육목적이 있었다. 즉 14~15세기 전환기의 새로운 교육사상인 인문주의의 발전은 이상적인 인간을 자의식(自意識)적이며 세속 긍정적이고, 신체적인 면을 포함하여 모든 면에서 교양을 갖춘 고대 정신의 수련이 축적된 자로 보았다. 고전문학을 통하여 풍부한 지성을 지니고, 신체적으로 건전하며, 사회적으로 정통하고, 미에 대하여 민감하고, 올바른 예의를 갖춘 인격을 요망하였다.

또한 북유럽은 학생들이 여행이나 군대의 원정에 의해 이탈리아와 교류를 갖게 되어 남부 여러 도시의 인문주의와 접촉하게 되었다. 그리하여 16세기에 들어서면서 인문주의는 전 유럽적인 운동으로 확대되고 학교에도 영향을 주어 고대 문헌학, 역사, 고대 철학, 시학(詩學), 수사학 등이 교육의 중심 교과가 되었으며, 라틴어 학교에서는 고전 라틴어, 그리스어, 고대 시(詩)의 수업을 우선시 하였다. 당시 독일권에서는 새로운 지적 교과를 학교제도 속에 확산시키는 것이 가능하였으므로 대학에서 신학은 지도적인 지위를 상실하게 되었다. 그리고 인간이 연령에 따라 고유한 특성이 있는 것을 자각하여 연령에 맞는 교육에의 노력을 기울였다. 인문주의에서 강조된 가장 훌륭한 교육이론 중의 하나는 교사가 어린이들의 인격을 존중하고 이해하는 것이었다. 이러한 교육이론은 교사와 어린이들과의 친밀한 관계를 유지하게 하고, 어린이 개개인의 능력에 맞도록 적절한 수업을 할 수 있게 할뿐 아니라 과거의 틀에 박힌 교육에서 벗어나 흥미를 가지게 하였다.

최초의 휴머니스트인 페트라르카(Francesco Petrarca, 1304~1374)는 고대의 자유 분방한 교육의 개념을 이해하여 논리학과 스콜라철학 대신 고전 연구를 함으로써 르네상스를 일으키는 원동력을 제공하였다. 이는 중세 교리주의의 붕괴를 촉진시키는 촉매제 역할이 되었다. 또한 구텐베르크(Johannes Gutenberg, 1394~1468)는 인쇄술을 보급하여 르네상스기의 연구논문이나 교육논문 및 고전 서적의 신속하고 대규모적인 전달을 가능하게 하였다. 베르게리우스(Pietro Paolo Vergerius, 1349~1420)는 "좋은 도덕, 자유스러운 학문(Desiderius Ingenius Moribus et Liberalibus)"이라는 교육에 대한 인문주의적 논문을 처음 발표하여 이것이 학교나 학자들의 지침서가 되게 하였다. 네덜란드의 에라스무스(Desiderius Erasmus, 1466~1536)는 고전을 출간하고 라틴어와 그리스어의 문법이나 교과서를 만들었으며, 많은 교육논문을 발표하였다. 특히 체육에 공헌한 사람은 영국의 엘리어트(Thomas Elyot, 1490?~1546)와 애스컴(Roger Ascham, 1515~1568) 등 이었다.

그러나 르네상스기의 인문주의자들은 개인적인 학식과 욕구에 여념이 없었기 때문에 그 시대의 전통과 인습은 각성하지 않고 자유와 자기 표현에만 열중하여 결국 개인의 방종으로 떨어지고 말았다. 고전 문학이라는 좁은 의미의 형식적 훈련에 맹목적으로 따랐기 때문에 인문주의의 미적, 사회적, 신체적 목적은 점차 사라져 갔다. 이와 같은 초기의 인문주의는 꽃이 피기도 전에 시들어 버렸다. 그럼에도 불구하고 르네상스 인문주의는 근대 문화에 큰 공헌을 하였다고 볼 수 있다.

3) 체육

르네상스 시대의 체육은 이탈리아의 휴머니스트, 즉 인문주의자에 의해 시작되었으며 중세에서 멸시되었던 신체가 다시 정신과 대등한 위치를 회복하게 되었다.

이 시기의 체육은 펠트라(Vittorio da Feltra), 베르게리우스(Pietro Paolo Vergerius), 피콜로미니(Alneas Silvius Piccolomini), 엘리어트(Thomas Elyot), 애스캄(Roger Ascham), 메르쿠리알리스(Hierohymus Mercurialis) 등을 통하여 알 수 있으며, 몽테뉴(Michel Eyquem de Montaigne), 로크(John Locke), 루소(Jean Jacques Rousseau) 등에 의해 체육사상이 체계화되어 갔다. 그리고 루소의 사상에 강한 자극을 받았던 바제도우(Johann Bernhard Basedow)가 청소년의 교육에 체육을 포함시켜 근대 체육이 토대를 굳혔고, 그때부터 본격적으로 체육실천이 확대되었다. 이러한 움직임은 현대 체육을 이해하는데 매우 중요한 의미가 있다.

인문주의는 초기 이탈리아에서 발생한 「개인적 인문주의」와 후기 북유럽을 중심으로 한 「사회적 인문주의」로 구분되는데 두 사상간에는 공통점과 상이점이 공존하며 체육활동에 있어서도 역시 그러하다. 즉 초기의 인문주의자들은 인간의 조화적 발달을 개성의 신장에서 구하여 기초적인 신체의 발달과 숙련에 주의할 것을 강조하였다. 그들은 가치 있는 목적을 향하여 체육을 육성하지 않으면 안 된다고 경고하고, 신체와 정신을 약화시키는 습관을 없애려는 의미에서 청년들에게 체육을 장려하였다. 또한 이 시대에는 질병과 신체와의 관계에 대한 문제가 대두되기 시작하였다. 유럽 전체에서 발생한 흑사병의 원인과 병세 그리고 치료를 증명한 많은 연구는 공중위생 관리를 위한 최초의 대규모적인 시도였으며, 많은 논문에서 전염병에 대한 격리 · 교통차단 · 소독 · 청결 · 공중시설 · 절제 등의 중요성을 지적하였다. 인문주의자들은 '건전한 정신은 건전한 신체에서 깃든다'는 고전적인 이상을 굳게 믿었고, 훌륭한 신체기관은 활발한 지성과 상관관계를 갖는다고 생각하였다. 이와 함께 체육은 시대의 요구, 특히 전쟁 준비를 위하여 필요한 것으로 인식하여 국가의 안녕과 개인의 발달을 위해 필요하다고 생각하였다. 피우스Ⅱ세(Pope PiusⅡ, 1405~1464)가 '숭고한 지위에 운명 지워져 있는 청년은 군사훈련을 더욱 많이 받아야 한다. 터키로부터 기독교 나라를 지키는 것은 제군의 사명이다'라고 말한 것으로 보아 당시의 성직자나 서민들은 국가 안위적(安危的) 목적으로 체육을 인정하였다.

이 시대의 학자였던 베르게리우스는 학문과 마찬가지로 무술의 훈련도 국가와 군주에게 매우 중요함을 인식시켰다. 그리고 그는 개인차를 인정한 최초의 학자로서 '신체운동을 선택할 때에는 개인의 여러 조건을 고려하는 것이 중요하다'고 말하였으며, '소년시절에 심한 운동으로 성장이 방해되거나 신경이 과로하지 않게 주의해야 한다'고 하여 운동의 방법과 강도에 대해서도 언급하였다. 베기우스(M. Vegius, 1405~1458)도 국가의 안녕과 개인의 안전을 유지하는데 필요한 전쟁 기술을 청년들에게 습득시키기 위하여 신체운동을 장려하였다.

반면에 사회적 인문주의자들인 북유럽의 교육자들은 신체와 정신과의 관계를 유기적인 통일체로서 인식하고, 신체와 정신과의 상호관계를 인정하였다. 그러나 그들은 초기 이탈리아 인문주의자들의 체육에 대한 넓은 개념은 파악하지 못하였다. 그들은 장래 지적 노동자의 필수요건으로 어릴 때부터 신체를 단련해야 한다는 점에서 체육의 중요성을 인정하였지만 신체의 미(美)나 체력에 대한 고대 그리스인의 감각에는 도달하지 못하였다. 그 원인으로서 초기 이탈리아의 인문주의는 개인의 전체적 발전을 중요시하고 체육의 가치를 인정하였으나 개인보다 사회나 종교개혁에 마음을 집중한 독일의 인문주의자들은 그 가치를 인식하지 못하였기 때문에 청년의 신체발달을 포함한 교육의 이상을 전개할 기회가 없었다.

인문주의가 체육활동을 적극적으로 발전시키는데 있어서는 다음과 같은 사상적 배경이 있었다. 첫째, 세속에 의한 기쁨은 신체에 대한 긍정적인 사고를 포함하고 있다는 것이다. 즉 아름다움, 건강, 신체적인 유능함은 가치 있는 재산으로서 이러한 인식은 성직자들 사이에서도 다양하게 확산되고 있었다. 둘째, 고대 정신과의 만남은 고대 문헌의 수집과 평가를 통하여 그리스의 짐나스틱(Gymnastic)과 로마의 신체훈련을 비교 · 대조케 하였다. 이와 관련하여 1569년 이탈리아의 의사인 메르크리알리스가 저술한 6권의 『체조술』은 유명하게 되었다. 셋째, 인문주의는 인간의 인격을 존중하여 어린이의 발달단계와 연령에 따른 고유한 특성에 대한 이해를 강조하고, 운동충동, 유희충동, 레크레이션의 욕구가 교육학의 중요한 관점이 되었다.

인문주의적 교육의 사고방식, 고대의 전통, 전환된 교육사상은 체육활동을 일정한 방향으로 향하도록 하는 요인으로 작용하였으며, 체육활동은 이러한 전제하에서 교육의 한 수단이 되었다. 그러므로 인문주의적 교육사상은 신체적인 수련의 이념을 학교에 끌어들이려는 것이었다. 그러나 체육활동의 형태는 아직 실천적 단계에는 도달하지 못했다. 따라서 체육활동의 대부분은 수업 외에 전개되는 일반적인 현상 그대로였으며, 형식적으로 이들 활동은 후기 중세에 행해졌던 스포츠 종목인 달리기, 뛰기, 던지기, 수영, 검술, 승마, 레슬링, 춤, 유희 등을 따르고 있었다.

인문주의는 학교체육에 결정적인 돌파구를 열지는 못하였는데 그 이유는 다음과 같다. 첫째, 인문주의는 16세기 후반 이후 점점 문학적인 학식에 국한되어 생활과 관련되는 힘을 잃어버렸다. 둘째, 종교개혁은 어느 정도 인문주의를 새로운 노선으로 유도하였지만 휴머니즘적인 내용은 종교 개혁적인 사상과 중복되고 있었다. 셋째, 인문주의는 엘리트적 성격을 극복하지 못하였기 때문에 대다수의 민중은 인문주의와 대부분 어떠한 관계도 없었다.

그러나 인문주의는 중세 후기에 행해지던 신체활동 형태와 결별하지 않았으며, 오히려 새로운 정신운동이 14~15세기의 전통을 강화하도록 작용하였다. 도시제도의 현저한 발달에 의해 중세 후기의 스포츠 구조를 존속시키기 위한 사회적인 풍토가 존재하고 있었다. 16~17세기초에 걸쳐 전승(傳承)적인 스포츠의 활동형태가 확산되고 세분화되었다. 마상경기가 도시귀족들 사이에서 유행하였으며, 검술과 사격도 대단한 인기를 누렸다. 특히, 시민축제에서 스포츠적인 경기회가 빈번히 개최되었으며, 경기종목도 달리기, 뛰기, 던지기, 조정, 승마 등이 계승되고 있었다. 도시의 생활형태는 농민으로 생활하는 지방에도 영향을 주어 특별한 축제 때에는 지방사람들 사이에서도 도시에 기원을 둔 유희형태와 경기형태가 많이 행해지고 있었다. 결론적으로 16세기는 스포츠의 형태가 다양해지려는 움직임이 일어나고 있었지만 규칙과 조직을 형성하기에는 미흡하였으며, 모든 활동이 우연성, 자발성 그리고 여러 풍습에 의해 성립되고 있었다고 볼 수 있다.

4) 체육관련 인물

(1) 베르게리우스

베르게리우스(Pietro Paolo Vergerius, 1349~1420)는 저서인 『좋은 도덕과 자유스러운 학문』에서 신체운동과 신체훈련에 대한 교육론을 전개하였는데, 그의 교육관은 이성(理性)의 훈련과 이성에 복종하는 신체의 훈련을 병행시키는 것이었다. 즉 군사적인 목적으로 이성과 신체훈련의 병행을 주장하였다. 기사도는 근육이나 대담함보다는 세련된 기량으로 칼 · 창 · 봉의 사용법이나 수영 · 주도(走跳) · 레슬링 · 창던지기 · 활쏘기 · 승마 등을 연마해야 한다고 주장하였다. 그리고 레크레이션의 필요를 역설하여 피곤한 정신과 신체에 대한 휴양으로서 사냥 · 수영 · 낚시를 권하였으며, 지적으로 지쳤을 때에는 승마와 가벼운 산보가 좋다고 주장하는 등 근대적인 레크레이션을 역설하였다. 이러한 주장은 그의 "참다운 인간에 대해서"라는 논문에서 찾아볼 수 있는데, 그 내용은 인격교육, 고등 · 보통교과, 신체운동과 무술훈련, 레크레이션 등으로 구성되어 있다.

(2) 펠트라

펠트라(Vittorio da Feltra, 1378~1446)가 만투아(Mantua)라는 곳에 설립한 학교인 라 지오코사(La Giocosa)는 인문주의 시대의 가장 훌륭한 학교 중의 하나였으며, 환경은 현대의 학교를 능가할 정도로 우수하여 이 학교를 「즐거운 집」이라고 불렀다. 그리고 이 학교에서는 강의중심 교육이 아닌 새로운 교육방법을 채택하여 당시의 교육계에 새로운 풍조를 가져오게 하였다. 즉 넓고, 맑고, 밝은 자연환경 속에서 게임이나 운동을 교육활동에 포함시킨 계획적인 신체활동으로써 지육(智育)의 활동, 덕육(德育)의 활동 등을 효과적으로 이루게끔 노력하였으며, 학생의 건강관리로서 식사에도 많은 신경을 썼다고 전해진다. 그러므로 이 학교에서는 체육 교과목이 차지하는 비중이 매우 컸는데, 그 이유는 체육활동을 통한 방종과 유약에 대한 건전한 교정의 효과를 인정했기 때문이다. 학생들의 체육활동은 주로 공놀이, 도약, 달리기, 펜싱, 승마, 하이킹 등이었다. 그리고 군무에 복무하여야 할 귀족의 젊은 이들에게는 로마의 병사나 중세의 기사들이 행한 훈련이 가해졌다.

(3) 메르쿠리알리스

메르쿠리알리스(Hierohymus Mercurialis, 1530~1606)는 르네상스 시대의 휴머니스트로서 문헌의학자(文獻醫學者)이면서 의학적 체조술(gymnastica medica)의 부활을 위해 노력한 사람이다. 그는 1569년 라틴어로 『체조술』을 출판하여 교육론이나 체육론에 의학적인 기반을 부여하였는데, 그 표제에 '고대인에 있어서는 아주 유명하나 우리들의 시대에 있어서는 알려지지 않은 체조술 6권의 책,

메르쿠리알리스
(Hierohymus Mercurialis)

여기서는 고대에 있어서의 모든 운동의 종류, 장소, 실시법, 효과 그리고 인체의 운동에 관한 모든 것이 정성껏 서술되어 있다. 의사가 아니어도 고전고대(古典古代)의 연구나 건강 유지를 위해 노력하고 있는 모든 사람에게 대단히 유익한 책, 의사, 철학자, 페르리 출신 히에로니무스 메르쿠리알리스 저'라고 적혀있다.

그의 저서 1~3권은 고전고대의 체조술과 신체운동, 4~6권은 구체적인 이용방법을 논하고 있으며, 내용 구성은 다음과 같다.

1권 : 의학, 위생학, 체조술은 어떠한 관계를 갖고 있는가?

2~3권 : 신체수련은 노동이나 운동과 어떻게 구별되어 있는가? 어떠한 운동 종목이 있는가?

4권 : 건강의 유지 · 증진을 목적으로 신체운동을 이용할 경우 어떠한 일반적 원칙을 알아두어야 하는가?

5~6권 : 각각의 운동 종목은 어떠한 의학적 효과를 갖고 있는가?

또한 메르쿠리알리스는 신체수련을 '건강유지 또는 양호한 상태를 준비하기 위해 호흡의 변화를 동반하는 자발적인 운동'이라고 정의하였다. 그리고 그는 서서히 운동하는 습관을 몸에 익혀야 한다고 강조하면서 모든 사람들에게 똑같은 운동을 요구하고 있는 것이 아니었다. 모든 사람들에게 격심한 운동이 적당한 것이 아니기 때문에 신체나 운동의 종류를 상세히 조사할 필요가 있다고 보았다. 아울러 그는 운동의 유형을 준비운동, 주운동, 정리운동 등으로 구분하면서 운동의 필요성을 다음과 같이 제시하고 있다.

첫째, 분비물을 제거하는 것이 운동이고, 만약 운동을 게을리하면 분비물이 제거되지 않기 때문에 유해한 병에 걸린다.

둘째, 운동은 신체의 건강을 증진시키고 신체의 여러 힘이나 지체(肢體)를 강화한다.

셋째, 운동은 건강의 유지에 필요하며, 동시에 신체의 궁극적 목적인 양호 상태의 확보에 유익하다.

넷째, 음식의 섭취와 운동이라는 소비와의 형평에 의해 건강이 유지 · 증진된다. 이는 히포크라테스(Hippocrates)의 견해가 메르쿠리알리스에 의해 계승된 것이다.

다섯째, 습관적으로 운동하지 않으려 하는 사람들은 쾌락이나 태만에 빠져 버린 자, 대단히 우둔하여 자신이 상처 입는 것을 모르는 자, 스스로 자연에 반항 하는 자 등으로 비난하였다.

(4) 피콜로미니

피콜로미니(Alneas Silvius Piccolomini, 1405~1464)는 그의 저서『자유교육론』에서 교육의 요소를 자연 · 단련 · 실천으로 구분하여 교육에 있어서 정신과 신체 양자의 발달을 중시하였으며, 위엄과 품위를 지키기 위한 올바른 자세교육도 요구하였다. 그리고 신체를 형성하는 기능적인 효과의 중요성을 주장하였다. 신체단련의 목적은 좋은 태도, 견실한 행동, 강한 체격의 양성이었으며, 이의 실현을 위해 활·창·투석·승마·도약·수영 등의 운동이나 게임을 권했다. 또한 그는 일로부터 쉬는 것은 일을 계속하기 위한 필요조건이고 생존의 법칙이라고 하였다. 여성, 성직자, 일반 시민들도 좋은 습성을 위해서 생활체육의 실천이 중요하다고 강조하였다.

(5) 엘리어트

영국 출신의 엘리어트(Thomas Elyot, 1490?~1546)는 그의 저서인 『통치자의 책 : The Book Named The Governor』에서 젊은이들에게 적합한 신체운동에 관심을 나타내고 달리기와 사냥을 권하였으며, 위험에 대한 적절한 방지책으로 레슬링을 권하였다. 무거운 돌이나 봉을 들어올리거나 던지는 운동, 아령 운동, 테니스 등을 장려하였다. 승마·검술·전투술·궁술 등은 전쟁에 적합한 운동이라고 생각하였고, 수영·카드놀이·장기 또한 장려하였다. 그리고 『건강의 성(城) : The Castle of Health』을 저술하여 의학에 대한 지식도 가르치려 하였다. 또한 그는 '덕을 비추어 볼 때 모든 무용이 모순이라는 의견에 찬성하지 않는다' 라고 주장하였다. 그러나 그는 축구에 대해서는 그다지 좋은 생각을 가지고 있지 않았는데, 당시 영국의 상황이 그로 하여금 그러한 생각을 가지도록 했다. 그가 장려하였던 운동은 고전자료에서 제공된 것이었다.

(6) 애스캄

엘리자베스(Elizabeth) 여왕의 가정교사였던 애스캄(Roger Ascham, 1515~1568)은 그의 저서 『학교 교사 : The School Master』에서 '젊은 신사들은 항상 품위 있고 신사적인 유희를 즐겨야 한다' 라고 주장하였다. 말타기, 창시합, 무기의 취급, 궁시(弓矢)나 철포 쏘기, 주(走), 도(跳), 뛰어넘기, 수영 또는 춤과 노래, 사냥, 테니스 등의 운동을 매우 품위 있고 대단히 유익한 행위라고 주장하였다. 애스캄이 권장한 운동은 과거 기사(騎士) 훈련과 이탈리아의 인문주의자가 추천한 것을 혼합한 것이었다.

면죄부 판매 장면

2. 종교개혁기의 체육

1) 역사적 배경

이탈리아에서 발생한 르네상스 운동이 학문과 예술의 새로운 기운을 일으키며 범 유럽으로 확대되고 있을 때 종교개혁(宗敎改革)이라고 하는 또 하나의 운동이 독일을 중심으로 일어났다. 이는 16세기 독일에서 발생하여 여러 유형의 정치적·사회적 파급효과를 동반하면서 독일의 대농민 전쟁

(1524~1593), 슈마르칼덴 전쟁(1546~1547), 30년 전쟁(1617~1660), 영국의 청교도혁명(1640~1660) 등의 종교분쟁을 일으켰다. 종교개혁의 중심인물은 독일의 루터(Martin Luther, 1483~1546)와 프랑스의 칼뱅[1](Jean Calvin, 1509~1564)이었다. 이들에 의해 중세이래 오직 하나의 로마 카톨릭(Catholic)교회로만 존재했던 그리스도교회는 프로테스탄트(Protestant)교파의 등장으로 복수화 되었다.

종교개혁이 일어나게 된 역사적 배경은 중세 말의 유럽사회가 전면적으로 변화하는 과정에서 날로 증가하는 이단(異端)운동, 신비주의[2]의 대두, 교황의 권위에 대한 회의, 그리고 교황 및 교회의 타락과 형식주의(形式主義)에서 찾을 수 있다. 이와 함께 르네상스 운동의 영향도 종교개혁의 탄생에 중요한 배경이 되었다. 특히, 북부 유럽의 사회적 인문주의 정신과 근접하여 르네상스로 확산된 세속적 분위기가 종교개혁을 일으키는 터전을 마련하였다고 볼 수 있다. 그러므로 종교개혁은 르네상스 휴머니즘의 연장선에서 이해될 수 있다. 그 당시의 성직자들은 세속적이고 현세적인 욕망의 충족에 타락하여 풍자와 비판의 대상이 되었으며, 교회 내부 혹은 외부로부터의 개혁이 필요하던 때였다. 종교개혁은 이러한 시대적 상황으로 보아 필연적이었다고 볼 수 있으며, 이의 직접적인 발동은 루터에 의해서였다.

루터는 1517년 10월 면죄부 판매의 부당성을 지적하는 95개조 반박문(Ninety-five Theses)을 비텐베르크성의 교회에 게시하였다. 이는 루터가 어떤 종교운동을 하려고 했던 것이 아니라 종교상의 문제에 관하여 이견(異見)이 있을 때 이를 공포하여 시비를 가리기 위한 당시의 관례에 따른 것으로 그에 대해 토론을 해보자는 내용이었다. 즉 루터는 타락을 지적한 것이 아니라 신앙의 근본문제를 논하고자 한 것이었다. 그러나 이는 큰 파문을 일으키게 되었고, 결국 1521년 이단(異端)으로 몰려 파문 당하여 신변이 위태로울 지경에까지 이르렀다. 결과적으로 루터와 그의 지원자들의 운동은 교황권과 카톨릭교회에 대한 전면적인 도전으로 확대되었다. 루터는 1522년 신약성서를 독일어로 번역하여 많은 사람들이 성서를 읽게 하였다.

루터의 종교개혁이 시작된 지 얼마 안 되는 1519년 스위스의 쮜리히에서는 츠빙글리(Ulrich Zwingli, 1484~1531)의 종교개혁이 진행되고 있었다. 그는 루터파 보다 더 철저하게 성경주의를 내걸고 성체성사(聖體聖事)도 폐지할 것을 주장하였다. 그러나 1531년 그의 개혁에 반대하는 삼림지대의 카톨릭 세력과 싸우다가 전사하였다.

반박문을 붙이는 루터

츠빙글리의 뒤를 이어 스위스에서 종교개혁을 성공시킨 사람은 칼뱅이다. 국내에서의 철저한 탄압에 의해 칼뱅은 스위스의 바젤로 피신하여 츠빙글리의 주장을 연구하면서 스스로의 사상을 체계화하였다. 제네바로 들어가 그 곳에서 종교개혁을 단행하고 사망할 때까지 제네바를 종교적으로 지배하였다. 그의 지배는 일종의 신정정치(神政政治)였으며, 축제와 오락적인 모임을 금지하고 극장도 폐쇄하는 등 시민들에게 매우 엄격한 금욕적인 생활을 강요하였다. 그러나

1) 프랑스 출생이며 불어를 사용하는 스위스 제네바에서 주로 활동한 장 칼뱅(Jean Calvin)은 우리나라에는 영어와 독일어 문헌을 통하여 처음 소개되었기 때문에 「존 캘빈」이라는 발음으로 더욱 알려져 있다.

2) 종교개혁은 원시 기독교(原始 基督敎)를 다시 일으켜 신과 인간의 매개자인 교회의 권위를 부정하고 신과 인간의 교류를 통해서만 참된 신앙을 얻으려는 직접신앙(直接信仰)을 말한다. 또한 중세의 스콜라 철학에 의하여 이론화된 기독교 교리는 결국 타율주의, 객관주의, 형식주의의 특징을 띠게 되었다. 신비주의의 사상은 이를 반대하고 신앙의 본질을 주관의 내적 체험(體驗)에서만 인정하여 신은 사람의 영혼 속에 내재(內在)함으로 양심과 순수한 감정에 의해서만 신과 결합할 수 있음을 주장했다. 이러한 자율주의, 주관주의, 체험주의의 신비사상은 당시 타락된 기독교의 반성을 일으켜 종교개혁의 동기가 되었다. 따라서 신비주의의 계보(系譜)에서 종교개혁 운동을 찾아볼 수 있다.

칼뱅의 명성은 전 유럽에 퍼져 각 국으로부터 그에게서 배우고자 하는 숭배자들이 모여들어 칼뱅은 「프로테스탄트의 교황」이라고까지 불려졌다. 그리하여 칼뱅의 새로운 교리는 유럽의 여러 곳에 널리 전파되었으며, 칼뱅의 교리 중 가장 핵심적인 것은 「예정설(Predestination)」이다.

예정설을 받아들인 칼뱅교도들은 구제(救濟)의 확신과 더불어 신에 의하여 선임되었다는 선민(選民)의식을 갖고 신의 영광을 지상(地上)에 나타내기 위해 현세로 향하였기 때문에 신에게 구제를 받았다는 「확신의 표시」 또는 악마와 나날이 싸우면서 신의 영광을 나타낼 「신앙의 싸움터」라는 매우 적극적인 의미를 가지게 되었다. 그리하여 칼뱅교도들은 근면하게 노동에 종사할 것이며, 이를 위해 모든 사치와 낭비를 배격하고, 그들의 생활 전체를 합리적으로 조직할 것이 권고되었다. 뿐만 아니라 그 결과로써 초래되는 재화(財貨)의 축적이 적극적으로 긍정되고, 축적된 재화는 절약으로 자본을 형성하고, 금욕적인 소비억제로 재생산에 투입되어 생산력의 확대를 초래하였다.

이상과 같이 16세기에 나타난 프로테스탄트의 중요한 종파(宗派)로서는 루터주의 · 츠빙글리 · 칼뱅주의 등이 있고, 영국의 국교주의(國敎主義)도 이에 포함된다. 이는 프로테스탄티즘(Protestantism)의 근본명제는 '인간은 어떻게 하면 구원받을 수 있는가' 라는 것인데, 이것은 카톨릭시즘(Catholicism)에 있어서도 똑같다. 종교개혁으로 말미암아 근대적인 직업윤리와 새로운 금욕적인 생활윤리가 탄생하였고, 그 사고는 중산계급에 널리 받아들여지면서 유럽 근대사회 발전의 중요한 정신적 지주가 되었다. 결국 종교개혁은 사회와 교회의 개혁을 지향한 북유럽의 르네상스였다고 볼 수 있으며, 이는 성직자들의 부정부패를 비난하고 기독교 본래의 검소하고, 정결하고, 순수한 정신으로 되돌아 갈 것을 주장하여 도덕적 · 지적 · 종교적인 측면에서 큰 성과를 거두었다.

종교개혁은 르네상스와 몇 가지 점에서 차이가 있다. 즉 르네상스 운동은 근대화 추진에 커다란 공헌을 하였지만 지식인과 일부 귀족층의 취미와 교양으로 그쳤으며, 현실 사회의 개혁은 시도하지 못하였다. 그러나 종교개혁은 중세 유럽에서 권위의 상징인 교황에 정면으로 도전하여 영국혁명 및 프랑스혁명과 더불어 중세의 권위에 대한 부정과 근대화의 추진에 커다란 의미를 부여하였다. 종교개혁은 근대에 가장 대규모적이고 복잡한 문명의 변천을 가져오게 하였으며, 유럽은 통상무역의 질적 증가와 지리상의 발견과 확장, 그리고 자본주의의 현저한 대두를 경험하게 하였다. 중세의 봉건제도는 인문주의와 종교개혁으로 무너져 유럽각지에서 붕괴하였으며, 카톨릭교회는 프로테스탄트의 반항에 의해 카톨릭교회의 국제적인 주권을 크게 약화시켰다. 인문주의는 이러한 종교개혁에 지적인 도화선을 주는 역할을 하였다. 이미 16세기 이전에 종교개혁 운동을 부르짖은 사람도 있었지만 루터로부터 폭발된 종교개혁은 유럽전체를 휩쓸고 나갔다. 자본주의 정신도 간접적으로 이러한 종교개혁자들을 지지하였는데, 이는 상인들이 자기의 이익을 위해 지지하였던 것이다.

이탈리아의 고전적 문예부흥에 나타난 자유주의를 미적 자유주의라고 한다면,

종교개혁에 나타난 자유주의는 종교적 자유주의라고 표현할 수 있다. 문예부흥과 종교개혁은 중세의 교권에서 벗어나려 하는 입장에서는 같은 차원이지만 발생한 지역이 서로 다르다. 그리고 문예부흥은 동방 무역에 성공한 상업 자본가 계층을 중심으로 일어난 운동이었으며, 주로 미적 가치를 동경하여 개인적 · 귀족적 교양을 자랑하고 세속적인 명성을 얻으려는 소위 향락주의(享樂主義)에 기울어져 있었다. 반면에 종교개혁은 농업, 광업, 목축, 임업 등을 비롯하여 농산물을 매매하는 상업 등의 현실 생업에 종사하는 서민계급을 기반으로 하여 일어난 운동이었다. 그리하여 문예부흥은 이른바 귀족적이면서 주로 고대문학의 감상에 의한 인격적 교양을 중요시하였다. 이러한 관계로 고등교육의 발달을 촉진시켰다. 그러나 종교개혁은 평민적이면서 도덕적, 종교적 의식의 각성을 통해서 일반 민중의 교양을 향상시키고자 하였다. 따라서 종교개혁은 보통교육을 확대시켜 근대 초등 보통교육 제도의 기초를 마련하였다.

2) 교육

종교개혁 시대에 형성된 프로테스탄트 교육의 목적은 인간이 기독교 정신을 지닌 인격체로 발달하는 것을 이상으로 삼았다. 그리고 프로테스탄트는 각 개인의 종교적인 임무를 익히도록 하는 것은 물론 시민적인 의무를 효과적으로 수행하는 능력을 가져야 할 것으로 생각했다. 종교개혁은 직접적으로는 종교 문제의 모순에 대한 개혁이었으나 간접적으로는 사회 · 문화운동적이며 교육개혁 운동이라고 볼 수 있다. 그 이유는 원시 기독교의 순수한 자유 신앙으로 환원하기 위해서는 형식화한 교권과 성직자에 대항하지 않으면 안 되었기 때문이다. 즉 타락한 교권과 성직자에 도전하는 합리적인 수단은 교육된 인간의 지성에 의지해야만 했던 것이다.

처음 개혁자들은 인쇄술의 발명에 의해 당시 모든 사람들이 쉽게 쓰여진 성서를 읽으며, 각자의 이성보다는 그리스도교적 생활을 가장 가치 있는 것으로 해야 한다는 데에 초점을 맞추었다. 그러나 이러한 교육개념은 곧 혼미해지고 그리스도교적 이상을 달성하는 구체적인 수단으로서 개인적 판단과 자기훈련을 의심하게 되어 청교도적 도덕주의자들은 스스로 만든 엄격한 생활의 규칙에 따르기 위해 인간의 행위를 관리하는 것이 그들의 의무라고 생각하게 되었다. 그리하여 종교 교육은 다시 중세 말엽의 테시도우 같은 시민을 조이는 새로운 구속이 되었다.

프로테스탄트의 학교제도에는 대학과 라틴어 문법(중등)학교(Latin Grammar School), 데임 스쿨(Dame School), 교구학교(敎區學校, Parish School) 등의 세 형식이 있었다. 대학에서는 고등교육을 실시하였고, 라틴어 문법학교에서는 부유한 가정의 젊은이나 지적으로 장래성이 있는 젊은이들을 대상으로 이론적 교양교육을 실시하였다. 라틴어 문법학교를 졸업한 학생들은 대학에 진학하여 공부를 계속하였다. 데임 스쿨과 교구학교는 초등교육 기관으로서 서민에게 좁은 범위의 교육을 시켰다.

루터는 종교개혁의 정신과 인문주의를 겸해서 학교교육의 교육과정으로 풍부한 교과를 요구하였다. 그리스어, 라틴어, 히브리어 등의 고전어(古典語)는 물론 역사, 자연, 음악, 체육 등을 중요시하였다. 정서교육과 건강교육의 수단으로 음악과 체육을 중요시했으며, '음악은 신으로부터의 가장 아름답고 빛나는 선물로서 사람의 심정(心情)을 깨끗하게 하는 것이며, 체육은 사람을 타락하게 하는 것과 무절제한 마음에서 구제하는 힘을 가진 것이다.' 라고 하였다. 이와 같은 루터의 사상은 종교개혁과 문예부흥이 공통적인 성향에서 시작한 것으로 보아야 할 것 같다. 루터는 보통교육 제도의 근본개념으로 교육의 보급, 의무교육, 과학진흥교육, 교사양성 등을 제창한 종교가였다. 그러므로 루터는 근대 국가의 보통 의무교육 제도의 사상적 체계를 완성한 것으로 이해된다.

종교개혁기의 프로테스탄트 교육이 지녔던 특징과 현대적 의의를 남궁용권(1995)의 저서인 『교육의 역사 철학적 기초』에서 요약 · 정리하면 다음과 같다.

> 첫째, 교육의 목적을 종교적 인격형성에 두면서도 현재 생활에 필요한 교양을 경시하지 않았다.
>
> 둘째, 교육의 관할권을 교회나 성직자의 손으로부터 국가 공공단체의 소관으로 돌렸으며, 나아가서 교육이 국가의 중대한 사업임을 인식시켰다.
>
> 셋째, 인문주의 사상을 일반 대중에게도 가일층 보급시켜 인권과 자유와 평등의 범위를 넓혔다. 이로부터 민주주의적 정신교육이 구체화되기 시작하였다.
>
> 넷째, 의무교육에 대한 기초사상 등 근본이념이 많이 태동되었으나, 종교적인 세력 다툼 때문에 그 실현은 다음 세대로 미루어진 것이 많다.
>
> 다섯째, 지나치게 이성의 가치를 중요시 하다보니 주지주의적 경향을 불러 일으켜 감정이나 정서의 도야에 결함을 나타냈다.
>
> 여섯째, 실제 교육활동에서는 번거로운 형식주의로 흘러 신교사상의 핵이었던 이성의 자유는 끝내 실현되지 못했던 점도 없지 않다.

이와 함께 남궁용권(1995)은 프로테스탄트 교육의 중심인물이었던 루터 교육사상의 특징을 다음과 같이 설명하고 있다.

> 첫째, 가정교육을 중요시하고, 가정교육이야말로 국가발전의 기초라는 원리를 확립시켰다.
>
> 둘째, 교육은 국가사회의 가장 중요한 기능의 하나이며, 그 장려의 책임은 어디까지나 국가에 있음을 암시하였으므로 공립학교의 발달과 의무교육 정신의 발전을 자극하였다.
>
> 셋째, 루터는 교육의 내용으로 노동과 전문 직업훈련의 필요성을 강조하였다.
>
> 넷째, 루터의 교육내용은 음악을 중요시했지만 음악을 통한 정서 함양과 인격교육까지도 강조하고 있었다.
>
> 다섯째, 루터는 체벌과 강제를 배제하는 민주적 자유주의의 교육방법을 발전시켰다.
>
> 여섯째, 루터가 교직의 중요성을 재인식시키고 교직의 전문성에 의한 권

위를 중요시 한 것은 교육사적 업적 중의 하나다. 이렇게 볼 때 유럽에서 체계적인 교원양성의 시작은 루터의 영향을 받은 종교개혁기부터라고 볼 수 있다.

일곱째, 루터는 여자에 대한 교육의 가능성 내지 필요성을 주장하였다. 이는 여성의 지위를 높인 획기적인 사상이다.

한편, 종교개혁이 교육에 미친 영향에 대해서 차석기(1991)는 그의 저서인 『교육사 · 교육철학』에서 다음과 같이 주장하고 있다.

첫째, 종교개혁은 소수 특권 계급의 사람뿐만 아니라 일반 대중에게 신의 믿음을 알리려 했으므로 교육의 대중화로 인한 보통교육의 진흥이 도모되었다. 그 결과 모든 민중은 교화되었으며, 깊이 있는 교육은 일부 축소되었으나 많은 사람들을 대상으로 하는 보통교육은 확대되었다.

둘째, 프로테스탄트는 신앙의 자유와 인간 자체를 중요시한 결과 아동으로 하여금 즐겁게 교육을 받을 수 있게 하였으며 과학적 진리 또한 허용하였다. 그 결과 실제 사회에 유용한 인물을 양성하는데 기여하게 되었다.

셋째, 루터의 교육이 직접 영향을 미친 것은 초등교육이고, 짐나지움(Gymnasium)은 프로테스탄트 정신에 의하여 설치되어 후에 대학교육 예비과정의 기초를 마련했다. 이는 대중교육과 귀족교육이 동시에 발전하는 결과를 가져다 주었다.

넷째, 루터는 남자만이 독점하던 초등학교 교사직을 여자도 채용할 것을 주장하였다. 이로 인해 여교사의 출현이 가능하게 되었다.

다섯째, 프로테스탄트 교육은 다양한 교육과정을 구성하여 종교적, 세속적 성속이제(聖俗二諦)가 조화적으로 융합된 인간생활의 구현을 도모하였다. 더욱이 체육을 통한 건강의 촉진과 음악을 통한 경건한 신앙심의 배양 등은 주목할 만하다.

3) 체육

프로테스탄트의 각 파는 체육 · 스포츠를 세속적인 쾌락으로 간주하고 규제하는데 엄격하였으며, 이러한 사고는 수 세대에 걸쳐 나타났다. 중세 때 체육활동을 간접적으로 인정한 교회가 프로테스탄트의 지도하에서는 그러한 분위기를 계속 허용하지 못했다. 즉 중세의 교회는 일요일과 휴일에 미사에 참석하고 그 후에 게임 · 스포츠 · 무용과 같이 활기 있는 놀이에 참가하였지만 프로테스탄트는 이러한 카톨릭의 관례를 교회 내에서 금지하고 크리스마스 등의 축제도 제외시켰다. 중세에 사회적으로 인정되었던 일요일의 오락도 대부분의 프로테스탄트들은 비난하였던 것이다. 그러므로 종교개혁은 체육의 발전과는 거의 관계가 없었다. 다시 말하면, 프로테스탄트의 각 파가 세속적인 쾌락을 제한함에 따라 수 세대에 걸쳐 체육의 발전이 저해되었다. 그리하여 약간의 예외를 제외하면 학교체육은 지속적이지 못했고, 체계적인 수업으로 행해지지도 않았으며, 수업시간 이외의 자유로운 활동으로서만 허용되고 있었다. 초등학교에서도 신체훈련을 중요시하지 않았으며, 짐나지움과 대학은 상류계층만이 체육활동에 일부 참여하고 있었다.

이러한 사회 분위기에서도 초기의 종교개혁자들은 체육을 특별히 강조하지 않았지만 청교도에 비하면 체육의 가치를 다소 인정한 것으로 보인다. 그러한 예가 바로 프로테스탄트의 중심 인물이었던 루터인데, 그는 오락이나 놀이는 건강을 지키는데 중요한 것이며, 각 개인이 노동과 그리스도교의 봉사에 전력하기 위해서 생기가 넘치는 건강을 중요시했다. 종교개혁적인 학교에 있어서 교육과정의 중심적인 내용은 대부분 신학이었으나 루터는 학교 프로그램에 스포츠 특히, 펜싱과 레슬링을 포함하도록 주장하였다. 그리고 그는 대부분의 개혁자와는 달리 무용이나 도덕적으로 건전한 체육활동은 부정하지 않았다. 칼뱅은 구속보다는 단속이라고 하는 점에서 스포츠적인 오락을 인정하여 즐거운 산보와 볼링 같은 간단한 게임은 허용하였다. 즉 칼뱅은 자연스런 오락까지 금지할 수는 없다고 보았으나 본래 나쁜 것으로 인정된 제전이나 무용, 카드 · 주사위 놀이를 하는 사람은 옳지 못한 행위를 한 사람으로 간주하여 민중 앞에서 벌하였으며, 결혼식이나 축제에서 춤추는 것도 죄로 여겼다.

결국 초기의 종교개혁자들은 스포츠를 통한 도덕적 목표를 향상시키려는 노력이 있었으나 청교도는 그러한 가능성조차 금지하고 있었다. 그와 관련된 배경과 구체적인 실상은 다음과 같이 설명될 수 있다.

첫째, 노동에 대해서는 높은 평가를 하였지만 욕정(欲情)은 죄악이라고 하는 사고가 지배적이어서 사회규범의 범주 밖으로 유희를 퇴치시켰다.

둘째, 청교도는 카톨릭적 색채가 있는 어떤 활동도 제거하려고 하였다. 그 결과 스포츠나 게임이 사회적이며 레크레이션적 목적을 달성하는데 유익하다고 생각되었던 중세 대부분의 휴일을 억제하고 일요일의 오락을 금지시켰다.

셋째, 끊임없는 정신적 각성과 형식적 훈련에 의해 도덕성을 높인다는 엄격한 종파의 결의는 인간의 모든 본성적 욕구를 부정하고 금욕을 맹신하였다.

넷째, 체육의 영역을 좁게 한정하려 한 시도는 종교적 동기가 아닌 계급의식에서 행해지는 경우도 있었는데, 상류계급의 도덕적 방탕에 공격을 하여 경제적, 사회적, 불만을 감정적으로 표출하는 잠재성이 내포되어 있었다. 그리고 이 감정적인 잠재의식은 부(富)와 향락을 금지하기 위하여 종교적 정명을 합리화할 수 있었던 것이다. 무의식적이었지만 식민지 개척자들은 대단히 일찍 근대 체육의 개념을 간접적으로 인정하고 있었다.

4) 체육관련 인물

(1) 루터

루터(Martin Luther)

루터(Martin Luther, 1483~1546)는 놀이나 오락이 어린이들의 건강을 지키는데 음식 못지 않게 중요한 요소임을 강조하고, 체조를 체력의 유지 수단으로 장려하였다. 그리고 펜싱과 레슬링, 기사적 스포츠나 음악교육을 제한하였나, 노동과 기독교에 봉사하기 위해서는 건강을 함양해야 한다고 주장하였다.

(2) 츠빙글리

츠빙글리(Ulrich Zwingli, 1484~1531)는 스위스의 종교지도자로서 대부분의 프로테스탄트 개혁의 선험자(先驗者)보다 체육을 훨씬 강조하고 있으며 체육의 가치에 함축 있는 평가를 내리고 있다. 그에 의하면 '모든 스포츠와 게임은 가치 있는 목적으로 지향되지 않으면 안 된다. 그 게임이 기술을 요구하고 신체훈련에 유용한 것이면 적당한 시간에 동료와 행하는 것이 좋다'라고 했다. 또한 스포츠활동이 도덕적으로 문제가 없으면 운동에서 얻은 즐거움 자체를 목적으로 하는 스포츠활동도 인정하였다. 그리고 조국의 방위에 필요하다면 군사훈련도 주창하여 칼뱅이 인정한 것보다 훨씬 광범위한 체육목적을 시사하였다.

츠빙글리(Ulrich Zwingli)

(3) 칼뱅

칼뱅(Jean Calvin, 1509~1564)은 인간의 도덕적인 훈련 완수에 강한 바램을 가지고 있었으므로 그의 사상은 모든 오락에 상치된 입장이었으나 놀이에 대한 본능적 욕구는 완전하게 억제할 수 없음을 인정하여 약간의 레크레이션에 참가하는 것을 허락하였다.

칼뱅(Jean Calvin)

(4) 금욕적인 영국사람들은 천박한 오락을 하는 것은 시간과 정력의 소모를 의미한다고 생각하였고, 끊임없는 정신적 감시와 형식적 훈련에 의하여 도덕심을 높일 수 있다고 생각하였다. 엄격한 청교도 종파의 결의는 인간의 모든 본성적 욕구를 부정하는 금욕적 생활 신조로 변하였다. 그러나 유럽의 몇몇 나라의 경제적인 여유는 청교도들에게 안정감과 오락을 즐길 수 있는 기회를 주어 점차 레크레이션의 필요성을 인식하고 실시케하였다. 또한 체육목적도 식민지의 발달에 따라 점차 확대되어 갔다. 시대의 흐름에 따라 각 국의 식민지 시대가 전개됨으로써 유럽 및 미국에서는 크리켓, 사격, 돌차기, 달리기, 카드놀이, 당구, 볼링, 무용, 사냥, 뱃놀이, 테니스, 스케이트, 하키 등이 행해졌다.

5) 카톨릭주의 체육: 반종교개혁운동

프로테스탄트는 전 유럽에 침투하지 못하였으며, 특히 남부 유럽제국에서는 카톨릭교로부터 이탈하지 않았다. 그러므로 중세의 엄격한 금욕주의는 카톨릭 교회의 부활을 도모하는 반종교개혁(反宗敎改革, Counter-Reformation)파 교육자에게는 받아들여지지 않았다. 그들은 신체를 기독교 교육의 목적달성을 위한 수단으로 생각하였다. 즉 카톨릭주의는 건강과 레크레이션적 목적으로 체육을 인정은 하였으나 이는 체육 그 자체의 목적이라기 보다는 도덕적 · 정신적 수련을 위한 수단으로 생각하였다. 신체적인 힘을 소비하는 것보다 의식을 훈련하는 것이 풍부한 정신생활을 달성하는 것이라고 간주하고, 신에게 봉사하기 위해 신체를 건강하게 유지하는 것이 그리스도교의 의무라고 생각하였다. 16~17세기의 카톨릭 학교에서는 다른 여러 학교보다 체육을 더욱 중요시하였다. 그리하여 게임, 스포츠, 무용 등을 선택해 실시해야 한다는 주장이 여러 서적에 나타나 있다.

1540년 조직된 예수회 교단(Society of Jesus) 제수이트(Jesuit)파는 설교와 참회 그리고 교육을 통하여 반종교개혁운동을 전개하였는데, '체력은 조물주에 봉사하고 찬미하는데 필수불가결한 것' 으로 간주하였다. 교단의 유능한 회원은 건강을 유지하고 건강한 체력 · 청렴한 성품 · 품위 있는 태도와 지성 등을 갖출 것을 요망하였다. 교육활동을 교실만으로 한정시키지 않고 카톨릭주의를 권장하기 위해서 종교 전파의 수단으로 극장을 이용하였으며, 무용은 귀족사회에서 중요한 것으로 생각하였다. 무용은 17세기의 귀족사회에서 매우 중요한 교양으로 생각되어 제수이트의 발레는 대단히 유행하였으며, 그 연출은 유럽의 가장 유명한 무용교사에 의해 지도 · 관리되었다. 많은 부모들은 딸의 교육을 무용교사나 가정교사에게 맡겼다.

스페인의 기사(騎士)이며, 제수이트를 설립한 로욜라(Ignatius Loyola, 1491~1556)는 신체의 가치를 인정하지 않은 중세의 생각에 반대하여 '신의 손으로 심신이 다 같이 만들어졌다는 생각을 가져라. 그리하여 우리들은 인간의 몸과 마음이라는 두 부분을 신에게 증명하지 않으면 안 된다. 조물주에 대한 사랑을 위하여 그 두 가지 중 하나라도 약하게 해서는 안 된다.' 라고 역설하였다. 그러나 신체 그 자체보다는 의지 훈련을 하는 것이 풍부한 정신생활을 달성하는 수단이 되고, 신체를 정신의 도구이자 영혼을 보호해 주는 장소라고 생각했다. 인간은 신에 의하여 창조된 피조물이므로 신에게 봉사하기 위하여 심신을 완전한 상태로 유지하는 것이 기독교인의 의무라고 보았다.

샤들레토(Sadleto, C. 1477~1547)는 "어린이의 올바른 양육에 대하여(De Lideris Recte Instituendis)"라는 논문에서 체육에 대한 인문주의적 견해를 서술하였다. 그는 '놀이에 대한 어린이들의 욕구를 압박해서는 안 된다.' 라고 부모들에게 권고하고, 공놀이, 투창, 달리기, 승마 같은 고대의 운동을 장려하였다. 그러나 무용에 대해서는 부정적인 견해를 가졌다. 안토니아노(Antoniano, C. S.)는 1548년 "아동의 기독교 교육(Dell Educatione Christina dei Figliuoli)"이라는 논문에서 아동의 신체 발달에 대하여 관심을 나타내고 어려운 상황에 적응하기 위해 건강한 신체가 필요하다고 하였다. 그리고 레크레이션은 누구에게나 필요한 것이며, 특히 어린이의 레크레이션을 강조하였다. 그는 '놀이를 할 때 어린이는 신체와 지력을 훈련할 뿐만 아니라 공정한 태도로 행동하는 것을 배우고, 같은 일을 할 때 친구와의 우호적인 경쟁에서 발생하는 즐거움을 느낄 수 있게 된다.' 라고 하였다. 그는 교육이 태아에서부터 시작되고 그의 건전한 신체의 필요성 때문에 모친에게 신체운동을 하도록 권하였다. 그리고 신체운동과 게임은 교육과 불가결한 것으로 보고 볼게임은 소년을 보다 긴장시키기 때문에 열심히 하게 해야 하나, 어린이를 과도한 신체적 노력과 기술을 필요로 하는 운동에 참가시켜서는 안 된다고 하였다. 그렇지만 충분히 발달한 젊은이는 사냥, 복싱, 도약, 펜싱 등에 참가시키도록 하였다.

3. 실학주의와 체육

1) 역사적 배경

실학주의(實學主義)는 르네상스의 연장, 다시 말해서 르네상스가 조금 더 진전된 운동으로 볼 수 있다. 16세기에 있어서의 지배적인 관심은 도덕적이고 혁신적인 것이어서 주로 종교적이며 사회적인 형태를 취하였다. 그러나 17세기에 들어서는 지적 관심과 세력이 과학의 문제로 접근하게 되었다. 근대 철학사상과 과학사상은 이것에 기원을 두고 있는 것이다.

실학주의의 영어 표기인 「realism」은 일반적인 개념으로서 '사실(事實) 혹은 진실(眞實)'이라는 뜻을 갖는 「real」이라는 말과 「진리 혹은 학설」을 뜻하는 「suffixism(여기서는 존재하는 사실에 관한 이론이나 실제적인 존재에 관한 이론)」이라는 말의 결합이다. 즉 realism은 실학주의로 번역되지만 「현실주의(現實主義)」, 「실재론(實在論)」이라고 불려지기도 한다. 현실주의는 일반적인 사회사상과 생활신조를 언급할 때 적절하며, 실재론은 철학의 관념론(idealism)에 대응하는 개념을 지칭할 때 적절하다. 교육사상에 관한 한은 「사실주의(寫實主義)」라는 번역이 수긍할 만하다. 그러므로 실학주의란 말은 언어나 문학보다는 자연현상이나 사회제도가 학습의 주제로 되는 교육의 유형에 적용된 명칭이다.

실학주의 운동은 논의되었듯이 15~16세기 르네상스 운동의 연장으로서 자연계에 대한 관심의 발전이 주요 핵심이다. 17세기를 통해서 이러한 관심은 과학적인 형태를 정비하여 세 단계를 거쳐 발전하게 된다. 그 하나는 「언어적 실학주의」, 즉 고전(古典)을 그 내용적 가치로 연구하는 단계이다. 이는 르네상스 초기 광의(廣義)의 자유교육사상의 연속이라고 볼 수 있다. 다른 하나는 「사회적 실학주의」로서 직접적인 인생의 실무나 행복을 위한 교육이다. 이러한 견해는 학교나 문학적 훈련을 경시하고 여행이나 사회와의 직접적인 접촉을 적절한 교육의 수단으로서 강조하였다. 즉 고전을 통한 지식의 획득을 실생활에 적용하려 한 것이다. 마지막 단계인 「감각적 실학주의」는 생활에 관한 지식은 자연의 법칙에서 발견할 수 있는 것이라고 간주하면서 교육은 감각훈련을 통해서 실현되어야 한다고 주장하였다. 교육에 있어서 근대 과학운동의 시작이었고, 동시에 심리학적 · 사회학적 운동의 맹아(萌芽)를 포함하고 있다. 베이컨(Francis Bacon, 1561~1626)이 명확하게 그 이론을 조직하였고, 코메니우스(Johann Amos Comenius, 1592~1671)가 그 실제적인 교육학적 형태를 부여하였다. 고전어의 학습을 중심으로 하는 언어 중심주의의 교육에 과학자와 탐험가들은 고대 학자들이 세워 놓은 법칙에 의혹을 품기 시작하여 과학적인 연구를 문제해결의 방법으로 도입하였다. 그 결과 학교 교육에도 자연과학을 교육과정에 포함시켜 교수방법이 실험관찰의 시각적인 실물교육에 의한 경험주의 교육으로 발전하게 되었다.

실학주의가 발생하게 된 배경은 타락한 인문주의, 종교개혁기의 신비주의와 관련한 비현실적 교육관에 대한 비판적 사고, 자연과학적 지식의 발달과 새로운 지리상의 발견 등에 의해서라고 말할 수 있다. 그리고 실학주의의 특징은 우선 고전(古典)보다 실용적 교과를 중요시 한 점을 들 수 있다. 예를 들면 외국어, 모국어, 법률, 실과, 자연과학 등의 실용적 교과를 중요시 한 것을 말한다. 두 번째는 실용성을 교육의 목표로 삼았다는 점이다. 이는 언어 이전에 사물을 제시하는 것이라든가 시청각 교육방법. 직관교수이론 등을 선호한 것을 의미한다. 세 번째는 교육의 새로운 방법으로서 시행, 관찰, 실험에 중점을 둔 점이다. 그리고 마지막으로 기억이나 상상보다 경험을 중시한 점을 들 수 있다. 그러므로 실학주의는 교구(敎具)로서 표본, 지도, 지구본, 회화 등의 시각적인 자료의 사용을 선호하였다.

실학주의의 유형은 언어적 실학주의, 사회적 실학주의, 감각적 실학주의 등으로 구분할 수 있는데 이를 정리하면 <표 1>과 같다.

〈표 1〉 실학주의 유형과 특징

	언어적 실학주의	사회적 실학주의	감각적 실학주의
목 적:	고전 연구로서 현재 생활에 적응할 수 있는 인간의 양성	경험에 밝은 인간양성 = 교양 있는 신사양성	자연법칙에 순응하는 인간
교 재:	고전의 이해	현실사회의 경험(여행, 사교 등)	관찰, 실험, 조사, 직관 등
특 징:	고전을 중시한 점은 인문주의와 같으나 생활에 이용한다는 점에서 구별됨	서적에 의한 교육보다 사회생활 참여를 통한 교육 강조	직관에 의한 지식과 지능의 습득에 중점을 둠
대표자:	라블레, 밀턴, 비트리노	몽테뉴, 로크	코메니우스, 베이컨, 말카스터, 라트케

2) 교육

실학주의는 고대의 학자들이 세운 법칙에 의문을 가져 다양한 연구를 통해서 새로운 발견을 시도하였다. 그 결과 고전만이 인간 사고의 최고 소산(所産)이 아님을 인식하게 되었다. 그리하여 실학주의의 창시자들은 과거의 권위에서 탈피하여 광범위하고 풍부한 교육과정으로 실생활에 직접 관련이 있는 교육을 젊은이들에게 실시하려 하였다. 언어적 실학주의, 사회적 실학주의, 감각적 실학주의 등의 3단계의 교육 사조가 형성된 것이다. 언어적 실학주의와 사회적 실학주의는 주로 과거의 지식에 의존하고 있었으나 이러한 지식을 보다 실용적인 방향으로 이끌어 나가려고 노력하였으며, 감각적 실학주의는 지식을 획득하기 위하여 근대적 · 과학적 방법을 개척하였다.

(1) 언어적 실학주의와 교육

언어적 실학주의(Verbal Realism)는 논리학이나 문장의 형식 혹은 고전의 종교적 · 윤리적 교훈만을 중요시하는 것에 반대하고 고전에 내포되어 있는 진정한 의미를 이해하는 것이 중요하다고 믿었다. 그러므로 언어적 실학주의의 목적은 고대에 대한 다방면의 생활에 관한 지식을 통하여 자신들의 자연적, 사회적 생활환경을 이해하는 것이었다. 고전문학의 연구 그 자체가 교육의 전부는 아니었으며, 신체적, 도덕적, 사회적 발달이 교육의 중요한 요소를 이루었다.

언어적 실학주의가 학교교육에 미친 영향은 내용이나 방법에 있어서 당시 유력한 인문주의와 외적으로 특별히 다른 특징이 없었고, 학교조직이나 관리에 있어서도 분명한 차이는 없었다. 그러나 언어적 실학주의는 인문주의 교육의 천박함을 비난하고, 보다 더 의미 있는 목적으로 학문의 방향을 찾으려 하였다. 실학주의의 정신은 당연히 초등학교보다는 대학에 있어서 활발하였으며, 언어적 실학주의의 의의는 학교교육의 중요한 위치를 차지하는 감각적 실학주의를 직접 유도해 낸데 있다고 볼 수 있다.

① 비베스

비베스(Juan Louis Vives, 1492~1540)는 우리가 얻은 지식은 쓸모가 있고 선한 것이어야 하며, 교육의 목적은 종교적 신앙을 바탕으로 한 행복, 즉 인간이 지식을 통하여 신을 알고 그것을 통해 인간생활을 개선시키려는데 있다고 했다. 또한 그는 인간의 개인차를 인정하여 교사가 학생의 능력에 맞는 훈련을 할 수 있도록 타고난 재능을 주의 깊게 관찰해야 한다고 주장했다. 학생의 심리 상태를 연구하여 교육지도에 응용하려 했으며, 개인차를 인정하고 개개인의 재능을 주의 깊게 관찰할 것을 주장하여 전통적인 교수방법을 개선하려 한 점에서 경험 심리학의 선구자라고 볼 수 있다.

비베스
(Juan Louis Vives)

② 라블레

인문주의 교육을 비판하고 실학주의 교육을 찬양한 라블레(Francois Rabelais, 1490~1553)는 신학이건 고전주의이건 또는 기독교도이든 간에 그 권위에 무조건 의존하지 않고 사상과 행동의 자유로 인도하는 교육을 주장했다. 또 전인적 발달을 위해 지식과 더불어 감각을 훈련하고, 신체를 단련하여 학생으로 하여금 사회생활에서 그의 지위를 획득하는 능력과 인간으로서 갖추어야 할 소양을 배양하려 했다. 라블레의 교육 방안은 가정교사제였다.

라블레
(Francois Rabelais)

③ 밀턴

밀턴(John Milton)

밀턴(John Milton, 1608~1674)은 인문주의에서 실학주의로 변화해 가는 과도기적 역할을 담당한 언어적 실학주의의 선구자로서 고전주의자였지만 교육을 지식으로만 제한하려 하지 않았다. 그는 귀족적인 도덕함양을 교육의 이상으로 하고 교육의 신체적 · 미적 목표를 중시했으며, 학문은 생활을 위한 준비과정이라고 주장했다. 이는 고전을 통해 종교적 도야(陶冶)와 현세적 도야의 이원적 요소가 조화를 이루어 완성되어야 함을 강조한 것이다. 그의 교육목적은 실제적 인물을 양성하는 것이며, 교육내용은 고전보다 구체적 사물, 예를 들면 언어교육보다 실제적인 교육내용을 중요시했다. 그의 저서로는 『실락원』과 『교육론』이 있다.

(2) 사회적 실학주의와 교육

사회적 실학주의는 본래 여러 교육자에 의해 주장된 일종의 교육관을 지칭하는 것으로서 이것이 확산되고 승인되어 이론적 체계가 구축된 시기는 17~18세기였다. 사회적 실학주의는 언어적 실학주의보다 실용적인 교육을 중시하였으므로 사회적 실학주의자들은 책을 통해 지식을 전달하는 방법보다는 그 지식을 실제생활에 적용시키려 했다.

사회적 실학주의는 여러 학교에서 널리 구현된 교육유형은 아니었으나 신사의 실제생활을 준비하는 방향을 지향함으로써 언어적 실학주의의 교육이념보다 앞서게 되었다. 사회적 실학주의자는 사회에서 기능적 생활을 유지하는데 유용해야 한다는 점을 강조하여 정신과 신체가 완전한 사람을 목표로 하였다. 그러나 이들의 교육관은 가정교사에 의한 교수법을 주장하여 귀족계급에 한정된 교육체계로서 근대교육의 대중화와는 다소 거리감이 있는 형태였다.

① 몽테뉴

몽테뉴
(Michel de Montaigne)

몽테뉴(Michel de Montaigne, 1533~1592)는 교육을 귀족 자제가 현실생활에서 완성된 신사의 생활을 능숙하게 영위할 수 있는 능력을 형성하는 과정이라고 보았다. 그러므로 그의 교육목적은 심신의 건전한 발달과 신사의 양성에 있었다. 교육방법으로는 조기교육, 개성존중교육, 실용적 교육, 체벌금지 등이었으며, 저서로는 『현학론』, 『아동 교육론』, 『자식에 대한 아버지의 애정』 등이 있다. 몽테뉴의 교육에 대한 공헌은 기억보다 생각하며 실천을 강조하는 도덕생활 교육에 대한 계획이었다

'부모 슬하에서 아이들을 교육시키면 부모가 아무리 현명하다고 할지라도 자연적인 애정으로 지나치게 관용하여 아이들을 연약하고 방종하게 만든다.' 라고 하여 소년들의 교육은 단련적인 입장에서 실시하는 것이 바람직하다고 하였다. 그리고 '학생은 모든 사고나 발언을 교사에게만 의존하려고 해서는 안되며, 교사는 보다 학생의 의견에 주의를 기울여야 한다.' 라고 했다. 이러한 학습활동에 대한 개념은 채찍과 공포가 지배적이었던 당시 암기위주의 학교시대에 있어서 혁신적인 학습방법이었다.

몽테뉴는 감각의 훈련과 신체의 교육을 중시하고, 고대 사람들과 같이 건강한 신

체를 건전한 정신의 기초라고 믿었다. 그는 학문은 문법가나 논리학자를 육성하는 것이 아니라 인간의 행동에 유효하고 행복한 생활을 준비시켜야 할 것으로 보았다. 그리고 '나는 사람들의 표면적 태도, 사회적 행동 및 몸가짐 등을 인간의 정신을 함양하는 것처럼 만들고 싶다. 우리들이 훈련하는 것은 정신과 신체 어느 한쪽이 아니다. 정신과 신체는 인간 그 자체이지 두 부분으로 나누어 생각할 수 없다' 라고 하였다. 즉 신체적, 지적, 도덕적인 완성을 이루게 하는 전인교육을 의미하는 것이었다. 이는 오늘날 체육교육의 목표인 전인(全人)을 가리키는 것과 흡사하여 체육사적으로 큰 의미를 부여할 수 있다. 이러한 전인 개념의 교육은 로크, 코메니우스, 루소 등에게 많은 영향을 주었다.

(3) 감각적 실학주의와 교육

감각적 실학주의의 경향은 르네상스 운동의 필연적 결과인 새로운 과학적 · 철학적 사상에 대한 일반적인 교육의 최초 반응이었다. 그러므로 감각적 실학주의자는 감각, 즉 듣는 것, 느끼는 것, 맛보는 것, 만져보는 것, 보는 것 등을 통하여 완전히 이해할 수 있는 것으로 보았으며, 교육을 감각 훈련을 통해서 실시하고자 하였다.

언어적 실학주의자들이 학생은 문법의 연습보다는 지식의 획득을 위해 고전을 읽어야 한다고 주장하여 개혁운동에 첫발을 내딛은 이후 사회적 실학주의자 역시 고전에 집착하면서 습득한 지식을 일상생활에 적응할 수 있는 산지식이어야 한다고 주장하였다. 그러나 이에 한 걸음 더 나아가 감각적 실학주의자는 생활에 관한 지식을 자연의 힘이나 법칙 속에서 발견할 수 있다고 믿었다.

① 말커스터

말커스터(Richard Mulcaster, 1530?~1611)는 '교육과 단련의 목적은 자연으로서의 인간완성을 이룩하게 하는 것이다.' 라고 하여 교육목표를 교육의 내용보다는 인간자체에 두고 있었다. 또한 그는 '교육이란 홀로 생활하기 위한 것이 아니라 다른 사람들과 함께 어울려서 생활할 수 있는 인간을 육성하는 것이다.' 라고 하면서 교육과 훈련의 목적은 자연인으로서 인간을 완성하기 위한 것이라고 주장했다.

마찬트 테일러 학교(Marchant Taylor's School)와 성 바울 학교(St. Paul's School)의 교장이었던 말커스터는 저서인 『아동교육론(Positions Concerning Training up to Children)』의 부제(副題)에서 '청년을 책에 열중시키는 것과 같이 신체의 건강을 위해 단련시키는 것이 필요하다.' 라고 기술하여 그의 체육에 대한 관심을 짐작하게 하였다.

코메니우스
(Johann Amos
Comenius)

② 코메니우스

코메니우스(Johann Amos Comenius, 1592~1671)는 「현대교육의 예언자」라고 부르는데, 시청각 교육을 사용하는 등으로 인해 「근대 교육방법의 창시자」라고도 한다. 그의 교육사상은 경신(敬神) 신앙을 기저로 자연주의적 방법을 채택하고,

교육목적은 신에 영합되어 영원한 행복을 누리는 것이었다. 태내(胎內)생활과 지상생활 그리고 천국생활을 이야기하고, 교육방법으로 합자연(合自然)의 원리와 직관의 원리 그리고 훈육을 강조하면서 곧 자연의 법칙이 교수의 법칙이었다.

신학자였던 코메니우스는 교육목적을 '영원히 신과 함께 있는 행복'이라고 확신하고 있었다. 그는 '자연은 신의 힘에 의하여 이루어진 것이므로 자연을 모르는 것은 인간의 죄다. 그러므로 자연을 잘 알게 가르치지 않으면 안 된다.'라고 주장하면서 당시의 학교를 마음의 도살장이라고 비난하고 암기때문에 고통을 주는 교육방법에 대해서 반대하였다. 그리고 그는 '모든 인간은 그가 영혼을 가지고 있거나 한가하기 때문이 아니라 인간이기 때문에 교육을 받을 권리를 가지고 있다.'라고 하였고, '소년과 마찬가지로 소녀들도 교육을 받아야 한다.'는 등 다른 실학주의자들보다 진일보한 사상을 가지고 있었다. 또한 그는 교육방법의 개선뿐만 아니라 학교제도에 대해서도 개혁론을 펼쳤는데, 이는 단선형 학제로서의 개혁 주장이었다.

저서인『어학입문』은 심리학을 기초로 한 라틴어 교수에 관한 교과서이며,『대교수론』은 세계 최초의 교육학 저서이고,『세계도회』는 세계 최초의 시각교재였다. 그가 주장한 교육단계는 제1기로 모친학교(1~6세)였는데, 이는 어머니에 의한 가정교육을 의미했다. 제2기는 모국어학교(7~12세)로서 초등 교육기관에 해당된다. 제3기는 라틴어 학교(13~18세)였는데, 중등 교육기관에 해당된다. 그리고 제4기는 대학과정(19~24세)으로서 고등 교육기관에 해당된다.

코메니우스는 교육방법에 있어서 유의해야 할 점을 첫째, 난이도로서 간단한 것에서부터 복잡한 것으로, 이미 알고 있는 사실로부터 모르는 사실로 진행하며, 둘째, 일반 법칙을 제시하기 전에 많은 예를 제시하고, 셋째, 교재의 범위는 아동들이 경험한 범위 내에서 선택하며, 넷째, 설명은 확실하고 간단하며 유머러스하게 하고, 다섯째, 학과를 아동들의 발달 정도에 맞추어 분류하고 조직하며, 여섯째, 가능한 한 학생들이 학문을 좋아할 수 있는 방법으로 인도해야 하는 점 등을 제시하였다.

③ 베이컨

베이컨(Francis Bacon, 1561~1626)은 귀납적 방법을 확립한 감각적 실학주의자로서 경험적 교육사상의 토대를 확립하였다. 그는 교육의 목적이 지적 생활을 통해 인간의 현실생활을 영위하는데 필요한 능력을 길러주는 것이라고 하였다. 그리고 인간은 감각이나 관찰력을 통하여 자연의 기본적인 법칙을 발견하고, 그 지식은 인류봉사를 위하여 이용해야 한다고 주장하였다. 또한 '마음의 선과 신체의 선 사이에는 어떤 관계 혹은 일치되는 점이 있는 듯하다.'고 하면서 신체의 선을 건강 · 미 · 힘 · 쾌락으로 분류하기도 했다. 또한 그의 저서인『새기관(Novem Organum)』,『학문의 진보(The Advancement of Learning)』등을 통해 자신의 사상을 피력함으로써 많은 교육자들을 감동시켰다.

3) 체육

실학주의자들은 스콜라주의 학교나 인문주의 학교와는 달리 학생의 신체발달에 커다란 관심을 가지고 있었다. 교육의 영역에서와 같이 체육의 문제에 있어서도 언어적 실학주의, 사회적 실학주의 그리고 감각적 실학주의로 분류하여 그 특성을 살펴보고 이의 공통점을 찾아보고자 한다.

(1) 언어적 실학주의와 체육

언어적 실학주의는 그리스 · 로마의 고서(古書)를 교재로 하여 고전(古典)의 형식, 즉 문법과 수사보다 내용에 중점을 두고 이를 통해 인지(認知)를 체득하여 실제 사물에 대한 순수한 관념을 얻을 수 있다고 생각하였다. 이와 관련이 깊은 학자들은 비베스, 라블레, 밀턴, 아스캄 등을 들 수 있다

① 비베스

비베스(Juan Luis Vives)는 체육활동은 마음이 지쳐있을 때 힘을 북돋아 주는 재생의 작용을 하고, 지력(智力)을 유지 · 강화할 수 있는 신체를 발달시키는 것으로 생각하였다. 따라서 그는 고전시대에 유행했던 많은 신체운동을 교육 프로그램에 포함시켰다. 포괄적인 프로그램으로서 투창, 공놀이, 주(走), 도(徒), 레슬링, 속보, 테니스, 축구 등을 권장하였다. 군사 훈련적 운동은 고려하지 않았으며, 무용, 주사위놀이, 카드놀이 등은 엄격히 금지하였다. 교육지도에 있어서 심리상태를 응용하려 하거나 개인차를 고려한 훈련을 주장한 점이 그를 감각적 실학주의자로서 인정하게 한 요인이라고 볼 수 있다.

② 라블레

16세기 프랑스의 의학자, 인문학자, 소설작가인 라블레(Francois Rabelais)는 『팡탈그루엘라』와 『가르캉튀아 이야기』라는 소설에서 당시의 교육을 예리하게 풍자하였다. 특히 『가르캉튀아 이야기』에서 교육의 이상에 대해 언급하고 당시의 교육이 언어의 형식적인 훈련에 편중되었음을 지적하면서 종교, 도덕, 과학, 신체의 각 방면에 걸친 교육의 필요성을 역설하였다. 그가 가공의 인물인 가르캉튀아에게 제시한 새로운 유형의 실학교육은 당시의 학교에는 많은 영향을 미치지 못하였으나 그의 학설은 후대의 몽테뉴, 로크, 루소 등에게 큰 영향을 주었다.

라블레의 의학적 소양은 그의 체육관(體育觀)을 형성하는 모체가 되었다. 그는 신체운동의 레크레이션적 가치와 지적 학습과의 균형을 중요시하고 신체에 대한 위생과 영양상태가 생활을 영위하는 인간의 능력에 직접 관계가 있다는 점을 인정하였다. 라블레는 『가르캉튀아의 이야기』에서 그 당시 널리 알려져 있던 운동과 스포츠를 총망라하였다. 그가 제안한 교육과정은 보통 사람의 잠재능력을 넘어선 것이었다.

기사(騎士) 제도가 그 당시 학교 교육에 영향을 미치고 있었기 때문에 라블레는 체육의 목적을 전쟁에 대비하기 위한 교육으로 방향을 전환하였다. 그러한 군사적인 성격이었음에도 불구하고 체육활동은 시골의 하루를 유쾌하고 레크레이션적인 것으로 유도하였다. 라블레는 가정교사 제도에서 가르캉튀아의 생활처럼 기상, 노동, 점심시간 및 공부와 운동의 질과 시간에 대해 조직적으로 규정하고 있었다. 아침과 오후의 공부시간 후에는 운동시간이 있었고, 운동과 식사 후에는 악천후에 대응할 수 있도록 변화시켜 스포츠 프로그램도 때에 따라 변경시켰다. 가볍고 비형식적인 프로그램으로 학생들의 관심을 끌게 하는 것이 바람직한 체육방법이라고 생각하여 소풍을 프로그램 중에서 매우 중요시하였다.

③ 밀턴

밀턴(John Milton)은 영국의 청교도 시인으로서 크롬웰(Cromwell, 1599~1658) 공화정 시대에 관리로 헌신한 사람이며, 당시 영국에서 최고로 박식한 사람으로 인정받았다. 1664년 저술한 『교육론』은 종래의 교육이 그리스어, 라틴어 등 언어의 형식학습에 전력을 기울인 것에 반대하여 교육은 전쟁과 평화를 불문하고 공사(公私)의 직무를 공정하고 훌륭히 수행하는데 있다고 말했다. 이러한 정신은 근대적이지만 교육내용은 여전히 중세적이었다. 이는 그가 중세와 근세라는 과도기를 대표하는 언어적 실학주의 사상가라는 것을 의미한다.

밀턴은 체육과 관련하여 '소년들의 매일 과업은 학업, 운동, 식사의 3부분으로 나누어야 하고 식사후 한 시간 반 정도는 운동과 휴식을 주지 않으면 안 된다. 운동에 관해 내가 권하고 싶은 것은 그들이 무기를 올바르게 사용하여 정확히 찌르고 베어 그들의 몸을 지키도록 하는 것이다.' 라고 하였다. 이는 건강을 유지하기 위해서 민첩성을 기르고 불요불굴(不搖不屈)의 정신을 배양하는데 극히 긴요한 것이라고 하였다. 그리고 유희의 가치는 그 자체에서 얻는 즐거움과 레크레이션으로서 적당하며, 사회적 · 도덕적 성격의 훈련을 위해서는 병사(兵士)의 생활에 필요한 민첩성, 활발한 심신의 움직임, 교치성, 용기 등을 발달시키기 위해서 유효하다고 역설하였다. 또한 '체육은 젊음을 유지하고 건강과 민활함 그리고 강력함을 주며, 호흡조절을 효과적으로 할 수 있게 하고, 크고 높게 성장시켜 소박하고도 영웅적인 굳센 기상을 불러일으키게 하는 사나이다운 용기를 솟게 한다.' 고도 하였다. 밀턴은 체육을 전쟁에 필요한 개인의 능력을 양성하는 수단으로 이용하였다.

밀턴은 건강한 신체를 가진 국민은 국가의 국력을 높이는데 기여한다고 생각하였다. 그러므로 밀턴이 주장한 신체적 레크레이션은 군사적 목적에 한정되어 있어서 아테네적인 정신보다는 스파르타적인 정신을 고취하는 것이었다고 볼 수 있다.

(2) 사회적 실학주의와 체육

사회적 실학주의는 고전의 연구보다는 사회생활의 경험을 주요 내용으로 하는 사상으로서 언어적 실학주의 보다 한층 철저한 실학주의라고 볼 수 있다. 즉 실제생활에서 타인과 원만한 인간관계로 행동하고, 생활에 능동적으로 대처할 수 있는 인간교육이 사회적 실학주의의 입장인데, 그 대표적인 인물은 몽테뉴와 로크 등이다.

① 몽테뉴

몽테뉴(Michel de Montaigne)는 전인(全人)으로서의 인간만이 일상생활을 효율적으로 영위할 수 있고 이를 위해서 교육은 도덕적, 지적인 영역 못지 않게 신체적인 영역도 포함해야 한다고 하였다. 그리하여 그는 '신체는 우리라는 존재의 중요한 부분으로서 뚜렷한 지위를 점하고 있으므로 그 구조와 기질이 올바르게 고려되어야 한다'고 주장하였다. 신체의 가치를 정신과 대등하게 보았다는 점에서 그 의의가 크다고 볼 수 있다.

몽테뉴가 주장한 체육의 목적은 인간에게 가해진 여러 요구를 감당해 낼 수 있는 종합적 인간을 육성하는데 필요한 정서, 영혼, 지성 등의 요소가 동시에 존재하고 있었다. 그는 인간의 신체적 · 지적 · 정신적 생활이 서로 밀접하게 관련되어 상호의존하고 있으므로 어느 측면도 무시할 수 없다고 보고 그들을 통합 · 결합시켜야 한다고 주장하였다. 그리하여 정신을 신체와 분리하거나 또는 신체를 정신으로부터 분리시켜 경시하지 않도록 경고하고, 당시 행해졌던 교육과는 동떨어진 보건과 체육과목을 교육과정 중에서 매우 중요하게 생각하였다.

체육 프로그램은 활발하고 행동적인 생활을 영위할 수 있는 젊은이를 육성할 수 있도록 짜여져 있었다. 달리기, 레슬링, 무용, 사냥, 승마, 펜싱 등을 학교 교육의 일부로 행할 것을 주장하였다. 그는 학습활동에 대해서도 선구적(先驅的)인 견해를 가지고 있었다. '학생은 모든 사고(思考)나 발언을 교사에게만 의존하려 해서는 안되며, 교사는 학생의 의견에 주의를 기울여야 한다'라고 하였다. 이러한 학습활동에 대한 개념은 채찍과 공포가 지배적이던 당시 암기위주의 교육 풍토에 있어서 혁신적인 학습방법이었다고 볼 수 있다.

몽테뉴는 자연의 연구와 실생활에 대한 준비의 필요를 부르짖고 '교육의 목적은 문법학자나 논리학자를 만들기 위한 것이 아니라 우리들이 훈련하는 것은 정신과 신체의 통합적 인간인 것이다. 이는 마부가 두 필의 말을 부리는 것과 같이 동시에 취급하지 않으면 안 된다. 우리들은 한서풍우(寒署風雨)와 같은 위험에 부딪쳐야 하기에 고전 편중의 인문주의에 반대하고 사회적 실학주의의 입장을 지지하는 것이다'라고 하였다.

② 로크

계몽철학 및 경험론 철학의 원조로 일컬어지고 있는 로크(John Locke)는 몽테뉴로부터 많은 영향을 받아 귀족과 신사의 교육을 지향하고 감각적 경험을 통한 교육을 강조하였다. 신사를 지향한다는 점에서 그는 사회적 실학주의자이지만 또한 인식은 감각을 통해서 확보된다고 생각하는 점에서는 감각적 실학주의자라고 볼 수 있다. 일찍이 데카르트(Rene Descartes, 1596~1650) 철학과 뉴턴(Isaac Newton, 1642~1727)에 의해 완성된 당시의 자연과학에 관심을 가졌으며, 반스콜라적이었다. 그리고 로크는 여러 분야에서 명성을 얻었다는 점에서 특이하다. 철학자로서 그의 사상은 18세기의 철학을 움직였으며, 교육자이면서 위대한 문필가이고 또한 개혁자였다. 작가로서 그의 저서들은 매우 훌륭하게 씌어졌으며, 정치가로서 그의 자유민주주의 사상은 미국 독립선언서의 골격을 이루게 하였다.

로크는 인식론적 경험론을 강조하고, 교육의 목적을 체(體)·덕(德)·지(智)가 겸비된 교양 있는 신사의 양성에 두었다. 그의 교육방법은 경험과 관찰이 지식의 원천이라고 보면서 학습과정에서는 감각, 기억, 추리의 과정을 중요시하였다. 또한 흥미를 중시하면서 직관을 통한 구체적·경험적 방법을 택하였다. 그는「심의 백지설(Tabula Rass : 인간의 정신은 백지와 같아서 단련에 의하여 능력을 얼마든지 발달시킬 수 있다는 학설)」을 주장하였는데 이는「교육만능설」의 입장이라고 보아야 할 것이다. 그리고 학습의 보편적 효과를 인정하여 고전어와 수학을 통하여 능력을 도야하면 그 능력을 가지고 다른 학과에도 쉽게 정통하게 된다는 학설인「형식도야설」의 대표자이기도 하다.

건강한 신체의 발달에 대한 로크의 생각은 교육에 중요한 역할을 하였으며, 또한 몸과 마음에 대한 그의 이론적 사상은 체육교육자들에게 많은 영향을 주었다. 로크의 에세이『Some Thoughts Concerning Education(1693)』의 처음에 나오는 말인 'Sound mind in a sound body, is a short, but full description of a happy state in this world'는 체육사에 던지는 의미가 지대하다고 볼 수 있다. 로크의 교육·체육사상은 단련주의로서 훈련에 의해 각종 습관을 형성한다는 것이 그의 요지이다. 이러한 이유로 그는 단련주의 혹은 훈련주의의 대표자로 알려지고 있다.

(3) 감각적 실학주의와 체육

감각적인 직관을 교육의 기초로 하는 실학주의, 즉 감각적 실학주의는 교육과정에 있어서 체육의 필요성을 부각시켰다. 따라서 심신을 지배하고 있는 생리적 법칙에 대한 관심이 높았으며, 그 결과 감각적 실학주의는 과학적 실학주의라고 불리게 되었다. 사람의 감각이나 직관에 의해서 지식과 기능을 습득하는데 중점을 두었고, 교육도 감각을 통해 지식을 체득하려는 교육사상이었다.

감각적 실학주의자들의 과학적인 교수방법의 적용은 체육분야에 있어서도 큰 영향을 미치게 되었다. 즉 환경적인 요인으로서 운동장은 어린이들의 학습을 위한 필수적인 장소라 하여 근대 체육시설에 있어서 운동장은 학교체육에서 빼놓을 수 없는 시설이 되었다. 또한 즐거움과 건강을 위한 다양한 놀이를 통한 학습경험으로서의 체육활동을 주장하여 근대 체육을 형성함에 있어 체육이론의 정립을 위한 기초적인 근거를 제공하였다. 감각적 실학주의의 대표적인 인물로는 말커스터, 코메니우스 등이 있다.

① 말커스터

말커스터(Richard Mulcaster)는 누구보다도 체육의 중요성에 대해 강조하였다. '지력(智力)의 신속함과 같이 신체의 강약을 고려해야 한다.' 라고 주장하고 신체와 정신은 어느 한 영역만 발달할 경우 불균형을 초래하므로 신체와 정신의 두 측면이 함께 고려되어야 함을 강조하였다. 신체활동은 레크레이션과 군사적인 목적에 도움을 주는 것으로 보았지만 개인이 건강을 유지하고 증진하는 수단으로서 더 많은 관심을 가졌다. 그리고 불충분한 신체활동은 신체적, 정신적 발달을 저지하기 때문에 어릴 때부터 건강을 교육의 주된 목적의 하나로 인식하도록 해야 한다고 주장하였다. 교사로서 많은 경험을 가진 그는 훌륭한 교육이란 교사의 자질과 숙련에 의존한다고 보고, 체육교사 지원자에게 자신이 종사하는 직업에 즐거움을 느끼고 연구하는 수고를 아끼지 말 것이며, 심사숙고하여 분별 있게 적용할 것 등을 충고하였다.

말커스터는 소년소녀가 함께 운동과 놀이에 참여할 수 있으며, 이러한 방법이 그들의 천부적인 능력을 발전시킬 수 있다고 보았다. 소년들이 축구에 참여하는 것에 대해 말커스터는 '몸에 대단히 좋다.' 고 하였다. 말커스터의 저서인 『아동 교육론(Positions Concerning Training up to Children)』은 대부분의 내용이 체육에 관한 것이었다. 무용이 비난을 받는 이유와 대처방안을 서술했으며, 체육의 교육과정으로 보행, 레슬링, 달리기, 도약, 궁술, 무기조작, 펜싱, 팽이치기, 수영, 승마, 사냥, 볼게임 등을 권장하였다. 또한 그는 신선한 공기와 햇빛, 위생적인 환경을 갖춘 운동시설과 기구의 제공을 주장하였다. 그리고 운동은 그 종목에 알맞은 복장을 착용한 상태에서 천천히 시작하고 점차로 빠르게 하여 서서히 끝낸 후 땀에 밴 옷을 갈아입고, 약간의 산보를 하여 몸이 안정된 상태로 돌아가면 식사를 해야 한다고 했다.

말커스터의 『교육설』은 1631년경에 쓰여진 『대 교수론』의 세계도해 속에서 찾아볼 수 있다. 그는 『교육설』에서 신체운동에 관한 풍부한 자료를 취급하여 경주, 구기, 수영, 검술 등에 이르기까지 상세히 기술하고 체육활동 전반의 경영을 시도하였다. 그가 후세에 「학교체육 교수의 아버지」라고 불리는 이유도 바로 이러한 시도 때문이었다. 그는 학교에서는 아동의 건강에 주의하여 아동들에게 '충분한 운동을 하도록 하고 이는 매일 실시하지 않으면 안 된다. 건강한 정신은 건강한 신체를 통하여 깃든다는 것을 알아야 하며, 하루 중 8시간은 수면, 8시간은 일 그리고 나머지 8시간은 식사, 건강, 위생, 신체훈련에 그 비중을 두고, 공부시간에는 30분간의 휴식시간을 두어야 한다.' 는 방법론을 제시하였다. 그가 주장한 『교육설』의 원리와 방법은 매우 근대적이었으나 그 표현 · 형식은 당시의 종교적인 성질이 다분히 포함되어 있었다. 교육의 우선적 목적이 지상(地上)의 생활을 완전하게 영위토록 하는 것이라는 주장을 하면서도 최종의 목적은 천국에 들어가고 나아가 신의 세계에서 영원한 행복을 얻는데 있다고 했던 것이다.

② 코메니우스

신학자 코메니우스(Johann Amos Comenius)는 행복한 마음과 건강한 신체는 건전한 정신을 위해 필요한 것으로 보고 신체는 정신을 더욱 값지게 한다고 하였다. '병으로 건강하지 못한 사람에게 어떠한 일을 기대할 수 있겠는가?' 라고 하면서 체육활동을 통한 건강의 중요성을 주장하였다. 또한 놀이는 자연스러운 교육과정이며, 비슷한 아이들이 함께 어울려 노는 것은 교육에 있어서 유익하고 효과적인 것이라고 하였다. 그러므로 놀이를 제한하는 것은 정신과 신체의 조화적인 발달을 해치는 것이라고 경고했다.

코메니우스는 '아이들이 달리고 노는 일이 많을수록 그의 심신은 더욱 빨리 성장할 것이다. 그러므로 아이들이 뛰어 놀고 운동할 수 있는 장소는 안전한 곳이어야 한다.' 라고 주장하여 운동장을 교육에 있어서 필요한 시설로 보았다. 그러나 체육의 교육과정에 있어서는 레슬링, 복싱, 수영 등은 쓸모 없고 위험하므로 금지시켜야 한다고 하였다. 이러한 점은 그가 17세기 신학자로서 제한된 사고방식을 지니고 있었음을 엿보게 하는 것이다.

노희덕(1983)은 그의 논문 "서구 실학주의 사상이 근대 체육의 형성에 미친 영향"에서 다음과 같은 서술을 하고 있다.

> 첫째, 실학주의는 체육을 실생활과 연결시킨 것에 중점을 두고 자연과 접할 수 있는 교육방법을 강조하며, 정신적 건강이나 신체적 건강은 단련을 통해서 이루어진다고 주장하여 근대 체육을 형성하는데 있어 자연주의와 단련주의를 도입하는 기초를 마련하였다.
>
> 둘째, 건강한 신체는 지식과 함께 인격형성을 위한 수단으로 여겨 체육을 교육의 중요한 영역으로 생각하게 하였다.
>
> 셋째, 유럽 각국이 국가주의적 경향을 띠게 하는데 있어 군사적 목적으로서 건강한 신체의 중요성을 인식시켰다.
>
> 넷째, 실험실습과 같은 합리적 사고방식을 통한 교육을 주장하여 근대 형식체조를 일으키게 한 사상적 기반을 마련하였다.
>
> 다섯째, 흥미 있는 놀이를 통한 동기유발을 교육방법에 도입시켜 유희활동을 중요하게 인식시키고, 레크레이션의 필요성을 강조하였다.
>
> 여섯째, 운동장의 안전이나 환경의 중요성을 강조하여 근대 체육에서 시설물에 대한 고려를 인식시켰다.

논의된 바와 같이 실학주의자들은 역사를 회고하여 현실생활을 응시하고, 특히 보다 실제적인 경험과 관련한 체육의 필요성을 역설하였다. 그들의 체육관(體育觀)에 대해 특기할 점을 종합 · 정리하면 다음과 같다.

첫째, 체육이 도덕교육이나 지성교육과 같은 수준에서 강조되었다. 말하자면 심신의 조화적인 발달을 도모하는 그리스의 인간관이었다.

둘째, 형식보다는 내용의 습득을 주안점으로 하는 실용적인 관점에서 일상생활이나 전쟁생활에 쓸모 있는 신사와 병사를 목표로 하여 그 방법은 어느 것이나 단련적이었다. 라블레, 로크의 체육사상은 루소를 거쳐 범애학파의 바제도우에게 영향을 미쳤으나 몽테뉴, 코메니우스의 사상은 바제도우에게 직접적으로 영향을 미쳤다.

셋째, 남자 본위의 체육관에서는 벗어나지 못하여 여성의 체육에 대해서는 거의 관심을 가지지 못했다. 또한 남자의 체육에서도 코메니우스를 제외하고는 귀족이나 상류계층을 위한 가정교육의 테두리를 벗어나지 못했다.

넷째, 실학주의 시대의 체육은 사상으로서 취급할 만한 것이 있었으나 실천에까지 이르지는 못하였다. 이러한 사상이 다시 통일 · 정리되어 근대 학교에 있어서 실천에 옮겨지는 데는 루소를 거쳐 독일의 바제도우가 나타남을 기다려야 하였다.

4. 단련주의와 체육

1) 역사적 배경

17세기 유럽은 여전히 종교적 혼란과 세속적 갈등에 의해 이성과 권위, 자유와 전제 사이에서 극단적인 투쟁을 벌이고 있던 시기였다. 그러나 종교개혁과 계몽적인 사회변화는 이제 인간부흥이라는 인문주의의 입장보다 과학을 바탕으로 한 실학주의를 정신적 지주로 숭앙(崇仰)하게 되었다. 상인의 사회적 지위가 높아지고, 수출과 수입에 의한 문화의 활발한 교류, 그리고 항해술의 발달 및 탐험에 의한 새로운 지리의 발견은 교육 · 종교 · 심리 · 예술 등에 많은 영향을 미치면서 이성을 보다 존중하는 방향으로 발전되어 나갔다.

단련주의란 이성의 판단과 일치하지 않는 감정의 욕구를 누르고 바람직한 행위와 사고방식을 습관적으로 단련하기 위해 개인을 교육하는 것으로 볼 수 있다. 로크(John Locke, 1632~1704)는 바로 이러한 시기의 인물로서 개혁주의(改革主義) 시대의 기초를 확립하였다. 신앙의 자유와 정치 권리에 관한 로크의 주장은 근대 교육조직의 깊은 뿌리가 되었고, 심리학에도 크게 공헌하였다.

2) 교육

로크(John Locke)

단련주의 교육의 목표는 귀족 신사들에게 세련된 몸가짐과 고상한 품성을 갖추도록 하는데 있다. 이는 본능적 · 자연적 욕구에 의해 이성적이지 못한 사고와 행위를 올바른 습관으로 단련시키는 교육을 의미한다. 그러므로 단련주의에 있어서 교육의 가치는 습득해야 할 교육내용에 있는 것이 아니라 습득하는 교육과정에 있는 것이다. 올바른 교육과정이나 방법은 모든 분야에 적용될 수 있는 정신능력을 발달시킬 수 있는 결과를 유도할 수 있다고 보았다. 이러한 견해는 정신의 여러 능력 중 기억력과 추리력을 교육과정에서 훈련되어져야 할 요인으로 간주하고 있는 것이다. 단련주의적 사고는 근대 교육에까지 이어져 오고 있으며, 오늘날에도 많은 호응을 얻고 있다. 단련주의 교육은 로크의 사상이 대표적이라고 볼 수 있어서 그의 교육사상을 살펴보는 것은 중요한 의의를 갖는다 하겠다.

* 로크의 교육관

로크를 단련주의 교육의 대표자로 보는 근본적인 이유는 인간의 정신은 원래 백지와 같은 것으로서 그 덕성이나 모든 능력이 습관의 형성을 통해 외부로부터 부여된다는 사상을 주장하였기 때문이다. 즉 로크는 「심의 백지설(Tabula Rass)」을 주장하여 '백지와 같은 인간의 마음에 경험이라는 인간의 경력을 천천히 기억시켜 나가는 것이 교육이다.' 라고 하였다. 그리하여 그는 조기교육(早期敎育)과 교육의 가능성은 무한하다고 보는 「교육만능론」에 이르게 된다. 교육이야말로 인간을 이렇게도 할 수 있고, 저렇게도 할 수 있는 것이어서 인간이 행복하든 불행하든 그것은 자신이 만들어 내는 것이라고 믿었다.

"교육에 대한 고찰"이라는 그의 글에서 첫 30단락은 체육에 관한 많은 이야기가 있다. 얇은 옷과 헐렁한 의복, 딱딱한 침대, 신선한 공기, 간소한 식사 등 모든 것의 기초가 되는 단련과정, 즉 엄격한 훈련으로 설명하고 있다. 결국 로크의 교육은 훈련으로 모든 지식이 감각의 지각과 지성의 지각, 즉 경험에서 나온다고 보았다. 결국 훌륭한 성격은 건전한 신체와 건전한 마음을 가진 청년에 의해서만 얻어진다고 보고 지적 · 신체적으로 훈련하여 전인을 육성하도록 해야 함을 의미하는 것이었다.

청소년의 체력강화를 인정하는 영국의 철학자들은 신사를 지향하는 청년들에게 바라는 4가지 요인이 있는데, 그 가치의 순서에 따라 덕(德), 지(智), 교양(敎養), 학식(學識) 등을 들고 있다. 이러한 요소는 개인의 내면에 존재하며 신체적, 정신적 훈련의 연계과정에 의해 길러지고 조장되어야 할 것이라고 하였다. 로크는 학문의 전통적 정의를 받아들이지 않으면서 이에 대해 '학문은 지식의 다양성이나 축적만이 아니라 사고의 다양성과 자유 그리고 지식을 많이 쌓는 것뿐만 아니라 정신의 활력과 힘을 증진하는 것으로 제안해야 한다.' 라고 서술하고 있다. 또한 그는 몽테뉴의 영향을 받았기 때문에 모든 교육은 임무를 수행할 수 있는 신사의 양성을 목표로 해야 한다고 주장하여 사회적 실학주의의 한 사람이었지만 인식은 감각을 통해서 확보된다고 생각하는 점에서는 감각적 실학주의자이기도 하였다.

로크는 '우리들의 정신능력은 신체와 똑같은 방법으로 개선되고 유용하게도 할 수 있다. 만일 글자를 쓰거나 그림을 그리거나 댄스나 검술을 잘 하며, 그 외의 다른 손으로 하는 작업에 익숙하게 하려면 늘 충분한 체력과 활동력 그리고 유연성과 능란한 솜씨를 갖추도록 하지 않으면 안 된다. …정신에 있어서도 그와 똑같다. 만일 판단을 현명하게 하려면 일찍부터 그에 길들여져야 하고, 여러 관념의 관계를 관찰하고 순서대로 그를 추적하도록 하는 정신훈련을 시키지 않으면 안 된다.' 라고 주장하면서 '신체의 강함이 주로 고통을 감내하는데 있는 것과 같이 정신의 강함도 거기에 있고, 모든 덕성과 가치의 원리나 근원도 거기에 있다.' 라고 하였다.

로크의 교육은 체육(體育), 덕육(德育), 지육(智育)의 세 측면이 있고, 체육은 모든 교육의 기초이며 덕육에 대하여 종속적인 위치에 있다고 설명하였다. 즉 교육자는 항상 아동과 학생의 건강증진에 주의를 기울이지 않으면 안 된다는 것이다. 건강의 보호 · 증진방법으로서 신선한 공기, 적당한 운동, 충분한 수면, 깨끗한 음식의 섭취, 자극적인 음료의 삼가, 끼는 옷과 두꺼운 옷의 착용금지, 머리와 신체의 각 부위를 차게 함, 발을 차게 하는 훈련 등을 권장하였다. 이와 같이 그는 의학적인 지식을 기초로 하여 체육을 논하고 있다. 후세에 그를 「학교 위생법의 창시자」라고 부르는 것도 이 때문이다. 그러나 그의 『교육설』은 오직 가정교사에 의한 귀족과 상류층 자제의 교육을 목표로 하고 있다는 점에 있어서 중세기적인 성격을 탈피하지 못하였다고 볼 수 있다. 즉 그는 영국에서 지배세력이었던 부르주아적 계급의 교육관을 대표하고 있었던 것이다.

로크는 당시 인습적(因襲的)이며 고전적인 지식의 무조건적인 수용을 배척하고 도덕교육과 신체육성 그리고 지적 교육을 중시하였으며, 교육내용으로 산술 · 기하 · 지리 · 천문학 · 역사 · 윤리학 · 법률 등을 제시했고, 특히 가정교육을 학교교육보다 중시하였다. 그의 체육, 덕육, 지육 이론은 17세기부터 오늘날에 이르고 있으며, 그러한 교육관은 영국의 중등학교와 옛 대학, 독일의 짐나지움 그리고 미국 초기의 대학이나 중등학교의 교육을 지배하였다.

3) 체육

단련주의 교육의 주요 목표는 성격의 발달이었지만 인간은 우선 건강이 확보되지 않으면 어떠한 업무도 수행할 수 없다고 보는 입장이었다. 건강이 우리의 업무와 행복에 얼마나 필요하고, 역경과 피로를 이겨낼 수 있는 강한 체력이 얼마나 중요한가는 너무나 명백하여 입증할 필요조차 없다는 것이 로크의 주장으로서 단련주의의 신체에 대한 사상을 짐작할 수 있게 한다. 그러한 까닭에 단련주의의 대표자로 보는 로크는 체력을 교육의 기저로 삼았다. 체육을 교육이라는 피라미드의 기저로 생각한 것은 신체의 특질과 힘이 성격형성과 발달의 한계를 대폭적으로 규정하고 있다는 점을 인식하고 있었기 때문이다.

단련주의 체육의 목적은 곤란을 견디어 낼 수 있는 신체를 발달시키는데 있었으므로 바람직한 행위의 습관을 기르기 위해 합리적인 단련이 필요하다고 보았다. 그러나 단련주의 이론은 엄격한 경향이 있었지만 가능한 한 즐거운 마음으로 습관을 형성하게 하는 과정이 바람직하며 필요하다고 주장하였다. 스파르타식 훈련과정에 레크레이션을 포함시킴으로써 균형을 유지하려 하였던 것이다. 레크레이션에 관한 광범위한 해석은 운동은 신체를 단련하는 것뿐만 아니라 지성에도 활기를 불어넣어 건전한 정신을 확립하는데 유용한 것으로 보았다. 결국 균형있는 단련방법의 확립이 단련주의의 목표라고 볼 수 있다. 로크는 행복을 위한 건강과 체육, 곤란과 궁지와 피로를 이겨낼 수 있는 강력한 체력의 필요에 의한 건강과 체육, 업무를 위한 건강과 체육 등을 역설하였다.

* 로크의 체육사상[3)]

3) 본 란에서의 인용은 Ellen W. Gerber(1971)의 저서 『Innovators and Institutions in Physical Education』 pp. 71–74에서 발췌되었음.

In Some Thoughts, after his opening mens sana in corpore sano statement, he went on: 'He that has these two, has little more to wish for; and he that wants either of them, will be but little the better for anything else.

로크는 그의 저서인 『Some Thoughts Concerning Education』에서 '건전한 신체에 건전한 정신'이라고 서두를 꺼낸 뒤 계속해서 '건전한 신체와 건전한 정신의 두 요소를 소유한 사람은 더 이상 바랄 것이 없다.'라고 말하고 있다. 이어서 로크는 제1장 전체를 건강한 신체에 대한 충고로 다음과 같이 가득 채웠다.

나는 신체를 강건하게 하고 건강을 위한 방법으로 몇 가지 규칙을 제시한다. 즉 충분한 공기, 운동 및 수면, 적당한 식이요법, 금주, 옷을 덥게 입거나 꼭 끼이게 입지 말 것, 그리고 머리와 발은 차게 하며 종종 발을 찬물에 적시도록 할 것과 딱딱한 침대에서 잠을 자며 때때로 수영을 할 것 등이 그것이다. 나는 여기서 수영에 대해서 새삼 언급할 필요를 느끼지 않는다. 왜냐하면 어린이는 지금 수영을 배울 수 있는 연령이고 또한 자기에게 수영을 지도해 줄 교사가 있기 때문이다. 그럼에도 불구하고 수영은 인간의 생명을 구해주고 특히 로마 사람들은 수영을 너무나 중요시해서 수영과 학문을 동등하게 취급하였다. 그래서 보통 책을 읽거나 수영을 배우지 않았으면 무식하다고 얘기했다. 수영기술은 배우는 것 이외에도 더운 여름에 찬물에서 목욕하는 것이 건강에 매우 좋다.

로크가 수영기술을 배워야 한다고 한 것은 운동의 목적이 건강이라는 것을 의미하는 것이다. 그러나 그는 장차 신사가 되기 위한 교육의 필수적인 조건으로도 운동을 언급하였다. 즉 공부하는 것 외에도 신사가 되기 위한 조건으로서 운동을 해야 한다는 것이었다.

로크는 무용에 대해서는 다음과 같이 표현하고 있다.

무용은 우리 인생에 우아함을 보여주며, 특히 어린이에게 씩씩함과 자신감을 가져다 준다. 그러나 무용을 할 수 있는 정도의 충분한 힘을 지닌 나이가 된 후에 무용을 배워야 한다. 그리고 학생은 우아한 동작이 무엇이며 신체의 모든 동작에 자유와 경쾌함을 가져다 주는 것을 알고 또한 가르칠 수 있는 훌륭한 교사를 모셔야 한다.

펜싱과 승마에 대해서도 로크는 신사교육의 필수조건으로 긍정적이었지만 건강의 목적에 특히 관심이 있었다.

펜싱과 승마는 귀족 가문을 위해서 절대 필요한 운동이다. 승마는 보통 대도시에서 배우며 건강을 위해 연습을 하게 된다. 승마를 연습하는 것은 전

> 쟁 때나 평화 때나 할 것 없이 신사에게 매우 필요한 것이다. 그리고 말을 얼마나 타야 하는지의 문제는 부모나 교사의 지시에 따르면 된다. 펜싱은 건강을 위해서 좋은 운동이긴 하지만 위험한 운동이다. 기술에 자신을 가진 사람들은 다른 사람들과 다투기 쉽기 때문이다.

로크는 레슬링에 대해서도 긍정적이었으나 펜싱이나 승마가 시대적 배경의 이유에 의해 더 중요시되었다.

> 나는 펜서가 되기보다는 훌륭한 레슬링 선수가 되고 싶다. 그러나 펜싱이나 승마는 귀족가문을 위하여 절대적으로 필요한 운동이다.

로크는 레크레이션에 대해서도 다음과 같은 언급을 하였다.

> 레크레이션은 일이나 음식만큼 필요하다. 레크레이션은 실제적인 것이 아니고, 종종 가상적인 것이며 항상 유쾌하게 하는 놀이이기 때문에 어린이들로 하여금 기분전환을 위한 기회를 제공한다. 따라서 어린이들이 어떤 종류의 레크레이션을 요구할 경우 그 레크레이션이 순수하고 건강에 도움이 되는 것이라면 허락해야 한다.

이러한 견해는 레크레이션이 매번 반복되는 일상생활로부터 기분을 전환하기 위한 활동으로서 유용한 가치가 있으며, 스트레스나 피로를 제거시켜 보다 많은 생산을 이끌도록 한다는 입장이다. 그리하여 로크는 레크레이션이 열심히 일하는 사람에게는 진정한 가치가 부여되지만 일하지 않고 노는 사람에게는 레크레이션이 부적당하다고 주장하였다. 따라서 로크가 주장한 단련주의는 엄격한 성격을 띠고 있지만 레크레이션의 가치를 인정하여 균형있는 단련방법을 확립시켰다고 볼 수 있다.

이상에서 살펴본 바와 같이 로크는 사회적 실학주의를 실천하고 단련주의를 주장하여 체육에 많은 공헌을 하였다. 즉 로크의 단련주의는 실천을 앞세우는 자연주의와 함께 교육, 정치, 종교, 사회에 있어서 계몽적 역할을 수행하였던 것이다.

5. 자연주의와 체육

1) 역사적 배경

체육의 역사에 있어서 자연주의 운동은 르네상스에 비해 보다 혁명적이었다. 교육사에 있어서도 자연주의 교육이념은 교육의 혁명 혹은 개혁이라고 불리어진다. 자연주의 교육은 인간에 대해 보다 구체적으로 사상의 자유, 양심의 자유, 인생에 대처하는 인간 이성의 능력으로 나타나고 있다. 르네상스로부터 발전되어 실학주의를 거쳐 이론이나 형식의 습관에 머물기를 거부하고 실제적인 인간생활에 적용시키는 대중적 교육이 자연주의 교육인 것이다.

18세기 프랑스의 정치적 상황은 소위 절대주의(絶對主義) 형태의 근대 국가였으나 기본적으로는 절대 다수의 희생 위에 군림한 소수 특권층의 신분제 국가였다. 대중들은 거만하고 이기적인 귀족의 횡포와 독재적인 군주로부터 지배당하고 있었으며, 부당한 과세로 인해 가난에 허덕이며 괴로워하고 있었다. 부패한 종교는 왕정(王政)과 결탁하여 권력을 남용하였고, 종교적인 관례가 추악한 부덕(不德)을 부채질하였다. 그리고 거듭된 전쟁에서의 패배, 지배층인 귀족과 승려들의 사치와 타락이 사회를 극도로 혼란에 빠뜨렸던 것이다.

종교와 도덕적인 면에서 팽배한 형식주의(形式主義)에 대한 반동으로서 영국에서는 청교도주의, 독일에서는 경건파, 프랑스에서는 얀센파 등이 일어나게 되었다. 정치, 사상, 종교 등의 영역에서 실제적인 생활에 누군가가 의식있는 개혁이나 혁명을 일으켜야만 당시의 형식주의에서 벗어날 수 있었던 것이다. 최초의 개혁운동은 지식계층의 출현이었는데 이것이 계몽운동(Illumination : Enlightenment)이었으며, 일반인의 권리를 위한 대중 계몽운동이 자연주의 운동(Naturalistic Movement)으로 발전하여 그 본질적인 형태를 이루게 하였다.

역사적 전개과정을 보면, 계몽주의는 17세기 후반 네덜란드와 영국에서 발생하였으며, 로크(John Locke, 1632~1704), 베레(Bayle, 1647~1706), 뉴턴(Isaac Newton, 1643~1727) 등이 대표자라고 할 수 있다. 그후 18세기에 들어서면서 프랑스를 통해 전 유럽으로 보급되었는데, 중심 인물은 몽테스키외(Montesquieu, 1689~1755)와 볼테르(Voltaire, 1694~1778) 등이었다. 18세기 중엽 이후 계몽주의는 독일에 있어서도 사상계를 지배하였으며, 칸트(Immanuel Kant, 1724~1804)의 사상에 의해 그 정점에 달하였다.

계몽주의의 근본은 휴머니즘적인 16세기의 자연과학자 코페르니쿠스(Nicolaus Copernicus, 1473~1543), 갈릴레이(Galileo Galilei, 1564~1642), 케플러(Johannes Kepler, 1571~1630)까지 거슬러 올라가지만 계몽주의의 직접적인 개척자는 데카르트(Rene Descartes, 1596~1650)의 합리주의(合理主義)와 홉스(Thomas Hobbes, 1588~1679)의 경험론(經驗論)이었다. 이성만능(理性萬能) 또는 세계를 기계적, 수학적으로 설명하려고 한 신념은 이들 두 사람으로부터 인식론적 체계라고 하는 공통점을 발견할 수 있지만 계몽주의의 목표는 순수한 인식이 아니라 생활조건을 변화시키려는 것이었다.

사상적인 면에서 계몽운동과 자연주의 운동은 공통점이 많아 때때로 혼동되고 있다. 계몽운동은 귀족적인 경향이 강한 반면, 자연주의는 대중적인 경향이 강하다는 측면에서 근본적으로 차이가 있다. 18세기를 전기와 후기로 나누어 볼 때, 프랑스혁명 이전의 세기를 계몽주의 시대라고 부르고 있으며, 이의 주요 관심사는 교회에 대한 비판을 토대로 이성적인 존재로 향한 인간교육, 즉 합리주의였다. 이 때의 계몽주의란 인간을 올바른 길로 인도하고, 인간에게 우선권과 자율권을 부여하는 이성의 시대를 의미한다. 이성에 의해서 생활의 모든 문제를 해명하려는 사상이므로 이를 위해 「평등사상」과 강제로부터 개인을 해방시키려 한 「자유사상」이 있었다. 그리하여 계몽주의자는 자율적이고 자유스럽게 행동하며, 더 이상 자신이 소외된 법을 따르지 않고 스스로 만든 법을 지키려 하였다.

계몽주의 시대의 신념은 개인의 특권으로서 교회의 신조(信條)나 미신(迷信), 사회의 인습(因襲)에 영향을 받지 않고 모든 문제를 자기자신이 판단하고 결정하려는데 있으며, 이러한 까닭에 계몽주의 사상가들은 교회가 대부분의 교육을 좌우하고, 교육의 내용이 신학, 희랍어, 라틴어, 고대사 등에 편중되어 있음을 개탄하였다. 그들은 과학, 근대어, 근대사 등을 교육의 내용으로 보다 많이 고려할 것을 요구했으며, 사회의 부패적인 요인을 비판하고 개혁하는 선구적인 활동, 즉 과감한 교육개혁을 주장하였다. 그리하여 계몽주의는 첫째, 국민주권과 삼권분립을 발전시켜 최종적으로 프랑스혁명을 일으켰다. 둘째, 남녀 권리평등을 대두시켜 여성해방의 출발점이 되었다. 셋째, 국가에 의한 중앙 지배적인 경제체계로부터 「자유경쟁」에 의한 경제의 자유화가 도입되어 업적과 경쟁이 불확정 요소가 되었다. 넷째, 지도적 위치의 집단을 약체화시킨 반면, 시민계급의 지위를 강화시켜 이를 사회의 모든 분야에 서서히 침투시킨 결과를 가져왔다.

계몽 후기를 대표하는 자연주의는 사회적, 정치적 조직의 폐해에 대한 비판으로서 이성을 통한 자아의 자각을 소수 지식층에 국한시킨 것이 아니라 대중에게 호소하여 일대 전환을 이루었다. 이 운동은 루소(Jean Jacques Rousseau, 1712~1778)에 의해 사상적 기반이 이룩되었으며, 지적(知的)이라기보다는 오히려 감정적이고, 귀족적이기보다는 대중적이며, 개인의 발전보다는 사회 개혁이 목적이었다고 할 수 있다. 루소는 불평등과 압박을 조장하는 문명의 구조에 대해 공격과 개혁을 주창하고, 자연의 법칙은 인간에게 적용되는 인간의 권리이며, 이는 인간에 의해 주어진 어떤 것보다 중요하다고 하였다. 이와 같은 루소의 자연주의는 많은 지지를 얻었으며, 이러한 비판이 사회적 · 정치적으로 확산되어 대중적인 하나의 이상사회(理想社會)를 건설하는 밑거름이 되었다.

2) 교육

자연주의 사상가들은 '모든 문화는 언제나 인간의 삶을 자연 그대로 내버려두지 않고 일정한 규범의 굴레를 씌운다. 이러한 인위적인 굴레가 강화되면 인간의 삶을 억압하게 되고 이때 인간은 문화나 규범에 반발하여 자연으로 돌아가기를 원한다.'는 신념을 가지고 있었다. 그러므로 자연주의 교육의 목적은 '자연은 선하고 사회는 악하다.', '모든 것을 자연에 따라서'라는 말로써 상징적인 표현을 하고 있다. 자연주의 교육은 아동에게 자유와 불간섭을 원칙으로 하며, 인위적인 사회의 모든 죄악에 방어할 아동의 선량한 천성이 자유롭게 발전될 것을 기대하고 있다. 그리하여 루소는 인간의 삶이 너무나 많은 구속에 감싸져 있다고 생각하여 '자연으로 돌아가라.' 라고 외쳤던 것이다.

아동에 대한 최초의 교육서는 로크에 의해 저술되었으나 아동의 본성에서 교육 이론을 도출해 낸 이는 루소였다. 그러므로 루소는 자연주의의 대표적인 사상가로서 '어떠한 경우에도 아동이 싫증을 내는 그 이상의 과업은 모두 버려라.' 라는 사상을 여러 형태로 반복하여 말하고 있다. 그의 사상에는 르네상스의 교육관과 그 후에 발전된 모든 교육관에 대해 부정적인 시각을 가지고 있었다. 루소는 18세기의 의미에 부합되는 이성과 진보를 신봉하는 사상가라고 할 수 없었다. 게다가 그는 계몽사상의 사회적 낙관주의(樂觀主義)도 갖고 있지 않았다. 그리고 그는 아동의 생활이나 본성에 대한 실제적인 지식이 거의 없었으며, 아동에 대한 그의 관심은 결코 실천으로 옮겨질 수 없는 순진한 감상주의였는지 모른다. 그럼에도 불구하고 아동기의 적적한 발달이 교육의 목적이며, 아동의 천성과 아동의 성장에 따라 그 과정이 정해져야 하고, 아동의 경험이 교육의 수단이 되지 않으면 안 된다고 생각한 그의 사상은 교육에 있어서 시사하는 바가 적지 않다.

루소는 그의 저서인 『에밀(Emile)』에서 '교육은 인간을 재생시킬 것이며, 그것은 자연교육일 것이다. 교육은 경험에만 의존할 것이며, 자연을 지침으로 받아들일 것이다. 자연은 어린아이를 조숙한 성인으로 변모시키지 않으며, 반대로 그를 나이에 알맞은 아이로, 인격을 가진 아이로 가만히 놓아둘 것이다.' 라고 하여 매우 근대적인 사람으로서 현대적인 문제를 다루었다. 또한 그는 '사회나 책과 성급하게 접촉하지 마시오. 어린아이의 손에 너무 일찍 책을 쥐어 주는 것은 아마도 큰 잘못일 것이다.' 라고 호소하였다. 한때 『에밀』은 수많은 어머니들을 혼란에 빠뜨렸지만 아주 구체적인 테마는 근대 교육에 영양분을 공급해 주었다.

페스탈로치(Johann Heinrich Pestalozzi, 1746~1827), 헤르바르트(Johann Friedrich Herbart, 1776~1841), 프뢰벨(Friedrich Frobel, 1782~1852) 그리고 그 외 많은 교육자들의 개혁은 모두 루소의 가르침에셔 그 기원을 갖는다. 이와 같이 자연주의 교육사상은 아동에 대한 이해와 관 심이 모든 교육활동의 선결조건으로 중시되고 있다. 아동에 대한 지적, 도덕적, 인격적 관심은 루소에 의해서 이론화되고 페스탈로치에 의해서 실천화되어 드디어 교육작용에서 불가결한 요건으로 인정받게 되었다.

자연주의 이전의 교육이론가들은 개인의 교육을 정신교육과 신체교육으로 양분해서 생각하거나, 또는 체육, 덕육, 지육으로 삼등분 하는 경향이 있었다. 당시의 아동은 어른의 행동을 모방할 수 있을 때까지 어떠한 가치도, 어떠한 권리도 갖지 않는 소형의 어른에 지나지 않았다. 아동의 복장, 행실, 거동, 오락에 이르기까지 모든 것이 연장자의 틀에 따라 인위적으로 만들어져 있었다. 루소 시대까지는 문학에 나타난 아동은 망원경을 거꾸로 해서 본 어른의 모습과 같았다. 자연주의 교육은 어린이들을 이러한 속박으로부터 해방시키고, 스스로의 힘과 자신의 자연적 성향을 발달시키도록 하는데 주안점을 두었다.

자연주의 교육의 내용에 있어서 먼저 고려되어야 할 문제는 건강함과 풍부한 감각의 경험이었다. 청년 전기의 소년은 지적 · 도덕적 목적에 부합하는 학문을 이해하기에 충분히 성숙되어 있지 못한 단계이며, 청년기에 이르러서야 비로소 그러한 능력이 발생하고 이를 지탱해 낼 수 있는 신체를 형성하기에 가장 적절한 시기가 된다고 여겼다. 신체가 허약하면 활발한 지능이나 정신력을 육성할 수 없기 때문에 건강한 신체를 중요시하였던 것이다.

자연주의적 교육방법은 인간으로 하여금 변화하는 환경에 스스로를 적응시키는 과정이라고 보아 교육을 형식적인 것보다 민주적인 방법으로 실시해야 한다고 주장하였다. 이는 부모와 교사들의 간섭과 같은 외부적인 요인을 없애고 학생들의 요구와 충동에 따라 자연적으로 학습하도록 하는 것이었다. 인간은 태어나면서 선하다는 입장에서 인간본성의 발달을 지배하는 조화로운 자연법칙을 믿고 이러한 법칙을 기저로 어린이들을 가르치는데 방해가 되지 않도록 교사는 주의를 기울이고, 어린이들의 자연스런 충동에 의한 학습을 돌보는 것이었다. 그리하여 교사는 아동심리학을 연구하고 익히게 되며, 교사는 자연스럽게 학습자의 친구이자 협력자이고 또한 감독자의 역할을 하게 된다. 그러므로 교육방법이 형식적이거나 주입식 교육보다는 민주적이고 창조적이라고 할 수 있다.

이상을 종합하여 루소의 교육사상을 말하면, '교육은 자연적인 과정이지 인위적인 과정은 아니다. 그것은 안으로부터의 발발이지 밖으로부터의 첨가물이 아니다. 그것은 생득적인 본능이나 흥미의 작용에 의해서 일어나는 것이지 외적인 힘에 대한 반응으로 일어나는 것은 아니다. 그것은 천부(天賦)의 모든 능력을 전개하는 것이지 지식의 습득이 아니다. 그것은 생활 그 자체이지 흥미나 특성인 점에서 아동기의 생활과 먼 미래를 위한 준비는 아니다.' 라는 것이다. 이러한 루소의 주장은 범애주의(汎愛主義 : Philanthropism)로 계승되었다.

김동규(1996)는 저서인『체육원리의 제 문제』에서 자연주의 교육의 의의와 허점을 다음과 같이 기술하고 있다.

> * 의 의
>
> 첫째, 교육자들에게 아동의 본성에 대한 이해의 필요성이 강조되어 교육의 과학화에 이바지하였다.
>
> 둘째, 어린이의 자연적 성장 유형이 교육의 내용과 방법을 결정해야 한다는 신념이 대두되었다.
>
> 셋째, 경험을 통한 학습의 교육적 가치와 학습에 있어서의 흥미를 중시하였다.
>
> * 허 점
>
> 첫째, 인간 본성에 대한 지나친 낙관이 피교육자의 자유는 향상시켰지만 교육에 반드시 필요한 최소한의 질서와 훈련조차 그르칠 우려가 있다.
>
> 둘째, 자연주의적 인식론의 한계, 즉 앎을 경험에만 축소시키는 것은 윤리적, 심미적 가치와 형이상학적 영역에 관한 많은 앎의 가능성을 배제한다.
>
> 셋째, 교육의 영원한 목표가 없다.

3) 체육

자연주의 체육의 목적을 한 마디로 말하면, 이상적인 국가 건설을 위하여 건전한 신체단련, 즉 충분한 운동과 레크레이션 그리고 건강교육 등의 심신수련에 의한 애국적 민주시민을 육성하는 것이었다. 당시 신체에 대한 교육은 등한시되거나 잘못된 생각으로 왜곡해 가르치고 있었기 때문에 루소를 비롯한 자연주의 사상가들은 어린이를 건전하고 튼튼하게 육성하며, 또한 교육의 도덕적 효과를 기대하기 위해서는 놀이와 운동의 중요성이 강조되어야 한다고 주장하였다. 감각의 교묘한 작용을 수련하는 것이 체육의 중요한 임무라고 생각하여 어린이들에게 놀이학습을 강조하였던 것이다. 감각의 훈련과 경험이 간접적인 자료인 책에 의한 것보다 학생들의 지식 영역을 확대할 수 있다고 보았다.

자연주의 사상의 대표자인 루소는 로크의 단련주의를 이어 받아 어린이가 인생의 역경에 인내할 수 있는 건강한 신체를 양성해야 함에 동의하면서 정신과 신체의 관련성을 구체적으로 이론화시켰다. 즉 루소는 신체활동이 마음의 작용을 유도한다는 것을 배우기 위해 근육과 감각기관을 단련시키며, 이러한 과정이 바로 지식체계라고 하였다. 그리고 이러한 지식체계는 신체가 건강하고 튼튼하지 않으면 소용이 없는 일이라고 보았다. 이러한 이유로 루소의 교육사상은 체육을 중요시하였던 것이다. 그는 '당신이 담당한 학생의 지식을 강화하려면 그것을 지배하는 힘을 길러야 한다. 선량하고 현명하게 대처하기 위해 늘 운동을 하고, 신체를 건강하고 튼튼하게 만들어라. 강한 사람은 곧 이성적인 사람이 될 것이다.' 라는 주장을 하기도 하였다. 아울러 루소는 체육이 민주시민을 육성할 수 있는 좋은 매개체라고 생각하였다. 민주국가는 게임과 운동에 의해 어린이를 유아시절부터 규율, 평등, 우애, 경쟁, 친구들과의 원만한 관계 등에 익숙하게 해야 한다고 하였다.

자연주의의 신체 훈련방법은 강압적이기보다는 자연적 성향대로 자유롭게 성장하도록 하는 것이었다. 루소는 '인간은 타인의 지도에 의해 얻어지는 것보다 스스로 배우는 것이 더욱 정확한 이해를 불러일으킨다.' 라고 하면서, 자기지배에 의한 활동이 교사에 의해 통제되는 수업보다 훨씬 많은 가치를 가진다고 보았다. 그러므로 아동은 관찰과 경험에 의해 자신이 사고하고 결론에 도달하는 것을 배우게 되며, 교사는 아동의 호기심을 불러일으켜 아동 스스로 활동하여 호기심을 충족하게 한다. 이러한 진보적인 체육개념은 아동들에게 운동기술을 습득시키고 신체훈련의 환경을 조성하여 가치있는 레크레이션을 행하게 하며, 아울러 위급한 상황에 대처할 수 있는 신체를 만들게 하였다. 특히 레크레이션의 경우는 자연주의 교육에 있어서 매우 중요하게 취급되었다. 루소는 『에밀』에서 주인공 에밀에게 격렬한 신체운동을 권하면서 레크레이션이 생활의 평형을 가져다주는 힘이라고 하였다. 또한 '교육의 참 뜻은 레크레이션을 행함으로써 심신의 상호작용을 수련시키는데 있다. 그리고 레크레이션은 행하지 않는 것과 같이 지나친 것에 대해서도 주의를 기울여야 한다.' 라고 요구하였다.

이러한 사상은 바제도우(Johann Bernhard Baswdow, 1723~1790)와 잘츠만(Christian Gotthilf Salzmann, 1744~1811) 그리고 구츠무츠(Johann Friedrich Guts Muths, 1759~1839)의 체육 프로그램에서 루소의 이상과 일치하고 있다. 구츠무츠는 신체가 지능이나 성격에 미치는 영향에 대해 어떠한 의문도 가지지 않았으며, 오히려 지식보다 건강이 교육의 기본 목표였다. 자연주의 체육은 루소의 체육을 보다 섬세히 살펴볼 때 비로소 그 의미를 파악할 수 있다. 그 사상을 이어받은 바제도우, 잘츠만, 구츠무츠 등의 범애학파가 근대 체육의 기초를 마련하였던 것이다. 이들의 체육이론과 실천은 당시로서는 대단히 계몽적이었고 특별하였다.

4) 루소의 체육사상

루소(Jean Jacques Rousseau, 1712~1778)는 자연주의를 내세운 18세기 계몽사상의 대표적인 인물로서 교육학자, 철학자, 문명비평가, 정치사상가였다. 그는 르네상스를 거친 실학주의의 시대인이었으므로 민중의 사고가 서서히 깨어 반종교, 반귀족적인 정치 분위기가 무르익고 있던 때의 인물이었다. 대중들은 종교적인 구속과 귀족에 대한 봉사 등에 대해 분노를 느끼고 있었으며, 생활에 있어서도 중과세 등에 개혁을 요구하는 상황이 펼쳐지고 있었다. 이러한 때에 루소가 불평등, 압박, 예속 등을 비난하면서 이에 대한 개혁을 강력하게 주장하였으니 많은 지지를 얻을 수밖에 없었다. 그는 자연법칙이 물리적 세계에 작용한다면 전 우주는 자연법칙에 의하여 작용하는 질서정연한 기계와 같은 것이라고 생각하여 자연법이 인간을 위한 권리의 바탕이 되고, 이러한 권리가 인간에게 주어진 어떠한 힘보다 중요한 것이라고 주장하였다.

루소(Jean Jacques Rousseau)

(1) 생애

루소는 1712년 6월 28일 스위스 제네바에서 태어났으며, 그의 어머니는 출산 10일 후에 사망하였다. 이로 인하여 루소는 '나는 어머니 생명의 희생으로 태어났고, 나의 출생은 여러 불행가운데 최초의 불행이었다.'라고 하면서 자신의 생명을 어머니의 죽음과 바꾸었다는 것으로 영원한 회한과 죄책감을 가지고 살았다. 이는 루소가 끝없는 모성애를 동경하면서, 한편으로 부성애에 대해 균형을 잃을 정도로 의지하게 된 동기가 된 것 같다. 소년시절의 균형을 잃은 감정적인 생활은 그의 성년시대에 이르러 깊고 고립적인 자세, 내향적인 행동으로 나타났다고 볼 수 있다.

이상적인 사회와 가정을 그린 루소의 사상은 당시 고국인 프랑스에서는 펼쳐지지 못하였는데 이는 전통적으로 이어진 사회적 태도에 의해서라고 볼 수 있다. 그의 교육소설인 『에밀』[4]이 출판되었을 때, 파리 대주교와 의회는 『에밀』을 기독교의 기본과 자연의 규칙을 파괴하고, 또 국가의 평화를 깨며 왕권에 대한 반역의 요소를 지닌 불순한 서적으로 규명하였다. 결국 『에밀』은 반종교적, 반국가적이라는 이유로

4) 『에밀(Emile, 1762)』은 교육소설로서 주인공 에밀의 성장과정과 단계에 필요한 교육방법을 제시한 설화식 교육론이다. 즉 『에밀』은 에밀이라고 하는 어린이의 성장과 교육에 관한 내용으로서 어린이가 어떻게 육성되어야 하는가를 서술하고 있다. 『에밀』에 나타난 자연 중심의 교육이념은 당시 프랑스 사회에 커다란 반향을 불러일으켰다.

금서(禁書)로 지목되고 불태워졌으며, 루소에게는 체포령이 내려졌다. 자연주의 사상은 프랑스혁명 이후까지 불법이었으므로 루소의 사상은 그가 살았을 때까지 프랑스에서 실행될 수 없었다.

(2) 사상

루소는 1750년 "과학예술론"이라는 논문으로 명성을 얻게 되었는데 그는 이 논문에서 '예술과 과학이 인간을 파멸시켰다.'라고 논하고, '덕(德)은 소박한 인간의 영혼이 소유하는 것으로서 그것을 획득하는데 특별한 노력이 필요치 않으며, 덕은 모든 인간의 정신 가운데 처음부터 존재하고 있다.'라고 주장하였다. 루소의 사상은 '자연으로 돌아가라.'라는 자연주의 사상의 『에밀』과 정치적 방향으로 쓰여진 『사회계약론』[5]에서 찾아 볼 수 있다. 『사회계약론』은 사회철학 이론으로서 민주정치의 원칙을 제시하여 프랑스혁명에 시동을 걸었으며, 『에밀』은 문명에 대해 비판하면서 다음과 같은 공격적 발언으로 자연주의 사상을 나타내고 있다.

5) 『사회계약론(The Social Contract), 1762』은 여러 개인이 서로 약속하고 합의하여 하나의 사회를 이룬다는 이론서로서 그 사상은 그의 교육관을 표현한 에밀 가운데에서 윤곽을 잡을 수 있다. 사회계약론은 인민을 행복하게 하고 유복하게 하는 정치의 기초적인 연구, 이상적인 국가구조의 이론적인 연구라고 할 수 있다. 특정한 국가나 사회를 대상으로 한 현실적인 목적을 가진 것이 아니라 어디까지나 추상적이며 순수이론적인 것이라고 보는 것이 타당하다. 사회계약론은 유토피아적인 인상을 강렬하게 풍기고 있다.

> 신의 손으로부터 나오는 모든 것은 좋다. 그러나 그 모든 것이 인간의 손에서 타락한다. 인간은 각 요소와 기후와 계절을 뒤죽박죽으로 만든다. 인간은 모든 것을 더럽히고 변하게 한다. 인간은 기형과 괴물에 만족한다.

루소는 인간 사회가 속박의 주체로서 우리의 온갖 관습이 굴종과 강제와 속박과 다름 없다고 보았다. 결국 루소는 인위(人爲)가 아이들을 왜곡해 버리기 때문에 종래의 잘못된 양육법의 구속을 버리고 자연으로 돌아가는 것을 원했다. 『에밀』에서 루소가 주장한 '자연에로의 복귀'는 그 당시의 구(舊)제도에 대한 저항이며, 교회와 국가 그리고 사회를 변화시켜 자연의 근본원칙에 부합하게 하고, 자연인의 필요에 적응할 수 있는 새로운 방식의 사회질서를 가져오게 하였던 것이다. 또한 『에밀』은 어린이의 성장과정을 취급한 교육소설로서 아동의 권리를 구체화하고 새교육의 태동을 자극하였다. 루소는 전통적인 교육사상의 풍부한 표현과 심리적 근거에 따른 교육의 표현에 의해 근대 교육학의 개척자로 인정받게 되었다. 자연주의적 단련을 내세운 루소는 '아이들을 우상처럼 섬기고 애지중지 보호하면 오히려 아이를 약하고 악하게 만든다.'라고 하였다. 온갖 기후나 자연 상태에 아이를 드러내어 배고픔, 피곤, 갈증 혹은 강물에 빠뜨리는 것도 좋다고 하였다. 이는 신체단련을 이야기하고 있는 것이다. 그는 '자연을 보라. 그리고 자연을 가르치는 도를 따라가라. 자연은 늘 아이들을 단련한다. 자연은 모든 고난에 의해 어린이의 체질을 강하게 하고 일찍부터 그들에게 고통이 어떤 것인가를 가르친다.'라고 하여 자연법칙하의 단련주의를 주장하였다.

그의 신체관과 의학에 대한 태도 또한 분명하다. '신체는 정신의 명령에 따르기 위해서 충분히 강화되지 않으면 안 된다. 신체는 정신의 충복(忠僕)이 되기 위해서 강화하는 것이 필요하다.'라고 함으로써 그의 신체관을 나타내고 있다. 또한 약물사용에 반대하여 '허약한 신체는 정신을 약하게 한다. 그런데 약물이 세도(勢道)를 부리게 된다. 이것이 인간에게 대단히 해를 미치는 것이다.' 라고 하였다. 그는 '의학 중에서 유일하게 유익한 부분은 위생학이다. 위생학은 과학이라기보다는 오히려 도덕이다. 절제와 노동은 인류가 추구하는 진실의 두 의사이다. 노동은 인간의 식욕을 증진시키고 절제는 폭식을 막는다.' 라고 하였다. 그러나 이러한 사고방식은 상당히 핵심을 찌르고 있기는 하지만 비유적으로 이해해야 할 것 같다.

(3) 교육사상

루소의 「교육론」은 한 공상가의 몽상(夢想)을 읽는 것과 같은 생각을 들게 하는데, 이는 루소가 자신의 아이들을 고아원에 보내면서 이를 저술하였다는 점에서부터 그러한 느낌을 준다. 그러나 아동중심, 개성중심, 생활중심 등의 교육방법은 그 당시는 물론 후세에도 주요 교육사상으로서 많은 영향을 미치게 하였다.

루소의 선험자인 코메니우스와 로크는 어린이가 자연을 감각으로 이해하고, 교육은 발달의 자연법칙에 따라 이루어져야 한다고 생각하여 자연에 따른 교육을 주장하였지만 코메니우스는 성서의 의지에, 로크는 사회의 요구에 의한 복종을 교육목적으로 하여 아동을 권위에 복종시키려 하였다. 반면에 루소는 아동의 개성을 존중하고 모든 구속에서의 해방을 주장하여 그들과 차이가 있다. 루소의 자연주의 교육은 사회와 관련한 교육의 결함, 피해를 명백하게 설명하고, 사회와 가정과 정치개혁에 대한 새로운 사상을 주장하였다. 즉 루소는 좋은 교육이란 어린이를 순박한 자연 속에서 기르게 해야 하며, 어린이의 정서, 감정, 능력을 자연스럽게 발전시켜야 한다고 하였다. 루소는 이론가였으므로 그의 이론을 실제 학교교육에 실험하려 하지는 않았지만 후대 교육개혁의 대부분은 그의 이론을 기초로 하고 있다.

당시 프랑스 교육은 어린이가 성인의 기준에서 생활하도록 강요되었고, 귀족의 자제는 사교계의 신사와 숙녀를 모방해서 행동하게 하였다. 발랄하고 활동적인 아동들에게 성인의 복장과 성인의 학문을 암기하도록 했으며, 이러한 암기검사와 질서정연한 태도를 지도하는 것이 교사의 주요 임무였다. 그리하여 루소는 그의 생각, 즉 아동들에게 인생의 충격적인 사태를 이겨내게 하려면 건강한 신체를 육성해야 한다는 로크의 이론에 찬성하면서 자연법칙을 중요하게 다루었다. 루소는 자연의 질서를 찾고 또한 여기에 복종하도록 교육하는 방법은 자연의 법칙이나 질서에 따라 이루어져야 한다고 하였다.

인간에게 나타나는 자연의 법칙이란 곧 인간의 발달단계이며, 동시에 각각의 발달단계에서 나타나는 여러 가지 심리적 또는 신체적 특성이라고 할 수 있기 때문에 교육과정에서는 각 개인의 발달단계와 그 특성에 맞는 환경을 조정해 주어야 한다. 이를 위해서 교사는 무엇보다 먼저 개인에게 자연법칙으로서의 발달단계와 그 특성을 민첩하게 파악할 수 있어야 한다. 결국 교사는 인간발달의 법칙을 통찰하고 아동으로 하여금 이상적인 발달단계를 거쳐 「자연인」[6] 으로 성장해 나가도록 도와주는 존재라고 할 수 있다. 이러한 교사의 도움으로 어린이는 사물 속에 내재되어 있는

6) 루소가 말한 「자연인」이란 결코 반사회적인 것이 아니며, 또한 사회를 부정하는 의미의 개인주의도 아닌 자연인, 즉 고상한 원시인을 의미한다.

자연의 법칙을 발견하고 여기에 복종하며, 자신의 삶을 위해 사물을 이용하는 기술적인 방법에 통달하게 된다.

***『에밀』의 주요 내용**

루소의 『에밀』은 소설과 논문적인 성향을 동시에 가지고 있으면서 자연주의적 교신(交信)체계를 주장하고 있다. 에밀이라는 고아가 이상적인 교사에 의해 성장해 가는 과정과 에밀의 이상적인 아내가 될 소피(Shophie)의 교육(여자교육)을 논한 교육소설이다. 그러므로 『에밀』은 루소가 소년 · 소녀들을 위해 이상적이라고 간주한 교육에 관한 서술이었으며, 마지막 부분은 이상적인 소녀 소피에 대한 교육내용이었다. 출생부터 성인에 이르기까지 지속되는 교육에 관한 그의 생각은 그 당시로서는 특이한 것이었고 교육에 큰 공헌을 하였다.

『에밀』에 의하면 기존의 사회질서와 제도는 모두가 인위적인 것으로서 자연인으로서의 개인을 타락시키고 오염시키는 근원이었다. 그러므로 루소는 자연적인 교육방법을 강조하였다. 그는 어린이들에게 생리적으로 필요한 모든 것을 충족시켜 주는 반면에 모든 간섭은 피할 것이며, 운동을 자유롭게 시키고 자발적으로 활동하도록 하는 자연적인 교육방법이 필요하다고 생각하였다. 그는 어른들의 명령에 의하여 어린이를 순종시키는 방법은 완전히 폐지되어야 하며, 어린이의 부당한 행위에 대해서는 인위적인 제한을 피하고 사물에 의한 제한을 경험시키는 것이 가장 유효하다고 생각하였다. 죄를 벌(罰)로써 어린이에게 과하는 것은 옳지 못하며, 나쁜 행위에 따라 응보되는 자연의 결과가 나쁘게 나타나도록 해야 한다고 하였다. 예를 들면, 겨울에 어린이들이 유리창을 깨뜨렸다면 그것으로 인해 추위를 스스로 느끼게 하는 것이 훌륭한 교육방법이라고 주장하였다. 즉 어린이가 자연의 힘인 인과응보(因果應報)를 스스로 터득하게 하는 방법을 택하고 있었다. 어린이들이 가장 경계해야 할 대상이라고 할 수 있는 인위적인 산물은 다름 아닌 언어 또는 문자로 쓰여진 서적 등이다. 적어도 어린이들이 어떤 말이나 문자의 의미를 제대로 이해하기 전 까지는 절대로 말이나 글을 가지고 무엇을 가르치려고 해서는 안 된다고 하여 에밀은 책으로부터가 아니라 경험을 통하여 자연의 세계를 관찰하였다. 10대에 접어들어 드디어 책을 읽는 것을 배우게 하였다.

『에밀』의 내용은 전체 5편으로 구성되어 있다. 1편은 유아기로서 태아부터 5세까지, 2편은 아동기로서 5세부터 12세까지, 3편은 소년기로서 12세부터 15세까지, 4편은 청년기로서 15세부터 20세까지, 5편은 소피의 교육으로 여자교육을 이야기한다. 유년기는 신체육성을, 소년기는 지육(智育)을, 청년기는 감정의 교육을 주로 설명하고 있다. 이를 구체적으로 살펴보면 다음과 같다.

유아기는 「동물적 단계」라고 불리우며, 태아부터 5세까지의 시기이다. 이때는 활동의 욕구가 가장 강렬하게 나타난다. 그러므로 자연적 · 신체적 욕구를 대폭적으로 만족시키기 위해 아무런 속박도 가하지 않고 자유롭게 운동할 수 있도록 유아기부터 훈련과정을 시작해야 한다.

아동기는 「미개의 단계」로서 5세부터 12세까지의 시기이다. 신체를 강하게 하며, 보다 나은 감각의 식별능력을 갖게 하는 광범위한 놀이나 스포츠로 짜여져 있다. 소년이 되면 호기심이 생겨 사물을 보고 느끼며, 꽃 냄새를 맡고, 돌을 만져보고, 하늘을 쳐다보는 등 자연스럽게 자연을 배우고 익힌다. 사고하는데는 지능의 도구인 사지(四肢) 감각기관 및 신체기관을 활용시키지 않으면 안 된다. 헤엄치고, 뛰고, 담장을 넘고, 절벽에 기어오르고 하면서 주변환경의 상황을 자연스럽게 배우면서 건강한 소년으로 성장하게 된다.

소년기는 「전원생활의 단계」로서 12세부터 15세까지의 시기이다. 이성과 판단의 힘이 나타나기 시작하여 형식적인 지적 교육이 가능한 시기로 보았다. 에밀은 흥미 있고 실제로 직접 도움이 되는 공부만을 추구하였다. 농업과 수공업의 기술은 성인 노동에 익숙하게 하므로 더욱 신체노동을 증가시켰다. 13세 이후에는 신체활동에 대한 자연의 욕구가 다소 낮아져 도덕적이고 생산적인 것을 배우려 한다. 다음으로 청년이 되어 지적, 도덕적 목적에 맞는 학문을 이해한다는 것이다.

청년기는 「사회적 단계」로서 15세부터 20세까지의 시기이다. 에밀의 추리력은 복잡한 개념의 파악이 가능하도록 충분히 성숙되어 사회적, 종교적, 도덕적 문제를 학습할 수 있게 된다. 루소는 이 시기를 성(性)교육 시기로 보고 에밀의 정력을 신체훈련으로 전환시키려고 하였다. 그리고 마지막 「이상적 단계」인 성인 시기는 이상적인 여인 소피와의 결혼으로 완결된다. 여성교육에 관한 그의 견해를 이야기하고 있는 것이다.

이상으로 보아 루소가 생각하고 있던 교육은 인간을 성선설(性善說)적 입장에서 보고 자연존중의 사상을 강조하였다고 정리할 수 있다. 다시 말해 인간이 자연적인 자유를 스스로 배우고 터득하는 것이 교육인 것이다. 이는 개인의 자아획득과도 연관되며, 외계로부터가 아닌 자신의 내적으로의 성장을 말한다. 그리고 자연인 · 자유인 · 개인으로 연결되는 인격도야는 특정한 전통적 사회에 의해 제약된 인간이 아닌 순수하고 평등한 인간형성을 목표로 하고 있다. 그리하여 직업인 · 성인 이전의 아동은 우선 순수 자연인 상태에 도달하기까지 인격도야가 이루어지도록 하는 교육이 강조되었다. 그러나 루소의 교육은 자유방임주의에 편중되어 있어서 하루종일 선생과 아동의 주의가 요구되므로 실제적이지 못한 방법이라는 비판이 있다. 그리고 개인교육에 주력하여 사회 방면을 무시한 점과 가정교육을 중시하여 학교교육을 경시한 점도 아울러 지적되고 있다. 그럼에도 불구하고 루소의 자연주의 사상이 교육에 미친 영향은 지대하다 하겠다.

이러한 루소의 교육사상을 요약하면 다음과 같다.

첫째, 도덕적인 자유인을 목표로 하여 자유와 규율 그리고 의지의 독립성과 사회정의를 설정하려 하였다.

둘째, 교육내용은 아동의 성장발달의 각 단계에 따라 구성하고 실시해야 한다.

셋째, 만인은 평등하다는 사상으로 일반 교육과 적성에 따른 직업 전문교육을 실시해야 한다.

(4) 체육사상

『에밀』에 나타난 루소의 체육사상은 바제도우의 범애학교에서 체육학습을 실천하는데 많은 영향을 미쳤으며, 현대에도 많은 공감대를 이루고 있다. 어린이의 판단력은 체력에 의해 발달해 가는 것으로 보고 아동을 현명하게 하려면 항상 운동을 시켜 신체를 강건히 해야 한다고 하였다. 그리하여 그는 '먼저 체력을 어른처럼 만들어라. 그러면 그는 이성에 있어서도 어른이 될 것이다.' 라고 하여 그의 체육사상이 자연주의적이고, 그의 사상과 교육이 신체단련과 깊은 관련이 있음을 엿볼 수 있게 하였다. 『에밀』에서 루소의 체육사상이 자연주의에 입각해 있음은 다음과 같은 내용에서 찾을 수 있다.

> 아기들이 최초로 느끼는 감정은 고통의 감정이다. 아기는 하고자 하는 모든 운동에서 방해하는 장애물만 발견할 뿐이다. 어른들이 행하는 대부분의 일, 즉 배내옷으로 갓난아이를 칭칭 감는 일에서부터이다. …어른들이 원하는 대로 아기에게 강요하지 말고 자연을 잘 관찰하여 자연이 끊임없이 주는 시련을 스스로 체득하도록 부모나 교사는 가르쳐야 한다. …신체는 영혼에 복종하기 위하여 건강해야 한다. 체질을 강화시키고 건강을 좋게 하기 위하여 손의 노동과 신체의 훈련을 해야 한다. …목욕의 습관을 한번 시작하면 결코 중단하지 말고 평생 지속시킬 필요가 있다. …몸을 쓴다는 것이 정신활동에 해를 끼친다는 생각은 참으로 한심한 생각이다. …고대인이 현대인보다 강한 신체와 영혼을 지니고 있던 것은 체육교육을 강화한 덕분이다. 수영하는 법을 배우지 않고서는 헤엄칠 수 없는 것이다.

루소는 교육을 태어나면서부터 시작되는 것으로 보고 『에밀』에서 '우리는 살기 시작하면서부터 배우기 시작한 것이다. 교육은 삶을 시작한다. 유모는 최초의 교사이다. 교육은 출생과 함께 시작한다. 그가 말하고 이해하기 이전에 그는 벌써 교육을 받고 있다. 그리하여 경험은 교육을 낳는다.' 라고 주장하였다.

루소는 『에밀』에서 '어린이들은 항상 움직인다. 침묵과 명상은 그들이 싫어하는 것이다. 공부하고 앉아 있는 것은 그들의 건강과 성장에 해롭다. 그들의 마음이나 신체 모두 그러한 속박에 견딜 수 없다. 훌륭한 하인이 건장해야 하는 것과 같이 신체는 정신의 명령에 따르기 위해 건장해야 한다. 신체가 약하면 약할수록 정신이 신체의 지배를 받아 나약하게 되고 신체가 튼튼할수록 신체는 정신의 명령에 따른다. 감각적 욕망은 허약한 신체에서 생기게 마련이다.' 라고 주장하면서 어린이들이 정원에서 살도록 권유하였다. 이는 '도시는 인간의 무덤이다. 그러므로 …시골로 보내라.' 라고 하면서 유년시절에는 신체적 힘을 키우는 것 이외에도 운동에 의해 아동들이 감수성 훈련을 해야 한다고 보았다. '어린이의 감각은 그가 생각하는 것의 원초적인 것이다. 감각을 올바르게 키워줌으로 인해 어린이의 기억이 이해에 대한 감각을 제대로 표현하도록 할 수 있다. 어린이는 만지고 보는 것을 원한다. …외부 물체의 존재를 발견하는 것은 운동에 의한 것이고, 이러한 운동에 의해 생각의 확대를 가질 수 있는 것이다. 어린이가 성장함에 따라 그림이나 음악을 통해 감수성을 훈련하는 것과 같이 체육활동을 통해서도 그러한 결과를 얻을 수 있다고 보고 루소는 체육활동의 장려가 체력강화 이상이라는 것을 다음과 같이 설명하고 있다.

> 어떤 운동은 순전히 물리적이거나 기계적이다. 그것은 최소한의 판단도 없이 신체를 강화하는데 이용된다. 이는 수영, 달리기, 도약, 팽이치기, 돌 던지기 등이다. 그러나 아동이 팔과 다리만 갖고 있는가? 그렇지 않다. 그러므로 운동은 신체단련만이 아니라 감수성 훈련까지도 포함하고 있다. 아동들이 제기차기를 할 때 눈과 팔을 함께 훈련시키며, 그러한 운동으로부터 힘을 얻는다. 테니스, 당구, 활쏘기, 축구 등의 기술적인 훈련은 왜 장려되지 않는가? 이러한 운동 예를 들면, 테니스의 경우 볼이 어디에서 어디로 튀어 나갈지 판단해 보고 그 공을 훈련된 튼튼한 팔로 다시 돌려보낸다. 이러한 것은 즐거움을 위한 것일 수도 있지만 그 보다 사내아이를 보다 사내아이답게 만드는 수단이 된다.

정신적인 힘과 신체적인 힘이 함께 향상되면 서로 상호보완적으로 발달된다고 생각한 루소는 어린이들은 늘 움직이고, 어떤 현상에 다양한 원인을 세밀히 관찰하고 감지해야 한다고 보았다. 그리고 루소는 어린이의 체육수업은 건강한 신체발달과 신체활동을 통한 감수성 훈련, 유해한 도시를 벗어난 자연에서 좋은 영양 섭취, 신선한 공기, 느슨한 옷, 잦은 목욕의 제공에 초점이 주어져야 함을 주장하고, 단체경기를 통한 협동 정신뿐만 아니라 체육활동을 통한 긴장 완화적이고 창조적인 효과를 느낄 수 있음에 초점을 맞추고 있었다. 그리고 소녀들의 교육에서 '신체운동의 중요성은 남녀 모두에게 공통적이지만 그 목적은 달라야 한다. 소년의 경우 강건한 체력을 키워야 하지만 소녀의 경우 그들의 우아함과 매력을 키워야 한다. 여자는 우아하게 행동하기 위해 체력이 필요하고 남자는 쉽게 활동하기 위해 체력과 운동기술이 필요하다.' 라고 하였다.

또한 루소는 1772년 『폴란드 정부에 대한 논문(Treatise on the Government of Poland)』이라는 저서에서 폴란드인의 민족주의의 향상을 제창하면서 그들 고유의 특징과 상호협동, 경쟁력 등을 위해 운동경기를 다음과 같이 강조하였다. '신체훈련을 위한 체육관은 모든 대학에 설치되어야 한다. 이는 교육적 입장에서 건전하고 건강한 체격의 기초뿐만 아니라 성격훈련에도 소홀히 해서는 안되기 때문이다. 신체운동은 그들 스스로 즐긴다는 사실이 중요하다. 그러나 그들 마음대로 운동하도록 내버려두어서는 안 된다. 다른 사람들이 보는 앞에서 함께 해야 한다. 그리하여 그들이 협동과 경쟁을 내포하는 일반적 목표를 성취할 수 있게끔 해야한다. 왜냐하면 운동경기는 어린이들에게 흥미를 유발시키고 그들에게 튼튼한 체격이나 자유롭고 민첩한 동작과 일찍부터 규율화시키고 평등화시키며 우애와 협조를 할 수 있게끔 만들기 때문이다.' 민주주의 국가에서의 어린이는 게임과 운동에 의하여 유년기부터 규율, 평등, 우애, 경쟁, 친애 속에서의 생활에 익숙해질 것이라고 보았다.

유희는 성인에게는 적합하지 않더라도 어린이 교육에는 매우 중요하다고 보았다. 그리하여 레크레이션은 자연주의 교육에 있어서 필수적인 것이었다. 또한 레크레이션은 생활의 평행을 가져다주는 힘으로 보고 '교육의 참뜻은 심신의 상호작용을 레크레이션으로서 수련시키는 데 있다.'라고 하였다. 루소는 격렬한 신체운동을 권하면서 신체운동은 새로운 관심과 기분을 불러일으키고, 즐거움을 가져다주며 주의를 집중시키고 또 훈련시킨다고 하였다. 그러므로 루소의 체육사상은 단련주의에 입각하고 있으며, 그 근본은 자연주의에 있다고 볼 수 있다.

살펴본 바와 같이 루소의 체육사상을 종합하면 다음과 같다.

루소는 문명사회에 살고 있는 인간이 부딪치는 갈등, 즉 인간의 삶에 스며들어 있는 「인위적 요소와 자연적인 요소」, 「개인적인 요소와 사회적인 요소」 간의 갈등 또는 이중성을 해소하는 방법이 무엇인가를 찾으려 하였다. 자연인으로서의 개인이 그 본성을 손상시키지 않으면서 자신의 성장에 도움이 되는 환경을 발견하여 발전시킬 수 있는 이상적인 사회의 형태를 제시하고, 여기에 맞추어 기존의 사회를 개혁하려 하였다. 그의 교육이론은 자연스런 교육을 강조하고 있음에도 불구하고 내면에는 자연이라는 목적아래 인위성이 깊이 존재하고 있다. 즉 교육의 과정 자체가 자연이라는 특정한 목적 아래 일정한 방향으로 교육환경과 방향을 통제하는 인위적인 요소가 포함되어 있는 것이다. 이러한 오류 아래 그가 당시의 교육이론을 배격하고자 한 것은 아동의 발달단계나 이해 수준과는 무관하게 행해지고 있던 언어중심 또는 서적중심의 교육이었다. 즉 루소는 전통적인 학과목을 부정하고 자연적인 교육과정에 의한 교과가 사회적, 신체적, 지적 발달에 조화될 수 있다고 보았다. 그리고 발달단계를 5단계로 나누고 그 단계에 적합한 자연주의적 학습과정을 실시하였다. 그리하여 아동의 자유성향에 따라 발육할 수 있도록 교육을 행하였다. 또한 자연적인 성장은 건전하고 강인한 어머니를 만든다고 믿고 소녀들에게도 유희와 운동을 장려하였다. 그리고 생사(生死)와 관계될 때 이외에는 의사의 필요를 인정하지 않았다. 의술 가운데 필요한 부분은 위생학이고, 이는 학문이라기보다 도덕이라고 하였다.

루소는 실천을 수반하지 않은 그의 교육 이상을 에밀이라는 가공적 어린이를 선정하여 만들어낸 교육사상서를 가지고 자신의 교육론을 펼친 개혁적 교육이론가로 평가된다. 루소는 조국 프랑스에 교육혁명과 프랑스혁명을 낳게 한 두 가지 큰 업적을 남겼다. 그러나 살아 생전 루소의 체육은 조국 프랑스에서는 금지되었다. 그럼에도 불구하고 그의 체육사상은 범애학파에게 많은 영향과 감동을 주었다. 특히 독일의 바제도우, 잘츠만, 구츠무츠 등의 교육가와 뒤를 이은 페스탈로치, 프뢰벨, 헤르바르트와 같은 뛰어난 교육학자들에 의해 계승되어 체육의 사상적 근본을 이루었다. 또한 미국의 체육, 특히 우드(Thomas D. Wood, 1865~1951)를 중심으로 한 신체육(New Physical Education)의 탄생은 루소의 자연주의에 깊은 뿌리를 두고 있다.

5) 범애학파의 체육

인류애(人類愛)의 실현을 목표로 한 범애학파는 합리주의와 루소의 자연주의를 주요 내용으로 하여 실리에 중점을 두고 펼쳐진 계몽사상의 한 부류라고 할 수 있다. 이들은 종교나 국가의 구별 없이 전 인류의 행복을 추구한다는 의미에서 「범애주의(Philanthropism)」라고 부른다. 「범애학교(Philanthropinum)」는 1774년 뎃소우(Dessau)에 처음 세워졌고, 이는 다른 학교들의 모태(母胎)가 되었다. 비록 짧은 기간이었지만 체육교육에 대한 영향력은 막강하였다.

범애학파가 개혁하고자 한 근본사상은 「합(合)자연적 교육」으로 아동은 어른으로서가 아니라 아동으로 취급해야 한다는 것이었다. 국어는 문법의 학습을 통해서가 아니라 회화의 방법으로 하고, 체육이나 유희를 아동교육으로 선택하며, 아동은 원래 「동작이나 소리」를 좋아하므로 유아기 교육은 이와 함께 해야 하고, 교육적 · 사회적 이유에서 수작업(手作業)을 중시해야 한다는 것 등이다. 정규교과로서 선반, 판 깎기, 목공 등을 채택한 것은 수작업의 교육적 가치를 처음으로 인정한 것이다. 그리고 교수방법은 말보다 사실과 연결되어야 한다는 것과 교사의 양성을 중시한 것은 독일의 학교제도에 좋은 결과를 가져다 주었다. 실물과 그림 등을 통한 교수방법이 학교교육에서 행해지고, 교외생활과 교실수업이 밀접하게 연결되었다. 모든 교수는 실제적 성과를 가져옴으로써 도덕적 가치를 갖고, 형식적인 도덕교육은 실제적 성과와 연결되지 않을 때에는 가치가 없다는 원리가 이들의 교육에서 실현되었다.

범애주의는 신체를 통한 교육을 높이 평가하여 체육은 범애학교에서 매일 실시하는 프로그램이었다. 범애주의가 귀족적인 계급교육의 형식을 이용한 것은 단지 실용적인 이유로서만이 아니라 시민적 행동양식을 귀족화 하는 것에 있었다. 적어도 범애학교가 처음 시작 될 무렵에는 승마, 검술, 춤과 같은 기사적 훈련이 우선시 되었으며, 스포츠적인 운동형태의 미적 형식도 귀족적 교육으로부터 계승되고 있었다. 군사훈련도 범애주의자들의 운동목록에 포함되어 있었지만 그러한 군사훈련은 시민적인 질서훈련으로 변화되고 있었다. 그리고 그리스인의 짐나스틱(달리기, 뛰기, 레슬링, 원반던지기, 창던지기 등)이 운동종목에 포함되어 있었다. 그러나 이러한 운동종목들은 그리스적인 교육이상의 부활을 의미하는 것이 아니라 합자연적 의미가 있었으며 기사(騎士)훈련의 보충으로 취급되고 있었다.

범애학파에 있어서 체육의 목표는 심신의 조화적 발달에 있었다. 초기의 체육교사들은 독창적인 능력과 선교사적인 열의를 가진 사람들로서 이들 가운데 가장 중요한 인물은 구츠무츠(Johann Christoph Friedrich Guts Muths, 1759~1839)였다. 그는 아동을 구속하는 당시의 획일적인 교육에 반발하였으며, 아동은 어려움을 경험하고 자연적 힘을 북돋아 강한 신체력을 길러 위험에 직면하였을 때 침착성과 용감성으로써 이에 대응할 수 있도록 해야한다고 하였다. 이처럼 범애학파는 강한 신체와 이를 응용하는 힘을 길러 아동이 안정을 얻게 된다고 하였다. 범애학파에는 많은 인물이 있지만 본서에는 바제도우, 잘츠만, 구츠무츠, 페스탈로치, 프뢰벨 등을 소개하고자 한다.

(1) 바제도우

바제도우
(Johann Bernhard
Basedow)

① 생애

바제도우(Johann Bernhard Basedow, 1723~1790)는 1723년 9월 11일 독일의 함부르크에서 가발공의 아들로 태어났다. 그는 함부르크와 라이프찌히에서 신학을 공부하였는데, 1752년 "훌륭한 청년을 교육하기 위해 현재 사용되고 있지 않은 최선의 방법에 대하여"란 논문으로 박사학위를 받았다. 그는 덴마크의 소레(Soroe)에 초청되어 왕후 귀족의 자제를 교육하는 기사학교인 리터 아카데미(Ritter Akademie)에서 철학과 미학 교수로 8년 동안 재직하였다. 이 학교는 16, 17세기의 전통대로 문학뿐만 아니라 승마, 펜싱, 체조 그리고 다양한 구기에 이르기까지 전문교사가 있었다. 그곳에서 바제도우는 신체적, 정신적 훈련이 결합된 교육을 직접 관찰할 수 있었으며, 이때의 경험에 의해 체육을 중요시하게 되었던 것 같다. 그리고 소레를 떠난 후 함부르크 근처의 아루도나에서 7년 동안 학생들을 가르쳤다. 그 시기에 루소의 『에밀』이 출판되었다.

1768년 발표된 "학교, 학문 및 공공의 행복에 대한 영향에 관해서 인류의 벗과 유산자에 호소"라는 그의 논문은 범애주의가 명백하게 표현되었음을 알게 한다. 그 내용은 다음과 같다.

> 첫째, 국가의 행복은 시민의 덕성에 좌우되며, 시민의 덕성은 교육에 의해 형성되는 것이므로 학교는 국가의 지도 감독 하에 통제되어야 하고 종교가는 종교교육에만 관계해야 한다. 둘째, 시민교육은 유능한 교사에 의해 가능하기 때문에 유능한 교사의 양성이 급선무이다. 셋째, 교육개혁의 제1보는 좋은 교과서의 편찬에 있는 것이다.

바제도우는 신체의 양호와 훈련 그리고 교수의 세 가지 교육방법을 주장하며, 교육목적은 아동을 공익에 봉사하는 인간애와 함께 애국정신을 기르고, 개인은 행복한 시민생활을 영위하는 것이었다. 차석기(1991)의 저서 『교육사 · 교육철학』에서 밝힌 바제도우의 범애학교 교육목적, 내용, 방법을 살펴보면 다음과 같다.

첫째, 신체의 양호는 학생들에게 경쾌한 제복을 입게 하여 신체운동의 자유를 편리하게 하고, 음식물에 있어서도 영양식을 취하게 하였다. 그리고 신체단련을 위한 체육은 주로 유희, 야외의 노동, 수기(手技)의 훈련, 수영, 체조 등을 장려하였다.

둘째, 훈련에 있어서는 자연법칙에 의해 이루어져야 함을 강조하였는데, 이는 로크와 루소의 교육방법과 유사하다. 규범적인 학교생활을 통하여 선천적인 선량성이 관습화되어야 하고 이를 위해 상벌제도를 채택하였다. 일주일에 2일은 선행일, 2일은 부력일(富力日), 나머지 2일은 계급일로 정해 선행의 석차와 기부금의 석차, 계급에 의한 석차를 정하였다. 그리고 매월 하루는 단식 혹은 짚 위에서 자게 하였다. 죄에 대해서 바제도우는 평점을 감하거나 작업을 시키는 정도로 하고 매를 가할 때에는 타인의 이목을 피하고 충분히 납득할 만한 이유를 제시하고 감정적이어서는 안 된다고 하였다.

셋째, 교수상의 원칙은 많은 양의 지식을 주입할 것이 아니라 생활에 유익한 지식을 질적으로 전하여 초보적인 학습에 즐겁게 적응할 수 있는 순서를 계발해서 발전시켜야 하며, 코메니우스나 로크의 방법을 이용하여 사물의 직관과 경험을 중시하였다. 즉 바제도우는 '우리들의 모든 지식은 감각으로부터 온다. 사물에 대한 경험은 우리들의 선생이다.'라고 하였다.

바제도우의 범애학교 교육내용은 발달단계에 따라 유아기에는 수면, 식사, 의복, 놀이, 간단한 도구의 사용법, 말하는 법, 기초적인 몸가짐 등이었다. 소년기에는 도덕의 기초, 산술, 지리, 기하, 역사, 박물, 해부, 물리, 목공, 체조 등을 배운다. 청년기에는 문법, 수사학, 수학, 박물 등의 학문을 배우는 한편 체육을 많이 시켰다. 체육으로는 검술, 승마, 무용, 수영 등과 야외의 노동, 소풍, 야영 등을 통해서 신체의 단련에 도움이 되도록 하였다. 그의 체육교육은 중세 기사도의 훈련방식에서 모방한 것이다. 그리고 그의 교육방법은 실과교육이 언어교육보다 우위를 차지하였다. 학생들은 실습을 위해 작업장, 농장, 공장, 상점으로 나가야 했으며, 교육에 있어서는 교과서를 이용해야 한다고 하였다. 실제 생활과 사회 현실에 관련한 학습의 필요성을 강조하면서 모든 학습은 실생활에 유용해야 하며, 생활의 준비가 되어야 한다고 보았다. 루소처럼 자유를 존중하면서도 극단에 흐르지 않고 순종을 존중하며, 12세까지는 절대복종의 시기라고 하였다. 즉 충고와 명령을 구별하여 신뢰에 기초를 둔 복종의 심정을 형성할 것을 주장하였다.

바제도우는 또한 여름 캠핑에 착안하여 그의 학교를 선전하는 한 수단으로 입학이 끝나면 소년들에게 지리 또는 자연과학 공부와 함께 수영, 사냥, 낚시, 도약, 등산, 보트놀이 등의 기회가 제공되는 2개월간의 여름 캠핑 기간을 설정할 것을 약속하였다. 실험학교에 대한 관심은 널리 퍼졌으나 성공하기에는 어려움이 있었다. 개교한지 1년 반 후에는 바제도우의 딸을 포함하여 단지 15명의 아동이 등록했으며 이들 중 3명만이 8세가 넘었다. 바제도우 자신은 비실제적 인물로 언어가 조잡하고 오만하여 따지기 좋아하고 저속하며 술꾼으로 묘사되었다. 그는 1778년 물러났지만 다른 사람들이 그 학교를 1793년까지 유지하는데 성공하였다. 1781년에서 1784년 사이 전 유럽에서 53명의 학생이 등록했을 때 가장 명성이 높았다.

학생들의 체육은 처음에 시몽(Johann Friedrich Simon)이 맡아 1년 반 동안(1776. 2. 2~1777. 10. 20) 가르쳤다. 그리하여 그를 최초의 근대 체육교사로 생각하는 사람들이 있다. 초기 프로그램은 기사운동으로 구성되었고 거기에는 주 1회 무용수업, 살아있는 말 뛰어넘기의 지도가 포함되어 있었다. 학생들의 젊음을 고려하여 시몽은 그리스 체육으로 불리는 것을 채택하였다. 이는 고대 그리스 체육학교의 활동과 비슷한 달리기, 레슬링, 던지기, 도약 경쟁 등이었다. 1778년 시몽의 후임이 된 토이드(Johann Jakob Du Toit)는 폐교될 때까지 학교에 머물렀다(1778~1783). 그의 지도아래 수영, 스케이트, 활쏘기, 사격, 시간 내 행진과 군인

놀이, 주변 국가로 하이킹, 비스듬히 세워진 사다리 가로장을 손을 쓰지 않고 걷기, 혹은 아래에서 흔들고 한 손으로 잡고 오르기와 같은 여러 가지 경기가 더해졌다. 또한 학생들이 팔을 흔들다가 지쳐 멈추는 수를 큰 소리로 헤아리고 적어 두었다가 나날이 증가하는 힘을 측정하였다.

위에 서술한 활동들은 대부분 자연물로 만들어진 장비를 이용하여 야외에서 행해졌음을 주목할 때 재미있는 특징이 있다. 이는 자연주의와 일치하는 정신으로서 같은 활동이라 하더라도 오늘날처럼 체육관에서 행해졌을 때에는 느낄 수 없는 야외의 풍미가 더해진 운동이었다. 미국의 체육에서 자연운동, 즉 범애학교 활동은 팀 스포츠 프로그램에 의해 쉽게 사라져 버렸다. 단지 그것들은 오늘날의 학교 체육 프로그램에 다시 편입되어 있을 뿐이다. 뎃소우의 범애학교는 상당히 짧은 기간 동안 존재했으나 교육에는 많은 영향을 미쳤다. 교육사상과 실험에 대한 관심이 유럽, 특히 독일에서 퍼져 나갔으며, 슈네펜탈(Schnepfenthal) 교육기관과 같은 학교들이 그 후에 생겼다. 특히 일반 교육자가 아닌 자격교사가 가르치는 정기적인 체육수업은 일반인에게 인정되어 실시되었다. 스네펜탈 설립자 잘츠만은 범애학교 교사로서 3년을 보냈기 때문에 즉각적이고도 직접적인 계승이 이루어졌다. 바제도우는 학교의 교장으로서 성공한 사람은 아닐지라도 그의 교육이론은 독일 교육에 큰 영향을 미쳤다.

② 뎃소우의 범애학교

바제도우는 실험학교로서 뎃소우에 학교를 창설하였다. 이를 범애학교(Philanthropinum)라고 부르는데, 이 학교는 루소의 『에밀』에 기초하여 발달된 최초의 신인문주의(新人文主義) 학교였다. 과학정신이 부상된 17세기는 지력(智力)과 진리에 대한 사랑의 실천단계인 18세기를 「계몽시대」로 승화시켰다. 그러나 여전히 독일에 있어서의 지식인들은 범국가적인 단계가 아닌 작은 주들의 집합체였으며, 프랑스의 철학자나 사상 등에 많은 영향을 받으면서 새로운 귀족정치를 확립할 수단을 찾고 있었다. 그러한 까닭에 『에밀』은 프랑스보다 독일에 더 많은 영향을 주었던 것으로 보인다. 1768년 바제도우가 루소의 사상을 실천할 비종파학교의 계획을 서술한 "학교, 학문 및 공공의 행복에 대한 영향에 관해서 인류의 벗과 유산자에 호소"라는 논문을 발표하였다. 그리고 1770년 독일의 교육개혁을 의도한 『가정의 부모와 일반 민주를 위한 방법서』를 저술하였다. 루소의 『에밀』과 라 살로떼(la Chalotais)의 『국민교육론』으로부터 사상적으로 영향을 받은 이 논문과 저서는 독일뿐만 아니라 각국의 종교가와 박애주의(博愛主義)자들이 그를 후원하게 하였다. 그리하여 바제도우는 1771년 안할트(Anhalt)의 공작인 프란츠(Leopold Franz)의 원조를 받아 1774년 뎃소우에 범애학교라는 사립학교를 개교하게 되었다. 이 학교는 자연주의 교육사상을 실천한 일종의 실험학교였다고 볼 수 있다.

바제도우는 1776년 자신의 교육방법의 효과를 증명하고자 공개 시험을 실시하였으며, 이때 그에 동조한 볼케(Volke), 트랍(Trapp), 캄페(Campe), 잘츠만(Salzmann) 등의 교육자들이 모였다. 뎃소우의 범애학교는 기숙사 제도의 학교로서 어린이들을 어린이로 취급하는 자연주의 정신을 기본으로 하면서도 훈육적으로는 대단히 엄격한 자치제도를 취하였다. 당시 어린이들은 예복을 갖추고, 머리에 분을 바르고, 루즈를 바르며 칼을 지녔다. 그러나 범애학교의 어린이들은 단순하고 활동이 자연스러운 선원(船員) 형식의 유니폼을 입었다.

범애학교의 교육목적은 아동들로 하여금 스스로 행복을 누릴 수 있게 함과 동시에 공공의 이익을 증진하고, 국가에 봉사할 수 있는 애국적인 생활을 준비시키는데 의의를 두었다. 개인의 행복이 커질수록 공공의 이익과 행복이 증진된다고 보아 양자의 통일을 주장하고, 이 행복은 세속적인 만족을 내용으로 하는 것이었다. 그리고 교육은 개인의 행복과 국가 전체의 복지에 공헌하는 것이므로 교육제도의 개혁은 국가와 사회개혁의 본질적인 부분을 이루는 것이었다. 개인의 행복이나 사회의 복지를 가져오는 교육은 반드시 국가 차원의 학교교육에서만 가능하다고 보았다. 그러므로 학교는 종파를 떠나야 했으며, 공교육(公教育)을 관리하는 국가 교육평의회가 필요하였다.

범애학교는 특히 실과와 국어, 체육 등의 교과목에 많은 비중을 두었다. 연령에 따라 아동기, 소년기, 청년기로 나누어 교육영역이 설정되었다. 아동기(10세까지)는 모국어를 해독할 수 있는 시기로서 어법(語法), 의복, 행위, 유희, 일상생활의 기초지식, 의식 등이 주요 내용이었다. 소년기(16세까지)는 도덕의 기초, 계산의 숙련, 기하, 식물, 지리, 역사, 종교 등을 학습내용으로 하였다. 청년기는 문법, 수사(修辭), 이과(理科), 수영, 사냥, 각종 직장 · 농장 등의 견학, 음악, 무용 등이 주요 교육내용이었다. 범애학교는 하루 중 5시간은 학과수업, 3시간은 게임 · 체조 · 펜싱 · 승마 · 무용 · 레크레이션, 2시간은 수공작업(모든 학생은 목수일과 같은 수작업을 한 가지씩 배워야 했다) 등에 할당되었다. 즉 이곳의 교육목표는 지적 발달과 신체적 발달로 나누었는데, 이는 당시 다른 학교와 현저한 차이가 있었으며, 학생들은 활동이 편안한 복장을 착용하고 운동장, 체조장, 정원 등에서 자유롭게 뛰어 놀았다.

뎃소우 범애학교의 체육은 근대 체육에서 최초의 특수교사로 간주하고 있는 시몽(Johann Friedrich Simon)에게 처음 1년 반 동안 위임되었고, 1778년 후임인 토이드(Johann Jakob Du Toit)가 폐교될 때까지 그의 뒤를 계승하였다. 한 때 명성이 자자했던 바제도우는 재정이 어려운 데다가 교원간의 불화가 심해 1787년 학교 경영을 볼케(Volke)에게 맡겼다. 바제도우는 1790년 마그데부르크(Magdeburg)에서 사망하였고, 3년 뒤 뎃소우의 범애학교는 창설된 지 19년만에 문을 닫게 되었다.

(2) 잘츠만

① 생애

잘츠만(Christian Gotthilf Salzmann, 1744~1811)은 독일 에르푸르트(Erfurt) 부근의 좀메르다(Sommerda)에서 태어났다. 목사의 아들로서 그 역시 목사가 되었다. 그는 바제도우의 저서를 읽고 범애학파의 사상을 연구하게 되었는데,

잘츠만
(Christian Gotthilf Salzmann)

1778년 『어린이와 어린이의 벗에 대한 글』, 1780년 『 아동에게 종교를 가르치는 효과적인 방법』, 『해의 소서(蟹의 小書)』, 『비합리적인 교육에의 지원(指元)』 등을 발표하자 1781년 바제도우가 경영하는 뎃소우의 범애학교에 초청되어 종교교사로서 학생들을 가르쳤다. 그러나 그는 학교 운영에 뜻이 맞지 않자 에른스트 2세(Duke ErnstⅡ)의 지원을 받아 고타(Gotha) 근방의 슈네펜탈(Schnepfenthal)에 학교를 세웠다. 그는 가족과 함께 학교 경영에 종사했고 교직원 중에는 근대 체조교사의 시조인 구츠무츠와 지리교수인 리터(Karl Ritter, 1779~1859) 등이 있었다. 이 학교는 가족과 전 학생이 동거하는 공동생활 집단을 이루었기 때문에 「공동조합」이라고도 부른다. 잘츠만은 슈네펜탈의 교육과 저술에 자신의 일생을 바쳤다.

잘츠만은 바제도우의 교육실천을 다소 수정 · 보완했는데, 교육의 목적은 건강하고 유쾌한 생활을 통해서 이성적이며 선량한 인격의 도야에 있었다. 아동은 개인으로서 행복을 자각하고 나아가 동포의 행복을 증진하는데 노력하고 기여할 수 있는 인간형성을 궁극의 목적으로 삼았다. 이는 현대교육의 이상과 일치되는 점이다. 인간성의 완성은 건강한 신체의 육성과 이성적인 정신의 조화적 발달을 촉진하는데 있다고 하였다.

교수방법은 첫째, 모든 교재는 생활 체험을 유리하게 하는 것이어야 하고, 둘째, 이해력에 적합한 것이어야 한다고 하였다. 그리하여 이해와 사고는 실물을 통한 관찰과 사실이 진행되는 현장을 유일한 학습장으로 하였다. 자연적인 실제사물과 현장에 접근시켜 정확한 관찰을 통해 자신의 욕구를 스스로 계발할 수 있다고 보고 여행이나 야외학습을 권장하였다. 신체를 움직여 건강을 증진하고, 관찰을 통해 정확하고 빠른 원리를 체득하며, 스스로 적응하려는 의욕을 자극하고 실천하는 생활태도를 길러 심신의 조화적 발달을 촉진시키려 하였다.

잘츠만의 훈육은 상벌을 위해서 행할 것이 아니라 아동의 의지에 의해 선(善)과 의(義) 그 자체를 주체적으로 행할 수 있도록 지도되어야 한다고 주장하였다. 이는 어떤 보상을 바라지 않는 순수한 인간성과 범애정신의 귀착점인 것이다. 잘츠만은 어린이의 좋은 습관형성을 위해서 좋은 본보기가 될 수 있는 공동생활장이 필요하다고 여겨 그의 학교를 대가족 제도와 같은 학교사회로 구성하였다. 학교건물 출입구 정면에 「생각하라, 참아라, 행하라(Denken, Dulden, Handlen)」라고 새겨진 표어는 사고와 행동의 일치를 꾀한 것이라 할 수 있다.

잘츠만은 교육의 효과가 교육자의 적(適), 부적(不適)에 좌우된다고 생각하면서 『해의 소서』를 통해 교사양성 방법에 관해서 서술하였다. 인류의 행복을 증진시키고 인간 그 자체를 고상하게 할 수 있는 것은 오직 교육에 의존되는 것이라 하였다. 그리하여 교육자는 천성이 쾌활한 아동을 접해서 자연성을 더욱 조장시킴으로써 건전하게 기를 수 있고 자신도 더욱 고상해 질 수 있다고 보았다. 또한 1784년 『교육여론 및 학교통고』를 통하여 새롭게 건설하는 슈네펜탈 학교가 다른 학교보다 우수한 제일의 특색으로서 신체교육에의 깊은 배려를 제시하고 있다. 슈네펜탈 학교는 설립과 동시에 잘츠만에 의해 신체의 발달을 위한 운동을 강조하고, 신체운동 종목으로서 달리기, 도약, 유희, 댄스, 승마, 노래, 악기연주, 조원(造園)작업, 제본작업, 렌즈닦기, 산보, 여행 등이 열거되어 있다.

② 슈네펜탈 범애학교

18세기 후반 바제도우의 프로그램을 모방하여 설립한 범애학교 중 잘츠만에 의해 개교된 고타(Gotha) 근방의 슈네펜탈(Schnepfenthal) 범애학교가 가장 유명하다. 이 학교는 에른스트 2세(Duke Ernst Ⅱ)의 지원에 의해 지어졌으며, 영방절대주의(領邦絶對主義) 체제하에서 설립된 학교였다. 그러므로 당연히 계몽절대국가의 교육정책에 적극적으로 대응하는 교육을 행하였다. 따라서 국왕이 적극적으로 원조를 한 것은 당연한 사실이었다. 봉건사회에서 시민사회로의 과도기에 있어서 슈네펜탈 범애체육, 즉 근대 체육은 주로 중산 시민계층의 교육요구에 근거하여 태어났으므로 시민층이나 계몽주의적인 전제국가의 정책지원을 얻어 발전하였다고 할 수 있다.

바제도우의 뎃소우 범애학교에서 3년간의 교육경험을 갖춘 잘츠만이 자신의 학교에서 자연주의 방식의 교육을 실시하였으며, 체육을 주요 정규과목으로 채택하였다. 잘츠만은 자신이 경영하는 범애학교의 교사가 지켜야 할 원칙을 다음과 같이 제시하였다. a. 건강할 것, b. 언제나 쾌활할 것, c. 아동과 화목하게 사귀는 것을 배울 것, d. 아동에 관한 사항에 따르는 것을 배울 것, e. 자연의 생산물에 대한 명료한 지식을 얻는 데 노력할 것, f. 근면이 일의 성취를 가지고 온다는 것을 배울 것, g. 손의 사용을 배울 것, h. 시간을 절약하는 습관을 기를 것, i. 건강한 아동을 가지는 가정과 교육기관에 관계할 것, j. 아동으로 하여금 자기의 의무를 확신케 하는 기술을 가지도록 노력할 것, k. 아동에게 행하도록 할 것은 먼저 스스로 이를 실행할 것 등이다. 이상의 내용으로서 잘츠만의 교육방법이 지육과 훈육 그리고 체육에 역점을 두고 있음을 알 수 있다.

슈네펜탈 범애학교의 체육수업은 오전 11시부터 12시까지 규칙적으로 실시되었으며, 점심식사 후 2시까지 학생들은 게임을 하고 저녁에는 오락을 즐겼다. 일요일 오후에는 전교생이 오락, 하이킹, 휴양 등으로 보냈다. 체육은 대개 옥외의 나무그늘에서 행해졌는데 날씨가 흐리거나 비가 오면 실내에서 실시되었다. 잘츠만은 자신의 아들 앙드레(Andre)를 1년 동안 체육교사로 임용한 후 1786년 근대 체육의 아버지라고 불리는 구츠무츠에게 그 역할을 위임하였다.

(3) 구츠무츠

① 생애

구츠무츠(Johann Christoph Friedrich Guts Muths, 1759~1839)는 「독일 체조의 할아버지」 혹은 「근대 체육의 아버지」라고 불리어지는 위대한 체육교사로서 칭송 받는 인물이다. 그는 1793년 『청소년의 체육』, 1796년 『심신의 훈련과 보호를 위한 유희』, 1801년 『청소년과 성인을 위한 기계작업』 등의 많은 저술활동을 했으며, 슈네펜탈 범애학교에서 50년 동안 체육교사로 봉사하였다. 그로 인해 그에게

구츠무츠(Johann Christoph Friedrich Guts Muths)와 칼 리터(Carl Ritter)

「근대 시민 체육이론의 형성자」라는 칭송을 보내고 있다.

구츠무츠는 1759년 8월 9일 독일 퀘들린부르그(Quedlinburg)에서 태어났다. 그의 가정은 교육에 열성적이었으므로 가정교사 밑에서 공부하여 11세에 짐나지움에 진학하였다. 1779년 하레대학에 들어가 3년간에 걸쳐 신학을 공부하였으며, 마지막 해에 근대어에 전력을 기울었다. 이때 범애학파 교육에 큰 관심을 갖고 공부하여 자신의 교육이론을 정립하였다고 할 수 있다. 하레대학을 마친 후 리터(Ritter) 집안의 가정교사로서 생활을 하였는데, 그는 '이때가 내 생애의 가장 중요한 시기였고, 내 직업생활의 출발이 되었다. 그리고 이 순간이 내 성격이나 취향을 형성하는데 결정적인 의미를 가졌으며, 훌륭한 사람과의 교제를 인도해 주었다' 라고 회고하였다.

그 후 리터 부인의 의뢰로 구츠무츠는 그녀의 3남인 칼 리터(Carl Ritter)와 함께 잘츠만의 슈네펜탈 범애학교를 방문하였다. 뜻하지 않게 교장 잘츠만으로부터 교사로 추대를 받아 1785년 취임을 하여 독어, 불어, 지리, 역사 등을 가르쳤다. 그 해에 잘츠만은 구츠무츠를 한 평원으로 데리고 가서 '여기가 우리들의 체육장 일세' 라고 하였는데 이것이 체육과의 첫 만남이었다고 후에 진술하였다. 구츠무츠가 취임할 당시 슈네펜탈 범애학교는 중산 시민계층의 요구에 따라 체육수업이 점차 확산되고 있었다. 자신의 힘으로 인생을 개척하여 행복하게 살아가기 위해서는 신체운동에 의한 교육이 중요하다고 강조한 잘츠만의 교육이상에 바탕을 두어 언덕 위의 학교 운동장에서 오전부터 매일 교사의 복수지도에 의해 달리기, 뛰기, 던지기 등의 체육교육이 실시되었다.

잘츠만은 구츠무츠의 지도에 대해 1787년의 [학사보고]에서 '구츠무츠 선생은 지리와 역사와 프랑스어를 가르치고 체육을 지도하고 있다. ...구츠무츠 선생이 달리기, 도마, 높이뛰기 등을 가르치면서 정확한 표를 만들었고, ...그는 운동에 대해 대단히 창의적이고 연구적이다.' 라고 기술하고 있다. 구츠무츠는 체육 이외에 교육학 분야에서도 최후의 범애교육자라고 칭송을 받았고, 지리교수에 관해서도 훌륭한 업적을 남기고 있어 「훌륭한 조형적 자연지리 교수법의 창시자」 혹은 「근대 지리학의 창시자」라고 불리고 있어 세 영역에서 공헌을 한 인물로 전해진다.

② 구츠무츠의 체육관

구츠무츠는 현대의 인간은 고대 게르만인과 비교하면 '한마디로 그것은 허약화이다.' 라고 결론짓고 생활의 허약화에 대해 가정교육, 학교교육, 사회교육 모두 그것을 제거하려는 어떠한 시도도 실시되지 않고 있다고 염려하였다. 즉 그는 청소년의 허약한 신체에 대하여 많은 걱정을 하면서 힘, 민첩성, 근력이나 근육 등을 제대로 갖춘 젊은이가 거의 없다고 하였다. 이는 상류층 사람들이 더욱 그러한데 그들이 귀하게만 자라고 신체의 사용이 적기 때문이라고 하였다. 그리하여 그는 '아이들은 머리에서 발끝까지 과잉보호되고 있다. 아이들을 따뜻한 털 침대에서 재우고, 그의 음식은 어른들이 먹는 것처럼 사치스럽고, 조그마한 병에도 예방약이 준비된다.' 고 하였다. 이는 체육이 완전히 무시되고 있다고 본 것이다. 합목적적인 운동과 훈련에 의해 신체를 완성하는 기술, 즉 체육을 교육계획에 도입하는 것이 의무라고 하였다.

구츠무츠는 시대의 허약화나 체육무시의 현상을 비판하면서 학문적 근거하의 체육이론의 확립과 체육을 국민교육에 도입하고 실천시키는 것을 과제로 삼았다. 그리하여 구츠무츠의 생애는 「체육과제를 해결하는 생애」라고 할 수 있다. 그리고 50여 년 동안 체육교사로서 수업을 담당하고 연구하여 많은 체육관련 서적을 저술하고, 독일 교육에 체육을 도입하여 국민체육의 성립에 지대한 공헌을 하였다.

구츠무츠는 '체육은 신체의 지구성과 힘, 기능과 미를 목적으로 하는 신체운동의 체계이다.'라고 하면서 체육의 영역을 개인의 신체형성을 목적으로 하는 운동, 수공작업(手工作業) 그리고 젊은이들을 위한 사회적 게임으로서 집단적 청소년 유희로 분류하고 있다. 그리고 학문영역은 매우 광범위하여 음식이나 의류나 공기 혹은 산보나 여행 등에 의한 양생법(養生法)을 포함한다고 하였다. 이러한 각 영역의 실천과 연구를 이론으로 서술한 것이 초기의 3부작인데 1793년 『청소년의 체육』, 1796년 『심신의 훈련과 보호를 위한 유희』, 1801년 『청소년과 성인을 위한 기계작업』이 그것이다. 이 저서들은 1787년 빌라움(Peter Villaume)의 저서인 『신체형성에 관해』로부터 많은 영향을 받은 것으로 보인다.

구츠무츠가 가장 중요시했던 것은 모든 학교에서 체육을 정규과목으로 채택하는 것이었다. 그러나 체육의 보급이 체육교과의 확립만으로는 충분하지 않다고 생각하여 청소년들의 자주적인 운동집단이나 체육행사의 필요성을 생각하였다. 그러나 이것이 실천되지는 못하였다. 체육학습의 조직에 대해서도 저서를 남기지 못하였는데, 이는 구츠무츠가 구체화된 제도나 조직에 대해서 충분한 이론을 갖고 있지 못했기 때문인 것으로 여겨진다. 이러한 소집단의 순환학습 방식은 이후에 얀(Friedrich Ludwig Jahn, 1778~1852)에 의해 실시되었다.

구츠무츠의 체육은 도덕적 시민의 형성을 목적으로 한 바른 행동력을 가진 인간의 육성이었다. 체육에서 추구한 구체적인 인간은 체력과 기능, 남성적 기질을 겸비한 도덕적 행동인이었다. 이러한 사람이 번영사회[7]를 만들며, 그 안에서 행복하게 살아나갈 수 있는 인간이었다. 구츠무츠는 체육의 구체적인 목표를 제시하고 생리학이나 심리학 등의 여러 학설을 이용하면서 운동이 인간에게 주는 좋은 효과에 대해 설명하고 있다. 이를 표로 나타내면 다음과 같다.

운동의 신체에의 제1차적 작용	운동의 정신에의 제2차적 작용
신체의 건강	전신의 명랑성
체력 · 기능	자신 · 침착 · 용기
단련	극기 등의 남성적 기질
신체의 활동성	정신의 활발성
신체의 미	도덕의 미
감각의 예민	바른 지각 · 사고력의 예민
운동	보양(保養)

7) 구츠무츠는 다른 범애파 사람들과 같이 그가 살고 있는 사회에는 많은 모순이 있으며, 그 모순을 개선함에 따라 모든 계층의 사람들이 함께 행복하게 생활할 수 있게 된다고 생각하고 있었다. 그는 그러한 사회를 번영사회라고 불렀다.

구츠무츠는 국민교육에 체육을 도입하는 첫 번째 조건으로 시설과 용구의 문제를 제시하였다. '우리들의 체육시설은 밖에 있다. 우리들은 아이들을 자연에 접근시키려 하기 때문에 커다란 건물 등은 불필요하다.' 라고 한 것을 보면 이상적인 체육시설은 자연주의에 입각한 것이라는 현실적인 의도를 알 수 있다. 그리고 체육행위의 실천적 뒷받침이 되는 용구에 대해 사용하는 자, 지도하는 자의 입장에서 용구의 구조나 재질, 제작법 등을 상세하고 알기 쉽게 서술하였는데 예를 들면, '뛰는 장소는 20보 정도의 공터로, 나무 그늘이면 대단히 좋다. ...도약의 용구는 도약할 때 상처를 입지 않도록 만들어야 한다.' 등이다. 그리고 그는 체육지도자가 부족하고 체육지도자 양성 또한 이루어지지 않고 있다고 지적하였다. 그의 체육지도 방법의 원리는 자연주의였는데 구체적인 원칙은 아동과 학생의 발달에 입각하면서 자발성을 존중하는 방법이었다. 이 원칙에 근거한 방법론은 도입, 관찰, 교정, 조정, 측정, 평가의 문제라고 할 수 있다. 그리고 개인차에 근거한 지도, 주의나 규칙의 상세한 설명, 경쾌함과 좋은 자세 등이다.

척도나 저울, 시계로써 인간의 행위나 행동을 측정하고 그 성과를 객관화하여 평가하려 한 태도는 근대의 시민적 합리주의의 출현이라고 할 수 있다. 이러한 측정, 기록, 관찰에 의한 체육수업 방법은 구츠무츠의 체육지도 방법론의 특색이다. 또한 구츠무츠는 교재의 체계화를 위해 운동을 「목적에 의한 분류」, 「성질에 의한 분류」, 「해부학적 분류」, 「유형적 분류」등으로 구분하였으나 결국 가장 자연스럽고 체육수업에도 유익하다는 관점에서 「유형적 분류」를 선택하였다. 그리고 그는 교재를 체육운동, 수공업, 유희로 구분하여 각기 한 권의 책으로 정리하였다. 또한 학년에 따른 교재 배당의 필요성은 인정하면서도 실제로는 체육이 개인차를 중시해야 하는 교과이므로 이는 불가능하다는 견해를 제시하였다. 따라서 교재의 사용은 교사의 판단에 맡겼다고 볼 수 있다.

1835년 체육주임직을 젊은 교사에게 맡긴 구츠무츠는 지위, 명예, 특권, 재산 등에 의지한 것이 아니라 건강과 유용한 지식을 가지고 자신의 힘으로 운명을 개척하여 바르게 부(富)를 축적하면서 행복한 일생을 보내는 행동적이고 도덕적인 시민을 이상적 인간으로 본 것 같다. 체육수업에 있어서도 매일 학생의 기록을 자세히 작성하고 체육수업의 체계적인 성과를 중시하였다. 그리고 그는 조화를 추구한 교육자였다. 낡은 체제에 집착하는 사람들과 새로운 시민사회나 교육을 추구하는 사람들과의 분쟁 등의 격동시대에 살면서도 진보적이고 시민적 입장에서 평생을 슈네펜탈범애학교에서 아이들과 수업하면서 연구를 거듭하였다. 그러므로 구츠무츠는 국민체육에 지대한 영향을 준 「근대 시민체육의 이론」을 마련한 위대한 체육인이라고 할 수 있다. 그의 고향 퀘들린부르그에 독일 청소년의 교육에 이바지한 공헌으로 이를 기념하기 위한 동상이 세워졌다.

구츠무츠의 체육은 새로운 교육이념에 의하여 체육을 국민교육, 특히 학교교육에 도입하려고 시도했던 교육관계자들에게 많은 영향을 주었다. 더욱이 교육 행정관, 목사, 군인, 국왕 중에서도 구츠무츠의 체육을 배운 사람이 많이 있었다. 1806년 독일의 위기 시대에 체육을 중시한 도덕협회(Tugendbund), 얀(Friedrich Ludwig Jahn, 1778~1852), 덴마크 국민체육의 아버지 나흐테칼(Franz Nachtegall, 1777~1847), 스위스 국민체육의 아버지 클리아스(Phokion Heinrich Clias) 등이 구츠무츠의 체육을 통해 현대 체육에 커다란 영향을 미쳤다.

(4) 페스탈로치

① 생애

스위스의 교육실천가이며, 교육사상가인 페스탈로치(Johann Heinrich Pestalozzi, 1746~1827)는 취리히(Zrich)의 안과의사인 아버지 파프티스트(Paptist)와 어머니 수잔나(Sussana) 사이에서 태어났다. 그는 일찍 아버지를 여의고 어머니와 시녀 바베리(Babeli)의 양육을 받으며 자랐다. 페스탈로치는 목사가 되기 위해 취리히대학에 입학하여 신학을 공부하다가 루소의 개혁적인 자연주의 사상에 감동하여 당시 모든 인도주의자가 그러했듯이 열렬한 혁명주의자가 되고자 법률을 공부하였다. 그러나 건강이 좋지 못해 노이호프(Neuhof)에서 농장을 경영하였다. 여기서 그는 '자연으로 돌아가라.'라는 루소의 자연주의 사상에 합당한 아동교육을 실천하였다.

페스탈로치는 농사짓는 틈을 타서 「빈아(貧兒)교육소」를 운영하고, 그들에게 농사와 방직(紡織) 일을 시키면서 그들의 교육자가 되었다. 이 학교는 1775년부터 1780년까지 운영되었는데 아마도 최초의 「빈민산업학교」라고 볼 수 있다. 이때 그는 가난하고 고통스럽게 살면서 아이들을 위해 스스로 거지가 되었다고 진술하고 있다. 그는 이러한 경험을 통하여 교육적으로는 성공하였지만 사업적으로는 실패하여 가산을 탕진하였다. 그러나 그의 교육에 대한 정렬은 더욱 견고해 졌다.

페스탈로치(Johann Heinrich Pestalozzi) 와 아이들

프랑스와 스위스의 전쟁으로 인해 많은 고아가 생기자 정부는 슈탄츠(Stanz)에 고아원을 설립하고 페스탈로치를 관리자로 임명하였다. 그는 슈탄츠에서의 경험을 '우리는 같이 울고 같이 웃었다. ...나는 제일 늦게 잠자리에 들었고 제일 먼저 일어났다. 침상에서도 그들과 함께 기도했고, 그들이 잠들 때에도 그들이 원하면 그들을 가르쳤다.'라고 진술하였다. 이것으로 그의 헌신적인 교육자의 모습을 엿볼 수 있다. 이 고아원은

1799년 6월 프랑스 야전병원으로 바뀌어 불과 6개월 정도의 기간동안만 운영되었다. 그러나 이곳의 아동들은 참인간의 모습을 배웠다고 할 수 있다.

페스탈로치는 1780년대부터 1799년까지 주로 저술활동을 하였다. 그의 많은 저서 중에서 가장 널리 알려지고 영향력 있는 것은 『린하르트와 게르트루트(Lienhard und Gertrud)』인데, 이는 1801년 작품이다. 소설같이 쓰여진 이 책은 그의 실제적인 개혁에 착수한 사상을 평이하게 서술한 것이다. 이 책은 소박한 촌락의 생활과 순진한 한 부인이었던 게르트루트의 안목과 헌신에 의해 일대 변혁이 일어나는 것을 그리려 한 것이다. 즉 이 농촌부인의 단순한 방법에 의해서 새로운 교육목적이 촌락의 개혁을 가져오게 된다는 것으로서 이러한 형태는 모든 마을에서 이루어질 수 있다는 페스탈로치의 견해가 담겨져 있다. 같은 해에 부르크도르프(Burgdorf)의 고성(古城)을 빌려 학교를 열었는데, 이것이 부르크도르프 학교였다. 그리고 그는 『게르트루트는 그의 어린이를 어떻게 가르치는가』라는 저서를 발간하였다. 이 저서에서 그의 교육사상의 중요한 점을 발견할 수 있다. 그의 명성은 이렇듯 그의 저작으로 알려져서 견학 오는 사람이 많았고, 이 성을 정부에서 반환하자 그는 뮌헨브후제(M nchenbuchsee)로 옮겼다. 1805년 이훼르텐 시의 초청을 받아 고성에서 다시 학교를 열었으며, 이때부터 1825년까지 약 20년간이 그의 전성시대였고 이 기간이 가장 행복했던 시기라고 볼 수 있다.

페스탈로치의 교육사상과 교육기술이 조화적으로 발휘되어 그의 이름은 전 유럽에 알려졌고, 교육자의 참여와 방문이 그치지 않았다. 그러나 그의 말년에는 사제 슈미트(Schmid)와 니데르(Niederr) 사이의 분쟁이 있었으며, 1827년 부르크에서 숨을 거뒀다. 페스탈로치 탄생 100주년을 맞은 1846년 이베르돈(Yverdon)에 있는 그의 학교는 전 세계 교육자들로부터 순례지가 되었으며, 비르(Birr) 언덕에 세워진 그의 비석에는 다음과 같이 그를 찬양하는 글귀가 남아있다.

> 여기에 요한 하인리히 페스탈로치가 고이 잠들다.
> 1746년 1월 12일 취리히에서 나서,
> 1827년 2월 17일 부르크에서 잠들다.
> 노이호프에서는 빈민의 구조자,
> 린하르트와 게르트루트에서는 민중의 설교자
> 슈탄츠에서는 고아의 아버지
> 부르크도르프와 뮌헨브후제에서는 국민학교의 창설자
> 이훼르텐에서는 인류의 교육자
> 참 인간, 참 기독교인, 참 시민
> 모든 것을 남을 위해서 했으며,
> 자기를 위해서는 아무 것도 남긴 것이 없다.
> 축복이 있을 지어다. 그의 이름 위에 !

② 교육사상

페스탈로치의 교육사상은 루소, 즉 자연주의의 영향을 받았지만 루소와 같이 합리주의적 경향은 없었으며, 종교적 심정과 모성애에 의한 유아기의 교육을 매우 중요하게 다루었다. 그는 진정으로 인간애가 충만한 교육실천가이며 열정가였다. 페스탈로치가 강조한 점은 인간성의 자연적 원리에 의한 도치(倒置)였다. 특정한 신분이나 직업에서만 상징되는 기계적인 인간이 아니라 교양 있고 인간애가 넘치는 인간을 원하였다. 그는 모든 아동이 자연적인 권리이며 유산인 도덕적이고 지적인 발달을 이룰 수 있도록 함으로써 사회의 개선을 위한 교육방법을 완성하려는 생애의 목표를 가지고 있었다.

페스탈로치가 교육에 미친 의의는 대중을 무지와 비열과 비참함에서 구제하는 것이었다. 당시의 교육은 아동을 여러 형식, 즉 교리문답에 의한 종교 교리의 형식을 단지 단어를 읽는 능력에 의한 사상의 형식, 수학의 암기적 지식에 의한 실제적이거나 과학적 방법의 지식, 사어(死語)에 의한 교양의 형식 등을 숙지시키려고 하였다. 그러나 페스탈로치는 교육의 여러 능력을 자연적으로 발휘하는데 필요한 경험의 소재를 적절히 선택하여 순서대로 부여함으로써 자연에 의해 부여된 능력의 제 요소들을 아동에게 발달시키려 하였다. 그의 교육원리는 바로 합자연의 원리를 사용하고 있다. 아동의 자연적 발달에서 무리한 교육계획을 지양하고 자연법칙, 즉 자연적 발달에 맞게 교육시켜야 한다고 하였다. 그러므로 그의 교육방법은 실제사물과 경험에 의한 직관교육이었다. 아동에게 먼저 사물을 직관케 하고 개념을 형성시켜 점차 진리로 이끌었다. 이러한 직관교수의 원칙으로서 수(數), 형(形), 어(語) 등의 3요소를 들었다.

교사는 자애로운 부모가 아동을 대하는 태도로서 애정과 도덕 그리고 믿음을 근본으로 해야 한다고 하였다. 그러한 이유로 인해 페스탈로치가 대체하려고 한 학교는 형태를 바꾼 가정인 것이었다. 가정과 동일한 관계로서 가깝고, 가정과 동일한 정신을 반영하고, 가정과 동일한 목적, 즉 아동의 도덕적 · 지적 발달과 물질적 개선을 지향한 학교였다. 페스탈로치의 교육방법 가운데 특이한 것은 기술교육을 중요시하였다는 점이다. 이 교육은 노작활동(勞作活動)을 통해서 신체로 하여금 정신의 명령을 유감없이 발현하고 실행할 수 있도록 행동학습을 하게 한 것이다. 이러한 그의 사상은 『게르트루트는 어떻게 그 자녀를 교육할 것인가』에 잘 표현되어 있다. 인간은 노작을 통해서 참된 인간이 될 수 있다는 것을 인식시키고 있다. 그리하여 그의 사지(四肢)는 항상 땀으로 차 있는 동적(動的) 인간을 유도하였다고 한다. 이는 노작활동에 의한 기능의 기초 훈련을 중시한 교육활동이었던 것이다.

페스탈로치의 인간중심 교육사상, 사회중심 교육사상, 평등 교육사상, 실천적 교사상 등은 후세의 교육에 지대한 영향을 미쳤다. 예를 들면, 피히테(Johann Gottliebe Fiohte), 헤르바르트(Johan Friedrich Herbart), 프뢰벨(Friedrich Wilhelm Agust Fr bel), 스펜서(Herbert Spencer) 등에게 많은 영향을 미쳤으며, 독일, 영국, 프랑스, 미국, 일본 등 여러 나라들이 그의 사상을 바탕으로 교육의 발전을 이룩하였다.

③ 체육사상

페스탈로치의 교육은 지적, 도덕적, 신체적인 조화를 추구하는 아동의 자연적인 발달을 목표로 하였다. 교재는 주로 아동 가까이 있는 환경에서 선택하여 감각적 지각능력의 발달을 도모하였다. 발림(Ballim)은 그의 저서 『정신과 신체』에서 '페스탈로치는 체육교사의 필요성에 대해 세계의 관심을 주목시킨 최초의 교육자 중 한 사람이다.' 라고 그를 칭송하였다.

페스탈로치는 실천교육의 측면에서 체육에 큰 의미를 부여하였다. 그는 작업교육이 일반 교육에 필요하다고 한 휄렌베르크의 견해에 동의하였다. 인간의 능력을 개발시키는 교육은 도덕적이고 지적인 개발과 더불어 농업, 가정교육 그리고 산업교육을 포함시켜 균형을 이루어야 한다고 생각하였다. 그리하여 그는 신체적인 노동을 통한 신체능력의 개발을 장려하면서 체조나 놀이의 경험을 중요한 것으로 인식하였다. 그는 체조훈련의 목적을 '어린이의 신체를 발달시켜 지적인 면과 조화를 이루도록 하는 것이다.' 라고 하면서 체력이나 기민성의 발달 이외에도 체육교육이 주는 몇 가지 장점을 다음과 같이 표현하고 있다.

> 나는 체육을 통해 얻는 이익에 대해서는 논의의 여지없이 중요하다고 생각한다. 체육의 문제에 대해서 여러분의 생각과 내 경험으로써 그것을 다시 생각해 본다면 체조란 가장 본질적으로 어린이들을 유쾌하고 건강하게 해줄 뿐만 아니라 이는 도덕교육의 입장에서도 중요한 것이다. 체조는 학생들에게 조화나 친밀감을 북돋워 주고 근면의 습관, 개방적이고 정직한 성격과 용기 그리고 고통을 이기는 법 등을 가져다준다. 하지만 이러한 훈련과정은 쉽게 할 수 있는 운동부터 시작하여 차츰 어렵고 복잡한 운동에 도달케 함으로써 자연적인 발달이 이루어지도록 해야 한다. 어떤 기술이든지 원한다고 되는 것이 아니고 훈련을 통해서만 얻어지는 것이다. 체육은 체조연습에 국한되어서는 안 된다. 즉 체조를 통해 팔이나 다리의 근력 및 민첩성은 발달시킬 수 있지만 모든 감각을 전체적으로 발달시키기 위해서는 특정한 운동들이 고안되어야 한다. 이러한 목적을 성취하는데는 무엇보다 어머니의 노력이 필요하다.

페스탈로치는 어머니들이 체조의 원리를 이용해서 어린아이들에게 알맞는 운동종목을 선택해 줄 책임이 있다고 강조하였다. 그리고 그는 인간이 한 가지 기술만 연습하게 되면 다른 것에는 태만하기가 쉽다고 지적하면서 바르게 걸을 줄 모르는 무용수, 수영할 줄 모르는 승마인, 도끼로 나무를 벨 줄 모르는 검술가 등이 흔히 볼 수 있는 그러한 예라고 하였다.

페스탈로치는 자기의 교육이론을 실제로 적용하고자 이베르돈 학교의 프로그램에 체육을 포함시켰다. 체조는 매일의 정규수업에 들어 있었으며, 게임을 위하여 많은 시간을 할당하였다. 하이킹, 수영, 썰매, 스케이팅은 인기 있는 종목이었고 학부형들의 요구에 따라 춤과 펜싱도 가르쳤으며 군사훈련도 실시하였다. 학교는 체육에 특별한 관심을 가지고 있었으며, 운동에 대한 원리를 근거로 하여 그들 스스로 기계체조를 구성하였다. 기계체조는 여러 방향으로 움직이는 머리운동으로 시작하여 손, 다리 그리고 온몸 운동의 차례로 실시하였다. 이 운동에서 가장 중요한 점은 단순한 운동에서부터 복합적인 운동에 이르기까지 몸의 어느 한 부분도 빠뜨리지 않고 운동을 시키는데 있었다.

이베르돈 학교에서 페스탈로치의 지도하에 이루어진 체육교육은 특별히 개발이 잘 된 것이라든지 유일무이(唯一無二)한 것이라고 말할 수는 없다. 중요한 것은 이베르돈 학교의 체육 프로그램이 교육개혁가 페스탈로치의 이론에 의해 이루어졌다는 것이다. 그는 학교의 정규 교과목에 체조운동을 넣어 체육이 일반 교과목의 하나로 채택되게 했을 뿐만 아니라 전인교육의 일익을 담당하게 하였다. 루소에 의해 영향을 받은 그는 프뢰벨, 헤르바르트, 듀이(John Dewey, 1859~1952)와 같은 개혁가들에게 이러한 점에 있어서 많은 영향을 미쳤으며, 독일의 체육교사 얀은 페스탈로치의 사상을 이어 받아 학생들을 가르치게 되었다.

(5) 프뢰벨

① 생애

유치원의 창시자 프뢰벨 (Friedrich Wilhelm Agust Fröbel)

프뢰벨(Friedrich Wilhelm Agust Fröbel, 1782~1852)은 유치원의 창설과 그에 대한 교육이론을 확립하여 현대 유아교육의 발전에 지대한 영향을 미친 인물이다. 그는 1782년 4월 21일 독일의 튀린겐(Türingen) 오벨바이스바하(Oberwissbach)에서 태어났다. 아버지는 목사였고 어머니는 생후 9개월만에 병사하였다. 그는 애정 없는 아버지와 계모의 냉대 속에서 자연을 벗삼아 성장하였다. 이러한 그의 성장과정이 그를 「유아교육의 아버지」 혹은 「유치원 교육의 아버지」로 불리게 한 배경이 된 것으로 여겨진다.

프뢰벨은 1797년 농업가의 도제(徒弟)로서 2년간 자연과 접촉을 하였으며, 수학 · 식물학 등을 공부하였다. 그후 1799년 예나대학에 입학하여 자연과학과 공학을 연구하면서 철학에도 관심을 가져 자연에 대한 낭만적인 사고와 신비적, 이상주의적인 세계관을 형성하였다. 1802년 아버지가 세상을 떠나자 그는 함부르크로 옮겨 토지측량 산림국의 서기로 일하였다. 다시 1805년 프랑크푸르트로 옮겨 건축기사가 되려고 하였는데, 우연히 그루너(G. A. Gruner, 1788~1844)를 만나 그의 주선으로 페스탈로치를 만나게 되었다. 여기서 프뢰벨은 페스탈로치의 교육에 감명을 받아 학교 교사가 되었으며, 이것이 교육과의 첫 만남이었다. 프뢰벨은 23세 때에 페스탈로치의 학교 교사가 되어 천직을 발견하게 된 것이다.

2년 후 프뢰벨은 세 아이의 가정교사가 되어 그들을 데리고 이베르돈의 페스탈로치 학교에 가서 2년간 체류하였다. 그러한 경험을 통하여 프뢰벨은 교육개혁의 정열을 품고 그 준비로써 다시 대학에 들어가 대학과정을 수료하게 되었다. 1816년 그는 이전의 경험에 고무되어 교육개혁 사업을 시작하였다. 한 농가에서 다섯 아이를 데리고 「독일학원(Universal German Education Institute)」을 개교하였다. 이

사업은 페스탈로치의 유사한 사업보다 더 충실한 것이었다. 왜냐하면 이 학교는 그의 폭넓은 철학적 지식과 조수들의 뛰어난 능력에 의해 운영되었기 때문이다. 프뢰벨이 특히 아동 초기의 교육가능성에 주의를 기울이게 된 것은 1826년 이후, 즉 그의 가장 널리 알려진 논문 "인간교육"이 발표되면서부터이다. 프뢰벨은 언제나 아동의 면밀한 연구자였으므로 그는 아동의 유희나 자발적인 활동의 이용에서 보다 많은 업적을 이룩하였다.

1837년 프뢰벨은 카일하우(Keilhau) 근처 블랑켄버그(Blankenburg)의 작은 마을에 최초로 새로운 학원을 창설하여 유치원의 기초를 마련하였다. 또한 1839년 프랑크푸르트에서 장난감 중심의 「유아교육지도자 강습회」를 열고 그 실습을 위하여 「조그마한 어린이 작업소」를 병설하였는데, 이것이 「유치원」이다. 1840년 이 강습소를 「유치원(Kindergarten)」으로 개칭하여 창립하였다. 1844년 그의 두 번째 저서인 『어머니의 노래와 사랑의 노래』를 출판하였다. 그러나 유아와 교사교육에 일생을 헌신하였던 프뢰벨도 정부의 오해로 인해 1851년 유치원 설립금지령을 선고받고, 1860년 금지령이 철회되기 전인 1852년 6월 21일 70세의 일기로 숨을 거두었다.

프뢰벨의 유치원 교육을 적극적으로 도와주고, 그의 유치원에 대한 사상을 보급한 사람은 마렌홀쯔뷔로(Bertha von Marenholtzb low) 남작부인이었다. 그는 모든 재산과 일생을 유아사업에 바쳤으며, 당국에 의해 금지된 「유치원법」해제에 심혈(心血)을 기울였고, 각국을 순방하면서 유치원 보급에 전력을 다하였다. 1873년 독일 「프뢰벨 연맹(Der Deutshe Fröbel Verband)」을 조직하여 「유치원」이라는 기관지를 발간하였다. 프뢰벨의 유아교육 사상은 이탈리아의 몬테소리(M. Montessori, 1870~1952)에 의해 세계적으로 전파되고, 미국의 교육철학자인 듀이 등에 깊은 영향을 미쳤다. 쉬바이나(Schweina)에 있는 유치원 창설자 프뢰벨의 비문에는 다음과 같은 글이 새겨져 있다.

> 오라! 우리들의 아동과 살지어다!
> 프리드리히 프뢰벨은 오벨바이스바하에서 나서
> 마리엔다에서 갔다.
> 어린이들과 인간은 이 위대한 벗에게 충심으로 감사하여
> 그를 사모하는 뭇 사람들이 이 비를 세우노라.

② 교육사상

프뢰벨은 자신의 사상을 유치원에 실제로 적용하고 이를 위해 일생을 바쳤다. 그의 저서 대부분은 최초의 유치원이 설립된 직후에 쓰여진 것이었고, 유치원을 보급하는데 집중되어 있다. 프뢰벨의 대표적 저서인 『인간교육』은 종교 · 철학 · 교육이 복합되어 있는데, 인간의 마음과 자연의 동일성을 주장한 쉘링의 범신론(汎神論)과 페스탈로치의 자연발달의 원리, 그리고 피히테의 행동 원리를 융합한 아동의 자연성이라는 그의 독특한 교육철학이 담겨져 있다. 이 작품에는 자연과 인간 존재의 근

원적인 통일을 구하고 있으며, 이를 교육학에서는 「통일의 원리」라고 명명하기도 한다.

『인간교육』의 서두에는 '만물 중에는 영원한 법칙이 살아 있어 지배하고 있다. ...이 만물에 있는 법칙은 필연적으로 만물에 걸친, 활기차고, 생생한, 자각적인, 그러므로 영원한 통일을 기초로 하고 있다. ...이 통일은 신이다. ...신은 만물의 유일한 근원이다. 만물 속에는 신적 통일, 즉 신이 깃들어 지배하고 있다' 라고 적혀있는데, 이는 프뢰벨의 모든 저서에서 찾아볼 수 있는 강렬한 종교적 정서이다. 만유재신론(萬有在神論) 혹은 범신론의 세계관을 기초로 하고 있음을 알 수 있다. 천지만물 가운데는 일정한 영구불변의 법칙이 존재하고 있어 이것이 만물을 지배하고 있고, 영원히 존재하면서 통일하는 자를 신으로 보았다. 그래서 신은 만물의 유일한 근원이며, 모든 자연계의 존재는 신에 의해서 규정되고 생명의 약동(躍動)이 가능한 것이다. 프뢰벨에게 있어서 이러한 통일의 법칙은 교육에 대하여 근본적인 실제적 관계를 가지고 있다. 프뢰벨은 교과의 통일과 유기적 관련을 인식하였고, 이를 학교 교육과정의 기초로 하였다. 프뢰벨은 교육에 의해서 발전되어야 할 사상과 생활의 통일을 발견하였다. 교육이란 개인이 운명지어지고 그 속에서 진정한 자아를 발견해야 할 보다 큰 생활에 계속적이고 점진적인 적응이다. 이를 연속적 자기활동의 원리라고 교육학에서는 분리하고 있다. 연속이란 발전의 개념으로 인간 성장에 수반된 교육과정에 관한 진화론적 원리이다. 루소가『에밀』에서 이러한 발달단계를 보여주었지만 프뢰벨은 더 세분화하여 나타냈다. 즉 유아 → 아동 → 소년 → 청년 → 장년 → 노년이 되는 것도 간격과 간단 없는 일련의 연속이며, 일관된 인간발달의 지속인 것이다. 이러한 교육과정 속에서 그의 교육사상을 실현하기 위해 유아교육을 중요시하였다. 이로써 자기활동의 원리를 유아교육의 근본원리로 삼았다.

결국 그의 교육목적은 아동의 선천적 능력 혹은 개인의 잠재력을 개발시키는 데에 있었다. 인간을 하나의 식물처럼 간주하여 원예가의 목적이 식물의 정상적인 성장 → 개화 → 결실을 조절하는 것처럼 교육자의 목적도 아동이 올바른 성인으로 성장하도록 조정하는데 있다고 보았다. 그에 있어서 아동의 자기표현 활동은 가장 중요한 교육과정이었다. 그래서 프뢰벨은 아동교육에 있어서 유희의 본질적 요소와 자기활동을 중시하였다. 아동의 활동은 모두 창조적인데, 그 창조적 활동은 바로 내적인 자기표현이어서 교육의 과제는 이러한 아동의 자기표현을 도와주는 것에 지나지 않는다고 보았다. 그리하여 실제로 프뢰벨은 자기활동에 의한 자기표현이야말로 교육원리의 요지인 것이다. 이는 말하기, 노래하기, 표정짓기, 그림이나 율동 그리고 수공과 유희 등으로서 기본적인 초기교육이며, 특히 수공과 유희는 가장 가치 있는 자기표현의 형식이라고 강조하였다.

프뢰벨은 아동의 감정과 관념의 표현형식은 몸짓과 노래 그리고 언어인데, 이들 수단은 가능한 한 협동하여야 한다고 보고 유치원의 주요 교재를 어머니의 노래와 애무의 노래 외에 일련의 은물[8](恩物, gabe)과의 작업으로 구성하였다. 그는 교육목적을 달성하는 방법에 있어서 교재인 은물을 이용하여 왕성한 창조 및 창작활동

8) 유치원에서 유희 또는 작업에 쓰이는 교구를 의미하고, 이는 아동이 신으로부터 받은 은사물이라는 뜻이다.

을 지원하는 놀이원리를 적용하였다. 이 은물은 단순한 놀이기구가 아니라 그 속에 철학적 의의가 내포된 것으로서 진리를 상징하는 일종의 학습도구인 것이다. 프뢰벨은 모든 교재는 교육과정 전체와 조화되어야 한다고 하였다. 이는 '교육과정 전체는 아동의 개인적 흥미에다 우리들의 복잡한 문명의 기본적 요구를 반영하도록 구성되어야 한다.' 라는 말에서 알 수 있다. 그에 있어서 자연은 하나의 큰 학교라는 의미를 가지고 있으므로 프뢰벨은 자연의 성질, 형상, 법칙을 상징하는 은물을 조작하여 자연을 이해하고 신의(神意)와 진리를 파악하는 수단으로 삼았다. 프뢰벨의 자연연구에서 중요한 것은 자연과의 접촉을 통해서 얻는 도덕적 개선, 종교적 향상, 정신적 직관이었다. 자연연구는 읽기, 쓰기, 어학학습, 구성적 활동, 산수학습의 소재를 시사하는 것으로 학교에서 중요한 역할을 하였다.

그의 교육방법은 아동의 창작활동과 노작활동에 입각한 유희와 작업을 기본원리로 하고 있다. 이러한 교육방법 중 사회화는 특히 중요하다. 이는 아동이 협동적 · 사회적 활동을 할 수 있도록 하며, 더 좋은 사회생활의 적응을 도와준다. 결국 지금보다 더 나은 사회를 만들도록 하는 창조력을 길러 주는 것으로서 유아교육은 모든 학교의 의무라고 보았다. 또한 프뢰벨은 유아교육 못지 않게 중요한 것으로 교사교육을 강하였다. 이는 유아의 발달과정에 있어서 어머니의 영향은 특히 대단하다는 이유에서였다. 그리하여 그는 올바른 모성이야말로 인류창조의 가장 위대한 근본력이라고 하였다.

이러한 프뢰벨의 교육철학은 현대 교육사상의 주된 원리와 일치하고 있다. 그것은 a. 교재의 선택 및 학습과정에 있어서 자연적 흥미의 중시, b. 모든 학습과정에 대해 현대의 생활에서 생긴 사회적 의미를 부여할 필요성, c. 모든 교수과정의 중요성은 가능한 한 직접적인 활동으로 종결시킨다는 것이다. 다시 말해 이러한 중요성이란 모든 교육과정에서 사회적이고, 그러므로 도덕적이고 실제적인 의미를 부여하는 것이다.

③ 체육사상

프뢰벨은 어린이의 교육에 놀이가 필수적이라는 이론을 정립하였다. 그는 놀이를 어린이 본성의 표현으로 보았다. 따라서 '놀이는 인간 내면활동과 삶의 외적 표현이다' 라고 하였다. 또한 그는 어린이의 놀이가 인간을 계발하는 최상의 단계라고 보았다. 왜냐하면 어린이의 놀이는 내면적 활동의 표현이며, 내적 필요와 외부와의 충동을 나타내기 때문이다. 놀이는 가장 순수하며, 어린이의 놀이 단계가 인간에게 중요한 정신적 활동으로 영향을 미치고, 동시에 전체로서 인간 삶의 전형이라고 하였다. 이는 인간과 사물의 내면에 숨겨진 자연적 삶의 전형을 표현하며, 즐거움, 자유, 만족, 내 · 외적 휴식, 세계평화 등을 가져다주고 또한 그것은 모든 선의 근원을 내포하고 있다고 하였다.

신체적으로 피로할 때까지 스스로 놀이에 열중하는 어린이는 분명히 완전하고 결단력 있는 사람, 자신과 타인의 행복증진을 위해 자신을 희생할 수 있는 그런 사람이 될 것이라고 프뢰벨은 보았다. 어린이에게 노는 것은 매우 신중하고 중요한 것이었으므로 프뢰벨은 인간 본성과 어린이의 무의식적 놀이에 대한 예리한 시각이 인간 미래의 내면적 삶을 밝혀준다고 생각하였다. 또한 프뢰벨은 놀이의 효과를 믿고 있었기 때문에 이 시기의 놀이에도 특별한 지도가 있어야 한다고 주장하였다. 그리고 힘을 기르고 기술을 연마하는 신체적 놀이 또는 정신적 쾌활함의 단순한 표현, 지각(知覺)놀이, 청력의 연마, 지적 놀이, 반성과 판단을 연습하는 것 등을 연결시키려 하였다. 프뢰벨은 진행순서에 따라서 어린이들에게 선물이나 장난감의 개념을 발전시켰다. 이는 프뢰벨의 교육사상과 그의 철학적 제안이다. 프뢰벨은 '첫 번째 놀이 기구는 바로 공이다. 어린이들의 중요한 장난감인 공은 만족, 집단, 문제, 공간, 형태, 크기, 모습 등을 보여주며, 정지와 운동, 계속되는 안정성과 자발성 등을 나타낸다. 그것은 또한 색깔과 소리도 지닌다. 그리하여 공은 물건의 대표이며, 단순한 장난감이 아니라 물건들의 성분 결합체이며 조합체로서 다른 장난감과 비교가 되지 않는다. 공은 어린이가 환경과 접촉하고 환경을 아는 열쇠가 된다'라고 하였다. 그리고 어린이들은 공 이외의 다른 물질들을 접하면서 진보적 사고를 갖게되므로 중요하다고 생각하였다.

프뢰벨의 놀이개념이 체육교육의 발전에 혁신적인 계기가 된 것은 바로 운동증진에 대해서 현대 교과서와 비슷한 놀이의 장(場)을 두고 있는 것이다. 그리고 유아의 놀이교육뿐만 아니라 건강, 레크레이션 등에 대한 이론과 실제가 이전에 논의되었던 어떠한 혁신가의 이론보다 개념이 교육적으로 폭이 넓고 훌륭하다는 점이다. 1884년 출판된 『어머니 놀이』는 어린이와 어머니가 함께 이용하기 위한 노래책이자 게임책이며, 이후 그 책은 거의 모든 나라에서 번역되어 유치원 어디에서든지 이용되었다. 프뢰벨은 『인간교육』에서 활동과 힘이 넘치는 신체를 가꾸는 것을 언급했는데, 그러한 신체를 발달시키는 내용이 없는 교육은 완벽한 인간문화를 얻을 수 없다고 하였다. 프뢰벨은 신체운동을 교육에 있어서 매우 중요한 부분으로 여겨 놀이와 함께 필수불가결한 한 장으로서 이를 중심으로 교육을 행하였다.

(6) 범애학파의 체육사적 의의

범애학파는 계몽사상에 따라 새로운 교육제도를 형성하였으며, 인류애의 실현을 위해 실리(實利)에 중점을 둔 계몽사상가들이었다. 특히 루소의 영향과 합리주의 · 자연주의가 주요 내용이었다. 종교나 국가의 구별 없는 인간애(Philanthropia)의 실현을 보여주었다. 교육학에 있어서 신체 교육의 높은 평가는 질 · 양을 함께 하는 풍부한 체육을 요구하였다. 체육은 범애학교에서 매일 실시하는 프로그램으로서 다면성, 계획성, 방법화가 수업을 특징 지우고 있다. 범애주의가 귀족적인 계급교육의 형식을 이용한 것은 단지 실용적인 이유로서만이 아니라 우선 일반적인 경향의 표현, 즉 시민적 행동양식을 귀족화 하는 것에 있었다. 범애학파의 체육목표는 신체와 정신이 동등하고 건전하게 이루어지는 심신의 조화적 발달에 있었다. 범애학파의 체육은 「수업의 새로운 형태」, 「수업구조의 합리화」등을 실행하여 계몽사회의 달성을 도왔다. 계몽주의의 목표는 「인간 현세의 행복」으로 이는 교육에 의해서만 가능한 것이다.

반면에 '세상의 모든 악은 잘못된 교육의 결과이다.' 라고 풀이하고 있다. 이러한 견지에서 뛰어난 계몽가는 대부분 교육학적 근본문제 이를테면, 학교교육 등에 깊이 관련시켰다. 적어도 로크 이후의 계몽주의는 유럽의 학교제도에 큰 영향력을 끼쳤다. 계몽주의 교육이 수미일관(首尾一貫)된 가치를 가지게 된 것은 18세기 후반 범애학파의 개혁운동이 최초였다. 범애학파의 교육목표는 인간을 완성된 존재, 즉 자신의 이성으로 자신을 억제할 수 있는 존재로 교육하는 것이었고, 인간이 자연의 법칙에 따르는 교육을 선언하여 어린이들에게 적합한 것, 자기 활동성, 자유의지에 의한 종속, 현실 생활상의 능력과 유익한 지식의 전달이 중요한 원리였다. 계급제약을 배제하거나 여성을 위한 교육의 기회를 평등화시키려는 요구도 계몽주의적 정신에 완전히 일치하여 범애주의자들은 새로운 이상의 개척자가 되었다. 이는 성실로 실용적이고 이성적인 시민이라는 것이었다. 시민들의 계몽교육 형태는 귀족의 가치관에 맞추고 있었기 때문에 예절법과 고귀함은 충분히 범애주의자들의 교육의 목표가 되었다. 특히 범애주의는 대량의 출판물과 범애학교의 건설 등을 통해서 유럽의 교육계까지 큰 관심을 일으키게 하였으며, 범애학교 중에서 뎃소우 학교(1774)와 슈네펜탈 학교(1784)가 중심역할을 하였다. 특히 슈네펜탈은 1786년 소녀를 위한 범애학교를 건립하였고, 창시자인 바제도우는 가장 주요한 인물이다.

범애주의자들의 교육학은 계몽주의의 감각주의적 인간상을 지향하였으며, 감각주의 이론은 인간의 정신은 모두 감각을 통해서 최종적으로 자신의 인식을 획득한다는 것이었다. 따라서 신체와 감각은 세계와 이성적인 자기를 연결시키는 교각이었다. 범애주의에 의하면 완전함과 동시에 행복에 이르는 전제는 신체적인 메커니즘을 최대한으로 기능화(기계적 인간상)하는 것이었기 때문에 범애주의에 있어서 체육은 대단히 중요한 요소가 되었다. 따라서 신체훈련은 국토 방위와 전쟁을 위한 절대주의 시대의 목표를 초월해 있었다. 그러나 범애주의는 스포츠를 인간학적으로 기초 지우고 있었지만 스포츠의 보조기능만을 생각하고 있었다는 것을 간과해서는 안되며, 이러한 경향은 루소, 페스탈로치 그리고 신 휴머니즘의 영향으로 보아야 할 것이다.

범애주의자들은 계획적인 학교체육의 창시자이며, 이들이 세운 체육사적 공로는 지대한 것이다. 특히 구츠무츠는 슈넨펜탈 뿐만 아니라 1793년에 저술한 『청소년을 위한 체육』은 최초의 체육 교과서로서 얀, 나흐테칼, 링에게 커다란 영향을 주었다. 이처럼 범애주의 체육사상의 폭 넓은 보급은 근대 체육의 형성을 마련하는데 큰 의의를 가지고 있다. 그러나 범애학파는 체계의 문제점, 즉 수업의 수미일관된 방법과 과도한 목표달성 그리고 추상적인 운동에서 운동 단위의 세분화는 최근에 이르기까지 체육에 무거운 책임을 부과시키고 있다.

범애학파의 체육의 특징을 요약하면 다음과 같다.

첫째, 범애주의자들의 개혁운동은 18세기의 후반에 이르러서 계몽주의 교육에 폭넓은 영향을 미쳤다.

둘째, 범애주의자들의 교육원리는 자기활동, 질서교육 그리고 생활 실천적 능력과 실용적 지식의 전달이었다.

셋째, 범애주의자들의 교육은 감각주의 이론에 기초하고 있었다. 모든 인식은 감각을 통해서 획득되므로 신체적인 메커니즘의 기능향상을 위해 체육이 중요한 역할을 담당하였다.

넷째, 범애주의자들은 신체교육의 질과 양을 풍부하게 발달시켜 근대 체육을 도입하게 하였다.

다섯째, 수련의 목록에는 귀족적인 계급교육의 형태와 그리스적인 요소 그리고 시민의 일상생활에서 만들어진 운동형태(운반하는 것, 들어올리는 것, 당기는 것, 뛰는 것, 수영 등) 등이 포함되어 있었다.

여섯째, 범애주의자들은 학교체육의 창시자로서 19세기 체육교사들에게 결정적인 영향을 미쳤다. 그러나 범애주의자들의 교육구조에 있어서 체육은 보조기능에 불과했음을 간과해서는 안 된다.

일곱째, 여성에 대한 신체교육의 강조는 범애주의자의 요구와 일치하고 있었다. 즉 여성을 위한 학교의 건립은 계몽주의 교육의 기본적 요구였지만 약 반세기 정도 늦게 시작되었다. 극소수의 여성 범애학교는 신체교육이 결정적인 역할을 수행하였다.

参考文獻

高棋采(1991). 世界體育史. 서울 : 教學硏究史.

高麗大學校 大學院 中世史 硏究室 譯(1987) / Kirchner W.. 西洋 中世史 概論. 서울 : 문맥사.

高麗大學校 文科大學 史學科 敎授室(1994). 歷史란 무엇인가. 서울 : 高麗大學校 出版部.

近 英夫(1997). 문명의 기둥. 서울 : 도서출판 푸른숲.

김 철(1996). 스포츠문화사. 전북 : 원광대학교 출판국.

金相九(1991). 世界 스포츠 · 體育史. 서울 : 成均館大學校 出版部.

김상순(1992). 스포츠사상사 – 인물편. 서울 : 보경문화사.

김상순(1997). 서양 체육사. 서울 : 도서출판 바탕.

金午仲 譯(1985) / Gillet, B.. 스포츠의 歷史. 서울 : 三星文化財團.

金午仲(1988). 世界體育史. 서울 : 高麗大學校 出版部.

金仁會 · 丁淳睦(1981). 教育의 歷史的 基礎. 서울 : 正益社.

김창룡(1995). 스포츠 철학. 서울 : 도서출판 대한미디어.

金泰吉 · 尹明老 · 崔明官 譯(1995) / Sterling Power Lanprecht. Our Philosophical Traditions. 서울 : 을유문화사.

羅絢成(1989). 世界體育史 概論. 서울 : 教學硏究社.

南弓勇權(1995). 教育의 歷史 哲學的 基礎. 서울 : 學文社.

남궁용권(1995). 교육학 총론. 서울 : 양서원.

盧熙德(1988). 體育의 概念變遷 過程에 對한 硏究. 國民大學校 大學院 博士學位 論文.

盧熙悳 · 吳東燮(1988). 近代體育思想史 – 獨逸體育을 中心으로 한. 서울 : 保景文化社.

大邱史學會(1983). 世界文化史. 서울 : 螢雪出版社.

大韓體育會(1991). 體育百科大辭典. 서울 : 教育出版社.

文化史教材硏究會(1996). 東西洋文化史. 서울 : 學文社.

박영도 譯(1962) / Rev. Frederick, Charles Copleston. A History of Philosophy (Mediaveal philosophy). Westminster, Maryland : The Newman Press.

吳東燮(1991). 獨逸體育思想史. 서울 : 保景文化社.

윤학로 譯(1994) / Jacqueline Russ. 철학의 역사. 서울 : 예하출판주식회사.

이광주(1997). 大學史(이념 · 제도 · 구조). 서울 : 민음사.

이명숙 · 곽강제 譯(1990) / Berrand Russell. A History Surrery of Western

Philosophy in its Social and Political Setting. 서울 : 서광사.
이명숙 · 곽강제 譯(1990) / Berrand Russell. 서양의 지혜 : 그림과 함께 보는 서양철학사. 서울 : 서광사.
이명원 譯(1996) / Jawaharlal. Glimpses of World History. 서울 : 세웅.
이성우 譯(1995) / 자와할랄 J. 네루. 세계사 편력. 서울 : 일빛.
정충하 譯(1992) / Haflecker, Andrew. Bulding A Christian World View. 서울 : 기독지혜사.
조명렬 · 노희덕 · 나영일(1996). 체육사. 서울 : 형설출판사.
車錫基(1991). 教育史 教育哲學. 서울 : 集文堂.
河在昌 譯(1990) / Hans Joachim St rig. 世界哲學史 上. 서울 : 培材書館.
韓大熙 · 蔡守煥(1994). 文化史概說. 서울 : 양서원.
한인철 譯(1995) / Ronald A, Wells. History Through the Eyes of Faith Western Civilization and Kingdom of God. 서울 : 기독교 학생회 출판부 · 한국기독교대학협의회.
韓哲河(1988). 西洋哲學史. 서울 : 大韓教科書 株式會社.
稲垣正浩言 尺(1988). 人間スーポツ史. 東京 : 大修館書店.
Carter, J. M.(1988). Sports and Pastimes of the Middle Ages. Boston ; University Press of America.
Siedentop, Daryl (1990). Introduction to Physical Education, Fitness, and Sport. California : Mayfield Publishing Company.
Van Dalen, Deobold B. & Bennett, Bruce L.(1972). A World History of Physical Education(2nd ed). N.Y. : Prentice hall.
Gerber, Ellen W.(1971). Innovators and Institutions in Physical Education. Lea & Febiger : Philadelphia.
Leonard, Fred & Affleck, George B.(1949). The History of Physical Education. Philadelphia : Lea & Febiger.
Hackensmith, G. W.(1966). History of Physical Education. New York : Harper & Row.
Baley, James A. & Field, David A.(1970). Physical Education and the Physical Education : an introduction. Allyn and Bacon, Inc. : Boston.
Nixon, John E. & Jewett, Ann E.(1980). An introduction to Physical Education(9th edition). Philadelphia : Saunders College.
Mandell, Richard D.(1984). Sport Cultural History. New York : Columbia University Press.

Kraus, Richard & Chapman, Sarah(1981). History of Dance in Art and Education. New Jersey : Prentice Hall, Inc..

Ⅶ. 근대 국가주의 체육

1. 개관

1) 역사적 배경

18세기 말엽 대부분의 유럽 국가들은 봉건제(封建制)를 극복하였지만 독일, 이탈리아, 발칸 제국 등은 19세기가 되어서야 국가의 체제를 갖추게 되었다. 그리고 19세기는 시민계급의 성장으로 절대왕정(絶對王政) 및 귀족정치(貴族政治)가 무너지면서 근대 민주사회가 확립된 시기였다. 18세기 말엽에 일어난 프랑스 혁명(1789~1793)과 산업혁명(Industrial Revolution, 1760~1830)[1]은 이러한 사회적 변화의 주요 원인으로 해석된다. 또한 프랑스 혁명과 미국 독립전쟁은 전 세계의 국가주의[2]나 자유주의 운동을 한층 가속화시키는 결과를 가져왔다. 그리하여 군주(君主)에 대한 충성이 국가에 대한 충성으로 변화되었고, 개인과 국가가 일체화하는 국민적 감정인 애국심을 불러일으키게 하였다. 산업혁명도 국가주의 체제가 성행하는데 이바지하였으며, 자본주의 경제체제를 생성 · 발전시켰다.

19세기는 사회적으로 민권(民權)사회가 형성되었고, 문화와 사상적 측면에서는 신인문주의(new humanism)가 대두되어 근대의 길이 열렸다. 특히 자본주의의 생성 · 발전과정에서 발전의 수단으로서 국가주의(nationalism)를 내세워 식민지 개발을 위한 제국주의가 이 무렵부터 촉진되었다. 즉 1870년 이후 대부분의 강대국은 안으로는 통일, 밖으로는 식민지(植民地) 개발에 관심을 가지고 선교사, 모험가, 사업가, 탐험가 등을 통해 식민지 건설사업에 투자하였다. 이러한 일들은 제국주의(帝國主義) 정책으로 자국에 대한 애국심을 형성하고 국가간의 경쟁을 빚어 비밀동맹을 결성하게 하였으며, 이로 인해 군비를 증강하고 군인 양성사업을 증강케 했다.

국가주의라는 개념을 생성한 직접적인 배경은 프랑스 혁명 이후 나폴레옹(Bonaparte Napoleon, 1769~1821)이 유럽을 정복하였을 때 정복당한 국가에서 나폴레옹의 침략주의에 반대하는 관념이 고조되면서부터이다. 즉 프랑스 혁명으로 시작된 민주제도가 유럽대륙에 파급되고, 곧 이어 나폴레옹의 침략에 저항하는 국가들이 외부의 침략을 막기 위해 자국민의 자각과 단결의 필요성을 국가적 관념으로 발전시킨 것이 국가주의 태동의 근원이 되었다.

1) 산업혁명은 1750년대부터 영국에서 시작된 인구의 지속적인 증가, 농업 생산성의 혁신, 상업과 금융제도의 발전 등과 밀접하게 관련되어 일어났다. 또한 산업혁명은 경제적 변화 이외에도 법체계, 정치체계 더 나아가 문화적 이데올로기의 변모까지 수반한 이른바 인간생활의 총체적 변화를 가져온 거대한 역사적 과정이다.

2) 국가주의는 정치사회의 권력을 중심으로 한 유기적 구조로서의 사회이다. 즉 일정한 토지, 언어, 습관, 감정, 신앙 등을 같이하는 공동체 및 공통의 기원과 역사적 의식에 의해 일정한 주권으로 통치되는 항구적인 통치조직의 사회인 것이다. 국가주의의 가장 유력한 결합은 언어, 종교를 같이하는 동향단(nation)을 기반으로 해서 공통된 정치조직에 의해 애국심이 첨가되어 성립된다.

2) 교육

19세기 나폴레옹의 침략에 반대하여 일어난 국가주의는 교육목적을 애국심과 국민 단결에 두고 국가의 존속과 발전에 심혈을 기울였다. 그리하여 국가에서는 교육을 직접 관리하는 공교육 제도(public school system)와 의무교육 제도를 출현시켰다. 교육에 있어서 국가주의는 국가의 존속·발전을 목적으로 하는 교육론이었다. 세계의 모든 나라에서 실시하고 있던 교육의 국가관리 또는 공교육 제도를 발달시킨 사상이 국가주의 교육론이다. 국가주의 교육론은 교육사상의 발달 과정으로 보아 의무교육 제도의 성립 등 교육의 실제에 가장 큰 영향을 준 사조(思潮)였다.

국가주의 교육은 18세기 후반부터 대두되어 19세기에 절정에 이루었으며, 20세기에 전 세계로 확산되었다. 19세기 이전에는 교육이 부모나 종교단체의 사적인 특권이라고 생각되었지만 19세기의 교육은 국가의 복지와 발전에 가장 효과적인 수단으로 이용되었다. 그리고 모든 근대국가, 즉 군주정치 체제, 민주정치 체제, 전체주의 국가들은 모두 필수 불가결한 국가정책으로서 학교를 설립하여 운영하였다. 19세기에 만연된 국가주의는 국가와 관련이 있는 공교육 기관을 육성하였으며, 대중교육은 국가의 사업이며 국가 안녕(安寧)의 근본이었다.

국가주의 교육은 특정한 정치 이데올로기를 주입시키고, 조국을 위한 희생과 봉사로써 고도의 애국심을 함양하도록 하였다. 즉 국가에 대한 충성과 국익(國益)을 위한 시민교육과 보통교육을 목표로 한 국가주의 교육은 산업혁명과 더불어 자국의 평화와 번영, 부국강병(富國强兵)을 위해 국가적 교육 이념을 발전시켰다. 미국의 경우 연방정부(聯邦政府)가 교육을 통제하지 않고 그 기능을 각 주(州)에 넘겨준 반면, 유럽 국가의 교육제도는 고도로 중앙집권화(中央集權化) 되어 있었다.

3) 체육

국가의 존속과 유지·발전이라는 국가주의의 교육제도는 국가중심의 교육제도로서 군인양성과 그러한 훈련교육에 의해 국가주의적 체육이 생성되었다. 즉 국가의 건설과 관련하여 유럽의 국가들이 독자적인 명칭이나 이념 및 구조를 가진 국민체육을 출현시켰으며, 그로 인하여 근대 체육이 발전하게 되었다. 19세기에 접어들어 국가주의 운동과 결부된 체육활동이 활발하게 전개되면서 근대 체육은 국가의 유지·발전에 필요한 기술이나 체력의 발달을 위하여 교육과정을 편성하고 애국심을 고취시키는데 집중하였다. 유럽의 국가들은 자국의 정치적, 사회적 제약에도 불구하고 나름대로의 특색 있는 체육활동을 통하여 피폐(疲弊)한 조국을 체육으로 일으키려 하였으며, 이러한 노력에 의하여 근대 체육이 전개되었다. 그 대표적인 인물로서 독일의 얀(Friedrich Ludwig Jahn, 1778~1852), 스웨덴의 링(Per Henrik Ling, 1776~1839), 덴마크의 나흐테갈(Franz Nachtegall, 1777~1847) 등이 있다.

근대 체육의 특징은 국가주의 개념으로 파악할 수 있다. 교육이 개인이나 단체에 의한 것이 아닌 국가사업이었고, 체육도 국가 유지에 필요한 체력이나 기술을 발달시키기 위한 교육과정으로 전개되었으며, 애국심과 공동체 정신을 함양하기 위한 수단으로 발달되었다. 강대국의 식민지 건설이나 자국의 번영과 평화를 위해 국민적인 군사훈련과 연관되는 국가주의식 체육은 국방력 강화라는 목표가 짙게 나타난다.

이러한 19세기의 체육은 고대부터 귀족적이었던 체육을 일반 민중에게 개방시키고 보급하여 창조적이면서 자기 표현적인 놀이, 스포츠, 무용 등을 활발히 전개토록 하였다. 그리하여 중산층은 물론 하류계급에서도 경제적, 시간적 여유가 증가하여 대중적인 체육이 성장할 수 있게 되었다. 이와 함께 근대 과학의 발전은 신체와 신체운동을 여러 영역으로 확대 연구케 하여 과학적인 접근을 가능하게 하였다. 결국 19세기의 근대 체육은 국가주의라는 개념 아래 교육과정이 편성되었으며, 이는 루소(Jean Jacques Rousseau, 1712~1778) 사상의 영향을 이어받은 자연주의와 이를 승계(承繼)한 범애학파에 의한 실천적이고, 실용적인 교육이 국가주의 개념과 연관되어 실행되었다고 볼 수 있다. 다시 말하면 18세기의 합리화가 19세기에 들어서서 국민화 되었으며, 18세기의 인류애와 세계주의적 사회를 지향한 목표가 19세기에는 국가주의라는 목표를 지향하였다고 할 수 있다.

이상을 종합해 보면 19세기의 체육은 다음과 같은 영향에 의해 근대 체육의 면모를 갖추게 되었다고 볼 수 있다.

첫째, 근대 민주주의 사회체제의 확립에 의해 고대로부터 일부 귀족사회를 대상으로 주도되어온 스포츠와 신체활동이 일반 민중에게 개방되면서 창조적이고 자기 표현적인 유희, 스포츠, 무용 등이 보급되었다.

둘째, 산업혁명에 따른 산업의 합리화는 민주주의 사상, 개인주의 사상과 병행하여 인권존중과 처우개선 그리고 노동자 계층의 경제적, 시간적 여유에 따른 여가선용 방법으로서 근대적인 레크레이션 운동을 대두시켰다.

셋째, 프랑스 혁명에서 선언된 자유, 평등, 박애정신을 바탕으로 한 민주주의 제도가 전 유럽에 보급되었지만 강대국의 식민지 정책에서 벗어나고자 독일을 비롯한 여러 국가들은 체육을 국가주의 운동과 결부시켜 범국민적이고 정치적 색채를 띠면서 군사훈련과 밀접한 관계를 가지고 국방력 강화에 목표를 두게 되었다.

넷째, 근대 과학의 발전은 신체운동을 과학적으로 해명하기 위해 종래의 연구분야를 확대하여 종합적 연구를 하게 하였다.

2. 독일의 체육

1) 역사적 배경

국가주의는 18세기 유럽에서 발생한 정치이념으로서 19세기에 이르러 유럽 전역으로 확산되었고 20세기에는 세계적인 정치이념으로 전개되었다. 19세기로 접어들 무렵의 독일은 약 300여 개의 독립된 군주국(君主國) 교회령(敎會領)과 자유시

(自由市)로 분립되어 있어서 정치적 · 사회적으로 통일이 되지 못한 상태였다. 그리고 당시 나폴레옹의 군대가 전 유럽을 장악하고 있었기 때문에 이들 군주국들은 힘을 모아 비밀협력을 하지 않을 수 없었다. 프랑스의 지배가 강화됨에 따라 독일의 선각자(先覺者)들은 민중의 민주적인 열망과 통일에 대한 관심을 높이고 국가주의의 정신을 고취할 필요성을 가지게 되었다. 국가의 자유를 회복하려는 이러한 운동에 의해 독일정부는 새로운 정치이념으로 민중에게 희망과 자유정신을 고취시켜 독립의 길로 이끌고 나갔다.

이러한 시기에 독일에서는 국가주의를 함양하고 국민의 단결과 응집력 그리고 애국심을 일으키는 것으로써 체육 · 스포츠활동[3]을 매개체로 하고 있었다. 즉 나폴레옹 군대로부터 억압된 독일의 얀이 조국을 구하려는 의지로서 체육 · 스포츠 교육을 고안해 낸 것이다. 이를 스포츠 내셔날리즘(Nationalism)이라고 부르기도 하는데, 이러한 독일의 체육은 수 십년간 국내의 정치형태와 병행하였다. 이 시대의 애국자이자 독일 통일의 선봉자이며, 자유주의 투사였던 얀(Friedrich Ludwig Jahn, 1778~1852)은 체육 · 스포츠활동을 통하여 애국심을 북돋웠고, 독일의 많은 소국가들이 독재적인 통치만을 경험하고 있을 때 자유의식과 조국통일의 길을 열어준 것이다. 조국 통일을 위한 얀의 노력은 『독일국민성(Deutsches Volksthum)』과 『독일체육론(Die Deutsche Turnkunst)』이라는 저서를 발간하게 하였다.

1813년 독일 정부는 라이프찌히(Leipzig)에서 유럽 국가들과 연합하여 나폴레옹 군대를 격파하였다. 그리하여 1871년 프러시아[4]의 철혈재상(鐵血宰相) 비스마르크(Otto Eduard Leopold F rst von Bismarck, 1815~1899)의 지도하에 정치적 통일이 이루어졌다. 빈틈없는 외교와 강력한 군사력에 의해서 그는 독일의 각 주(州)를 합병하고 독일 제국을 이룩하였다. 프랑스 군(軍)이 물러난 후 전(全) 독일의 애국주의 사상은 더욱 강화되어 체육이 철저히 조직화되었고, 국민들도 체육 · 스포츠활동에 깊은 관심을 가지게 되었다. 독일의 자유와 국방력은 청년의 두 어깨에 달려 있었으므로 체육의 목적은 조국애에 불타고 침략자에 대한 방어와 강한 국력이라는 애국적 감정으로 응집된 힘과 강건하고 용감한 국민성을 지향하고 있었다.

3) 현대적 의미의 「체조(Gymnastics)」는 그 범위가 기계체조와 맨손체조 등의 순수한 체조종목으로 한정되어 있다. 그러나 본 장에서 나오는 독일체조는 그 내용 구성이 체조뿐만 아니라 다양한 종목들을 포함하고 있어 단순히 체조라고 표현하면 오해의 소지가 있다고 보아 「체육 · 스포츠활동」이라는 확대된 용어를 사용하기로 하였다.

4) 독일 북부의 대부분을 차지했던 옛 독일 연방의 왕국.

2) 교육

나폴레옹 군대에 패배한 후 절망에 빠져 있던 19세기초 독일의 교육자이며 철학자였던 피히테(Johann Cottlied Fichte, 1762~1814)는 당시 허약한 독일 국민의 마음속에 자유와 독립의 이상을 불어넣고자 노력하였다. 그는 프랑스 군대의 감시하에 베를린대학 강당에서 「독일 국민에게 고함(Reden an die deutsche Nation ; 1807~1808)」이라는 제목의 강연을 통해 독일 국민에게 조국애를 호소하는 국가주의 교육을 주창하였다. 피히테의 새로운 교육은 바로 국민교육이었다. 이는 전 국민을 대상으로 하는 교육으로서 다소 강제성을 띤 국가사업이었다.

그러나 19세기 독일의 초등학교 교육은 독재정치(獨裁政治)에 충성을 다하며, 읽고 쓸 수 있는 순종적인 시민의 육성에 중점을 두어 일반대중이 적당한 직업과 적당한 경제능력을 가지고 자신의 생활에 만족할 수 있게 하는 대중교육이었다. 그러므로 지식중심의 중등학교 교육은 일반대중의 접근이 어려웠다. 그 당시 독일은 프랑스의 점령 하에 있었으며, 많은 애국자들이 조국통일을 염원하고 있었으므로 얀은 정치적 · 사회적으로 근본적인 개혁이 필요하다고 생각하였다. 그리하여 얀은 국가주의라는 개념 하에 체육 · 스포츠활동을 투루넨(Turnen)[5]이라는 조직으로 전파하여 애국심과 국력을 대중적으로 확산시켜 나갔다. 그의 대중적 체육 · 스포츠활동은 체력을 바탕으로 국력을 키우고, 이를 통해 조국통일을 기원하는 것이었다. 얀에 의한 조국애는 근대 국가로의 지향이 시작된 19세기초에 투루넨이라는 새로운 교육적 측면의 체육활동을 전개시켜 나갔던 것이다. 얀에 있어서 체조, 즉 체육 · 스포츠활동은 단순히 체력을 증강하는 수단으로서 뿐만이 아니라 조국의 독립이라는 정치적 · 국가적 목표를 달성하기 위한 기본 과제였다.

5) 투루넨은 얀이 「체육 · 스포츠」라는 그리스어 「gymnazein」을 독일어 「Turnen」으로 변형하여 사용한 용어이다. 이는 얀의 애국적 동기에 의해 조국통일과 국력신장을 도모하고자 글자마저 모국어로의 표현을 시도한 징표이다.

3) 체육

유럽에 있어서 근대 체육의 시발점은 18세기 독일의 범애학교 체육의 등장이라고 할 수 있다. 따라서 얀은 구츠무츠(Johann Friedrich Guts Muths, 1759~1839)의 체육을 계승 · 발전시켜 독일적인 형태로 적절히 이용하였다. 그는 동료들과 함께 구츠무츠의 체육을 연구하고 또 시국(時局)에 맞는 운동종목을 선택하여 투루넨 운동을 전개하였다. 얀의 체조는 그를 따르는 체조단체와 함께 불안정하지만 뿌리를 내림으로써 실내체조장이 중심을 이루어 자유롭고 활동적인 야외운동을 감소하게 하였다. 즉 좁은 실내에서 행할 수 있는 체육활동이 개발되면서 실내체조의 시기가 도래되었으며, 운동방법에 있어서도 형식적인 변화가 이루어졌다. 이러한 체육활동은 학교체육에 도입되었고, 이의 주도적 역할자인 스피이스(Adolph Spiess, 1810~1858)의 운동체계와 그가 고안한 운동기계가 사용되었다. 그의 저서 중 『체조기술론』과 『학교체조교본』은 독일 학교체육의 기초가 되었다.

스피이스와 동시대(同時代) 사람인 로드쉬타인(Hugo Rothstein, 1810~1865)은 스웨덴의 링 체조 방식을 도입하여 군대와 학교 교육과정에 채택되도록 노력하였다. 즉 로드쉬타인의 후원 아래 스웨덴 체조인 유연체조, 병식체조, 펜싱, 총검술과 사격훈련, 교정체조, 미적 체조 등이 학교수업에 도입되었다. 1870년 이후 제1차 세계대전(1914~1918)까지는 스피이스와 로드쉬타인의 방식이 혼합되어 독일의 학교체육을 형성하였다.

4) 체육 사상가

(1) 얀

국가주의 운동과 결부된 체육을 전개한 대표적인 지도자로는 독일의 얀(Friedrich Ludwig Jahn, 1778~1852)을 들 수 있다. 그의 체육에 대한 신념은 애국적 동기에서 출발하였다. 조국인 독일이 프랑스의 지배로부터 해방되려면 튼튼하고 강인한 젊은이의 체력이 바탕이 되어야 하고, 독일의 미래는 용감한 젊은이들에 달려있다는 믿음을 가지고 있었다. 그리하여 그는 계급의식을 타파하고 대중적인

얀(Friedrich Ludwig Jahn)

체육 · 스포츠활동에 중점을 둔 투루넨을 형성하여 이를 국가 재건(再建)의 기본과제로 삼았다. 얀에 의한 체육 · 스포츠활동은 독일 전체에 보급되었으며, 체조협회(Turnvereine)의 결성은 이에 더욱 박차를 가하게 하였다.

① 생애와 투루넨 활동

얀은 프러시아(Prussia)의 국경 마을의 하나였던 란츠(Lanz)에서 1778년 8월 11일 출생하였다. 아버지는 할아버지 대(代)부터 이어온 신교파(新敎派) 목사였으며, 어머니 역시 목사의 딸이었다. 얀은 소년시절부터 역사, 지리, 독일어에 대한 열정이 강하였다. 그러한 열정에 의해 할레대학 시절 『프러시아에의 애국심의 신장』이라는 소책자를 발간하여 조국에 대한 사랑을 고취시켰다. 1807년 4월 슈네펜탈(Schnepfenthal) 범애학교에 있는 구츠무츠를 방문하기도 하고, 1808년 10월 14일 저서 『독일국민성』을 완성하였다. 이 저서는 1810년 부활제에 즈음하여 출판되었다. 이 시기는 철학자 피히테가 베를린에서 「독일국민에게 고함」이라는 강연을 하고 있던 때였다.

1809년 얀은 베를린으로 가서 베를린대학의 교수가 되기 위해 노력했지만 뜻대로 되지 않자 프라만 학교에서 체육지도를 하였다. 체육은 학교 운동장에서 교육과정의 하나로서 행해졌으나 얀의 교육방법은 일반교사와 많이 달랐다. 그는 학생들에게 단순히 수업을 실시한 것이 아니라 그들과 우호적으로 교제하고, 같이 여행을 하거나 집으로 초대하여 기쁨이나 슬픔을 함께 하기도 하였다. 그 당시의 학교는 수요일과 토요일 오후에는 수업이 없었으므로 그 시간에 교외 광장에서 운동을 하는 관습이 있었다. 이는 결코 강제적인 것은 아니었으나 교사가 교대로 학생과 동행하여 책을 읽고 있는 정도의 감독을 하는 것이 보통이었다. 얀도 이와 같은 일에 참여했지만 그는 젊고 운동을 잘했기 때문에 방관하지 않고 학생들과 함께 운동하고, 때로는 지도를 하였다. 얀의 프로그램 중에는 자연환경을 이용한 운동, 즉 학생과 동행하여 시골로 여행을 가거나 학생들에게 대근활동을 자발적으로 행하도록 장려하는 운동, 그리고 서로 협력하고 조화롭게 활동할 것을 권장하기 위한 흥미 있는 프로그램들이 고안되어 있었다. 이와 같은 활동을 하는 동안 얀은 신체운동이 사람을 연결하는 힘과 공동사회에서 사람들을 단합하게 하는 힘이 있다는 것을 깨달았다. 그의 저서인 『독일국민성』에서 생각하고 있던 「단합된 독일 국민」을 창조하는 데에 신체운동을 이용하려는 생각을 하게 되었다.

얀은 1810년 봄부터 하젠하이데 경기장(Hasenheide Turnplatz)에서 투루너(Turner : 체육교사) 운동을 시작하였다. 게임을 결합하거나 기본적인 체육활동을 실시하면서 독일 역사에서 발췌한 이야기를 들려주어 애국심을 함양하게 하였다. 또한 중세 기사들의 토너먼트 경기를 새로운 학교체육으로서 실시하는 등 얀은 젊은이들로 하여금 적(敵)과 맞서 싸울 수 있는 준비를 갖추게 하는 작업을 실행하였다. 모든 사람들이 무기를 갖고 전쟁을 모방한 운동과 경기를 하면서 애국심으로 무장할 때 국경이 지켜질 수 있다고 생각하였다. 적의 침략으로부터 무기력한 것은 조상들에게 부끄러운 일이라는 신조(信條)를 가지고 있었던 것이다.

1811년 6월 얀은 베를린 교외에 체조장을 설치하고, 동료 교사인 프리이젠(Friesen)이 그를 도와 운영하였다. 이 체조장은 고대 그리스의 팔레스트라(Palaestra)를 모방한 것이었으나 민주적인 방식으로 운영되었으며, 시설은 사다리, 높이뛰기대, 철봉, 등반봉, 경사사다리, 평균대, 줄타기, 넓이뛰기용 도랑, 8자형 트랙, 레슬링장 그리고 최초의 근대적인 평행봉, 뜀틀 등이 있었다. 얀은 이와 같은 체육 · 스포츠활동을 완전히 독일적인 것이라고 생각하여 독일 것은 독일말로서 나타내고자 하였다. 그리하여 이 활동을 투루넨(Trunen)이라 명명하였던 것이다. 또한 이와 같은 활동을 하는 사람을 투루너(Truner)라고 불렀다.

1811년 시작된 투루넨 활동은 그 후 각지로 확산되었다. 특히 해방전쟁과 그 전쟁에서의 승리는 투루넨 활동의 확대에 커다란 역할을 하였다. 얀은 주로 구츠무츠의 『청소년을 위한 체육(Gymnastik fur die Jugend)』과 비쓰(Gerhard Ulrich Anton Vieth)의 『신체운동 백과사전(Enzyklop die der Leibes bungen』을 참조하여 체육을 연구하였다. 1812년 겨울, 경기장은 더욱 크고 좋은 곳으로 옮겨졌으며, 어른을 포함해 500여명이 참가하게 되었다. 그들의 활동은 인기를 끌어 각계 각층의 사람들이 구경을 하거나 참석하였다. 조장(組長)들은 늘어가는 참가자들을 지도하고 체육활동에 유용한 실내 장비도 구입하였다. 1816년까지 베를린에는 1,000여명의 체육교사가 있었고, 1818년 라이프찌히 전투기념일에는 체육교사와 관람객을 합쳐 수천 명이 되었다.

1811~1812년경 얀은 일반인에게 체육가로 알려져 바쁜 나날을 보냈다. 얀은 독일체조의 창시자이며 체조협회의 선구자로서 체조운동, 즉 체육 · 스포츠활동을 독일의 해방과 통일 그리고 자유의 쟁취를 이룩하는 기초로 마련하였다. 그는 베를린에서 과격한 프랑스의 적(敵)이자 독일 특유의 남자로 알려져 있었다. 사람들로부터 존경과 신뢰를 받았으며 하르넨베르크를 비롯한 정부 당국자들도 그에 대해 경의를 표하였다. 얀은 대중적인 지지뿐만 아니라 정부로부터의 공식적인 지지도 얻어 프러시아 정부로부터 매달 약 500불의 지원금을 받았다. 나중에 그 금액은 800불, 1,000불의 규모까지 늘어갔다. 하젠하이데 경기장의 유지를 위해 매년 지원금이 지급되었고, 건물 설립을 위한 목재도 무료로 제공되었다. 얀은 이 시기에 지원병으로 독일 해방전쟁에 참전하였다. 1814년 8월 베를린으로 돌아와 다시 체육장에서 활동하였다. 이 시기 그의 활동은 투루넨의 발전과 확대에 큰 의미가 있었으며, 동시에 그는 항상 독일 통일이라는 생각을 가지고 정치활동을 중단하지 않았다. 1816년 부활절을 맞아 저서인 『독일체육론』이 출판되었다.

1817년 예나대학과 키일대학은 조국에 대한 봉사와 젊은이들에 대한 영향, 대중연설가로서의 능력, 독일어 연구업적을 인정하여 얀에게 명예박사학위를 수여하였다. 슈크만에서 온 장관은 독일의 여러 지방에 『독일체육론』의 복사본을 돌리기도 하였다. 그리고 많은 방문객들이 얀을 찾아와 체육교사가 되기 위한 교육을 받았다. '체육교사들은 정력적이고 행복하고 튼튼하고 자유로와야 한다' 라는 얀의 말은 체육교사의 모토가 되었다.

② 투루넨의 흥망

이 당시 투르넨은 정치적인 면에서 정부로부터 위험한 활동을 한다는 지적(指摘) 대상이 되고 있었다. 얀은 저서인『독일국민성』에서 법에 따르지 않는 국가 혁명에 대해 반대를 하면서 혁명은 어떠한 경우에 있어서도 국민에게 불행만을 가져다 주는 것이라고 서술하였다. 얀의 강경한 주장과 젊은 투루너들의 활동은 정부 당국자들에게 의심을 품게 하였다. 그리하여 1819년 1월 16일 투루넨은 정부의 감독 하에 놓여지게 되었다. 같은 해 3월 16일 투루넨은 당분간 시행할 수 없다는 금지령이 내려졌다. 얀의 추종파인 투루너들은 그에게 모여들었다. 그들은 혁명가도 선동자도 아닌 선량한 독일 청년들이었지만 당국으로부터 조사대상이 되어 심문까지 받았다. 이러한 일들은 점점 대규모로 행해졌고, 3월 23일 열광적인 투루너 회원이었던 잔트라는 보수주의자가 군주신봉자라고 알려져 있던 시인 코체프르를 살해함으로써 정부는 그 해 5월부터 투루넨에 대한 탄압을 실시하였다. 그리하여 학생들과 투루너 관련자들이 체포되고 투루넨과 관계된 얀 역시 탄압의 대상으로서 금고(禁錮) 판결이 가해졌다. 1825년 3월 15일 무죄 판결이 결정되었지만 거주지를 제한 받게 되었다.

1840년 프레드릭 윌리암(Frederick William) 4세가 왕위를 계승했을 때, 얀은 자유의 몸이 되었고 독일 정부는 상급훈장인 철십자 훈장을 수여했다. 1842년 내각의 결정에 의해 체육칙령이 나오고 체육은 남학생들에게 필요 불가결한 것으로 공식적인 인정을 받게 되었다. 이에 따라 다시 각지에서 투루넨의 활동이 시작되었다. 그리하여 얀은 존경받는 「투루넨의 아버지」가 되었고, 과거의 동지들과 만남을 가졌다. 그는 1848년 프랑크푸르트의 국민의회 의원으로 당선되기도 하였다.

얀은 1852년 프라히브르크(Freyburg)에서 사망하였다. 후에 그를 위한 기념으로 무덤 근처에 체육관이 세워졌으며, 투루넨은 1866년 전국 규모의 「독일체조연맹」으로 꽃을 피우면서 점차 세계적으로 확대되어 갔다. 또한 1868년 오스트리아와 독일 체육단체와의 연합이 결성되었으며, 1915년경에는 만 천여개의 체육단체와 100만여 명의 체육단체 회원들이 가입되었다. 이는 현대적 의미의 「사회체육」이라는데 그 의의가 있다.

체코의 소코르 운동에서 독일체조의 각종 기구, 즉 철봉이나 평행봉 등에 「투른」이라는 용어를 붙인 것은 얀의 영향이라고 할 수 있다. 얀의 업적은 독일에만 한정되지 않았다. 미국에서도 독일 이민자(移民者)들에 의해 체육단체들이 결성되었다. 독일체육은 독일과 미국의 학교들로 퍼져 나갔는데, 독일에서는 체육교육 프로그램의 핵심이 되었고, 미국에서는 특히 중서부의 공립학교 제도에 의해 수용되었다. 얀은 국가주의적 목표를 위해 체력과 운동기술을 사회훈련과 결합시킨 체육 프로그램의 개발에 있어서 중요한 인물이었다. 독일은 그를 자랑으로 여겼으며, 투르넨 샤프트는 그를 기념하여 베를린과 프라히브르크에 기념물을 세웠다. 프라히브르크에 있는 기념 체육관에는 얀과 그의 운동에 관계된 많은 자료들이 전시되어 있다.

③ 체육에 대한 공헌

얀은 투루넨 활동을 통해 애국심과 국력을 키웠으며, 대중적인 국민체육을 형성하는데 지대한 영향을 미쳤다. 얀의 체육 · 스포츠활동이 현대 체육에 미친 공헌을 요약하면 다음과 같다.

첫째, 체육 · 스포츠활동을 통해 애국심을 기르고 조국통일에 대한 국민정신을 함양시켰다.

둘째, 투루넨을 통해 국민체육을 이룩하여 오늘날 사회체육의 선봉이 되었다.

셋째, 투루넨을 통해 학교체육, 즉 체육교육을 교육과정으로 확립하는데 이바지 하였다.

넷째, 얀의 체육교육은 체육시설, 체육가(體育歌), 체육복 등을 정립하는 계기가 되었다.

다섯째, 흥미 있는 체육 프로그램을 고안하여 게임의 가치를 인정하게 하였다.

독일 체조 : 평행봉

독일 체조 : 철봉

④ 『독일체육론』의 구성

얀은 1813년 나폴레옹의 지배에서 벗어나고자 프리이젠 등의 체조가들과 함께 독일군에 입대하였다. 전쟁에서 돌아온 후 1816년 체육에 대해 동료들과 같이 연구한 경험을 바탕으로 『독일체육론(Die Deutsche Turnkunst : German Gymnastics)』을 출간하였다. 『독일체육론』은 독일 체육단체의 형성에 지침이 된 저서로서 현장중심의 교본이었지만 미래 체육교사들에게 필요한 기술과 애국심 함양을 위한 독일 민족주의의 이데올로기를 지녔었다. 『독일체육론』은 서론으로 시작하여 5개의 장으로 구성되어 있으며, 그 내용은 다음과 같다.

가. 서론

얀은 이미 1810년 출간한 저서 『독일국민성(Deutsches Volksthum : German Nationality)』에서 '독일의 문제를 독일어로 서술하는 것은 이론의 여지가 없는 우리들의 권리이다' 라고 주장하였다. 따라서 얀은 자신들의 활동을 독일어에서 어원을 찾아 투루넨(Turnen)이라고 이름 지었다. 투루너(Turner)는 고대의 젊은 병사를 말하는 것이며, 활동적이고 용감한 남자 또는 기사적인 행위를 연습하는 젊은이를 의미하는 것이었다. 이처럼 얀은 투루넨의 어원이 독일에 있다는 것을 주장하고 있다.[6)]

6) 후에 루카스(G. Lukas)는 이를 라틴어계의 프랑스어라고 수정 제시하였다.

『독일체육론』의 서론에는 「하젠하이데 경기장(Hasenheide Turnplatz)」과 「Turnkunst」라는 용어에 대한 언급이 있다. 얀은 「Gymnastics」란 용어보다 「Turnen」이라는 표현을 주로 사용하였는데, 그 이유는 「Gymnastics」가 「벌거벗은 채 운동하다」라는 의미의 그리스어 「Gymnazein」으로부터 나왔기 때문이다. 그는 또한 「Turnen」과 관련하여 다음의 용어들을 개발하였다. Turner(Gymnast), Turnverein(Gymnastic Society), Turnkunst(The Art of Gymnastics), Turnplatz(Place or Grounds for Gymnastic Exercise), Turnfahrt(Gymnastic Excursion), Turnfest(Gymnastic Festival) 그리고 Vorturner(Gymnastic Leader) 등이 그것이다.

나. 제 1 장

운동 유형을 주로 다룬 제 1 장에서는 걷기, 달리기, 도약, 뜀틀운동, 평균운동, 수평봉과 평행봉에서의 운동, 등반, 던지기, 밀기, 당기기, 들기, 옮기기, 몸을 수평으로 뻗기, 레슬링, 버팀대와 로프를 이용한 도약, 기타 운동 등의 18개 종목으로 구분하여 설명하고 있다. 구체적으로 각 종목마다 운동내용, 사용되는 기구, 연습과정 등을 비교적 상세하게 서술하고 있다. 구츠무츠에게 없었던 수평봉과 평행봉을 새롭게 제시하고 구츠무츠가 중시 여겼던 감각운동이나 발성운동은 제외시켰다.

다. 제 2 장

이 장에서는 유희론을 말하는 것으로서 제 1 장과 함께 실기의 문제를 다루고 있다. 얀은 '유희없는 투루넨은 번영하지 못하고, 유희장 없는 운동장은 전혀 생각할 수 없다'라고 하여 유희를 중요하게 평가하였다. 그는 유희의 교육적 의의를 다음과 같이 설명하고 있다.

> 진정한 유희에는 하나의 세계가 활동하고 있다. 유희는 국민생활로의 교량(橋梁)역할을 하고 있다. 유희는 사교적이며 즐겁고 생기가 넘치는 경쟁이 있다. 기쁨과 환호를 동반한 진실됨이 서로 연결되어 있다. 그리하여 청년들은 유희를 통하여 동등한 권리와 법칙을 타인과 함께 유지하는 것을 어렸을 때부터 배운다. 유희로부터 그들은 풍속과 관습, 예의 등을 실제로 보게 된다. ...청소년은 같이 노는 친구들의 좋은 면, 나쁜 면을 매우 정확하게 알고 있다. 활발한 청년들의 공동생활이야말로 최상의 도덕심판자이며 훈련교사이다. 유희를 통하여 청년들은 천진스런 공동체로서 자기를 교육하고, 또 법과 권리를 알게 된다. 공동생활의 방법만이 큰 교훈을 가져오게 하며, 이는 결코 고귀한 귀족적인 방법에 의해서 이루어지는 것이 아니다.

라. 제 3 장

이 장에서는 체육장(體育場)을 만들 때 필요한 시설과 용구에 대해서 서술하고 구체적인 예를 들었다. 즉 체육장은 학교 가까이 있는 것이 바람직하고, 공기가 좋고, 물이 잘 빠져야 하며, 이를 위해서 가능하면 체육장은 평지보다 조금 높고 잔디와 수목이 있는 곳이 좋다고 하였다. 그리고 여러 조(組)에서 활동하게 될 400여명의 사람들이 충분히 사용하게 될 장비에 대한 설명도 상세하게 다루었다.

마. 제 4 장

이 장에서는 투루넨의 의도와 정신을 나타내고 있는데, 구체적인 진행방법으로서 지도자와 복장문제를 취급하고 있다. 투루넨은 그 활동이 인간형성의 중요한 부분이 되어야 하므로 민족적인 성격을 지녀야 한다고 하였다. 이는 『독일국민성』에서 볼 수 있는 견해와 일치하고 있다.

얀은 각 민족에게 고유한 신체운동이 있다고 주장하고 있다. 그리하여 그는 독일의 체육활동이라는 입장에서 투루넨을 형성하고 이를 실천하려 하였다. 이 같은 생각은 젊은이들이 투루넨이라는 모임을 형성케 하였다. 또 이러한 활동에서 지도할 사람을 투루너라고 했으며, 이는 체육교사를 의미하였다. 투루너, 즉 체육교사는 범애학파의 교사자격과 비슷하였는데, 당시 그들은 시대적 감각과 현상을 파악하고 국민성을 이해하는 젊은 지도자로서 존경을 받았다.

투루넨의 연습은 학교 수업이 없는 수요일과 토요일의 오후에 실시되었다. 얀은 이를 전·후반으로 나누어 전반은 자유의지로 하는 자유연습이라 하고, 후반은 집단으로 연습하는 집단연습이라고 불렀다. 즉 전반은 개인이 스스로 운동을 선택하고, 가장 좋아하며, 잘 할 수 있는 운동 혹은 단련하고자 하는 것을 연습하였는데, 참가자들은 교사와 지도자에 의해 항상 질서 있게 지도에 따르도록 되어 있었다. 자유연습 시간이 끝나면 장내 중앙의 조금 높은 곳에 있는 휴식처에 모인다. 이 휴식장소에서 빵을 먹고, 물을 마시고, 쉬면서 노래를 부르기도 하는데 얀은 이때 시국(時局)에 대한 토론과 애국심의 고취를 위해 역사 이야기도 하였다. 후반의 연습은 참가자들을 연령별로 나누고 정해진 그룹에 따라 각각의 운동이 배분된다. 각 그룹에는 지도자가 있어서 지도하였다.

복장이나 집단규율에 대한 것도 서술하고 있는데 빈부(貧富)의 차이를 없애기 위한 의복과 신발, 모자 등을 언급하였다. 그리고 집단규율은 원기(元氣)있게, 자유롭게, 즐겁게 그리고 경건하게라는 4F(Frisch, Frei, Fröhlich, Fromm)[7]를 정하고 이를 지키도록 하였다. 이 장에서는 프로그램 운영에 관한 세부사항을 포함해서 경기장의 유지와 운동경기 진행에 대해서 다루고 있다.

바. 제 5 장

이 장에서는 170개 주제에 관한 문헌목록과 야외 경기장의 설계도면 그리고 다양한 형태의 기본시설을 삽화(挿畵)들로 보여주고 있다.

(2) 스피이스

얀의 체육·스포츠활동은 협회를 중심으로 일반 국민에게 보급되었지만 그 내용에 있어서는 학교체육, 특히 여자와 아동에게 적합한 것이라고 보기는 어려웠다.

7) Deobold B. Van Dalen & Bruce L. Bennett(1971)는 그의 저서인 『A World History of Physical Education』에서 Frisch, Frei, Fröhlich, Fromm에 대한 영어 표기로서 bold, free, joyous, pious라고 서술하고 있다. 한편 Ellen W. Gerber(1971)는 이와 관련하여 투루너의 모토(turner motto)를 Frisch, froh, stark, frei로 설정하였는데, 이의 영어 표기는 vigorous, happy, strong, free 혹은 Vigorous, free, cheerful, devout로 기술하고 있다.

스피이스
(Adolph Spiess)

1842년이래 프러시아에서 초등학교에 체육의 도입을 강조하고 독일 체육 · 스포츠 활동을 학교체육에 적합하도록 구성한 사람은 스피이스(Adolph Spiess, 1810~1858)였다. 그는 페스탈로찌, 구츠무츠의 영향을 받아 체육을 전인적 교육의 일환으로서 신체운동의 교육적 가치, 레크레이션적 가치, 도덕적 · 사회적 훈련으로 강조하였다. 따라서 기계를 이용하는 체조 외에 도수체조, 행진체조 및 음악을 이용하는 유희를 교재로 하여 여자와 아동에게 적합한 운동을 실시하였다. 그리하여 그를 독일의「학교체육의 아버지」혹은「여자체육의 아버지」라고 부르게 되었다.

체육에 대한 그의 취지는 고대 그리스 아테네의 체육이념과 같은 것이었다. 즉 그가 주장한 체육의 목적은 신체의 완전한 발달을 도모하고 신체의 미와 기품을 길러 심신의 조화를 이루도록 하는데 있었다. 그리고 교육의 궁극적 목적 또한 지적 영역과 신체적 영역을 결코 분리할 수 없는 것으로 보고 통합적인 인간을 구성하려 하였다. 학교가 지적으로나 신체적으로 아동의 전 생활에 관여하여야만 된다는 원칙은 점차 널리 전파되어 독일의 교육당국은 스피이스의 체조를 학교의 기본 프로그램으로 채택하였다.

스피이스는 체육지도에 있어서 질서는 필수적인 것이라고 믿고 있었다. 자발성과 흥미에 입각한 얀의 시스템은 전신적(全身的) 발달을 기대하기에는 어려운 것이라고 보았다. 그리하여 그는 체계적인 훈련의 형태를 연구하고 체조 교재를 재검토하여 몸통과 사지(四肢)의 가동범위와 자세를 표로 만들고 운동 유형을 단계적으로 분류하였다. 그의 저서인『학교체조교본』은 그러한 연구 결과를 토대로 한 실기(實技) 안내서였다. 성(性)과 연령에 적합한 활동을 단순한 것에서부터 복잡한 형태로 배열하여 자신의 수준에 알맞은 종목과 프로그램을 선택하도록 하였다.

훈련은 처음에는 구령에 의해 전체적으로 실시하고 나중에는 음악에 맞춰 실시하였다. 기계체조는 유연체조를 포함하여 실시하였으며, 집단훈련은 능률적인 것으로 보아 관심을 가졌다. 학생은 열을 맞추거나 원을 그려 교사의 지시에 따랐는데 이 시스템은 개성을 무시하고 흥미와 자연성을 규제하는 것이었지만 명령에 대한 반응을 자동화하는데 효과가 있었고 신체 각 부위를 체계적으로 운동시킬 수 있었다. 그는 형식주의자였지만 교사가 여러 방법으로 스스로 운동을 선택하도록 권장하고, 경우에 따라서는 훈련을 느슨하게 하기도 하여 선택을 도왔다. 이러한 점에서 스피이스는 어린이의 개인차를 고려하였다고 볼 수 있으나 그의 후계자들은 형식에 얽매인 방식에서 벗어나지 못하였다.

로드쉬타인
(Hugo Rothstein)

(3) 로드쉬타인

로드쉬타인(Hugo Rothstein, 1810~1865)은 육군 장교로서 링(Ling)의 스웨덴 체조를 독일에 처음으로 도입하여 소개한 사람이다. 1851년 국방부와 교육부의 공동관리로 개교된 독일 왕립중앙체조학교(Royal Central Institute of Gymnastics)의 교장이었던 로드쉬타인은 사관생도와 교사를 위한 두 가지 교육과정을 설치하였다. 즉 유연체조, 병식체조(兵式體操), 펜싱, 검술(劍術), 교정훈련(矯

正訓練), 미적 체조 등을 수업에 도입하였다. 그러나 그는 평행봉 운동이 신체적으로 유해(有害)하다는 이유로 이를 부정하고 얀의 체조를 경시하면서 스웨덴의 '링'식으로 실시해야 한다고 주장하였다. 그리하여 얀과 스피이스를 따르는 제자들이 얀의 독일 체조를 비판한 로드쉬타인에게 맞서게 되었고, 이것이 널리 알려진「평행봉 논쟁(平行棒論爭, debate of parallel bars)」이다.

* 평행봉 논쟁

링의 스웨덴 체조와 얀의 독일 국민체조는 모두가 애국적인 동기에서 출발하였지만 그 형식에 있어서는 상당한 차이가 있었다. 즉 링의 체조는 해부 · 생리학의 과학적 기초에 입각하여 신체의 조화적 발달을 목표로 한 합리적 방향을 지향한데 반하여, 얀의 체조는 구츠무츠식의 자연운동 외에 기계를 중심으로 한 운동을 가하여 신체의 조화적 발달보다는 오히려 의지의 단련에 중점을 두고 있었다. 이 두 가지 유형의 체조는 세계 각지에서 이론적 논쟁을 가져오게 하였으며, 특히 독일에 있어서 가장 중심적 위치에서 독일 체조에 반기를 든 사람은 독일사람인 스웨덴 왕립중앙체조학교 출신이자 독일 왕립중앙체조학교 교장이었던 로드쉬타인이었다.

로드쉬타인은 얀의 체조에 대해 부정적 태도를 가졌으며, 특히 평행봉 운동은 청소년 교육상 유해(有害)하다는 주장을 하여 얀의 체조를 신봉하던 사람들로부터 반감을 갖게 하였다. 양쪽 지지자들 간에 이론적인 논쟁이 1860년부터 시작되었다. 1860년 9월 10일 프러시아 내각은 훈령을 공시하여 학교에 얀의 트루넨(체조)을 전면적으로 채용하도록 지시한 바 있었다. 오일러(Carl Euler, 1809~1885)에 의해서 평행봉과 횡목(橫木)의 사용이 요구되었던 것이다. 그러나 로드쉬타인은 생리적인 근거에 입각하여 평행봉 운동을 부정하여 소위 말하는「평행봉 논쟁」을 일으켰다. 정부는 이 논쟁에 대한 판결을 의사위원회에 위임하였고, 결과는 트루넨 지지파의 승리로 끝이 나서 평행봉과 횡목의 사용이 부활되었다. 평행봉 논쟁은 그 결과에 있어서 독일 체조의 승리로 돌아갔지만 종래 비판과 반성 없이 행해졌던 독일 체조의 특질과 결함이 이론적으로 설명되어 독일 체조의 과학적 연구에 기여하게 되었다. 특히 로드쉬타인의 체조이론과 실천은 체조의 의료적 효과에 대한 인식을 높였다는 데에 그 의의가 크다고 할 수 있다.

3. 스웨덴의 체육

1) 역사적 배경

17세기까지 스웨덴 바사(Vasa) 왕가(王家)의 군사력은 핀란드와 남 발틱(Baltic) 연안을 지배하고 있던 대제국이었다. 그러나 18세기초에 들어와서 어린 국왕 카알 (Karl, 재위 : 1697~1718) 12세의 통치하에 있던 스웨덴 제국은 러시아의 표트르(Pëtr, 재위

: 1689~1725) 1세가 제국주의 건설을 위한 국토 확장사업의 일환으로 발트 해(海)의 개방을 요구하자 전쟁을 하게되었다. 이 전쟁에서 패한 스웨덴은 1721년 러시아와의 조약에 의해 발트 해의 동부지역과 남부지역을 빼앗기고 동남 발틱의 여러 영토를 대부분 상실하고 말았다. 따라서 스웨덴의 국력이 기울기 시작한 것이다.

그 후 스웨덴은 1805년 시작된 나폴레옹과의 전쟁에서도 패하고, 1808년 유일하게 남아 있던 남부지역의 핀란드도 러시아에 빼앗겨 결국 영토의 절반을 상실하게 되었다. 이때부터 강대한 제국이라는 화려한 과거사를 갖고 있던 스웨덴 국민은 초라한 현실에 대해 강렬한 애국심이 발동하기 시작하였다. 독일에서의 경우와 같이 철학자, 문학자, 군인 그리고 지식계층의 국민들이 너나 할 것 없이 과거 명예로운 스웨덴 제국의 건설을 열망하였던 것이다.

이 시기에 링(Per Henrik Ling, 1776~1839)은 스웨덴 민족, 즉 고트(Goths)인의 자손들에게 문학과 체육 프로그램으로써 과거 노르웨이인의 용기와 뛰어난 체력을 청년들에게 교육시켜 애국심의 고취를 통한 스웨덴의 재건에 앞장섰다. 이러한 애국심이 국가주의라는 역사의 산물로서 국가주의적 교육, 국가주의적 체육을 출현하게 하였다. 이는 독일 얀의 국가주의적 체육과 그 입장이 같다고 볼 수 있다.

2) 교육

19세기 스웨덴의 초등학교 교육은 아동들에게 국가에 대한 충성심과 애국심을 함양하고, 성서(聖書)를 읽거나 일상생활에 필요한 기본기술을 습득시키는 것이 주요 목표였다. 전쟁으로 인한 패배가 애국심과 충성심을 위한 국가주의적 교육을 등장하게 하였던 것이다. 중등교육에서는 목사나 관리가 되기 위해 고전적인 지식교육이 행해졌다. 그 후 개인 발달을 목표로 교육의 기회는 균등하게 주어졌고, 아동들의 개인적인 여러 능력이 길러졌으며, 장래 직업생활의 기초를 마련하기 위해 노력하였다. 스웨덴 교육 역시 당시 유럽의 교육과 비슷하게 진행되었으며, 이는 국가의 이상(理想)과 교육제도를 청소년이 이해하고 인식하도록 하는 시민교육의 등장이었다.

3) 체육

19세기초 스웨덴의 체육은 애국적 동기에서 강인한 신체를 가진 국민과 조국을 방어할 수 있는 국민의 육성을 위해 노력하였으나 그렇다고 군사적인 목적에 한정되지는 않았다. 여러 유형의 운동을 연구하고 응용하여 개발된 체육 프로그램은 당시의 목표를 다음과 같이 설정하고 있다.

> 체조원리라는 것은 신체의 움직임이 유기체의 제 법칙과 조화를 이루게 하는 원칙을 말한다. 이러한 조화의 법칙은 유기체 각 부분의 기능을 완전히 일치시키는데 목적이 있다. 그러므로 건강은 이러한 조화의 표현인 것이다.

이는 링의 체조이론으로서 건강을 조화의 표현으로 보고, 이의 목적달성을 위해 군사적, 의료적, 교육적, 미적 영역 등의 4가지 방향을 설정하였다. 이러한 링의 체조는 독일 체조가 활동하기 시작할 무렵의 스웨덴이 국난에 처해 있을 당시였으므로 자연히 국가주의적 경향을 가질 수밖에 없었다. 체조를 통해 애국심을 교육하려는 의도가 독일의 경우와 비슷하다고 볼 수 있다. 스웨덴 체조의 창시자 링은 이러한 시대적 배경에서 체조를 창안하였으며, 이는 스웨덴 체육철학의 근본이 되고 있다. 오늘날에 있어서도 스웨덴의 학교체육은 건강과 레크레이션의 한 수단으로서 신체활동을 개발하며, 현대사회에서 능률적으로 자기의 직무를 수행할 수 있는 건강한 국민을 육성하는데 목적이 있다.

4) 체육 사상가 : 링

링(Per Henrik Ling)

스웨덴 체조를 비록 일시적이긴 하지만 전 세계에 보급시킨 링(Per Henrik Ling, 1776~1839)은 스웨덴 체조 시스템의 창시자이며, 체조의 개혁자이다. 스웨덴 「국민체육의 아버지」라는 표현을 붙일 정도로 그의 공헌은 대단하다. 링이 그의 사상을 형성하는데 커다란 영향을 준 인물로는 루드베크(Olof Rudbeck, 1630~1702), 구츠무츠(Johann Friedrich Guts Muths, 1759~1839), 티소(Clement Joseph Tissot, 1760~1826), 고트주의 사상가 등을 꼽을 수 있다. 링은 고오트주의를 스웨덴 체조라는 형태로 보급하는데 성공하였지만 그를 체육사상적인 입장에서만 다루어서는 올바른 평가를 할 수 없다. 스웨덴에서조차 링에 관한 본격적인 인물 연구가 20세기에 들어와서 시작되었고, 지금도 그에 대한 많은 의문점이 남아있다. 링은 체조 체계만큼 문학적 재능으로도 유명했으며, 그로 인해 대학교수가 되었고 북극성 훈장도 받았다. 그의 작품에는 확고한 국가주의적인 경향이 잠재되어 있었다.

링은 1776년 조상들이 7대 이상 계속 살았던 스웨덴 남쪽 스말랜드 주(州)에서 태어났다. 목사인 아버지는 링이 4세 때 사망하였으며, 어머니도 13세 때에 사망하였다. 베키시에서 고등고전학교를 다녔고 1793년 룬트(Lund)대학에 등록하였으며, 1799년부터 1804년까지는 코펜하겐에 거주하여 덴마크어를 구사하게 되었다. 5년간 덴마크에 유학하면서 덴마크와 스웨덴 두 나라의 철학가와 시인의 영향을 받았고, 스칸디나비아의 문화적 유산에 존경하는 마음을 가지게 되어 고대 노르웨이의 신화(神話)에 깊은 관심을 가졌다. 링은 언어학에 대한 상당한 지식을 습득한 다음 문학으로 관심을 돌려 고대 북구인들의 무용담(武勇談)에 매료되었다. 링은 덴마크로 가기 전에 구츠무츠의 저서와 프랑스 의사 티소의 의료체조에 관한 저서를 탐독하였으며, 관절염 증상이 있던 자신의 팔이 운동으로 완쾌되자 운동의 의료효과에 대해 관심을 갖게 되었다. 링은 1804년 스웨덴으로 돌아와 룬트대학 펜싱교사로서 노르웨이 신화, 시, 역사 등도 강의하였다. 이 때 그의 펜싱법과 체조는 매우 인기가 있었다. 룬트대학에서 링은 해부학과 생리학을 공부하여 총검 펜싱과 체조의 독창적인 체계를 세우게 되었다.

그 무렵 스웨덴의 국제적 위상은 급속히 약화되어 있었다. 발트해 남동부 주(州) 대부분은 18세기초 러시아에 빼앗겼으며, 1805년 구스타프 (Gustav, 재위 : 1792~1809) 4세는 영국, 러시아, 오스트리아와 연합하여 나폴레옹을 저지하려 하였다. 그러나 프랑스 군대는 스웨덴의 포메라니아를 차지했으며, 1807년 발트 해 남부의 마지막 스웨덴 소유지인 스트라스운트와 뤼겐을 점령하였다. 스웨덴은 1808년 러시아와의 전쟁에서 거듭되는 패전으로 인하여 영토의 1/3을 잃었다. 국왕은 폐위되고 자식 없는 카알(Karl) 13세가 후임이 되었다. 1810년 스웨덴 의회는 프랑스 장군 베르나도트(Jean Baptiste Jules Bernadotte)를 선출하여 그를 계승시켰다. 그는 자신을 「왕관왕자」라 부르며 1818년 카알(Karl) 14세 쟌으로 왕위에 올라 현재의 스웨덴 왕조를 창시하였다.

베르나도테는 군사적인 준비를 위하여 링의 훈련학교를 지지하였다. 왜냐하면 군사적 야심에서 유용한 것으로 보았기 때문이다. 덴마크에서 나흐테갈은 군사훈련식의 학교체조를 시작했는데 링은 스웨덴에서도 똑같이 할 수 있다고 믿었다. 국토 손실이 스웨덴 사람들을 적(敵)에 대항하도록 준비하게 하였고, 링은 펜싱과 체조가 건강과 체력 그리고 기질을 기르는데 유용한 수단이라고 제안하였다. 1813년 그는 칼버어그 왕실 군사학회 펜싱교사가 되었다. 그러나 더욱 중요한 것은 스톡홀롬을 신체훈련 센터로 만들려는 그의 계획이 정부와 국왕으로부터 승인을 받았다는 점이다.

1814년 왕립중앙체조학교가 오래된 대포공장에서 개교되었다. 스웨덴 체조로서 전 세계에 알려졌던 체조이론을 링이 발전시킨 곳이 왕립중앙체조학교였다. 왕립중앙체조학교는 창설된 이래 사법학교로서 그 지위는 현저하였고, 3년과 4년의 두 과정으로서 교육과정에는 체육의 이론과 실기가 포함되어 있었다. 스웨덴 체조는 실제로 스웨덴에서조차 인기가 없었지만 링은 학생의 무관심이나 불평 같은 문제에 직면하지 않았으며, 교사로서 자신의 가르침을 활기 있게 실행하였다. 링의 학생 대부분이 명령이나 권위에 익숙한 군사관생도였으므로 링 체조의 군사적인 면이 무리 없이 받아들여졌다고 볼 수 있다. 링의 후계자들에 의해 채택된 스웨덴 체조는 운동의 선택과 배열에 주의와 정밀한 계획이 따랐고, 그 구성이 인공적이며 대규모적이어서 개인의 자기표현 기회가 없고 교육방법이 딱딱하고 지루하다는 비판을 받기는 하였지만 당시의 유럽에서는 링의 체조를 선택하였다.

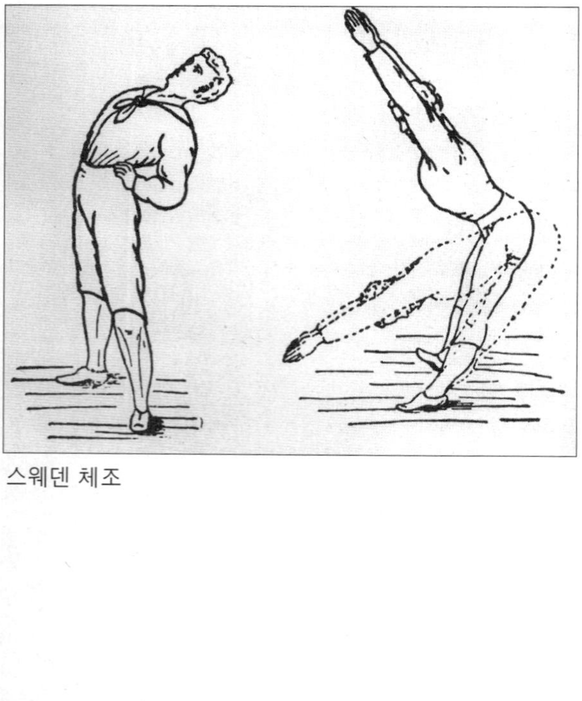
스웨덴 체조

링은 1836년 『체조편람』과 『총검펜싱편람』을 출판하고, 1838년 이 두 서적을 포함한 『군인용 체조총검술교본』을 출판하였다. 이 저서는 교육, 군사, 의료, 미적 체조의 원리를 설명한 내용으로서 인체법칙에 대한 서장 뒤의 「체조기본원리」가 모아져 그가 사망한 1년 뒤 제자들에 의해 출판되었다. 새로운 체조체계의 창시자인 링은 「체조의 혁신자」라는 확고한 명성을 얻었다. 그의 가장 큰 성공은 의료체조와 군사체조 부문이었다. 미적 체조는 발전하지 못하였지만 교육체조는 그의 아들인 할마 링(Hjalmar Fredrick Ling, 1820~1886)이 발전시켰다. 체조는 과학적 원리에 근거를 두어야 한다는 그의 논리가 근대 체육에 있어서 가장 중요한 공헌이었다. 링이 사망한 100년 뒤 스웨덴 정부는 기념우표를 발행하고 올림픽 차원의 국제체조 축하행사를 개최하여 그에게 경의를 표하였다. 링기아드로 알려진 이 행사는 1939년 스톡홀름에서 거행되어 전 세계 37개국에서 73,000여명이 참석하였다. 그 후 링기아드는 10년마다 개최되었고, 미국체육학회에서 메모리암 훈장을 수여하였다.

(1) 링의 체조

초기 왕립중앙체조학교(Royal Gymnastics Central Institute)의 학생은 민간인보다 군인이 더 많았으며, 군인의 세력이 우세하였음은 스웨덴 체조의 군사적 성격 때문이라 하겠다. 이는 링의 체조가 교육, 군사, 의료, 미의 4영역 중 군사적인 측면이 두드러지게 발달하는데 큰 영향을 주었다고 볼 수 있다. 링의 체조는 다음 4가지의 기본원리로서 구성되었다.

첫째, 교육체조(敎育體操)

신체를 자기 의지에 의하여 자유롭게 활동시키는 것을 목적으로 한다. 이는 인간 본래의 능력을 신체 각 부분에 분배하여 신체의 조화를 이루도록 하는데 의의가 있다.

둘째, 병식체조(兵式體操)

일정한 물체와 무기 또는 체력으로써 외적 물체를 의지대로 조정할 수 있는 능력 배양에 목적이 있다. 이는 군사체조로서 신체와 무기 사이의 조화를 회복시키려는데 의의가 있다.

셋째, 의료체조(醫療體操)

자기에게 적합한 운동에 의하여 불균형적 신체를 교정하는데 목적이 있다. 이는 불규칙한 생활에서 나타나는 신체 각 부분의 조화를 회복시키려는데 의의가 있다.

넷째, 미적 체조(美的 體操)

인간의 사상과 감정을 구체적으로 표현하는데 목적이 있다. 이는 신체의 실질적인 조화를 기하는데 의의가 있다.

이와 관련하여 링은 인체의 힘은 3가지 기본형으로 존재한다고 보았다. 이는 인간이 물체에서 자신을 유리시키려고 하는 동적인 힘과 물체와 통합하려는 화학적 기계적인 힘 그리고 인체의 신경, 순환, 근육계통의 기본형을 의미한다. 결국 건강은 이들 상호조화의 결과인 것이다. 그러므로 링은 체조가 과학에 근거를 두어야 한다고 주장하였다. 그의 「체조이론」은 인체의 법칙과 운동원리의 조화로 정의하였다. 그는 체조에 생리학, 병리학적 지식을 도입하고 그 원리에 따를 목적으로 해부학과 생리학 공부를 하였다. 그리고 그는 효과가 입증될 때까지는 그 운동을 해서는 안된다고 단언하였다. 링은 논증할 수 있는 효과를 가진 운동을 추구하였으므로 얀의 복잡하고 확인되지 않은 운동에 대해서 거부하였다.

링은 '일반적으로 모든 사람은 가슴의 발달에 주의해야 한다'고 하면서 '쫙 편 가슴은 폐 공간을 넓혀 신진대사를 증진시켜 흉부(胸部) 발달에 이롭다'고 믿었다. 따라서 스웨덴식 운동규칙 중에 '체조는 정상적인 호흡을 도와야하며 가슴의 수축을 일으키는 운동은 선택되어서는 안 된다'는 것이 있다. 또한 링은 기구를 가지고 하는 운동을 개발하였지만 그 자신은 손기구 조차 사용하지 않는 자유운동을 더 좋아하였다. 이는 스웨덴 체조가 자세교정의 요소를 채택하였으며, 기계체조의 준비운동으로서 맨손체조를 의미하는 것이다. 그는 이 운동의 장점을 다음과 같이 주장하고 있다.

첫째, 한 명의 교사 아래 많은 학생이 함께 운동을 할 수 있다.

둘째, 다양한 장소에서 운동을 할 수 있다.

셋째, 기구를 공급하고 수리하는 문제점이 없고 비용이 들지 않는다.

넷째, 전체가 동시에 운동을 해야한다는 사실은 민첩성을 증대시키고, 신체 지배의 당위성을 조속히 이룩한다.

다섯째, 명령에 따른 체조의 실시는 군사훈련의 효과를 강화한다.

여섯째, 도수운동은 개개인의 신체 특성에 쉽게 적용할 수 있다.

일곱째, 어색함과 딱딱함을 극복하는 것이 기계체조보다 좋다.

기구운동에 있어서 링의 경우는 기계에 의한 운동을 신체의 특성이나 요구에 종속(從屬)시키려 한 반면, 얀은 신체를 체조기계의 성질에 종속시켰다는 점에 있어서 큰 차이가 있다. 이처럼 링은 체조나 기구운동을 과학적인 자세로 설계하였다는 점에서 체육사적 의의가 있는 것이다. 또한 그는 심신의 균형 있는 발전을 위해 체조에 기본적인 원칙을 두고 있었다.

첫째, 체조의 목적은 인간의 신체를 바른 운동에 의해서 바르게 교육하는데 있다.

둘째, 올바른 운동이란 바로 지도되고 신체의 조직에 합당한 것을 의미한다.

셋째, 신체의 각 부분이 서로 조화를 유지할 때 비로소 신체가 바르게 교육된 것이라고 할 수 있다.

넷째, 신체의 교육은 선천적 소질 이상으로 나타낼 수 없다.

다섯째, 인간의 소질은 운동의 결핍에 의해서 충분히 발휘할 수 없지만 소실하는 것도 아니다.

여섯째, 잘못된 운동은 소질의 발달을 방해하기 때문에 이러한 운동은 체육교육에 좋지 않다.

일곱째, 신체의 강약을 정하는 것은 신체의 크고 작은 것에 있는 것이 아니라 각 부분의 조화 또는 부조화에 있다.

여덟째, 증진된 체력은 신체 각 부분의 활동능력의 총체이다.

아홉째, 강건과 충실한 체력이란 같은 뜻이다.

열째, 체조는 간단하고 쉬운 동작으로부터 시작하여 점차적으로 난이도를 높이도록 하면서 실시하면 운동의 어려움이나 위험이 없이 의도하는 목표에 도달할 수 있다.

체육에 있어서 링의 최대 공헌은 의료체조 분야의 강조에 있다. 그가 체육에 관심을 갖게 된 계기는 그 자신이 몸이 허약하여 스톡홀롬에서 티소[8]의 책을 접하고 승마나 펜싱이 몸에 좋다는 것을 알게 되면서부터라고 볼 수 있다. 링의 체조에 관

8) 티소(Clement Joseph Tissot, 1760~1826)는 프랑스인 의사로서 1780년『의료 · 외과적 체조 : 병기 치료에 있어서 운동과 휴식의 효용에 관한 서론』을 출간하였다(스웨덴 번역본은 1797년에 출간되었다).

한 설명은 그의 『체육의 일반적 원리』에서 다음과 같은 순서로의 서술에 의하여 알 수 있다. ⓐ 활발한 운동과 활발하지 않은 운동과의 관계, ⓑ 병이 났을 때 활발하지 않은 운동의 우선성, ⓒ 병의 징후, ⓓ 병과 병의 징후, ⓔ 신경계의 병, ⓕ 혈관계의 병, ⓖ 분비계의 병, ⓗ 근육조직의 병, ⓘ 피부병과 열병, ⓙ 골격의 병, ⓚ 의료체조의 양, ⓛ 의료체조의 질 등의 순서이다.

이와 같이 링은 각종 질병에 대해 많은 부분을 열거했는데 결국 그가 서술하려는 것은 병이 발생했을 때 활발하지 않은 운동을 어느 정도로 실시하여 병을 호전시킬 수 있을까 하는 것이었다.

(2) 링의 유희론

링의 유희관은 그가 주장한 「교육체조」에서 찾아볼 수 있는데, 그는 '...만일 정신의 만족과 신체의 만족을 일치하도록 생각한다면 모름지기 희열을 이 목적에 향하도록 해야 한다. ...체조술도 마찬가지이다. ...진정한 희열은 항상 정신과 신체 사이의 평화적 수단이기 때문이다. 이와 같이 함으로써 인간과 인간, 인종과 인종이 서로 화합하게 될 것이다. 고대 그리스는 많은 도시국가로 이루어졌지만 올림픽경기를 중심으로 국민적 제례에 의해서 민족적 단합과 통일을 이루지 않았는가!' 라고 하면서 대인적인 관계에 있어서 유희를 통해 이루고자 노력하였던 점은 주목할 만하다.

(3) 왕립중앙체조학교

링의 제창에 의해 1813년 정부의 인가와 지원을 받아 체조학교가 설립되었는데, 이 학교가 스톡홀롬의 왕립중앙체조학교(Royal Gymnastics Central Institute)의 전신(前身)이다. 첫 수업은 1814년 야포제조공장을 개조하여 만든 체육관에서 이루어졌으며, 창설된 이래 사범학교로서 현저한 위치를 차지하였다. 링은 설립 이후 25년간 이 학교를 관리하는데 모든 정성을 다 바쳤다.

왕립중앙체조학교에서 학생을 위한 체조가 체계적으로 발달한 것은 1843년에 링의 아들 할마 링(Hjalma Frederick Ling, 1820～1886)이 교사진에 참여하여 체조의 개발을 시작하면서부터이다. 1848년 최초의 여교사로서 린드스콕(Gustafva Lindskog, 1790～1851)이 채용되었고, 그 후 여학생을 위한 교육과정이 신설되어 링의 두 딸인 힐다(Hilda)와 벤들라(Wendla)도 교사로 임용되었다. 1818년 브란팅(Lars Gabriel Branting)이 교원(敎員)에 합류하고 1830년 교장으로 승진하였다. 브란팅은 처음 의료체조를 통한 치료를 받기 위해 링에게 보내진 병약한 불구소년이었다. 그 후 스웨덴의 의과대학인 Karolinska Mediko Kirurgiska학교에 입학하였고, 그 곳에서 해부학의 특수한 기능과 생리학 그리고 화학연구를 하였다. 이러한 배경에 의해 브란팅은 의료체조의 발달에 각별한 기여가 있었으며, 학교 체조 프로그램의 국면을 새롭게 한 주목받는 지도자가 되었다. 브란팅이 교장을 맡은 23년간 이 학교는 더욱 유명해져서 많은 외국인이 방문하였다. 1839년 링의 죽음으로 그가 이사직을 맡게 되었다.

링의 생존시인 1829년경에는 군인이었던 게오르기(Carl August Georgie,

1808~1881)가 채용되어 체조교사로서 활약했으며, 10년 후 이 학교의 교장이 되었다. 그는 해부학뿐만 아니라 의학, 군사학, 학교체조를 가르쳤고 운동치료법과 링 체조의 교수법에 대한 논문들을 발표하였다. 그는 다년간 국외생활을 하면서 프랑스와 영국 등에 스웨덴 체조를 보급하는 역할을 하였다. 1862년부터 1887년까지 니블래우스(G. Nibleus)가 브란팅의 뒤를 이어 교장으로 봉직하였는데, 이 기간 동안에 이 학교의 교육기간은 6개월에서 2년으로 연장되었고, 여교사 양성도 시작되었다. 1864년 이 학교는 3부, 즉 병식체조, 의료체조, 교육체조로 나뉘어 각 부에 주임교수를 임명하였다. 군인으로서 훈련을 받은 니블래우스는 병식체조, 그리고 이 학교 설립자의 아들인 할마 링은 교육체조, 의사인 하르텔리우스(T. J. Hartelius)는 의료체조를 지도하였다.

할마 링은 1854년 프랑스에 유학하여 해부학을 연구하고 의학 강의를 받기도 하였는데 이러한 점이 그의 체조가 과학적인 기초를 배경으로 하고 있음을 입증한다. 또한 그는 베를린 등에서 스웨덴의 의료체조를 소개하는데 열성을 다하였다. 그의 체조방식은 하나의 연습으로서 머리부분에서 발끝까지 전신을 계통적으로 운동시킬 수 있도록 각종 운동을 일정한 계획 하에 배열시켜 놓고 있다. 그리고 그는 체조를 개개인에게 주는 효과에 따라 교재를 그룹으로 나누고 각 그룹에서 순서대로 진도를 정한 후 성이나 연령, 능력 등에 알맞은 운동을 선택하여 운동 프로그램을 작성하였다. 할마 링에 의해 고안된 의료체조는 근육의 발달과 조정(調整)에 효과가 있다고 판정되면서부터 신체교정에 이용되었다. 구령에 의해 실시된 이 체조는 군대식으로 전 학습자에게 거의 같은 운동을 하게 한다는 특색이 있었다. 이는 후에 심리학적 · 사회학적 입장에서 비판되었지만 체조 그 자체가 해부학적 · 생리학적 기초에 입각해 있음이 주목된다. 이 체조는 차츰 대중화되고 19세기 중엽부터 독일, 영국, 미국 등의 전 세계로 보급되었다.

링(Hjalma Frederick Ling)

체육지도자 교육과정은 3년과 4년의 두 과정으로 나누었으며, 체육이론과 실기가 있었다. 또한 초등학교 교사를 양성하는 기관에는 반드시 체육학과가 설치되었고, 공립학교에는 앞으로 체육교사가 될 교생이 기술과 이론을 학습하면서 응용할 수 있는 교육실습의 장(場)을 마련해 놓았다. 왕립중앙체조학교는 1814년 개교 때부터 체육분야에 있어서 중요한 위치를 차지했으며, 그곳에서는 체육교수법 개발뿐만 아니라 실질적인 체조교사들을 배출하였다. 링의 체조가 과거의 것임에도 불구하고 많은 나라의 학교들이 그들의 프로그램에 링 체조의 흔적을 나타내지 않은 나라는 거의 없었다. 더욱이 오늘날 마루운동으로 불리는 당시 자유운동은 올림픽 종목으로 채택되었다. 왕립중앙체조학교의 공헌은 스웨덴의 체조교수법을 오늘날에도 많은 나라와 기관에서 이용하고 또 응용하고 있다는 점이다.

스톡홀름(Stockholm)체육관

4. 덴마크 체육

1) 역사적 배경

덴마크 역사는 스칸디나비아(Scandinavia) 반도와 깊은 관계가 있다. 사람이 거주하기 시작한 것은 1만년 이상 되었지만 역사의 등장은 바이킹(Viking), 즉 노르만인의 해외 진출부터라고 할 수 있다. 덴마크는 민주적이며 진보적 국가로서 힘찬 농민들이 국가의 중견이었다. 9세기경에 통일국가를 이룩한 덴마크는 노르웨이와 스웨덴을 지배한 제국이었다. 스웨덴은 북부 게르만인의 일족인 고트인과 스비아인이 스웨덴에 정착해 융합됨으로써 형성되었고, 바이킹으로 불리는 이들은 9세기에서 11세기에 걸쳐 스칸디나비아 반도를 장악하고 있었다. 1523년 스웨덴은 덴마크로부터 독립하였지만 노르웨이는 19세기까지 덴마크의 영향을 계속 받았다. 18세기 말까지 덴마크는 모든 의미에서 봉건주의의 지배를 받고 있었다. 1788년 농민해방 운동이 일어나 토지개혁법이 통과되고 자유무역이 장려되어 번영을 누리게 되었다.

덴마크는 영국의 산업혁명과 프랑스 혁명, 나폴레옹 전쟁 등의 영향으로 끊임없는 번영을 누릴 수 있었다. 그러나 나폴레옹 전쟁시 자국 무역상선을 보호하기 위하여 해군 호위함대를 이용한 것이 영국과의 전쟁을 하게 된 발단이 되었으며, 결국 1814년 「키일의 화의(Peace of Kiel)」에 의해 노르웨이는 스웨덴에게, 헬고랜드(Helgoland)는 영국에게 빼앗기는 결과를 낳았다. 국외 무역이 전면 중단되고, 농산물 가격이 폭락하고, 은행이 파산하는 등 덴마크 전체가 경제파탄과 경기침체에 허덕이게 되었다. 1820년 최악의 상태가 지난 후, 1824년부터 사정이 호전되기 시작하였다. 곡물가격의 인상, 자작농가(自作農家)의 증가, 애국심의 고조, 국민투표에 의한 자유헌법의 제정(1849) 등은 자유주의 운동에 영향을 받은 유럽의 정치적, 경제적 분위기와 일치되었다.

이러한 덴마크의 새로운 번영은 곧 이어 독일 제국을 건설하려는 비스마르크의 야망으로 위협받게 되었다. 또 1864년 전쟁에서 슐레비히 홀스타인(Schleswig Holstein) 공국(公國)과 라우엔부르그(Lauenburg) 공국을 빼앗김으로써 덴마크 국민들은 치명적인 타격을 입게 되었다. 국토의 1/3과 인구의 2/5를 잃어 나폴레옹 전쟁 직후의 상태와 비교될 만한 경제적 파국을 맞이하였다. 이 전쟁의 패배로 피할 수 없는 굴욕의 시대에 처한 덴마크 국민들은 새로운 국가적 용기와 힘을 회복하려는 계기를 모색하기 위해서 노력하였다. 이러한 역사적 흐름에 따라 귀족계급은 정치적, 경제적으로 몰락하고 미약하던 농민계급이 성장하게 되었다.

2) 교육

봉건귀족에 의해 지배되었던 덴마크는 16세기 후반에 들어서 번영시대(繁榮時代)를 맞이하였다. 연이은 전쟁에 의해 국가는 쇠퇴하고 농민들의 귀족에 대한 증오가 커져 갔다. 1660년 성립된 전제군주(專制君主) 제도는 1848년까지 계속되었고, 이러한 전제군주 정치에 의해 농민들은 과다한 세금과 귀족에 의한 노동력 착취로 고달픈 나날을 보냈다. 그러나 프랑스 혁명에 즈음하여 자유무역이 성행되고 경제 상황이 개선되었다. 또한 계몽사상을 받아들여 개혁의 시대를 맞이하였다. 그러한 결과 토지개혁이 시행되어 1788년 농민들은 해방되었으며, 교구학교에서는 고전적 종교교육이 비판되었다. 1789년 교육개혁위원회가 설립되어 1809년 중등학교법이 제정되었고, 1814년 국가관리의 초등학교법이 제정되었다.

덴마크의 교육목적은 지역사회와 국가에 유용한 시민이 되기 위한 지식을 갖추는 데에 있었다. '아동의 선천적 소질과 신장을 발달시켜 건전한 성격을 함양하고 유용한 지식을 길러준다'는 초등학교 교육목적은 지적 목표와 함께 실용적, 미적, 신체적 기능이 포함되고 있음을 뜻한다. 청소년을 훌륭한 기독교인과 유능한 시민으로 육성하기 위하여 1814년 제정한 덴마크 학교법은 당시의 교육목적을 유지시켰다. 교육을 통해 학생들에게 도덕성과 기독교 가치관을 강화하고, 인간과 자연에 대한 존중심을 함양하며, 가족과 민족과 조국에 대한 사랑을 육성하고, 타인의 의견을 존중하고 스칸디나비아 제국과의 우호관계 및 민족공동체의 중요성을 인식시키는데 목적이 있었다. 중등교육의 형식에 대해서는 별도의 법령이나 명령은 없었지만 자유정신과 인간정신이 교육현장을 지배하였다. 이와 같은 이상(理想)교육의 결과는 국민들 사이를 단결시키는 분위기를 형성하였으며, 국민생활의 모든 부분에서 협동심이 발휘되는 놀라운 성과를 거두었다. 국민고등학교는 교육의 힘으로 국가를 부흥시킬 수 있다는 하나의 본보기를 이룩하였다. 덴마크는 부(富)의 분배에 있어서도 비교적 균형을 이루도록 하여 높은 문화 수준에 도달하였다.

새로운 덴마크 문화의 개척자의 한 사람인 그룬트비히(Nicolai Fredlik. Severim. Grundvig, 1783~1872)는 활력 있는 사회를 건설하기 위해 국민들을 격려하였다. 그러한 목적달성을 위해 그는 교사와 학생들이 생활에 가치 있는 목적을 검토하고, 조국의 발전을 위한 새로운 이상을 실현할 수 있는 「생활학교」를 고려하였다. 그는 청년들에게 공부를 계속할 수 있는 기회를 제공하고 있던 사립학교에서 조국건설의 꿈을 펼쳐 보였다. 이 청년보습학교(靑年補習學校)에 대한 생각은 국민고등학교가 설립된 1844년경에 이루어졌다. 청년 남녀를 위한 사립교육기관은 생계와 직접적인 농업생활을 강조하지 않았으며 오히려 폭넓은 교양, 가정, 토지, 조국에 대한 헌신, 동포에 대한 신뢰 등 인생의 성공을 경제적 가치보다 높은 수준의 가치로 평가할 것을 가르쳤다. 그리하여 덴마크의 초등학교는 공립학교와 더불어 오늘날 덴마크 발전에 지대한 공헌을 하게 되었다.

1870년부터 현대에 이르기까지 덴마크는 상업과 무역측면에서 어려움을 겪어온 것이 사실이다. 제1, 2차 세계대전과 1930년대 세계공황(世界恐慌)은 수출품을 개선하고 공동기업을 조직하고 정치기구를 견고하게 함으로써 극복할 수 있었다. 덴마크의 안정성은 실로 다이나믹한 교육운동에 그 뿌리가 있었으며, 훌륭한 학교는 국민을 교화(敎化)하고 농업생산을 증가하도록 하였으며 건전한 농촌의 사회생활을 육성하고 정치력의 수준을 향상시켰다. 이러한 덴마크 교육은 국민복지와 상호 협조적인 관계를 보여준 좋은 예라고 할 수 있다.

체육 · 스포츠활동이 유럽 대륙에서 부흥했을 때 덴마크는 새로운 체육 · 스포츠운동을 채택한 최초의 나라였다. 19세기초 스포츠를 개척했던 나흐테갈은 체조담당 공무원이었다. 1904년까지 장학제도는 4인의 군인에 의해서 행해졌지만 이 해에 민간인 크누드센(Knod. Anton. Knudsen, 1864~1950)이 학교체조의 장학관으로 임명됨으로써 군(軍) 당국과의 관계를 정리하게 되었다.

3) 체육

대부분의 유럽국가들과 마찬가지로 덴마크 체육도 국가주의적 성격을 띠고 있어서 체육을 통한 군인의 자질향상과 애국심 함양이 체육의 일차적 목적이었다. 독일과 스웨덴의 체조가 근대에 있어 체조의 2대 원류라면 또 하나의 체조계통으로 덴마크 체조를 들 수 있다. 덴마크는 독일, 스웨덴, 영국의 체조와 스포츠를 받아들여 발전시켰으나 선택한 교재와 방법에 있어서는 과학을 추가하여 여러 면에서 덴마크적인 성격으로 바뀌었다.

나흐테갈이 1799년 코펜하겐에 개설한 체조장은 근대 유럽에 설립된 최초의 체육연구기관이었으며, 그의 운동방법은 점차 학교교육에 도입되고 곧이어 군사체육으로 확산되었다. 노련한 나흐테갈의 지도력 덕분에 덴마크는 유럽에서 체육을 학교의 정규교과로 실시한 첫 번째 국가가 되었으며, 체육교사 양성과정의 개설과 체육지도 지침서의 보급에 있어서도 첫 번째 국가가 되었다. 1809년 칙령은 중등학교의 체육 시행에 관하여 규정하였는데, 지도가 가능한 시간이 있을 때마다 체육을 실시하도록 지시하였다. 1814년 덴마크 교육의 획기적 법안인 의무교육법이 제정되어 7세부터 14세까지 초등학교의 남자아동을 위해 운동장을 비롯한 운동기구와 장비를 구비하여 반드시 체육수업을 시행하도록 규정하였다. 그러나 체육담당 교사가 부족하고 더욱이 나폴레옹 전쟁 직후의 빈곤한 여건 때문에 각 지역사회는 곧 바로 이 법률을 따르지 못하였다. 그리하여 1828년 후속법안을 통과시켜 전 남학생에게 체육교육을 받도록 규정하고, 이 법률의 시행을 위하여 강력한 조치를 취하도록 규정하였다. 여학생에 대한 체육수업은 남학생보다 10년 뒤에 이루어졌으며, 1904년 비로소 법률에 의하여 여학생 체육교육이 필수교과로 규정되었다.

덴마크에 있어서 체육교사의 양성은 군사학교에 의하여 최초로 시작되었다. 국왕 프레드릭(Frederick) Ⅵ세는 1804년 육군체조학교를 설립하고 나흐테갈을 교장으로 임명하여 교사들에게 체육을 연수시켰으며, 1808년 교사양성을 위하여 시민체조학교를 병설하였으나 그 후 재정사정으로 인하여 1814년에 시민체조학교는 폐교되고 말았다.

1821년 나흐테갈이 시민체조운동과 군사체조운동을 모두 관장하는 덴마크 체조국장으로 임명되었을 때 그는 공립학교 교사의 체육지도를 도우려는 노력을 다시 전개하였다. 나흐테갈은 4명의 체조위원과 공동으로 1828년 『초등학교 체조지도서』를 발간하여 국왕의 승인을 얻어 이를 학교와 교육당국에 배부하였고, 6년 후 『중등학교 체육지도서』도 제작하여 배부하였다. 또한 그는 체조교사를 양성하기 위하여 1828년 육군체조학교에 체조사범학교를 병설하였고, 1839년 여자체조사범학교도 실습의 기회를 가지게 하였다. 이 학교는 본래의 목적이 군사체육이었으므로 새로운 사범학교는 오래 지속되지 못하고 폐교되었지만 짧은 기간동안 많은 체조교사를 배출하였다.

19세기 중반 덴마크의 체조운동은 심각한 위기에 직면하였다. 1839년 나흐테갈의 제자이면서 항상 그의 보급운동을 열렬히 지지하였던 국왕 프레드릭 VI세가 서거(逝去)하고, 체조운동에 관심이 없는 크리스찬(Christan, 재위 : 1599~1648) IV세가 즉위하였다. 나흐테갈은 1842년 육군체조학교의 교장을 사임하고, 그 후임으로 육군장교 라쿠르(Niels Georg Lacour) 대위가 임명되었지만 전임자와 같은 애착심을 발휘하지는 못하였다. 군(軍) 생도들은 전반적인 학교생활에 소극적 태도를 취함으로써 체육의 위상이 개선되지 못하였으며, 군내에서조차 체조운동을 기합이나 훈련의 일부로 간주하는 체조 경시 풍조가 만연하게 되었다.

약 50여 년의 평화를 누려오던 덴마크는 1864년 오스트리아와 프러시아의 공격을 받아 슐레비히 홀스타인(Schlewing Holstein)을 빼앗겼다. 이에 자극을 받아 체육에 대한 새로운 관심이 일어났다. 전쟁이 끝난 뒤 체육에 대한 관심의 부활로써 국가의 활력을 배양하고 국민의 자존심을 고양시키는 수단의 하나로 체조운동을 부흥시켰던 것이다. 독일의 체조운동처럼 덴마크의 체조운동도 청년을 대상으로 추진되었는데, 민간기관인 사격협회와 국민초등학교를 중심으로 전개되었다. 또한 전쟁 발발 전의 위기상황으로 인하여 덴마크에 영국의 사격클럽을 모델로 한 사격협회가 자생적(自生的)으로 조직되었다. 전쟁 후 사격협회는 그들의 활동영역을 확대하면서 경기대회를 개최하거나 체육관과 운동장을 건립하는 등 점차 체조협회의 기능을 하게 되었다. 전쟁 후 덴마크 특유의 교육기관인 국민초등학교는 갈수록 국민들의 인기를 얻었다. 이 학교는 겉으로는 덴마크 국민이면 누구나 환영한다고 하였지만 대부분의 학생은 초등교육만 받은 18세에서 20세 사이의 농촌 청년들이었다. 오늘날까지 존속되고 있는 이들 학교는 사립재단이나 자활사업에 의하여 운영되고 있으며, 일부 정부지원이 있다고 하지만 그것은 명목상의 국가감독에 지나지 않는다. 지원에 의하여 수업에 출석하며 기숙사에서 생활하는 농촌학생들은 수개월간 전문성이 없고 시험이 없는 일반 교양교육을 받았다. 교육과정을 보면 덴마크어, 국문학, 국사, 가창, 가정, 체조, 농업 등이 있다. 대부분의 국민고등학교는 일반 교양교육에 치중하지만 일부 학교는 체조, 보건, 운동경기와 노동이나 국제문제를 다루기도 하였다.

1884년 덴마크 기사(騎士)인 라스무센(N. H. Rassmusen)이 질란트(Zealand)에 있는 발레킬데(Vallekilde) 국민고등학교에 스웨덴의 링 체조를 처음으로 소개하여 초 · 중등학교를 비롯한 대학에서까지 실시하게 되었다. 그러나 링 체조가 보급되기까지에는 많은 논란이 있었다. 반대자 중 특히 학교에서 체조지도를 담당하고 있는 육군장교들은 과거 독일식 덴마크 체조의 어떠한 변화에도 반대하였던 것이다. 나중에는 정부에서 조사위원을 파견하여 이 문제를 연구토록 하였는데, 그 연구결과를 1899년에 『체조지도서』로 발행하였으며, 이것이 학교지도용으로 공식적인 인정을 받아 보급되었다. 링 체조의 일반원칙을 기초로 한 이 지도서는 스웨덴 체조의 거의 모든 요소를 수용하였으며, 덴마크 체조는 가장 중요한 부분만 수용하였다.

링 체조에 대한 관심이 고조되자 1898년 국립교사양성소에 초등학교 교사양성을 위한 1년간의 특별과정이 설치되었으며, 지도서(指導書)에 따라 교육받은 교사의 수급을 위하여 많은 단기 연수과정이 개설되었다. 모든 교사는 체조 전문교육을 받아야 한다는 법률이 제정되어 그 동안 군인이 맡았던 체조의 지도감독을 민간인이 담당해야 될 필요성이 높아졌다. 그리하여 1904년 크누드센이 민간인으로서는 최초로 국가체조감독관에 임명되었다. 덴마크 체조라고 이름 붙여진 것은 크누드센에 의한 스웨덴 체조의 개량을 거쳐 부크(Niels Bukh, 1880~1950)에 의해 이루어졌다. 체육교사 양성을 위해 국립체조학교라는 이름으로 사범대학이 1911년 처음으로 설립되었고, 나중에 이 학교는 덴마크 체육사범대학으로 개칭되었으며, 이외에 부족한 체육교사의 수급을 충당하기 위하여 정규과정뿐만 아니라 각종 단기과정이 운영되었다.

4) 체육 사상가

(1) 나흐테갈

19세기초 격동기에 덴마크 체육운동을 개척한 나흐테갈(Franz Nachtegall, 1777~1847)은 조기(早期)에 체육교육을 실시하여 국민건강을 증진시키려는 것이 그의 본래 목적이었지만, 얀이나 링과 마찬가지로 나폴레옹의 침략위협과 같은 역사적 사건에 처하여 그의 계획은 편협하고 엄격한 군사적 조건에 부합되는 체조운동으로 전환되지 않을 수 없었다. 그러나 나폴레옹 전쟁이 종식되자 나흐테갈은 국가의 단결과 국력회복의 근원은 국민체력에 있음을 다시 한 번 인식하고 체육교육의 진흥에 헌신하였다.

나흐테갈
(Franz Nachtegal)

1847년 나흐테갈이 사망하고 체조운동의 지도체계가 군인 지도체제로 바뀌면서 체조의 인기는 반감되고 말았다. 프러시아, 오스트리아 전쟁이 임박하여 사격협회가 처음 결성되었을 때 체육은 국방훈련에 중점을 두었으나 1864년 독일과의 전쟁에서 패배한 후 체조운동은 전(前)과 다른 역할을 하게 되었다. 체조를 교과목으로 도입한 국민고등학교의 목적은 실의(失意)에 찬 국민들의 사기를 진작하고 국민건강을 증진시키며, 사교생활의 기회를 제공하고 협동적 활동을 통하여 만족감과 성취감을 가지게 하는 것이었다. 나흐테갈은 그가 지향한 폭넓은 체조활동의 목적과 과거 제한된 체조목적과의 차이점에 대해 다음과 같이 진술하였다.

> 체조운동은 군사훈련의 한 방법으로서 또는 다른 어떤 특수한 목적을 위하여 고안된 것이 아니며, 인간신체의 근력과 민첩성만 발달시키려는 것은 더욱 아니다. 체조는 전인적 인간의 육성에 그 목적이 있다. 그리하여 체조는 교육과 훈련의 가교(架橋)역할을 할 것이다.

신체적성뿐만 아니라 개인의 존엄성과 시민으로서의 책임감을 계발하려는 것이 학교 체조운동의 목적이자 덴마크 체조운동의 목적이 되었다.

(2) 부크

부크
(Niels Bukh)

부크(Niels Bukh, 1880~1950)가 설립한 국민고등학교의 하나인 올레랍 체조학교(Ollerlup Gymnastic High School)는 농촌 청소년의 신체운동에 특히 관심을 가졌다. 이 학교는 생리학, 역사, 체조, 유희, 경기의 이론과 실제 등을 교육내용으로 하는 특색이 있었으며, 졸업생은 출신지방의 농촌으로 돌아가 스포츠, 유희, 무용 등을 지도하였다. 직업적인 노동습관으로 인하여 체격의 불균형과 신체운동 기전의 악화가 야기된다고 생각한 부크는 이러한 신체의 변화에 대처할 운동방법을 모색하였다. 그러므로 그의 목적은 신체운동을 통하여 일생동안 작용하는 신체의 활력과 기능을 유지하는데 있었다. 부크의 방법론은 미와 균형 잡힌 자세를 중요시 여겼던 것이다. 이 학교는 전통적인 체조의 목적을 고수하였지만 부크가 가장 역점을 둔 부분은 근력과 유연성의 발달 및 발육촉진이었으며, 이러한 체력을 농촌 청소년들이 가장 필요로 한다고 판단하였다.

부크가 생각한 기본체조는 의도적으로 행한 것이므로 자연 안에서 교정되어진 것이었다. 그 목적은 '나쁜 자세를 바로 하는 것, 기초를 단단히 세우는 것 그리고 평소 건강상태의 기초를 확립하는 것'으로서 그의 체조이념은 광대하였다. 또한 그는 '나는 최고의 체조 그리고 합리적인 인간 신체의 교정과 건강하고 유능하게 되기를 바라는 모든 국가의 가장 중요한 문제의 결과로서의 체조를 생각할 수 있었다. 체조연습은 인간신체의 기초적인 훈련, 문명에 의해 자연으로부터 일탈된 것을 다시 되돌려놓는 목적 그리고 능력 있는 것과 독창적인 정신과 미를 조화 있게 하는 것이다'라고 주장하였다. 그는 체조와 운동을 통한 미와 균형의 조화를 추구하여 신체의 완성을 이룩하려는 고대 그리스인의 이상을 믿었다. 체조가 체력과 인성발달에 관계하여 달성하기 어려운 목표를 달성할 수 있도록 한다고 믿었다.

(3) 크누드센

크누드센
(K. A. Knudsen)

19세기말 덴마크 체조는 스웨덴 체조의 영향을 가장 많이 받았는데, 이의 적극적인 옹호자는 30여 년간이나 체육장학관에 종사한 크누드센(K. A. Knudsen, 1864~1950)이었다. 스웨덴 체조와 덴마크 체조는 모든 운동이 준비운동과 주운동 그리고 정리운동의 3단계로 되어있다는 것이 공통점이다. 준비운동은 정열, 하지, 머리, 팔운동 등으로 되어 있으며, 주운동은 완후굴(腕後屈), 철봉, 팔굽히기, 평균대, 체부(體部)·복부·배부(背部)의 운동, 행진과 달리기, 뛰기, 민첩성 등의 운동으로 구성되어 있고, 정리운동은 주로 호흡운동으로 되어 있었다. 크누드센은 체조수업을 구성함에 있어서 여러 유형의 운동을 선택하고 근력, 자세, 조정력 등을 상호 조화롭게 하여 전신을 발달시키는 것이 중요하다고 설명하였다. 그리고 그는 쉬운 운동은 수업 전반부와 후반부에 실시하고 강한 운동은 중반부에 행할 것을 권장하였다. 운동의 강도는 서서히 증가하여 수업이 끝날 때에 다시 서서히 줄이도록 하였다. 또한 자연스럽게 선 자세에서의 운동과 기계운동 사이의 변화, 빠른 동작, 집단과 개인간의 운동에 변화가 있도록 주의하였으며, 운동의 구성은 연령과 성(性)에 따라 다르게 작성하였다.

5. 프랑스의 체육

1)역사적 배경

15세기말 프랑스는 경제가 발전함에 따라 전력(戰力)을 정비하여 외부로 팽창하려는 움직임과 함께 지적, 과학적인 욕구가 일어나기 시작하였다. 르네상스(Renaissance)에 이르러서는 이탈리아 예술의 새로운 사조(思潮)에 영향을 받아 건축학과 장식유파 그리고 고전양식(古典樣式)의 등장을 촉진하였다. 또한 루터(Martin Luther, 1483~1546)와 칼뱅(Jean Calvin, 1509~1564)에 의한 종교개혁은 교회의 부(富)와 권력의 남용을 비판하면서 성서(聖書)의 근원으로 돌아가자는 제안을 하여 교황(教皇)에게 충실한 교황 예찬자와 개혁을 지지하던 위그노(Huguenot) 교도(教徒) 사이의 종교적인 갈등을 일으켜 시민전쟁, 즉 종교전쟁(1562~1598)으로 악화되었다.

17세기에 접어들어 루이(Louis, 재위 : 1610~1613) 13세와 리쉴리에(Richelieu)가 왕좌(王座)에 오르면서 지방고등법원의 힘을 제한하기 위해 왕은 권력의 중앙집권정책을 시작하였고, 상업과 해운(海運) 그리고 식민지 제국의 건설을 장려하였다. 루이 (Louis, 재위 : 1643~1715) 14세 때에는 절대왕정시대로서 왕은 지상에서 신(神)과 같은 권력을 지녔으며, 그 누구의 영향도 받지 않는 「국가」라는 말로 대변되었다. 또한 그 당시 중상주의자였던 콜베르(Jean Baptiste Colbert, 1619~1683) 수상은 산업과 상업에 특히 관심을 가지고 수입을 제한하면서 왕립제조소(製造所)를 만들었으며, 교역(交易)을 발전시키면서 도로와 항해로(航海路)를 정비하였다.

프랑스 혁명(1789~1793)은 국민병(國民兵)이 왕실 감옥이었던 바스티유(Bastille) 요새를 공격하고 점령하여 시작되었으며, 이는 절대왕정의 종말(終末)로 간주된다. 프랑스 혁명은 왕권의 제한을 목표로 법률, 행정, 사회, 종교적 격동을 야기 시켰으며, 전세계의 많은 국가혁명의 본보기가 되었다. 계몽사상가들의 비판정신과 미국의 독립혁명, 구체제가 직면한 재정위기 그리고 민중의 궁핍한 생활 등이 혁명을 일으키게 한 동기로 작용하였다. 이러한 프랑스 혁명은 절대군주제와 봉건제 그리고 특권층을 몰락시켰으며 공화정(共和政)을 선포하게 하였다. 공화정의 이념은 자유, 평등, 박애정신을 제시하여 시민의 권리를 선언하게 하였고, 왕국의 행정을 재조직하게 하여 정치적, 사회적, 행정적, 법률적인 혁명을 창출하였다.

1789년 선포된 인간과 시민의 권리 선언 중 다음과 같은 내용이 프랑스 혁명의 의미를 반영하고 있다.

> · 인간은 태어나면서 그리고 생존하면서 자유로우며 평등할 권리를 갖는다. 따라서 사회적 차별은 공공 복리를 위해서만 이루어질 수 있다.
>
> · 국민은 모든 주권의 본질적인 원천이다. 국민으로부터 명백히 유래되지 않은 경우에는 어떤 개인도, 어떤 단체도 권력을 행사할 수 없다.

19세기에 접어들면서 코르시카 귀족의 나폴레옹(Bonaparte Napoleon, 재위 : 1804~1814) I 세는 행정을 재조직하고, 프랑스은행을 설립하고, 박람회를 개최하여 산업발달을 꾀하였다. 1804년 민법전(나폴레옹 법전)을 완성하였으며, 같은 해 프랑스 황제로 즉위하여 교황에 의해 나폴레옹 1세라는 이름으로 축성을 받았다. 나폴레옹은 유럽원정을 시도하였지만 패하여 1814년 파리조약을 체결하게 되었고, 이는 프랑스를 1792년의 국경으로 되돌려 놓았으며 나폴레옹의 왕위도 박탈당하게 되었다. 엘바섬으로 추방당한 나폴레옹은 다시 파리로 행진하여 입성한 후 100일 동안 권력을 다시 잡았지만 유럽의 동맹에 의하여 패하였다. 이의 뒤를 이어 왕정복고(1815~1830)시기가 시작되었다.

7월 왕정(1830~1848)이 이어지지만 사회질서 유지와 자유주의 사이에서 균형을 이루지 못하고 1848년 2월 혁명에 의해 무너져 제2공화국(1848~1851)의 시기가 된다. 계속되는 동요와 침략에 대한 두려움은 1848년 공화국 대통령으로 선출된 나폴레옹 I 세의 조카인 루이-나폴레옹(Bonaparte Louis-Napoleon)에게 쿠데타를 일으키고 국회를 해산시키는 구실을 제공하였다. 이것이 제2제정(1852~1870)으로서 루이-나폴레옹은 나폴레옹(Bonaparte Charles Louis Napoleon, 재위 : 1852~1870) Ⅲ세라는 이름의 제국을 선포하게 되었다. 그는 매우 전제적인 방법으로 권력을 행사하고 자유를 억제하였으며, 식민지 확장정책과 여러 차례의 군사적인 승리의 업적은 있었으나 결국은 프러시아에 대항하여 큰 패배를 겪게 되었다. 1870년 9월 4일 의회는 황제의 폐위를 선포하여 프랑스는 공화국으로 접어들었으며 이것이 제3공화국의 출현이다.

1871년 3월~5월 프러시아인들은 프랑스를 침략하고 매우 어려운 휴전조건을 제시하였다. 이에 반대한 사람들은 파리 코뮌(Commune)이라는 시평의회를 선출하고 그해 3월 22일~28일에 3만 명이 넘는 코뮌당원들이 싸우다가 죽었다. 1879년에서 1899년까지 권력을 쥔 공화주의자들에 의해 자유가 강화되었다. 그러나 드레퓌스(Alfred Dreyfus, 1859~1935) 사건은 프랑스를 심각하게 분열시켰다(1894~1899). 드레퓌스는 독일을 위해 활동한 간첩혐의로 고발된 유태인 장교로서 면직되어 유배되었다. 좌파(左派)세력인 드레퓌스파는 민족주의적이며 유태인 배척자들로 구성된 우파(右派)세력인 반(反)드레퓌스파와 대립하였다. 이들은 파나마의 재정 스캔들 등으로 결국 1899년 클레망소(Georges Euge e Benjamin Clemenceau, 1841~1929)와 콩브(Justun Louis Emile Combes, 1835~1941)에 의해 지휘되는 급진당에게 권력을 넘겨주게 되었다. 급진주의자들은 1905년 종교와 국가의 분리에 대한 법률을 가결시킴으로써 세속화 정치를 강화하였다.

근대 국가주의 이념으로서의 프랑스의 역사적 배경을 요약하면 다음과 같다.

프랑스 혁명 이전 약 1세기 동안의 프랑스 경제는 기본적으로 봉건적이었으며, 왕실의 낭비가 심하고 세계 제국 건설을 도모하고 있던 영국과의 경쟁에서 실패하여 국가가 파산에 이르렀다. 당시 프랑스의 사회계층은 호화로운 생활과 윤락에 빠진 특권계급과 억압받고 빈곤한 하층계급으로 나뉘어져 있었고, 정치적으로는 왕의 절대적 권력을 정당화시키기 위해 왕권신수설(王權神授說)이 루이 14세에 의해 대두되었다. 그러나 혁명가들은 '인간은 모두 신으로부터 주어진 자연의 권리를 보유하고 있다'는 이론을 권력과 특권의 배제를 위한 수단으로 이용하였다. 가장 필요한 자유, 즉 사회적, 정치적 속박으로부터의 자유에 「평등」과 「우애」를 부가한 것이다.

프랑스의 국가주의적인 경향은 혁명 전에도 존재하였지만 혁명 후에 보다 발달되었으며, 나폴레옹에 의해 더욱 고조되었다고 볼 수 있다. 나폴레옹의 유럽 원정을 지원할 수 있는 국력을 위해 청소년들을 국가에서 교육시킬 필요가 생겼으며, 이러한 점이 교육에 투입되어 중앙집권적인 교육제도로 바뀌었다고 볼 수 있다. 이러한 경향은 오늘날에도 남아 있으며, 이는 「국가적 교과」가 교육과정을 구성하고 초등학교에 입학한 날부터 징병의 의무가 끝나는 날까지 애국적 교육을 받았다. 그러므로 프랑스의 국가주의적 경향은 혁명을 계기로 고조되었고, 특히 나폴레옹의 군사적 성공 후 국력을 더욱 과시하기 위해 이러한 사상이 강하게 적용되었다고 볼 수 있다. 나폴레옹의 권력은 중앙집권의 교육제도를 확립하였으며, 애국적 교과로서 교육과정이 이루어져 대부분의 교육에서 국가주의를 찾아 볼 수 있다.

2) 교육

프랑스는 일반인과 귀족간에 차등(差等)을 두고 교육을 실시하였다. 일반인도 다닐 수 있는 초등학교에서는 국가주의 교육, 이를테면 국가적 이상과 충성심을 기르는 것에 초점이 맞추어졌으며, 일반적인 기초기술과 지식이 부가되었다. 그러나 상류와 중류계층의 자제들에게는 중등과정의 교육기관에서 고전교육에 중점을 두고 귀족적 문화를 가르쳤다. 이러한 교육은 중등학교와 대학교육의 목적을 엘리트 양성에 두고 프랑스 문화를 유지하며 국가 지도자의 자질을 배양하는 것이었다. 프랑스는 오랫동안 귀족교육을 고수하여 고전교육에 치우친 경향이 있으며, 프랑스

혁명이래 국가주의 교육이 고조되어 국가에 대한 충성심과 단결력을 고수하였다. 그러나 과학이 발달하는 시대적 요청에 의해 결국 근대어(近代語)와 과학적 지식 등을 교육과정에 채택하게 되었다.

3) 체육

기독교회가 학교교육을 이끌고 있던 당시의 프랑스 체육은 신체활동보다 정신교육의 가치에 더 큰 비중을 두고 있었다. 귀족들의 스포츠활동은 비교적 다양한 편이었으나 타 유럽 국가에 비해 자발적이고 흥미롭게 진행되었다고 볼 수는 없다. 다만 프랑스 혁명을 계기로 국가주의적 측면에서 국력을 위한 체육 프로그램이 진행되었던 점은 인정되며, 그러한 활동의 일환으로 양궁이나 검술 등이 장려되었다. 이는 테니스의 원형인 폼(Jew de paume)이나 독일 승려들이 즐겼던 볼링과는 차원이 다른 것이었다. 그러므로 중세부터 이어져온 신체활동의 장려는 바로 국방력과 관련된 것이었고, 즐기기 위한 것으로서 잔인한 경기가 많았으며, 이에 따른 도박과 음주, 소란, 패싸움, 무질서가 이어져 사상자(死傷者)가 생기는 등 평화를 파괴하게 하였다. 교황과 국왕들은 검술 수련 등에 방해가 된다는 이유로 스포츠활동에 대한 금지령을 내렸지만 귀족들은 여전히 흥미로운 스포츠활동을 즐겼다. 이러한 사고(思考)는 근대까지 이어져 왔다.

1848년 2월 혁명부터 1870년까지의 프랑스 체육은 침체기로 알려져 있으나 1870년 보불전쟁(1870~1871)에서 패한 이후 체육에 대한 관심이 부활되어 많은 체조단체가 조직되었으며, 학교체육도 부흥하여 교육과정에 체조를 포함할 것을 요구하는 법령이 1872년, 1880년, 1887년, 1905년에 각각 통과되었다. 전국 규모의 스포츠단체는 체력과 정신력의 함양 그리고 국방력과 애국심을 강조하였다. 1934년 대통령 보고서에서 '만일 국가의 존속과 번영을 바란다면 아이들이 가장 좋은 교육조건 밑에서 성장하고 강건하게 육성되어 전쟁에 효율적으로 대응케 할 필요가 있다'라고 한 것이 이를 뒷받침한다고 볼 수 있다.

프랑스의 체조수업은 처음에는 남학생들의 필수교과였지만 얼마 후 공립학교에서 여학생들에게도 필수과목으로 규정되었다. 그 후 사립학교나 교회학교의 학생에게도 필수과목이 되었다. 1867년 운동역학(kinesiology) 분야의 창시자라고 일컬어지는 뒤센드 볼로뉴(Duchenn de Boulogn , 1806~1875)는 『운동생리학』을 출판하였으며, 이 책은 경험적 확증에 입각한 훌륭한 기록이 되었다. 그의 연구방법은 인간의 동작을 분석하기 위해 전기(電氣)생리학적 방법을 이용하였다.

19세기에서 20세기로 전환될 무렵 프랑스의 정규 체조수업은 거의 실시되지 못하였으며, 초등학교에 수영시설은 물론 체조기구조차 보이지 않았고, 훈련자체에 흥미를 가지지 못하였다. 게다가 교사에게 사고의 모든 책임을 지도록 한 법령은 체육에 대한 관심을 감소시켰다. 또한 체육에 대한 문교부의 지원이 없었으므로 다른 국가에 비해 발전이 뒤떨어질 수밖에 없었다. 그리하여 체육활동은 오랫동안 군대나 체조 및 스포츠 단체가 맡고 있었다. 데물랭(Camille Demolins, 1760~1794)의 『앵글로색슨족의 우수성은 무엇에서 유래하는가?』라는 저서가 출판된 1895년과 근대 올림픽이 개최된 1896년에 크게 자극을 받아 프랑스 체육은 발전의 계기를 맞이하게 되었다.

프랑스는 점차 시민의식이 진보되고 사회적 경제적인 여유를 가지게 되자 스포츠에 대한 평가가 단순히 국력을 위한 신체단련이라는 생각에서 벗어나기 시작하였다. 특히 쿠베르탱(Pierr de Coubertin, 1863~1937)은 스포츠를 통하여 나태한 생활에서 벗어나고 프랑스의 명예와 국가의 통일성을 유지하려 하였다. 그는 활력과 윤리 그리고 규율 및 자제심을 가진 새로운 프랑스인을 육성하고자 하였던 것이다. 그는 고대 올림픽경기에 깊은 감명을 받았고, 젊은이들에게 경기를 통해 건강한 신체와 건전한 스포츠맨십을 기르고자 하였다. 또한 그는 세계주의와 평화주의를 내세우고 전세계에 체육과 스포츠를 널리 보급하려 했다. 그리고 인류의 잔치, 즉 지구상에 있는 모든 대륙의 젊은이들을 한 곳에 모아 스포츠를 통해 우정을 도모하고자 하였다. 쿠베르탱은 올림픽 정신을 전 세계인에 전하여 인류의 건강과 세계 평화 그리고 스포츠에 큰 공헌을 하였다.

오늘날 프랑스의 체육은 개인의 신체적, 사회적 발달에 초점을 맞추고 있다고 볼 수 있으나 국가주의적 경향도 여전히 남아 그 역할을 하고 있다. 두 차례의 세계대전이 교육제도와 체육교육에 큰 영향을 미쳤던 것이다. 체육 프로그램은 어디까지나 국가후원 아래 개인의 가치를 인정하고, 독창력, 판단력, 자율성, 자신감, 팀워크, 리더십 등의 세계적 위신을 쟁취하기 위해 노력하는 것으로 알 수 있다.

4) 체육 사상가

(1) 아모라스

프랑스에는 1815년 워터루 전쟁(Waterloo War)과 1848년 2월 혁명 사이에 체조가 군대를 중심으로 소개되었다. 이는 스페인에서 망명한 아모라스(Francisco Amoras, 1770~1848) 대령에 의해 이루어졌다. 그는 1817년 두르당(M. Durdam)의 사립학교에 프랑스 최초의 체육관을 건립하고, 체조 프로그램을 작성한 체육지도자였다고 볼 수 있다. 프랑스 국방상은 아모라스가 행한 공개연기를 시찰한 후 체조를 군인의 한 훈련방법으로 적용하고자 하여 체조지도자를 파견시켰다. 아모라스는 야외 체조장을 가진 육군 및 시민체조학교를 설립하여 1820년 개교와 동시에 교장이 되었다. 이 학교는 본래 군인을 대상으로 하는 것이었지만 민간인과 학생도 입학하였으며, 왕립학교나 전문학교의 학생도 출석하였다. 그리고 1831년 아모라스는 프랑스의 체조감(體操監)에 임명되었으나 정부와의 불화로 1837년 활동을 중단하였다.

아모라스는 독창적인 프랑스 최초의 체조 프로그램을 만들었으며, 모든 운동은 체계적으로 배열하여 진행순서에 따라 실행하였다. 이때 기구를 사용하지 않고 유연성을 위한 도수체조가 처음으로 채택되었다. 경우에 따라 노래나 메트로놈을 이용하기도 하였다. 또한 모든 운동이 신체에 미치는 효과를 고려하였고, 기계에 대한 운동의 적용성을 강조하였다. 즉 맨손체조를 기초로 하여 기계체조, 평균운동, 아령운동, 행진, 도약, 그네뛰기, 등반, 줄사다리, 목마운동 등을 실시하였다. 아모라스의 두 제자와 동료들은 조안빌(Joinville)의 「육군 체조사범학교」의 설립을 도왔으며, 이 학교는 군대와 각급 학교에 교사를 파견하였다. 아모라스는 저서인 『신체교육, 체조교육, 도덕교육의 지침』에서 프랑스의 군대 및 학교 체육 프로그램을 제시하였다. 아모라스의 체육은 페스탈로찌(Johann Heinrich Pestalozzi, 1746~1827)의 사상을 근거로 하여 만들어졌지만 그 나름대로 독특한 성향이 있었다고 볼 수 있다.

(2) 클리아스

아모라스의 뒤를 이어 프랑스에 초청된 사람이 바로 클리아스(Pkokion Clias, 1782~1854)이다. 그는 스위스와 영국에서 군사용 체육 프로그램을 입안(立案)한 체조가로서 1814년 프랑스로 초청되어 시립학교와 사범학교 및 부근의 군부대 주둔지에서 활동하였다. 그는 1822년 영국으로부터 초청을 받아 1825년까지 그곳에서 스포츠를 지도한 후 프랑스로 다시 돌아와 파리의 초등학교 체조 감독관으로 1848년 2월 혁명 때까지 활동하다가 스위스로 돌아갔다. 그의 저서 『체조연습의 초보』는 구츠무츠(Johann Friedrich Guts Muths, 1759~1839)와 얀(Friedrich Ludwig Jahn, 1778~1852)의 영향을 받았으나 자신의 독특한 체계를 구성하려고 노력하였다.

(3) 쿠베르탱

쿠베르탱
(Pierre de Coubertin)

1863년 1월1일 파리에서 태어난 쿠베르탱(Pierre de Coubertin, 1863~1937)은 유년시절 비교적 유복한 생활을 하였다. 그의 부친은 귀족신분이었으며 화가였다. 쿠베르탱이 7세 때 프랑스는 프로이센의 재상 비스마르크(Otto Eduard bismarck, 1815~1898)의 군문(軍門)에 들어갔다. 이것이 「보불전쟁」이었다. 프랑스와 프러시아 사이에 전쟁이 일어났고 그것은 프랑스 국민에게 굴욕을 안겨주었다. 프랑스 제3공화국의 성립은 프랑스 통합을 위태롭게 했던 귀족계급과 공화주의자들 간의 투쟁을 진정시키지 못하였다. 쿠베르탱은 귀족이었지만 공화주의자와 그들의 민주적 정책을 지지하였다.

쿠베르탱의 중등교육은 파리의 코레주에서 받았다. 이러한 유형의 학교는 귀족이나 부르주아지의 자제가 신학교 입학을 위해서가 아닌 인격수양과 종교교육을 받기 위한 곳이었다. 동시에 그는 파리의 검술이나 복싱 도장에 규칙적으로 다녔고, 가끔 승마나 보트로 자연과 스포츠활동을 즐겼다. 1880년 중등교육을 수료하고 양친의 희망에 따라 파리대학에 등록하여 학사학위를 취득하고 정치학 학교에서 정치학 석사코스를 밟았다.

쿠베르탱은 교육개혁에 열성적이었으며, 그의 꿈을 실현하기 위해 1884년부터

1888년까지 럭비 스쿨(Rugby School)이나 이튼 스쿨(Eton School)과 같은 곳에서 공부하기 위해 영국에 머물렀다. 영국 학교에서 그는 풋볼, 크리켓, 육상경기 등의 시합에 큰 감명을 받고, 이러한 활동이야말로 거대한 대영제국의 지배자를 육성하는 신체적 활동력과 도덕적 규율의 근원이 되었다고 확신하였다. 그는 민주주의 사회에 있어서 체육인의 도움 없이는 훌륭한 교육이 있을 수 없다고 주장하면서 영국의 젊은이와 프랑스의 젊은이를 비교하여 영국의 젊은이는 남자답고 의지가 강하며 성실한 반면, 프랑스 젊은이는 연약하고 불건전하다고 평가하였다.

1886년 11~12월, 쿠베르탱은 「사회개혁」이라는 잡지에 영국의 학교 교육과정에 관한 보고서를 게재하였다. 다음 해 4월에는 사회경제학회에 영국 중등교육제도를 프랑스와 비교하면서 보고서를 제출하였다. 이 보고서는 교육개혁으로서 스포츠를 도입하는데 앞장 선 럭비 스쿨 교장인 아놀드(Thomas Arnold, 1795~1842)를 높이 평가하면서 영국 중등교육제도의 원리를 「자유와 스포츠」라고 기술하였다. 이에 대해 그는 '만약 얼마간의 개혁을 우리들의 제도 속에서 기대할 수 있다면 스포츠의 신체적, 도덕적, 사회적 역할을 통해서 스포츠의 역할이 능숙하게 이용되는 방향에서만 하나의 흐름이 나타난다' 고 하였다.

1887년 쿠베르탱은 아놀드의 사상을 기초로 한 교육개혁안을 프랑스 언론에 발표하였다. 그는 이 사상의 기초가 용기함양과 건전한 성격교정, 도덕적 성향에 기초한 지배력이라고 설명하였다. 1889년 미국과 캐나다를 여행한 뒤 『미주지역의 대학들』이란 저서를 출판하였다. 또한 월간지 「체육평론」을 출간하여 프랑스의 각급 학교와 대학에서 체육에 대한 관심을 고조시키려 하였다. 그의 노력에도 불구하고 프랑스의 학교체계에서 많은 개혁은 이루어지지 못하였다.

당시 프랑스에는 학교체육의 오랜 체제를 타파하자는 움직임이 이미 일어나고 있었지만 거기에는 여러 세력의 주장이 깊이 내재되어 있어서 개혁의 동향을 찾기가 어려웠다. 사회개혁이 교육에 의해 달성된다고 했던 주장은 결코 새로운 것이 아니었지만 개혁의 매개체가 스포츠라는 주장은 당시 중등교육의 상황과 개혁의 동향에서 볼 때 대담하고 신선한 주장이었다. 이러한 동향 속에서 1887년 3월부터 8월까지 파리의 의학회(醫學會)가 학교 의료진의 자료를 검토했던「학업과로」의 문제는 중요한 역할을 했다. 이는 당시 체육에도 큰 의미를 부여하였다고 볼 수 있다. 의학회의 권고는 중등학교 학생의 체격, 체력 저하와 질병의 다(多) 발생현상이 이미 드러나고 있으므로 우선 시설면에서 학교기숙사를 전원(田園)으로 이전하고 휴식을 위한 공간을 설비할 것, 그리고 옥내의 조명과 환기설비를 개선할 것 등을 강조하였다. 그리고 학업면에서는 저학년의 수면시간을 늘이고 좌업(座業)시간을 줄여 이에 알맞은 휴식과 운동시간을 제공할 것, 그리고 신체훈련을 매일 할 수 있도록 할 것 등이었다. 이에 대해 일부의 반대가 있었으나 의학회의 이러한 권고는 각 방면에 중요한 의미를 시사하였다. 예컨대 군 당국은 이를 기회로 중등교육에서 군사훈련의 시간을 대폭 늘이도록 요구할 수 있었으며, 고전어 교육에서 근대 과학교육을 능가하는 교육과정으로 쇄신하라는 사람들에게 오히려 그에 대한 학습시간을 삭감하라는 권고는 교육과정에 변화를 줄 수 있는 좋은 기회로 간주되었다. 노후한 교사(校舍)와 학생의 정원(定員) 초과에 고민하고 있던 관리집단에서도 시설의 전원 이전은 유리한 조건이라고 생각했고, 체육 관계자들에게는 오랜 불평의 요인이 되어 왔던「곡예적인 체조」를 고집하는 교육내용의 개선과 극복이 이루어졌으며, 퇴역군인이나 소방수 등으로 구성되어 왔던 체육지도자의 조직에 비(非)군사화가 이루어졌다.

쿠베르탱은 이러한 의학회의 권고 내용에서조차도 사안의 물리적 성격을 초월하여 항상 도덕적 성향을 형성하겠다는 입장에서 발언을 하였다. 그리고 난잡하게 전개되고 있는 여러 유형의 개혁적인 주장에 대해 비판하고, 군사훈련을 강화하려는 주장에 대해서도 그것은 문제를 복잡하게 하는 것뿐이라고 분리의 입장을 표명하였다. 또한 시설의 전원(田園) 이전 안(案)도 문제를 해결하는 것이 못된다고 지적하였다. 그는 '유일한 것, 그것은 학생들이 노는 것입니다. 그들은 놀지 않습니다. 노는 방법을 알지 못하기 때문입니다. 그들에게 노는 방법을 가르쳐 주시지는 않으시겠습니까?' 라는 말로 그 시대의 상황을 대변하고 있다.

1889년 파리 박람회에서 그는 다양한 관심들을 절충해가며 체육분야의 첫 번째 국제회의를 개최하였다. 1891~1892년 조직한「프랑스 스포츠경기연맹」은 1914년 600여 개의 단체와 50만 명 이상의 회원이 가입되어 있었다. 이는 1892년 프랑스에서 열렸던 첫 번째 국제대회인 영국과 프랑스간의 풋볼경기를 개최하는데 기초가 되었다. 1893년 그의 두 번째 미국방문은 근대올림픽의 계획이 더욱 고무(鼓舞)되어 1894년 6월 파리에서 회의를 개최하게 하였으며, 17개국 대표들은 국제올림픽위원회(International Olympic Committee : I.O.C.)의 창설에 동의하였다. 참가국들은 4년마다 돌아가면서 대회를 개최하기로 결정하였으며, 제1회 대회는 그리스에서 개최하기로 하였다. 마차경주 대신 사이클, 맨손복싱경기 대신에 펜싱으로 종목을 변경하였다는 점과 참가 범위를 전세계적으로 확대시켰다는 점에서 근대적인 성격을 띠도록 하였다.

쿠베르탱은 의학회의 권고에 따라 학교에 스포츠의 도입을 주장하였다. 그것이 훌륭한 신체와 도덕을 결합하는 계기가 된다고 믿었기 때문이다. 그러나 일반교수들은 시간수의 삭감 운운하면서 여전히 전통적인 교육을 주장하고 '시험에 통과한다'는 식의 엘리트 육성방법을 고집하고 있었다. 1901년『공교육 노트』, 1904년『내일의 교육학 기초』, 1905년『근대 고레쥬에오포르드 2세 학교』등의 저서와 1906년「교육개혁협회」의 설립이나 1926년「만국교육 연맹」등의 설립을 통해 쿠베르탱은 '지식의 비상(飛上)'이라는 말로 지식의 체계적, 보편적 교수의 문제를 생각하고 있었다.

지식의 종합, 세계의 인식이라고 하는 지육(智育)의 개혁을 위해 1919년경부터 쿠베르탱은 천문학, 미학, 역사학 등의 분야에 대해서도 시간투자를 하였다. 1925년에 집필을 끝낸『세계통사』는 역사교육의 시험이었다. 그에 의하면 '역사교육은 훌륭한 세계의 전체사가 아니면 안 된다고 하면서 한 민족, 한 국가, 한 지역의 역사는 항상 연속성을 가지고 그려지기 때문에 역사 전체 속에서 문명적 기능을 다하도록 위치해야 한다' 라고 하였다. 서구문명을 객관적으로 인식하고자 한 그의 문명사에 대한 시야가 세계 스포츠 발전의 전망을 키워주었던 것이다.

쿠베르탱의 제안은 조국인 프랑스에서는 실천되기 어려웠지만 오히려 스위스에서 어느 정도 실현되었다. 그는 1917년 「로잔 올림픽학원」을 창립하여 직업지도, 미술, 위생, 체육 등의 사회교육을 시도하였다. 1933년 「노동자 대학헌장」에 의해 그는 로잔느에서 일하면서 청소년 여가행정의 일환으로 노동자대학을 설립하였다. 그의 사회개혁은 프랑스의 사회변혁을 뛰어넘어 인류문명사의 차원으로 확대되었다. 또한 교육개혁의 일환으로 학교에 스포츠활동을 도입하고자 한 그의 주장은 「체육교재론」의 새로운 제안으로 해석될 수 있다. 1913년 『스포츠심리학시론』, 1919년 『스포츠교육학』 등의 저술을 통해 스포츠심리학의 영역을 개척하기도 하였다.

1903년 쿠베르탱은 「실용체조보급위원회」를 조직하였으며, 이는 후에 「대중스포츠협회」라는 이름으로 바뀌었다. 만일 쿠베르탱이 프랑스 학교체육에 특이한 제안을 하였다면 그것은 그의 저서에서 전통적 운동영역의 몰락을 도모했던 것일 것이다. 그는 「실용체조」의 운동영역을 구조, 방어, 이동의 3영역으로 구분하였다. 구조를 구성하는 운동교재는 달리기, 뛰기, 오르기, 던지기 등의 지상 운동이었으며, 방어를 구성하는 것은 레슬링, 복싱, 봉술, 펜싱 등이었고, 이동을 구성하는 것은 달리기, 수영(평형), 자전거, 조정, 요트, 스키 등이었다. 이와 같은 색다른 운동분류법은 결코 체계적이라고 할 수는 없을 것 같다. 그는 스포츠가 학교교육의 한 교과로서 체육지도 영역에 한정된 것이 아니라 교육의 전 영역에 해당되는 분야라고 주장하였다.

쿠베르탱은 1894년 6월 「올림픽위원회」를 설립하였고, 1896년 제1회 올림픽대회 때부터 1924년까지 IOC 위원장으로서 많은 위기와 곤란을 극복했다. 이 사업의 추진에 의해 그는 스포츠 분야에서 스스로의 입장과 사상을 형성해 갔다. 「프랑스 스포츠경기연맹(Union des Societes Francaises de Sport Athletique」은 1897년 쿠베르탱의 손을 떠났다. 그가 추진한 일들은 어느 정도 성공적이었지만 그의 이상(理想)에 대한 비난은 그를 파리에서 내몰게 하여(1915년경) 스위스의 로잔느에서 1937년 사망하였다. 그 후 몇 개월 뒤인 1938년 3월 그리스 독립기념일 110주년 때 그의 유해는 올림피아의 스타디움에 묻히게 되었다.

쿠베르탱은 20대에 이미 프랑스 정부가 추진한 교육과 스포츠 사이의 관계를 명백히 인식했었다. 그는 또한 운동선수의 순화를 통해서 국제협력이 이루어지길 기대하였다. 그는 특정 국가가 자기들의 규칙과 관습을 다른 나라에 일방적으로 적용시킬 수 없다고 생각하였다. 올림픽의 협력에 대한 필요와 상호양보에 대한 필요가 외교정책 문제로 전환되기를 희망하였다. 그리고 아마추어 정신은 증진될 것으로 보았다. 왜냐하면 국민들은 승리를 기념하여 자국의 국가(國歌)를 듣는 것 자체로 아마추어 정신은 보상을 받았다고 보았기 때문이다. 또한 올림픽의 개최와 함께 축제, 음악, 문학 등의 예술 올림픽이 스포츠의 최고 이상을 집약적으로 보여주는 것이라고 생각하였다. 그는 '우리가 스포츠를 고대처럼 고상하고 신사적인 것으로, 또 선수들이 고대 그리스인이 했던 것처럼 굉장한 몫을 근대 교육에서 계속하기를 원한다면 스포츠는 예술과 문학의 고상한 표현들과 긴밀한 관계를 유지해야 한다. 그렇지 않으면 올림픽 선수들이 고대의 검투사처럼 천박한 지위로 전락할 수 있다' 라고 외쳤다.

올림픽을 출범시키고 난 이후에도 쿠베르탱은 아마추어 정신의 확립에 노력하였다. 비(非)직업적이며 스포츠 참가를 통해 인류를 고양시키는 것이 주(主)목적인 「교육스포츠 국제사무국」을 설립하였다. 또한 로잔느에 올림픽 도서관과 박물관을 세웠으며, 프랑스 어린이를 위한 교육계획을 위한 조직에도 관여하였다. 그는 뛰어난 선수는 아니었지만 많은 스포츠에 직접 참여하였다. 그의 교육스포츠와 올림픽 부활에 관한 헌신은 프랑스와 모든 인류의 단결을 위한 것이었다. 그는 올림픽이 모든 사람을 한자리에 모이게 하는 진정한 의미로서의 민주주의를 초대하였다는 사실에 만족하였다. 많은 사람들은 올림픽이 회를 거듭할수록 아마추어 정신을 잃고 상업주의에 물들어 간다고 비난하고 있으나 그럼에도 불구하고 쿠베르탱의 이상은 아직까지도 신성한 것으로 남아있다. 그는 교육과 스포츠를 육성할 계획을 세워 프랑스가 세계에서 크나 큰 지위를 획득하는데 바탕이 되었으며, 스포츠를 통하여 인류의 평화와 세계적인 축제를 형성하게 한 공헌으로 인류사에 길이 남을 위인이 되었다.

6. 영국의 체육

1) 역사적 배경

헨리(Henry, 재위 1485~1509) Ⅶ세는 왕위에 오른 뒤 튜더 왕조(Tudor 王朝)로 이름을 바꾸고 봉건귀족의 사병제(私兵制)를 폐지하는 등 귀족 세력을 억제하였다. 뒤를 이은 헨리 (Henry, 재위 1509~1547) Ⅷ세는 수도원을 해산하여 토지를 몰수하면서 종교개혁을 단행하고 절대왕권을 강화하여 의회와 평화로운 관계를 유지하였다. 그 후 엘리자베스(Elizabeth, 재위 1558~1603) 여왕은 통일령(統一令)을 발표하여 영국국교회(英國國教會)를 확립하였고, 에스파냐 무적 함대를 격파(1588)하여 국내 산업을 보호하고 해외 진출을 장려하였다. 이 시기에는 상공업의 발달과 무역신장이 활발하였다. 사회적으로 장원제의 붕괴와 요먼(yeoman : 자영농민)의 성장, 목초지 조성으로 인한「인클로저 운동(enclosure movement)」의 전개로 신흥 지주층인 젠트리(gentry)가 사회 지도층으로 성장하게 되었다. 따라서 시민계층의 요먼과 젠트리는 청교도를 신봉하게 되었다.

엘리자베스 여왕의 뒤를 이은 제임스(James, 재위 1603~1625) 1세는 스튜어트(Stuart, 1603~1714) 왕조로 개칭하고 왕권신수설(王權神授說)을 주장하면서 영국의 헌정적인 전통이나 의회의 과세권(課稅權) 등을 무시하는 친 카톨릭 정책으로 인해 의회와 충돌하게 되었다. 이로써 절대왕권은 의회나 국민과 원만한 관계를 유지할 수 없었다. 뒤를 이은 찰스(Charles Ⅰ, 재위 1625~1649) 1세 역시 청교도를 탄압하였다. 이때 권리청원(權利請願 : perition of rights)이 있었고, 젠트리가 주도한 크롬웰(Oliver Cromwell)의 독재기간(1653~1658) 동안 의회파(議會派)[9]가 혁명을 주도하여 왕당파(王黨派)[10]를 무력으로 물리치고 왕정(王政)을 폐지하면서 공화정(共和政)이 수립되었다.

9) 청교도를 중심으로 한 근대적 지주와 상공인, 자영 농민 등으로 구성되어 있다.

10)국교회 계통, 지주와 귀족, 후진적인 농민으로 구성되어 있다.

17세기 시민계층의 호응 속에 절대왕권을 확립한 튜더 왕조와는 달리 왕실 측에서 절대왕정을 강요하여 성립된 스튜어트 왕조는 곧 시민계층과 충돌하게 되었다. 왕권신수설을 주장했던 찰스 1세는 시민들에 의해 처형을 당하게 되는데, 이 상황은 민주정치의 도화선으로 시민혁명의 본보기가 되었다. 이를 흔히 「청교도 혁명」 혹은 「2차 내란」이라고 한다. 이러한 시기에 크롬웰의 독재는 정치적인 안정을 최우선으로 하여 그 동안 내란으로 혼란스러웠던 영국은 평화를 찾게 되었다. 국내의 정치적 안정은 대외적으로 크롬웰이 강력한 통치를 할 수 있도록 하였을 뿐만 아니라 영국을 유럽에서 주목받는 상업국가로 부상하게 하였다. 크롬웰이 사망한 뒤 찰스(Charles, 재위 : 1660~1685) 2세가 1679년 인신보호령(人身保護領 : Habeas Corpus Act)[11]을 제정하고, 제임스(James, 재위 : 1685~1688) 2세는 국민에게 신앙의 자유를 선포하였다. 윌리엄(William, 1689~1702) 3세 때는 권리장전(權利章典 : Bill of Rights, 1689)을 승인함으로써 의회의 입법권(立法權)과 과세권(課稅權), 그리고 의원 선거의 자유가 규정되었다. 영국은 의회를 통한 점진적 개혁에 의해 자유주의의 발전이 이루어졌다. 19세기에는 종교적인 차별 폐지, 선거법의 개정, 노예제 폐지, 도시의 자치법 등이 성립되었다. 노동시간이 제한된 공장법, 노동법, 사회입법, 그리고 곡물법 폐지 운동이 연이어 진행되어 영국은 세계 국가들 중 민주주의의 본보기가 되었다.

11) 부당한 인신 체포나 재판을 금한 법령.

영국의 산업혁명은 영국 국민들의 생활상태를 급격히 변화하게 하였다. 대부분의 사람들은 그들이 살던 농촌과 마을을 떠나 대도시의 빈민촌이나 공장지대로 이주하였다. 어린이조차 하루 12~16시간의 노동을 하였으며, 이로 인해 전통적으로나 정신적으로 타락하는 경향이 발생하게 되었다. 이러한 결과 사회개혁의 필요성이 대두되어 결국 사회관계법이 입안되게 되었다. 사회의 신(新)계층에까지 선거권이 확대되었고, 어린이 노동법이 제정되었으며, 여가시간이 증가되고 이에 따라 레크레이션 시설이 확충되었다.

영국의 자유 무역정책의 독주는 1870년대부터 주변 국가들의 성장과 독립으로 인해 제동이 걸리기 시작하였다. 이때부터 영국은 과거의 영광과 새로운 변화 사이에서 고뇌하게 되었다. 19세기 제국주의가 빚어 낸 제 1, 2차 세계대전이 끝나자 영국은 이전의 자유주의 정책과는 다른 새로운 정책을 모색해야만 했다. 이에 따라 국유화나 사회보장 제도를 중심으로 한 국가 주도형 정책이 생겨났고, 이 때 노동당이 확고한 집권 궤도에 오르게 되었다.

영국은 좋은 기후 조건에 의해 야외활동을 할 수 있는 이점을 가지고 있었다. 또한 영국의 국민성이 스포츠를 좋아하여 귀족이나 평민 모두 전통적으로 스포츠를 애호하였다. 그러나 14~16세기 영국의 국왕들은 당시 체육 · 스포츠에 대한 규정이 제대로 정립되어 있지 않은데다가 분쟁이 많고 사상자가 속출되는 경향이 있어서 스포츠에 대해 자주 금지령을 내렸다. 청교도 시대에는 도덕적인 이유로 인해 대부분의 체육 · 스포츠가 금지되었으나 조국 방위에 실리적인 궁도(弓道) 같은 경우는 권장되었다.

왕정복고(王政復古) 시대에 이르러 각종 오락활동이 부활되었으며, 크리켓과 같은 스포츠클럽 형성도시가 생겨났다. 19세기의 영국은 국가에 대한 충성심을 함양하기 위하여 의식적으로 국립학교를 세울 필요가 없었다. 또한 강력한 해군력을 보유하고 있었고, 바다에 의한 천연의 방벽이 외부로부터의 침공을 방어하고 있었기 때문에 영국은 독일이나 프랑스 등과 같은 국가주의적 사조에 큰 영향을 받지 않았다. 그리하여 영국은 교육에 대한 국가의 간섭은 최소한의 선에 그쳤고, 인간성과 자유의 원칙을 보존하여 학교 관리의 지방 분권화를 발달시켰으며, 그 권한 대부분이 지방 단체나 복지 단체의 창의에 맡겨졌다.

2) 교육

영국인은 역사적으로 볼 때 자유와 개성을 중시하였으며, 지방 및 유지단체의 주도에 입각한 지방분권적인 학교행정의 형태를 발달시켰다. 특히 1870년 이전에는 대부분의 학교가 개인적, 종교적, 자선적(慈善的) 성격을 띠고 있었다. 하류계층의 교육내용은 아주 부실한 편이었으나 상류계층은 가정교사를 두거나 예비학교(초등학교)와 고전문법학교(중등학교 : grammar school) 등으로 유명한 이튼(Eton), 윈체스터(Winchester), 해로우(Harrow), 럭비(Rugby) 등의 퍼블릭 스쿨(public school)에 다녔다. 국가가 교육의 책임을 맡기 시작한 것은 1833년이었으나 교회학교나 사립학교를 존속시키면서 시행되었으며, 이 때 가장 먼저 취한 조치는 기존 학교에 대한 명목상의 지원을 해 주는 것이었다. 결국 1870년 교육법이 발효되어 지방마다 교육위원회가 설립되고 교육위원이 선출되었으며, 사립재단의 시설이 부실한 곳에서는 초등학교를 설립하여 관리하였다. 이 학교는 몇 년간 의무교육도 아니고 무상교육도 아닌 상태로 경영되었다.

일반적으로 영국 교육은 주변 유럽 국가에서 볼 수 있는 국가주의적 이념이 존재하지 않았다. 그것은 지리적 위치가 해양으로 인하여 인접국과 단절되어 있었고, 강력한 해군력을 보유하고 있었기 때문이었다. 또한 영국 교육은 지방분권적 성격을 가지고 있었고 다양한 종류의 학교가 있었기 때문에 학교교육의 기본으로 국가적 교육이념을 만들지 않았다. 그리하여 영국의 교육론은 부단한 조정과 적응이라는 일관된 특징이 있었으며, 몇몇 유럽 국가들과는 달리 학교에 대한 간섭이나 압력도 가하지 않았고 관료식(官僚式) 사고방식도 갖지 않았다. 영국에서의 교육은 19세기 중엽까지는 상류사회의 자제에게만 부여되었으며, 교육내용도 기독교와 그리스 및 라틴의 인문고전을 위주로 한 전통적인 주지주의(主知主義)적 교육을 고수하였다. 공리주의(功利主義)의 대표적인 철학자이자 사회개혁가였던 벤담(Jeremy

Bentham, 1748~1832)은 경직화(硬直化)된 퍼블릭 스쿨과 대학의 교육과정에 반대하였다. 그리고 헉슬리(Thomas Henry Huxley, 1825~1895)도 퍼블릭 스쿨에서 행해진 고전 중심의 교육을 비난하였다.

그 후「럭비 스쿨(rugby school)」의 교장이었던 아놀드(Thomas Arnold, 1795~1842)가 교육개혁을 단행하여 구태의연한 교육방법에서 벗어나지 못한 퍼블릭 스쿨에 새로운 기풍을 일으킨 것이 계기가 되어 종래의 형식적이고 엄격한 훈육주의를 폐지하고 청소년들이 정열을 쏟을 수 있는 스포츠활동을 활용하여 규칙의 준수, 충성, 전통존중, 공정심(公正心) 등과 같은 소위 스포츠맨십을 체득케 하였다. 스포츠를 통한 단체훈련으로서 강건한 신체와 굳은 의지를 가진 신사(紳士)를 길러냄으로써 대영 제국의 번영을 꾀하였던 것이다. 이러한 중대한 역할은 모두 퍼블릭 스쿨에서 이루어진 것으로서 아놀드의 혁신이 성공한 것이라고 볼 수 있다. 그리하여 영국의 스포츠는 교육의 중요한 한 방법으로서 확고한 기반을 다지게 되었다.

퍼블릭 스쿨에 대한 정의는 다양하지만 부유한 계층과 직결된 하나의 계급학교로서 고액의 학비를 지불해야 했던 기숙학교(boarding school)였다. 사적(私的)으로 소유하고 영리를 추구하지는 않았으나 국가나 지방정부로부터 독립된 사학(私學)이었다. 이 엘리트 중등학교의 졸업생들은 옥스브리지(Oxbridge)[12]로 진학하고, 옥스브리지의 졸업생들은 퍼블릭 스쿨의 교사나 사회지도 계층으로 진출하였다. 퍼블릭 스쿨은 스포츠를 통한 인격형성 교육에 기반을 두고 소수정원제(少數定員制)의 학교로서 지주나 귀족계급의 자제(8~19세)와 신흥중산계급의 자제들을 수용하였다. 오래된 학교는 중세 말기 무렵에 생긴 것으로 이튼, 윈체스터, 해로우, 럭비, 웨스트민스터, 차려하우스, 술스베리 등이 유명하다.

12) 옥스브리지(Oxbridge)는 옥스퍼드(Oxford)대학과 캠브리지(Cambridge)대학의 합성어이다

럭비 스쿨에서 아놀드의 개혁은 1840년부터 1850년대의 다른 퍼블릭 스쿨에도 영향을 주었고, 여기에 경기예찬과 단체정신의 예찬이라는 것이 생겼다. 그러한 예는 휴즈(Thomas Hughes, 1822~1896)의 소설『톰 브라운의 학창시절』에서 볼 수 있는데, 스포츠가 승리제일주의의 폐단이 아닌 단체정신을 예찬하고 있음에 주목해야 할 것이다. 특히 풋볼(럭비)의 승리를 축하해 준 자리에서 주장인 부룩이 '8년 동안 나의 기억에 일찍이 없었던 격렬한 게임에서 우리들은 상대편 학교 팀을 패배시켰다. 그러나 왜 그들은 패배를 당해야만 했을까? …우리 학교에는 우수한 6명의 선수가 있는 것도 사실이지만 승리를 하게 된 것은 우리 팀이 상대팀보다 서로를 신뢰하고 동료의식이 보다 강하였기 때문이라고 생각한다. …우리들은 단결하고 그들은 분열하였다. …우리 팀이 승리한 비밀은 바로 이점에 있는 것이다. …' 라고 하였다. 이 이야기에서 부룩이 강조한 것은 단체정신이며, 퍼블릭 스쿨은 승리주의가 아닌 인격형성을 추구하고 있기 때문에 전세계가 주목하고 있음을 시사하고 있다.

옥스퍼드(Oxford)대 체육관(1869)

이와 같은 시대적 상황은 퍼블릭 스쿨과 옥스브리지의 교육체계 하에서 애틀레티시즘(athleticism)을 출현 · 성장케 하였는데, 퍼블릭 스쿨의 전통을 깨고 시대에 맞는 새로운 교육과정을 수립해야 한다는 사

회적인 압력에 의해 자연과학 교과와 예술 교과와 스포츠 교육과정에 편성될 수 있었다. 그러므로 퍼블릭 스쿨의 스포츠 애호 과정이 각종 게임을 받아들여 스포츠가 전국적으로 확산될 수 있었다. 애틀레티시즘의 출현은 넓은 의미에서 볼 때 19세기 영국 사회의 변화과정의 산물로서 교육개혁이라는 열풍 속에서 싹튼 것이며, 사회변화에 따른 교육개혁의 분위기는 애틀레티시즘이 출현하는 간접적 배경이 되었다고 할 수 있다.

마빈(F. Marvin)이 '퍼블릭 스쿨은 최악의 상태'라고 했던 표현은 교육과정의 경직성(硬直性)만을 이야기한 것은 아니었다. 또 하나의 중대한 문제점은 학생들의 생활이 걷잡을 수 없을 정도로 파탄(破綻) 상태에 빠져 있었다는 점이다. 사냥이나 불법침입과 같은 탈법적인 행위가 만연했고, 학생들 간에 폭력이 난무했으며, 심지어 학교 당국을 상대로 한 집단 난동까지 그치지 않았다. 그리하여 18세기말부터 19세기초까지 퍼블릭 스쿨은 위기상황을 맞게 되었다. 각종 스포츠, 즉 게임은 이러한 상황에서 도입되었다. 개혁 지향적인 교장들은 스포츠를 통하여 학생과 교사간의 반목(反目), 막강한 학생 자치권으로 인한 폭력과 난동, 도덕성의 상실과 같은 여러 문제들의 해결 방편으로 생각했던 것에서 출발한다. 물론 학교체계에서 공식적으로 스포츠 경기를 수용하기 전인 18세기말과 19세기초에도 스포츠 경기는 학생 생활의 한 부분으로 정착되어 있었다. 퍼블릭 스쿨간에 시합이 벌어진 기록은 1786년 웨스트민스터와 이튼 스쿨 OB 팀의 게임을 비롯해서 1798년 웨스트민스터와 이튼 스쿨 재학생들의 크리켓 시합이 있었다. 이러한 기록들은 19세기초부터 스포츠 경기가 퍼블릭 스쿨 학생들의 생활 속에 자리잡고 있었다는 것을 나타내는 것이다.

19세기초까지의 상황은 스포츠 경기의 가치에 대한 찬반논란 속에서 교사들이 스포츠를 적극적으로 장려하기보다는 과외활동 수분에서 행하여지는 것을 묵인하는 정도였다. 그러나 학생들이 스포츠에 대한 집착이 강했고, 폭력적이고 방탕한 생활을 변화시킬 수 있는 방안의 하나로서 스포츠를 장려하는 분위기가 고조되면서 적대시하거나 묵인의 태도를 보이던 교사들이 스포츠 경기를 장려하는 쪽으로 기울기 시작하였다. 19세기중반 학교체계 속에서 스포츠의 교육적 존재 가치는 명백해졌고, 스포츠 경기에 대한 열기는 퍼블릭 스쿨에 있어서 하나의 특징이 되었다. 19세기중반으로 접어들면서 스포츠 경기는 다른 퍼블릭 스쿨에서도 점차 확산되기 시작했는데 각종 게임을 교육체계 속에 도입하게 된 직접적인 동기가 비행청소년을 위한 처방제로 생각되었다는 사실은 신흥(新興) 퍼블릭 스쿨의 예를 통해 명백해 진다. 퍼블릭 스쿨의 체계에 게임을 공식적으로 수용한 최초의 인물은 말보로우(Marlborough)대학의 코튼이었다. 사실 럭비 스쿨에서 아놀드가 게임을 권장한 것도 같은 맥락이었다. 19세기중반부터 영국은 각종 스포츠를 조직화하였으며, 그 촉진 이데올로기(ideology)는 애틀레티시즘이었다. 이러한 출현의 일차적 배경은 영국인들의 전통적인 스포츠 애호정신이었다. 퍼블릭 스쿨에서 각종 스포츠가 활성화된 것은 이러한 영국 스포츠의 역사적인 전통과 연장선상에 있었던 것이다. 또한 애틀레티시즘이 출현한 것은 시대의 흐름에 따른 사회적 변화의 소산이었다. 일련의 학자들이 자유교육을 주장하고 과학, 예술을 포함하는 폭넓은 공교육 제도의 도입을 강조하게 되자 스포츠도 정규 교육체계에 도입될 수 있는 환경이 조성되었던 것이다.

19세기후반 퍼블릭 스쿨과 옥스브리지에서의 애틀레티시즘은 하나의 교육 이데올로기로 자리를 잡았다. 19세기 영국 중산계급들이 그들의 부르주아지 문화를 형성해 가는 과정에서 교육에 대한 요구의 증가는 피할 수 없는 것이었으며, 그러한 교육 체계에서 애틀레티시즘의 팽배와 확산은 공통적인 현상이었다. 애틀레티시즘의 출현은 학교생활의 개혁을 의미함과 동시에 조직화된 게임을 흡수 · 수용하여 응집력 있는 엘리트 기반을 양성하려는 것으로 소위 신사도(gentlemanship)의 함양과 충성심 강한 강건한 기독교도의 육성을 목적으로 한 것이었다. 이는 스포츠의 참여를 통하여 엘리트 계층의 동질성을 강화하려는 것이었다. 즉 젠트리(gentry) 문화 · 태도 · 가치의 확산을 꾀함으로써 인격의 통일성을 높이려는 것이었다. 애틀레티시즘의 성장은 중 · 상류계층 교육기관의 연계성에 의한 것으로 파악되었다. 애틀레티시즘의 급속한 확산은 퍼블릭 스쿨과 대학 특히, 옥스브리지의 연계성에 의한 것이었다.

하남길(1996)은 그의 저서 『영국의 엘리트 교육과 애틀레티시즘』에서 애틀레티시즘의 출현배경과 이데올로기적 성향에 대해 다음과 같이 요약하고 있다.

> 첫째, 운동경기 예찬, 애호, 숭배를 지칭하는 애틀레티시즘은 스포츠를 애호하던 영국 상류층의 전통, 시대의 변화에 따른 교육 개혁의 분위기, 그리고 각종 스포츠를 파괴주의의 해독제가 되리라는 교사들의 인식을 바탕으로 출현하였다.
>
> 둘째, 애틀레티시즘은 영국 특유의 엘리트 교육체계에서 성장한 스포츠 교육의 이데올로기로서 엘리트 그룹의 순환적인 인과성을 기반으로 성장하였다. 이는 서로 다른 규칙 아래 행하였던 스포츠가 통일성을 확보하였다는 것을 의미함과 동시에 스포츠를 교육체계 속에 공식적으로 수용하는 계기를 만들었다는 점에서 역사적인 의의를 갖는다.
>
> 셋째, 영국 스포츠의 조직화와 확산을 촉진했던 애틀레티시즘은 도덕적, 종교적, 정치적 목적과 연관된 신사도, 강건한 기독교도, 제국에 대한 충성심 함양을 추구한 교육 이데올로기였다.

3) 체육

중세 이전 영국의 체육 · 스포츠 문화는 로마의 영향을 받았으며, 중세에는 고대의 전통에 노르만의 전통이 결합되어 조직적으로 발달되었다. 근대 영국 스포츠의 모습이 뚜렷해지기 시작 한 것은 15세기 말부터였다. 튜더(Tudor, 1485~1509) 왕조 시대는 영국 스포츠 사(史)의 새로운 출발점이 되었다. 1535년 테니스 금지조치에 이어 1572년, 1574년, 1584년 등 여러 차례의 축구 금지령이 내려지는 등 민중의 스포츠 참여를 억압하기도 하였으나 왕실과 귀족사회에서는 스포츠가 급속히 확산되었다. 더욱이 왕이 귀족의 잔존세력을 억압하기 위하여 젠트리를 귀족과 동일시하게 되었고, 지위가 높아진 젠트리들이 스포츠를 애호하던 귀족의 생활태도를 따르는 과정에서 상류사회에 스포츠가 더욱 급속히 확산되어 신사들의 스포츠 시대가 개막되었다.

헨리(Henry, 1509~1547) Ⅷ세는 햄프턴(Hampton) 궁전에 실내 테니스장과 투계장(鬪鷄場)을 건립했으며, 화이트 홀(White hall)에 볼링장을 건립하였다. 엘리자베스 여왕도 토니(tourney)[13]를 장려하여 다양한 스포츠가 발달되었다. 그리고 제임스(James) 1세에 이은 찰스(Charles) 2세, 윌리엄(William) 3세, 앤(Ann) 등의 영국 왕들도 스포츠에 대한 깊은 애착을 보임으로써 상류사회의 스포츠 열기는 한층 고조되었다. 특히 찰스 2세는 경마와 테니스의 열렬한 애호가였으며, 앤도 경마 광(狂)이었다. 물론 영국 스포츠 사(史)에는 청교도들이 쾌락적인 스포츠를 반대하였을 뿐만 아니라, 특히 안식일에는 스포츠를 금지하는 소위 「잉글리시 선데이(English Sunday)」라는 청교도의 유산도 있었다.

13) 토니(tourney)는 토너먼트(tournament)에 참가하다는 의미이다.

조지(George, 1714년 즉위) 1세의 등극과 함께 시작된 하노버(Hanover)시대부터 각종 스포츠는 더욱 확산되었다. 이 시대는 영국사에서 박동감 넘치는 확장의 시대였다. 산업혁명으로 경제 · 사회적 변화가 급속히 일어났고, 대외적으로는 식민활동이 본격화 된 시대였다. 이러한 사회변화는 스포츠에도 영향을 미쳐 17세기까지 영국사회에 모습을 드러낸 각종 스포츠와 일부 새로운 민중의 유희가 널리 확산되었다. 경마, 골프, 크리켓 등은 18세기말 이미 전국적인 규모의 통괄단체가 결성되었다. 이러한 맥락에서 볼 때, 19세기 영국 학교체계에서 스포츠의 교육적 가치를 인정하고, 그 참여를 예찬 · 숭배하였던 애틀레티시즘의 출현은 스포츠를 애호하던 영국인의 전통과 연장선상에 있는 것이었다.

영국은 풋볼(럭비), 크리켓, 조정 등과 같은 팀 스포츠로써 인격함양을 추구하고 단체정신, 즉 팀 스피리트(team spirit)를 기르려 하였으며, 이를 통하여 제국의 지도자를 육성하는 교육적 역할을 기대하였다. 그리하여 스포츠의 교육적 가치를 인정하고 각종 팀 경기를 추구하면서 이를 즐기고 예찬하였다. 이러한 과정에서 생겨난 하나의 이데올로기가 바로 애틀레티시즘이다. 신조어인 애틀레티시즘은 19세기 후반 영국 엘리트 교육에 적용되어 교육 이데올로기로 제국주의 체계와 연계되고 제국주의에 의해 세계로 확산되어 나갔다. 그리하여 영국 스포츠에 의해 젠틀맨십(gentlemanship)이라든가 페어 플레이(fair play) 그리고 팀 스피리트(team spirit) 등의 스포츠 정신을 공유하게 된 것이다.

19세기중엽부터 영국은 역사적으로 황금기를 맞았다. 경제적으로 영국의 상품은 세계 각처로 침투해 들어갔으며, 정치적으로도 활발히 식민지 개척을 시도하여 대영 제국의 확장을 이룩하였다. 전반적인 사회변화와 개혁의 분위기는 교육에 있어서도 새로운 변화를 요구하고 있었다. 이와 함께 체육분야에 있어서도 19세기에 즈음하여 비약적인 발전이 있었으며, 이 시기가 오늘날의 스포츠 형태로 조직화될 수 있게 된 계기가 되었다. 특히 19세기 중 · 상류계층의 학생들이 다니던 퍼블릭 스쿨과 옥스퍼드(Oxford) · 캠브리지(Cambridge)대학에서 조직화된 스포츠의 모습은 영국 근대 스포츠의 발달로 이어졌다. 그리고 제국주의의 야망은 영국의 스포츠를 인류에게 전할 수 있는 계기가 되었다. 이러한 19세기의 영국사는 체육사에 있어서 조직화된 스포츠의 보급에 큰 의미가 있다고 볼 수 있다.

조직적으로 체계화된 구기 유형의 스포츠 형태는 주로 유럽, 그것도 엄격히 말하면 영국에서 발달되었다. 현재 인류의 대표적인 스포츠 종목 중 태권도, 유도, 검도 등과 같은 무도(武道)는 아시아 대륙에서 그리고 농구, 배구, 아이스하키 등은 미국대륙에서 이루어진 반면, 럭비풋볼, 크리켓, 골프, 테니스, 경마, 배드민턴, 육상, 조정, 축구 등과 같은 종목들은 영국에서 조직화되고 형성된 스포츠였다. 그러므로 19세기 영국 스포츠의 조직화는 독일 · 스웨덴의 체조와 함께 체육사에 있어 하나의 큰 변화였다. 이 당시 퍼블릭 스쿨과 옥스퍼드, 캠브리지대학을 중심으로 일어난 스포츠 조직화와 확산운동은 대륙, 즉 유럽의 체조와 또 다른 하나의 독특한 움직임이었다.

체육이 초등학교에서 필수과목으로 된 것은 1885년인데, 그것이 실제로 보급된 것은 20세기에 들어서이다. 1899년에서 1902년까지의 보어 전쟁(Boer War, 1899~1902)은 국민 체위(體位)의 저하라고 하는 문제에 주의를 기울이는 계기가 되었다. 그 결과 여러 위원회가 구성되어 청년의 신체를 개선하고, 체력 증대 방안을 강구하였다. 왕립체육위원회 그리고 각부 합동의 체력저하 대책위원회의 보고서는 운동장과 체육시설을 건설하고 유지하며, 유능한 교사를 양성하고, 교육과정에 체육을 도입하고, 팀 경기를 위하여 학교나 공공의 운동장을 이용할 것 등을 강조하였다. 이들 위원회의 권고에 따라 교육위원회는 1904년 제1회 「체육요목」을 공포하였다. 이의 내용은 대부분 스웨덴 체조에 기초를 둔 것이었으며, 그 후 1905년, 1910년, 1919년 그리고 1933년에 개정되었는데 모두 체조에 자유와 즐거움의 원칙, 게임이나 경기에 중점을 둔다는 원칙을 기초로 하여 작성된 것이었다.

(1) 체조의 보급과 발전

19세기는 세계 정세와 관련하여 많은 국가들이 군인의 신체를 단련하기 위해 체조훈련을 실시하였다. 영국도 이와 유사한 과정을 따랐는데, 이 때 클리아스(Pkokion Clias, 1782~1854)는 1822년 영국군의 체조훈련을 확립하기 위해 스위스에서 초청된 사람이었다. 그는 육군 대위의 계급으로 왕립 육 · 해군사관학교의 체육주임을 담당하면서 체조를 지도하였다. 그는 체조훈련이 신체에 유능한 힘을 육성할 뿐만 아니라 원만한 성격형성에 있어서 기본적인 도덕적 자질 그리고 사회적 기풍을 함양하는 것이라고 확신하였다. 그는 군대생활과 마찬가지로 시민의 직업생활에 있어서도 체계적인 운동이 필요한 것이라고 주장하였다. 또 훈련방식도 군대식으로 구성하고, 병사에게 가장 중요한 근력, 기동성, 민첩성 그리고 스테미너(stamina) 등의 신체적 요소를 확보할 것을 강조하였다. 클리아스는 1825년 퇴역하여 다시 스위스로 귀환할 때까지 짧은 체재기간이었지만 영국에 체조에 대한 관심을 심어 주었으며, 그가 떠난 뒤 몇 명의 영국 체육인들이 체조운동을 보급하였다. 그 중 뵐커(Karl Völker)는 체조장을 개설하고 런던체육사회를 창립하는데 큰 역할을 하였다. 또 해밀턴(Gustavus Hamilton)과 보아리노(Signor Voarino)는 소녀들과 여성들을 대상으로 각종 운동을 보급하였으며, 두 사람 모두 체조에 관한 저서를 출간하였다.

19세기 중엽 펜싱 학교를 경영하고 있던 맥클라렌(Archibald Maclaren, 1820~1884)이 1858년 옥스퍼드에 사립 체조학교를 건립함으로써 비로소 체조에 대한 관심이 부활되었다. 그로부터 2년 후 군은 그에게 체육계획을 개선할 것을 의뢰하였다. 그는 군에서 파견된 하사관들을 훈련시켰다. 훈련과정을 마친 하사관들은 알더쇼트(Aldershot)에 있는 군 체조장으로 귀대하여 육군의 체조교사를 양성하는 사범학교를 창설하였다. 그리하여 맥클라렌의 체조가 군에 소개되었다. 맥클라렌은 체육이 교육과정의 정규과목이 되어야 한다고 강조하였다. 그러나 체육에 대한 그의 성실한 노력에도 불구하고 학교나 군에서는 후일 스웨덴의 링 체조로 전환하였다.

스웨덴의 링 체조는 1838년 인데베토우(Govert Indebetou), 1840년대 에렌호프(C. Ehrenhoff) 그리고 1850년 게오르기(Carl August Georgie)에 의해 영국에 소개되었다. 이들은 모두 스웨덴의 왕립중앙체조학교를 졸업하고 런던으로 돌아와 사립학교를 설립한 사람들이었다. 1878년 런던 학교위원회는 스톡홀름의 왕립중앙체조학교를 졸업한 뢰프빙(Concordia Löfving) 여사를 초청하여 교사양성을 위한 체조과정을 개설하였다. 그녀의 후계자는 런던의 유아학교와 여자학교의 체육주임이었던 외스터베르그(Martina Bergman Österberg, 1849~1915) 부인이었다. 그리고 하숨(J. D. Hassum) 대위는 남자를 위한 교사훈련을 시작하였다. 이들 개척자들은 스웨덴식 체조지도자를 양성하였기 때문에 후에 영국 정부당국에 의하여 정식으로 채용되었다. 1885년 체육을 초등학교의 필수교과로 시행하려는 시도가 있었지만 체조보급이 실제로 확대된 20세기가 되어서야 그것이 가능하게 되었다. 교육위원회는 1904년 최초로 『신체운동 지도서』라는 도서를 출판하였다. 이 책은 대부분 스웨덴 체조에 바탕을 둔 내용이었다.

외스터베르그 (Martina Bergman sterberg) 부인

(2) 학교체육

퍼블릭 스쿨은 전통에 따라 단체경기에 큰 비중을 두고 있었다. 퍼블릭 스쿨간의 공식적인 첫 경기는 1805년 이튼 스쿨과 해로우 스쿨간의 크리켓 시합이었으며, 그 후 50년이 지나 크리켓, 조정, 육상, 축구가 정규시합 종목이 되었다. 특히 럭비 스쿨의 아놀드와 업핑햄 스쿨(Uppingham School)의 스링(Edward Thring)은 성격교육의 한 방법으로서 조직적인 경기를 필수 교육활동으로 실시한 교장들인데 이들은 영국의 학교체육 발전에 크게 공헌하였다. 이튼 스쿨의 경우 30여 개의 럭비풋볼과 축구장이 있었으며, 그 외 파이브스(fives), 스쿼시, 테니스, 수영, 육상 등의 경기시설도 갖추고 있었다. 1859년 업핑햄 스쿨에 최초로 실내체육관이 건립되었으며, 체조와 체계적 신체단련은 스포츠처럼 수용되거나 인정받지는 못하였다. 퍼블릭 스

쿨은 이러한 스포츠활동을 통하여 영국의 국민정신을 함양하는데 크게 공헌하였다. 국내와 영연방의 각 지역에서 모여든 퍼블릭 스쿨의 학생들은 학교의 전통을 확립하고 나아가 영국역사를 창조하는데 기여한 그들의 선배들이 발휘한 경기력과 자치능력을 체득하게 되었던 것이다.

전통적으로 강렬한 야외경기와 스포츠를 애호하는 영국 국민성은 체육 교육과정에도 그대로 반영되었다. 럭비풋볼의 기원에 대해서는 럭비 스쿨의 교정에 '1823년 축구경기 도중 규칙을 완전히 무시하고 볼을 팔에 안고 달림으로써 럭비경기의 분명한 특징을 창안한 엘리스(William Webb Ellis)의 공적을 기념하고자 이 비석을 세운다' 라고 쓰여진 비석의 비문을 발견할 수 있다.

19세기 후반 초등학교에서만 실시되었던 체육은 주로 노래게임과 탬버린, 후프, 봉, 덤벨, 곤봉 등을 이용한 운동으로 이루어졌다. 그러나 1870년 교육법이 제정된 후 학교체육은 신병훈련 교안(教案) 중 야외 운동편의 내용으로 실시되었다. 또한 1890년 체육을 의미하는 「훈련(drill)」이란 용어 대신에 「신체운동(physical exercise)」이란 용어를 사용하기는 하였지만 교사들은 육군 교안을 기본지침으로 하여 체육을 지도하였던 것이다.

(3) 체육지도자 양성과 시설 확충

영국에서의 체육교사 양성은 1862년경 맥클라렌에 의해 군인을 대상으로 시작되었으며, 10년 후 일반인을 위한 스웨덴식 체조과정이 개설되었다. 수업은 스톡홀름의 왕립중앙체조학교 졸업생에 의해 담당되었다. 그리고 외스터베르크 여사는 1885년 체육교사양성 전문학교를 햄프스테드(Hampstead)에 설립하였으며, 그 학교가 10년 후 다트포드(Dartford)대학이 되었다. 체육교사 전문학교에 학문적 배경이 형성되게 된 것은 1933년 카네기체육대학(Canegie College of Physical Education)과 2년 후 라프보로우대학(Loughborough College)의 개교에 따른 것이다. 카네기체육대학에서는 졸업생에게 3년간의 전문 프로그램을 개설하였다.

1944년 맥네어(McNair) 보고서는 체육교사 양성이 일반교사 양성체계 속에서 실시되어야 할 것이라고 주장했으며, 더욱이 남자에게는 1년간의 전문과정이 3개 대학에서 시작되었고, 여자들은 새로운 종합대학의 교사양성소로 옮겨져 교육되었다. 1960년 일반적인 일반교사 양성이 2년 과정에서 3년 과정으로 연장되었으며, 여기에 1년간의 과정을 더 이수해야만 체육교사의 자격을 얻을 수 있었다. 1936년 로빈스(Robins) 보고서는 교육학학사학위를 수여하는 교사양성대학을 4년 과정으로 확대하도록 하였다. 이러한 대학의 대부분이 체육과(體育科)를 설치하였으며, 1968년 처음으로 체육과 졸업생을 배출하였다. 많은 대학에서 체육학 학위 수여를 주저하였으나 1946년 버밍검(Birmingham)대학이 체육을 포함한 예능과목에도 처음으로 학위를 수여하였다.

1900년 이후 체육을 위한 시설은 점차 증가되었으며, 1925년 전국 플레잉 필드 협회(National Playing Fields Association)가 설립되고 운동장 등의 건설을 위한 모금액이 약 600만 달러를 넘었다. 토지이용이 쉬웠을 때 세워진 사립학교의 대부분은 국립학교보다 좋은 운동장을 보유하고 있었다. 1939년 캠프법(Camps Act)에 의해 많은 캠프장이 시골에 세워졌는데 이는 전쟁시 독일의 폭격으로부터 피하기 위한 하나의 방편이었다. 또한 수영장 시설의 필요성에 따라 런던 시의회는 나무와 플라스틱을 이용한 작은 실내수영장을 실험적으로 건립하기도 하였다. 1944년 교육법은 체육이나 레크레이션을 위한 시설을 지방당국이 준비하도록 요청하였다. 그러나 이러한 시설은 전쟁 중에 파괴되고 학교건물과 운동장이 군대에 압류되어 심각한 타격을 받았다.

(4) 스포츠 경기의 조직화

영국의 스포츠는 이미 1200년경 문필가들에 의해 여가생활과 함께 총체적으로 평가되었으며, 각 경기에서 얻어진 효과가 비교 · 검토되었다. 1500년경 헨리 Ⅶ세는 '옛날부터 이 국토에서는 건전한 신사가 여러 방법으로 스포츠를 즐겨 유익한 여름을 보냈다' 라고 하였으며, 운동경기에서 우승한 사람은 상을 받았다는 기록도 있다. 그리고 놀이에 대한 이해는 보다 성숙되어 유희를 연구하고 외지에서 들어온 여러 유형의 유희를 수정하여 즐겼다. 또 쉐아만의 『운동과 촛불』제1장에서는 질주 · 도약 · 투척경기가 영국 고유의 것일 뿐만 아니라 「즐거운 영국생활」의 한 형태를 시사하고 있다고 하였다. 1531년 엘리어트는 저서에서 무거운 돌이나 봉을 들어올리는 운동, 씨름, 수영, 창, 승마, 팔굽혀 뛰어넘기, 큰 활로 하는 사격 등에 대해 서술하고 있다. 또한 17세기초 레크레이션 활동이 널리 행해지고 있는 것을 버튼의 『신경쇠약의 해부』에서 찾아볼 수 있다. 그는 신경쇠약의 치료에 적당한 운동으로서 사냥과 낚시를 들고 있다. 1546년 아스탐은 승마, 볼링, 사격 등의 스포츠와 바퀴던지기, 목봉 던지기, 씨름, 도약, 검술, 수영, 풋볼, 레크레이션, 마상시합, 오리사냥 등에 대해 서술하고 있다. 이것으로 미루어 볼 때 봉건시대에도 유럽대륙에서는 개인적 또는 집단적인 스포츠가 많이 행해졌음을 알 수 있다.

봉건시대가 붕괴되고 궁인(弓人)이 중요시되면서 궁술이 스포츠로서 중심을 차지하고 왕족과 귀족은 물론 일반국민에게도 장려되었다. 일반인의 오락은 일요일이나 교회의 제일(祭日) 그리고 지방에서 열리는 정기적인 시장 등에서 실시되었다. 1801년 스트러트는 저서인 『영국민중의 스포츠와 여가』에서 고대부터 그 당시에 이르기까지의 도시나 시골의 레크레이션의 모습을 묘사하고 있으며, 주요 종목으로서 원시적인 격투의 씨름, 권투, 검술, 질주, 넓이뛰기, 높이뛰기, 중량던지기, 돌던지기, 포환던지기, 햄머던지기, 봉뛰기 등의 시합이 행해졌다. 골프, 하키, 크리켓, 볼링, 테니스, 풋볼, 햄머던지기 등은 영국의 본래적인 것도 있지만 유럽 대륙에서 유입된 것도 있으며, 모두 민중의 생활과 깊게 관련하여 발전하였다. 물론 세계의 여러 국가에서도 이러한 스포츠를 행하고 있었지만 특히 영국에서는 그 종류가 많고 국민의 각 계층에 깊게 침투하여 사랑을 받고 있었으며 이것이 인간형성에 중요한 역할을 하였고, 현대 세계 각국의 스포츠나 레크레이션에 주는 영향이 지대하였다. 영국 스포츠는 이외에도 네덜란드에서 시작된 컬링(curling), 봉던지기, 술래잡기, 얼음타기 등이 행해졌다. 그러나 전세계에 전파된 여러 유형의 스포츠는 영국으로부터 시작된 것이 많다고 할 수 있다. 또한 영국에서는 여러 비공식적인 단체가 대중을 위한 레크레이션을 행하고 있었으며, 스포츠 단체는 19세기에 결성되기 시작하였다. 사격(1860), 축구(1863), 필드하키(1866), 요트(1875), 사이클(1878), 육상경기(1880) 등이 먼저 결성되었고, 그 후 많은 단체가 새롭게 결성되었다. 이러한 단체에 의해 개최된 아마추어 선수권대회는 다채로운 역사를 가지고 있으며, 옛날 시(市)에서는 레슬링, 복싱 등이 개최되었다.

19세기중반부터 육상경기를 중심으로 한 경기대회가 영국 전역에 걸쳐 개최되기 시작하였다. 1864년 제1회 대회로서 2개의 대규모 경기대회가 개최되었는데, 그 하나는「시민체육대회」였으며, 다른 하나는「옥스퍼드 켐브리지 체육대회」였다. 런던에서는 1866년「아마추어 선수권대회」가 개최되어 그 후 14년 동안 계속되었다. 그러나 참가자가 임금을 받고 직장에 고용되어 있다든지, 비천(卑賤)한 직종에 종사한 적이 있을 경우에는 대회 참가자격을 인정하지 않았다.

1900년대 이르러 많은 스포츠클럽이 계급이나 직업에 관계없이 모든 사람들에게 개방되었다. 그리하여 오늘날 경기연맹 소속의 선수들은 대부분 지방경기대회에 참가하거나 또는 국내 · 국제경기에 참가하고 있다. 또한 1896년 올림픽 대회가 부활된 이래 지속적으로 참가하고 있으며, 1930년부터 개최된 영연방(英聯邦) 경기대회에도 계속 참가하고 있다.

4) 영국 체육의 사상적 기반주)

19세기 영국 스포츠의 조직화와 확산에 촉진제 역할을 했던 이데올로기는 애틀레티시즘(athleticism)이었으며, 이는 제국주의(imperialism), 신사도(gentlemanship), 강건한 기독교주의(muscular christianity), 남성다운 기독교도(christian manliness) 등과 깊은 관계를 가지고 이루어졌다.

(1) 애틀레티시즘[14)]

19세기부터 20세기초까지 영국 스포츠의 조직화와 확산은 세계의 체육사적 혁명이었으며, 그 혁신적인 변화를 구축하고 있던 이데올로기는 애틀레티시즘(athleticism)이었다. 따라서 애틀레티시즘의 출현배경과 그 체계의 분석은 19세기 영국 스포츠의 혁신적 발달을 이념적으로 해석해 주는 것으로써 영국 스포츠의 변화는 다음과 같이 설명될 수 있다.

19세기 영국 애틀레티시즘의 출현, 즉 스포츠가 학교교육 체계 속에서 발달하게 된 간접적인 원인은 시대의 변화에 따라 자연과학 · 예술 등을 포함하는 폭넓은 공교육(公敎育) 제도의 도입이 강조되면서 스포츠도 정규 교육체계에 도입될 수 있는 환경이 조성되었기 때문이다. 이와 함께 보다 직접적인 이유는 각종 스포츠에의 참여가 장벽에 부딪힌 욕구와 남아도는 젊음의 분출구가 되리라고 믿고 탈법적인 행

주) 본 내용은 영국체육연구가인 하남길 교수(경상대)의 저서와 논문을 주요 참도서로 하였다.

14)「애틀레티시즘(athleticism)」이란 말이 처음 출현한 것은 심프슨(J. H. Simpson)의 저서『퍼블릭 스쿨과 애틀레티시즘(The Public Schools and Athleticism)』에서였다. 퍼블릭 스쿨을 중심으로 일어나기 시작한 단체경기 및 경쟁적인 각종 스포츠에 대한 열광과 숭배의 열기는 19세기 중반 퍼블릭 스쿨과 대학의 담을 넘어 사회로까지 확산되어 갔다. 이 운동경기 애호주의를 후일「애틀레티시즘」으로 부르게 되었고, 1980년대 영국의 교육학자 맨건(J. A. Mangan)은 애틀레티시즘을 영국 엘리트 교육체계의 교육 이데올로기로 규정하였다.

동의 보상 기제, 즉 파괴주의의 해독제로 이용한데서 비롯되었다. 애틀레티시즘은 교육사적으로도 매우 중요한 이데올로기였다. 19세기후반부터 20세기 초반까지 애틀레티시즘이라는 이데올로기는 영국의 학교교육 체계에 광범위하게 채택되어 교육적, 사회적으로 큰 반향을 불러 일으켰다. 그리고 점차 영연방과 식민지 그리고 구미(歐美) 여러 나라에까지 강력한 영향을 미치게 되었다.

애틀레티시즘이란 「운동경기를 예찬하는 하나의 풍조」라고 할 수 있다. 웹스터(Webster) 사전에서는 '운동경기에 강렬한 흥미를 가진 것, 또는 운동경기의 열렬한 참여자, 운동경기에 고무됨'이라고 적고 있다. 일련의 학자들은 애틀레티시즘을 극단적으로 아주 사악(邪惡)한 유행으로 간주하고 있는데, 예를 들어 맥(E. C Mack)은 '단지 신체적 용맹이라는 미덕(美德)과 참여자의 성공에 대한 신격화(神格化) 및 함께 참여한 운동선수의 숭배였다'라고 하였고, 스미스(W. D. Smith)는 '애틀레티시즘은 게임에 대한 지나친 관심과 찬양의 수단이 되어 종종 학업을 방해하고, 반지성주의(反知性主義)를 조장하는 결과를 낳았다'라고 하였다. 리텔톤(Edward Lyttelton)은 중립적인 시각으로 '애틀레티시즘이 지적 추구를 멀리하는 위험의 소지가 있지만 훌륭한 도덕성 훈련과 건강 · 행복을 자극하는 유익한 점도 갖고 있다'라고 하여 애틀레티시즘이 시대에 뒤진 폐습적인 측면도 있었으나 교육적으로는 매우 가치로운 측면도 있었음을 인정하였다. 애틀레티시즘을 사악한 이데올로기로 평가했던 맥조차도 영국의 제국주의 정책의 결과와 관련해서는 '주로 운동장에서 이루어진 훈련이 책임감 있고, 명예로운 청소년 육성에 필요한 집단의 충성심과 용기를 기르는 기초가 되었으며, 제국의 유지와 확장에 그들의 삶을 조건 없이 바치게 하였다'라고 하여 애틀레티시즘의 영향을 인정하였다.

19세기와 20세기초 영국 학교교육 체계에 광범위하게 받아들여진 애틀레티시즘은 반지성주의적 이라는 비판과 함께 종교 · 정치적으로도 깊이 연관된 복합적인 성격을 지닌 것이었으며, 스포츠를 통하여 신체적 탁월성 · 도덕적 용기 · 충성심 · 협동심 · 명령과 복종의 능력 · 공정한 행동 · 패배의 수용 자세 등과 같은 여러 가지 덕목의 함양을 추구하였던 점은 명백한 것이었다. 따라서 애틀레티시즘의 일차적인 정의는 「경쟁적인 스포츠 참여를 통하여 통합적인 인격함양을 추구한 교육적 이데올로기였다」라고 할 수 있다.

(2) 제국주의

교육의 한 영역이었던 영국의 학교 스포츠가 19세기후반 정치적으로 대영 제국의 확장 · 유지라는 현실적인 상황과 무관할 수는 없었다. 맨건(J. A. Mangan)이 19세기 퍼블릭 스쿨의 교육체계에서 애틀레티시즘은 생(生)의 비전을 구체화시킨 사회진화론의 도구가 되었다고 한 것처럼 애틀레티시즘은 국가주의적 성격도 함께 지니는 이데올로기였으며, 그것은 애틀레티시즘과 제국주의(imperialism)란 이데올로기의 결속을 의미하는 것이다.

이데올로기란 그 시대의 사회상을 통합적으로 반영하는 것인 만큼 애틀레티시즘은 대영 제국주의의 황금기라는 19세기와 20세기초의 시대적인 상황과 불가분의 관계를 갖고 성장할 수밖에 없었다. 따라서 애틀레티시즘은 팀 경기를 통해서 국가에 대한 충성심의 배양이라는 목적 개념을 지니고 있었다. 17세기부터 영국은 여러 곳에 식민지를 건설해 왔고, 자부심에 찬 영국인들은 그들의 국민적 특성을 유지하려는 노력을 기울여 왔으며, 19세기후반 제국주의적 교조(敎條)가 국민적 신조(信條)가 되었다. 그러한 상황에서 교육자들의 신조 또한 제국주의와 무관할 수 없었기 때문에 애틀레티시즘의 「강건한 기독교도」 또는 「남성적인 기독교도」의 이념은 곧 「제국주의적인 기독교도」를 의미하는 것이었다. 따라서 교장(校長)들이 성공의 본질이라고 주장하며 학생들에게 주입시킨 것은 제국주의였으며, 학자들은 제국주의의 정당성을 가르치는데 몰두하였다. 예를 들어 1884년부터 1905년까지 이튼 스쿨의 교장이었던 와르(Edmond Warre)는 기숙사는 학교의 한 부분이며 학교는 제국의 한 부분이라고 생각하고, 제국에 보낼 학생들의 양성을 위해 건전한 정신 위에 건전한 신체 육성의 필요성을 역설하였다. 이와 같이 제국주의적 정서가 사회를 지배했던 빅토리아(Victoria)와 에드워드(Edward) 시대 퍼블릭 스쿨의 교육목적은 제국주의와 직결되어 있었다.

19세기말 운동장은 정치적 · 군사적 지도자의 양성이라는 점에서 국가에 귀중한 공헌을 하였다. 맥킨토시(Peter C. Mclntosh)가 '세기말의 운동장은 제국주의의 전쟁터와 깊은 관련을 갖고 있었다'라고 기술한 것과 같이 제국주의나 애틀레티시즘은 19세기중반 중산계급 학교의 운동장에서 필수적인 요소가 되었다고 볼 수 있다.

애틀레티시즘이 팽배하여 학교교육 체계 속에서 스포츠의 조직화와 확산이 일어난 것은 신사도(紳士道, gentlemanship)의 함양, 강건한 기독교도의 육성, 제국주의적 충성심 함양이라는 목적 개념을 토대로 한 것이었다. 중 · 상류계층의 자제들이 재학하던 퍼블릭 스쿨이나 옥스브리지에서 스포츠가 신사도의 함양과 깊은 관계를 지닌다는 사실은 잘 알려진 사실이지만 영국 스포츠의 발달도 다윈주의(Darwinism)적인 이데올로기와 직관된 것이었으며, 그것은 곧 강건한 기독교주의(muscular christianity)라는 이데올로기와 결속되어져 있었다. 그리고 제국의 유지와 확장이라는 시대적인 상황에 직면하여 충성심이 강한 지도자의 육성을 위해 스포츠는 적절한 교육방법으로 선택됨으로써 애틀레티시즘은 빠른 확산이 일어났고, 그것은 오늘날 영국이 스포츠의 나라로 불리는 토대가 되었다.

(3) 신사도

영국의 신사(gentleman)란 계급적으로 귀족과 자작농(自作農)이었던 요어먼(yeoman) 사이의 젠트리(gentry) 계급을 일컫는 명칭이었다. 그러나 근대 사회로 접어들면서 새로이 부상한 신(新)중산계급의 인구가 급증함으로써 젠트리 계층은 급속히 늘어났고, 젠틀맨(gentleman)은 영국 중 · 상류계층을 상징하는 폭넓은 개념으로 사용되어졌다. 그러한 상황에서 신사도(gentlemanship)란 영국 젠틀맨이 지켜야 할 도덕적 기준이었으며, 각종 스포츠활동의 참여는 신사도의 육성에 필수적인 것으로 인식되었다. 애틀레티시즘은 신사도와 불가분의 관계를 지니고 성장하게 되었는데, 이튼 스쿨의 교장이었던 와르(Edmond Warre)가 '운동경기는 모든 도덕적 비행의 해결책(panacea)이다' 라고 했으며, 영국 소년단의 창시자인 스미스(W. A. Smith)는 '오늘날 우리 세대 소년들에게 있어서 생활의 키(key)는 운동경기에 있다' 라고 하였다.

밀힐 스쿨의 웰스(A. Wells)는 '게임이란 단지 신체적인 훈련이 아니라 도덕훈련의 성격을 나누어 가진다' 라고 역설하고, 경기장은 평등 · 법규 · 처벌이 상존(常存)하는 인생의 축소판이며, 젊은이들이 동료 속에서 서로의 권리를 존중하며 교제(交際)를 하는 인생의 훈련장이라고 하였다. 또한 브리그스(Briggs)는 '팀 스포츠는 인격훈련의 가장 중요한 부분으로 게임 이상의 의미를 지닌다. 그러한 스포츠는 성장하는 소년들의 넘치는 에너지를 흡수하고, 신사에게 중요한 게임의 윤리를 주입시킴으로써 실생활을 위한 훈련이 된다' 라고 하였다. 이러한 측면에서 볼 때 영국에서의 스포츠는 신사의 행위, 즉 신사도 정신에 기초한 인간의 신체적 행위과정이었던 것이다.

(4) 강건한 기독교주의

강건한 기독교주의(muscular christianity)는 종교적인 측면의 교육이념으로서 과거 기사도(騎士道) 정신의 계승이라고 볼 수 있다. 이는 남성다움과 팀 스피리트(team spirit)를 토대로 자기절제를 통해 희생 · 봉사 · 책임 · 인내 · 결단력 · 자기신뢰 · 침착 · 공정 · 절제 등과 같은 이념들을 추구하는 애틀레티시즘을 구축하고 있다.

「muscular christianity」라는 용어는 1857년 옥스퍼드영어사전(Oxford English Dictionary)에 처음 등장하였다. 용어와 관련된 대표적인 인물은 킹즈레이(Charles Kingsley), 스티븐(Leslie Stephen), 휴즈(Thomas Hughes) 등이다. 킹즈레이는 1858년 『에딘버그 리뷰(Edinburgh Review)』지에 기고한 논문에서 '강건한 기독교' 란 말을 사용하였다. 강건한 기독교주의 사상은 결국 영국의 기독교도는 남성다운 신체적 · 정신적 자질의 함양을 필요로 한다는 목적 개념을 내포하고 있었다. 킹즈레이에게 있어서 이 개념은 국교(國教) 개혁을 위해 종교운동을 했던 「옥스퍼드 운동주의자들(Tractarians)」과 카톨릭 파(派)의 「여자처럼 나약함」에 대한 해독제 같은 것이었다.

킹즈레이는 위선적인 경건함은 국교회의 생명력을 약화시키는 불건전한 감각을 낳는다고 믿었다. 그리고 인간의 본성을 이루고 있는 신체적인 생동감을 찬양하는 것은 당연한 것이며, 건강의 추구 또한 인간의 기본 의무라고 생각하였다. 더욱이 남성적인 인간상을 강조하였다. 킹즈레이는 그의 이상을 실현하기 위한 수단으로 극기훈련을 매우 중시하였다. 후에 킹즈레이도 운동경기의 열렬한 애호가가 되었지만 처음에는 비바람 속의 하이킹, 산악지역의 크로스컨트리와 같은 극기적인 신체활동을 중시했고, 그 자신도 항상 냉수욕을 실천하는 모습을 보여 주었다. 그의 「강건한 기독교도」의 개념은 1860년대부터 각종 스포츠의 조직화 추세와 함께 스파르타적인 관습이라는 비난 속에서도 급속히 사회로 확산되었으며, 자연히 애틀레티시즘과 결속될 수밖에 없었다.

한편 애넌(N. G. Annan)은 '강건한 기독교주의의 창시자는 킹즈레이가 아니라 스티븐으로 간주해야 한다' 라고 하였는데, 이는 스티븐이 애틀레티시즘 확산 운동의 실질적인 주역으로서 강건한 기독교주의 이상을 널리 확산시킨 대표적인 인물이었기 때문이다. 그는 1864년 옥스퍼드와 켐브리지 대학간 경기의 프로그램을 작성했고, 그의 제자들은 '스티븐이 경쟁적 스포츠의 창시자로 불리어져야 한다' 라고 하였다. 그는 경쟁적인 스포츠에 대한 예찬을 아끼지 않았다. 그는 운동경기를 예찬하고 보급과 발전에 헌신적인 노력을 기울였는데, 이는 강건한 기독교주의 신념을 바탕으로 한 것이었다. 애넌도 킹즈레이처럼 스파르타적인 관습을 장려하고 실천했으며, 그에게 있어서 남성다움은 킹즈레이와 같은 의미였다. 강건한 기독교주의의 이상(理想)을 사회와 학교에 확산시킨 제3의 인물은 소설『톰 브라운의 학창시절(Tom Brown's School Day)』의 저자인 휴즈(Thomas Hughes, 1822~1896)였다. 그는 럭비 스쿨 시절 크리켓과 조정선수로 명성을 날렸으며, 이후 소설을 통해 강건한 기독교주의의 남성다움을 19세기 후반의 영국 사회에 퍼뜨렸다.

(5) 남성다운 기독교도

영국의 제국주의적 팽창은 보다 강인한 젊은이의 육성을 필요로 하여 교육에서는 종교적 경건함보다는 강건함과 국가를 위하여 자신을 바치는 희생정신의 배양을 우위에 두려고 하였다. 강건한 기독교주의란 곧 남성다운 기독교도(christian manliness)의 육성을 추구한 이념이었으며, 남성다움이란 집단을 위하여 자신을 희생하는 용기, 즉 팀 스피리트(team spirit)와 결합된 것으로 파악되었다.

19세기후반과 20세기초에 너무도 폭넓게 사용된「남성다움(manliness)」이란 말은 복합적인 의미를 지니고 있다. 킹즈레이와 휴즈는 '남성다움은 강인한 기력 · 정신적 용기 · 신체적인 생명력이다' 라고 간주했으며, 아놀드는 '보다 지고(至高)하고 도덕적이며, 보다 유용한 생활의 포부와 지혜를 기르는 것이다' 라고 하였다. 19세기후반부터 학교들이 지향한 남성다움의 유형은 아놀드 형(形)의 남성다움보다는 킹즈레이와 휴즈 형(形)의 남성다움에 가까운 것이었다고 할 수 있다.

휴즈에게 있어서 크리켓은 단순한 게임이 아니라 경쟁을 통해서 획득되는 동료애 · 애교심 · 애국심의 육성에 초점을 둔 것이었다. 결국 이는 개인의 이기심을 버리고 단결력을 강화하는 팀 스피리트와 연계된 것이며, 전체를 위해 자기를 부정한다는 기독교적 남성다움의 이상과 일치하는 것이다. 남성다움은 바로 자기 희생을 의미하는 것이다. 용기는 인간적인 자질이기보다는 동물적인 자질이며, 남성다움의 근본이기는 하나 이기심을 배제한 채 발휘할 수 있는 용기만이 진정한 남성다움에 도달할 수 있는 용기로 파악하였다.

당시 영국 중 · 상류계층에서 추구했던 남성다움의 유형은 힘과 격정(激情)으로 어려움을 박차고 나가는 야망을 함축하고 있었다. 강건한 기독교주의를 지향하던 교육자들은 종교적인 바탕 위에서 게임을 통해 협동심과 남성다움을 추구하고자 한 것이며, 이러한 목적의 연장선상에서 크리켓 · 축구 · 조정 등과 같은 종목들이 장려되었음을 알 수 있다. 소설『톰 브라운의 학창시절』에서 '크리켓은 단순한 게임이 아니라 하나의 제도' 라고 묘사되고 있으며, '선수는 승리를 위해 싸우는 것이 아니라 팀을 위해서 싸운다'는 묘사는 곧 팀 스피리트의 개념이며 남성다움의 개념이고 강건한 기독교주의의 개념인 것이다.

5) 『톰 브라운의 학창시절』에 비춰진 19세기 영국 스포츠

퍼블릭 스쿨은 19세기 영국의 스포츠를 살펴 볼 수 있는 곳이다. 그리고 『톰 브라운의 학창시절(Tom Brown's School Day)』이라는 소설은 그러한 퍼블릭 스쿨의 생활상을 적절히 나타내고 있고, 또한 그를 토대로 당시 영국의 스포츠를 음미할 수 있다.

토마스 휴즈[15]의 『톰 브라운의 학창시절』은 두 단계로 나누어 당시의 스포츠 형태를 살펴볼 수 있다.

첫째, 톰이 어린 시절에 접하게 된 고향에서의 스포츠는 승마 · 백 스워딩(back-swording) · 레슬링 · 육상경기 · 손수레 굴리기 · 당나귀 경주 등이었으며, 고향의 사립학교 시절에 접하게 되는 놀이나 게임으로는 산보(散步)와 머드-패티스(mud-patties)라는 토루(土壘)게임 등이다. 이러한 기록은 1820년대 영국 중부마을에서 어떠한 스포츠가 성행했는가를 시사해 주는 것이며, 특히 중세 기사(騎士)체육의 한 유형인 백-스워딩이 19세기초까지 계승되어 오고 있었다는 것을 증명해 주는 것이기도 하다.

둘째, 톰이 럭비 스쿨에 재학하던 시절의 놀이나 스포츠는 축구 · 헤어 앤드 하운드(hare and hound) · 권투 · 수영 · 파이브즈 · 크리켓 등으로 요약된다. 그 중에서도 축구와 크리켓이 중심적인 종목이었던 것으로 나타난다. 이러한 기록은 19세기 초반부터 영국 퍼블릭 스쿨의 교육체계 속에 스포츠가 조직화되고 확산되었다는 사실을 확인시키는 것이며, 주로 팀 경기를 교육의 목적과 연계시켜 장려하였다는 기록과도 일치하는 결과라고 할 수 있다.

이러한 결과를 바탕으로 당시의 교육과 스포츠가 어떠한 관계를 갖고 있으며, 스포츠의 교육적 의미가 무엇인지를 살펴보고자 한다.

(1) 럭비 스쿨에 입학하기 전

이 작품은 주인공인 톰의 가문(家門)에 대한 소개와 톰의 어린 시절에 대한 이야기로 시작되는데, 톰이 이 작품의 배경이 된 럭비 스쿨에 입학하기 전까지 고향에서 여러 경험을 하며 성장하는 과정이 그려지고 있다. 어린 시절의 톰이 직접 참여하거나 이야기에 등장하는 스포츠의 유형은 육상경기 · 승마 · 레슬링 · 백 스워딩 등이었다.

육상경기는 전통적으로 이어져 내려오던 경기의 유형이었으며, 승마는 중 · 상류계층의 자제들이 어린 시절부터 자연스럽게 접하게 되는 필수적인 이동 수단이자 스포츠의 한 유형이었던 것으로 보여지고 있다. 백 스워딩과 레슬링은 해마다 열리는 마을 축제에서 가장 인기 있는 스포츠로 묘사되고 있다. 중세 토너먼트(tournament)나 쥬스트(joust)의 변형이었던 싱글스틱(single stick)과 백 스워딩(back-swording)은 인기 있는 도박성 스포츠였던 것으로 설명되어진다. 경기에는 돈이 걸려 있으며 일종의 도박과도 같은 모습이었다. 백 스워딩과 레슬링은 계곡 축

15) 휴즈는 1822년 10월 20일 잉글랜드 바크셔(Berkshire)의 백마계곡에서 태어났다. 1830년 윈체스터(Winchester) 근교의 튀포드(Twyford)라는 사립학교에 입학했고, 학창시절 체조 부문에서 수상을 하기도 하였다. 1834년 11세가 되어 럭비 스쿨에 입학하였다. 그는 축구팀의 주장을 맡기도 하였다. 그 후 옥스퍼드로 진학하였다. 속편인『옥스퍼드에서의 톰 브라운(Tom Brown at Oxford)』의 서문에서 휴즈는 자신과 주인공 톰은 무관하다고 말하고 있지만 작품 속에 등장하는 인물들은 당시의 실존 인물들을 그린 것이며, 이 작품이 그의 자서전적인 성격을 띠고 있고, 전형적인 영국 중 · 상류층의 교육모습을 그렸다는 점이 명확하다고 체육학자들은 밝히고 있다.
이 작품은 1857년『한 동창생(An Old Boy)』이라는 가명의 제목에 익명으로 출판되었으며, 출판된 지 7개월 동안 5판을 찍을 정도로 인기를 얻어 1928년까지 29판을 찍었다. 출판 당시 『타임스(The Times)』의 칼럼에서는 '지금까지 대중에게 알려지지 않았던 영국생활의 독특한 면을 가장 진실하고, 생생하게, 공감이 가도록 묘사한 것이다'라고 평하였다. 이 작품은 당시의 시대 상황에서 영국 엘리트 교육의 전당인 퍼블릭 스쿨의 모습을 잘 반영하고 있다. 따라서 이 작품을 통해서 1830년대 럭비 스쿨에서 성행한 스포츠의 모습을 간접적으로 확인할 수 있다.

제의 가장 중요한 행사로 취급되었고, 이 두 종목의 기량이 뛰어난 사람들은 명성을 날렸다. 레슬링을 비롯한 여러 놀이도 축제의 프로그램 속에 편성되어 있었고, 그 마을 축제에는 뜀뛰기 대회, 손수레 굴리기 대회, 당나귀 경주 등에 대하여 묘사되고 있다. 톰이 럭비 스쿨에 입학하기 전에는 고향의 사립학교를 다녔으며, 그 시절의 놀이 · 스포츠는 산보(散步)와 머드-패티스(mud-patties)라는 토루(土壘)게임이다. 그리고 하프 홀리데이(half-holiday)의 산보(散步)는 한 주 동안의 특별한 행사였다. 50명의 전교생이 정규 수업을 마친 후 보조교사 한 사람과 함께 학교로부터 1 mile 정도 떨어진 개암나무 언덕으로 출발하였다고 한다.

(2) 럭비 스쿨의 생활

톰이 럭비 스쿨의 생활을 통하여 접하게 되는 각종 놀이나 스포츠는 다양하게 묘사되고 있지만 그 중에서 뚜렷이 나타나는 종목은 축구 · 헤어 앤드 하운드(hare and hound) · 권투 · 수영 · 파이브즈 · 크리켓 등으로 요약된다. 이 작품을 통해서 1830년대 럭비 스쿨의 축구를 조명해 보면 그 방법은 조직화되지 못한 것으로 매우 투쟁적이고 격렬하게 묘사되고 있으며, 기숙사간의 대결로써 행해졌다. 크리켓은 학교생활의 일부로 나타나고 있는데 주로 토요일에 경기가 열렸고 학생들에게 가장 인기 있는 종목으로 비춰지고 있다. 마을 주민들까지 구경와서 즐겼던 것으로 묘사되고 있다. 헤어 앤드 하운드(hare and hounds)는 일명 페이퍼 체이싱(paper-chasing)이라는 놀이로서 산야(山野)를 달리는 술래잡기 형태의 크로스컨트리 경주였다. 이 게임은 승자를 가리는 스포츠는 아니었지만 학생들의 생활 속에서 일상적인 놀이로 자리잡고 있었던 것으로 묘사되어 있다. 수영 · 권투 · 레슬링 등은 일상적인 게임은 아니었던 것으로 보여진다. 수영은 여름철에 인근의 강에서 즐기는 스포츠였고, 권투는 학생들간에 다툼이 일어나면 교사들 몰래 서로의 실력을 겨루는 수단의 형태로 묘사되고 있는데, 학생들은 이러한 스포츠에도 강한 집착을 보였던 것으로 나타나 있다. 파이브즈도 학교 스포츠의 한 종목으로 등장한다. 그러나 옥스퍼드영어사전에는 이튼 · 럭비 · 윈체스터 스쿨에서 행한 파이브즈의 형태를 다소 다르게 소개하고 있다.

이 책에는 다음과 같은 구절이 나오고 있을 정도로 럭비 스쿨의 학생들은 스포츠에 익숙해 있었다.

> 만약 교장이 축구나 크리켓, 수영, 권투 등을 금지시키려고 한다면 그것은 수긍할 수 없는 일로 내가 앞장서서 교장 선생님에게 맞서 싸울 것입니다. 그러나 교장은 그런 것을 금지시킬 리가 없고, 오히려 장려를 하고 있기 때문에 그 점은 걱정할 필요가 없을 것입니다.

럭비스쿨(RugbgSchool)의 풋볼(Football) 장면

6) 체육 사상가 : 아놀드

아놀드
(Thomas Arnold)

아놀드(Thomas Arnold, 1795~1842)는 1795년 6월 13일 브리스톨(Bristol) 남단(南端)의 화이트섬(White Island)에서 태어났다. 1811년 옥스퍼드대학에 진학했고, 1827년 4월 신학사(神學士)를 거쳐 성직위(聖職位)와 신학(神學) 박사학위를 취득한 후 럭비 스쿨의 교장이 되었다. 1841년 옥스퍼드대학의 강좌교수가 되었고, 1842년 6월 12일 사망하였다.

18세기말부터 시작하여 19세기초로 이어진 산업혁명의 소용돌이 속에서 그는 퍼블릭 스쿨의 하나였던 럭비 스쿨 교장으로 있으면서 교육의 변혁을 추구한 역사학자이며 교육학자였다. 그의 교육사상은 고전(古典) 중심주의 교육을 지지하고 종교교육을 주장하였다. 1857년 제자였던 휴즈(Thomas Hughes)의 소설 『톰 브라운의 학창시절』에 의해 위대한 교장으로서 또한 운동경기 예찬자로서 신격화(神格化)되기 시작하였으며, 1884년 역시 제자였던 스랜리(A. P. Sranley)의 전기(傳記)에 의해서 더욱 유명해졌다.

아놀드를 체육영역에서 높이 평가한 사람은『톰 브라운 학창시절』의 애독자 쿠베르탱이었는데, 쿠베르탱은 『공교육 노트』에서 아놀드가 운동경기 측면에 기여하였다고 주장하였다. 또한 홀(A. Wohl)은 '아놀드는 학교제도 속에 잔존하고 있는 귀족적인 품위와 질서를 헌신적으로 발전시켜 부르주아지 계급의 요구에 적합하도록 했으며, 민중유희를 훈련과 질서유지의 수단으로 하여 그 결과 생활의 일부가 되게 하였다' 라고 주장하였다. 이는 아놀드가 봉건적인 퍼블릭 스쿨의 개혁을 이끌고 부르주아지 입장에 선 진보적 민주주의자로 받아들인 것을 의미하며, 또한 아놀드가 퍼블릭 스쿨의 민주화를 실천하여 부르주아지의 요구에 적합한 근대 스포츠의 교육적 인식을 심었다는 주장이다. 그리고 아놀드의 럭비 스쿨은 기독교적 젠틀맨 학교라고 할 수 있으며, 덕육을 우선적으로 숭앙하면서 기독교화를 추구한 것이 개혁의 주목적이었다. 그리하여 럭비 스쿨은 쇄신을 단행하기 위해 처벌을 중시했고, 하급생에게 체벌을 한 상급생에게는 퇴학을 적용하였는데, 처벌에 대한 적용범위의 확대와 준엄함은 아놀드의 기독사관인 원죄관으로부터 생성된 것으로 보인다.

아놀드는 운동을 좋아하여 럭비 스쿨의 교장에 취임하고서도 항상 운동의 기회를 가졌다. 등산은 학생의 건강과 교육에 의의가 있다고 주장하였으나 사냥이나 낚시 등의 전통적인 젠틀맨 스포츠에는 그다지 관심을 가지지 않았다. 조직적인 게임에 대해서는 매우 관심이 커서 크리켓 등을 소중히 여겼다. 1839년 10월 윌리암(William) Ⅳ세 부인과 아데레이데(Adelaide) 여왕이 럭비 스쿨을 방문하였을 때 학생들이 풋볼경기 시범을 보였으며, 1840년 학생들의 크리켓 시합을 허가하는 등 조직적인 게임을 교육의 중요한 부분으로 생각하였다. 그러나 그에게 있어서 운동경기에 대한 관용이 무원칙(無原則)을 의미하는 것은 아니었다. 즉 그는 운동장의 영웅을 후하게 대접하거나 경기자의 탁월한 신체를 원하기보다는 지적 · 도덕적인 탁월성을 원하였다.

아놀드가 럭비 스쿨의 개혁이념을 「기독교적 교육」으로 정했을 때, 이는 추상적인 목표가 아니라 현실의 정치, 사회, 종교와 불가결한 관계를 가지고 있었다. 그에게 있어서 교육은 「기독교 정치」의 한 영역이라고 할 수 있다. 그러므로 그는 중산계급의 교육이 3R(읽고 · 쓰고 · 셈하기)과 자연과학 및 직업기술 등의 세속적 지식에 머물러서는 안 된다고 주장하였다. 장래를 짊어질 학생의 교육은 단순히 세속적 · 물질적 · 과학적 지식에 놓여져서는 안되며, 정치적 · 종교적 · 도덕적인 인간 내면의 교육, 즉 「인간의 일」로써 「자유교육(Liberal Education)」을 전망하는 것이어야 하였다.

아놀드는 저학년에는 체벌로써 소년기의 불완전함을 성인기의 완성으로 빨리 이행시키고, 고학년에는 보다 엄격한「학교벌(school punishment)」을 가함으로써 끊임없이 성장해온 신체에 뒤떨어지지 않는 남성적인 의무를 요구하게 되었다. 기숙제(寄宿制) 퍼블릭 스쿨에 있어서 문제의 해결은 교사 개인의 힘이 아니라 학교 전체의 분위기와 학생자치의 힘이라고 생각하여 프리펙트-패깅 시스템에 내재하는 자치적 기능을 옹호하게 되었다. 아놀드가 주창한 「prefect-fagging system」은 상급자(prefect)의 '통치'와 하급생의 '복종'이라는 가부장적(家父長的), 위계제도적(位階制度的) 기능을 중시한 자치 제도이다. 이에는 개인의 자유와 평등보다는 전체적으로 설정된 권위와 목적이 우선시되는 경향이 있었다. 그의 의식은 분명히 근대 민주주의보다는 통제를 받아들인 위계제도로 향하고 있었다. 사실 그는 프리펙트-패깅 시스템을 통해서 익힌 신체적 자질의 효용을 군대라는 위계제도에서 찾고 있었다. 아놀드가 이 제도를 통해 주장한 '자치'와 '리더십(leadership)'은 그러한 개인주의의 비판적 개념을 포함하고 있었다. 이 '자치'와 '리더십'은 또한 식민지의 확대통치를 지향하고, 다수의 국지전을 떠맡을 빅토리아(Victoria) 시대의 제국주의적 확장과 내셔널리즘(nationalism)이 요구하는 지도자 상(像)과도 일맥상통하고 있다.

아놀드는 인간의 성장과정을 아동기, 소년기, 성인기의 3단계로 구분하고 아동기의 네 가지 특징은 겸손(humility), 즉 도야성(陶冶性, teachableness), 무지(ignorance), 이기주의(selfishness), 충동성(impulse) 등이며, 성인기는 이성(wisdom), 비이기주의(unselfish), 사려깊음(thoughtfulness), 도야성(teachableness) 등이라고 하였다. 소년기는 완성기(성인기)와 불완전기(아동기)의 과도기로서 위기적(危機的)인 도덕적 불균형의 시기라고 보았다. 이러한 도덕적 불균형을 초래한 가장 큰 원인은 체력의 성장이므로 신체의 성장에 뒤지지 않는 도덕적 발달의 조숙(早熟)을 주장하고 있다. 소년기는 단순한 신체의 성장, 즉 외적이고 자연스러운 발달이므로 이를 그대로 방치하는 것은 죄가 되는 것이었다. 그러므로 그의 「체력(bodily strength, physical strength)」은 도덕적 자질을 동반하지 않는 자연적 성장으로서 받아들일 때 죄가 된다고 생각하였다. 『톰 브라운의 학창시절』에서 볼 수 있는 자기부정과 전체를 위한 충성 및 협동이라는 테마는 그들의 이러한 공통감정에서 생겨난 것이었다. 또한 단체정신 혹은 팀 스피리트라는 협력의 정신은 기독교 사회주의자의 협동의 이념과 무관하지 않았다.

19세기에 있어서 근대적 군대와 관료기구, 기업조직의 팽창은 모든 개인의 자유와 평등을 일종의 방해물로 보기 시작하였다. 지도할 사람과 복종할 사람이 엄연히 구별되고, 명령과 복종에 의해 기능하고 규율과 통제가 따르는 근대 조직집단은 이 위계제도의 틀 속에서 팀웍의 이념을 고취시켰다. 그리고 빅토리아 왕조(王朝)의 식민지 확대통치 등과 같은 조직 속에서 팀 스피리트는 생명을 불어넣었다. 아놀드는 럭비 스쿨을 개혁하던 중 이러한 팀 스피리트 정신의 씨를 뿌린 사람이었다고 할 수 있다.

参考文獻

김상순(1992). 스포츠사상사 – 인물편. 서울 : 보경문화사.
金午仲(1988). 世界體育史. 서울 : 高麗大學校 出版部.
김창룡(1995). 스포츠 철학. 서울 : 도서출판 대한미디어.
盧熙悳 · 吳東燮(1988). 近代體育思想史 – 獨逸體育을 中心으로 한. 서울 : 保景文化社.
大邱史學會(1983). 世界文化史. 서울 : 螢雪出版社.
吳東燮(1991). 獨逸體育思想史. 서울 : 保景文化社.
윤학로 譯(1994) / Jacqueline Russ. 철학의 역사. 서울 : 예하출판주식회사.
이명원 譯(1996) / Jawaharlal. Glimpses of World History. 서울 : 세웅.
이승용 · 하남길(1997). 영국 근대 체육의 아마추어와 젠틀맨의 스포츠. 한국체육학회지. 36(1).
조명렬 · 노희덕 · 나영일(1996). 체육사. 서울 : 형설출판사.
하남길(1998). 톰 브라운의 학창시절에 나타난 스포츠. 한국체육학회 학술발표회 논문집 36.
하남길 · 오동섭(1995). 19C 英國 Athleticism의 출현과 성장 배경. 한국체육학회지. 34(3).
하남길 · 오동섭(1996). 영국 엘리트 교육과 애틀레티시즘. 서울 : 21세기교육사.
稻垣正浩言 尺(1988). 人間スーポツ史. 東京 : 大修館書店.
Van Dalen , Deobold B. & Bennett, Bruce L.(1972). A World History of Physical Education(2nd ed). N.Y. : Prentice hall.
Leonard, Fred Eugene & Affleck, George B.(1949). The History of Physical Education. Philadelphia : Lea & Febiger.
Hackensmith, G. W.(1966). History of Physical Education. New York : Harper & Row.
Baley, James A. & Field, David A.(1970). Physical Education and the Physical Education : an introduction. Allyn and Bacon, Inc. : Boston.
Nixon, John E. & Jewett, Ann E.(1980). An introduction to – Physical Education(9th edition). Philadelphia : Saunders College.
Mandell, Richard D.(1984). Sport Cultural History. New York : Columbia University Press.
Kraus, Richard & Chapman, Sarah(1981). History of Dance in Art and Education. New Jersey : Prentice Hall, Inc..

Ⅷ. 미국 체육[1)]

1. 역사적 배경

유럽인이 이주하기 전 미국에는 Anasazi 문화인과 Shoshoni 등의 인디언 유목민(遊牧民)이 살고 있었다. 16세기에 들어서서 에스파냐인이 아프리카 흑인 노예를 데리고 식민지를 건설하려 하였으나 뜻을 이루지 못하였다. 영국도 신대륙발견(1492) 직후인 15세기 말, 미국 동해안에 탐험대를 파견하여 식민지 건설을 꿈꾸다가 1세기가 지난 후 본격적인 시도를 하였지만 성공하지 못하였다. 1607년 비로소 영국의 이민단(移民團))이 미국에 첫발을 디디게 되었는데 이 때부터 미국은 영국의 식민지 시대가 시작되었다. 영국국교(Anglican Church)의 종교박해(宗敎迫害)를 피해 네덜란에 가 있던 청교도(淸敎徒) 일파가 신앙의 자유를 찾아 1620년 Mayflower호를 타고 Massachusetts 주에 상륙하여 플리머스 식민지를 만들면서 이상적(理想的)인 청교도 사회를 건설하게 된 것이다. 영국은 이때부터 1733년까지 북아메리카의 대서양 연안에 13개의 식민지를 만들었다.

1620년대에 본격화된 이민은 1629년부터 대규모화 되었고, 1640년까지 약 2만 명이 미 대륙 동북연안에 정착하게 되었다. 그 후 약 1세기가 지나 식민지 인구는 20만 명이 미 대륙 동북 연안에 정착하게 되었다. 그 후 약 1세기가 지나 식민지 인구는 20만 명으로 늘어났고, 이들은 주로 대서양 연안지역에 거주하게 되었다. 영국 외에도 독일, 덴마크, 프랑스, 스코틀랜드, 아일랜드 등으로부터 이민이 이어졌으며, 그와 함께 구(舊) 대륙의 문화도 함께 유입되었다.

1775년에 시작되어 약 1세기 반 동안 계속된 미국의 독립혁명은 식민지민이 확립한 자치에 대해 본국 정부가 이를 침범하려 한데서 비롯되었다. 영국의회의 식민지민에 대한 과세와 서방영토로의 진출을 저지하려 한 것이 직접적인 원인이었다. 이러한 독립혁명에는 본국인 중에도 많은 동조자가 있었으며, 17세기 이래 영국과 항쟁하고 있던 프랑스도 식민지민을 도와 결국 승리를 하게 되었다. 1776년 독립선언이 이루어지고, 1783년 파리조약에 의하여 독립이 승인되었다. 이후 미국은 민주주의의 뿌리를 내리면서 영토가 날로 확장되었다. 프랑스령이던 Mississippi강 동쪽 영토를 공식적으로 획득하고, 1840년대에는 California를 흡수하여 태평양 연안에 이르렀다.

1) 미국체육에 대한 내용 중 인명, 지명, 학교 등의 고유명사 명칭은 정확도를 기하기 위하여 대부분 영어식 표기를 그대로 사용하였다.

영토와 더불어 인구 또한 급증하게 되어 독립선언을 하기까지 약 2백만 명이 되었다. 독립혁명에 의하여 이루어진 식민지는 주(州)가 되었고, 이들이 연합하여 합중국(合衆國)을 형성하였으므로 미국의 주는 커다란 자치권을 가진 State가 되었다. 미국의 식민지는 모두 영국의 전통을 존중하고 그 사상과 정치제도를 기반으로 하였다.

미국에는 1781년 최초의 헌법 연합규약(聯合規約)이 만들어지고 13개 주가 하나의 연방국가가 되었지만 중앙정부의 권한이 너무 미약해서 사회불안을 제대로 통제할 수 없었다. 뿐만 아니라 타국에서는 미국을 독립국으로 간주해 주지도 않았다. 그리하여 완전한 연방국가를 만들기 위해 1787년 Philadelphia에서 헌법회의를 개최하고 연방헌법을 제정하였다. 미국은 독립 후에도 프랑스, 에스파냐, 멕시코 등으로부터 영토를 획득하여 1848년에 현재와 거의 비슷한 국가로 성장하였다.

미국의 서부는 비교적 용이하게 토지를 획득하여 자작농(自作農)이 될 수 있었으며, 동부도 노동자들이 충분한 임금을 받지 못할 때에는 서부로 옮겨 새로운 개척을 할 수 있었다. 그러므로 기술을 갖고 있던 노동자들은 고용주로부터 우대를 받아 사회적 지위가 유럽보다 훨씬 높았다. California의 금광(金鑛)이 선풍적인 인기를 끌자 동부를 향하여 새로운 개척자들의 이동이 일어났으며, 이들이 서부 개척자와 접촉하게 되면서 개척자의 시대는 막을 내리게 되었다.

영토의 팽창과 서부의 개척은 남부와 북부의 지역적 대립을 심화시켰다. 미국의 남부와 북부는 식민지 건설 때부터 종교, 경제 등 여러 문화를 달리하고 있었다. 북부는 건설 단계에서부터 서부 유럽 및 북부 유럽의 이민을 받아들여 혼합 인종의 새로운 미국국민을 이루고 있었지만 남부는 보수적이며 전통적인 영국 풍을 고수하였던 것이다. 식민지 시대 아프리카에서 들여온 흑인 노예제도는 독립혁명 때 Pennsylvania 이북의 여러 주에서 폐지하였지만 Maryland 이남의 여러 주에서는 여전히 존속되었는데, 이는 독립혁명 후 남부에서 면화(棉花) 재배가 시작되면서 남부 경제에서 빼놓을 수 없는 것이었기 때문이다. 남부는 식민지 시대부터 노예를 이용하여 대농장 경영이 일반적이었고 자유무역과 분권주의(分權主義)를 주장하고 있었으므로 1808년 이후 노예의 수입이 금지되었음에도 불구하고 여전히 노예매매가 성행하여 북부의 인도주의자로부터 강력한 비난을 받았다. 특히 영국 산업혁명의 완성으로 목화(木花)의 수요가 급증하면서 면화는 남부에서 가장 이익이 많은 농산물이 되었고, 이에 따라 노예제도는 폐지할 수 없는 것이 되었다. 이 노예제도를 인정하느냐, 인정하지 않느냐의 권한은 대통령이나 연방의회에 있는 것이 아니라 주(州)의 권한이었다.

북부에서는 더 이상의 노예 주가 증가하는 것을 저지하려 하였으나 남부에서는 새로 만들어지는 서부의 주에도 노예제도를 확장하려 하였다. 노예제도를 인정한 Missouri 주가 합중국의 새로운 주를 형성하려고 하였을 때 노예제도는 비로소 정치문제로 등장하였다. 즉 이러한 대립은 영토의 확장에 따라 새로운 주가 생길 때 그 주가 노예 주냐 아니냐에 문제가 생기는 것이다. 1860년 노예제 반대론자들은 공화당(共和黨)을 조직하여 연방주의를 표방하고, 당시의 Abraham Lincoln(1809~1865) 제16대 대통령은 1863년 노예해방을 선언하면서 남부에 전쟁의 명분을 밝혔다. 이 싸움이 북부의 승리로 끝남으로써 종래 남부가 주장한 주권론(州權論)을 굴복시키고 헌법이 지니는 미국 민주주의를 수호하였다. 비로소 모든 흑인은 노예신분에서 해방되었지만 자본, 기술, 교육수준 등이 낮아 대부분 영세 소작인(小作人)이 되었다. 남북전쟁(1861~1865), 즉 노예해방 전쟁 후의 재건에 고심한 남부는 여전히 농업사회로 남게 되었고, 공화당이 정치의 주도권을 장기간에 걸쳐 장악한 것은 이후 미국사회의 공업과 산업자본주의를 크게 발전시킨 계기가 되었다.

1840년대에 시작된 산업혁명은 급속도로 진행되었고, 1869년 대륙횡단 철도가 건설되어 거대한 국토와 풍부한 자원을 바탕으로 자본주의가 빠르게 성장하게 되었다. 그러나 산업자본주의의 거대한 독점에 대항하여 두 세력이 새롭게 대두되었다. 하나는 서부를 중심으로 한 농민의 조직이며, 또 하나는 대도시에서 발달한 노동조합이었다. 농민 공제조합인 그레인지(Grange)와 노동자들의 미국 노동총동맹을 조직하였다. 농민에 의하여 결성된 인민당(人民黨)이라는 제3당은 이듬해부터 선거에서 진보적인 정책을 내걸고 싸웠다. 이들은 철도, 전신, 전화의 공영(公營), 비밀투표제의 채택, 누진소득세의 부과, 우편 및 소포제도, 상원의원의 직접선거, 여성참정권 등을 주장하여 20세기에 들어와 이것들은 점차로 실현되었다.

건국 초기 농업이 중심이었던 미국사회는 공업의 발달과 함께 노동력이 부족하게 되었는데 외국인의 이민이 늘어나기 시작한 것은 이에 즈음한 1840년대부터이다. 이는 주로 경제적 이유에 의한 이민으로서 종래의 이민에 비하여 동화력(同化力)이 없어 여러 사회문제가 야기되었다. 동부의 빈민과 개척자들 그리고 유럽으로부터의 새로운 이주민들이 많은 어려움을 극복하면서 서부의 변경(邊境, frontier)을 개척하였다. 이 때에 자유독립을 존중하는 진취적인 기상과 개척자 정신이 함양되었던 것이다.

1914년 제1차 세계대전이 일어나자 미국은 엄정한 중립을 선언하였으나 1917년 결국 참전하기에 이르렀다. 이는 독일의 잠수함 전(戰)에 반대하는 국내 여론과 중립기간 중 채무국에서 채권국으로 전환된 경제적인 이유에서였다. 1920년대를 맞이하면서 미국은 라디오, 자동차, 영화, 인견공업(人絹工業) 등 새로운 산업이 출현하여 번영의 시대를 맞이하게 되었다. 그러나 1925년경 번영의 절정기를 맞이하면서 주식투자가 성행하고 과대투기가 유행하기 시작하였다. 비록 번영이라고 하지만 균형이 이루어지지 못하였던 것이다. 1929년 10월 New York 주식시장의 주가폭락을 계기로 대공황(大恐慌)이 일어났으며, 이러한 현상은 즉시 유럽에 파급되어 세계공황으로 번졌다. 국민의 구매력은 떨어지고, 예금은 고갈(枯渴)되고, 국민총생산(GNP)은 3/4으로 떨어지고, 노동자의 1/3이 실직(失職)상태에 빠졌다.

1933년 Franklin Delano Roosevelt(1882~1945)가 제32대 대통령에 취임하면서 New Deal 정책이 시행되었다. New Deal은 1단계로 대공황에 대한 대응책이었으며, 나아가 다시는 이러한 상황이 일어나지 않도록 하기 위한 개혁적인 자본주의의 수정방안이었던 것이다. 1935년 제정된 바그너법에 의하여 노동자의 단결권, 단체계약권이 인정된 결과 조직노동자의 수는 대폭적으로 증가하게 되었으며, 숙련공 중심의 직능별 조합주의인 미국노동총동맹(AFL)에 대하여 산업별 조합주의인 미국 산업별 조직회의(CIO)가 새로 결성하게 되었다(1955년 양자가 합병하여 AFL-CIO가 되었다). 사회보장제가 처음으로 연방정부에 의하여 행하여지게 되었고, 1938년 공정노동기준법에 의하여 최저임금 및 최고노동시간제가 정해졌다. 이들 새로운 정책을 통하여 연방정부의 권한은 대폭적으로 확대되고 종래 자본주의의 폐단은 크게 시정되어 자본주의 체제 안에 사회복지적인 여러 정책들이 채택되었다. 이러한 경향은 그 후에도 계속되어 정권이 민주당이건 공화당이건 상관없이 확고한 항구적(港口的) 제도가 되었다. 제33대 대통령 Harry S. Truman(1884~1972)이 내건 Fair Deal(공정정책)도, 제34대 Dwight D. Eisenhower(1890~1969)의 New Republicanism(공화주의)도, 제36대 Lyndon Baines Johnson(1908~1973)의 위대한 사회도 모두 원칙적으로는 New Deal의 선언을 더욱 확대시키려는데 불과한 것이었다.

식민지 시대부터 현대에 이르기까지 미국의 체육은 많은 변화와 발전을 이룩하였다. 이러한 과정에서 미국체육의 발달에 가장 중요한 영향을 끼친 운동이나 주제는 크게 4가지로 볼 수 있다. 이를 연대순으로 보면「군사적 요구」,「과학적 교육운동」,「발달주의 교육운동」또는「아동발달연구」,「사회적 교육운동」등인데 이러한 운동들은 미국 체육사의 연구에 매우 중요한 요인이다.

교육에 있어서「군사적 요구」는 전쟁준비나 전쟁수행을 위하여, 또 강력한 군사력 보유에 의한 전쟁예방을 위하여 국가목적에 전적인 지원과 충성이 요구되었다.「과학적 교육운동」이란 교육현장의 제반 문제를 해결하는 데에 과학적 방법을 이용하고 적용하는 것을 의미한다. 과학적 방법은 객관적이고, 비편견적이며, 수학적으로 정밀하고, 유능한 관찰자의 검증을 근거로 한다. 그 결과 19세기 후반부터 과학이 학교 교육과정에 도입되기 시작하였다. 미국의 James M. Cattel은 생체측정학과 인체측정학을 개발하였으며, Columbia대학의 Edward L. Thorndike는 교육에 통계적 방법과 계량적 연구방법을 적용하면서 1904년『Mental and Social Measurement』라는 저서를 간행하였다. 이러한 결과로 과학적 교육은 효과적인 교육방법과 평가방법을 개발하는데 기여하게 되었다. 또한 이러한 교육의 과학화는 지능검사개발과 교육에 있어서 텔레비젼 등의 학습기기를 이용하는 것과 사범교육의 전문화 등에 기여했다. 미국은 1990년대에 와서도 탐구, 실험, 계량 등에 꾸준한 교육의 과학화를 추구하고 있다.

「발달주의 교육운동」은 용어 자체가 기존의 교육과정, 교과목 중심의 교육에서 아동중심의 교육으로 변화된 신교육운동을 의미하게 되었다. 이러한 교육경향은 아동발달, 아동학습, 욕구와 흥미 등의 연구에 집중되었으며, 그러한 연구 결과는 아동의 능력, 재능, 요구 등의 수준을 결정하는데 측정 · 평가의 방법으로 적용되었다. 19세기 후반부터 나타난 심리학 분야의 새로운 연구결과들은 이 교육운동에 있어서 중요한 요인으로 취급되었다. 발달주의 교육자들의 현저한 연구성과는 유치원에서 대학까지의 학제(學制)개선을 비롯하여 학습의 다양화, 교육과정의 영역확대, 성인교육, 특수아교육, 천재교육 등 여러 교육활동에 적용되었다.「사회적 교육운동」은 사회학과 밀접한 관계를 가지고 아동을 민주주의 사회의 시민으로 교육하기 위하여 아동의 사회의식의 개발이 무엇보다 중요하다는 인식을 심어 주었다. 그리하여 사회적 목적이 강조되는 교육이 시행되기 시작하였던 것이다.

이상의 네 가지 교육운동은 미국 근대 교육의 발전에 중요한 의의를 가지며, 보다 개선된 교육체제를 만들기 위해 상호 보완하는 관계를 가지고 있다. 이러한 교육과정이 체육의 발전에 있어서도 중요한 의미를 가지며 체육의 이론과 실제에 많은 공헌을 하였다.

2. 교육

국가주의가 대두되던 시기의 미국 교육은 민주주의 국가체제의 유지를 위하여 아동들에게 3R(읽기, 쓰기, 셈하기) 교육을 강조하였다. 특히 이 시기에는 영국 식민지로부터의 해방, 프랑스 혁명의 영향, 미국의 독립전쟁 등과 같은 역사적 사건들이 이민생활을 크게 변화시켰고, 이로 인하여 교육뿐만 아니라 언론, 출판, 집회, 종교의 자유가 보장되고 개인의 자유가 최대한 향유될 수 있었다.

19세기 미국의 교육자들은 교육을 통하여 사회의 문화적, 도덕적 수준을 향상시킬 수 있으며 모든 아동은 무상으로 공교육을 받을 권리가 있다고 주장하였다. 또 교육에 의하여 인간은 사회 속에서 성장 · 발전할 수 있으며, 기존의 사회적 · 경제적 수준을 능가할 수 있다고 생각하였다. 교육기회의 확대라는 문제는 빈곤계층의 자녀들도 교육을 받게 하는 공립학교(公立學校)의 설립이라는 문제에 부딪치게 되었다.

제국주의 시대였던 19세기 말엽(1865~1890)의 미국 교육은 국가주의 정신을 바탕으로 한 과학과 산업에 목적을 두었으며, 이에 따라 미국 대학들은 종교로부터 교육을 분리하게 되었다. 그리하여 대학은 기술교육과 과학교육을 실시하게 되었고, 주(州)마다 주립대학이 설립되어 과학교육과 기술교육의 달성에 중요한 공헌을 하게 되었다. 과거 종교적 기반 위에 이루어진 대학의 소수 전문교육이 다양한 직업분야와 목적에 적합한 대중교육으로 전환되었다.

20세기가 되면서 교육영역도 확대되어 지적 발달에만 치중하던 교육이 도덕교육을 중요시하게 되었다. 20세기 전반 약 30년간의 교육목적은 사회적 교육운동과 발달주의 교육운동의 영향을 크게 받았으며, John Dewey는 '아동은 교과서에 의하여 학습하는 것과 마찬가지로 경험과 행위에 의해서도 학습할 수 있다'라고 생각하였다. 이러한 교육운동에 바탕을 둔 미국교육의 목적은 1918년 미국교육 7원칙(Seven Cardinal Principles of Education) – 건강 및 안전의 향상, 용구 · 기술의 습득과 학습, 가족관계의 가치정립, 직업적 · 경제적 능률향상, 시민정신의 함양, 여가의 선용, 도덕적 성격육성 – 으로 표명되었다.

1930년부터 1950년까지의 미국 교육은 John Dewey, Edward L. Thorndike, G. Stanley Hall 등의 교육사상에 의해 지배되었는데 경제침체기에는 교육정책위원회(Education Policies Commission)가 자아실현, 인간관계, 경제능률, 시민책무 등의 4대 교육목적을 수립하였다. 1950년대의 교육은 생활적응운동(Life

Adjustment Movement)의 영향을 받았다. 미국 교육부장관이었던 John Studebaker가 1947년 청소년 생활적응위원회를 발족시킴으로써 시작된 이 운동은 자신에게 만족을 주고 사회에 이익을 줄 수 있도록 청소년을 준비시키는데 목적이 있었다. 이에 따라 상담, 시민교육, 가정생활 및 가족교육, 건강 및 안전, 여가생활, 소비자교육, 도덕생활, 노동경험 등이 교육과정으로 실시되었다.

3. 체육

1) 체육개념의 발달과정

(1) 여명기(17~19세기 전반)

17세기 초기의 미국 이주민들은 교육기관 없이 부모에 의해 교육되어지거나 어머니들이 자원교사로서 참여한「Dame or Kitchen Schools」에서 읽기, 쓰기, 셈하기, 종교교리 등의 교육을 행하였다. 17세기 말엽 이러한 학교들은 점차 체계화되어 라틴어 문법교육을 특히 강조하여 이를「Latin School」이라고 불렀다. 그 중 가장 먼저 문을 열고, 가장 우수한 학교로는 1635년 개교된「Boston Latin School」이었다. 이때에 즈음하여 1636년 Harvard대학과 1693년 William and Mary대학이 설립되었다. 이어 1750년경 Princeton, Kings(현, Columbia), Brown, Rutgers, Dartmouth대학 등이 설립되었는데 그 당시 이러한 대학에는 체육교과가 거의 존재하지 않았다. 1749년 Banjamin Franklin이「The Philadelphia Public Academy(현, Pennsylvania University)」를 설립하였으며, 이 학교의 설립자인 Franklin과 Noah Webster가 미국에서 교육 프로그램에 체육활동을 가장 먼저 강조하게 되었다.

19세기에 접어들면서 미국 교육에 많은 변화가 이루어졌는데, 예를 들면 1865년 50만 명이던 학생이 1900년에는 1,500만 명으로 급격히 증가하였다. 이와 함께 또 하나의 변화는 주립대학의 수가 급격히 증가된 것이다. 그러나 불행하게도 군사교육이 각 대학에서 강조되면서 체육 프로그램이 계속되지 못하였다. 이는 많은 대학 행정가들이 군사교육과 체육을 동일한 것으로 이해한 탓이다. 오늘날까지도 이러한 경향이 남아있는데 이는 체육교육자의 입장에서 보면 하루 빨리 타개되어야 할 사항이다.

1825년 독일체조의 창시자 Friedrich Ludwig Jahn의 제자였던 Charles Beck이 Massachusetts 주(州) Northampton의「The Round Hill School」에 체육교사로 부임하였다. Jahn의 또 다른 추종자인 Charles Follen은 Harvard대학에서 체조 프로그램을 소개하였다. 그리하여 독일체조는 몇 년만에 특히 독일 이주민에 의해 New England와 New York에서 홍수를 이루게 되었다. 1860년 150개 이상의 독일 체조클럽이 미국에서 탄생하였다. 1893년 개최된 Chicago세계박람회에는 4,000여명의 체조협회 회원들이 참가하기도 하였다. 그러나 독일체조는 미국의 각급 학교에서 교과내용으로 정착되는 데에는 실패하였다. 그 이유는 독일과 미국간

의 문화, 가치관 그리고 삶의 방식 등에서 나타나는 시각의 차이 때문이었다. 즉 독일체조는 「명령-복종」이라는 형식에 치중되어 있는 반면, 미국 국민의 가치관은 「개인적 자유(individual freedom)」와 「자기표현(self-expression)」이 존중되는 문화였던 것이다. 이와 같은 미국의 가치관은 국가주의에 입각한 독일식 Jahn의 체조로서는 성취될 수 없었다. 미국에 있어서 현대 체조의 선구자로는 Florida주립대학의 Hartley Price, Pennsylvania주립대학의 Gene Wettstone, Springfield대학의 Leslie Judd, Georgia Tech대학의 Lyle Welser, Syracuse대학의 Paul Romeo, Minnesota대학의 Ralph Piper 등이 있었는데 이들은 개인적 자유와 자기표현의 정신을 체조와 접목시키는데 성공한 사람들이었다.

여성체육의 선구자인 Catherine E. Beecher는 자세운동, 봉체조, 양궁, 수영, 승마 등과 같은 실용화된 운동을 소개하였다. 그녀는 체조가 여성이 하기에는 너무 과격하고 많은 근력이 동원된다고 보았다. 그러나 그녀가 소개한 체조는 오히려 여성을 너무 약하게만 취급한 프로그램이었다는 이유로 널리 보급되지 못하였다. Beecher의 미용체조와 스웨덴의 Per Henrik Ling의 체조를 혼합시킨 Dio Lewis의 체조 프로그램은 젊은이들에게 많은 인기를 끌었다. 「New Gymnastics」라고 불린 그의 프로그램은 백 던지기, 구기운동, 사교놀이, 댄스 그리고 음악이 동반된 운동 등이었다. 매력 있는 인품과 유창한 웅변가였던 그는 「The Boston Normal Institute for Physical Education」을 설립하였으며, 미국 최초의 체육관련 정기간행물인 "Gymnastic Monthly and Journal of Physical Culture"를 발간하기도 하였다. 그러나 그의 체육 프로그램 역시 Beck, Follen, Beecher 등과 같이 널리 보급되지는 못하였는데, 그러한 이유에는 남북전쟁(1861~1865)에 의한 탓도 포함되어 있었다.

Dio Lewis

* Round Hill School

「Round Hill School」은 1823년 Massachusetts 주 Northampton 마을에서 0.5 mile 정도 떨어진 Connecticut가 한눈에 내려다보이고, 풍성한 평원으로 강물이 흐르며 둑이 있는 아름다운 언덕에 설립된 학교였다. 이 학교는 개별화된 교육이념을 바탕으로 미국교육을 시험한장이었다. 그 당시 대부분의 학교에서 무관심하였던 체육 프로그램을 도입한 「Round Hill School」은 후에 Hofwyl의 Fellenberg학교와 유사한 독일식 체육학교의 모델이 되었다. 유럽의 여러 학교 못지 않게 「Round Hill School」도 학업에 높은 관심을 가지고 있었다. 그리하여 교육과정에 현대어를 비롯하여 라틴어, 그리스어, 프랑스어, 스페인어, 독일어, 이탈리아어, 쓰기, 웅변, 수사법, 역사, 도덕철학, 로마 고대양식, 산수, 수학 등의 다양한 교과와 체육관련 교과로서 무용, 승마, 체조가 포함되어 있었다.

설립자의 한 사람인 Joseph Cogswell은 스위스에 거주하는 동안 Fellenberg의 학교로부터 육체노동에 참여하는 학생들의 교육이상과 실습의 가치를 익혔다. 이 학교에서는 소년들이 불을 피우기 위해 나무를 베고, 방 청소를 직접하며, 할당된 땅에서 식물과 야채를 재배하고, 공구를 활용하여 연이나 활과 화살을 만들고, 함정을 팠으며, 후에는 무기를 만들어 새와 다람쥐 사냥을 하고, 감자, 사과, 옥수수, 밤 등으로 요리를 하기도 하였다. 또한 엄격한 규율을 과감히 타파하여 교사와 학생들이 한 테이블에서 함께 식사를 하였다. 이러한 영향을 직접적으로 받은 「Round Hill School」은 교육과정에 회계, 원예, 통계, 측량 등과 같은 과목을 포함시켰다. 또한 Cogswell은 상벌제도와 같은 전통적인 교육방법을 대부분 폐지하였으며, 반면에 소풍과 운동을 장려하였다.

「Round Hill School」의 또 다른 설립자인 George Bancroft는 유럽 여행 중 우수한 학교를 시찰하고 그러한 유형의 학교를 설립하려는데 호기심을 가지게 되었다. Bancroft는 오래된 한 수도원에서 교사와 학생이 함께 생활을 하는 Prussian학교인 Schulpforte에 특별히 관심이 있었다. 1822년 Bancroft가 쓴 글에서 그들의 뜻을 알 수 있다.

> 우리는 학교를 함께 설립할 것이다. 소년들의 마음속에 지적으로 성숙하고, 도덕성을 기르는데 목적이 있으며, 그러한 방법으로 제일 먼저 고전을 가르친다. 우리는 시골로 가서 호감 가는 장소를 선택할 것이며, 그 곳은 사랑으로 숨쉬는 고요하고 순수한 곳일 것이다.

「Round Hill School」은 1823년 10월 1일 15명의 기숙생과 10명의 통학생으로 개교하여 1827년 학생수가 135명에 이르렀다. 10년 동안 학생들은 18개 주(州)에서 모여들었으며, 교육이 매우 낙후된 남부를 포함하여 Mexico, West Indies, Brazil 등에서도 왔다. 이 학교에는 3주씩 2회의 방학이 휴일의 전부였으며, 연간 수업료는 Harvard대학보다 ＄125이 많은 ＄300이었다. 비싼 수업료 덕분에 개별 지도가 가능하였다. 1826년 발간된 어느 신문에서는 「Round Hill School」에는 112명의 학생과 10명의 교사 그리고 2명의 교장이 있었다' 라고 하였다. 소년들은 각자 자신의 능력을 향상시키기 위해 자기에게 적합한 교과서를 사용하였다. 하루의 일과는 오전 6시의 기도로 시작하여 오후 9시에 끝났다. 수업, 웅변, 무용연습 등으로 일과가 빠듯했지만 오후 5시부터 7시까지의 2시간은 운동과 레크레이션활동을 하였다. 날씨가 좋을 때는 체조수업을 실시하였는데, 이 학교에서의 이러한 체조교육은 미국체육사에 있어서 큰 획을 그었다. 설립자들은 개교 때부터 건설적이고 용기있는 정신의 배양을 위해 신체활동을 장려하였고, 그러한 체조운동과 스포츠활동을 실시할 수 있도록 하루를 고르게 배분하였다.

한편, 1824년 학자이며 체조운동가였던 2명의 독일인이 미국으로 망명해 온 사건은「Round Hill School」의 역사에 중요한 의미가 있었다. 그 중 한 명인 Charles Beck(1798~1866)[2]은 고전학자이며, 신학자였는데 이 학교에 교사로 추천되어 1825년부터 라틴어와 체조를 가르쳤으며, 미국 최초의 학교체육관을 개관하고 처음으로 학교체조 프로그램을 운영하였다. 그러나 1830년 Beck이 퇴직하면서 그의 체육교육 활동은 종지부를 찍게 된다. 그는 Harvard대학으로 가서 라틴어 교수를 역임

2) 다른 한 명은 Charles Follen(1794~1840)이다. 그는 Harvard대학 최초의 독일어 교수로서 Jahn의 체조를 소개하였다.

하였고, 한 때 Massachusetts 주 의회에서 Cambridge 시의원을 지내기도 하였다.

「Round Hill School」의 자산은 비교적 풍부한 편으로서 약 50acre의 대지와 3동의 건물이 있었고, Cogswell은 인접 지역에 35acre의 땅도 소유하고 있었다. 「Round Hill School」의 북서쪽에는 turnplaza라는 넓은 공간이 있었는데 그 규모는 냇가를 따라 서쪽으로 약 8~10acre 정도였다. 독일의 turnplatze에서 사용되었던 장대, 바, 사다리 등과 같은 여러 기구들이 그곳에 놓여 있었다. 이 학교의 학생이었던 George Shattuck은 '학교 전체는 반(班)으로 나누어져 있었는데 Beck은 각 반을 하루 1시간씩 주 3회 수업을 실시하였다' 라고 회상하였다. Beck의 turnplaza는 설계와 프로그램에 있어서 Spiess의 체계보다는 Jahn의 방법을 따랐으며, 각종 운동 유형 및 체조게임을 영어로 번역하여 소개하였다. Bassett는 '「Round Hill School」에 있어서 비, 눈, 추위 등은 옥외운동을 방해할 수 없었다' 라고 소개하고 있으며, 1826년의 한 기사에서는 '겨울에는 체조수업 대신 스케이트와 썰매로 수업을 대체하였다' 라고 기록하고 있다. 그리고 교육내용에 승마, 무용이 포함되어 있었으며, Mill강에서 Beck에 의해 수영수업이 이루어졌다는 기록도 있다. 또한 Shattuck은 '야구, 하키, 풋볼 등의 조직화된 게임이 있었다' 라고 회고하였으며, 신체단련 프로그램으로서 매일 달리기와 자전거 타기를 실시하였다는 기록도 전해진다.

실험학교였던 「Round Hill School」은 불행하게도 1834년 폐교를 하기에 이르렀다. Cogswell이 땅을 너무 많이 확장하여 재정적인 어려움을 자초하기도 하였지만, 미국이라는 조직이 너무나 다양하여 그에 적응하지 못해 폐교하였다고 볼 수 있다. 「Round Hill School」의 졸업은 대학의 준비과정으로서 매우 훌륭했지만 대학 3-4학년에 들어가기 위한 과정에 4년 동안의 수업료를 지불해야만 했으니 재정적인 문제와 그에 따른 학생수의 감소는 당연하였다. 이 학교의 학생이었던 George Shattuck은 그로부터 20년 후에 자신의 모교가 없어진 것을 알고, 「Round Hill School」의 이념을 토대로 New Hampshire 주 Concord에 「St. Paul School」을 설립하였다. 그리고 Cogswell과 Bancroft의 교육이론을 영구 보존하기 위해 그들의 방법을 도입하였다.

오늘날 미국의 공 · 사립학교 교육에 있어서 체육교육은 보편화되어 있으며, 지적 교육과 체육교육이 조화를 갖추어야 하고, 체육교육이 학생의 인성발달과 건강증진에 기여한다는 신념은 「Round Hill School」에서 이미 규정한 개념들이다. 미국의 많은 학교들이 「Round Hill School」의 영향에 의해 체육관을 건립하고, 「Round Hill School」의 프로그램을 체조수업에 포함시켜서 이 학교의 철학과 방법을 모방하기 위한 계획을 시도하였지만 체조에 대한 열의는 짧은 생으로 마감되었다고 볼 수 있다. 미국의 사립학교들이 영국 스포츠 체계를 선호하였고, 공립학교에서도 Dio Lewis의 체조, 스웨덴의 체조, Sargent의 체계를 주로 따랐기 때문이다. 그럼에도 불구하고 미국에서 처음으로 학교체육관이 건립되었고, 첫 번째 체조교사가 채용되었으며, 처음 독일체조가 소개되었다는 의미에서 「Round Hill School」은 미국 체육의 역사를 논하는 데에 있어서 큰 의의가 있다고 볼 수 있다.

(2) 신체적성 강조기(19세기 후반)

체육의 역사를 살펴보면 체육에 대한 개념이나 운동의 형식, 방법 등이 시대의 변천에 따라 많은 변화의 길을 걸어 오늘에 이르렀다는 것을 알 수 있다. 일반적으로 현대 체육에 대한 시대적인 성격 규명에는 2가지 반대 개념, 즉 「education for the physical」과 「education through the physical」이 있다. 신체를 위한 교육의 개념은 「education of the physical」, 「신체에 대한 교육」등으로도 부르는데 이는 신체를 통한 교육의 개념보다 훨씬 먼저 탄생된 개념이다.

1900년 이전의 체육은 신체를 위한 교육의 색채를 갖고 있으며 「physical education as education」을 부르짖게 된 것은 그 이후의 일이라고 한다. 즉 신체를 위한 교육은 초기 체육의 발달에 기초적인 역할을 한 의료계의 사람들이 19세기말에 '신체의 올바른 계획이 한 나라 젊은이들의 신체적인 건강에 중요한 기여를 한다'고 보고 학교 교육과정에 체육을 정식 교과목으로 채택시키도록 하면서부터 발달하게 된 개념이다. 그리하여 그 무렵 미국 등의 나라에서는 이미 보편화된 여러 종목의 운동이나 미용체조와 더불어 신체적성운동, 즉 「physical training」의 열풍이 불기 시작했던 것이다. 미국에 있어서 이러한 개념의 확립에 주도적 역할을 한 사람은 Edward Hitchcock와 Dudley A. Sarsent를 지적할 수 있다. 이들은 본래 의학도들이었으나 일생을 체육의 발달에 헌신한 미국 체육의 대표적인 선구자들이었다.

Hitchcock는 1861년 Amherst대학의 교육과정에 최초로 체육 프로그램을 도입한 미국 최초의 체육교수로서 딱딱하고 형식적인 독일식 Jahn 체조를 지양하고 기구와 음악을 동반한 light gymnastics를 주장하면서, 한편으로는 인체측정(anthropometric measurements) 분야의 개척자 역할을 하였다. Sargent의 체육 프로그램이 출현하기까지 20여 년 동안의 Hitchcock의 프로그램은 미국에서 탁월한 것으로 인정되었다. 한편 Sargent는 1879년부터 40여 년간을 Harvard대학에서 체육교수 겸 그 대학 Hemenway 체육관장을 역임하면서 독일체조, 스웨덴체조, 미용체조, 근력운동 등의 조화를 도모하였고 40여종의 운동기구를 고안하기도 하였다. 오늘날까지 그의 이름으로 된 체력테스트 종목들이 사용되고 있을 정도로 체육에 대한 그의 기여는 절대적이라고 볼 수 있다. 그의 또 다른 기여는 운동에 대한 기능적인 접근을 시도하였다는 점이다.

1881년 Massachusetts 주 Cambridge에 Sanatory체육관이 설립되었다(후에 The Sargent School of Physical Education이 되었으며, 현재는 Boston대학교의 Sargent대학이다). 1883년부터 1910년 사이 Boston에는 Amy Morris Homanas, Baron Nils Posse, Edward M. Hartwell 등에 의해 스웨덴체조가 널리 행해졌다. 그리고 부유한 Mary Hemenway 부인도 체육에 대해 많은 관심을 가지고 지원하였다. Nils Posse는 Stockholm의 「The Royal Central Institute of Gymnasics」를 졸업하였다. 그는 1890년 Boston에 「The Posse Normal School」을 조직했으며, Amy Homans와 함께 새로 조직된 Boston Normal School of Gymnasics의 교사양성 프로그램에도 참여하였다. 1909년 이 학교는 Wellesley대학과 합병하였으며, 그 때 체육

학과(Department of Hygiene and Physical Education)가 탄생되었다.

젊은 의사였던 William G. Anderson은 체육에 관심이 많은 체조선수로서 미국 체육학회의 설립에 주역으로 활약하였다. 1885년 「Adelphi Academy」에 체육강사로 부임하였을 때 그는 공동연구를 수행할 수 있는 체육학회의 필요성을 절감하여 1885년 11월 27일 60명의 발기인으로 첫 모임을 주선하였던 것이다. Edward Hitchcock가 초대회장이 되었으며, 학회명은 「The Association for the Advancement of Physical Education」으로 정하였다.

미국체육학회의 연혁

1885 AAAPE(The American Association for the Advancement of Physical Education)로 창립.
1903 APEA(The American Physical Education Association)로 개칭.
1937 AAHPE(The American Association for Health and Physical Education)로 개칭.
1938 AAHPER(The American Association for Health, Physical Education and Recreation)으로 재구성.
1974 AAHPER(The American Alliance for Health and Physical Education and Recreation)으로 개칭.
1979 AAHPERD(The American Alliance for Health, Physical Education, Recreation and Dance)로 재구성.

미국체육에서 역사적으로 가장 중요한 회합의 하나는 1889년 11월 28~29일 「The Massachusetts Institute of Technology」에서 개최된 Boston회의였다. 이 회의는 Mary Hemenway, Amy Morris Homans, William T. Harris 등의 후원에 의해 개최되었다. 이 회의의 결론은 체육이 근육의 발달 못지 않게 심폐기능과 신진대사 등과 같은 종합적인 생리기능의 향상에 관심을 가져야 한다는 것이었다.

대도시에서의 산업화는 도시인구의 집중화 현상을 초래하였다. 이는 비위생적 환경과 운동부족 현상을 유발하여 청소년들이 생활하기에 부적합한 공간이 되고 말았다. 이에 Berlin 공원에 소년의 놀이공간인 모래밭(sand pile)을 설비한 경험이 있는 Maria Zakerzewska가 Boston에도 이와 비슷한 계획을 추진하였다. 자선단체에서도 그의 제안을 받아들여 미국에 운동장이 탄생하게 되었으며, 이러한 계획은 대도시로 빠르게 확산되었다. 1888년 New York에서 청소년을 위한 놀이공간의 확보가 입법화되었으며, Chicago에서도 이와 비슷한 조치가 취해졌다.

1841년 George Williams가 영국의 청년들을 도덕적, 종교적으로 무장하기 위해 조직한 YMCA는 미국에서도 1851년 Boston을 시작으로 전국적으로 빠르게 확산되었다. 1856년 개최된 총회에서는 YMCA 지도자들이 그들의 사업으로서 체육시설을 갖출 것을 결의하였다. 또한 YMCA의 유사형태로서 소녀들을 위해 영국에서 시작된 YWCA운동도 Henry Durant에 의해 Boston을 시발로 미국 전역으로 전파되었다.

체육에 대한 관심의 증대는 각급 학교의 교육과정에 체육을 포함시켜야 한다는 법률의 제정을 유도하였다. 1866년 California를 시작으로 1892년 Ohio, 1897년 Wisconsin, 1899년 North Dakota, 1901년 Pennsylvania 등에서 법률이 제정되었다. 이 시기에 「체육(physical education)」이라는 용어의 사용이 확산되었으며, 체육의 개념정립 또한 시도되었다. 이전에는 체육과 유사한 용어로서 drill, gymnastics, hygiene, physical culture, physical training 등이 사용되었다.

미국교육학회(The National Education Association)와 체육이 본격적으로 관련을 맺기 시작한 것은 1893년이라고 볼 수 있는데, 이 때부터 「Department of Physical Education and Hygiene」이라는 이름으로 체육분과를 인정하였다. 2년 후 「Department of Physical Education」으로 이름이 바뀌었으며, 1924년에 다시 「Department of School Health and Physical Education」으로 개칭되었다. 체육영역은 1937년까지 미국교육학회의 한 분과에 지나지 않았었다. 그러나 이 시기의 학자들이 주창한 체육 개념은 역시 의료인의 범주에서 탈피하지 못하여 교육으로서의 체육보다는 체육의 목적이 건강의 유지와 신체적성의 발달에 초점이 집중되었다고 볼 수 있다. 비록 「체육(physical education)」이라는 용어가 1831년 John Warren(Harvard대학 해부생리학 교수)의 저서인 『Theoretical Treatise on Physical Education)』에서 처음으로 사용되었으나 그 당시에는 physical training, physical culture 등의 개념에서 벗어나지 못하였다. 즉 체육이라는 용어는 미국에서 처음으로 사용되었으며 그 용어가 19세기의 산물이기는 하나, 20세기에 들어서야 비로소 그 본래의 의미인 신체활동의 교육학적 접근이 시도되었다고 볼 수 있다.

20세기에 접어들면서 체육의 개념이 「education for the physical」에서 「education through the physical」로 변모되면서 신체적성의 발달에 대한 관심이 다소 미약해 졌다고 볼 수 있으나 세계 제1, 2차 대전 때의 징병검사 불합격자 문제, 1916년에 있은 소아마비의 유행, Kraus-Weber Test 보고 등에 의해 신체적성에 대한 관심은 주기적으로 재등장하곤 하였다. 1970년대에 접어들면서 「education for the physical」의 견해를 지지하는 체육교육자들은 그들의 견해를 정당화시키기 위해 더욱 많은 노력을 했으며, 지난 50여 년 동안 운동이 인체조직에 미치는 효과와 장수, 체중조절, 심리적 균형 등에 대한 풍성하고 세밀한 정보가 쏟아져 나오게 되었다. 그러나 '신체의 정상적인 발육'과 '건강의 보호 증진'에만 체육의 목적을 둔 「education for the physical」의 개념은 신체활동의 영향은 단지 신체적인 측면에만 국한되어지는 것이 아니고 심신의 생물학적 단일성에 근거를 둔다는, 즉 「교육의 일영역(an aspect of education)」으로서의 체육으로 그 개념이 점차 변모하게 되었다.

(3) 전인격 강조기(20세기 전반)

체육의 역사는 원시사회의 출현과 맥을 같이하고 있지만 형식적인 틀을 갖추고 교육적으로 접근하기 시작한 것은 19세기 후반부터 20세기 전반에 이르기까지 미국을 중심으로 이루어졌다고 볼 수 있다. 물론 유럽에서는 화려한 그리스의 체육이 있었고, 근대에 들어와서 18세기 Jean Jacques Rousseau의 자연주의에 의해 체육활동에 대한 권장과 실천이 확대되었지만 교육을 기저로 한 체육은 미국의 의료인들에 의해 시도된 형식이라고 볼 수 있다. 즉 「education through the physical」의 개념은 19세기말에 실험적인 개념이 구상되긴 했지만 20세기초에 들어서서 비로소 부각되기 시작한 개념이다. 중점적인 「education for the physical」위주에서 「education through the physical」이라는 포괄적인 개념으로 방향의 전환이 시도되었다. 즉 이 시기는 「physical training」에서 「physical education」으로 전이(轉移)되는 시기였다.

미국에 있어서 이 시기는(1900~1920년대) 정치, 경제, 사회적으로 진보주의 운동(progressive movement)이 시작된 때이며 교육에 있어서도 William James, G. Stanley Hall, Edward L. Thorndike, John Dewey, William H. Kilpatric 등에 의해 진보주의 교육운동이 일어난 때였다. 체육에 있어 이러한 방향전환에 주도적인 영향을 끼친 사람은 Luther H. Gulick, Thomas D. Wood, Clark W. Hetherington 등이었는데 이들은 체육에 참여함으로써 얻어지는 이익들은 매우 다양하며 그러한 이익들은 신체적인 것 이상의 것이라고 하였다. 그러나 그러한 개념들은 그 당시 즉각적으로 인정을 받은 것이 아니며 선견지명을 가진 교육자들의 꾸준한 노력에 의해서 받아들여지게 된 것이다.

Gulick은 1890년 당시 체육교육자의 임무가 잘못 해석되고 있다고 말하였다. 체육이 마치 의학의 부속 학문이나 운동 경기의 한 부분으로 인식되고 있으며, 더 나아가서는 체육교육자들이 근육을 발달시키는 데에만 몰두하는 사람으로 생각하고 있다고 하였다. 그리하여 그는 먼저 운동(exercise)을 교육(education), 치료(curation), 레크레이션(recreation)의 3가지 목적으로 분류하고 체육은 이 3가지 목적 중 교육적 목적의 범주에 속한다고 보고 이러한 교육적 목적이 그가 제시한 체육의 정의가 되었다. 즉 '체육은 우리의 체력을 인출하고 단련하며 어떠한 직업이나 적응할 수 있는 신체를 준비케 하며 일상생활을 보다 활동적이고 유용하게 한다' 라고 하였다. 그리고 1932년 Wood는 체육을 정의함에 있어서 '체육은 단순히 신체의 교육이 아니라 전인교육을 위한 신체단련이며, 환경과 훈련과 문화 속에서 개인의 생활이 완전한 몫을 할 수 있는 신체를 만드는 노력이다' 라고 하였다.

또한 현대 체육의 아버지로 일컬어지는 Hetherington도 위의 두 사람을 이어 받아 「new physical education」 즉 「education through the physical」의 개념을 강조하였는데 그는 체육이 다음과 같은 4가지의 근본적인 목표를 지닌다고 하였다. 이 구분은 오늘날에도 지배적인 역할을 하고 있다.

첫째, 기관 교육(organic education) – 체력의 발달
둘째, 심리운동 교육(psychomotor education) – 운동기술의 발달
셋째, 인격 교육(character education) – 사회성의 발달
넷째, 지적 교육(intellectual education) – 지적 능력의 발달

Darly Siedentop은 1960년대 미국의 체육문헌 중에서 밝혀진 체육 목표를 분

석한 결과 36명의 체육학자가 진술한 33권의 내용 속에서 23권은 Hetherington의 4가지 목표와 완전히 일치하고, 나머지 10명중에서도 7명이 3개의 목표를 인용 진술하고 있었다고 했다. 오늘날의 용어로 신체적성, 운동기술, 태도, 지식 혹은 인지적 목적의 순서일 것이다. Hetherington은 체육의 개념을 설명할 때 체육, 즉 「physical education」의 단어 중에 「education」을 특히 강조하였다고 볼 수 있다.

앞에서 밝힌바와 같이 Gulick, Wood, Hetherington 등은 체육은 교육과정의 필수적인 일부가 되어야 한다고 주장하였지만 「education through the physical」이라는 어구를 실제로 만든 이는 Jesse Feiring Williams이다. 그는 이 견해를 지지하는데 평생을 바쳤으며 그의 체육에 대한 해석은 사실 '체육이 신체를 위한 교육이다' 라는 주장에 대한 저항운동이었다. Williams는 체육을 '특정한 종류의 결과를 가져올 수 있는 선택된 인간행위의 총체' 라고 선언하였다. 즉 '선택된 인간 행위' 라는 것은 민주적인 방법으로 생활하는데 기여할 수 있는 인간의 행위를 말하는 것이었다. 또한 '결과' 라는 것은 자기 나라의 부강에 필요한 지적 인격이라 하였다. 즉 체육을 「education through the physical」로 설명하는 현대체육은 신체의 발육발달은 물론 지적, 사회적, 정서적, 도덕적으로 완전한 인간을 만드는 교육의 한 부분이라는 주장으로 이는 심신의 생물학적 단일성에 근거를 가지며 생명을 전체로 보고 있는 것이다.

체육의 목표가 다양화되어 감에 따라 체육 · 스포츠활동과 관련한 시설 및 인적구성에 많은 변화가 이루어졌다. 우선 관람석을 구비한 실내경기장이 필요하게 되었으며, Ph. D., Ed. D. 그리고 의학박사 학위 소지자들이 체육 전문인들로서 대학을 중심으로 체육분야에 참여하게 되었다. 체육교사연수 과정에 생리학, 해부학, 심리학, 사회학 등의 영역이 동원되면서 사설 교사양성기관이 대학들과 유대를 맺게 되었다. 이러한 일들이 체육분야의 학문적 기반을 강화하는 계기가 되었다. 1901년 The Anderson School of Physical Education이 Bridegeport대학(현, Bridegeport대학의 Arnold College Division)과 유대를 맺었으며, 1909년 The Boston Normal School of Gymnastics가 Wellesley대학의 The Department of Hygiene and Physical Education이 되었다. 이외에도 Bouve School of Physical Education이 Simmons대학, The Savage School of Physical Education이 New York대학, The Sargent School of Physical Education이 Boston대학, The North American Gymnastic Union이 Indiana대학에 합병되었다.

체육의 입지가 보다 확대되어 체육교과의 이수가 입법화된 미국의 학교체육은 1919년부터 1930년까지 39개 주(州)에서 체육교과를 필수과목으로 채택하였다. 체육교사의 양성에 있어서도 28개 대학에 671 유형의 코스가 개설되어 있다는 California 주 교육당국의 보고서에 의해 체육교사 양성교육이 보다 전문화되고 강화되었다. 미국교육학회의 체육분과에서도 Jay B. Nash 회장이 전문위원회를 조직하고 Niels P. Neilson을 분과위원장으로 임명하였으며, 1960년 Florida Miami에서 개최된 미국체육학회에서 「The National Council for Association of Teacher Education(NCATE)」을 체육교사양성 기관으로 승인하였다. 또한 미국체육학회에서 간행한 "Research Quarterly"는 대학에서 체육분야의 연구영역을 보다 강화하였으며, 타 분야와의 공동연구를 활성화시키는 계기가 되었다.

(4) 학문성 강조기(20세기 후반)

20세기 초반, 체육의 과학적 지식이 높아지고 전문직업 분야가 확대되자 체육의 이론 연구와 교사, 코치, 경기인, 체육행정인 등의 체육전문인들이 당면하는 실질적 문제 사이에 괴리가 발생하기 시작하였다. 다시 말하여 전문직업 분야의 확대에 따른 과학지식의 부족이 노출되었던 것이다. 바로 이러한 시기에 Harvard대학 총장 출신인 James Conant가 1963년 "미국의 교사교육(The Education of American Teachers)"이라는 제목의 논문에서 '체육은 기능 중심적인 교과이므로 학문적인 지식은 체육에서 다루어지지 않아야 한다' 고 주장하여 체육 분야의 사람들을 놀라게 하였다. 체육학은 독특한 이론체계가 존재하지 않는다고 한 그의 주장이 「체육의 학문화 운동」에 사회적 촉매 역할의 계기가 되었던 것이다.

체육학자들은 Conant의 도전에 그들의 학문적 응전을 즉각적으로 보여 주었다. 특히 강력한 응전을 보여준 사람은 California대학의 Franklin Henry로서 1964년 자신의 견해를 「National College Physical Education Association(NCPEA)」에 "Physical Education ; An Academic Discipline"이라는 제목으로 발표하였다. Henry가 발표한 이 글은 오늘날까지도 논의의 대상이 되고 체육학의 고전이 되고 있다. 그는 「academic discipline」을 '학교에서 배우는 지식의 총체를 가진 하나의 독립된 학문 분야' 라고 정의하면서 체육의 기본개념이 인간에게 주는 지식의 유익함만을 강조하는 「전문영역(profession)」으로부터 지식추구 그 자체에 관심을 가지는 「하나의 독립된 학문(academic discipline)」으로 변모되어야 한다고 주장하였다.

이러한 사상은 경험 중심의 진보주의 교육사상으로부터 교육의 지적 생산성을 강조한 the post-Sputnik 개혁운동의 이론적 성과에 의한 것이라고 볼 수 있다. 그리하여 20세기 후반에 접어들면서 체육교육자의 입장은 「전문적 영역」과 「학문적 영역」 모두를 설명할 필요가 있게 되었다. 전문적 영역이라 하면 가치론(axiology), 즉 'what ought to be' 에 속하는 것으로 이는 지식 추구의 동기가 봉사(service)에 있으므로 교육적 입장에서의 체육 개념을 의미하는 것이며, 학문적 영역이라 하면 존재론(ontology), 즉 'what is' 에 속하므로 지식 추구의 동기가 호기심(curiosiyty)에 있어 실재(reality)를 이해하는 것으로 묘사와 설명을 주로 하게 된다. 그러므로 academic discipline으로서의 체육을 주장하는 이들은 체육이 원래부터 지식의 총체로서 발달하지 못한 것은 체육 프로그램을 대학에서 시작한 의사들의 관심이 신체 활동이 우리 인간에게 주는 유익함만을 강조한 때문이라고 지적하며 체육의 학문적인 영역을 정당화시킬 수 있는 합법적인 내용이 개발되어야 한다고 주장하였다.

이에 대한 훌륭한 역할을 할 수 있는 개념으로 「human movement」가 등장하게 된다. 즉 체육학이 '인간의 운동을 대상으로 하는 학문으로서 신체적인 측면에서 인간을 종합적으로 탐구하는 과학, 바꾸어 말하면 '인간수행을 연구하는 과학'으로 발전해야만 하는 시대적 요청에 의해 human movement는 현대체육에 있어서 최근에 가장 활발히 강조되고 있는 개념인 것이다.

(5) Human Movement

20세기 후반 체육학이 자체의 지식체를 발견하여 학문으로 정립함으로써 「physical education」이라는 명칭은 부적합하다고 인식되기 시작하였다. 그리하여 체육학의 선두 주자인 미국의 대학에서도 대학 및 학과의 명칭을 각기 다르게 사용하고 있는 실정이다. kinesiology, exercise science, sport science, sport studies, human performance, human movement science 등 다양한 명칭들이 사용되고 있어 체육학의 혼란을 대변해 주고 있다.

이와 즈음하여 체육학의 지식체로서 「human movement」가 적합하다는 의견이 대두되었다. 「human movement」의 개념은 1937년 무용가이며 안무가인 Rudolf Laban이 나치 독일을 떠나 영국에 옴으로써 발달하기 시작한 것으로서, 미국에서는 1950년경부터 유행하기 시작했으며 Eleaner Metheny가 선구자의 역할을 하였다. 여기에서 「human movement」는 대근육 활동을 지칭하는 것으로서 일할 때 사용하는 인간의 활동은 제외되며, 주로 play나 sports를 할 때 사용하는 대근육 활동을 말한다.

M. C. Resick과 B. L. Seidel은 체육의 정의를 규정함에 있어 「human movement」의 개념을 도입하여 'human movement에 대한 예술과 과학(The art and science of human movement)'으로 정하고 있다. 여기서 「과학」이라고 하는 것은 앞에서 말한 「학문적」이란 말과 같으며 ,「예술」이라고 하는 것은 「미적 가능성」또는 「교육의 방법」을 말하는 것이다. 그들은 체육을 'movement의 예술'로서 생각할 때는 동작에 대한 세련되고 우아한 기능이 포함된다고 하였다. 예를 들면 무용가가 뛰거나 회전하는 동작, 축구에 있어서 상대 공격을 저지하는 동작, 어린이들의 줄넘기 동작 등을 말 할 수 있다. 또 체육을 'movement의 과학'으로 설명할 때의 예를 들면 투포환 선수의 코치가 힘과 몸의 높이의 관계를 설명하면서 신체의 중심을 설명할 때, 실험실의 교수가 격심한 운동에서의 최대산소섭취량을 조사할 때, 수영 코치가 다리의 동작에 있어 Newton의 '운동의 제3법칙'을 설명할 때 등이다.

또한 많은 여성 체육지도자들도 「human movement」를 강조하는 사람들과 뜻을 같이 하면서 미국의 몇몇 여자대학 체육과에서는 동작원리에 대한 강좌가 개설되었다. Wisconsin대학의 Magart H. Doubler 교수는 인간의 동작 원리에 관한 강의를 시작한 최초의 한 사람으로 1917년 그녀는 「interpretive dancing」에 관한 강의를 시작하였는데, 그것은 동작원리라는 개념에 근거를 둔 것이었다. 아마 여성들이 「movement」에 대해서 많은 관심을 가지는 것은 이 개념이 무용과 밀접한 관계를 가지고 있다는 사실에 연유하는 것 같다. 이와 같이 체육을 「human movement」의 개념 위주로 한다고 해서 교과 내용이 완전히 바뀐다고 볼 수는 없다. 단지 종전에 신체 활동을 통하여 얻으려는 교육 효과 위주로부터 탈피하여 신체 활동을 포괄적으로 다루는 것이다. 그리고 스포츠, 무용, 게임 등을 새로운 각도에서 보게 되는 것이다.

이를 종합해 보면 체육의 두 가지 측면, 즉 「학문적 영역(academic discipline)」과 「전문영역(professional discipline)」으로 구분할 때, 체육의 학문성을 강조하게 되면 「human movement」가 될 것이며, 전문 영역을 강조하게 되면 19세기부터 현재까지 보편적 개념으로 사용되고 있는 「physical education」이 되는 것이다. 1960년대 AAPE가 정의한 체육의 지식체 "The art and science of human movement"는 1974년 "Concepts of Physical Education and Sport Science"라는 주제로 개최된 국제세미나(이스라엘)와 1987년 세계체육협회(AIESEP)의 제25차 회의에서 종래 「physical education」의 개념이 「human movement」의 개념으로 전환되어야 함을 논의함으로써 20세기 체육의 지식체가 「human movement」라는 것이 확인되었다.

2) 스포츠의 발달과정

(1) 1600~1700년대

1607년 5월 13일 영국의 청교도들이 Virginia 주에 처음 정착한 후 Massachusetts 주의 Plymouth에 영구정착지를 확보한 1620년 12월 12일을 미국 체육의 시작이라고 볼 수 있는데, 당시는 궁핍하거나 단조로운 생활은 아니라 하더라도 생존에 매우 절박했던 개척시대였다. 그러므로 New England 지방의 초기 이주민들은 놀이, 게임, 각종 스포츠활동을 자유로이 할 수 없었다. 그 예로서 1600년대 초에는 볼링이 금지되었고, Massachusetts 주지사 John Endicott은 mayplod(오월제 장식기둥)를 절단시켜 축제를 금지시켰다.

당시 체육 · 스포츠활동이 금지된 이유는 첫째, 개척시대의 절박한 상황이 휴식을 취하거나 여가와 레크레이션의 활동을 위한 시간을 할애할 수 없었다는 점이다. 개척지의 자연환경과 인디언의 습격 등은 생존의 위협이었으므로 체육 · 스포츠활동은 그들에게 있어서 사치였던 것이다. 둘째, 나태와 쾌락 등을 시간낭비로 간주하고 종교 계율상 엄격하게 배척하고 통제하는 사회적 상황이었으므로 체육 · 스포츠활동은 그러한 의미에서 거부될 수밖에 없었다.

청교도들은 영국 국교(國敎)에 반대하면서 신대륙으로 이주하여 그들의 이상적인 청교도 사회를 건설하려 한 사람들이었으므로 체육 · 스포츠활동에 대해 좋지 않은 감정을 가지고 있었다. 그들은 첫째, 초기 청교도인은 종교적 도피처를 찾아왔다고 생각하면서 자신들의 어떤 세속적인 흔적도 남기지 않으려는 시도를 하여 각종 레크레이션을 용납하지 않았다. 둘째, 청교도들은 모든 종교적 의식과 의례를 반대하였는데 그러한 격식이 인간과 신(神)의 영적 관계를 오도(誤導)한다는 생각을 가지고 있었다. 셋째, 사회계층에 대한 편견을 가지고 세속적 쾌락을 비난하였다. 즉 청교도인들은 본래 사회적으로 가난하고 궁핍한 하류층 사람들이었기 때문에 부유한 계층들의 즐겁고 유쾌한 신체활동이나 레크레이션활동을 배척하였던 것이다. 이러한 요인은 이 시기의 체육을 이해하는데 필요한 요소가 된다.

청교도들이 체육 · 스포츠활동을 배척하는 입장이었음에도 불구하고 체육 · 스포츠활동에 대한 미국인의 태도는 지역에 따라 다르게 나타났다. New England에는 청교도적 스포츠 금지령이 있는가 하면 대서양 중부 연안지역은 차츰 관용적 태도를 취하였고, 남부 연안지역의 주민들은 쾌적한 기후와 안정된 생활과 함께 농장주들 대부분이 자유주의적 영국 국교의 교구민이었기 때문에 게임이나 레크레이션을 실행하고 있었다. 그리고 변경(邊境)으로 갈수록 종교적 통제가 약화되었고, 경마, 투계, 곰 다루기 등에 대한 도박이 성행하였으며, 카드놀이, 당구, 볼링 등의 오락경기가 행해졌다. 현재와 달리 잔인성과 폭력성이 많은 권투, 레슬링, 총싸움이 성행하였으며 가장 대중적으로 인기 있었던 종목은 경마경주였다.

(2) 1700~1800년대

1700년대에는 달리기와 수영 등의 스포츠활동은 건강에 오히려 해가 된다는 인식이 있었지만 레크레이션이나 작업과 관련한 신체활동은 일종의 일이나 경기를 위한 모임이었던 Bee라는 관습을 통해 거의 공식화되었다. 이는 마치 벌들이 모여서 일하는 것처럼 생활상의 목적이나 사교목적으로 모이는 것을 의미하였다. 이는 건초작업, 이불 누비기, 옥수수 수확 등의 잔일을 할 때 일반적으로 행해진 관습이었으며, 댄싱, 레슬링, 먹기시합 등의 유희로 이어지는 것이 일반적이었다. 이 시기에 나타난 스포츠 행사로는 경보, 도약, 도끼 던지기, 거위 끌기, 말굽고리 던지기 등과 도박이나 술마시기 시합 등이 있었다. 당시 Benjamin Flanklin(1706~1790)은 '사람들이 일에만 관심을 집중시켰던 개척시대의 힘들고 단조로운 일들은 이제 끝이 났다. 편안한 환경이 되었으므로 보다 차원 높은 기예를 기르기 위해 여가시간을 이용하는데 관심을 두어야 한다' 고 말하면서 '인생이란 게임과 같아서 경쟁자나 적이 되기도 하며 점수를 따기도 한다. 그러나 이겼다고 해서 의기양양한 태도를 보이거나 지나친 즐거움을 표현해서는 안 된다' 고 지적하였다.

1700년대 중반부터 각종 스포츠클럽이 결성되기 시작하였는데, 1734년 미국 최초의 스포츠 사교클럽인 Schuykill Fishing Company가 Philadelphia에서 조직되었고, 1776년 여우사냥클럽이 New Jersey 주의 Gloucester에서 생겼다. 1700년대 후반에는 크리켓, 골프클럽 등이 결성되었다. 일반인들은 단지 권투나 곰 · 소 다루기라든가 투계 등의 시합을 관람하였다. 대학 스포츠는 여전히 폭력적인 것이 특징이었다. 이들은 레슬링, 원형 풋볼 등의 경기를 하였는데 경기가 너무 거칠고 폭력적이어서 대학당국은 이를 저지하였고, Priceton대학의 경우 1787년 교수회를 거쳐 금지령을 내렸다. 당시의 대학 스포츠는 지나칠 정도로 거칠고 폭력적이었으며, 사회적 가치나 인격수양의 목적이 분명치 못한 비신사적이었음을 지적할 수 있다.

(3) 1800~1850년대

미국 남북전쟁(1861~1865) 시대에는 체육 · 스포츠활동에 대한 태도가 분명치 못하였지만 매스미디어나 저명인사들은 스포츠에 대해 적극적인 태도를 취하고 있었다. 스포츠는 많이 보급된 편이었으나 여전히 엘리트 중심이었다. 스포츠 참가와 관람은 사회계층과 비례하였고, 여가시간이 사회지위를 대변하고 있었으며, 스포츠활동은 과시적인 면을 가지고 있었다. 가장 대표적인 것은 1831년 One-Old-Cat이라는 놀이를 신사들이 발전시켜 야구의 시초인 Town Ball 클럽을 만들었다. 이는 14년 후 Knickerbocker 클럽에 의하여 야구경기로 발전하여 오늘날 미국의 주요 운동경기가 되었다. 이들은 승리를 위하여 치열한 경쟁을 벌이지 않았고 레크레이션적, 사교적 수단의 하나로 점잖고 품위 있게 경기를 행하였다. 당시 부유한 계층들은 각종 스포츠를 후원하였으며, 사회 각 계층들로부터 많은 관람객이 모여들었다. 이에 따라 스포츠를 주제로 한 대중음악이 탄생되기도 하였다.

(4) 1850~1918년대

미국에 있어서 근대 체육의 급속한 성장은 남북전쟁과 제1차 세계대전 시기에 이루어졌다. 이때는 미국의 산업화가 급속히 이루어지고 신앙의 계율도 완화되어 일반시민의 생활방식이 변화를 가져온 시기였다. 남북전쟁 때 병영생활의 여가활동으로 행해졌던 야구와 같은 스포츠가 귀향한 군인들에 의해 보급되어 활성화되었다. 남북전쟁 후 미국체육계에서는 아마추어와 프로페셔널이라는 선수신분 문제가 중대하게 부각되는 등 이 때부터 스포츠가 기업형태를 취하게 되었다. 1868년 관람객에게 입장료를 부과하였고, 1876년에 National League의 첫 대회가 개최되었다. 이 시기는 체육 · 스포츠에 대한 긍정적인 시각이 이루어졌으며, 레크레이션활동도 가족중심에서 도시화, 즉 사교적이면서 즐기는 형태로 변화되었다.

Amherst대 체육관 (1860)

대학경기가 활성화된 시기도 이 때였는데 대학간 첫 경기는 1852년 Yale대학과 Harvard대학간에 벌어진 조정경기였다. 야구는 1859년 Amherst대학과 Williams대학, 미식축구는 1869년 Rutgers대학과 Princeton대학간의 경쟁이 첫 경기였다. 1867년 야구연맹이 첫 회합을 가졌으며, 1875년 Bowling Club이 조직화되었고, 1882년 테니스연맹이 구성되었다. 1869년에는 New York과 San Francisco에 YMCA체육관이 건립되었으며, 1887년 미국 전역에 YMCA체육관이 348개로 늘어났다. 또한 1886년 Boston과 New York에 첫 번째 Country Club이 개장되었다. 그리고 1895년 "The New York Journal"에 처음으로 스포츠 면이 할애되었다. 미국 스포츠계의 거대한 발전을 읽을 수 있는 기간이었다.

Hemenway 체육관(Harvard 대학, 1885)

이 당시는 대학경기가 빠른 속도로 발전한 만큼 문제점들도 많았다. 대학 행정가, 교수, 학생 모두 운동경기에 대한 경험이 없었으며, 시설과 장비, 학교생활지도, 경기규정 등도 해결해야 할 문제들이었다. 당시 이러한 문제의 해결에 절대적인 기여를 한 사람들은 Walter Camp, Fielding H. Yost, George Huff, Amos Alonzo Stagg 등이었는데, 그들의 노력에 의해 1885년 오늘날 NCAA의 모체인 「The Intercollegiate Association Amateur Athletes」가 구성되었다. 이에 앞서 1876년 「The Intercollegiate Football Association」, 1879년 「The National Association of Amateur Athletes(1890년 The Amateur Athletic Union으로 개칭)」, 1883년 「The Intercollegiate Athletic Conference」등이 조직되었다.

1891년과 1895년에는 Springfield대학의 James Naismith와 Williams G. Morgan이 농구와 배구를 각각 창안하였다. 대학농구경기는 1897년 Yale대학과 Pennsylvania대학간에 시작되었으며, 미국의 독립을 기념하기 위해 「Boston 마라톤대회」가 개최된 시기도 바로 이 때였다. 그러므로 미국의 대학스포츠가 정착하기 시작한 시기는 1870년~1880년대라고 볼 수 있다. 초기의 미식축구는 선수 대부분이 상류층이어서 귀족적 분위기가 있었지만 점차 미국 국민 전체가 좋아하는 대중스포츠로 변화되었으며, 고등학교 경기는 대학경기를 모델로 이루어졌다.

James Naismith

1896년 Pierre de Coubertin(1863~1937)의 올림픽 부활제창은 미국의 체육발전에 큰 자극이 되었고, 그리하여 각 종목마다 전국선수권대회를 개최하게 되었다. 당시 전국대회의 스포츠종목은 체스, 당구, 소총사격, 양궁, 크리켓, 사이클링, 카누, 마술, 펜싱, 골프, 볼링, 핸드볼, 통나무 굴리기, 스키, 론볼링 등이 있었다. 또한 여성 스포츠도 참가율이 점점 높아졌는데, 예를 들면 사이클링은 여성들에게 기동성을 제공할 뿐만 아니라 스커트나 드레스를 짧은 바지로 대신하는 의상변화를 가져와 사회관습으로부터 여성해방의 한 역할을 담당하기도 하였다. 1900년 파리올림픽대회에 여성들이 골프와 테니스에 참가한 뒤부터 육상경기 등 활발한 스포츠활동에 참가하게 되었다. "The New York Journal"이 1895년 스포츠 기사를 처음 실었고, 이를 따라 다른 신문들도 우후죽순으로 번져갔다. 타임즈 헤럴드의 경우는 직접 자동차 경주대회를 주최하기도 하였다. 이러한 신문의 스포츠 기사화는 많은 스포츠영웅을 탄생시켰다.

미국 대학스포츠의 연혁

1852 첫 번째 대학경기는 조정경기로서 Yale대학과 Harvard대학간의 경기였다.

1850 첫 번째 대학야구경기는 Amherst대학과 Williams대학간의 경기였다.

1869 첫 번째 대학풋볼경기는 Rutgers대학과 Princeton대학간의 경기였다.

1875 대학경기연맹(Intercollegiate Association of Amateur Athletics of America)이 창설되었다.

1883 대학테니스연맹(Intercollegiate Lawn Tennis Association)이 창설되었다.

1885 NCAA의 모체인 The Intercollegiate Association Amateur Athletes가 구성되었다.

1891 농구경기가 Springfield대학에서 고안되었다.
1895 배구경기가 Springfield대학에서 고안되었다.
1892 California대학에 여자 농구팀이 창단되었다.
1895 Johns Hopkins대학에서 첫 번째 대학하키경기가 열렸다.
1895 대학경기위원회(International Conference of Faculty Representative)가 설립되었다. 이 위원회는 후에 The Big Ten Conference가 되었음.
1896 첫번째 대학수영경기가 Columbia, Pennsylvania, Yale대학 등이 참석한 가운데 개최되었다.
1900 Oberlin대학이 주최한 대학여자농구경기가 6개 팀이 참가한 가운데 개최되었다.

(5) 1919~1950년대

미국은 1919년부터 1930년대를 체육의 황금기라고 부른다. 이 시기는 경제발전으로 인하여 풍요한 생활이 보장되었으며, 일상생활에서 자동차의 보급과 이용이 증가되었고, 언론매체에서 스포츠기사를 취급함에 의해 체육·스포츠활동에 대한 관심이 증가하고 있던 때였다. 이 시기에는 운동선수가 국가적 영웅이 되어 저명인사로 추앙되기도 하였다. 예를 들면 야구의 Babe Ruth, 권투의 Joe Luis와 Gene Tunney, 수영의 John Weismueller 등이 있고, 여성 스포츠영웅에는 테니스의 Henlen Moody, 다재다능한 선수 Mildred Zaharias, 수영의 Gertrude Ederle, 피겨스케이팅의 Sonja Henie 등이 있다. 1940년대 후반 Dodgers에서 흑인 프로 야구선수를 입단시킴으로써 흑인에 대한 차별이 무너지기 시작하여 1950년대 이후부터 흑인인구에 비례하여 흑인선수가 등장하였다. 1919년 이후부터 미국에 있어서 진정한 스포츠문화가 뿌리 깊게 성장하였다고 볼 수 있다. 학교는 물론 사회기관, 클럽, 산업체, 종교계, 기업 등에도 필수적인 활동으로 미국의 대중체육·스포츠활동이 자리 매김을 한 것이다.

미국의 각급 학교에 과외스포츠활동(혹은 방과 후 스포츠활동, Intramural Sports)이 등장하게 된 것은 대학이 1919년, 고등학교가 1925년이며, 이후부터 전국의 학교로 빠르게 확산되었다. 레크레이션 운동은 1930년 「The Playground and Recreation Association」이 「The National Recreation Association」으로 명칭을 바꾸어 조직을 재정비하면서 급성장하게 되었으며, 캠핑분야도 「The American Camping Association」이 탄생하면서 보급이 본격화되었다.

(6) 1950년대 이후

1950년대 이후부터 흑인과 여성 스포츠의 인구가 증가하기 시작하였다. 성별과 인종을 초월한 스포츠선수들이 이 시기에 등장하였지만 여전히 보이지 않는 차별은 계속되었다. 1950년대와 1960년대의 시민권 옹호로 인해 소수민족의 권리를 확대시키고 1960년대와 1970년대에 야기되었던 여권(女權)신장은 1972년 체육·스포츠에 있어서 법(Title IX)으로 남녀차별철폐를 명시하였다. 그리하여 1970년대에 있어서 여성선수들은 전 종목에서 빠질 수 없는 상황이 되었다.

또한 매스미디어의 확대는 체육 · 스포츠활동에 엄청난 변화를 주었다. 예를 들면 1975년에 개최된 야구 월드시리즈는 7차 전까지의 경기를 통해 7천 6백만 명의 시청자를 만들었다. 프로 미식축구 경기 역시 중계료가 엄청난 것이었다. 미국에서 인기 있는 프로 스포츠는 전례 없는 엄청난 자본과 인력이 오고가는 시장이 되었다. 수많은 열성 팬과 현대화된 첨단공학의 장비, 빠르고 정확한 정보력 그리고 최고 수준의 전문지식 등은 세계의 주목과 함께 스포츠 세계의 주체적인 실력국(實力國)임이 인정되었다.

스포츠를 둘러 싼 재화와 용역, 경제적 측면의 수요와 공급을 다루는 스포츠마케팅이 미국에 의해 주도되었고, 대규모 스포츠 행사는 항공기를 포함한 교통수단과 홍보기술의 급속한 발전으로 인하여 가능하게 되었으며, 이러한 스포츠의 세계화는 미국의 역할에 의해 이루어진 것이다. 현재 미국전역의 스포츠센터는 다양한 종목으로서 생활 속의 체육 · 스포츠활동의 본보기가 되고 있다.

4. 체육 사상가[3]

3) 체육사상가에 대한 내용은 Ellen W. Gerber(1971)의 저서『Innovators and Institutions in Physical Education』에서 많은 부분 인용되었다.

1) Edward Hitchcock

Edward Hitchcock

Edward Hitchcock(1828~1911)는 미국체육학회(AAHPERD)의 전신인 「The America Association for the Advancement of Physical Education(AAAPE)」의 회장이었으며, 대학교육 프로그램의 창시자로 알려져 있다. 그는 1861년 Massachusetts 주 Amherst대학에서 위생학과 체육담당 교수로 임명된 후 1879년 Harvard대학에 Dudley A. Sargent가 임명되기까지 미국에서 체육교수라는 직위와 역할을 수행한 유일한 사람이었다고 볼 수 있다. 이때까지는 공인된 체육전문인이 없었으며, Hitchcock에 의해 설계된 프로그램이 체육교육의 모델로서 역할을 하고 있었다.

Amherst대학에서 Hitchcock가 체육 프로그램을 개설할 수 있었던 것은 William Augustus Stearns 총장이 학생들의 올바른 건강에 대하여 관심이 많았기 때문이다. 그는 취임사에서 건강을 매우 강조하였으며, 체육관을 건립하여 초대 체육관장에 John W. Hooker를 임명하였다. 건강문제로 그가 사임한 뒤 Hitchcock가 관장을 맡게 되었으며, Hitchcock의 교육목적은 신체의 건강을 알맞은 수준으로 유지하는데 있었다. Hitchcock는 위생학과 체육교수로서 '간호사로서의 역할', '위생학 분야의 지도', '운동과 레크레이션 프로그램의 설계와 지휘'라는 세 가지의 방법으로 Amherst대학 학생들의 건강을 보살폈다. Hooker를 제외하면 Hitchcock는 아마 세계 최초의 의사 겸 체육교수였을 것이다. 이는 의학과 체육을 최초로 융합한 점에 있어서 의의가 있다고 볼 수 있다.

당시의 대학 정규과정에서 체육교과의 근본 목적은 학생들의 건강증진을 위한 장기적 계획이었기 때문에 1865년부터 그는 저학년에게 '위생학, 음식과 소화, 근육의 보호, 호흡 · 성대기관과 신선한 공기, 피부, 두뇌와 정신, 눈, 재생산적인 기관들, 흡연, 알콜, 성 문제' 등과 같은 일련의 강의를 시작하였다. Hitchcock는 흡연과 알콜은 악(惡)이라고 생각하였으며, 효율적인 체육 프로그램이 잘못된 습관을 치료할 수 있다고 믿었다. 그의 이러한 믿음은 인간의 신체에 대한 도덕적 견해와 관련되어 있었다. Amherst대학은 미국의 대학체육을 공식적으로 대변하는 것이 되었으며, 모든 학생들에게 최소한 일주일에 4일간은 30분씩의 운동을 실시하도록 하였다.

Amherst대학에서 성공적으로 이용된 유일한 운동기구는 나무로 만든 한 쌍의 아령이었다. 이것은 1 pound에 못 미치는 무게였으며, 이 기구를 이용한 운동은 자유스러움, 생동감, 우아함, 전신의 움직임이라는 목표가 있었다. 이 외에도 줄서서 옆으로 걷는 행진, 달리기와 경보운동 등이 행해졌으며, 무거운 기구의 사용이나 장거리 달리기, 댄스, 곤봉사용, 노래부르기, 로프 당기기, 재주넘기 등의 운동도 포함되어 있었다. Hitchcock는 체육수업 중에는 유니폼의 착용을 강조하고 팀 지도자(주장)를 선임하여 수업하는 방법을 선호하였다.

최초로 대학에 체육 프로그램을 시도하였다는 기여 외에도 Hitchcock에게서 가장 주목할 수 있는 점은 인체측정(anthropometric measurements)이다. Hitchcock의 주된 관심은 대학생의 신체성장이었으므로 그는 체육교육과 관련시켜 나이, 몸무게, 키, 가슴둘레, 팔둘레, 폐의 용량 등과 같은 8개 항목을 1861년부터 대략 1880년까지 모든 학생을 대상으로 측정하였다. 이와 함께 그에게서 발견할 수 있는 또 하나의 위대한 공헌은 학생들에게 전달되는 따뜻함과 관용 그리고 사랑으로 살아온 그의 생애라 할 수 있다.

2) Dudley Allen Sargent

1849년 출생한 Dudley Allen Sargent(1849~1924)는 1869년부터 Bowdoin대학에서 체육을 지도하면서 1875년 문학학사 학위를 수여 받았다. 29세가 되던 1878년 Yale대학에서 의학박사학위를 취득하였으나 그는 의료에 대한 관심보다는 체육에 대한 흥미를 더 많이 느껴 체육분야에 종사하기를 원하였다. 따라서 그는 New York에서 사설 체육관을 개설하여 일반인을 대상으로 의학을 비롯하여 16세 이하 소년들의 신체발육과 교사를 위한 운동처방 그리고 환자를 위한 특별치료 등을 행하였다.

Dudley Allen Sargent

Sargent는 1879년 여름에 Harvard대학의 체육담당 교수 겸 Hemenway체육관 관장에 임명되었다. 그는 그 대학에서 40년간 체육 프로그램을 지도하면서 Sargent Normal School과 Harvard Summer School에서 5,000여 명을 대상으로 교사지도 프로그램을 운영하였다. 또한 그는 Harvard대학에서 5만여 차례의 체력검사를 실시했으며, 그 자료는 체육분야뿐만 아니라 인류학에도 커다란 공헌이 되고 있다. 미국의 각종 체육관련 단체에서 오랫 동안 의장을 역임하였다는 것은 그의 업적과 사상의 중요성을 반증해 준다고 볼 수 있다.

(1) Sargent의 체육사상

Sargent의 체육목적은 매우 포괄적이었으나 명확한 개념을 가지고 있었다. 1883년 발표한 그의 논문에 의하면 '근육운동은 근육뿐만 아니라 호흡, 순환, 영양 기관 등의 기능을 촉진시키며, 신체의 지구력은 물론 뇌의 능률도 향상시킨다' 라고 하였다. 또한 근육운동은 신체적 건강과 아름다움뿐만 아니라 불건전한 정신상태를 순화시키며, 좌절의 그늘을 제거하여 심적인 안정성을 유지하게 한다고 보았다. 사회에 만연된 불쾌감, 악의(惡意), 무자비성 등은 허약한 건강상태에서 연유되며, 때로는 국가의 안녕을 위협하는 정신적, 도덕적 불안과 같은 큰 사건도 신체적인 원인에 의하여 발생될 수 있다는 사실을 여러 사람들이 인식할 때 체육의 가치는 지적 교육 못지 않게 중요시 될 것이라고 하였다. 그의 이러한 견해는 체육이 전문직 분야로 대두되는 것에 중요한 의미를 담고 있다.

학생을 대상으로 한 그의 체육목적은 그들이 재학 중은 물론 졸업 후에도 맡은 일을 능동적으로 수행하게끔 체력을 갖추는 것이었다. 이러한 목적을 달성하기 위해 Sargent는 자신이 개발한 연습계획을 적용하였다. Sargent는 체육교육의 초석은 신체검사라는 것을 강조하여 Hemenway 체육관의 프로그램은 신체검사로부터 시작되었다. 신체검사의 자료를 바탕으로 적당한 운동종목과 운동량, 운동장비를 결정하였다. Sargent는 또한 수면, 식사, 의복착용, 목욕 등에 관한 상황을 카드에 기록하였으며, 운동 후의 정리운동을 강조하였다.

신체검사는 6개월마다 이루어졌으며, 선명한 비교관찰을 위해 신체사진도 찍었다. Sargent는 당시 유행했던 독일이나 스웨덴의 체조 프로그램과는 달리 개인의 흥미를 고려한 연습계획을 원칙으로 하면서 단체연습을 요구하지는 않았다. Sargent는 그의 여러 저서에서 '인간의 신체구조와 기능을 개선하는 것' 을 체육의 주요 목적으로 하여 최적의 신체상태, 즉 「적성(fitness)」이라고 불리우는 능력을 유인하기 위해 신체단련(physical training)의 필수 요소로서 자발적인 운동을 강조하였다. 또한 그는 체육수업 시간에 제한된 몇 종목으로 운동을 실시하는 그 자체보다 수업을 통하여 신체활동에 관심을 갖고 방과 후 또는 졸업 후에도 체육활동에 지속적으로 참여하도록 하는 것이 더욱 중요하다고 인식하여 선택된 소수의 학생보다는 전체 학생에 더 큰 관심을 가졌다.

Sargent는 체육 프로그램에 다양한 종목의 스포츠를 채택하려는 시도와 함께 경기에 대하여 경쟁적인 요소를 감소시켜야 한다고 주장하였다. 청소년들의 운동경기는 신사, 즉 스포츠맨십을 기르는 척도가 되어야 하며, 승리에 대한 교만함을 강조해서는 안 된다는 입장이었다. 이러한 그의 사상은 현대체육에서 강조하고 있는 평생체육과 레저 스포츠활동과 일치감을 가진다.

Sargent는 체육의 목적 중 신체단련의 목적에 특히 중점을 두어 건강과 예방의학에 깊은 애착을 가지고 이를 실천하였다. 그는 '의료인의 최상의 임무는 개인의 위생상태와 사회의 위생조건을 개선시켜 가능한 한 모든 지역에서 발생하는 질병을 예방하는 것'이라고 하였다. 또한 의료인들은 어린이와 주위 환경에 대한 검진의 책임이 있으며, 병리학적 문제가 발생하기 전 생리학적 조치를 취할 필요성을 강조하고 모든 공립학교 어린이들에게 신체검사를 연례적으로 실시할 것을 주장하였다. 그리고 '체육관(體育館)의 주목적은 학생들의 신체적 건강상태를 향상시켜 그들을 가능한 한 건강하고 굳세며, 또 인내력을 갖추게 함으로써 졸업 후 그들의 의무를 훌륭하게 수행해 낼 수 있게 하는 것'이라고 주장하였다. Sargent는 특별히 대학 운동부의 운영에 불만이 있었는데, 대항경기를 관리하는 교수위원회의 임원으로 있을 때 '학교체육은 학생의 교육적, 문화적 가치에 중점을 두어야 하며 경쟁적인 요소에 중점을 두어서는 안 된다'라고 주장하였다. 그리하여 그는 운동선수의 훈련과 연습에 항상 회의적인 반응을 보였다.

Sargent는 체육대회에의 참가자격을 증명하기 위한 수단으로서 체력측정을 고안하였다. 1890년 이후 Harvard대학의 모든 운동선수들에게 이 테스트가 요구되었다. 예를 들면, 오늘날까지 체육분야에서 순발력(power)을 측정하는 방법으로 사용되는 「Sargent jump test」를 개발한 것이다. 이는 중력을 극복해 점프를 하는 가운데 잠재된 힘의 측정을 위해 고안된 것이다. 공식은 「(몸무게 × 점프) ÷ 키 = 순발력」이었다. 그는 선수들과 학생들의 체력측정 기록을 보관하여 그의 체육 훈련체계의 발전과 또 그들의 신체발육 및 체력증진, 인내심의 함양에 이용하였다. 또한 그는 운동선수, 장학생, 일반학생 등의 체격과 체력의 상관관계를 비교하기도 하였다. 이는 학문적인 발전에 아주 유용한 인체측정학적 비교연구였다.

1900년경부터 경쟁적인 운동경기가 점차 보급됨에 따라 그의 운동기구에 의한 운동방법은 쇠퇴하기 시작하였다. 그 이유는 체육분야에서 보다 포괄적으로 이용하기 위한 노력이 부족했고, 운동 자체에 흥미가 결핍되어 있었으며, 또 근육을 활동시키는 중추신경에 대한 연구 없이 근육의 강화에만 초점이 맞추어졌기 때문인 것으로 판단된다. 그럼에도 불구하고 Sargent가 개발한 운동기구와 그 원리는 현대체육에 있어서 과학적 근거와 동기를 제공하고 있다는 측면에서 큰 공헌이라고 볼 수 있다.

(2) 대항경기에 대한 사상

Sargent의 대항경기(athletics)에 대한 사상은 1885년 Harvard대학의 운동경기 교수위원회의 회장으로 있을 때 풋볼 팀의 대외 출전을 금지시킨 것으로 알 수 있다. 그러나 그는 풋볼 경기가 거친 경기로 타락됨은 유감이지만 적당한 체력을 갖춘 사람에게는 좋은 운동이며, 신사적으로 경기할 수 있다고 보아 대항경기의 가치를 인정하기도 하였다. 1889년 미국체육학회에서 Sargent는 '대학 스포츠의 현 조류가 스포츠를 어떤 극단적인 면으로 끌고 가고 있어 해가 되지 않을까 하는 우려는 있지만 역시 해로운 점보다는 이로운 점이 많다고 주장하고 싶다'라고 하여 그의 대항경기에 대한 일면을 이해할 수 있게 하였다.

Sargent는 대항경기에 대해 긍정적 입장을 전제로 다음과 같은 제안을 하였다.

첫째, 입장료를 폐지하고, 둘째, 운동경기를 정규과목의 한 부분이 되게 하여 수업료 또는 기부금으로 그 비용을 충당하며, 셋째, 그룹이나 학교간의 스포츠 경쟁을 강조하면서 모든 학생을 위한 경기가 되도록 하고, 넷째, 어느 한 종목의 운동경기에 편중됨을 방지한다는 4가지 방안이다. Sargent의 건전하고 합리적인 제안은 반대 세력에 의해 오랫 동안 실천되지 못하였으며, 결국 이것으로 인하여 그는 교수직을 박탈당하는 수모를 겪기도 하였다. 그러나 대학 스포츠, 즉 대항경기에 대한 그의 견해는 매우 논리적이었으며 건전한 학원 스포츠를 위하여 올바른 방향을 제시하였다고 평가된다. 신사적이고 폭력이 없는 경기장의 질서를 강조한 점과 대학 스포츠가 교육과정의 일부분이 되게 하여 모든 학생이 참가하도록 포용한 입장 그리고 스포츠 활동을 학구적 노력과 병행토록 하여 지나친 전문화를 방지하고 조화롭고 유능한 대학인의 상(像)을 추구한 점은 대학 스포츠가 올바른 방향으로 나갈 수 있도록 한 이상적인 소신이었다고 평가된다. 대학 스포츠에 대한 Sargent의 견해는 고금을 초월하여 순수한 학원 스포츠의 기본적인 성격을 유지해야 한다는 점을 제시하였다는 것에 그 가치를 부여할 수 있다.

(3) 올림픽에 대한 사상

Sargent는 올림픽에 대해서도 불만으로 가득 차 있었다. 이는 1908년 런던올림픽대회를 관람한 후 표명한 신랄한 비평에 초점을 맞출 수 있는데, 여기서 Sargent는 '올림픽경기는 상업박람회의 여흥으로 열렸으며, 좋은 좌석은 너무 비싸고, 싼 좌석은 경기 장면을 제대로 볼 수 없을 만큼 멀리 떨어져 있다' 라고 하면서 고대 올림픽과 같은 도덕적, 종교적 의미를 상실하고 있음을 한탄하였다. 그는 '올림픽이 과연 인간에게 건강과 체력 그리고 정력이란 측면에서 볼 때 가치가 있는 것인가? 마라톤과 같은 경우 출전을 위해 참가 선수가 체력을 비축하는 것이 과연 인간에게 가치가 있는 것인지 의문이다' 라고 비평하였다. 올림픽에 참가하는 선수들은 그 나라 젊은이들의 체육활동을 대표하는 것이 아니라고 보았다. 이는 한 마디로 경기력 향상을 위한 희생과 준비과정에 대한 반대인 것이다. 이러한 입장은 모든 경기는 개인 혹은 국가간의 도덕적 차원 위에서 근본 정신과 의의를 찾아야 함을 제시한 것으로 이해할 수 있다.

(4) 여성체육에 대한 사상

Sargent의 또 다른 관심은 여성체육이었다. Sargent 덕분에 미국의 여성들은 상당히 많은 자유와 자립의 기회를 부여받게 되었다고 할 수 있다. 그는 여성체육의 발전을 위해 많은 노력을 하였는데, 예를 들면 New York에 있는 그의 연구소에 여학생을 입소시켰고, Harvard대학 별관에서 여학생을 위한 체육을 제공하였으며, Normal School을 설립한 것 등이다. Sargent는 여성의 복장에 매우 진보적인 입장을 취하여 상하가 분리된 복장과 바지의 착용을 허용했으며, 그는 이를 여성의 활동에 매우 위생적이며 편리한 것으로 생각하였다. 또한 긴소매와 긴 스커트의 착용을 반대하고 스커트를 착용해야 할 경우 무릎까지 오는 것을 장려하였다.

1879년 Sargent가 대학에 부임하기 전 까지는 여성체육 프로그램에 많은 제한이 있었으나 Sargent에 의해 농구, 육상, 스웨덴 체조, 핸드볼, 하키, 펜싱 등 많은 종목이 추가되었다. 그리고 남자들에게도 심미적인 무용을 권장하였다. 그러나 발레는 찬성하지 않았다. 현대무용은 발레보다 발과 종아리는 튼튼해지지 않지만 팔, 몸통, 다리를 많이 움직이기 때문에 좋은 운동이라고 생각하였다. Sargent는 예술적인 형태로서의 무용에는 관심이 없었으며, 단지 우아함과 좋은 자세를 유지할 수 있는 수단으로서 무용에 대해 긍정적인 사상을 갖고 있었다.

Sargent의 여성체육에 대한 견해는 '정상적이며 건전한 방향으로 행해지는 경쟁적인 게임은 남성에게와 같이 여성에게도 유익한 것이다. 경쟁적인 게임은 연습과 실제 경기를 통하여 흥미를 자극시키며, 스포츠의 평등권과 우월권에 대한 욕망을 불러 일으켜 결국은 다른 방법보다 신체발달을 촉진시키는 데에 큰 역할을 할 수 있다' 라고 한 것으로 집약될 수 있다. 그의 이러한 여성 체육관은 여권신장에 획기적인 계기를 만들었다고 볼 수 있다. 올림픽과 대학경기에 대한 보수적이고 고전적인 입장에 비하여 여성의 체육활동에 대해서는 매우 진보적이고 현대적인 입장을 취하고 있음을 발견할 수 있다.

(5) Sargent 체육학교

미국 체육에 대한 Sargent의 공헌 중 그가 설립한 체육학교 역시 주목된다. Sargent Normal School의 설립 동기는 Hemenway 체육관에서 여러 유형의 운동을 연구하면서 얻은 방법과 기구를 직접 사용해 보고 싶은 욕망 그리고 체육교사를 양성해 보려는 시도로서 시행된 것 같다. 이 학교의 목표는 체육이론과 실기로써 학생들을 훈련시키고 가르치도록 준비시키는 것이었다. 즉 빈약한 건강 때문에 특별한 처방을 요구하는 사람에게 신중히 처방된 운동과정을 제공하여 그들의 체력을 증진시키며, 활기찬 생활을 원하는 사람에게는 여가선용 방법과 운동을 제공하여 균형과 우아함을 육성하는 방법을 제공하는 것이었다. 교육과정은 체육의 과학적인 기초를 강조하는 그의 체육관을 반영시켜 이론과정은 자연과학과 건강과학에 거의 치중하였다. 따라서 해부학, 생물학, 생태학, 동물학, 화학, 물리학 등과 식사, 수면, 목욕, 기후 등에 대한 연구가 행해졌다. 1902년 교육사가 포함되고 캠핑과 여러 운동 종목이 채택되었다. 1969년경 건강보다는 스포츠에 대한 대중의 관심이 집중됨으로써 Sargent Normal School은 막을 내렸다고 보아야 할 것이다.

또한 Sargent는 Harvard Summer School을 설립하여 20세기초 미국의 전문적인 트레이닝 과정 중 가장 모범기관이 되게 하였다. 참가자 대부분은 여러 지방의 대학과 중등학교 교사들이었다. 그 중에는 의사, 군 행정관, 교장, 타 분야의 교수와 교사들도 있었고 일본, 중국, 터키 등 16개국에서 외국인도 참가하였다. 모두 46학기 동안 7,680명이 등록하였으며, 그 중 5,086명이 졸업하였다. 이 학교의 목적은 일반과목에 흥미를 유발시키며, 단 기간에 많은 사람들이 체육을 가르치도록 하는 것이었다. 이론과정은 체육에 기본이 되는 과학, 즉 해부학, 생리학, 위생학, 인체측정학에 관한 강의로 구성되었으며, 실기과정으로는 미용체조, 펜싱, 덤벨, 승마, 덤블링 등이 포함되어 있었다. 1902년 수업기간을 연장하면 체육의 전문화가 성취될 수 있다는 신념을 가지고 프로그램을 4회의 여름학기로 확대시켰다. 이론과정은 변하지 않은 반면에 실기과정은 크게 확대되었고, 남학생들은 복싱과 레슬링, 여학생은 하키와 테니스가 추가되었다. 점차적으로 교육이나 의학 등 여러 분야의 전문가나 숙련자들을 초빙하여 강의하였다. 그러나 대학 당국자들은 Sargent의 활동이 비과학적이며, 남녀공동으로 사용되는 체육관과 학생들의 간소화된 운동복장에 대해 긍정적인 확신을 가지지 못하였다. 게다가 학위취득을 위해서 8회의 여름 학기를 이수하여야 한다는 규정은 Harvard Summer School의 폐교를 의미한다고 보았다. 결국 이러한 상황에 의해 이 학교는 문을 닫게 되었다.

Sargent가 설립한 학교들은 건강에 대한 관심과 동기를 유발시켰으며, 체육지도자 양성을 위해 조직적이고 전문적인 체계를 마련하여 체육교육의 원대한 안목과 과학적 연구의 실험무대가 되었다는 점에서 큰 가치를 찾을 수 있다. 그리고 이러한 체계적인 체육교사 양성기관의 설립은 타학문과의 상호보완적 노력을 시도하였다는 점에서 중요시된다. 남녀 공동수업과 운동복의 간소화에 있어서도 그 가치가 인정된다. 또한 Sargent는 미국 체육의 개척자 중의 한 사람으로서 미국 체육을 유럽의 여러 체육과 종합하는 것에서 많은 실리를 거두었다. 그는 근육강화에 유용한 독일체육, 활동적이고 열성적인 영국스포츠, 우아하고 유연한 프랑스의 미용체조, 아름다운 자세와 정확한 구조의 스웨덴체조 등이 종합되어 미국의 요구에 부응하게 된다고 설명하였다.

미국 체육사에 있어서 Sargent의 공헌을 요약하면 다음과 같다.

첫째, 체육의 목적을 위생학적 측면, 치료적 측면, 레크레이션적 측면 그리고 교육학적 측면으로 분류하였으며, 궁극적인 목표를 인간의 신체구조와 기능을 개선하는 것으로 설정하여 체육의 예방 의학적 측면을 중요하게 대두시켰다.

둘째, 운동 및 측정기구를 개선하고 운동에 대한 기능적인 접근을 시도하여 스포츠 과학화에 크게 공헌하였다.

셋째, 여성체육에 대한 그의 진보주의적 입장은 여성의 역할과 지위를 향상시켰으며, 체육활동의 참여를 증가시키고 복장의 간소화에 기여하였다.

넷째, 올림픽과 대항경기에 대한 그의 입장은 과열화와 상업주의 그리고 지나친 민족주의 등에 대해서 반대하였으나 경쟁경기 그 자체는 인정하였다.

다섯째, 체육활동 프로그램의 지나친 특수화와 전문화 그리고 소수인이 참여하는 스포츠활동에 반대하였으며, 스포츠는 모든 사람이 참여하는 교육과정의 일부분이 되어야 한다고 주장하였다.

Sargent의 대중적인 체육교육의 강조는 초기 미국의 체육교육 프로그램의 금자탑으로 간주된다. 그리고 체육의 가치정립과 과학화에 선구적 역할을 하여 체육이 교육과정의 일부분이 됨과 동시에 독립된 학문으로 성숙될 수 있는 중요한 토대를 마련하게 하였다. 이러한 기여에 의해 Sargent는 미국 체육사에서 가장 주목받는 인물이 되었다.

3) John Dewey

John Dewey

미국의 교육사에서 가장 주목받는 인물은 John Dewey(1859~1952)이다. 그는 1859년 Vermont 주 Burlington에서 태어나 Vermont대학을 졸업한 후 1882년 Johns Hopkins대학 대학원에 진학하였다. 그는 본래 겸손한 인품이었으나 매우 정력적으로 살았다. 19세기 후반부터 20세기초에 이르기까지 미국의 사상적, 역사적 상황에 유럽의 사상을 소재로 하여 새로운 교육이론을 체계화하였는데 이것이 진보주의 교육이론이다.

Dewey의 교육철학은 다섯 가지로 나누어 살펴볼 수 있다.

첫째, 교육의 본질로서 아동중심과 사회개조라는 점이다. 이는 사회집단의 구성원인 개개인의 출생과 접촉이라는 명백한 사실이 교육의 필요를 환기시키는 것이며, 모든 교육은 개인이 인류의 사회의식에 참가함으로 행하여진다는 것이다. 그러므로 Dewey는 사회와 교육과의 관계에서 교육이란 사회의 한 과정이라고 설명한다. 그리고 교육은 「경험의 재구성」이기 때문에 아동에게 염증을 느끼게 하지 않고 도리어 활동을 고무하며, 학생을 격려하여 바람직한 미래 경험을 준비시키는 것이 교육자의 임무라고 지적하였다.

둘째, 학교의 기능은 가정생활의 연장이며 지역사회의 축소판이라는 점이다. 이는 Dewey가 교육이란 성장이며, 생활자체로서 학교를 하나의 사회적 제도로 설정한데서 찾아 볼 수 있다.

셋째, 교육의 교재를 들 수 있는데 이는 집중적, 통합적 흥미에 관한 것이다. 교재는 생활과 밀접한 관련을 지녀야 하고 점진적 분화가 요망되는 것에 집중의 원리가 채택되어야 한다는 것이다.

넷째, 방법의 설정이다. 지도법의 문제는 결국 아동의 힘과 흥미의 발전 순서의 문제로 돌릴 수 있다. 표현은 의식적 인상보다 먼저 생기며, 근육의 발달은 감각기관의 발달에 선행한다. 운동은 의식적 감각보다 앞서 일어난다는 점 등이 이러한 것이다.

다섯째, 학교와 사회적 진보인데 여기서는 학교와 사회개선의 추구 그리고 교사의 역할을 이야기하고 있다. Dewey는 교육은 사회적 진보와 개량의 기초적 방법이라고 보고 교육은 또한 사회의식에 참가하게 되는 과정의 조정이며, 이 사회의식을 기초로 한 개인적 활동의 조정이야말로 사회개조의 유일하고 확실한 방법이라고 설명하고 있다.

Dewey의 교육철학은 체육과 긴밀한 관계를 취하고 있다. 즉 정신과 신체의 통합이라는 그의 사상은 체육에 있어서 중요하게 다룰 수 있는 것이다. 정신과 신체의 통합은 사고적 행동에 필수불가결하며, 또한 사고적 행동은 배움에 필수 불가결하다.

신체활동은 배워지는 것이기 때문에 이것은 신체적인 것뿐만 아니라 정신적이며 지적인 것이다. 그리고 교육에 전인(全人)이라는 개념이 성립되기 때문에 체육에 대한 철학적 의미가 부여된다. 이러한 Dewey의 이론에 의하면 체육은 교육적인 개념 정립에 따라 합법적으로 자리 매김을 하는 논리가 성립된다. 이는 교사가 마음이 아닌 전인을 교육하려 한다면 체육도 신체가 아닌 전인을 교육한다는 것이 이를 뒷받침할 수 있다. 이러한 체육에 대한 전인이론은 체육학자 중에서도 특히 Jesse Feiring Williams로부터 나왔다. 이러한 사상적 개념으로 체육은 이제 신체의 건강이나 체력이 체육교육의 가치가 아니라 전인교육이 강조되는 상황으로 변화된 것이다. 이를 새로운 개념으로 '변화하였다'라고 하여 흔히 「신체육(New Physical Education)」이라 부른다. Dewey에 의하면 '학교는 본래 사회를 배우기 위한 것이다. 교육이란 하나의 사회적 과정으로서 어린이에게 여러 사회 전통을 가르치고 각자의 능력을 개발하여 사회에 봉사하도록 하는 것이다'라고 지적하였다. 만약 체육의 목적이 교육의 목적과 일치한다면 Dewey는 체육에 대해 새로운 목적들을 추가했을 것이다.

교육의 사회적 기능과 체육의 역할을 연관시켜 볼 때, 체육의 궁극적 목적은 학생들로 하여금 민주사회의 훌륭한 시민이 되도록 하는데 있다. Dewey의 몸과 마음의 통합에 대한 열의는 새로운 교육과정에서 사고와 행동을 연합해야 한다는 입장에서 찾아 볼 수 있다. Dewey는 교육에서의 모든 종류의 손기술과 실험경험을 강조하였고, 교육과정에는 놀이와 일에 대한 이론도 가지고 있는데 이는 다음과 같다. '놀이, 게임 및 건설적인 일은 쉽게 배우기 위한 목적과 함께 지루한 학교 공부로부터 여유를 준다. 그러나 놀이와 게임은 단순히 즐거운 오락이라는 목적에 국한되어 있는 것이 아니라 지적이며 사회적 발달을 생산해 낸다' 그리고 '놀이도 목적이 있다. 놀이를 하는 사람은 그저 신체적으로 움직이는 것이 아니라 어떤 것에 효과를 미치기 위해서 하는 것이다. 놀이를 통해서 어린이들이 하고자 하는 어떤 결과를 가져온다'라고 보고 있으며, '인간은 놀이를 할 때 인간이 된다'는 말은 그의 놀이에 대한 신념과 의의를 짐작할 수 있게 한다. 체육에 대한 Dewey 사상의 큰 의미는 몸과 마음의 통합, 놀이의 가치 그리고 놀이를 통해 어린이가 발달하는 것이라고 할 수 있다.

4) Luther Halsey Gulick

Luther Halsey Gulick

Luther Halsey Gulick(1865~1918)은 19세기 후반부터 20세기 초기의 미국 체육에 많은 영향을 미친 YMCA를 발전시킨 공로자로 알려져 있으며, 전통적인 교육자 혹은 사회사업가로 평하기도 한다. Gulick은 종래 청교도인들의 스포츠에 대한 배타적 감정, 즉 '운동이 필요하다고 하는 것은 먹기만 하고, 아무 것에도 머리를 쓰지 않는 사람들이 발명했던 근대적인 미신이다' 혹은 '경기가 활발하게 되었다고 해서 사람이 장수하는 것도 아니며, 좋은 인간이 되는 것도 아니다'라는 등의 체육관(體育觀)에 대해 반대하였다. 그는 전통주의자라고 하지만 창조적이며 적극적인 측면이 있었다.

Gulick의 생존시는 남북전쟁 후 근대산업이 활성화되던 시기였다. Gulick은 당시 영향력 있는 체육지도자였던 Sargent의 제자로서 그의 체육관에 많은 감명을 받았다. 당시 급속하게 발전하고 있던 YMCA는 미국의 교육제도 속에서 가장 빨리 스포츠를 이용한 단체였다. 이러한 시도는 Gulick의 공헌에 의해서 성취되었다고 해도 좋을 것이다. 그 때는 이미 스포츠가 대학중심으로 전개되고 있었으므로 Gulick은 이러한 상황을 주목하고 이를 재빨리 적용시켰으며, 후에 고등학교 등의 학교체육에도 적용하게 되었다. 이러한 의미에서 Gulick은 미국의 체조체계의 체육에 스포츠를 도입시켜 활성화한 선구자로 볼 수 있다. 1890년 Gulick은 신체단련을 목적으로 하는 운동을 교육적 운동, 치료적 운동, 레크레이션적 운동으로 분류하였다. Gulick이 스포츠에 주목한 것은 '어떻게 하면 사람들이 흥미를 가지고 행할 수 있을까?' 하는 것이었다. 그는 일반사람들이 스포츠를 수련의 대상으로 보기 전에 즐기는 것으로 여기고 있다고 생각했던 것이다.

Gulick은 체육을 신체적 측면과 심리적 측면 그리고 사회적 측면으로 보고 이에 대한 원칙을 설정하였다. 또한 Gulick의 유희관(遊戱觀)을 살펴보면, 그는 우선 '유희는 어떤 특수한 활동을 의미하는 것이 아니라 실제로 모든 활동에 파급되는 하나의 태도였다. 유희는 자유로운 자기표현으로서 이상추구의 실재 및 가치의 궁극적인 문제와 직접적인 관련을 맺고 있다. 유희의 정신은 인생철학으로서 가치 있는 것이다' 라고 한 그의 표현에서 가늠할 수 있다. 그에 의하면 놀이는 생활의 수단(의식주)을 확보한 후에 자신의 이상을 추구하는 목적으로 행해지는 것이었다. 놀이는 내적 욕구의 자발적 표현이며, 그러한 자유로운 자기표현의 정신을 보존하고 있는 사람들은 노동과 종교적 감정 그리고 유희와의 3자에 의한 이상적 생활의 추구를 가능하게 한다고 보아 Gulick은 이를 「생활의 유희」로 간주하였다. 그러한 이유에 의해 게임을 하는 것은 필요한 규칙과 제한된 조건하에서 이상을 추구하는 것으로서 이는 인생 그 자체라고 표현하고 있다. 그러므로 그가 시도한 「Campfire Girls」라는 여자조직 캠프는 역사적으로 높이 평가되고 있는데 이는 놀이에 의한 인간형성으로서 교육의 한 방법론으로 볼 수 있다.

한편, 스포츠에서 Gulick은 전인적 인간형성을 추구하고 있다. 그는 운동장을 자유의 조건을 기반으로 하는 '윤리적인 단련장소' 로 보았다. 그의 이러한 노력은 유희나 스포츠를 미국인의 문화로 위치시켰다고 볼 수 있으며, 스포츠문화 혹은 스포츠 그 자체의 형성에 큰 공헌을 하였다. 예를 들면, James Naismith가 농구의 발명자라고 한다면 Gulick은 농구의 보급자인 것이다. Gulick은 Naismith와 함께 농구규칙을 정비하여 YMCA에 보급했고, 협회 관계자들과 홍보하거나 심포지움을 통해 농구를 순식간에 세계의 스포츠로 탄생시켰다. Gulick은 현대 체육을 전개시킨 영향력 있는 인물로서 스포츠의 교육적 가치에 늘 고민하면서 이를 미국인의 생활문화로 만드는데 큰 공헌을 하였다.

5) Thomas Denison Wood

대학시절 Luther Halsey Gulick의 룸메이트였던 Thomas D. Wood(1865~1951)는 Illinois 주 Sycamore에서 태어나 Oberlin대학에서 학사학위를 취득하였으며, 재학 중 Gulick과 함께 Delphine Hanna의 가르침을 받았다. 그 후 그는 Columbia대학에서 문학석사와 의학박사학위를 취득하였는데, 학위과정 중에는 New York시와 New Jersey 주 Summit의 YMCA에서 근무를 하기도 하였다. 1891년 그는 Stanford대학에서 체육전문가로서의 첫발을 내딛게 되었다.

Stanford대학의 초대 총장 David Starr Jordan의 지휘아래 대학개혁위원이었던 Wood는 1891~92년 학기에 체육 프로그램의 도입을 시도하였다. 사업 첫해에 체육교과 3과목을 개설하였는데 첫 번째 과목은 「위생학(hygiene)」강의였으며, 두 번째 과목은 주 3회의 실기시간으로 구성된 「체육(physical training)」[4]이었다. 그리고 세 번째 과목은 「체육과 위생학(physical training and hygiene)」으로서 이는 체육지도자 양성과정이었으며, 이 과정은 매주 2시간의 이론강의와 5시간의 실기강의로 구성되었다. Stanford대학에서의 체육학 학위과정은 1892~93년 학기부터 개설되었다.[5]

4) 「Physical Training」의 원 뜻은 '신체단련'이나 그 당시에는 「Physical Education」이라는 용어가 보편화되지 못했기 때문에 '체육'이라는 표현이 적당할 것 같다.

5) 체육학 전공 학사과정(Bachelor of Science in Anatomy, Physiology, and Physical Training)의 개설은 Harvard대학이 1891년에 최초로 개설하였다.

1893~94년 학기에는 California 주 Pacific Grove에서 「위생학 및 체육」에 관한 Summer School을 개설하였다. 이는 Wood가 체육전문가로 출발한지 불과 3년만의 성과로서 학점과 관련되고, 학위 프로그램이며, 교사연수를 위한 학교라는 장점을 대학을 중심으로 성취시킨 업적이다. 이러한 업적은 전례가 없던 것으로서 Harvard대학의 Sargent조차 이룩하지 못한 성과였다. Wood의 이러한 성공은 독창성을 보인 그의 교육철학에 기인된 것이다. 그의 동료 중 어느 누구도 1893년 Wood가 미국체육학회에서 행한 다음과 같은 기조연설처럼 교육에 있어서 체육의 역할을 명확하게 설명하지는 못하였다.

> 체육이란 무엇인가? 많은 사람들은 체육을 '신체의 단련과 발달'이라고 대답하면서 체육의 목적과 목표는 인체측정이나 운동기능측정 그리고 운동경기와 관련한 측정치 및 평균치를 그래프로 표현하는 것이라고 생각하고 있다.
>
> 현재 이러한 생각은 하나의 고정관념이 되어 있지만 우리 학문이 가치가 있고 또 교육계로부터 인정을 받으려면 체육은 교육만큼 범위가 넓고 인간생활만큼 고귀하고 감동적인 목적을 가지고 있어야 한다. 그리하여 체육의 주요목적은 단순히 신체의 교육이 아니라 전인교육으로서의 체육, 나아가 신체가 환경과 문화적 측면에서 개인의 삶에 기여할 수 있도록 해야 할 것이다.

Thomas D. Wood

위와 같은 신념에 의해 Wood는 체조 위주의 전통적인 체육 교육과정에서 탈피하여 스포츠활동을 포함시켜 그 범위를 확대시켰다.

1910년 제9차 교육연구연보(Ninth Yearbook of the National Society for the Study of Education)에서 Wood는 「New Physical Education」이라고 일컬어진 철

학적 기반을 명료하게 설명하였으며, 그러한 주장은 체육의 목적이 「건강」에서 「교육」으로 전환되는 계기를 제공하게 되었다. 체육목적에 대한 Wood의 새로운 철학은 새로운 교육과정을 요구하게 되었으며, 스포츠, 게임, 댄스 등과 같은 인간의 자연적 본능을 반영하는 형태로 접근되었다. 자연주의 체육은 Rousseau, Guts Muths, Gaulhofer-Streicher로 되돌아가게 되며, 그것이 가지고 있는 함축적 의미는 자연과 인간의 진화론적 유산과 관련된 것이었다. Wood는 다음과 같이 주장하였다.

> 체육교과 내용은 놀이, 게임, 무용, 수영, 야외스포츠, 운동경기 그리고 체조 등이다. 이러한 프로그램들은 인류의 진화과정을 기초로 삼는다. 원시인들은 어린 시절의 놀이와 사냥, 낚시, 농사, 전쟁 등과 같은 지극히 현실적인 행위를 함으로써 신체적, 윤리적 행동을 발달시켰다. 교육에 있어서 효과적이고 만족스러운 결과를 얻으려면 어린이들과 청년들은 원시생활과 반드시 동일한 형태는 아니더라도 생각과 방식에 있어서는 원시인들의 생활과 같이 행동해야 한다.

Wood는 20여 년에 걸쳐 자연주의 체육 프로그램의 철학, 내용, 방법, 성취도 측정, 교사의 역할 그리고 평가 등을 완성하기 위해 노력하였다. 1927년 Rosalind Cassidy와 함께 『The New Physical Education』을 발간하였는데 이 저서와 1910년 미국교육연구연보(NSSE)에 게재한 논문은 20세기 미국 체육을 설명하는 기초 자료로서 인정되고 있다. 또한 『The New Physical Education』은 어느 저서보다도 철학자, 심리학자, 교육학자 등의 연구를 체육에 반영시키고 적용시켰다는 점에서 의미가 있다. 또한 John Dewey, Edward L. Thorndike, Friedrich Fröebel, Jean Jacques Rousseau, Charles Darwin, William James 등이 자주 등장하여 그들의 사상이 인용되었다. 따라서 이 저서는 사상사와 관련하여 체육을 취급하는 시대를 도래케 했으며, 그리하여 체육교육자는 자연과학뿐만 아니라 사회과학적 방법으로서도 체육교육을 취급하게 하였다.

Wood는 체육의 목표를 건강보다는 전인교육에 두었음에도 불구하고 「Health Education」이라는 용어를 처음 만들고 그 분야의 첫 번째 교수가 되었다는 것은 아이러니컬한 일이다. 1927년 건강교육을 강의하는 교수가 되어 5년 후 은퇴할 때까지 그 직책을 맡았다. Wood는 체육과 건강교육을 목적, 내용, 행정구조의 입장에서 구별한 최초의 인물이었다. 건강교육에 대한 그의 견해는 대단히 포괄적이었다. Wood에게 있어서 건강은 신체와 정신 그리고 사회적으로 완전한 상태를 의미하였으므로 건강교육의 대상도 개인의 습관, 태도를 비롯하여 지역사회와 민족 등과도 관련이 있었다. 즉 Wood는 건강교육 수업에 있어서 심리학, 교육학의 원리를 도입하여 개인적 측면보다는 사회적 측면에 더 중점을 두는 것이 바람직하다고 생각하였다. 또한 그는 Edward Hitchcock가 Amherst대학에 위생학을 개설한 이래 해부학과 생리학을 교육내용에 포함시켰으나 이는 중대한 실수였다고 비난하며 이들 교과의 강의를 완강히 거부하였다.

건강교육에 대한 Wood의 일관된 주장은 의무교육 국가에 있어서 한 국가의 건강습관과 국가관을 교육시키고 지도하는데 가장 적합한 기관은 학교라는 것이었다. 건강교육에 관한 그의 저서는 1924년 『The Child in School Care and its Health』, 『Health Education, a Program for Public Schools』, 1930년 『Teacher Training Institutions』등이 있다. Wood는 미국아동건강협회의 발전에 매우 적극적이었으며, 1923년부터 1936년까지 임원으로 근무하였다. 그리고 그는 25년 동안 「Health Problems in Education of the National Education Association」와 「The American Medical Association」의 연합위원회 의장을 역임했으며, 1923년 「The International Conference on Health Education of the World Education」과 제31대 Herbert Clark Hoover(1874~1964) 대통령 시절인 1930년에 열린 「The White House Conference on Child Health and Protection」에서 의장을 맡았다.

「New Physical Education」의 발달과 건강교육 프로그램에서 Wood의 공헌은 그가 Columbia대학에서 세운 업적을 예시하는 것 같다. 1901년 Stanford대학에서 Columbia대학 Teachers College[6]로 옮긴이래 31년 동안 근무하면서 처음에는 체육 및 내과교수로서, 이후에는 건강교육 교수로서 체육부서를 조직하여 운영하였는데, 이 부서는 미국에서 가장 명성 있는 부서가 되었다. Wood의 글과 연설은 학교 경영자에게 체육에 관심을 불러일으키게 하였다. 그는 「The American Association for the Advancement of Physical Education」, 「The New York Academy of Medicine」, 「The American Academy of Physical Education」, 「APEA」등의 특별 연구원으로 선발되는 영광을 얻었고, 1931년 「APEA」로부터 명예상을 수상하기도 하였다. 그리고 1925년 제3회 Gulick 상(償)을 수상하기도 했으며, Jessie Bancroft는 Wood를 의학과 학교교육 그리고 체육을 조화시킨 위대한 공헌자로 찬양하였다.

6) Columbia대학 Teachers College는 미국교육사에 있어서 그 역할이 가장 지대한 대학의 하나였다.진보주의 교육과 직업교육의 선구자였으며, 체육지도자 양성 프로그램을 최초로 운영했었다. 또한 Teachers College는 우수한 교수진이 자랑거리였는데, 교육학자로서 John Dewey, William Heard Kilpatrick, George S. Coynts, Paul Monroe, Edward L, Thorndike, Ruth Strang, R. Freeman Butts, Harold Rugg 등이 있었으며, 특히 Dewey, Kilpatrick, Thorndike 등은 체육분야와 많은 관계를 맺었다. 체육교수로는 Thomas Denison Wood, Jesse Feiring Williams, Harry A. Scott, Clifford Lee Brownell, Josephine Rathbone, Lillian Curtis Drew, Elizabeth Burchenal, Bird Larsen, Gertrude Colby 등이 있었다.

6) Clark Wilson Hetherington

Clark Wilson Hetherington

현대 체육철학자로 불리는 Clark Wilson Hetherington(1870~1942)은 학구적이고 열정적인 완벽주의자였다. 그는 Minnesota 주 Lanesboro에서 태어났지만 그의 체육연구는 1874년부터 생활하기 시작한 California 주에서 이루어졌다. Hetherington은 젊었을 때 체조와 운동에 매우 적극적으로 참여하였으며, 강건하고 적극적인 성격이었으나 성인이 되면서 차분한 생활을 즐겼다. 그의 교육경력은 다양해서 25세 때 Stanford대학에서 교육학을 전공하여 학사학위를 취득하였지만 생물학과 심리학에도 많은 관심이 있었다. Stanford대학에서 그는 Wood에 의해 많은 영향을 받아 1893년부터 1896년까지 그의 조교로 근무하였다. 또한 그는 체조에 매우 열성적이어서 대학 4학년 때에는 체조클럽의 회장을 맡기도 하였다.

Stanford대학의 경험을 살려 Hetherington은 California 주 Whittier에 있는 Reform School에서 2년 동안 통계주임 겸 체육교사로 근무하였다. 그는 놀이공간을 확립하고, 게임과 팀을 조직화하고, 한편으로 체육관(體育館)의 필요성을 학교간부들에게 설득시켰다. 1896년 발간한 보고서에서 그는 '풋볼, 핸드볼 등과 같은 운동을 통해 학생들의 건강운동에 대한 관심이 증대되고 있으며, 신체발달과 정신발달은 동등한 가치라는 것이 증명되고 있다'라고 진술하였다. 또한 그는 주로 문제 아동들을 대상으로 그들의 성장환경과 태도, 학업 등을 연구하고, 의료적, 신체적, 지적 그리고 도덕적 관리상태 등을 기록하고 통계화 하였다. 그의 주된 목적은 개인차를 고려한 처방으로서 개개인의 통계자료를 바탕으로 '만약 그들이 일상적인 놀이를 경험할 수 있었다면 75~80%의 아동들은 교육경력을 가질 수 있었다'라는 결론을 내렸다.

Hetherington은 또한 개인차에 대한 연구와 심리학의 이해를 바탕으로 한 교육경험에 의해 Massachusetts 주 Worcester에 있는 Clark대학으로 가서 대학원 과정을 공부하고, 후에 심리학 조교까지 하였다. G. Stanley Hall의 지도 아래 운영되었던 Clark대학은 아동연구의 중심부 역할을 하였는데 자연주의 사상에 입각한 Hall의 놀이활동이 Hetherington에게 강한 인상을 주어 그에게로 가서 조교로 일하게 하였던 것이다. 그는 2년간 Clark대학에서 공부하였지만 논문을 제출하지 않아 석사학위를 받지는 못하였다. 그의 공식적인 또 다른 연구는 Zurich대학(1904~1905)에서 1년간 이루어졌는데, 그곳에서 그는 인류학, 해부학, 생물심리학 등을 연구하였다.

Hetherington의 다음 직책은 Missouri대학에서 1900년부터 1910년까지 체육교수[7]를 역임한 것이다. 그가 Missouri대학에 재직하면서 이룬 주요 업적은 대학간 경기와 관련되는 문제들을 체육영역에 집중화시켰던 것인데, 그의 계획은 체육교육, 대학간 경기, 레크레이션, 건강 프로그램 등의 기능을 총괄할 수 있는 부서를 구상한 것이다. 그 당시 대학간 경기는 프로페셔날리즘이 침투하여 지나치게 과열화되어 있어서 부정선수들이 판을 쳤다. Hetherington은 부정선수와의 전쟁을 선포하고 1902년 11개 강령으로 된 엄격한 경기규정을 제정하여 타 대학들로부터 지지를 받았다. 그에 힘입어 Hetherington은 1907년 Missouri Valley Conferences를 설립하였다. 1906년 「Intercollegiate Athletic Association(현, NCAA)」이 설립되었을 때 Hetherington은 제6지구 위원장으로 지명되었다. 그가 행했던 대부분의 개혁운동은 「Athletic Research Society」이라는 조직으로 대변되는데, 그는 이 조직의 설립자인 동시에 초대회장이었다. 아마추어리즘과 경기(athletics)영역의 관리에 초점을 두었던 이 조직은 1910년 개최된 회의에서 기본방침을 정하고, 조직의 목표는 놀이(play)를 조직화하고 그러한 방향으로 효율적인 관리가 이루어질 때 경기의 교육적 가치를 승인하려 한 것이었다. 그러한 시도는 경기연맹으로 불려지고 결과적으로 「National Athletic Federation Committee」의 설립을 이끌었으며, 이후 「National Amateur Athletic Federation」이 되었다.

Hetherington의 경기에 대한 관심은 여성 스포츠에까지 확장하게 되는데 Missouri 주의 고등학교 여학생들에게는 학교간 대항경기 대신에 경쟁성이 제한되어 있는 교내경기(intramural sports)를 소개하였다. 그의 「Athletic Research Society」가 이 운동에 앞장서게 되었다. 그는 또한 Missouri 주 사람들에게 레크레이션활동과 운동장을 제공하는 개척자 역할을 하였다. 그러한 노력을 통해 대학에서 전임강사를 채용하여 공립학교에 레크레이션 프로그램을 제공하고 운동장을 개

7) 공식적인 명칭은 「Professor of Physical Training and Director of Gymnastics and Athletics」였다.

발하는 등의 자문을 위해 전미지역을 순회하기도 하였다. 경기와 레크레이션에 대한 Hetherington의 관심은 놀이가 교육적 행위라는 확고한 신념이었다. 그는 놀이의 의미를 설명함에 있어서 다음과 같은 함축적인 표현을 이용하였다.

> 우리가 사용하는 용어인 놀이는 plays, games, athletics, dancing, the play side of gymnstics 등과 대근육을 사용하는 모든 놀이활동을 포함하고 있다.

Hetherington은 놀이와 교육과정은 가장 기본적인 점을 공유하고 있는 것으로 생각한 것이다. 교육은 전통적으로 신체로부터 정신을 분리하였다. Hetherington의 이러한 이분법은 아동의 신체적인 면을 취급하는 특별한 분야가 체육임을 인식시키며, 체육분야를 성장시킬 수 있는 사상으로 받아들였다. 그러나 Hetherington은 체육을 분리된 별개의 영역으로 보지 않고 모든 교육의 기본영역으로 보았다. 그는 논문에서 '체육교육은 교육의 자연스러운 수단이며, 사회문제의 균형을 유지하려 하고, 최상의 교육적 가치를 추구한다' 라고 주장하였다.

Hetherington은 「Demonstration Play School」의 설립과 함께 그의 이상을 실행에 옮기게 되었는데, Berkeley에 있는 California대학이 후원하여 1913년 California대학 내에 세워졌다. 이는 여름학기 과정으로서 6주 동안 하루에 3시간씩 수업이 이루어졌다. 첫 해에 4~12세의 어린이 207명이 등록했으며, 그의 아내를 비롯하여 교사들과 학생들로부터 도움을 받아 운영하였다. 그는 진보주의 교육과정으로 학교를 운영하였으며, 모두 7영역으로 구분하여 내용구성을 하였다. 이 학교는 큰 성과를 이룩하여 미국 전역의 많은 교육자와 교육 행정가들에 의해 연구되어졌다. 그는 1917년 교장직을 사임했으며, 그의 부인이 1934년 대학의 재정난에 의해 폐교될 때까지 그 일을 계속하였다.

1918년 Hetherington은 미국에서 두 번째로 California 주 체육장학사가 되었다.[8] 그의 주 임무는 미용체조 중심의 프로그램을 보급시키고 자연주의적 활동의 교육과정을 접목시키는 것이었다. California 주의 일선학교를 위한 지침서였던 『In the School Program in Physical Education』에서 그는 '자연주의 체육활동은 어린이의 놀이성향에서 비롯된다. …이와는 달리 미용체조 운동의 체조연습은 순수하게 성인으로부터 나온 것이다' 라고 하였다. 그는 교육과정을 발달 프로그램(the developmental program), 인성훈련(training in character morals and manners), 위생적 행동(hygienic behabior), 건강의 유지(the control of health condition or handicaps) 등과 같은 프로그램으로 구성하였다. 체육교사 교육 그리고 자격증과 관련한 그의 획기적인 시도는 긍정적 측면의 조명만큼 반대도 심하여 결국 1921년 그 직을 사임하게 되었다.

Hetherington의 또 다른 기여는 대학 체육교육 전문프로그램을 개발한 것이다. 1923년 New York대학의 교수로서 사범대학의 체육교육과 책임자 역할을 맡았다. 그가 개발한 학부 4년, 대학원 3년의 교육과정은 Missouri대학과 Wisconsin대학에서 개발한 프로그램을 토대로 한 것인데 체육분야에서 가장 중요한 기여를 하였다. 또한

8) 첫 번째 체육담당 장학사는 1916년 New York 주(州)에 임명된 Hetherington의 Stanford대학 친구였던 Thomas A. Storey였다.

그는 1926년 New York대학에 박사과정 프로그램을 개설하였는데 이는 Columbia대학의 Teachers College와 같은 시기였다. Jay B. Nash로 이어진 New York대학의 프로그램은 발전을 거듭하였으며, 특히 레크레이션 분야가 높이 평가되었다.

Hetherington이 주도한 New York대학에서의 또 다른 프로그램은 New York's Palisades Interstate Park의 Sebago에서 개최된 여름학교 캠프였다. 이 행사의 주 관심은 도심의 학교에 놀이시설을 공급하는 것이었다. 이 캠프에서 체육강의를 받은 학생은 약 40여 년 동안 3,000여 명에 이르렀으며, 이 장소는 가족캠핑으로도 이용되었다. Hetherington이 마지막으로 재직한 직장은 모교인 Stanford대학이었다. 이 대학에서 그는 1929년부터 은퇴한 1938년까지 Thomas Wood가 시작한 체육학과(The School of Hygiene and Physical Education)의 전문 프로그램을 재정립하였다.

Hetherington은 일생동안 체육의 한 영역에서 다양한 활동과 직책을 수행하였다. 위에서 언급된 직책 이외에 그는 놀이와 교육적 운동을 위해 「The Fels Foundation Program」을 이끌었으며, 1921년부터 1923년까지 Columbia대학 Teachers College의 연구원으로 일하였다. 아쉬운 점은 그의 많은 연구와 기고들이 출판되지 못한 것인데, 이는 그의 건강상의 이유인 듯하다. 그럼에도 불구하고 그는 체육철학 분야에 큰 기여를 하였다. 놀이이론을 정립했으며, 놀이활동을 조직화하여 체육학적 관점에서 교육적 의의를 찾는데 기여하였다. 또한 그는 체육지도자의 양성을 위한 전문프로그램을 개발하는데 많은 기여를 하였다.

Hetherington은 「The America Academy of Physical Education」을 조직하여 1926년부터 1930년까지 의장을 역임하였으며, 1939년 그 학회로부터 공로상을 수상하였다. 그리고 1953년 그 학회로부터 Hetherington 상을 제정하기도 하였다. 또한 그는 1928년 Gulick 상을 수상하였으며, 1935년 Southern California대학으로부터 명예 교육학박사학위를 수여 받았다. Hetherington은 미국의 많은 체육학자 중 가장 학문적 업적이 뛰어난 한 인물이었으며, 그를 개혁가로 이끈 과학적 지식과 논리적 사고에 기초하여 이론들을 통합하고 명료화하는데 기여하였다.

7) Jay Bryan Nash

Jay Bryan Nash(1886~1965)는 Luther Gulick, Thomas Wood 그리고 Clark Hetherington 등이 이룩한 이론을 확장시킨 인물이다. Gulick과 Wood는 놀이(play)가 체육의 한 영역을 차지해야 한다고 보았으며, Hetherington도 놀이의 개념을 보다 확장시켰는데 이는 대근활동을 촉진시키고 교육적 경험의 근본을 이룬다는 측면에서였다. Nash도 놀이가 어린이나 어른들에게 학교 이외에서 경험할 수 있는 총체적인 인생경험이라는 입장에서 레크레이션활동의 가장 큰 영역을 함축하고 있다고 보았다. 또한 Gulick과 Wood는 놀이가 자연적인 인간행위라는 입장에서 체육에 초점을 맞추었으며, Hetherington은 학습자로서의 개인 그리고 Nash는 개인의 행복과 삶에의 적응이라는 측면에 궁극적인 관심이 있었다.

Jay Bryan Nash

Nash의 입장은 Hetherington과 부분적으로 일치하였다. 그는 Ohio 주 New Baltimore에서 태어나 Oberlin대학에서 1911년 문학학사를 취득하였다. 그는 철학과 사회학을 공부했으며, Fred Leonard와 Delphine Hanna의 지도아래 체육도 공부하였다. 1911년부터 1914년까지 California 주 Oakland에서 고등학교 강사로 근무했으며, 1915년부터 1918년까지 Oakland의 체육 · 레크레이션부 부장학사를 역임한 후 Hetherington 아래에서 California 주의 체육담당 부장학사가 되었다. 1919년 Oakland로 돌아가 체육과 레크레이션부 책임자가 되었으며, 1926년 다시 New York대학의 Hetherington 아래로 가서 교수직을 시작하였다. New York대학에 재직하는 동안 석사학위(1927)와 박사학위(1929)를 취득하였다. 1930년 Hetherington이 퇴임하고 사범대학 건강과 체육부의 학과장으로 임명되었고, 1953년 퇴임 후 명예교수로 임명되었다. New York대학을 퇴임한 후에도 Nash는 학문적 연구를 계속하였고, India 주에서 Fulbright 교수로(1953~1954), Utah 주 Provo에 있는 Brigham Young대학에서 한 학기동안 학장을 역임하였다.

그의 스승 Hetherington과는 대조적으로 Nash는 많은 저서를 남겼는데 체육, 건강교육, 야외교육, 레크레이션 등과 관련한 9권의 책을 포함해서 5권의 간행물인 『Interpretations of Physical education』이라는 시리즈물도 편집하였다. 또한 그는 "Journal of Health and Physical Education"에 많은 기고를 하였다. 재 출판된 그의 초기 작품인 『Philosophy of Recreation and Leisure』와 『Physical Education ; Its Interpretation and Objection』은 그의 학문적 공헌을 상기시킨다. 그에게 있어 가장 유명한 작품으로 『Spectatorities』란 저서가 있는데 이는 레크레이션의 필요성을 강조한 것이다. Nash의 저술을 통해 입증된 그의 철학적 관점은 여가시간을 보다 폭넓게 준비함으로써 자신이 선택한 활동에 현명하게 대처하는 통합된 인간으로 향하는 것이었다. 인간의 행위는 원래 신체와 정신이 서로 대립되어 이루어진다고 주장한 그의 몇몇 동료들과는 달리 Nash는 통합된 인간, 즉 「total organim」을 주장하였다.

> 온전한 것, 즉 전체라는 개념은 「신체활동」 또는 「정신활동」이라는 용어의 어떠한 특성도 배제한다. '신체의' 그리고 '정신의' 라는 말 그 자체가 사고에 혼란을 초래한다. 사고와 감정의 행위가 배제된 신체행위는 있을 수 없으며, 신체가 없이 사고나 감정의 행위도 불가능한 것이다. 그러므로 「organic」이란 용어는 「mental」이라는 용어 대신에 사용되어질 것이다. 모든 행위는 신체적인 면과 감성적인 경험을 포함하는 해석적인 측면이 있다. 그러므로 행위는 열과 에너지를 생산하는 신체기관과 사고가 요구되는 해석수준에 따라 규정되는 것이다.

Nash가 미래 발전을 위한 근간을 제공한다고 믿었던 생물학적 유전은 통합된 인간으로의 개념에 있어서 필수적이었다.

> 우리가 달리고, 쫓고, 숨고, 찾고, 피하는 것 등은 외부로 나타나는 생물학적 행위의 일부분이다. 이 생물학적 유전은 경주를 지속시키고, 더 나아가

> 미래 발전의 근간이 되는 유일한 방법을 제공한다. 또 이러한 생물학적 유전은 세대에서 세대로 이어지는 사회적 유산 속으로 성형할 수 있다. 이러한 전달수단으로서 게임은 중요한 것이다.

Nash는 체육 분야와 레크레이션, 캠핑 분야를 나누어 생각하지 않고 하나라고 보았는데, 이는 독특한 관점이라고 볼 수 있다. 그는 '체육과 레크레이션 간에는 아주 중요한 관계에 있다. 캠핑이나 야외활동과 같은 레크레이션활동은 테니스, 배드민턴, 수영 등과 같은 체육활동과 즐거움을 기반으로 두고 있다는 점에서 동일한 점이 많다. 이는 또한 프로그램의 유사성뿐만 아니라 삶의 총체성이라는 점에서도 일치점이 있다. Nash는 지역사회와 레크레이션활동을 공동으로 관리할 수 있는 기관으로서 학교를 생각했으며, 학교기관 중에서도 체육학과가 중심역할을 해야한다고 생각하였다.

> 지역사회의 중심은 학교이며, 그 중 체육학과가 중심부의 역할을 할 것이다. 체육학과의 관심은 건강과 체력, 레크레이션, 시민정신을 위한 교육 등에 있다. 그러므로 체육지도자는 지역사회를 리더하는 기술자가 된다.

Nash는 California 주 Oakland에서 체육 · 레크레이션 분과의 책임자로 근무하는 동안 학교와 지역사회 유대강화 프로그램인 「Oakland Plan」에 참여하였다. Oakland시와 교육위원회에서는 운동장과 공원, 학교부지 등의 확보를 위한 연간 계획에 총예산의 50%씩을 출자하였다. 이러한 시설들은 매일 오후 3시 15분부터 오후 6시까지 토요일과 방학에 개방되었다. Oakland시의 모든 공 · 사립 레크레이션 및 건강관련 기관들은 Nash를 중심으로 통합하게 되었다. Oakland에 있는 동안 Nash는 2개의 가족캠프와 산업 레크레이션협회의 설립을 도왔는데, 이는 모두 체육에 대한 이해가 기반이 되었다.

Nash가 일생동안 가진 관심사는 개인의 복지와 행복이었다. 이러한 입장에서 그가 주목한 것은 체육지도자들이 어린이들에게 인간의 자연적이며 유전적인 활동인 레크레이션에 참여할 수 있는 준비를 갖추도록 해야한다는 것이었다. 그는 인간의 삶을 「놀이와 노동」, 「삶의 수단으로서의 시간과 여가를 즐기기 위한 시간」이라는 두 범주로 구분하면서 '교육은 노동뿐만 아니라 레크레이션에도 기초를 두어야 한다'라고 믿었다. 그는 체육학과만의 책임이 아닌 학교전체의 책임임을 강조하였다.

> 건전한 여가활동의 습관은 전적으로 학교의 책임이다. 이러한 레크레이션은 스포츠나 게임과 관련된 체육학과의 영역으로서만 생각할 수 없는 것이다. 객관적으로 말하자면 레크레이션은 사회과학, 음악, 예술 등의 국면으로 간주되어야 한다.

Nash는 그의 저작을 통하여 '5세에서 15세까지의 10년은 기술을 학습하는 최고의 황금기일 것이다'라고 하였다. 그는 취미활동이 시작될 때부터 연령별로 성인의 레크레이션 패턴을 연구하였다.

> 젊었을 때 익힌 기술은 그 후의 삶에 있어서 레크레이션 패턴의 기본이 된다. 즉 흥미로운 일의 85% 이상은 12세 이하에서 형성된다고 볼 수 있다.

Nash는 일생동안 체육활동에 효율적으로 참여할 수 있는 체육 프로그램의 구조를 기술, 지식, 태도 등을 바탕으로 만들었다. 그 중 가장 주안점을 둔 것은 어린이의 관심과 요구였다. 또한 Nash는 어떤 형태의 활동이든 사회적 환경과 유전적 요인의 결합이 이루어져야 한다고 믿고 있었다. 교수 방법론은 Nash가 관심을 가진 분야가 아니었으며, 그의 글에서도 좀처럼 언급되지 않았지만 그의 신념은 체육활동이 흥미 있게 이루어져야 한다는 것이었다. 그 부분에서 그는 기술은 배우는 것이 아니라 행위하는 것이라고 주장하였다.

Nash가 주장한 체육의 또 다른 목표는 인간의 궁극적 목적인 복지, 융합, 행복 등을 바탕으로 민주주의 교육, 신체발달, 성격발달 등과 관련되어 있다. 그러므로 그가 주창한 체육의 목표는 체력발달, 운동수행을 위한 신경근의 발달, 해석적 사고의 배양 그리고 정서적 발달 등이었다. 또한 그는 체력과 건강을 매우 광범위하게 정의하였으며, 체력과 건강은 그 자체가 목적이라기보다 수단으로 생각하였다.

Nash는 체육 지도자 중 매우 유명한 사람이었다. 그는 1942~1943년까지 미국체육학회(AAHPER), 1945~1947년까지 The American Academy of Physical Education, 1933~1935년까지 미국체육학회의 동부지구 회장을 역임하였다. 또한 미국체육학회 뉴욕 주 사무총장도 역임하였으며, 「American Academy of Physical Education」의 5인의 설립자 중 한사람이었다. 1932년 미국체육학회의 명예상을 수상하였으며, 1940년 Gulick 상, 1955년는 Hetherington 상을 수상하였다.

Nash의 사상은 그의 생애동안 널리 인정되었으며, 특히 스포츠의 개념은 교육과정의 기본적인 요소가 되었고, 최근 부각되고 있는 생애 스포츠의 발달에 초석이 되었다. 또한 Nash의 노력에 의해서 학교캠핑과 레크레이션이 대학 체육학과의 한 영역이 되었으며, 건강교육, 체육과 함께 레크레이션 분야가 포함되게 되었다. 아직까지 Nash가 추천한 것들이 광범위하게 실행되고 있다고 볼 수는 없지만 학교 프로그램의 핵심인 팀 스포츠의 형태가 대학 수준으로 올라간 것에는 많은 기여를 하였다. 또한 그의 스포츠 프로그램은 활동 그 자체에 목적이 있었다기보다는 체력의 발달과 운동기술의 향상에 초점이 맞추어지고 있었다. Nash의 체육철학은 체육 교수법에의 도전이었던 것이다.

8) Jesse Feiring Williams

Jesse Feiring Williams(1886~1966)의 사상은 1930년에서 1960년까지의 미국 체육계를 지배하고 있었다. 그의 영향력이 지대하였음은 그가 설정한 체육의 목

Jesse Feiring Williams

표가 그 시대 일반 교육의 목표와 일치하였기 때문이다. Williams의 주요 관심사는 사회환경과 관련하여 개인을 발달시키는 것이었다. 그의 많은 저서에서 반복해서 주장하고 있는 점은 민주주의 생활을 준비하는 어린이들을 위한 교육의 기능과 체육의 역할이었다. Williams는 교육이 사회에 적응하기 위해 필요한 지식과 태도를 갖춘 시민을 양성하는데 큰 역할을 담당해야 하며, 팀 활동을 포함하고 있는 체육 또한 집단에 적응할 수 있는 개인을 양성하는 주요한 매개체가 되어야 한다고 하였다. 체육은 미국 국민들을 지배하고 있는 사상, 욕구, 목적을 표현하는데 헌신해야 하고, 건전한 사상을 획득하게 하며, 보다 타당한 욕구를 인지하게 하고, 보다 높은 목적을 설정해 나가는데 기여해야 한다고 보았던 것이다. Williams는 체육의 목적이 운동기술의 습득에 부가하여 개인을 집단에 적응케 하는 특별한 목적이 있다고 하였다.

사회와 개인간의 문제에 대한 그의 기본 신념은 「봉사」라는 말로 표현이 되는데, 개인이 사회에 봉사할 수 있는 준비를 하는 것은 시민의 의무라는 입장이었다. 이러한 Williams의 주장은 건강에 대한 입장에서도 비춰지는데, 그는 건강은 획득하는 것보다 주어진 건강을 사회와 관련하여 어떻게 사용하는가에 더 관심을 가져야 한다고 하였다. 그러므로 건강은 신체적, 정신적, 정서적 균형뿐만 아니라 자기단련이나 자제력과 같은 가치관의 문제와도 관련되는 것이었다.

Williams는 인간의 근원적인 특성에 관련된 이론을 인지했으며, 교육이 '만족하는 사람들과 불만족하는 사람들' 로부터 발현되는 본능적인 욕구와 학습 잠재력을 이용할 줄 알아야 한다는 점에 관심을 가지고 있었다. 그러나 교육은 아동의 특성을 사회적으로 승인된 행동패턴으로 유도할 수 있어야 한다는 생각으로 발전시켰다. 그러므로 아동의 흥미, 요구, 욕구, 선천적 능력 등은 반드시 만족되는 것이라기보다는 다른 목적에 도달하는데 도움이 되는 방향으로 사용되는 것이라고 하였다.

Williams는 체육교육자의 주요 임무를 게임, 스포츠 등과 같은 활동을 통해서 어린이들이 사회에 적응할 수 있는 사회적 가치를 배우게 하는 것이라고 하였다. 교육은 개인에게 주제를 제시함으로써 이루어지는 것이 아니라 개인의 활동을 지원해줌으로써 이루어질 수 있는 것이었다. 그러므로 형식적인 학습방법은 적당한 것이 되지 못하는 것으로 보았다. 솔선수범, 자제력, 책임감 등이 교육목표인 민주주의 사회에서 형식적인 교육방법은 시간낭비이며 오류였던 것이다. 반면에 그는 활동 그 자체를 강조하고, 가치의 논의를 보장하는 토론식 연구과제 교수법의 사용을 지지하였다. 그리하여 그는 보다 많은 시간, 심지어 활동의 시간을 줄여서까지라도 토론에 참여시키도록 해야 한다고 제안하였다.

Williams는 신체활동 자체에는 별로 관심이 없었으며, 근육발달이 바람직한 목표라는 사상을 비난하였다. '어떤 사람이 커다랗고 불룩하게 근육을 발달시키거나 혹은 삶에 있어서 무용지물인 이상한 기술들을 발달시키려고 노력한다면 그것을 어떻게 이해해야할까? 그러한 운동들로부터 오는 만족은 과시욕과 같은 쓸모 없는 가치만을 제공할 뿐이다. 신체만을 위한 신체의 단련은 결코 정당화될 수 없다. 정신적, 영적 가치를 위해 사용되지 않는 모든 힘과 근력은 지구로부터 받은 선물을 낭비하는 쓸모 없는 힘에 불과하다. 근력과 힘을 수단으로서가 아니라 목적으로서 생각해야 한다는 사실을 망각하기가 쉽다' 라고 주장하였다. 그럼에도 불구하고 그는 기술의 학습에 전적으로 반대하지는 않았다. 그것들은 실용적이거나 유희적인 것을 제공해야 하는 교육을 위해서 적당한 주제로서 정당화될 수 있는 것이었다. '인간은 기술을 갈망한다. 기능적인 기술은 실용적이거나 유희적인 것이다. 실용적인 기술은 걷기, 달리기, 앉기, 서기, 무거운 것 들기, 계단 오르기, 물건 나르기 그리고 일상생활에서 사용하는 신경근의 협응 등이다. 유희적인 기술은 게임, 스포츠, 경기, 춤 등과 같은 협응성이다' 라는 자신의 의견을 제시하였다.

Williams는 운동경기와 게임을 매우 바람직한 것으로 평가하였다. 본능적 요소로서 유희의 기회를 제공하며, 아울러 도덕적, 사회적 가치들을 실현할 기회를 제공한다고 보았기 때문이다. 이는 그가 진술한 체육목표와 일치하는 것이었다. 그는 '체육은 개인 혹은 집단이 신체적으로 건강하고, 정신적으로 성숙되며, 사회적으로 건전한 행위를 할 수 있는 기회를 제공하는 숙달된 리더십과 적절한 시설의 제공을 목표로 해야 한다' 라고 하였다. 또한 그의 일관된 철학적 신념은 인간이 「통합된 유기체(unified organism)」라는 점이다. 그러므로 신체의 교육은 체육교육자에게 맡기고 정신의 교육은 일반교과 교사에게 맡긴다는 것은 이원론(dualism)을 승인하는 것이 된다고 보았다. 체육교육자는 정신과 신체의 통일성을 추구한다는 전인교육의 기본원리 하에서 학생들을 교육해야 한다고 보았다. 그의 체육철학을 한 마디로 요약하면 「education for the physical」이라는 개념에서 「education through the physical」이라는 개념으로의 전환이라고 볼 수 있다.

> 정신과 신체를 두개의 분리된 실재로 생각할 때, 체육은 명백한 신체의 교육이다. 그러나 개인을 통합된 생물체로 이해할 때, 체육은 신체를 통한 교육이 된다. 신체를 통한 교육의 관점에서 체육의 목표는 정서적 반응, 인간관계, 단체행동, 심상학습, 지적 · 사회적 · 정서적 · 미학적 결과들을 종합적으로 포함하게 된다. 체육이 근육을 강화하거나 뼈나 인대를 발달시키고 운동기술을 습득하는 것으로 만족할 수는 없는 것이다.

Williams는 1886년 Ohio 주 Kenton에서 태어나 Kenton중등학교를 거쳐 1909년 Oberlin대학에서 문학사 학위를 취득하였다. 1907년 「The Chautaugua Summer School of Physical Education」을 수료하기도 하였다. 그의 정식교육은 Columbia대학 College of Physicians and Surgeons에서 이루어졌으며, 1915년 의학박사 학위를 취득하였다. Williams의 첫 번째 직업은 1907년부터 1909년까지 Oberlin Academy에서의 강사와 코치직이었는데, 당시 그는 대학생 신분이었다. 1910년부터 1911년까지는 New York의 맹인학교에서 체육강사를 역임하였다. 1911년 Columbia대학 사범대학에 체육강사로 부임하였으며, 1913년 조교수로 임명되었다. 1916~1917년에는 Cincinnati대학의 체육학과 교수로 근무하였다. 그 후 미 육군 의무대에서 1년간 대위로 근무했으며, 이어 1년간은 미 적십자에서 소령으로 진급하여 근무하였다. 1919년 Columbia대학 체육학과 조교수로 복귀해 1923년부터 1941년 퇴임할 때까지 교수와 학과장을 역임하였다. 그는 은퇴 후 명예교수로 있었으며, Columbia대학 재임 중이었던 1935년부터 1936년까지는 Carnegie 재단의 객원교수로 있었고, Lartin America에 있는 대학들에 파견되기도 하였다. 퇴임 후 1942년부터 1944년까지는 North Carolina대학의 체육학과 교수로 봉직하였다.

Columbia대학 사범대학에서 오랫동안 근무하면서 Williams는 그 대학의 동료였던 John Dewey의 이론으로부터 강한 영향을 받았다. Williams가 '한 손에는 펜, 다른 한 손에는 Dewey의 저서를 들고 『The Principles of Physical Education』을 저술하였다'라는 이야기가 전해내려 오고 있다. 그러므로 Williams의 사상에는 Dewey의 철학이 직접적으로. 반영되었다고 볼 수 있다. Dewey는 교육에 있어서 「전인(whole child)」이라는 개념을 확보했으며, Williams는 이를 토대로 유기체적 단일체의 개념을 강조하여 이를 체육에 접목시켰다. 그는 체육의 목적을 인간본성 및 인격발달을 포함하는 사회적 유용성과 관련한 행위의 발달이라고 명시하면서 교육의 목표가 집단의 상호작용과 사회의 문화적 가치를 통해 전이되고 형성되는 것이라는 Dewey의 이론을 채택하였다. 당시 사회이론가들은 진화론의 함의(含意)에 상당한 관심을 기울이고 있었다. 인간의 근원적 경향성과 자연적인 본능이 교육과정에 있어서 중요하게 고려되어야 할 요소로 간주되었다. Dewey는 인간의 본능이 사회구조에 유익하도록 수정되거나 조정되어야 한다고 제안하였다. 어린이의 선천적인 습관은 그들이 태어난 집단의 생활관습과 일치하지 않으므로 그들에게는 행동에 대한 조정과 안내가 필요한 것으로 보았다. 인간에게 있어서 학습은 어떻게 이루어지고, 무엇이 영향을 미치는지에 대한 Dewey의 이론은 사회통제이론과 직접적으로 관련되어 있었다. 그는 인간의 지식이 단순히 감각을 지각하는 것, 즉 물질세계와의 접촉으로부터 오는 것이 아니라 타인의 행동을 참조하여 행동이 수정된다고 믿었다. Williams는 운동장이 사회적 행위를 익힐 수 있는 최적의 공간이라고 보았다.

Williams는 Dewey 이외에도 같은 대학에 근무한 심리학자 Edward L. Thorndike의 S-R이론과 William James의 실용주의, 심리학자인 G. Stanley Hall 등으로부터 많은 영향을 받았다. Williams는 그들의 이론을 통합하고, 체육의 연구에 부합하도록 노력하였다. Williams의 연구는 많은 서적으로 출판되었다. 1916년부터 1964년 사이에 41권의 책이 단독 혹은 공동으로 발간되었다. 『The Principles of Physical Education』은 1927부터 1964년 사이에 8회 재판되었고, 일본어와 스페인어로 번역되어 출판되었다. 의학도였음으로 인해 Williams는 건강분야의 저술에 유리했으며, 따라서 그의 저서 대부분은 건강관련 분야였다. 그의 대부분의 논문은 "Journal of Health and Physical Education", "Teachers College Record, School and Society" 등에 기고되었다. 그의 가장 유명한 논문 중의 하나는 "Journal Higher Education"에 발표된 「Education through the Physical」이었다.

Williams는 또한 주요 전문분야에도 종사하였다. 1932~1933년 「The American Physical Education Association」, 1928년 「The College Physical

Education Association」, 1929년부터 1931년까지 「AAHPER 동부지구」등에서 회장으로 봉사하였다. 또한 그는 「The American Academy of Physical Education」의 창립위원이기도 하였다. 1931년 그는 The Honor Award 수혜자의 1세대 중 한 명이었고, 1939년 Gulick 상을 수상하였다. 또한 그는 1939년 Rollins대학에서, 1956년 Oberlin대학에서 명예박사학위를 수여 받았다.

Williams가 활동한 시대의 교육의 주요 목적은 지식을 키우고, 사회적 태도를 육성하여 훌륭한 시민을 준비케 하는 것이었다. 그는 체육도 이러한 역할을 할 수 있다는 믿음으로써 동참하려 하였다. 그는 체육이 기여할 수 있는 최선의 목표는 신체의 발달 외에도 바람직한 성격을 배양하고, 민주사회에서 개인의 삶에 적합한 기술과 가치를 발달시키는 것이라고 확신하였다.

參考文獻

김상순(1992). 스포츠사상사 – 인물편. 서울 : 보경문화사.

金午仲(1988). 世界體育史. 서울 : 高麗大學校 出版部.

李進和 · 金東奎(1985). Dudley A. Sargent 體育觀의 現代的 意味. 영남대학교 인문과학연구소. 7(4).

Siedentop, Daryl(1990). Introduction to Physical Education, Fitness, and Sport. California : Mayfield Publishing Company.

Van Dalen, Deobold B. & Bennett, Bruce L.(1972). A World History of Physical Education(2nd ed). N.Y. : Prentice hall.

Gerber, Ellen W.(1971). Innovators and Institutions in Physical Education. Lea & Febiger : Philadelphia.

Leonard, Fred Eugene & Affleck, George B.(1949). The History of Physical Education. Philadelphia : Lea & Febiger.

Hackensmith, G. W.(1966). History of Physical Education. New York : Harper & Row.

Baley, James A. & Field, David A.(1970). Physical Education and the Physical Education : an introduction. Allyn and Bacon, Inc. : Boston.

Nixon, John E. & Jewett, Ann E.(1980). An introduction to Physical Education(9th edition). Philadelphia : Saunders College.

Mandell, Richard D.(1984). Sport Cultural History. New York : Columbia University Presss.

Kraus, Richard & Chapman, Sarah(1981). History of Dance in Art and Education. New Jersey : Prentice Hall, Inc.

Ⅸ. 근대 올림픽경기

1. 근대 올림픽경기의 부활

기원전 776년에 시작되어 293회나 이어온 고대 올림피아 제전경기는 종교적 성향의 제전(祭典)경기로서 전쟁 중에도 평화가 선포되고 대회가 개최되었다. 그러나 점차 주최국이 독립성을 잃고 로마 정치인들이 올림픽을 정치화하고 상업화하여 결국 393년 로마 황제 테오도시우스(Theodosius)에 의해 1,200여 년 역사의 고대 올림피아 제전경기는 폐지되고 말았다. 그 후 몇 백년 뒤의 큰 지진과 알페오스(Alpheus) 강의 홍수는 올림피아 일대를 진흙 속으로 묻어 버렸다.

그후 1,500여 년이 경과한 19세기에 이르러서 비로소 파리의 귀족 출신인 쿠베르탱(Pierre de Coubertin, 1863~1937)이 그에 대한 관심을 가지고 부활에 주력하였다. 그의 처음 의도는 「보불전쟁」의 패전으로 사기가 저하된 프랑스 청소년들에게 새로운 용기와 의욕을 북돋아 주고 아울러 올림픽이라는 스포츠 경기를 바탕으로 전세계 청년들의 상호 이해와 우정을 다져 세계평화를 이룩하려는데 있었다. 그러한 의지아래 쿠베르탱은 1892년 12월 유럽 각국을 순회하면서 올림픽의 부활을 주장하고 올림픽 정신의 기반을 마련하였다.

쿠베르탱이 올림픽경기의 부활을 구상하게 된 경위는 첫째, 역사적인 배경으로서 그리스의 올림피아 유적이 독일 정부에 의해 발굴됨으로써 고대 올림피아 제전경기의 형태가 뚜렷하게 밝혀졌으며, 둘째, 쿠베르탱 자신이 일찍부터 교육적 정열을 가지고 있었고, 셋째, 스르본느(Sorbonne)대학을 졸업한 후 영국 옥스퍼드(Oxford)대학의 지저스 칼리지(Jesus College)에 유학하여 「퍼블릭(public school)」의 개혁자 아놀드(Thomas Arnold, 1795~1842)의 교육관을 연구하였다는 점 등을 들 수 있다.

쿠베르탱의 끊임없는 노력에 의해 1894년 6월 23일 파리의 스르본느대학에서 열린 「국제스포츠대회」에서 올림픽의 부활이 제의되었다. 이에 미국이 찬성을 하였고, 그 중 가장 적극적인 나라는 스톡홀롬(Stockholm)에서 올림픽 대회의 개최를 희망한 스웨덴이었다. 반면에 벨기에는 올림픽경기를 반대하면서 전 유럽에 반대운동을 전개하였다. 또한 쿠베르탱의 조국 프랑스는 독일과의 「보불전쟁」 직후여서 독일이 참여하는 한 대회에 참석하지 않겠다고 했으며, 영국은 미온적 태도를 취하였다. 그러나 올림픽의 부활에 대한 제의는 각국 대표들로부터 만장일치로 통과되었으며, 1896년 그리스의 수도 아테네에서 제1회 올림픽 대회를 개최하기로 결정하였다. 4년마다 세계의 주요 도시를 순회하며 개최하기로 했으며, 15명으로 구성된 「국제올림픽위원회(International Olympic Committee)」가 대회를 주관하기로 하였다. 이렇게 하여 근대 올림픽은 부활되었으며, 근대 올림픽이 창설된 6월 23일을 「올림픽의 날」로 제정하였다. 제1회 올림픽 대회는 1896년 그리스 아테네에서 13개국이 참가하여 성공적인 경기를 치루었다.

쿠베르탱은 올림픽 정신을 개인의 인간개발이라고 역설하였다. 처음부터 그는 고대 올림피아 제전경기의 전통을 이어 개인 중심의 경기를 주장했고, 이는 '올림픽 대회는 한 사람의 고귀한 영광을 위하여 부활되었으며, 단체 스포츠가 경기장을 점령해서는 안 된다'고 한 것으로 알 수 있다. 그가 단체 스포츠의 참가를 반대했던 이유는 국가간의 경쟁을 부추기게 된다고 보았기 때문이다. 그러나 이는 이루어지지 않았다. 그리고 올림픽 대회에서 점수 계산을 하지 않아야 한다고 주장하였는데 이것 역시 개인 중심의 경기정신을 변질시킬 우려가 있다고 보았기 때문이다. 그러나 이러한 국가간의 경쟁을 방지하려는 쿠베르탱의 올림픽 정신은 때때로 많은 사람들로부터 비판을 받기도 하였다.

2. 근대 올림픽경기의 성립

테오도시우스 대제가 391년 기독교를 국교로 하면서 이교(異敎)탄압의 일환으로 올림피아 제전경기를 393년 금지하였으나 그로부터 약 1,500년 후 근대 올림픽이 부활되었다. 그러나 부활되기까지 인류가 올림픽과 전혀 관계를 맺지 않으면서 이 기간을 보낸 것은 아니다. 오히려 부활에 이르는 과정에는 많은 올림픽에의 접근이 행해졌던 것이다. 즉 피렌체(Firenze)인 마테오 팔르미르가 올림피아에 주목하였고, 같은 이탈리아인 메르크리알리스가 『체육에 대하여』를 저술하여 그리스인의 짐나스틱을 세상에 알렸다. 그리고 독일인 작스(Hans Sachs, 1494~1576)가 그의 장편 시에서 올림픽을 노래했고, 16세기의 영국인 극작가 키드(Thomas Kidd)는 『코르네리아』 속에서 올림피아의 스포츠를 받아들였다. 그러한 영향에 의해 17세기는 영국풍의 "올림픽 게

최초의 근대 올림픽 개최지 : 그리스 아테네의 주 경기장 (1896)

임"이라는 논문에서 그리스 시인 핀다로스(Pindar)의 올림픽 송가를 발표했고, 프랑스인 몬포콘이 파우사니아스의 「그리스 지지」를 연구하여 세상에 알렸다.

올림픽의 부활에 대한 꾸준한 노력에 의해 마침내 19세기말 호메로스(Homeros) 서사시의 내용을 믿는 슐리만(Heinrich Schliemann, 1822~1890)이 트로이(Troy)와 미케네(Mycenae)의 발굴을 위해 쿠리티우스를 단장으로 하는 독일 발굴대를 구성하였다. 이들이 올림피아의 유적을 발굴하여 그 모습을 세상에 드러내 놓게 되자 많은 변화가 일어나기 시작하였다. 올림픽에 대한 관심이 쿠베르탱의 등장을 촉구했던 것이다. 발굴된 많은 유물들은 학자들에게 새로운 인식을 심어주었을 뿐만 아니라 고대 체육사에 뛰어난 자료를 제공하였다.

올림픽에 대한 사상을 철저하게 하고 이를 부활시킨 공적은 프랑스인 쿠베르탱이었다. 쿠베르탱은 1894년 6월 16일 고대 올림피아 제전경기의 부활을 결정한 국제회의를 개최하였다. 이 위원회는 제1회 대회의 준비와 시행을 그리스에 위탁했으며, 그리스는 이를 수락하여 준비에 착수하였다. 그러나 자금부족과 같은 여러 어려움에 봉착하였다. 그리하여 쿠베르탱은 1896년 위원회를 부다페스트(Budapest)에서 「100년 박람회」와 관련시켜 개최하려 하였다. 포르투칼의 올림픽 지도자 프랑츠 케멘이가 올림픽경기를 포르투칼에서 개최하려고 노력하였지만 그리스에서 올림픽을 지지하는 아베로프라는 상인이 경기장의 건설을 후원하여 1896년 아테네에서 마침내 근대 올림픽경기가 개최되게 되었다.

3. 근대 올림픽경기의 기본정신

근대 올림픽경기의 규약이 1925년 확정되었을 때 대회의 성격규명은 규정되어 있었으나 목적은 조문에 명기되어 있지 않았다. 그러나 경기가 발전함에 따라 아마추어 정신을 둘러싸고 여러 문제가 자주 논의의 대상이 되었다. 그리하여 1954년 규약을 개정하여 이 목적을 규약의 기본원칙으로 내세우게 되었다. 이를 「올림픽 운동」이라는 명칭으로 명기하였다.

올림픽 운동의 목적을 보면 '아마추어 스포츠의 기조를 이루고 있는 신체능력과 도덕적 자질을 젊은이에게 진흥시키며, 4년마다 행하고, 이해관계를 초월하여 우호적 경기대회에 각국의 경기자들을 참가시킴으로써 인류의 평화유지와 사랑에 공헌한다(제3조)' 라고 되어있다. 이러한 내용을 통하여 올림픽운동의 주목적은 건전한 신체적 · 도덕적 자질을 청년들에게 육성하고, 인류평화에 공헌하는 것임을 알 수 있다. 또한 근대 올림픽경기는 단지 메달을 획득하거나 기록을 세우기 위한 기회의 제공이 아니며, 대중을 즐겁게 하기 위한 것도 아니고, 참가자를 프로 스포츠계로 이끌어 출세시키기 위한 교량적 발판으로 부활된 것도 아니다. 게다가 어떠한 정치체제가 우월하다는 것을 보여주기 위해 부활된 것은 더욱 아니다. 따라서 쿠베르탱의 올림픽경기에 대한 이상(理想)은 다음과 같은 점에서 찾아볼 수 있다.

첫째, 신체단련과 경쟁적 스포츠의 국민적 프로그램은 청소년을 건강하게 발달시킬 뿐만 아니라 동시에 아마추어 스포츠에 참가함으로써 형성되는 성격 도야를 통해서 보다 훌륭하고 보다 행복한 시민을 형성한다는 사실에 주목해야 한다.

둘째, 공정과 훌륭한 스포츠맨십의 원칙을 보여 주어야 한다. 이러한 운동정신이 사회 각 방면에 널리 활용된다면 반드시 커다란 이익을 가져다 줄 것이며, 사회적으로도 많은 공헌을 할 것으로 생각한다.

셋째, 각종 문화의 전시와 공개연기로 예술에 대한 흥미를 높임으로써 보다 넓고 보다 원만한 생활에 기여하도록 한다.

넷째, 스포츠는 재미있고 즐거운 유희이며 돈을 벌기 위한 것이 아니라는 것을 가르쳐야 한다. 그리고 친밀하게 대화함으로써 보상은 그것만을 목표로 할 것이며, 기타의 것을 목적으로 하지 않아야 한다. 이것이 바로 물질주의 철학과 전혀 다른 아마추어 철학이라 것을 가르쳐야 한다.

다섯째, 국제적 친선과 선의를 창조함으로써 보다 행복하고 보다 평화로운 세계를 실현하도록 해야 한다.

이러한 목표는 심신의 건전한 육성과 공명정대한 스포츠맨십의 육성이 중시되었으며, 물질주의를 부정하는 아마추어 철학의 정신을 논함으로써 스포츠는 즐거움을 바탕으로 한 유희인 것이 강조되었고, 국제친선과 인류평화의 실현을 올림픽운동의 결과로서 기대하였다. 이와 관련하여 쿠베르탱은 승리보다는 참가에 의의를 둔 올림피즘이 토대가 되어야 한다고 역설하였다. 이는 과열경쟁의 폐단과 지나친 영웅주의에서 벗어나 세계 젊은이들의 우정과 세계평화에 대한 염원이라고 볼 수 있다. 승리보다 참가에 의의를 둔 쿠베르탱의 사고방식은 참가 중시의 철학으로서 이러한 사상이 올림픽 정신의 근본이었다. 이러한 내용은 현행 규약의 영 · 불문 원본의 첫 장에 쿠베르탱 남작의 초상과 함께 게재되어 있다.

> The most important thing is the Olympic Games is not to win but to take part just as the most important thing is life is not the triumph but the struggle. The essential thing is not to have fought well(올림픽 경기에서 가장 중요한 것은 승리하는 것이 아니라 참가하는데 있다. 왜냐하면 인생에 있어서 중요한 것은 정복하는 것이 아니며 훌륭하게 잘 싸우는 것이기 때문이다).

그리고 올림픽 헌장의 올림픽운동 기본원칙에는 다음의 내용들이 표현되어 있다.

> 제2조 : 올림피즘은 하나의 삶의 철학이다. 올림피즘은 정신과 신체, 그리고 의지를 균형 잡힌 하나의 총체로서 통합하고 실천하는데 바탕을 둔 생활철학이다. 올림피즘은 스포츠를 교육과 문화와 통합시킴으로써 하나의 삶의 방식을 창조하려고 한다. 이 삶의 방식은 최선의 노력을 다하는 것에서 얻는 즐거움, 좋은 본보기가 가지고 있는 교육적 가치, 그리고 인간이라면 누구든 존중해야 하는 근본적인 윤리적 원칙들의 토대 위에 서 있는 삶의 방식이다.
>
> 제3조 : 올림피즘의 목적은 언제나 인간의 조화로운 발달을 위하여 스포

츠를 활용하며, 이와 동시에 인간의 위엄성이 존중되고 보존되는 평화로운 사회의 수립을 추구하는 것이다.

제6조 : 올림픽운동의 목적은 어떤 형태의 차별도 관여되지 않은 방식으로 또한 우정, 연대감, 페어플레이 정신으로 상호간의 이해가 필요로 되는 올림픽 정신으로 스포츠를 연습시킴으로써 청소년과 젊은이들을 교육시켜 보다 평화롭고 살기 좋은 세계를 만드는 데에 공헌하는 것이다.

4. 근대 올림픽경기의전통

1) 선서

올림픽경기의 선서는 고대 올림피아 제전경기의 선수들이 공평하게 경기를 하겠다는 의미에서 선서를 했던 것과 같이 근대 올림픽경기의 참가선수들도 그러한 의미로서 선서를 하고 있다. 선서는 쿠베르탱이 올림픽의 부활과 함께 제안했고, 쿠베르탱에 의해 작성되었으며, 올림픽 개회식에서 모든 선수를 대표하는 주최국 선수에 의해 선언되어 진다.

선수 선서는 1920년 제7회 앤트워프(Antwerp) 대회 때 IOC[1]가 채택하였으며, 그 내용은 '나는 올림픽 대회에 관한 규칙을 존중하고 이를 준수하면서 스포츠의 영광과 팀의 명예를 위하여 진정한 스포츠맨십의 정신으로 대회에 참가한 모든 선수의 이름으로 서약합니다' 이다. 1968년부터 선수와 함께 심판과 임원들도 선서를 하고 있다.

1) IOC(International Olympic Committee, 국제올림픽위원회) : 올림픽 운동의 총괄기구로서 1884년 창립되었으며, 스위스 로잔에 본부를 두고 있다.

2) 올림픽 기

올림픽을 상징하는 「5개의 연결된 링」인 오륜기는 전세계 5개 대륙을 의미한다. 얽혀있는 고리의 의미는 5개 대륙, 즉 지구상의 모든 젊은이들은 화합 속에서 정정당당한 경쟁과 우정의 정신으로 올림픽경기에 참가함을 나타낸다. 흰 바탕에 조합된 5가지의 색은 당시 모든 국가 국기에 사용된 색을 다 수용한 색이었다고 한다. 흰색 바탕의 중앙에 좌에서부터 청색, 황색, 흑색, 녹색, 적색의 5색 고리로 연결되어 있다. 이는 어떤 색이 혹은 어떤 고리가 어떤 특정한 대륙이나 나라를 지칭하는 것은 아니다.

올림픽 기를 처음 고안한 사람은 쿠베르탱으로서 1914년 올림픽경기 창립 24주년 기념식 전 「프랑스 파리」에서 처음 공개되어 IOC가 이를 채택하였다. 오륜기의 최초 사용은 1920년 벨기에 앤트워프의 제7회 올림픽 대회 때였다. 이 대회에서 오륜기는 새로운 올림픽의 모토인 더 빨리, 더 높이, 더 강하게 라는 라틴어 Citius, Altius, Fortius였다. 오륜 마크와 기(旗) 그리고 모토는 IOC의 독점이 되었으며, IOC의 승인 없이는 사용되어 질 수 없다.

오륜기 게양 : 1992년 제 25회 바르셀로나 올림픽 (제7회 앤트워프 대회 때 첫 출현)

3) 표어

올림픽 표어는 Citius(보다 빠르게), Altius(보다 높게), Fortius(보다 힘차게)라는 라틴어로서 본래 쿠베르탱 남작의 친구인 프랑스의 헨리 디동 신부가 고등학교 교장으로 있을 때 럭비 선수들에게 스포츠 정신을 고취시키기 위해 지은 강령에서 따왔다고 한다. 쿠베르탱의 비서였던 영국인 하다씨가 올림픽 표지 밑에 이것을 새겨 놓은 것이 계기가 되었는데, 1926년 IOC 총회에서 공인을 받아 올림픽 표어로 제정되었다.

4) 성화

성화 봉송 : 그리스 헤라 신전에서 채화되어 경기장 안으로 봉송되고 있다. (1992년 제25회 바로셀로나 올림픽, 제9회 암스테르담대회 때 첫 출현)

현재 올림픽경기의 성화는 그리스 올림피아에서 엄숙한 의식을 거쳐 태양빛으로 점화된 뒤 개최도시까지 릴레이 형식으로 봉송되고 있다. 이는 고대와 근대 올림픽의 연결이라는 의미가 있다. 이러한 엄숙한 과정을 거친 성화가 불꽃으로 피어날 때 지구상의 축제가 개막되고, 지구상의 젊은이들은 정정당당한 경쟁, 용기와 희망 그리고 우정과 평화를 기원하게 되는 것이다.

성화의 첫 등장은 1928년 제9회 암스테르담 대회인데, 그 당시는 횃불 정도에 그쳤다. 이 성화는 독일인 IOC위원 테오도레 레발트가 고안하였다. 그는 이 봉화를 올림피아 동산에서 태양빛로 채화하여 각국의 주자들로 하여금 옮기도록 계획하였는데, 1936년 제11회 베를린대회 때부터 개회식 가운데 가장 중요한 행사의 한 부분이 되었다. 그 당시의 주자는 각계 각층에서 선발된 1,500여명에 이르렀고, 오늘날과 같이 봉송 점화된 것은 바로 이 때부터이다. 1952년 제15회 헬싱키 대회 때는 성화가 비행기로 운반되기도 하였고, 1964년 제18회 동경 대회 때에는 그리스로부터 동경까지 약 26,000km를 10만이 넘는 주자들에 의해 성화가 운반되었다. 1976년 제21회 몬트리올 대회 때에는 처음으로 남녀 선수가 나란히 성화를 잡고 점화하는 형식을 취하였다. 올림픽 성화는 스포츠를 통하여 우의를 다지고 나아가 인류평화의 이상을 실현하려는 올림픽의 상징이다.

5) 포스터와 마스코트

제26회 애틀란타 올림픽 마스코트 : Izzy

올림픽 대회의 포스터는 1896년 제1회 아테네 대회 때부터 있었다. 올림픽경기는 개최도시뿐만 아니라 그 나라의 문화재나 상징성 있는 동물 등을 통해 그 도시를 전세계에 홍보하는 특별한 의미도 지니고 있어 심혈을 기울여 제작되고 있다. 마스코트 역시 개최 도시 혹은 그 나라를 상징하고, 그 대회의 이미지를 결정짓는 중요한 역할을 한다. 마스코트는 올림픽 휘장(Emblem)과 함께 IOC의 허가를 받도록 되어있다.

올림픽을 상징하는데 있어서 세계적으로 인기를 얻은 최초의 공식 마스코트는 1972년 제20회 뮌헨 대회 때였다. 그 대회의 마스코트는 개최국 국민들의 생활양식, 전통, 문화를 에니메이션(animation) 형태로 합성함으로써 올림픽경기에 인격을 첨가한 것이었다. 마스코트는 또한 올림픽 운동에 기여할 수 있는 정신을 가진 젊은이들이 즐기고 이해할 수 있는 상징으로서의 역할을 하고 있다.

과거 올림픽 대회의 마스코트는 다음과 같다. 1972년 제20회 뮌헨 올림픽- 왈디, 1976년 제21회 몬트리올 올림픽-amik the beaver, 1980년 제22회 모스크바 올림픽-mish the bear, 1984년 제23회 LA 올림픽-sam the eagle, 1988년 제24회 서울 올림픽-호돌이, 1992년 제25회 바르셀로나 올림픽-Cobi the dog. 그리고 번개 눈썹을 하고 올림픽링을 입고 있는 에니메이션화 된 이즈(Izzy)는 1996년 제26회 애틀랜타 올림픽의 마스코트였다.

제24회 서울 올림픽 휘장

6) 기념주화

올림픽 기념 주화는 1952년 제15회 헬싱키 대회부터 시작하여 지금까지 발행되고 있다. 1976년 제21회 몬트리올 대회부터 각종 경기장과 경기 장면 등이 나타났고, 그 전에는 성화, 월계관이 주로 도안되었다. 주화의 재료 역시 처음에는 은화였지만 몬트리올 대회부터 금화(金貨)가 나왔고, 1980년 제22회 모스크바 대회에서는 백금화(白金貨)도 출현되었다.

올림픽 기념주화 : 제 15회 헬싱키 대회에 첫 출현. 앞면에 올림픽 마크, 뒷면에 월계수를 세긴 은화

5. 근대 올림픽경기와 관련한 제 문제

1) 근대 올림픽경기의 최근 경향과 문제점

1896년 부활되어 4년마다 개최되고 있는 근대 올림픽경기는 1924년부터 동계대회도 개최되고 있다. 이후 현재까지 지속적으로 발전하여 세계최대의 스포츠행사가 되었다. 그러나 1920년 이후 각종 스포츠 종목은 경기본위와 기록본위로 진행되고 규칙도 경기위주의 시대로 변모하게 되었다. 그리하여 독일의 철학자 슈프랑거(Eduard Spranger, 1882~1963)는 그 현상을 「기록의 세기」라고 하여 사람들의 스포츠 열광은 문화인의 신체적인 건강을 상실하였기 때문이라고 하였다. 또한 영국의 철학자 러셀(Bertrand Russell, 1872~1970)은 운동경기의 기록이 과연 그 선수의 가치의 시금석일 수 있느냐는 반문을 하면서 올림픽에서 경기제일주의의 풍조를 비판하기 시작하였다. 그러나 저널리즘은 러셀의 말에 귀를 기울이지 않고 승리주의와 기록주의를 한층 고조시켰다.

독일에서 히틀러가 나찌의 선전에 스포츠를 이용하였듯이 정치와 스포츠는 무관할 수 없었다. 그리고 올림픽 대회의 규모 면에 있어서도 개최 도시의 재정만으로는 도저히 감당할 수 없었기 때문에 거액의 국가예산 지원에 의존할 수밖에 없었다. 게다가 선수가 기업의 선전매체로 전락하고 기업으로부터 경제적 지원을 받는 상업주의가 팽배하게 되었다. 최근의 매스컴은 승리와 기록에 대한 흥미와 관심을 더욱 조장하고 있으며, 따라서 정정당당히 스포츠를 행한다고 하는 고귀한 정신에서 벗어나 관중을 위해 최고 기능을 발휘해야하며 직업적인 불안정을 탈피하기 위해 소위 「스테이트 아마추어(state amateur)」가 나타났고, 이제까지의 아마추어 정신은 「변질된 아마추어주의」이며, 새로운 프로에 대한 「비 아마추어(non-amateur)」라는 경기자격증을 만들어야 한다는 제안까지 나오기에 이르렀다. 이러한 문제는 진정한 스포츠의 발전을 위하여 지양되어야 할 것이다. 이밖에도 스포츠를 국가가 관리함으로써 발생되는 폐단, 인종차별과 관련한 폐단, 약물사용 등과 같은 문제점들도 향후 해결해야 할 점들이다.

2) 근대 올림픽경기에서의 사고

기원전 776년에 시작하여 1,200여 년간 이어온 고대 올림피아경기는 단 1회도 개최가 무산된 적이 없었다. 그러나 근대 올림픽경기는 20년만에 이미 개최가 무산되었으며, 그 이후에도 2회 더 무산되었다. 그리고 정치적인 문제와 관련하여 사고가 나거나 반쪽 대회가 된 경우도 수 차례 있었다.

* 대회 무산의 경우
1916년 제6회 베를린 대회 : 세계 제1차 대전으로 미 개최
1940년 제12회 동경 대회 : 세계 제2차 대전으로 미 개최
1944년 제13회 런던 대회 : 세계 제2차 대전으로 미 개최

* 사고 대회
1972년 제20회 뮌헨 대회 : 팔레스타인 게릴라의 선수촌 습격
1976년 제21회 몬트리올 대회 : 인종차별 문제로 아프리카, 카리브연안의 26개국 불참.
1980년 제22회 모스크바 대회 : 소련의 아프가니스탄 침공으로 서방 67개국 불참.
1984년 제23회 LA 대회 : 동구권 14개국 불참.

3) 약물검사와 올림픽

운동선수가 경기력을 향상시키기 위하여 약물을 사용한 시기는 약 2,000년 전부터의 일이지만 선수들이 본격적으로 약물을 사용하기 시작한 것은 20세기초부터라고 볼 수 있다. 선수들에게 약물검사가 실시된 것은 1968년 제19회 멕시코 대회 때부터이다. 하지만 1972년 제20회 뮌헨 올림픽경기 때까지는 포괄적인 검사가 이

루어지지 않았다.

약물검사는 무엇을 어떻게 실시하는가? 경기 때의 검사인 경우, 약물검사를 위해 선택되어진 선수들은 경기 후 곧바로 통지를 받는다. 훈련기간 중에 검사를 받는 선수들은 보통 24시간 이내에 검사를 받을 것이라고 전화로 통지를 받는다. 만약「국제스포츠연맹(International Sporting Federation)」이 훈련기간 중에 검사를 요구하면 아무런 통지 없이 검사를 실시한다. 선수들은 검사관과 함께 검사센터에 동행 한다. 이 검사관은 경기협회에서가 아니라 ASDA에서 임명된다. 선수들은 그들의 코치나 감독과 동행할 수 있다. 선수에게서 약물검사를 하기 위해서는 소변샘플이 필요하다. 봉인된 음료가 샘플을 채취하는데 도움이 되도록 제공된다. 선수가 화장실에 갈 준비가 되었을 때 검사관은 그들과 함께 화장실에 간다. 검사관은 선수가 그들의 소변을 작은 비닐 주머니에 담는 것을 확인해야만 한다. 선수들은 돌아가고 그들의 소변샘플은 2개의 작은 병에 옮긴 후 보관된다. 그 병들은 샘플 A, 샘플 B로 표시되어 있다. 샘플 A를 먼저 검사해서 양성 반응이 나오면 샘플 B를 다시 검사한다. 샘플 A, B는 작은 용기에 넣어서 특별 봉인되어 보관된다. 이 샘플들은 분석을 위해 실험실로 보내어 진다. 선수들에게 사용이 금지된 주요 약물의 종류는 다음과 같다.

* Stimulants－cocaine, amphetamines, pseudoephedrine
* Narcotic Analgesics－morphine, dextropropoxyphene
* Anabolic Steroids－stanazol
* Diuretics
* Other Hormones, Human Growth Hormone

검사결과 양성 반응인 선수는 경기참가가 금지된다. 부주의한 도핑의 경우는 감기약 등에 포함된 금지약물을 복용한 경우이다. 이 경우 중징계는 받지 않는다. 만약 선수가 약물검사를 회피한다면 그들은 양성결과로 여겨지고 경기참가가 금지된다.

4) 근대 올림픽의 역사

1896년 제1회 아테네 올림픽 대회는 6만여 명의 군중 앞에서 그리스 국왕인 조지(George)의 선언으로 개최되었다. 근대 올림픽의 첫 번째 경합은 미국출신 프랜시스 레인이 12.5초로 골인 해 1위를 차지했던 100m 경기였다. 역시 미국인 제임스 코널리가 세단뛰기에서 13.7m를 뛰어 첫 번째 우승자가 되었다.

다음 올림픽은 프랑스 파리와 미국 세인트루이스에서 차례로 열렸지만 불행하게도 파리 국제박람회와 루이지에나 소비자 엑스포에 가려져 빛을 보지 못하였다. 시들어 가던 올림픽 운동을 회생시키기 위한 시도로서 1906년에는 임시경기가 열리기도 하였다. 이 경기는 아테네에서 열렸지만 올림픽의 횟수로 기록되지는 않았다. 20개국이 참가하였고 올림픽 정신이 트랙 위로 되돌려 졌다.

1908년 제4회 런던 대회는 당시까지는 가장 조직적인 대회였다. 국제올림픽위원회(IOC)는 1907년 모든 경기에서 3위까지 메달을 수여하도록 결정하였다. 이는

1912년 제5회 스톡홀름 대회에서 성공적으로 이어졌다. 여기에서 전자 타이밍 장비가 처음으로 달리기 경기에 사용되었다. 제1차 세계대전 이후 올림픽이 재개된 1920년 제7회 앤트워프 대회에 참가한 27개국 앞에서 처음으로 올림픽 기(旗)가 그 모습을 드러냈다. 올림픽 선서의 개념이 또한 소개되었다. 1924년 제8회 올림픽 경기는 파리에서 열렸고, 경기자가 44개국에서 온 4,000여 명으로 엄청난 증가를 보았다. 모든 경기가 주최국의 조직기구에 의해 준비된 첫 올림픽이기도 하였다.

암스테르담에서의 1928년 제9회 올림픽 대회를 위해 네덜란드 건축가 잔 빌스가 최신의 경기장을 디자인하였다. 이 올림픽에서 처음으로 올림픽 성화가 경기동안 타올랐고, 개막식에서 평화를 상징하는 비둘기를 날려보냈으며, 대형 성적표가 세워졌다. 1932년 제10회 LA 올림픽은 성공적인 올림픽을 주관하기 위해 계획 소도시, 대형 경기장, Operating Profit를 제공하였다. 결승선의 사진촬영기의 사용이 트랙경기에서 도입되었다. 1936년 제11회 올림픽 대회는 베를린에서 개최되었다. 역사상 가장 정치적인 동기로서 이루어진 올림픽이었으며, 시설들은 LA 때보다 훨씬 사치스러웠다. 다음 올림픽은 세계적인 경기로 치루어지려는 순간, 바로 전쟁으로 중단되었다. 1948년 제14회 올림픽이 런던에서 개최되었다. 독일과 일본을 제외한 59개국이 참가하였다. 제15회 올림픽(전시 취소로 사실 12번째였다)이 1952년 헬싱키에서 일본, 독일이 다시 참가한 가운데 개최되었다. 이때 소련이 올림픽에서 처음으로 모습을 드러냈다.

1956년 제16회 올림픽 대회는 멜버른이 개최지였다. 헝가리와 이집트에서의 전쟁의 위협으로 5개국이 선수들을 철수시켰지만 경기는 계속되었다. 호주 검역법(檢疫法) 때문에 승마경기가 열리지 못했고 스톡홀롬에서 분리되어 개최되었다. 처음으로 폐회식에서 모든 국가들로부터 참가한 경기자들이 주 경기장에 모두 모여 올림픽의 우정을 보여주었다. 이러한 생각은 호주에서 태어난 중국계 소년 존 웡이 보낸 조직위원회 위원장 앞으로의 편지에서 나왔다.

1960년 로마에서 열린 제17회 올림픽은 어떠한 주요 정치 분쟁에도 영향을 받지 않고 계획대로 진행되었다. 1964년 제18회 동경 올림픽은 아시아에서 개최된 첫 번째 올림픽이었다. 남아공화국이 이 올림픽에 참여하여 당시 국내에서 진행 중이던 인종차별 정책으로 그들을 배제하기로 한 IOC의 결정에는 영향을 받지 않았다. 그러나 1968년 제19회 멕시코 올림픽에서는 남아공화국 선수들의 배제를 요구하며 아프리카인, 미국 흑인 그리고 소련권 국가들이 보이콧 하겠다는 위협 후에야 진행될 수 있었다. 1972년 제20회 뮌헨 올림픽 대회는 팔레스타인 테러리스트들이 이스라엘 숙소를 습격함으로써 중단되었다. 이 습격으로 9명의 이스라엘인, 5명의 테러리스트, 서독경찰 1명이 희생되었다.

1976년 제21회 몬트리올 올림픽에서도 대부분의 아프리카 국가들이 뉴질랜드 럭비연합팀의 남아공화국 원정경기에 항의하여 선수들을 철수시키면서 보이콧이 이어졌다. 1980년 제22회 모스크바 올림픽 대회에서도 미국과 35개국이 소련의 아프가니스탄 침공에 항의하여 선수들을 참가시키지 않았다. 1984년 제23회 LA 올

* 역대 하계 올림픽 대회 참가 현황

연도	개최지	개최일	참가국수	참가인원
1896	그리스 아테네	4. 6~4. 15	14	241
1900	프랑스 파리	5. 20~10. 28	24	977
1904	미국 세인트루이스	7. 1~11. 23	12	645
1908	영국 런던	4. 27~10. 31	22	2008
1912	스웨덴 스톡홀름	5. 5~7. 22	28	2407
1916	독일 베를린	전쟁으로 개최되지 못함		
1920	벨기에 앤트워프	4. 20~10. 12	29	2626
1924	프랑스 파리	5. 4~7. 27	44	3089
1928	네델란드 암스테르담	5. 17~8. 12	46	2883
1932	미국 LA	7. 30~8. 14	37	1332
1936	독일 베를린	8. 1~8. 16	49	3963
1940	동경 · 헬싱키	전쟁으로 개최되지 못함		
1944	영국 런던	전쟁으로 개최되지 못함		
1948	영국 런던	5. 5~7. 22	59	4104
1952	핀란드 헬싱키	7. 19~8. 3	69	4955
1956	호주 멜버른	11. 22~12. 8	72	3314
1960	이탈리아 로마	8. 25~9. 11	83	5338
1964	일본 동경	10. 10~10. 24	93	5151
1968	멕시코 멕시코시티	10. 12~10. 27	112	5516
1972	독일 뮌헨	8. 26~9. 11	121	7134
1976	캐나다 몬트리올	7. 17~8. 1	92	6084
1980	러시아 모스크바	7. 19~8. 13	80	5179
1984	미국 LA	7. 23~8. 12	140	6829
2000	호주 시드니	9. 16~10. 1	199	10,651
2004	그리스 아테네	8. 13~8. 29	202	16,500
2008	중국 베이징	8. 8~8. 24	205	15,000
2012	영국 런던	7. 28~8. 13	204	11,000
2016	브라질 리우데자네이루	8. 5~8. 21	206	10,000
2020	일본 도쿄(예정)	개최지 확정		

림픽 대회에는 1952년 이후 처음으로 중국이 참가하였지만 소련과 대부분의 연맹국들이 안전상의 미비를 구실로 선수들을 철수시켰다. 1988년 제24회 서울 올림픽 대회에서는 한국이 종합 4위를 차지하는 스포츠 강대국임을 과시하였다. 서울 올림픽은 처음으로 동 · 서 진영이 모두 참가한 대회였다. 1992년 제25회 바르셀로나 대회 역시 서울 올림픽처럼 주요한 정치분쟁은 없었다. 1996년 제26회 올림픽이 애틀랜타에서 개최되었으나 상업성이 지나쳤다는 부정적인 면이 부각된 대회였다.

5) 여성과 올림픽경기

첫 여성올림픽 우승자 : 쿠퍼 (Charlotte Cooper)

여성은 전통적으로 고대 올림피아 제전경기에는 참가가 금지되었다. 심지어 관중으로서 경기장이나 경기지역에 들어 갈 수조차 없었다. 그러나 그들은 올림피아에서 그들만의 대회를 가졌다. 제우스(Zeus) 신의 부인인 헤라(Hera) 여신에게 바치는 그 대회는 전통적인 그리스의 출산의식에서 비롯되었다. 일부의 추측에 의하면 그들의 대회는 배타적인 남성 올림픽 대회보다 먼저 개최되었다고 한다.

세기가 바뀌어 현대 올림픽경기가 시작되었을 때 여성의 참가원칙에 대한 많은 논쟁이 있었다. 올림픽의 창시자인 쿠베르탱은 만약 여성이 남성과 동등한 조건하에서 경기를 할 수 없다면 여성의 참가는 허락되어 질 수 없다는 의견을 표시하면서 여성의 대회 참가에 반대하였다. 이러한 의견은 여성이 자신의 능력에 맞추어 경기에 참가할 수 있다는 여러 IOC의원들의 의견에 의해 반대되었다.

올림픽대회에의 여성 참가에 대한 첫 번째 돌파구는 1900년 제2회 파리 올림픽경기에서였다. 쿠퍼(Charlotte Cooper)는 테니스 경기에서 금메달을 딴 최초의 여성 우승자가 되었다. 여성의 참가가 허락된 또 다른 경기는 골프다. 비록 1912년 수영종목이 포함되기는 하였지만 여성경기에 대한 이러한 상징적인 조치들은 IOC가 여성의 대회 참가에 더 넓은 문을 열기로 결정한 1924년까지 계속 되었다. 1936년 베를린 올림픽경기에서는 여성에게 펜싱, 수영, 육상, 체조 등 4경기에 참가할 수 있도록 허용하였다.

제2차 세계대전 이후 1948년부터 1968년까지의 기간동안 여성의 경기 참가가 많은 발전을 이룩하였다. 1948년 런던 대회에서는 5종목, 1968년 멕시코 대회에서도 6종목에 불과했지만 20년간의 기간은 올림픽 대회 종목에 여자배구의 도입을 가져왔다. 멕시코 대회에서 여성경기 종목은 육상, 펜싱, 체조, 카누, 수영, 배구 등이었다.

800m 달리기는 1928년 암스테르담 대회에서 처음으로 포함되었다. 그러나 여러 명의 완주자들이 경기 후 트랙에 지쳐 쓰러진 후 대중에게 부정적인 측면으로 받아들여졌다. 결과적으로 이 분야의 의학자들은 그러한 지구력이 요구되는 경기는 여성에게 안전하지 못한 것으로 지목했고, 200m가 넘는 모든 여성경기는 그후 32년간 올림픽에서 금지되었다.

1976년에서 1992년까지의 기간은 여성경기 종목에 획기적인 발전을 기록하였다. 이러한 발전은 올림픽에서 여성종목의 큰 증가로 특징 지워진다. 1992년까지 여성에게 개방된 종목 수는 모두 23개 종목으로서 육상, 양궁, 배드민턴, 농구, 카누, 사이클, 다이빙, 승마, 펜싱, 필드하키, 체조, 핸드볼, 하키, 유도, 조정, 배구, 사격, 수영, 수중발레, 탁구, 테니스 배구, 요트 등이다. 이들 중 승마, 사격, 요트는 남녀 혼합 종목이다. 1996년 애틀랜타대회에서는 여자 소프트볼과 여자 축구가 포함되었다.

* 올림픽경기에서 여성 종목의 연대기

B.C. 1000 – 여성은 오직 헤라대회에만 참가만 가능하였음.
1896 – 첫 번째 올림픽 대회에서 그리스 여성 Melpomene이 비공식 마라톤대회에 최초로 참가함.
1900 – 영국의 여자 테니스 선수 Charlotte Cooper가 첫 번째 올림픽 우승자가 되었음.
1908 – 프랑스 요트선수 Clytie Rivett–Cornac는 그의 남편과 함께 금메달을 획득했고 그녀는 남자들과 경쟁한 경기에서 우승한 첫 번째 여성이었음.
1912 – 호주의 Fanny Durack은 100m 자유형에서 우승함으로써 크롤영법을 세계적으로 유명하게 한 첫 번째 여성이 되었음.
1928 – 800m 달리기 후에 여러 명의 주자가 지쳐 쓰러짐으로써 장거리 경기가 여성에게 위험하다고 결정되어 금지되었음.
1948 – 제2차 세계대전 이후 첫 번째 올림픽 대회에서 네덜란드의 Fanny Blanker–Koen은 올림픽에서 어머니로서 첫 번째 우승자가 되었음.
1952 – 덴마크의 Las Hartes는 승마경기에서 남자와 경쟁하여 은메달을 딴 첫 번째 여성이 되었음.
1956 – 올림픽 역사에 있어 개막식에서 선서를 한 첫 번째 여성은 동계 올림픽에서 스키선수 Giuliana Chenal–Minuzzo였음.
1960 – 미국의 단거리 선수 Wilma–Rudolf는 어렸을 때 부목을 했었지만 100m, 200m, 400m 릴레이에서 금메달을 획득하였음.
1964 – Dawn Fraser는 남녀를 통틀어 3회 연속 우승한 유일한 수영선수였음. 스피드 스케이트 선수 Lydia Skoblikova는 6개의 금메달을 획득했고, 동계 올림픽의 기록으로 남아 있음.
1968 – Enriqueta Basilio는 주 경기장에서 올림픽 성화를 들고 입장한 최초의 여성이며 멕시코 대회에서는 남녀 성별 테스트가 도입됨.
1972 – 영국의 승마선수 Lorna Johnstone는 70세로서 올림픽 대회에 참가한 가장 나이 많은 여성 선수였음.
1976 – 동독의 여성선수들은 11개의 수영종목에서 우승하였고, 9개의 육상 그리고 각 종목에서 14개의 금메달을 획득하였음. 미국의 Margert Murdock는 사격에서 남자선수 보다 잘 쏴서 은메달을 획득하였음.
1980 – 올림픽 역사상 가장 위대한 모녀가 탄생하였음. 1952년 원반던지기 메

달리스트였던 Elizabeta-Bagrinaseva의 딸, Irina-Nazaravas는 금메달을 획득하였음.

1984 - John Benoit는 첫 번째 여성 마라톤 우승자가 되었음.

1988 - 테니스가 다시 정식 종목이 되었음.

1992 - 여자유도(1988년 시범종목)가 정식종목이 되었음.

1996 - 여자 소프트볼과 여자 축구가 올림픽에 첫 선을 보였음.

参考文獻

김상순(1997). 서양 체육사. 서울 : 도서출판 바탕.

金午仲(1988). 世界體育史. 서울 : 高麗大學校 出版部.

鄭東求(1991). 韓國의 近代 올림픽運動에 관한 硏究 1948-1988. 明知大學校 大學院 博士學位 論文.

최종삼(1993). 체육사. 서울 : 보경문화사.

Greenberg, Stan(1996). Olympics Facts and Feats. Published in Great Britain by Guinness Publishing Ltd,.

찾 아 보 기

ㄱ

ㄴ

ㄷ

ㄹ

ㅁ

ㅎ